中国近代史

上

陈恭禄◎著

煤炭工业出版社
·北　京·

图书在版编目（CIP）数据

中国近代史：全二册/陈恭禄著. -- 北京：煤炭工业出版社，2017（2024.5 重印）

ISBN 978-7-5020-6174-6

Ⅰ.①中… Ⅱ.①陈… Ⅲ.①中国历史—近代史 Ⅳ.①K25

中国版本图书馆 CIP 数据核字(2017)第 244202 号

中国近代史（全二册）

著　　者　陈恭禄
责任编辑　刘少辉
封面设计　朝圣设计·阿正

出版发行　煤炭工业出版社（北京市朝阳区芍药居 35 号　100029）
电　　话　010-84657898（总编室）
　　　　　　010-64018321（发行部）　010-84657880（读者服务部）
电子信箱　cciph612@126.com
网　　址　www.cciph.com.cn
印　　刷　三河市九洲财鑫印刷有限公司
经　　销　全国新华书店

开　　本　710mm×1000mm $^{1}/_{16}$　**印张**　$44^{3}/_{4}$　**字数**　640 千字
版　　次　2017 年 10 月第 1 版　2024 年 5 月第 3 次印刷
社内编号　9054　　**定价**　98.00 元（全二册）

目
录

四版自序

于今书业不景气之时期，《中国近代史》居然于发行后四个月内重版两次，又为读书竞进会选为大学组必读之书。社会上之意外欢迎，出于著者意料之外，心中愉悦，自不待言，一面表示感谢，一面则常自责。心尤不安者，无过于误植之多。其造成之原因虽多，固不能尽诿过于人，著者盖有相当责任。书于三月出售，著者读完一遍，发现不少之误植，即于四月函告出版人谓书再版，望挖正后付印，而出版人复称再版现已印成，唯有附印勘误表之办法。近者更有发现，并知平装本将即付印，当能一一挖正。改正多为误植，亦间有一二叙述之史迹。

书稿于去年夏寄出，一年之后，再读此书，感觉尚有一二应改之处，顾改文稿牵及纸版能否再用，且为时太久，而社会上需要此书甚殷，故暂作罢。今可于此说明者，共有三事。一、袁昶、许景澄奏疏实不足信，不如删去。二、景善日记著者初未能得原文，书中译文，当改用原文。三、政府废两，计量改用公担，而书仍用旧制。读者当知关银一两抵一·五五八元，一公担抵一·六五四担。他如论者谓书叙述外交太多，关于学术者太少，则所见不同，著者自有立场也。倘有修正，亦当俟诸将来。

余授武大史学系一年级中国近世史，采用此书为教本。误植亦有学生告知者，深为感谢，并志于此。

陈恭禄序于半山庐

一九三五年五月

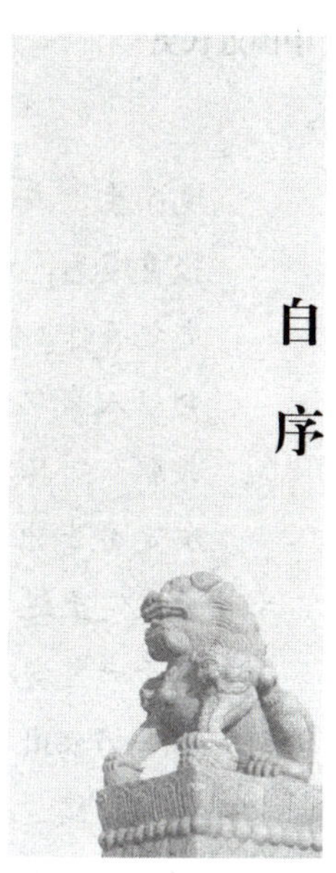

自序

一国现状之造成，一由于地理之影响，一由于古代之遗传，一由于社会上之势力，一由于领袖之指导。四者之中，就人事而言，历史上之遗传，常占重要之地位，中国古代嬗变之史迹，颇足以资证明。及至近代，实用科学大有进步，世界上之交通日趋便利，国际上之关系，以商业政治之促进，大为密切。外来之影响，乃为造成中国现状基本势力之一。中国以悠久之历史，倾向于保守；领袖之思想，民众之观念，均其极端之表现。政治家不能认识其所处之新环境，而能断然有适当之处置。列强或欲适用西法于中国，或谋商业之利益，或求政治上之势力，或存兼并领土之野心，而中国本于固有之心理与惯例，应付新时代之问题，莫不失败。中西冲突遂为近代中国史上之大事。吾人今欲明了已往之事迹，现时所处之地位，及将来建设之途径，非有信实之历史，叙述近代政治外交社会经济嬗变之经过，则不可能。社会科学失其赞助，将或多无根据。近代史之著作，久为国内知识界之急切需要。

余自识字以来，颇留心于故事，及入中学大学，深知吾人历史知识之浅陋。关于社会科学之理论，多应外国近世环境而生，或不切合于中国之社会，运用之时，尝或难于辨别轻重缓急，教育之价值与效力，为之减低。不幸迨今近代中国史之著作，仍在失望之中。民国十五年，著者萌有著作之志愿，会以人事环境之变迁，未能积极进行，十七年，于金大担任教职，知其需要之殷，勉力进行，二十一年春，完成十三篇，决定分卷出书，由新月书店印行，初不知其营业失败也。双方议定至迟冬季出书，书店迟至次年五月，上册排校方始完毕，定于六月发行，忽又搁置数月，据称新月并于商务，归其印行，而书仍未出售，并置去函不复，本年二月，始与当事人相见，收回原稿。著者以全书文稿已成，望其迅速印成，最后决定，归商务印行。

全书共十九篇，内容可略见于目录，初拟命名《中国近百年史》，而坊间书用此名者甚多，免相混乱，改称《中国近代史》。近代二字，本无确定界说（史期区分，原极牵强，不过因其便利而已），史家划分史期，常不相同。愚意近百年内，中国国际关系根本改变，思想、学术、政治制度、社会经济莫不受外影响，其事迹迥异于前古，作一时期似较便利，且书内容不限于百年内之史迹，故定名曰《中国近代史》。著者著书之目的，深愿赞助读者明了现时中国国际上之地位，政治上之嬗变，外交上之趋势，社会上之不安，经济之状况，人口之问题；认识其交相影响之结果，分析其造成经过之事迹，讨论其成功或失败之原因，辨别事后之得失利弊。吾人处于今日议论古人，原非难事。著者之论断，专欲读者了解当日之背景环境，及其失策与责任，非别有好恶也。综之，近代史范围之广大，事迹之繁赜，制度之剧变，生活情状之改易，开中国旷古以来未有之奇局。其材料之多，浩如烟海，第十九篇略论史料之种类与价值，事迹之繁，固不能一一叙述也。

古今史之性质不同，方法亦各迥异。古史之存于今者，或为编年，或为问答，或为传体，或为纪事本末，或为文献，名目不一，要多因陈抄袭。其材料或不问来自何方，编纂者或不辨其真伪，书中或为谀墓毁墓文字，或为按年列举之政令大事，或不问其是否实行及行后之利弊，杂然抄入。其一部分诚所谓“断烂朝报”，或“流水账目”也。吾人读之，殊难明了整个社会之情状。今日编著历史之方法，简单言之，首先搜集原料，及时人纪录，辨别著作人之目的，有无作用，及其与史迹之关系，比较各种纪录之内容，考证其真伪。其有证明者，始能定为事实，证以时人之议论，辨析其利害。然后综合所有之事实，将其缜密选择，先后贯通，说明史迹造成之背景，促成之各种势力，经过之始末，事后之影响，时人之观察，现时之评论，而以深切美丽之文写成。此史学者不易养成之原因，而固吾人今日之正鹄也。著者编著此书，不过自信未入于歧途，于试验之中，不肯放弃责任而已。

书中论断，著者非诋毁时人，或为之辩护，不过以公平之态度，说明其立场。读者之意见，或同或异于结论，著者固无强人从己之意，且书非宣传作品，读者多为成年之人，当可根据事实，自由表示意见也。更当说明于此者，外交上之事件，尤易引起争论。盖人类之普遍心理，严于责人而宽于责己，对其家庭国家无不如此，诋毁外国，国人固少反对，且有爱国之名。此种畸形褊狭之心理，徒为害于国家。著者之目的，既非为片面之宣传，又非为造成国际间之仇恨，惟愿平心静气，根据事实，叙述外交上之史迹，讨论其问题，研究其经过，对于侵略之罪恶，决不为之稍讳，庶可成为认识列强责任之信史也。

近百年来，内政外交交相影响，中国以不平等条约之束缚，主权减削，内政往往深受外国之影响，外交之篇幅颇难预定，乃听材料自行决定。书中地名以政府之变更，改易旧名，此种习惯，原为专制帝王改制之余毒，对于吾人则颇增加困难。著者叙述过去之史迹，自当仍用前名，但为便利读者起见，常或附注今名。关于地图，著者知其重要，不幸不能绘画，插入书中。事无奈何，唯愿读者自备地图参看。

人名亦有困难，君主避讳不名，徽号字数赘多，庙号繁杂，均不便于记忆，民间用其年号，清帝除太宗而外，未曾改元，举其年号，人皆略知其事业，今仍照用，代替其名。大臣之见于史料者，或称姓名，或称字号，或称官名，或用地名，或称谥号，变化繁杂，著者为便利之计，多用姓名。外人名称，以译音之故，常不一律，作者将其划一，且多附注原名。国名载于旧档者，或先后迫异，或交相杂用，如英或称佛郎机，或称大西洋，或称红毛，非外国书籍证明，殆难辨别。葡萄牙则称大西洋，美称米，法称佛等，书中均改用今名。

年代旧用皇帝年号，或用甲子，近时或以孔子诞辰，或以民国成立之年为纪元。自今观之，多不适用，清帝于嗣位之次年，诏改年号，其先，帝多改元，积时既久，推算困难，如咸丰元年，读者或不能即知其距今若干年也。甲子计算，亦常不便于用。新法纪年如孔子诞辰，尚未通行全国，效仿西法，徒为增加困难，清代史迹，用民国纪元前计算，颇感不便，对于吾人亦无所得。著者为便利读者起见，多注明公元。英人葛麟瑞(Charles Kline)所著之《中西年历合考》，及陈垣之《中西回史日历》等书均极便于检查，更附道光以后之年历对照表于书后。至于年表，说者谓为史书所必备，实则不然，史迹绝非年表所能形容，且表非详细说明，多无益于读者。吾人固不必墨守古代之体例也。

此书编著之初，颇赖友人章诚忘等之赞助，又蒙亲友抄写，皆深感谢。书中所叙之事实与议论，与任何人无关，著者一人负责而已。书为著者关于中国史有系统之第一作品，深愿读者有所指导，并书于此。

陈恭禄自序于珞珈山

一九三四年五月

第一篇

鸦片战前之中国

地理上之影响——中国民族——清帝之人主中国——中央官制——地方官制——政治上之积弊——财政之情状——人口激增与生计困难——秘密会社之活动——叛乱之迭起——对外之观念——古代中西之交通——中国所受外国之影响（物产、思想，文学、科学、美术等）——闭关思想之成立——葡萄牙人之东下——耶稣会教士——西荷诸国人之相继来华——中俄之交涉——国际贸易之情状——管理外人之方法——法律问题——困难之症结

中国据亚洲之东南部，其东部沿海六省，濒临渤海、黄海、东海，遥遥与日本及其属地相对，其东五洋中最大之太平洋在焉。其在南部之广东濒临南海。南部毗连安南、缅甸，其一现属于法，一属于英。其西南西藏，有喜马拉雅山隔阻中国、印度陆路上之交通，西北新疆，北部蒙古，东北黑龙江、吉林与俄国领土接壤，奉天隔鸭绿江与朝鲜相峙。此中国边疆之大概也。其强邻有日、俄、英、法，四国之中，中日地位相近，中俄接壤长逾万里，而英法以属地关系，固不如日俄之密切。其在古代，疆域虽常变迁，而其地理上所受之影响颇为重要。其影响为何？曰：国内之农工商业，人民之生活情状，以及交通国势，多受地形、土壤、矿产、河道、气候、洋流等之支配与影响。更就对外而言，古代航海术未精，船舶浅小，水手无犯风涛远渡海洋之勇气，沿海七省除海盗而外，别无侵扰之国，居民常能安居乐业。南部毗连热带半岛，半岛上之物产丰富，居民不必勤于工作，而食料衣服即绰然有余，懒惰不易奋发，不能大为害于邻国。西南高山蜿蜒千里，立国于其地者缺少发展之机会，西羌、吐蕃力能跳梁于一隅而已。蒙古、满洲地多旷野，气候寒冷，土壤较瘠，人以游牧为生，耐劳受苦，体壮多力，善骑能射，苟有领袖将其团结，则战斗力常强。是以我国历史上之外患率多起于北方，匈奴之入寇，五胡之纷扰，辽金之压迫，蒙古之侵略，满清之入关，皆其明显之证。迨航海术进步，机械学发达，海上交通，不惟无建筑之费用，且无修理之需要，反便于陆，亚欧之交通为之一变，而我国形势随之转移。欧人乃自海上伸长势力于东方，印度适在中国、欧洲之间，首当其冲，次及中国，固地理上之位置使之然也。

国内领土据今估计，凡四百余万方英里，世界陆地约五千七百余万方英里，亚洲一千五百万方英里，中国面积约占全球十四分之一，亚洲四分之一。世界人口凡一亿八万万，中国约逾四万万，殆占总数四分之一。就其分布而言，本部十八省共一百五十三万方英里，人口据一九二三年邮局估计，凡四万一千一百万；满洲三十六万方英里，人口二千二百万；蒙古一百三十六万方英里，人口二百万；新疆五十五万方英里，人口二百五十万；西藏四十六万方英里，人口三百万。十八省内，人口最密者，首推江苏，每方英里八百人以上，甘肃人口最稀。面积人口之数目，皆非本于精确之丈量与调查，其价值不过使吾人略知分布之情状而已。其在清代中叶，直省人口，视今殆无重大之不同，满洲、内蒙古人口之激增，则始于清末领土视前削小，其详见于后篇。人民耕种生活之情状，百余年内，未有剧烈之改变。人口既以十八省为多，其地汉族之势力最盛，汉族历史上杂有苗、满、蒙、回、藏五族之血胤，今日中国民族，乃合汉、苗、满、蒙、回、藏六族而成，西人统称之曰蒙古族，盖蒙古成吉思汗之兵威震于欧洲，其子孙征服中国，以之代表黄种也。六大民族除缠回外，皆为黄种，其头颅身体之构造，皮肤之颜色，发毛之黑直，多属相类。其长矮不同之处，实无若何之重要，犹一族之子孙，尚或迥异也，证以见闻而益信，吾人汉族与满人、回人同处一地，固难辨别其种族也。自其杂居以来，互通婚姻，血统上趋于同化。总之，六族之称，本极牵强，今日殆为历史过去之名辞，充量言之，只可代表居住一地之人，如浙人、苏人、蒙古人之例，不得认为种族不同之民族也。汉族自黄河流域，逐渐移居于长江及西江流域。满人随清帝入关，分防国内要害，其根据地满洲今为汉人居住之地。蒙古为蒙古族人游牧之场。回族以宗教之信仰，得有此名，其在西北者，多为突厥之后，又有杂居于内地及云南者。藏族游牧于青海、西藏、西康。苗族住于西南诸省之僻壤。六族中以汉人为多，其潜伏同化之力量尤大，然其久为土著民族，不敌游牧民族之强悍善战，政治衰弱之时，则深受其蹂躏。

十三世纪末叶，蒙古强盛，灭宋统治中国。其后朱元璋逐之，建国曰明，十七世纪，明室衰弱，满洲爱新觉罗氏乘机入主中国，凡二百六十七年。兹略言之于下：

满洲旧为东胡游牧之地，战国时，燕王任用贤将却之东北千余里，相传其开拓辽河流域，汉武帝县属朝鲜半岛，其后鲜卑辽金次第起于东北，皆所谓东胡族（即通古斯）也。明初太祖恢复辽河流域，成祖招抚黑龙江，然其设官治理，终与内地不同。辽河之西仍为女真旧部，女真部落而居，时人依其文化程度分为生熟，其人以游牧射猎为生，锻炼成为强悍之身体，善于骑马，一日之间，飚没或数百里，所射之矢远能杀人于百步之外。十六世纪末叶，建州部酋努尔哈赤善于用兵，合并诸部，兵势张旺，声称复仇，扰及明边。明帝聚大军分路攻之，并诏藩属朝鲜叶赫出援，努尔哈赤次第败之，尽取中国之边藩，而明君臣尚无振作之气，朝臣方努力于党争，互相诋讦，酿成宦官一网打尽之祸，言路妄发不负责任之评论，以致统兵大将，不得展其才能。由是努尔哈赤迭陷重镇，尽降辽河以东之诸城，后攻山海关外之重镇宁远，不胜，负伤而死。一六二七年，其子皇太极（太宗）嗣位，先除内顾之忧，率兵问罪朝鲜，凯旋而归，俄攻宁远，无功，乃绕道西南，出内蒙古，大掠于中国北部。其时内蒙古诸部降服，独察哈尔汗助明。皇太极攻之，收降其众，声势大张，改国号曰清，于是领土北界外兴安岭，东迄日本海，西至内蒙古，南临长城，乃遣大军深入中国腹地，终以未得山海关故，不敢据之。

方皇太极之侵扰中原也，值明怀宗在位，怀宗承熹宗之后，内乱外患交至，意欲和清，而以朝臣之坚持，难于独行其志，乃练兵筹饷，增加田赋，以致贪官勒索，人民不堪其苦，危机四伏。陕西受祸较烈，其地初受官吏之虐政，后遇饥馑，人民无食，强者相聚为盗，政府应付，无坚决固定之政策，酿成燎原之祸。一六四三年，李自成进攻北京，怀宗自缢而死。明年，山海关守将吴三桂因其爱妾之愤，乞师于清。时皇太极新死，其弟多尔衮拥立皇子福临嗣位，亲自辅政，改元顺治，及得吴三桂书，率兵而往，大败李自成军，入据北京，命将进追流寇，平定黄河流域，旋取南方；明帝子孙之自立称帝者，相继败没，独桂王据有云贵诸省，力图恢复，后亦败亡，中国复归统一，而三藩尚拥重兵。一六七三年，康熙下诏撤藩，三藩先后叛乱，郑成功之子经应之。康熙遣兵平之，俄降台湾，由是国内无事，转而经营东北，与俄国缔结界约。会喀尔喀（即外蒙古）之西准噶尔部崛兴，其酋噶尔丹征服天山南北，领土包有科布多、青海及新疆（今名）一部分，且欲东并喀尔喀。值喀尔喀诸部内讧，噶尔丹来袭，诸部南请内附，清兵战败准部，收服外蒙古。噶尔丹死，其侄策妄善于用兵，乘机侵入西藏，清廷出兵败之，留卒戍之，更征服青海，独准部不服。及其酋死，乾隆出兵收取其地，天山南路诸城，后亦降服，其人信奉回教，故有回疆之称。于是清之版图，东北起自库页岛，以外兴安岭为界，外蒙古毗连俄国西伯利亚，西北天山南北二路伸入中亚细亚，西藏南接印度，东方则临海洋，台湾诸岛次第设官治理，琉球、朝鲜诸国按期朝贡，国内则开拓苗疆，改土归流，其后大小金川之番人亦服。其领土之广大，除元代而外，莫之与京，清代之极盛时期也。其领土可别为三，一曰行省，二曰属地，三曰属国。

满人自关外入主中国，其原有之政府既简且陋，不宜于广大之中国，乃用明制，成立专制政府，皇帝为一国元首，统治全国，有无上之威权，其下有亲王及内阁大学士佐之。大学士初为四人，佐理政事，拟诏命，整宪典，议大礼。十八世纪初叶，雍正分其职权，添设军机处，其大臣无定额，多则九人，少则四人，由大学士尚书内诏委，掌管军国大政，赞理机务，每日入朝，应对皇帝垂问，为最高之统治机关，其属员章京佐之。庶政则归吏户礼兵刑工六部办理，吏部考核功过，稽掌勋禄、荫叙、封赠。户部掌各省田赋，皇室经费，官吏廪禄，军饟盐课，钞关杂税，鼓铸钱币。礼部掌五礼兼领学校贡举，藩国咨文。兵部厘治戎政，简核军实，兼管驿站。刑部掌折狱，审刑，简核法律，谳定各省疑案。工部营修公共建筑，发给军装，修治河渠。六部组织，每部有尚书、左右侍郎，俱汉满一人，共有六人，其属员视政事而定，盛京设户礼兵刑工五部，各有侍郎一人。都中衙门尚有都察院、翰林院、大理寺、宗人府、内务府、理藩院、通政司、詹事府等。都察院有左都御史、左副都御史，俱满汉并用，下有六科给事中，十五道监察御史，其职守为察核官吏，敷陈治道，上为天子耳目，下达民隐。翰林院制诰文史，兼备顾问。大理寺平反重狱。三署及六部长官，亦称九卿，参与朝议。宗人府掌皇族事务，内务府理皇室庶务，理藩院掌理藩属爵禄朝会及控驭抚绥事宜。通政司、詹事府多为清闲衙门，以旧制设立者也。

地方官制颇为复杂，畿内顺天府及满洲之奉天府各有府尹、尹丞一人，直隶于中央政府。本部十八省之长官为总督、巡抚，其制殊不划一，直隶、四川设有总督，但无巡抚，山东、山西、河南各有巡抚，但无总督，其余总督管辖二省或三省，省设巡抚。其职为考核属官、治理民政、节制绿营等，凡省有总督巡抚者，奏折咨请，训令属官，多须会衔，尝以意见不合，发生困难，尤以同住省城者为甚。其下有布政使、按察使佐之，布政使考察吏治，报于督抚，管理田赋，稽检仓庾。按察使掌一省之刑名，澄清吏治，兼领驿传。下有道员，掌核官吏，或管河粮盐茶，或兼水利驿传，或兼关务屯田。其下有府，府有知府，直隶州及直隶厅视府，设有同知，又其下有县州厅，其官掌辖境内之政令、赋税、讼狱、缉捕等，各有属吏佐之，各乡设有地保。其因重大事故，皇帝诏委钦差大臣，或将军名称，予以便宜行事之大权，余若河道总督、学政、盐运使等官，或有职守，或无所事。十八省外，属地若吉林、黑龙江、伊犁等，各设将军。新疆、蒙古、西藏有参赞领队理事办事大臣。属国则按期朝贡。军队分有旗兵、绿营、乡勇，旗兵原为满人、汉人、蒙古人之从军入关者，分属八旗，世受国恩，男子籍为兵士，大队防守京师，或驻大城要害，由将军或都统将之。绿营为各省招募之军队，维持地方治安，全国六十余万，由提督、总兵统率，并受总督、巡抚之节制。及后旗兵、绿营不能战争，乃募乡勇，战则编之入伍，乱平则多解散归农。

总观清代之官制，名虽根据于中央集权之政策，而以土地广大，交通不便，监督不周，组织不密，地方官常有大权。皇帝身为满人，初至中国，不通华语文字，不知其政治制度，势必任用汉人，其心中固有“非我族类，其心必异”之思想，乃深信满人，委为长官，借以监督汉人，子孙遵之，故军机大臣多为满人，六部尚书、侍郎名虽汉满并用，而满人常握重权。统兵将帅，自三藩乱后，亦多满人，太平天国乱起，始破旧例。地方官制基立于互相牵制之政策，造成极为复杂之组织，盖以管官而非治民也。考其职权，多无明显确定之规定，遇有困难，则互相推诿，利之所在，则相争夺。实际言之，官署多为传递长官命令之机关，其弊则手续繁多，办事迟慢，积久成为我国官署之普遍习惯。官吏出仕，八股考试为其正途，考取之士，思想才力梏痼已深，多无发展之余地，而人数众多，任用无期，迨其年老，志衰力微，幸者始得重用。朝廷患其官于本省，得受家族亲友之请托，例有回避，长官除一二例外，皆非地方之人，不知民情风俗，应兴之建设，当去之弊端，甚者不通地方之言语，借重世袭之胥吏，惟求安然无事，敷衍塞责而已。康熙曾谕巡抚潘宗洛以不生事为贵，善于保持禄位之官吏，莫不奉为金科玉律也。官吏任期未有切实之保障，无论何时，朝廷均可罢免其职，或对调于他省，知县为亲民之官，其在一县任期，亦有限制。

文武官之俸给，多本于明制，明代官吏之待遇颇为菲薄，清承其弊，世袭之王公岁俸较厚，百官则极贫苦。官吏原为公仆，有牺牲服务之义，不当视为职业钻营，俸给不宜过于优厚，多增人民之担负，亦不应过于菲薄也。适当之办法，则宜酌量社会上之生活程度，平民所得之薪金，货币之购买力等，定其额数，足其一家之生活费用，庶可养成其廉洁而居官公正也。清帝入关初用明制，正俸而外，给予柴薪，俄将柴薪废去，改定在京文武官之俸给。正从一品岁俸银一百八十两，正从二品一百五十五两，正从三品一百三十两，正从四品一百五两，正从五品八十两，正从六品六十两，正从七品四十五两，正从八品四十两，正九品三十三两，从九品三十一两。汉员每人年给米十二石，满员则数较多。在外之文官，按品给银。武员则数大减，正一品九十余两，从一品八十一两，其品低者俸亦减少，所领之薪银数亦无几。外官均不给米，又无公费，乃赖额外之收入，或近于贿赂之愧遗；其征田赋也，有火耗陋规等名，京官亦有所得。雍正嗣位，改收火耗等项为国课，诏给京官俸米，每银一两给米一斛，另给恩俸，银数一如正俸，六部尚书、侍郎，给予双俸双米。外省文官给与养廉，其数各省不同，总督自一万至三万两，巡抚一万两左右。其他各官，今举直隶之例略概其余，布政使九千两，按察使八千两，学政四千两，道员二千两，首府二千六百两，余府二千两，同知七百至一千两，通判六百至七百两，知县六百至一千二百两。官吏俸金视前略增，外官仍不足用，另立名目，浮收税款，京官则多患贫。

官吏时为文人读书力求之目标，会试有常科恩科，录取之进士，多者三四百人，少者数十名，缺少人多。翰林院朝考重尚小楷律诗，其列高等者久始升用，外官以捐输迭开之故，候补者多，苟非善于钻营者，常难得缺，乃纳贿权门，拜结师生同年，互通生气，于是吏治大坏。一八一九（嘉庆二十四）年，疆臣陶澍奏称吏治八弊：（一）勒接交代新官承认前任亏空，少者数千，多则数万，告禀则上官有失察之咎，势不敢为。（二）多摊捐款，名目有等补，帮助，贴赔，使费，每岁数百数千两不等。（三）预备赏号，凡上司有事，或练兵，或巡边，或公宴，均有赏金，上司收之作赏，吏役更索规费。（四）添办供给，上司出入境时，有夫马，有酒席，有站规，有门包。同城居者有轮月或包月之供给，一窗，一扉，一厨，一厕，皆取于附郭之州县。（五）压荐幕友，道府藩臬督抚所荐，不敢不受，有未见面而送束脩者，谓之食坐俸。（六）滥送长随，上司荐之不得不受，更无所忌，乃外勾吏役，内通劣幕。（七）委员需索，一纸文书可办之事，动辄派委数员调剂闲官，多所需索。（八）提省羁留，官进省后，转委他人，一年半载之后，始令回任。陶澍所言偏于官吏之关系，可谓详尽。清末御史曾再以之为言，盖恶劣政治下难于避免之现状也。其下胥吏多无俸给，迫而出于营私舞弊之途，以谋衣食，其熟于档案者，善于取巧，勒索敲诈，无恶不作，而长官无如之何。相沿既久，人民之心理常以官吏之贪狠如狼似虎，事多解决于宗族，非不得已，决不禀报于官，人民之视政府存亡荣辱，不关于心。官吏之主要职司，则为维持治安，催征田赋，审判讼狱而已。

军队分八旗绿营已如上述，八旗就军旗颜色而言，曰：正黄，镶黄，正红，镶红，正白，镶白，正蓝，镶蓝。中分满军旗，汉军旗，蒙古旗。兵有定额，初约二十万人。其驻京师者，前锋亲军等每兵月饷四两，骁骑铜匠等月饷三两，岁均支米四十八斛。步军领催月饷二两，步兵一两五钱，岁支米二十四斛，教养兵月给一两五钱，但不给米。其家人不准另谋生计，男子皆有当兵之义务，然限于马甲之定额，及后人口滋殖，一家三男，一人补甲，二人则无职业，全家唯恃饷米糊口，生活遂大困难。朝廷筹其生计，出款还其欠债，略增马兵教养兵等，但以人数众多，豢养究非办法，终无补救于事。旗人自居内地以来，进为土著民族，所处之环境迥异于前，传至子孙，改变旧俗。其优秀分子羡仰汉人之思想文艺，无知之徒乐于放纵声色货利之欲，乾隆用兵多用绿营，业已证明其丧失战斗力矣。各省防军初用绿旗以便识别，故称绿营，全国凡六十四万。其在京师巡捕者，马兵月饷二两，步兵一两，米皆三斗。各省马兵月饷二两，战兵一两五钱，守兵一两，米亦三斗。其待遇不及八旗，缺额约六七万人，乾隆将其补足，后再裁减一万余人，兵士各以衣食艰难，自谋生计，平日势难操练，营中缺额之饷，皆为营官侵蚀，有事则临时招募，平乱御侮则力不足，扰于民间则绰然有余。

政治上之积弊分言于上，其财政状况，固吾人所当知者也，国库收入，户部例有报告，支出款项中有不可知者。收入以田赋为大宗，丁税附之，丁税分上中下三等，自一分至二两不等，各省不同，康熙将其并入田赋计算，田赋乃为主要收入。每亩征银自数厘至二钱不等，其最重者首为江浙，其地以南宋公田及明初张士诚之占据故也，清代因之。农民纳税年分二期，官吏征收者，一曰钱银，二曰粮食，三曰草秣，一六五九（顺治十六）年，征银二千一百万两，粮六百四十万石，一六八五（康熙二十四）年，二千四百万两，粮四百三十万石，一七二四（雍正二）年，二千六百万两，粮四百七十万石，一七六六（乾隆三十一）年，二千九百万两，粮八百三十万石，草秣无足轻重。兹为明了当时国内之情状，据《皇清文献通考》所举之收入，列表如后：

各省田赋收支表

年度	1659	1685	1724	1766
顺天	1824191			
顺天府			181679	
直隶		1824191	1906933	2463708
奉天	1827	9352		45544
山东	2380091	2818019	3007946	3332879
山西	2205545	2368831	2277327	3069325
河南	1800943	2606004	2943452	3322216
陕西	1436033	1315012	1355245	1555513
巩昌		153520	196343	
甘肃				287486
江南	4602739	3680192		
江苏			3719942	3255236

（续表）

年度	1659	1685	1724	1766
安徽		1441325	1387596	1707123
浙江	2572592	2618416	2695432	2821483
江西	1726970	1743245	1179476	1939126
湖广	1088597	923288	988656	
湖北				1121043
湖南		517092	1092634	1178357
四川	27094	32011	225535	660801
福建	750862	762706	1174445	1278570
广东	847961	2027793	865927	1260933
广西	199654	293604	308124	391352
云南	61748	99182	91257	105784
贵州	53150	53512	57788	121282
共计	21579997	5287295	25655737	29917761

《通考》所列田赋前三总数，与作者计算所得之和不同。各省款数，盖有错误，如一六八五年，广东田赋二百余万万两，不免令人怀疑，其他原因，或催征不能足额也。《通考》纪一六五九年，收入凡银二一，五七九，九九七两，一六八五年，二四，四四九，七二四两，一七二四年，二六，三六二，五四一两，一七六六年，则两数相符，现无材料考证前数。表中所列之省名地名，中有异于后名者，吾人为明了历史上十八省之成立，仍用旧名，甘肃、四川、广西、云南、贵州诸省，收入数少之原因，或由于大杀之后，人口骤减，田地荒芜，或由土司管理向不征税，或因土壤硗瘠也。政府收入增加者，多由于荒地开垦升课，一省款数前后不同，则以丰歉，朝廷酌免田赋也。粮食种类不一，有米、麦、豆等，米则江苏一省，定额逾三百万石，南漕运京者凡四百万石，初由运河北上，设官催督，费用出之于民，后河身淤高，运输困难，运米一石入仓，曾用银十八两或二十两，仓米出售，每石一两。朝廷迄未改计，道光时，始改海道北上。其他收入，则以关税盐课为大宗，关税分海关、常关两种，海关以广东为最旺。常关设于商业要区，一年收入约逾四百万两。盐多出于

沿海各省，由官督民煮晒，招商贩卖于划定之区域，征收税银，其区域广大，而税收最多者，首推淮盐。内省销售池盐、井盐，每年征税约四五百万两，及私贩增多，票引尝不及额。余则牙税、落地税、茶课等均无重要。综之，乾隆中叶，国库岁入凡四千万两，地方官之浮收，及其进贡物品，尚不与焉。支出以皇室经费、军饷、政费为大宗。皇室经费有陵寝、祭祀、修缮、采办、织造等名，用款从无定数，估计殆在五百万两以上。政费以养廉较多，朝中王公百官，每年俸银仅一百万两左右，合计京外官约七百余万两。兵饷约二千万，驿站百万有奇，两数相抵，国库尚有余款。乾隆经营新疆，岁支三百万，募足绿营，增加赏恤，岁费二百万。及嘉庆嗣位，收入略有增加，曾至四千三四百万两，无如内乱迭起，裁去之额兵，不过岁省四十万，而黄河为害，修治南河增至三百万，东河二百万，其先修河，邻近州县，拨派民夫，乾隆中始全发帑，为数不过百余万耳。宗禄亦以宗人繁衍，数大增加，由是财政渐趋于困难，尤以嘉庆末年为甚。

政府收入不敷支出，农民岁益穷苦，清初于大杀之后，田地有余，耕者安居乐业约有百年，人口大为增加。据《皇朝文献通考》，一七一一（康熙五十）年直省人口二千四百余万，一七四九（乾隆十四）年，增至一万七千七百余万，相去三十余年，增加七倍，一七八〇（乾隆四十五）年，增达二万七千七百余万，又据《皇朝续文献通考》，一八一二（嘉庆十七）年，丁口凡三万六千余万。百年之内，人口增至十五倍，可谓速矣，一七一一年前，人口盖已大增，不幸各省未有确报。其明年康熙诏定永不加赋，中云，“凡巡幸地方所至，询问一户或有五六人，止一人交纳钱粮，或有九丁、十丁亦止一二人交纳钱粮。”人民初避丁税，隐匿丁数，自此诏后，丁口报告，似宜较确，无如官吏视为无足轻重，不肯切实调查，其数虽可怀疑，然而人口激增，则可断言。洪亮吉于时论之曰：

> 人未有不乐为治平之民者也，人未有不乐为治平既久之民者也，治平至百余年，可谓久矣。然言其户，则视三十年以前，增五倍焉，视六十年以前，增十倍焉，视百年、百数十年以前，不啻增二十倍焉。试以一家计之：高、曾之时，有屋十间，有田一顷，身一人，娶妇后不过二人，以二人居屋十间，田一顷，宽然

> 有余矣。以一人生三人计之，至子之世，而父子各娶妇，即有八人，即不能无佣作之助，是不下十人矣。以十人而居屋十间，食田一顷，吾知其居仅仅足，食亦仅仅足矣。子又生孙，孙又娶妇。其间衰老者或有代谢，然已不下二十余人，而居屋十间，食田一顷，即量腹而食，度足而居，吾知其必不敷矣。又自此而曾焉，而玄焉，视高曾祖时，已不下五六十倍，是高曾时为一户者，至曾玄时不分至十户不止。其间有户口消落之家，即有丁男繁衍之族，势足以相敌。

洪亮吉之言本于深切之观察，其所论增加之倍数，自今观之，不免太速，而中国伦理观念，及早婚习惯，皆足以促进人口之激增。及其增加之后，仍以农业为生，康熙永不加赋之诏中云："人丁虽增，地亩并未加广"，由是田地不敷分配。其时沿海岛屿，严禁人民往垦，其私往者，官焚其居，驱之回籍。一七八七（乾隆五十二）年谕称浙江大小岛仍循旧章，永远封禁，凡请开垦者，从重治罪。满洲、蒙古等地均禁汉人移居。据《皇朝文献通考》，一六五九年，国内耕种田地，凡五万四千九百万亩，一七六六年，共七万四千一百万亩，相去百余年，开垦之地不足二万万亩，而人口增加，则在十倍以上。向者每人平均耕田二十余亩，今则二亩有奇，十人耕种一人所耕之地，每亩生产虽稍增加，固用力多而出产少，食料之困难可想，贫民益众，衣食日难。兹列各省田亩表于下，以见各省情状之一斑。

各省田亩表

年度	1659	1685	1724	1766
顺天	45977245			
顺天府			6845022	
直隶		54343448	55749294	68234390
奉天	60933	311750	580658	2752527
山东	74133665	92526840	96774146	96714003
山西	40787125	44522136	42741388	53548135
河南	38340397	57210620	65888443	73173563

（续表）

年度	1659	1685	1724	1766
陕西	37328588	29114906	25844280	25957947
巩昌		10308767	11770663	
甘肃				23633095
江南	95344513	67515399		
江苏			68129127	65981720
安徽		35427433	32998684	36468080
浙江	45221601	44856576	45690343	46240000
江西	44430385	45161071	47863166	46100620
湖广	79335371	54241816	53574111	
湖北				56844390
湖南		13892381	30527664	31308342
四川	1188350	1726118	21445616	46007126
福建	10345754	11199548	30527664	13804703
广东	25083987	30239255	31247464	33696253
广西	5393865	7802451	7953271	9975244
云南	5211510	6481766	6411495	8336351
贵州	1074344	959711	1229043	2673062
共计	547237633	607840992	683791442	741449551

上表计算所得之和，大数同于《通考》，全国耕种之土地，殆多于此，盖此报告就征税之田而言，一省田亩以丰歉之不同，前后稍有出入，庄田、屯田、学田均未计人，直隶、四川等省之黑田尤多。据作者之估计，十九世纪中叶，全国耕种之田，殆有十万万亩左右，而人口激增至四万万，分配有限之土地，其何能足？尤以江、浙、鲁、豫诸省为甚。张海珊以经世自期，颇留心于民生，其里滨近太湖，谓人浮于田，每家所耕不到五亩。一家五人，每人平均不足一亩，湖田原为植稻膏腴之地，生产力强，无如土地太少，收入有限，其生活可想。淮水以北，一家耕种十数亩地，贫苦之情状殆犹过之。贫民潜往直隶、山西北部，为满蒙地主佃户。其近海者，冒禁耕种于岛中，乾隆末年，谕称山东海岛有民二万余名，浙江岛屿时亦

有人潜往开垦，更有耕种于山地者，如浙民开山，长官禁之，其往皖南闲旷山间搭棚栖止者，道光饬官逐回其新至者。人民多以耕种为业，所出之粟，价无剧变，而民间通用之制钱日贱，清初每银一两易钱七八百文，继则增至一千左右，至道光末年，兑至一千五六百文以上。人民纳税，出粟易钱，以钱易银，于是所纳之税，名虽照旧，实则倍于往日，官民交困，农民之生计益难。朝臣未曾顾虑人口激增后之问题，其留意者，则八旗人丁也。清初中外驻防之禁旅二十万有奇，清帝禁其营生，保护备至，无奈人口增加太速，而马甲限于定额，旗人惯于奢侈，生计日蹙。雍正曾倡迁移旗丁于满洲之议，惜未实行，及乾隆嗣位，御史舒赫德上奏旗丁移屯之计划，户部侍郎梁诗正亦言八旗屯种，乾隆遣壮丁三千余人开垦于松花江流域，而八旗子弟不便于边外之生活，弃地还于北京。十九世纪初叶（嘉庆中），户部报告旗丁五十万有奇，合其家人，最少之估算，当逾二百万人。朝廷曾许汉军出为平民，无如其数无几，无济于事。于此生活困难之时，汉人勤苦耐劳，经营生产事业，满人虽得政府之补助，尚不愿于关外开垦，而汉人则因生计之压迫，违反禁令垦种田地，此固极少冒险之人。其在广东、福建沿海之地，亦有经商佣工于海外者。然皆不能解决国内过剩人口之问题，其无职业者，遇是水旱疾疫，不能束手待毙，乃循一治一乱之惨杀故辙，亦可悲也已。

人口过剩隐伏祸乱之根，其起而叛乱者，秘密会社也。会社之初起，究不可考，汉代即有其乱，清帝以满人入关，相传遗民痛于明朝之灭亡，加入其中，意欲复清。斯说也，殆难凭信，两广总督徐广缙曾奏三合会始于明代，明之中叶固有会党扰乱也。清代主要之党会可分为三，曰白莲教，曰三合会（或作三点会），曰哥老会，其支派繁多，名称复杂。三会之中，白莲教为最早，二会与其相近之点颇多，或深受其影响。白莲教之首领，初借劝人为善，医治疾病为名，招收党羽。其徒本多乡间迷信极深之游民，及受所谓信条之后，忠于其党，教主更借神怪不可思议之符咒，及天文预知之说，以坚固其信心。迨后党徒众多，遂起兵叛，政府禁之颇严，乃改名称，秘密宣传，迄今尚未绝灭。三合会、哥老会亦有迷信色彩，三合会盛于南方，其头目有大哥、二哥、三哥、红棍之称，会员统称草鞋。凡入会者举行郑重之典礼，名曰开堂，会规繁多，其不遵守者，即为背誓，五雷诛灭，所用之符号暗语，会外之人常不能解。哥老会盛于长江流域，组织目的近于三合会，其头目之名称，入会之形式，会中之暗语，皆无详述之必要。凡此秘密会社之会员，注重义气，会规谆谆然以患难相助为训，地方之恶棍，迫于生计之无赖，往往加入其中。其人轻身好勇，练习拳棍，良民畏之。其雄霸于一方者，广收徒弟，拒抗官吏，而官吏无如之何。其成立之要因，由于政府之腐败，官吏监督之不严，无业者之众多，与夫安宁之无保障也。魏源于《圣武记》中，记道光平猖事云："初楚粤边郡奸民，为天地会，缔党歃约，横行乡曲，小剽掠，大擅杀，各有名号，兵役皆其耳目羽翼，一呼百诺，吏不敢问。赵金龙起事，即戕杀会匪，故会匪不附，而郴桂两粤奸民已所在蠢动，州县借军兴团练，随时禽治渠魁，又猖平迅速，幸未生变。"猺乱平于一八三二年，距洪秀全起兵十八年前，可见会党势力之一斑，嗣后国内扰乱，莫不与之有关。

十八世纪末叶，叛乱之原动力酝酿已久，心满意足之乾隆，方以十全老人自庆，其祸乱之早发，促成于宠相和坤。初和坤专权，贿赂公行，吏治大坏，其私产或估其计不下八万万两。同时，八旗绿营暮气沉重，失其战斗能力，攻取大小金川，縻饷之巨，劳师之久，数杀大臣，皆其明证。自乾隆让位其子，其年为一七九六，迄于一八三九（道光十九）年，叛乱时起，其重要者凡四。一、白莲教之乱，——乾隆末年，白莲教魁刘之协煽乱，事发而逃，湖北、四川诸省奉旨大索，胥役逐户搜缉，多逞虐威。荆州、宜昌株连数千，富者破家，贫者庾死，人民又以征苗摊筹军费，失业问题，仇官思乱，湖北、四川、陕西之叛乱遂作，教徒胁民助之。官兵讨贼，常杀良民，纪律废弛，"所遇地方，受害甚于盗贼"（合州知州龚景瀚禀语），终不能平，后始利用乡勇，采行坚壁清野之策，乱事渐定。一八一三（嘉庆十八）年，白莲教余支天理教作乱，其教魁林文清贿通内监，会合党徒潜袭官廷，事败就擒，余党起兵于滑县，不久即平，其支派迄未能绝。二、苗猺之变，——苗民自改土归流以来，益退居于湖南、贵州僻远之地，官吏待之甚虐，扰及闾寨，汉人侵居其地，苗民时思报复，至是起而作乱，大杀官吏汉人，迭陷重城，官军讨之，转战数年，会教乱方炽，改用敷衍之策，始得班师。一八三二（道光十二）年湖南之猛作乱，猺本戆鸷，居于五岭，会匪欺其愚拙，连结官吏强劫牛谷，猺民不堪其苦，其酋赵金龙率之作乱。

其人矫捷善战，朝廷聚大军围攻，多虐杀之。其时广东之猺亦叛，清兵往攻，猺酋跪迎请降，杀之，猺遂死战，复招其出降，战祸始已。三、回疆之叛，——回疆自征服以来，朝廷委任满员治之，长官以其路远，恃而不恐，不善治之，而回人勇敢好斗，迭起叛乱，朝廷始乃慎重人选，终无效果。一八二五（道光五）年，长官连结土官，搜括回民，甚且广渔回女更番淫乐，回人愤怒，故酋之子张格尔乘势起兵，恢复要城，朝廷遣大军出塞，计诱杀之。复与浩罕搆兵，禁其互市。浩罕来侵，清兵仅能保其壁垒，乃许之和，回人迄未心服，乱旋复起，幸即平定。四、海盗之骚扰，——海盗初为沿海善于驾舟之游民，汉唐已有劫掠商贾之事，明代其势益盛，至是仿造高大之洋船，中置利炮，漳人蔡牵统之，曾得安南人之助，党羽日多，霸行海上，劫掠商船，势大猖獗，而水师之船笨窳，不能御之。其在广东者，为外船所败，余党扰于浙江。其巡抚阮元捐筹巨款，付交李长庚造大舰霆船，铸炮配之，朝廷擢长庚为提督，蔡牵数次犯浙，均不得逞。长庚追盗，重伤而死，朝命裨将代之，追剿益力，阮元施用离间之计，由是蔡牵败死，余党降服。东南之海岸稍靖。以上数乱，聚国内精力财力，始能定之。

清至中叶，国势渐衰，而对外之政策，本于传统之思想，轻视外人，依然如故。其造成之原因至为复杂，统而言之，可别为三。一受地理上之影响，我国四邻多为弱小国家，常来朝贡，其文化又不如我国，乃以天朝自尊，鄙外国为夷狄，而称其人为番鬼。一为心理作用，人类之天性，以习见者为当然，久则生有拥护之心，苟往异乡，其风俗习惯与之迥异将即感受不安，外人之种族容貌既不同于吾人，而言语饮食习惯风俗又各迥异，易于引起轻视厌恶之意，渐成普通之心理。一由于历史上之遗传，其说详论于后。历史上汉唐为中国强盛时代，版图达于西域，中西交通便利，国际贸易发达。唐时外人居于境内，学术思想随之传人，中国吸收之后，发扬光大，成为文化灿烂时期，何近代固拒外人之深？古今何相去悬远耶？问题颇关重要，兹分别言之于下。

我国天然环境，东南濒海，古代海上贸易不甚发达，南方邻国人民不善于营生，西南高山或无人迹，北部之旷大平原，人民稀少，沙漠适当其间，其北荒凉之西伯利亚，更无贸易之可言。对外贸易之途径，西北较为便利。商人本于求利之心，涉万里不辞其苦，陆路交通较为发达，其在汉时，小国臣服往来，尤形便利。其路程自我国内地前往陕西，深入甘肃，及抵敦煌，分有二道，一出天山南路，循戈壁沙漠之南而行，一出玉门关，自天山北路而行，绕道于戈壁之北，掠中亚细亚而南，商人之往来者，憩于和阗，以橐驼运输，货物萃集于其地。学者谓新疆为古代印度、波斯、希腊、中国文化接触之所，其历史上之名城，人民之生活，文化之程度，迥异于野蛮部落，商人自新疆西南而行，抵于波斯，复西行，入于小亚细亚，然后达于欧洲。水路自欧洲放船，出地中海，抵于埃及，然后易船渡红海、阿拉伯海，抵于印度，船复东行，过马六甲海峡，东至安南商港，自安南驶行，即至中国。海路自航海术进步，乘时季风前行，其便利远过于陆路，汉以后之商人，多乘船至中国。

古书曾言昆仑，其说或为当时流行之传说，或言其受外影响，无论如何，殆难认为追纪西北交通之路。公元前七世纪，秦穆公称霸西戎，秦立国于今陕西中部，戎人多居于今甘肃，西域交通当有进步。西域本官书上含混之名称，初指西方之地，当今甘肃、新疆，其后汉使通于大夏、安息、印度诸国，亦以此名称之。朱士行之经录称秦始皇时，西域沙门宝利房等十八人赍佛经来咸阳，始皇投之于狱。经录相传作于公元后三世纪，其说何所根据，今不可知。就年代而论，始皇与印度宣传佛教之阿育王同时，阿育曾遣高僧远往各国宣传佛教，高僧来之咸阳，有可能性。以上要为推论，今更有新证证明。安特生（J.G.Anderson）于河南、甘肃发掘远古遗址，得有无数陶器，其花纹样式，同于发现于小亚细亚者。其时期距今约六千年，据学者研究之结论，其地居民或自小亚细亚徙入，或受其影响，果尔，则六千年前，东西已有交通。周代兴于西北，重视玉器，中国本部固无重要产玉之区，周历初以七日纪日，同于外历，均足以促人审思。及至末年，数学、天文视前大有进步，今据学者之研究，疑其深受外国之影响。秦始皇统一中国，销兵器，铸为金人十二，汉武帝讨伐匈奴，得其重器，列休屠王之祭天金人于甘泉宫中，又得昆邪王之金人，知其烧香为祭。金人之为佛像，虽或近于猜想，而中国与亚洲西部及印度之有交通，实无疑问。武帝又谋夹击匈奴，遣张骞西通大月氏，及抵大夏，见邛竹杖蜀布，询之，知其来自中国，由印度贩至大夏者。据此，西南亦有交通。后班超降服西域，遣其属下甘英西通罗马，至波斯湾而还。其时欧洲、中国尚无直接贸易，货物均由安息商人转运。

欧人深入亚洲腹地，始于马其顿王亚历山大之东征，初波斯西攻希腊，大败而归，双方之仇恨深积。后马其顿国崛兴于希腊之北，降服南邻城邦，其名王亚历山大幼受希腊文化之影响，深表同情于希腊，具有雄心，欲征服世界，乃自小亚细亚追逐波王，侵入亚洲西部，公元前三二六年，逾越兴都库什山，抵于印度西北。会军士思归，不肯前进，始留戍兵而归。斯役也，促进欧亚之交通，从军之希腊人有留于印度西北者，建立小国，商人往来者尤多，贩运货物，中国丝遂传人希腊。亚历山大之师亚里士多得，西方之大哲也，其所著之书，中举丝名，丝在古代为我国之特产，而亚里士多得能言其名，则其传入欧洲殆无疑义，且进而为中欧交通之铁证。及罗马兴起，贵族需用丝绸，价同黄金，商人谋自海上来华贸易，先是罗马征服埃及，商人渡海至印度贸易。至是，船自印度东行，渡马六甲海峡，泊于安南，其地遂为国际商业重要之地。公元后一六六年，我国史称大秦安敦王遣使朝贡。其时值罗马皇帝安敦勒斯（Marcus Aurelius Antoninus）在位，使臣自安南遵陆路行，直达京都洛阳。其事未见于罗马史，古代商人，固有冒充贡使者，其重要则证明罗马商人之来中国耳。船向东北前行，即达中国海岸。二二六年，二八四年，皆有罗马商人来至广州之记录。

据上所言之史迹，上古中欧当有交通，公元后三世纪，海上亦有贸易，亚欧往来遂有水陆二路。陆路商人结橐驼队而行，逾越流沙，途中困苦，非言可喻；水路船舶运输往来较易，商人乃多舍陆就水。后罗马分东西二国，第五世纪，西罗马衰弱，野蛮部落侵入，欧洲之文化大受摧残，地理上之知识丧失几尽，欧亚之商业中衰。幸东罗马维持其间，及穆罕默德创立回教，统一阿拉伯半岛，同化野蛮土人，国势骤强，阿拉伯人掌握东方贸易之权。中国时唐太宗在位，政治清明，境内安堵，待遇境内外人，大体上本于种族平等之原则，国际贸易颇发达于广州、泉州，外人来至广州者尤多。后唐室衰微，海盗渐多，流寇祸作。其首领黄巢所到之地，屠杀焚掠，无恶不作，及陷广州，尽杀外人，商业始衰。北宋旋复旧观，南宋军饷无出，奖励商业，海道转盛。十三世纪，蒙古崛起于北方，其酋成吉思汗率其铁骑出征，无不胜利，子孙乘其余威，跨有亚欧二洲，驿站之传递公文，橐驼队之往来，海上之交通，均称便利。蒙古人之待异族也，优于汉人、南人，教皇遣人东来，马可·波罗仕于其朝。一四五三年，土耳其人攻陷东罗马之首都君士坦丁堡，掌握欧亚交通之路，回商乃垄断商业。

十五世纪，欧洲经济状况视前进步，东方物品之市场需要正殷，葡萄牙王子亨利（Prince Henry）奖励航行，谋觅新路，以达印度，其勇于冒险之船长沿非洲海岸前进，一四八七年，抵于好望角，一四九七年，瓦斯科·达·伽马（Vasco da Gama）率船绕道非洲，明年抵于印度，阿拉伯商人阻其贸易，然终贩买货物而归。葡王得报，遣兵舰东渡，俄据印度西岸之良港歌那（一作队亚）（Goa），以为根据之地，东取马来半岛之马六甲。葡人复来中国，租借澳门，垄断东方贸易凡有百年。荷兰、英吉利商人起而与之竞争，荷兰占据南洋群岛，英吉利经营印度，法兰西诸国商人继之而至，东方葡萄牙之商业大衰。欧人东下之动机，始则求一航路直达东方，贩运货物以得厚利，航海家冒险事业之进行，常得国王之助，国王之政策，则欲收其发见之地，臣服土人，建立广大之海外帝国也。其远离祖国之水手，多为富于欲望之青年，对于土人无恶不作，及据其地，葡王委任官吏治之，天主教神父后随之往。葡人初受回人之虐待，常有报复之心，强改土人之宗教，东方人民恶之。其贩运回欧之货，多属贵族之奢侈物品，如中国之丝绸、瓷器、纺机，印度之宝石、美珠、颜料，南洋群岛之豆蔻、丁香，其运来之物，以玻璃钟表等为多。

综观中外交通之略史，吾人发生之感想，则为世界各国民族因其地理上之位置，历史上之遗传，社会上之需要，产生特殊文化，及与外国接触，而始有所比较，发生异同，引起学者好奇研究之心理，常于有意无意之中，吸收外国之思想，模仿其制度，试以个人证之。个人生于社会之中，自少而壮，由壮而老，莫不深受家庭社会环境之陶冶。其习惯行为思想言论之大部分，概为社会之产物，换言之，个人之在社会，以模仿为多，聚个人而成团体，合团体而成国家，由国家而成世界。世界文化之进步，一由于天才之创造，一赖模仿之能力。是故民族于世界上之占重要地位者，常于二者规之。模仿之性质可别为二，其一于有意无意之中，自由模仿他国之长，以补本国之短，其一于困辱之后，始知墨守祖法之不利，迫而模仿他国之长。一八六〇（咸丰十）年前，我国所受外国之影响，多属于前者，其后所受之影响，多属于后者。其区别虽近于牵强，而目的则欲读者之深思也。学术思想所以促进人类之幸福，不受国界之限制，我国文化于世界上之贡献，吾人多能言之，而外国影响我国者，吾人亦当知之。兹略言之于下。

一、物产 物产以种子、土壤、气候之关系，各地不同，其自外国传入者，不知凡几。据学者良芳（Berthold Laufer）所著之中国伊兰（Sino-Iranica）一书，考证中国植物自伊兰传入者，不下数十种，如苜蓿、葡萄、石榴、胡麻、胡桃、胡荽、胡蒜、胡葱、豌豆、菠菜、胡萝卜、枣树、黄瓜、西瓜、无花果、皂荚、凤仙花、胡桐之类，历时既久，中或改去胡字，今为吾人常见或日用之物，将信其原生长于国内矣。其传入中国则始于西汉，张骞奉命西通西域，携植物种子如苜蓿、葡萄而归，后人以其开通西域，凡自西方传入者，多附会于张骞。其信而有征者，则为苜蓿、葡萄，余多逐渐传入，兹举数例，说明于下。武帝得天马于大宛，知其性嗜苜蓿，求取其实而归。《史记》纪葡萄亦于此时传入，渐种植于北方，《唐书》记破高昌，收马乳葡萄实于苑中种之。西瓜原为产于西域之瓜，夏时食之，可以止渴，其种亦得之于西方。梁（六世纪）陶弘景曾言寒瓜，其种类今不可知，五代史称胡蟠居契丹（十世纪）始食西瓜，称其破回纥得有此种。十一世纪，宋仁宗遣使航海买早稻万石于占城，分授民种，其分种成熟正与江南之气候相宜，农民胥受其赐。十六世纪，闽人得番薯种于外国，硗瘠之山地，皆可种植，木棉玉蜀黍亦自外国传入。关于锦绣矿物药石，亦有自波斯传入者。其关系于民众生活，至深且巨。

二、思想 战国时中国之时间观念、天文、算术等均有进步。法国著名之汉学家马斯泊罗（H. Maspero）称当时及汉代文学与印度、波斯相似，昆仑故事传自印度；中国初无行星之名，至是始乃知之，其分一日为十二时，为巴比伦之制；墨子所论之几何原理，同于埃及、希腊。其说今无传入中国经过之明证，尚难指为中国确受其影响。《史记》中律历志所言之律，尽同于希腊哲学家之言。外国学者之发明早于吾国，国内先无讨论，一旦忽有若大之进步，颇足以促吾人之深思。其后中外交通益繁，佛教传人，其始祖释迦牟尼感于生老病死之痛苦，入山求道，了解人类痛苦之道，由于欲望，倡说八正道于世。其教初基于印度固有之因果轮回，免除痛苦之思想，而佛陀阐明伦理上之责任，及慈悲不杀之旨义，合知识情绪二者，成立宗教。佛教传至印度西北，深受环境之影响，僧侣敬拜佛陀为天神，重视祈祷，由是传入中国。后汉始译佛经，自东晋至唐为其极盛时代，译书既多，流传益广。南北朝时士大夫多与高僧往来，研究佛法，其以儒家自命而辟佛者，间接亦受其刺激。相传梁武帝时达摩东渡，我国始有禅宗，其要旨则所谓“识自本心见自本性”也，识者近谓禅宗产于中国。无论若何，要与佛教有关。宋代道学家之主敬主静，即佛教静坐之变相。大儒陆九渊、王阳明等莫不吸收禅宗之思想。佛教传入之后，方士受其刺激，效其组织，成立佛教变相之道教。佛教既入中国，后于名都大城，创立佛寺，其中佛像繁多，种类不一，见之警人身心，因而附会天堂地狱之说，隐寓奖善惩恶之意，又如轮回之哲学，说明吾人今生之享受，定于前生之功过，来生之享受，定于今生之行为。其说深入人心，往往于无意之中，约束人民，亦来自印度者也。回教耶稣教传入中国，亦有相当之地位。十七世纪，耶稣会教士输入西方科学知识，固其明证。清代汉学大师戴震等精通数学，其考证之精核，或受科学方法之指导也。

三、文学　中外交通以来，文学受外影响，秦汉以前，固无论已。及佛教传入，其经典梵文本也，汉人能读者极少，汉末开始翻译佛经，高僧以其文法构造之不同，字义思想之悬隔，袭用文学上之旧语，不免于附会失真，后乃创造新语。近据日人《佛教大辞典》所收入之新语，凡三万五千，其少数成为我国文学中之习见语，如法界、果报、刹那等之类。汉译之佛典文体，迥异于通行文字，其倒装句法，解释语法，形容辞句，及无韵诗歌，皆足以觇外来文学之色彩。译者颇求其通俗，梁启超称之白话新文体，盖有所见。宋代之白话文学受其影响，其最明显者，则理学家之弟子效法禅宗之语体文而作语录也。戏曲亦为文学作品之一，说者疑其曾受外国影响。许地山分析梵剧，谓歌舞乐在宾白之间，以及表演之角色，类近我国之杂剧，其相似之点，虽不足为曾受印度影响之明证，然而固为有力之建议。其他影响于文学者，尚有反切、四声等，反切之法，合二字之音为一字，上必双声，发音相同，下为叠韵，收声相叶。说者尝谓反切由于天籁，不烦人造，殊不尽确，应劭《汉书》之注，孙炎《尔雅音义》之作，其法始乃大行。梁时慧皎所著之《高僧传》中有曹植深爱声律，“属意经音……传声则三千有余。”（见慧忍传）要之，音韵学之始祖，皆在曹魏，适当佛教传入之后，其受印度影响，殆无疑义。其可附带说明于此者，则为字母。《隋书·经籍志》云：“自后汉…得西域胡书，能以十四字贯一切音，……谓之婆罗门书。”《高僧传》记谢灵运咨询和尚慧睿经中诸字并众音异旨，于是著《十四音训叙》，条例梵汉，及唐失传，高僧守温因而整理来自西域之三十六字母，以为切韵。四音由音韵演进而成，沈约自称为其所作，殆不足信。韵学与律诗关系密切，唐代律诗之盛，岂无因乎？

四、科学 科学之受外国影响者，秦汉已如上述。及唐武则天临朝称治，六八四年，颁行高僧根据印度历法改订之光宅历。七二一年，玄宗诏僧一行再订历法，一行步推，依据印度成法。同时数学亦有进步，不幸书久佚亡，内容今不可知。元时领土初有中亚细亚，回人之天文学术传入，郭守敬受其影响，造成负有盛名之仪器，明末耶稣会教士来华，其人精通天文、物理、数学、医学，将其输入中国，以为布教之机会，其最著名者，有利玛窦、汤若望、南怀仁等。利玛窦习学中文，身穿华服，初传教于广东肇庆，后往来于南京、北京，上表进贡于明廷，后死于北京。学者从之游者，有徐光启、李之藻等。其所著重要科学之书，有《几何原本》《同文算指通篇》《西国记法》《勾股义》《测量法义》等，其所作之万国舆图，故将中国置于中央，迎合时人之心理。死后，顽固者目其教为邪教，政府放逐教士于澳门。其时满洲崛兴于东北，迭败明兵，明廷以炮御之，复召教士工匠于澳门，铸造大炮。汤若望等应诏入京，教士鉴于旧历沿用已久，中多错误，得旨开创历局，编纂历书，兼造天文仪器。仪器种类颇多，以铜为之，精巧称于一时，后清兵入关，幸赖多尔衮之保护，未尽损坏。未几，清廷颁行教士编定之《时宪历书》。及康熙亲政，南怀仁奉诏，筑观象台，置新造之天文仪器于其上，后铸重炮，以平三藩之乱。康熙诏其进讲西学，扈从巡游，复命其考察各省之地势，绘成地图，历三十年始成，名曰《皇舆全览图》。总之，耶稣会教士之影响于我国者至深且巨，数学，我国学者自受其指导，研究颇有心得，久已失传之天元四元，复明于世，汉学大师且多精通数学。其所造之天文仪器，颇有美术上之价值，八国联军之役，德国取之而归，大战后复还我国。医学传入国内，新法牛痘拯救无数婴孩，其法创于英人，一八〇三（嘉庆八）年西班牙人传之于中国。

五、美术 美术之范围颇广，先秦美术作品之存于今者，多为金石。

殷周彝器无制造人名，其花样多同，无个人创作之表现。及至汉代，花样之种类增多，其兽形类于外国之样式，盖自西北传入者也。汉代石刻，内容或为神仙故事，或历史人物，或为奇兽，要多粗浅，迨佛教传入，乃深受希腊、印度一派之影响。初亚历山大东征，留戍兵而归，及其死后，其部将立国于西亚，希腊美术传至亚洲，大夏、安息所铸之钱币，中印王像，其服装同于希腊神像，及大乘佛法盛于印度西北，雕刻之佛像骤增，其裸体之状态，肌肉之弛张，生气勃勃，一如活人，模仿希腊之迹，显然可见。其表现之意义，则为印度之思想，故有印度、希腊雕刻一派之称，至是，随同佛教传入中国。近时斯坦因（Aurel Stein）等于新疆掘得之佛像，尤其明显之证，古书称高僧往印求经者，曾带佛像回国。北魏大同（今名）龙门刻石，工程伟大，精细为国内希印雕刻之名作。塑像，唐代杨惠之负有盛名，其所塑之神像，神态弈然，其四尊罗汉尚存于苏州角直镇。元代之建筑，颇受回人之影响，佛寺之建筑，塔则仿自印度，国内屋脊今皆斜下，亦受外国影响。绘画秦汉殆无名家，画家所用之毛笔，绘画之材料等，均为中国产物，佛教对之，虽无重大之贡献，要亦与之有关，或促进其发展，如供给画家佛教上之人物，顾恺之于寺中作画，卫协善画神像等，皆其明例。梁武帝虔奉佛教，遣人至印度，习学壁画，近时西北废寺发现壁画，其画固自外国输入者也。兹为便利之计，附言歌乐于此。汉代初以安息之献，角觝戏兴，西域乐器先后传入中国者，有胡角、凤首箜篌、琵琶、五弦笛等，并得乐工教习歌曲。隋炀帝定乐为九部，中多胡乐。唐兴，《霓裳羽衣曲》由凉州节度使进献。歌舞亦受外国之影响，如《旧唐书·音乐志》称拨头出自西域，胡人为猛兽所噬，其子求兽杀之，为此舞以象之也。自唐以来，音乐虽有变迁，而大部则仍相承，迄于今日。

以上列举之事实，不过证明中国之文化，曾受外国之影响，欧洲近代文化则合埃及、希腊、希伯来、罗马诸国之贡献而成，原无足异。闭关自守之国，既无比较之可能，又无有力之刺激，进步往往困难，文化实无国界，欧洲思想，亦曾受我国之影响，如法国哲学家卢梭主张自然，则受我国老庄之影响，尤有进者，外国文化传入之后，多受我国思想环境之影响，成为国内文化之一部分。其性质遂迥异于其在外国，吾人无须自馁也。同时，各国之政教，多基于历史环境，于其传入之前，当有深切之研究，详论其利弊，外国之事物，未必皆有良好之结果，鸦片、烟草、杨梅毒疮尤其明显之例。鸦片之为害也，破坏道德、家庭幸福、经济状况、政治安宁，其种子自西北传入，近代自海上运入，造成大祸，其事详于后篇。烟草植于美洲，西班牙人移植于菲律宾岛，闽人传其种于福建，于是我国始有旱烟、水烟，最近卷烟传入，漏卮甚巨，且有害于人生。杨梅毒疮，说者言其初盛行于北美洲之南部，西班牙于发现新大陆后，占据其地，其远离祖国前往之青年，多贪利无餍，放纵情欲，染得病菌，恶疾遂传染于他地。我国之有此病者，始于广东，其后渐及于他港商埠。三者之害，显而易见，尽人所知，思想制度不善利用，其害或甚于此，盲从不辨是非之害，可不惧乎？总之，一国容纳外人，国际上接触之机会增多，发生比较之心，造成精确判断之能力，天下之害，实多生于蒙蔽狭隘也。

古代中外之交通发达，何近代闭关而拒绝外人之甚耶？吾人就历史上之背景而言，上古中国外患力足以制之，及五胡之乱，促进华夷互通婚姻之机会，隋唐曾去种族上之畛域，隋文帝、唐太宗之后皆为胡人，蕃将之立功于唐者，史不胜书。宋受外族之蹂躏，夷夏之观念渐严，理学之发达，士大夫之胸襟益狭，终见灭于蒙古。蒙古人之入中国也，大肆屠杀，既平宋后，虐待汉人、南人，而又防其叛乱，禁南人携带兵器。其治中国也，惟知榨取于民，人民不堪其苦，加以喇嘛之横暴，官吏之贪墨，贫民铤而走险，相聚为盗。朱元璋力并群盗，驱逐蒙古人而北，为事颇易，斯见汉族之痛心疾首于蒙古人矣。其明显之结果，对外引起仇外之心理，对内容忍皇帝威权之扩张，及明中叶，倭寇之祸大作，时人深信海上贸易，为其祸根，朝廷采用严监外人之政策，闭关思想，遂益发达。明亡士大夫抱有恢复之心，其种族之恨恶，往往见于著作，其入人之深，乃转而以对欧人。欧人初至东方，不知中国之情状，其政治家以为文化发达之古国，不惜卑辞厚币求于中国。其远渡之水手，多为富于野心之青年，类近海盗，无恶不作，反足以引起华人之恶感。其心目之中，以为外人嗜利无厌，心怀叵测，凡其要求概以恶意推度，自不研究其国中情状。朝廷大臣坚信夷人恃茶叶、大黄为生，封舱为驾驭之秘法，遂益骄傲，荷兰诸国且以藩属自居，相沿既久，视为固然。吾人于言中外冲突之先，当略先知其来华之经过，及其贸易之情形。

初葡萄牙占据歌那，东取马六甲。一五一六年，葡人附船抵于中国，明年（正德十二），葡船八只来粤，泊于上川岛，遣船偕同使者前往广州，葡船继之至者，贪婪横行，官吏捕之，不得，囚其使者，使者饿死于狱中。一五二二年，葡使复至上川岛，明兵击之，余众逃往电白岛，葡人心犹未已，航达福建、浙江，经商于泉州、福州、宁波。而宁波商业后颇发达，葡人强改华人宗教，诱拐妇女，长官讨之，杀教徒一万二千，内有葡人八百，泉州亦杀葡人，生者逃往电白，电白遂为商港。一五五七（嘉靖三十六）年葡人纳贿粤官，得于半岛澳门（今名），创立货栈，晒干货物，葡人始得经营澳门，岁纳地租。中国对于澳门建筑城墙，限制交通，但仍认为领土之一部分，一八〇八年，英与法战，遣舰保护澳门，两广总督吴熊光令其撤去，奏报朝廷，嘉庆责其防范不善，即令革职办罪。其地诉讼归于华官判决，犯罪之葡人由其官员交出。管理商业之权亦操于华官。如后广州停止英国商业，而葡官亦奉命拒绝英人住于澳门也。葡人既得根据地于中国，垄断远东之商业，阻挠后至之欧商。其政府谋得权力，先后遣使臣来华，前三次未达北京，第四使臣得觐康熙，第五则朝雍正，第六则觐乾隆。使臣执礼甚恭，然终不得要领而归。其后葡人之贸易衰微，而澳门仍为外人居留之所。

耶稣会于一五五二年成立，宣传天主教于东方，葡人管之甚严，教皇派僧召集会议，议订章程，凡至中国者，须通华语文字。其人曾受良好教育，输入科学知识，迎合人民之心理，利玛窦谓上帝为天，许其教徒祭祀祖先，礼敬孔子，信者渐多。后守旧派杜米尼坑（Dominican）等教士来华，指摘其传教方法，乃开会于广州，共谋有所解决，而祭祖拜天为会中争论之焦点，未有结果。旧派诋毁耶稣会于欧洲，报告教皇，葡人恶之，曾阻碍其工作，葡法大学倾向守旧，恶其思想之激进，耶稣会之敌增多。教皇改变态度，一七〇四年，派使携带教令来华，禁用天字及拜祖先，康熙根据耶稣会教士之报告，捕之送往澳门，教皇再派使者入京进觐康熙，请求管理教士，康熙不许，先曾遣使往谒教皇，杳无信息，疑其被杀，乃严待之，一七一三年，教皇解散耶稣会。其时江南有教堂百所，教徒达十万人，他省亦盛，竟以教皇之禁令，发生阻碍。一七二三年，雍正嗣位，闽浙总督满保奏请安置教士于澳门，改天主堂为公廨，上谕许之，天主教始衰。其原因则教士内讧，教皇妨碍耶稣会之传教事业，雍正以教士干涉内政，而身信奉喇嘛教甚虔，故禁其传教，及乾隆末年（十八世纪末叶），教乱迭起，天主教之禁令益严。一八五〇年，嘉庆严禁教士刻书，而神父传教之热忱，未为稍挫，仍有潜入内地者。基督教初以荷兰之保护入于台湾，及荷人被逐，教士亦去。一八〇七年，英国教士马礼逊（Robert Morrison）来粤，马礼逊，基督教牧师也，译成《新约》，刊行中英字典，我国遂有基督教。

方葡萄牙经营东方也，西班牙雇用之水手发现美洲，一五二一年，其臣麦哲伦绕行地球，发现菲律宾岛，西人据之，后海盗林凤（旧误译为李马奔）率众攻之，战败而逃。闽官遣舰侦之，抵于菲律宾岛，明年，其长官遣教主二人为使，附舰渡闽，请求通商，使者无所得而返，再遣使者重申前请。中国许其贸易于广州，然遭葡商之忌，无大发展。十七世纪，闽人经商于岛中者日增，西班牙先后惨杀无辜之华人凡四万余名。其南渡者不为稍止，西官乃限制华人六千住于岛中，每人年纳丁税六元，其不改奉天主教者逐之，商业仍操于华人之手，西人用墨西哥银币买货，墨币由是流入中国。

荷兰人继二国东下，先是，荷兰为西班牙之属地，其人坚决果敢，信奉新教，不堪西班牙之虐待，叛而独立，会西班牙、葡萄牙合并，严禁荷商贩货于葡京。荷船迫而东渡，一六〇四年，抵于广州，以受葡人之阻挠，先后均无结果，改用兵船来攻澳门，不胜，逃之澎湖，更退据台湾，一六六一年，郑成功自厦门率军二万余人，渡海攻取台湾，荷人大怒，遣船援助清兵攻陷厦门，而于台湾则无如何。其后康熙征台，诏荷兰助战，而荷舰失期，及至，台湾已定。荷商既不得志于广州，乃于福建要港贿赂长官，贩运货物，一七六二年，始设商馆于广州。其政府谋得商业上之权利，以为能得朝廷之许可，则广东之困难立即解决，又以卑事日本幕府，得通商于长崎，遂迭遣使卑辞厚币来至北京，遵朝见之惯例，行三跪九叩首之尊礼，惜皇帝未曾稍假颜色，允许其请也。结果清廷定其贡期，列为藩属。

十六世纪末叶，英王致拉丁文书于中国皇帝，请求通商，不幸船破。其商人俄组织东印度公司，遣船驶往广东，葡官鼓动粤官拒之，英船曾炮击虎门，直驶黄埔贸易而去，其后至者，均不得贸易。会台湾政府许其通商于台湾、厦门，二地贸易颇形发达，后台湾以降清而商业告终。一六八五（康熙二十四）年，朝令各口准许夷船互市，公司船俄至广州，海关监督借端勒索，公司患之，遣船贸易于厦门、宁波，奈其长官非法需索甚于广州，公司后设商馆于广州，并巩固其地位于印度，在华贸易之额数占据第一，益欲改良商业之状况。一七七八（乾隆四十三）年，英王遣使前往北京，中途船覆，杳无音信，一七九二年（五十七），王遣大使马尔加尼（George Macartney）来华。粤督以大班之禀报，奏其来祝万寿。明年，船抵大沽，马尔加尼自称王使，华官颇礼敬之，遣船送往北京，中立大旗，书曰："英使朝贡"。及抵北京，乾隆适在热河，乃往觐见，大臣说其遵行三跪九叩首之礼，不得，乾隆许其以觐英王之礼朝见，待之颇厚。大使要求英国公使驻于北京，设立商馆，中国开放宁波、天津，而于舟山、广州附近，给予英商住留之地，改减船税。原文并无传教之要求，而乾隆诏书则言及之，盖由于译文之误也。大使又说中国派遣公使驻于欧洲，清廷复文一一拒绝，遂无成功而归。十九世纪初叶，英美交战，英舰捕获美船于澳门，粤官强令英商交出，争执颇烈，后始让步解决。英国欲因解困难之症结，且谋商业上之利益，一八一六（嘉庆二十一）年，命阿美士德（William Pitt Amherst）为大使东渡，及抵天津，长官说其叩头，不许，旋至通州，即往圆明园，明日，至园，大臣强其觐见，大使谓其疲乏已极，而国书礼服未至，拒绝其请，朝臣说其回国，英使遂即日出京。初嘉庆欲其如礼觐见，谕称不肯跪拜，即阻其入京。而大臣贸然同之至京，乃欲于困乏之余，而强其三跪九叩首也。大使之来，徒增二国之恶感耳。

欧洲关于中国之知识，多赖法国教士之报告，教士富于学识，本其见闻，发为文字，而使欧人稍知中国之状况。法国在华之商业殊不发达，其王未曾遣使远至北京，请求通商，一六六〇年，始有商船来华，一七二八年，设立商馆，而贸易仍无进步。十九世纪之初，英法战争，法国海外之势力远非英比，其广州领事（大班）馆之旗升落不定，其他在粤贸易之商人，有美利坚、瑞典、普鲁士等国。美国初为英国属地，其需用之茶叶，由东印度公司转运，独立后，始谋直接贸易。一七八四年，美船抵于广州，其商人无专利公司之限制，而船只较小，便于运输，商业日益发达，在华之地位跃为第二。其余诸国均有商船来粤，惜其商业无足轻重，华官待之，多如英美商船

水路通商略言于上，陆路与俄国交涉颇早。俄自蒙古人侵入以来，颇受中国之影响，及独立后，经营西伯利亚，数遣使臣来至北京，中国殊轻

视之。方清帝入主中国也，俄军乘势侵入黑龙江边境，建筑雅克萨城，驻兵守之。会康熙于平三藩之后，出兵围陷其城，毁之而归，未几，俄军复至，清兵攻之。一六八九（康熙二十八）年，二国代表议和于尼布楚，缔结条约，以外兴安岭为界，毁雅克萨城。二国边吏不得容留逃入，严禁猎户人等擅越国界，其有护照者始得贸易，违者各送本国治罪。约成之后，俄皇迭遣使臣来华要求改约，使臣遵守三跪九叩首礼，亦无结果。一七二七（雍正五）年，二国始订恰克图条约，初外蒙古与俄先有互市，及其臣服中国，疆界互市之问题，须协商于清廷。至是，雍正许俄议定疆界，成立恰克图条约共十一条，明年，批准。条约规定边界，互交罪人，递送公文，及贸易往来。中国许俄建筑俄馆于北京，教徒可学华文。会清用兵于准部，患俄助之，亦遣使臣入俄。二国自订条约后，恰克图之百货云集，乃为漠北贸易之中心点，边吏增订互市章程。新疆自征服以来，边界贸易亦有进步。一八〇五（嘉庆十）年，俄船二艘驶入广州，关督延丰许其卸货，朝廷严办其罪，其心理则俄人于陆路上已有通商之权，不应再至广州，贩运货物，而违反旧制也。

十七世纪，广州、厦门、宁波皆有外船互市，税收以广州为轻，其贸易最为发达。一七〇二（康熙四十一）年，朝廷遣皇商来粤，垄断国际贸易，其人非广州之大商，外商恶其贩卖迟延，粤商恨其专利，官吏嫉其夺去税权，皇商乃许粤商贸易，其条件则每船纳银五千两，其制后废。商人羡其获利之厚，趋之若鹜，互争利益，俄自觉悟，成立公行，划定物价，外商抗议于总督，谓将离港他往，总督饬命解散，商人旋复组织公行。政府防范商欠及其弊端，禁止商人私与外商贸易，更以广州商业之发达，便利征税及监督外人之计，一七五七（乾隆二十二）年，诏定互市限于广州，公行遂有所恃，其会员骄奢日甚，破产者多，乃告解散，一七八二（乾隆四十七）年，欠债事起。其时民间借债月利低者二分，高者五分，外商运银来粤借于商人，或博重利，或预订货，商人有无力偿清者，官管行商益严。行商一称洋商，其行曰洋行。据林则徐之奏文，嘉庆十八（一八一三）年，粤海关总督德庆奏准设总商综理行务，嗣后承选新商须联名保结，行商凡十三家，渐有倒歇，道光九（一八二九）年，存有怡和等七行。监督延隆准新商试办一二年，由一二商人具保承充，十三行遂复。其品流始杂，欠债增多。一八三七（道光十七）年，粤督邓廷桢会同关督奏复联保旧制，其歇业者准其联保承充，不添一商。行商设有公所，会商公共事务，对于政府负有管理外人之责任，对于外商有指导之义务。外商贩来之鸦片、棉花，输出之茶叶、丝绸，初皆由其转卖，货物之高低，供给之量数，由其操纵，并得抽货价百分之三为其归还欠款，或补偿损失之费，不幸其款后归官吏。

外船之驶往广州也，先行商定税金规礼，然后入港。清代关税，一曰船钞，一曰货税。船钞根据船只之大小分为三等，其法测量船身之长宽，按其等级，以定其额数，货税颇轻。正税而外，官吏规礼多至六十余种，雍正收之归公，乃另立名目，勒索如故。其收入最丰者，首推海关监督，监督身为满人，多为皇帝亲臣，管理商业，征收税银，其品秩与督抚相等，不受其节制，先是外商不堪勒索之苛扰，则共同抗议，而以不至广州为要挟，粤官斟酌情形，或去弊端，或拒其请，迨朝廷宣示广州为互市商港，外商始失要挟，及行商成立，管理之法益备。外船来粤，先得澳门同知之许可，租屋于行商，及船泊于澳门，船主至其衙门，雇用领港通事买办（买办亦得于船入黄埔时雇用），船再驶往虎门，关督丈量船身，视其货物，定其税金规礼，船主如数与之，然后驶入黄埔。及船泊于码头，船主报告货物于行商，由其介绍，或供给房屋、货栈、仆人等。其贩运货物也，专向行商磋商，价值之高下，由其决定，外商苟以价太低廉，亦得拒绝出售，顾其远至广州，不愿再运货物回国，而多尊重行商之意见也。运回之货物，多为丝茶，法律规定每船载丝不得过于一百四十石，余多茶叶，其价亦由行商定之。外船之在黄埔也，期约三月，通事买办皆得厚利，官吏胥役亦有赠遗。其不入港者，海关之税额，官吏之规礼，均得减半，行商之佣钱，则为二千余两。

广州之外商无购地置产之权，其住宿办公之商馆，数凡十三，为行商之产业，盖行商十三也。租金取价低廉，外商每于冬季入住，货栈则在河南，亦为行商之产业。粤官之管理外人，也订有条例，后益严厉。其要款如下：一、兵船不准驶入虎门泊于内江。二、番妇枪炮不准带入商馆。三、洋商不准私借夷款。四、夷商雇用华工不得过于定额。五、夷商不准乘轿。六、夷商不准划船取乐，每逢初八、十八、二十八日，始得往游花园。七、夷商不准直接上禀长官，须由行商转递，并受其管理。八、夷商不准久居商馆，贩买之后，须即回国，或往澳门。规则中一、二、七三条，执行颇严，其禁兵船武器者，以防变起不测，而不易管理也。其禁妇女之入商馆，一由于中外礼俗之不同，其时国内上中级社会之妇女，居于深闺，而外国男女同行，其服装自华人观之，则为妖艳，迄今民间尚有取种之说，一防外人久住不去也。其禁外人上禀，官吏称为严肃政体，且为免除烦扰，便利行商管理之也，后以弊端丛生，始准夷商于城门递禀。其禁外商久居广州，外商去时，雇用工人看守商馆，往来概须纳费，其无住宅于澳门者，出纳重贿，亦得私留住于商馆。第三条严禁借债，而行商常以中外之利息不同，多借外款。四、五、六三条均为具文，商馆雇用华工，官吏平日从不过问。坐轿之禁，本于轻视之观念，虽曾发生争执，然以外人不准行于市中，或自由出外，实无乘坐之必要。其往游花园，向不遵照定例，无事则划船渡河，散步园中。综观管理章程，可称琐屑，其动机则官吏认“夷人犬羊之性”，不宜亲近，发生事端，又患奸商之欺愚外人，乃借行商保护之也。

行商外商之买卖也，从未订定合同，双方均能履行言诺，其信实昭闻于世，相处亦颇和善，尤以伍绍荣诚实不欺，慷慨好施，见称于外人。其得承充行商者，固须连保，亦当纳银，凡遇大荒河灾，均须捐款。一八三一（道光十一）年，朝令归还商欠，伍绍荣出银一百十万两，一八四一年，英军将攻广州，将军奕山议和，伍绍荣出银一百万两，曾自谓其财产，共值二千六百万两。其款虽由经商之才能而得，亦赖专利制度之助，其不善经商而拖欠外债无力归还者，亦复有之。其时国际贸易之普通言语，则为印度、葡萄牙、英吉利语言合成之洋泾浜话，通事习学其常用之话，全国无精通外国文字之人。商业虽受种种限制，然以实用科学之进步，世界交通趋于便利，年转兴盛。一七五一（乾隆十六）年，黄埔江中外船十八，英占半数，一七八九（乾隆五十四）年，增至八十六只，大多数属于英商，美船次之。《达衷集》记一八三二年，英船有北上觅新港贸易者，及抵上海，其船主称前来船七八只，现大船七八十只，买茶叶三千万斤，湖丝几百万元。外船运来之货，则为鸦片、洋布、羽毛、大呢、钟表。自一八一八年至一八三三年，英美输入之货，价共四万二百万元，每年平均凡二千五百余万元，中国之输出者，价凡三万六千八百万元，每年二千三百万元，税收原定额银四万余两，一七九九年，增至八十余万两，鸦片战前，约银一百七十八十万两。官吏之规礼，则不可知。

官吏对于外商欲其遵守惯例，饬令行商通事负责办理，除征收税金规礼而外，其曾引起争执者，则为法律问题。外人自通商以来，住于广州，犯罪者殊少。期内间有华人殴杀外人，水手亦有醉酒滋事，或误杀华人，或相仇杀者，初则概归华官审判，按律治罪，外人亦无异言，后则力谋避免华官之干涉。其主因则中国法律初较外国为优，及后外国改良法律，而中国仍守旧法也。其尤发生困难者，常为误会伤杀，不知谁为犯人，粤官责令船主、大班交出罪犯。其要求之理由，则共同负责之连坐法也。其法，子犯罪，父连坐，夫犯罪，妻连坐，兄犯罪，弟连坐，一家犯罪，四邻连坐，甚者一人自杀于仇家之门，主人即犯嫌疑之罪。同时，官吏连坐亦严，杀人越货之案发生，县官负有责任，境内倘有匪乱大灾，长官或受相当之处分。其对外人适用此法，乃当然之事。外人认为不公，事实上负责之人，往往难于负责，因其不知犯人之为谁何，而将其交出也。及起争执，长官或许外人出金抚恤以作解决，或停止贸易以为恫吓。外人住于中国，当守国内之法律，固无疑义。外人之辩护，则以官吏腐败受赂，而判狱多不公平也。其尤难于解决者，则粤官饬令商人对于本国政府之行动负责也。英舰曾捕美船于澳门，粤官严令英商交出，英商则谓政府之行动不能负责，几致决裂。其争执虽或一时解决，然非适当之途径也。

清廷之许外人通商，大臣谓其出于皇帝之天恩。乾隆于答英王乔治第三之诏书，自谓天朝之领土广大，物产丰富，皇帝不爱珍物奇玩，无须外货。其后俄船驶人广州贸易，关督奉旨办罪。朝廷以为俄人已得陆路通商之权，不应再沾天恩也。迨禁烟事起，自称深悉外夷一切伎俩之林则徐犹曰："从前来船每岁不及数十只，近年来至一百数十只之多。我大皇帝一视同仁，准尔贸易，尔才得沾此利，倘一封港，各国何利可图？况茶叶大黄，外夷若不得此，即无以为命，乃听尔年年贩运出洋，绝不靳惜，恩莫大焉。"此种思想足可代表普通心理。其时国内人口激增，生活艰难，教变迭起，祸乱时作，官吏之昏庸，军队之腐败，莫不昭于耳目。而政府尚欲遵守祖法，闭关于交通发达之时代，自不可得。盖自科学昌明以来，机械学有进步，轮船火车相继发明，世界各国之关系因之日密，又值工业革命，资本家开辟市场之心益急，外船来粤之多则其明证。商业既日发达，事务剧增，交涉日繁，而政府轻视外国。嘉庆曾以英兵保护澳门，特降谕旨曰："试思天朝臣服中外，夷夏咸宾，蕞尔夷邦，何得与中国并论！”又不许其公使驻京，广州大班不得与长官直接交涉，乃无解决困难之途径与方法，祸根遂伏于此。

1. 关于中国人口，海关邮局统计专家各有估计，官吏亦有报告，要多可议之处。陈正谟于二卷六期之统计月报，估计一九二九年全国人口凡四万八千五百余万，亦难尽信。此据前邮局报告，不过以其可见国内人口分布之情状，其中亦多可议之点，如蒙古人口之估计，盖就内外蒙古而言，殊难凭信，满洲人口亦有增加也。

2. 大黄主泄，产于中国西北者最佳。外商先曾贩运，及至近代，别有药品代之，士大夫囿于传说，固不之知。

第二篇

中英冲突及鸦片战争

律劳卑之来粤——平等待遇之争执——交涉之恶化——困难之症结——缄默期内之大事——商欠——鸦片之略史——鸦片畅销之主因——烟禁之议——林则徐之禁烟——义律缴交鸦片之经过——禁烟之希望——林维喜案之严重——清廷之主战——英国之宣战——军备之比较——定海陷后朝旨之中变——琦善和战之两难——道光再主用兵——广州之屈服——英舰之北上——浙苏战守之失败——国内纷扰之情状——和议之经过——南京条约——和议之评论——战败之原因——政治上之弱点

中国国际贸易，英国最为发达，双方均为垄断；中国限制贸易于广州，买卖由行商主持，英国设有专利公司，其他商船不得来华。外船之来粤也，纳船货二税，货税则税率章程向未公布，船税分三等征收，大船纳银一千一百至二千余两，二三等船征银白四百至八百两。英国东印度公司船只多为大船，美船则为小船，他国兼有大小商船，英商颇处于不利之地位。官吏征税又多勒索。行商或以资本短少，不善经营，一八二七（道光七）年，倒歇两家，又有欠债不还者。公司视为口实，禀报两广总督李鸿宾请求废除行商买办，得在省城自租房栈，囤贮货物，关督视船征税等款。李鸿宾以其违反旧制，且与民夷不相交之意不合，批驳不准，而英船不肯入港，以为要挟，乃减船税，添置行商，作为让步之条件。公司原无别港贸易，商船再行入港，问题固未解决。一八三二（道光十一）年，英船北上，驶往福建、浙江、江苏、山东、奉天谋觅新港，船长告知华官则谓广东贸易不公，各省长官严禁人民与之贸易，乃再南下。中国时视商为末业，国际贸易，无足轻重，朝廷亦以区区税收不足介意，大臣疆吏不知形势之剧变，墨守旧法，专倾向于防弊。公司则以求利为目的，遵守中国之法令惯例，故得相安。及公司废除，争执遂起。

十九世纪初叶，英国工商业大形发达，其资本家以拿破仑之封锁欧洲大陆，妨碍实业之发展，要求政府取消公司专利之权，许其经商于印度、中国。一八一三年，国会通过议案，准许商人自由贸易于印度，公司仍得垄断中英之商业二十年。公司之买卖货物于广州也，设有职员，管理船只水手事宜，遵守中国之法令，相安无事。及专利之期将届，英国舆论高倡自由贸易于中国；其主要之理由，则为美国无专利公司，其在华贸易之地位占据第二，东印度公司之存在，徒为股东之利益耳。政府受其影响，公司势将失其专利之权。事闻于粤，李鸿宾传令英商寄信回国，略称公司解散，英国当另委员办理商业事宜。英国国会通过法令，取消公司之特权，遣派商务监督来粤，组织法庭，审理刑事海上罪犯等。一八三三（道光十三）年，英王委任律劳卑（William John Lord Napier）为监督。律劳卑为英王族，兼上院议员，曾任海军官长，地位颇高，其佐之者，多前公司之职员。英王谕其住于广州，其管理之区域，限于黄埔、广州，后始扩至虎门外之伶仃岛；又训令其与华官交涉，须本于和善劝说之原则，不得刺激中国人民之恶感，英人当守中国之法律。外相巴麦尊（Lord Palmerston）训令其到粤后，即以公函直接通知总督，斟酌情形，要求增加通商口岸，议定商约，但须谨慎从事，不得引起华人之恐惧与恶感；其交涉须报告于政府，听候训令，务使华官明了英王诚恳之志愿，而欲对于中国发生亲善之关系，促进二国人民之幸福。外相又令监督不必即时组织法庭，以起华人之反感。吾人今观训文之要旨，一方面则求迎合华人之心理，遵守中国之习惯，一方面则令监督函告总督。按之惯例，领事向称大班，其往来公文，总督则用谕批，大班则上禀帖，多由行商转达，乃自相矛盾，困难遂起。

一八三四年，散商来粤。七月十五日，律劳卑船抵澳门，会同属员，乘兵舰前往虎门外之川鼻岛，改船驶入黄埔江，二十五日晨，抵广州。方其抵澳之信息报于总督卢坤也，卢坤称为夷目，知其地位异于大班，饬令行商往澳，问其来意，告以中国法律，说其于得朝旨之先，住于澳门执行职权，苟欲来之广州，须先报于行商。行商二人往澳，而律劳卑已入广州之商馆，函告其使命于总督，请求谒见。行商二人见之，其译员方译原函为华文，行商告以总督命令，监督称其为官，将直接致公函于总督，并无须其转达。据卢坤奏疏，夷目不肯接行商，岂行商托辞推诿耶？二十六日，书记前往投递公函，封面系平行款式，中写大英国字样。总督衙门远在城内，广州惯例，外人不得入城，乃候守于城门。斯门也，向为外人递禀之地。书记商请往来之官员转递，历三小时，无许之者，值按察使至，请其携往，不可，行商自请与之转递，书记弗许，官吏亦不为之传递，书记遂归商馆。明日，行商来访律劳卑，始说其改公函为禀帖，律劳卑不可。二十八日，行商奉命声明苟不改函为禀，总督终不肯收。双方相持不下。卢坤乃以律劳卑擅至广州，不守法令，迭谕行商通事，说其退出广州，以待朝命，苟或拒绝，则即证明其无能为，当受重罚。其心目之中，以为行商通事得与外人往来，有监督管理之权，本于推诿之思想，连坐之法令，而责其负责也。同时，粤海关监督重申管理夷人之章程，而益严其条例。

八月八日，行商再谒律劳卑，谓广州气候炎热，不宜于人生，婉劝其暂归澳门，律劳卑不从。后二日，行商函约英商开会于公所，讨论解决之方法；英商以监督之反对，不肯赴会。行商无奈，送上总督、监督会衔之命令于英商前辈。其所处之地位日感困难，总督令其对于律劳卑之行动负责，四次说其遵守旧章，退居澳门，而律劳卑反言一切事件当与衙门往来，不能接收传谕，亦不能具禀，毅然拒绝回澳之请。行商无如之何，乃为避免责任自救之计，禀告总督停止英商买卖。卢坤颇主慎重，意欲婉谕律劳卑回澳，批称英王向来恭顺，散商安静，不能以一人之过，概行封舱。封舱虽无损于天朝，而英国无茶叶、大黄，势将无以为生。夷目若不悔悟，则商业将永停止。又令行商传谕，告以“外夷贸易事宜，向系洋商（即行商）经理，从无官为主持之事”，二国向来不通文移等情。而律劳卑不理传谕批示。会卢坤得报英舰二只泊于虎门之外，饬委员三人问其来粤办理何事，谕其兵船回国。二十二日，行商通知律劳卑谓于明日有官员来访，监督大喜，信其达到待遇平等之目的矣。及期，委员三人来至商馆，通事依照习惯，列官员之位于上座，律劳卑改放坐椅为西方会议之式，争执达二小时，委员久立于门外。始肯让步入室，及坐，询问律劳卑来粤之原因职务，及其回澳之期。律劳卑答称来粤，由于前督函请英国派员管理商业，职务则于函中述明，总督接收之后，自可明知，返澳之期，现尚未定。此段所叙之会访情状，据摩斯《大清帝国国际关系史》（Morse, The International Relations of the Chinese Empire）之一三二至一三三页，而于兵船回国，则无只字。据卢坤奏报，委员带同通事前往，夷目不肯令其传转言语，无从晓谕。卢坤所奏，殆为避免责任之饰辞，抑岂委员之蒙蔽乎？

卢坤以为夷目执拗傲睨，乃以封舱为恫吓，责令行商说其出境，急于星火。律劳卑仍不屈服，出示晓谕英商不必以停止贸易为虑。卢坤谓其居心抗衡，商于关督等官照例封舱，九月二日，出示停止英夷贸易，四日，发贴布告，指摘英王未有公文知照夷目来粤。律劳卑自称夷目，究不知为商人，抑为夷官，乃不遵守法度，妄肆要求，以自绝于天朝，其他夷商仍得贸易。卢坤采取之方法，自当时中国之思想而言，颇为和缓谨慎。卢坤在粤年久，明知英国船炮之利，顾虑关税之收入，不敢轻启衅端，其奏报朝廷，则谓市尘稠密，又值乡试，不宜用兵，且夷目尚无不法别情，众商怨之；封舱之后，禁船入口，“使其内外消息不通，律劳卑内则见逼于同类，外则莫逞其阴谋，自不能久居夷馆”。其所谓众商怨之，盖据行商之禀报；仍令其晓谕散商，并遣军队监视。七日，泊于虎门外之兵船二只奉命入港，炮台发炮阻之，不得，驶入黄埔江，结果增加卢坤之责任，而交涉益趋于恶化。卢坤命塞省河，调兵船巡防，派兵严备，一方面仍令行商晓谕英商，据其奏报则称创之太甚，将扰于他地也。会律劳卑身染疟疾，不能视事，交涉由商人传转，商人谓律劳卑不知例禁，兵船护货，误人虎门，自知错误，求恩下澳，兵船退出。其言虽不免于粉饰，而商务监督固屈服矣。二十一日，英舰驶退，律劳卑率其属员登船而去，卢坤遣兵船八只监之，奏称将其“押逐出口”。二十六日，律劳卑抵于澳门，卢坤复准英商贸易。奏上，道光谕曰：“始虽失于防范，终能办理妥善，不失国体，而免衅端，朕颇嘉悦，应降恩旨。”君臣之心，以为问题解决矣。

综观律劳卑来粤之始末，其争执要由于中外政教之悬殊，夷夏之别太严，而并起于误会也。英王委任律劳卑之为商务监督，为应粤官之请求；粤官之意，殆为大班式之领袖，负责管理英船水手而已。不幸英国委任要员来粤，而令其以公函通知总督。律劳卑乃不遵守惯例，直人商馆，要求总督平等相待，总督遂处于困难之地位。商务监督之来华，英国政府先未通知北京，又不给与证书。其驻于广州也，向无旧例，总督必须奏报朝廷，而于皇帝谕旨且无把握。盖北京政府不知国际关系之变迁，本于轻视外人之心理，囿于旧档成案，即可将其驳斥，如嘉庆称英国“蕞尔夷邦，何得与中国并论！”英舰驶入黄埔江，报之朝廷，卢坤奉旨革职留任，将士亦受重罚。

朝旨倘或不准夷目驻于广州，而律劳卑已至商馆，当可认为办理不善，而即予以处分。律劳卑之递送公函，则又违反中国之体制，官吏首重体制，何肯与之平等往来？卢坤之言曰：“事关国体，未便稍涉迁就，致令轻视”，盖时英商陈说皆用禀帖，疆吏轻视夷狄，固不肯自降于卑位，而与夷目平等。尤有进者，人臣无外交之义，擅受夷书，即为私通外国，当受重罚。卢坤之地位颇为困难，乃不接收公函，托言其为商人，责令行商说其退出广州。同时，律劳卑不稍让步，争执既久，各趋于极端。律劳卑则以国际贸易，互有利益，英国之国势，不弱于中国，其长官往来，必须立于平等之地位，力拒改函为禀，进而要求谒见总督。今自吾人观之，要求谒见，出于英国训令之外，而又违反当时中国之习惯；其在西方，虽然当然，而固困难适行于十九世纪初叶之东方也，律劳卑深受刺激之后，报与外相曰：“凡与中国交涉，当以武力为后盾，否则徒耗时日耳。”十月，病死于澳门。粤官谓其违抗天朝，获得神谴，林则徐后于禁烟之时，尚以为言。律劳卑之来，促进二国之误会与恶感而已。

律劳卑既死，其属员德庇时（John Francis Davis）代为监督。德庇时初为东印度公司职员，在华颇久，精通华语，熟悉中国情况，及为监督，采行缄默政策。总督卢坤忽饬行商传知英商，转告国王，委任大班来粤。德庇时置而不理，劝说商人，维持现状，勿与华人口实。英商之在广州者，轻视向为公司之职员，反对其缄默政策；十二月，多数签名上书国王，请求派遣大员，而以武力改良待遇。德庇时反对此议，固不意政府后竟采行也，一八三五年一月，去职。其属员罗白生（Sir George Robinson）代之。罗白生亦为公司之职员，遵其政策。会上川岛之土人捕获英船水手，扬言出金始得赎回；监督上书于总督，命人递送，其人备受侮辱，终未递出而归，幸粤官救出水手，其事始已。其时粤官既不承认商务监督，监督不能保护英商，而其处分判决之案，又多不能执行，外相巴麦尊且不之助，其职权益微。罗白生违反外相训令，设办公处于伶仃岛，报于英国，政府罢免其职。一八三六年十二月，嘉理·义律（Charles Elliot）继之，义律初为律劳卑属员，后以监督之迭更，渐居要职，至是，信其外交手腕，高于华官，由行商转递禀帖于总督，称其为英在华最高之长官。总督邓廷桢批示，谓其仍为夷目，而非大班，须暂住于澳门，迨奏明得旨之后，再来广州，明年，邓廷祯奏称义律如大班之例，至省照料，不得逾期逗留，朝旨许之。四月，义律始至广州，报告其经过于政府。外相令其不得再用禀帖，并须直接递送公函，义律既得训令，又以鸦片问题，复去广州。其时朝旨禁烟，粤督始认义律有管理英商之权，令其禁止商人贩运鸦片，义律遂回澳门，建议政府，谓用武力，始得中国之平等待遇，禁烟造成严重之局势，将或引起战祸。巴麦尊乃请海军大臣训令东方舰队保护在华英人之利益，于是英国对华之政策为之一变。一八三八年七月，舰队来粤示威。义律进省，为其司令代呈事件，要求免写禀字，嗣后有事传达，派人递信，而邓廷桢拒绝不收，乃归澳门。舰队长官遣人递信于水师提督关天培，请其代呈，亦不可得，但未造成事端。

英商自公司特权取消，得自由贸易于中国，而中国只许其贸易于广州，以为商业上之机会太少，税则无定，住于商馆，多感不便，盖自律劳卑后，管理外人之章程益严故也。其尤使之不满者，则为广州国际贸易，仍操于行商之手。英船之来粤者较多于前，争贩货物，茶丝之需要过于供给，价值大增，英商谓其处于不利之地位，益恶行商之专利焉。行商自改联保以来，流品益杂，道光据奏，疑其增加私税，拖欠夷钱，以致酿成律劳卑之不遵法度，谕卢坤等从严惩办。其复奏多为行商辩护，疏中所谓议订章程，严禁欠债，不过徒有其名，额数视前反有增加，竟逾三百万元。外商禀告总督，总督责令全体行商摊赔，初无效果。英商再行禀告总督，又报于本国政府。总督复令行商归还，一八三八至一八三九年中，行商摊还欠款约二十万元，余款尚多，且无利息，英商自不满意。其尤难于解决者，则禁烟之问题也。鸦片关系于我国者，至深且巨，兹言其略史于下。

鸦片传入中国，始于唐时。初以治病。其法制之成丸，形状类鱼，病人食之，颇有神效，食之既久，则成为瘾，不能间断。其在中国也，旧称罂粟，或称波毕，或作阿芙蓉，回人携其种来华。其种据植物专家之研究，则波斯产也，殖于甘肃、云南诸省，而大宗鸦片，则来自印度。初葡人垄断东方之商业，贩运鸦片来华，其后英国东印度公司扩张势力于印度，贩卖始多。其时国人改食为吸，说者谓受水烟、旱烟之影响而然，烟原产于美洲，西班牙人植其种于菲律宾岛，闽人经商于岛中者，传其种于福建，吸者日多，政府禁之，顾未有效。十八世纪，国人始仿其法，改吸鸦片。一说佛陀曾教其弟子吸烟治病，其说近于附会，鸦片之在今日印度，仍多吃食，固难武断其法来自印度也。吸烟之法，装烟斗于竹杆，置煮成烧好之鸦片一粒于斗上，火于灯上，而抽吸之，自此而后，吸者日多，一七二九年，雍正诏禁贩卖熟烟，开设烟馆；其时输入，年仅二百箱耳，但未有效。乾隆重罚内地贩卖之商人，亦无效果，东印度公司以其获利之厚，奖种于印度，土耳其、波斯亦有输出，其运入于中国者益多。鸦片之来粤也，关督视为货物，征税后运入货栈，由行商转买。一七九六年，嘉庆嗣位，诏禁鸦片，严重其罚，不意一八〇〇年，增至四千余箱，嘉庆再申前禁，外商不准输入，农夫不得种植，广东鸦片之贩卖，始脱行商之手，例定洋船到于广州，先取行商保结，保其必无夹带鸦片，然后准其入口，但时官吏、洋商莫不视为具文。其贸易情形，则与前不同，鸦片来粤，关督不征税金，外商或出售于澳门，或带至黄埔，卖于江中，贩卖之华人奸商贿赂官吏，上自总督，下迄胥吏，莫不视为致富之源。

一八二一（道光元）年前，鸦片输入最多之年，只五千余箱。会总督阮元严办澳门囤户，禁止鸦片入口，澳门黄埔江内始无烟土。人民之有烟瘾者，饭可不吃，衣可不穿，而一日不吸鸦片，便如大病遽发，队于床中，涕涎交流，龌龊万状。夫法禁止吸烟，初则罪止枷杖，渐而递至徒，流，绞监候，何其销路反激增耶？曰，鸦片之改食为吸，嗜者始多，已如上言，社会上造成之原因，则非本章所当详论；兹略言其背景。我国人口增加不已，工商各业皆不发达，人民家居无事者，不知凡几，国内又无相当娱乐之游戏，闲居无聊，乃以一灯一枪，为其消遣虚度时间之计；其稍染疾病者，信其吸之，可即痊愈，由是吸烟进为朋友应酬之消费物品。其无以为生者，日益堕落，社会认为无赖，而千年来之礼教与道德，奖进姻睦，一家一族之中，富者当恤其穷困之亲友，无赖且得借端要挟，其无可靠之亲戚，则开烟馆，贩卖烟土，聚赌抽头，为社会上之寄生虫，甚者且谓苟不吸烟，反无衣食。迨其烟瘾已深，乃视鸦片为其第二生命，不惜抛弃一切，罄其所有，以过一时之瘾。官吏胥役视为利薮，勾结奸商，包庇转运，甚者更自吸食。外商之贩烟来粤也，专博厚利，反信腐败之官吏，借禁鸦片之名，重索贿赂而已。及是，黄埔江、澳门严禁贩烟，而国中需要之量数，未为稍减，烟犯不惜出其重大之代价，以求得之，外商应其所需，泊烟船于虎门外之伶仃岛。自一八二一至一八三九年，史家称为伶仃时代，外船卸其所载之烟土于趸船，奸商之贩卖者，勾通巡海兵弁，用扒龙快蟹等船，运银出洋，运烟入口，船中有火器自卫，外商更有贮鸦片于南澳者。美人记载官吏之问答，可见其公然包庇。外商出售鸦片之后，多带现银回国，获利之厚称于当时。内地则四川、云南、广东、福建、浙江初皆种植，一八三一（道光十一）年，奉旨严禁。刑部加定烟犯罪名，督抚及地方官年终具结，谓其署内无食烟之人，不幸多为具文。一八三五（十五）年，鸦片输入竟达三万箱。[1]

于此禁烟而烟反行畅销期内，鸦片问题日益重要，其常刺激官吏者则银价日贵也。外商初至中国，带银贩买丝茶，及鸦片之销路日广，改运鸦片。一七九九（嘉庆四）年，粤督觉罗吉庆奏言“以外夷之泥土，易中国之货银”，请禁贩买烟土。一八一八（嘉庆二十三）年，粤海关总督限制夷商带银三成回国，伶仃期内烟贩概用现银买烟，外商买货之后，常有余款，其不贩货者则带之回国。每两纹银，先换制钱一千文上下，而时增至一千六百，地方长官解银入京，常或补赔。鸿胪寺卿黄爵滋奏云：“自道光三年至十一年（一八二三—三一），岁漏银一千七八百万两，自十一年至十四年（一八三一—三四），岁漏银二千余万两，自十四年至今（一八三四—三八），漏至三千余万之多。此外福建……各海口，合之，亦数千余万两。”其数究非切实调查而得，颇可怀疑。其时兑换无一定之比例，钱商视其币质及需要定之。道光制钱轻于前代，亦其要因之一，时人则信鸦片漏卮造成银贵也。自道德方面观之，吸烟实为罪恶——破坏家庭之幸福，社会之治安，禁烟之动机，初盖生于道德观念，后则兼为经济问题。

一八三六年，太常寺少卿许乃济为免纹银出口之计，上奏弛开烟禁，以货易货，庶塞漏卮。文武官员、士子、兵丁，吸者斥革，不问民间，并许其种植罂粟。道光下其议于广东长官，长官奏称可行，而内阁大学士兼礼部尚书朱嶟，忽持异议。一八三八年六月黄爵滋言之尤力，请限期戒烟，犯者死罪。道光谕盛京、吉林、黑龙江等地将军及直省督抚各抒所见，妥议章程。迅速具奏。疆吏复奏或赞同死罪，或反对严刑，中无一人主张弛禁。道光更谕朝臣复议，亦无异言。十月，谕曰：“各直省将军督抚，趁此整顿之时，同心合意，不分畛域，上紧查拏，毋得稍行松劲。其贩运开馆等犯，固应从重惩办，即文武官员军民人等，吸食不知悛改者，亦著一体查拏，分别办理”，京中王公有以吸烟草爵罚俸者，许乃济亦以冒昧渎陈降级致休。帝既决心禁烟，十二月，诏授湖广总督林则徐钦差大臣，颁给关防，驰赴广东查办海口事件，节制水师。复谕邓廷桢不可观望推诿，须力合作。方许乃济之请弛禁也，义律信其计划当必采行，其时外商贩卖鸦片，获利颇厚，而其道德观念，尚未认为罪恶，反信官吏之腐败，禁烟之无效，弛禁征税之后，得免偷运，而易于管理也。乃事出其意想之外，而总督邓廷桢下令驱逐贩烟商人九名出境，义律言其未贩鸦片，九人亦未离粤，邓廷桢查拏烟犯，缴收烟枪，严禁窑口，责令水师搜捕走私船只，谕饬夷人趸船离粤，外商推诿，几致封舱。

一八三九（道光十九）年三月十日，钦差大臣林则徐抵于广州。林则徐生于福建侯官，身长不满六尺，而英光四射，声如洪钟，警敏精核，顾其早入仕途，虽在交通便易之大城，而亦不知外国之情状。其为官也，清正果决，所至有声，及朝议禁烟，官至湖广总督，于其境内，搜获烟枪三千余杆，土膏一万余两，民妇称谢，上疏详言鸦片之害，及禁烟办法。道光授为钦差大臣，予以便宜行事之大权，则徐入京陛见，决心禁烟，其谕外人“若鸦片一日未绝，本大臣一日不回，誓与此事相始终，断无中止之理”，抵粤后，奏言夷船闻风开驶，难保不潜行售买，宜乘势驱逐，且曰：“贩卖之奸夷，多在省馆，虽不必遽绳以法，要不可不喻以理，而怵以威。臣林则徐当撰谕帖，责令众夷人将趸船所有烟土尽行缴官。”十八日，林则徐等坐堂，传讯行商，发下谕帖，其主意则晓谕夷商将泊伶仃等洋趸船所贮之鸦片，尽数缴官，由行商查明，造具清册，呈官点验，收明毁化，一面出具夷字、汉字合同甘结，声明嗣后来船永远不敢夹带鸦片，如有带来，一经查出，货尽没官，人即正法字样，限期三日内回禀，并令行商伍绍荣等到馆开导。明日，海关监督下令封港。封港据林则徐奏疏，在义律入省之后，由于颠地（Lancelot Dent）欲逃，照例办理；其言颇可怀疑。据外人记录，林氏抵粤，外船出入虎门已失自由，义律进省，途中颇受危险。英人详记此事之原委，虚构殆不可能，林氏则患朝廷责其轻启衅端，所奏盖不免于装点。此为国内之积习，非独林氏一人为然也。及三日之期，英商议决禀告钦差，谓其住于广州，深知法禁，不敢贩烟，钦差固不之信，始肯缴交鸦片一千余箱，钦差言其数仍不足，传谕在粤年久之颠地入城，他商患其留之为质，称无保障，不敢应召。二十三日晨，广州知府等官及行商入于公所，官员业已摘去顶戴，行商二人带有铁链，钦差盖以其奉行不力，而予以惩戒也。英商四人见之，官员行商力说颠地遵命入城。林则徐奏疏，称其恭顺，赏以红绸二疋，黄酒二坛，并饬其开导夷商缴烟。斯日会商达于深夜，未有结果，将于明日再行讨论。会义律自澳入馆矣。

初义律住于澳门，二十二日，得知钦差谕帖，令虎门外英船驶往香港，将由兵舰保护，致抗议书于澳门同知，报告其事于本国政府，谓钦差大臣借端勒索，将取坚决之态度，以应此变，明日，乘船前往广州，途中冒险前进，二十四日，抵于商馆。粤人大惊，谣言蜂起，林则徐奏称颠地希逃，乃行封舱，且曰："夷馆之买办工人，每为夷人潜通信息，亦令暂行撤退，并将前派暗防之兵役，酌量加添，凡远近要隘之区，俱令明为防守，不许夷人出入往来，仍密谕弁兵不得轻举肇衅，在臣等以静制动，意在不恶而严，而诸夷怀德畏威，均已不寒而栗。自严密防守之后，省城夷馆与黄埔澳门及洋面趸船信息绝不相通，该夷等疑虑惊惶。"工人退出商馆，并不得供给食料于外人，外人迫而烹煮饮食，洗涤用具，治理琐事。据美人记载，夜间仍有供给食料于外人者。二十五日，义律请求发给英船牌照，以去广州，钦差催其先行交出鸦片。二十七日，再谕夷商缴烟，内容一论天理，鸦片当绝，违天则死。二论国法，中国法令严禁鸦片，并优待夷人，乃今夷人贩烟，害内地人死。三言人情，广州为好码头，夷人互市，中国不惜其茶叶大黄。四述时势，政府决心禁烟。斯日，义律通告英商，略称现为生命安全之计，商务监督代表政府，缴交鸦片于中国，凡有鸦片之商人，须即报告其确数于监督；并用禀帖报告钦差大臣，情愿呈缴鸦片，明日，禀报鸦片总数凡二万二百八十三箱。斯数也，皆印产鸦片，义律意欲联合外商一致对华，美商所有之印土，一千五百四十箱交之，其报告之箱数，中有计算二次者，实数为一万九千七百六十箱，不足之数，买于新自印度来粤之商船，共值六万余磅，战后英国始出赔款偿清。他国产生之鸦片，则未交出，美商有土耳其鸦片五十箱，未曾呈缴，则其证也。义律禀报后，商馆之防守如故，钦差殆欲强其于二三日内完全交出也，旋知其在伶仃，万不能行，四月二日，许人供给食料于商馆。其奏报朝廷，称义律情愿呈缴鸦片，距撤退买办之时，业已五日，馆中食物窘乏，即赏给牲畜等物二百数十件。又曰："凡夷人名下缴出鸦片一箱者，酌赏茶叶五斤。"对于外人，钦差宣布先行交出鸦片四分之一，买办工人回归商馆，再交四分之一，恢复黄埔澳门之交通，再交四分之一，许其贸易，扫数缴清，则恢复原状。

缴交鸦片，已有办法，其尚难解决者，则为甘结之声明，嗣后来船永远不敢夹带鸦片也。初钦差饬夷商具结，外商答称自愿不贩鸦片，惟无权力干涉商业，管理其他商人，而中国应向其政府交涉也，林则徐改定甘结，由各国领袖商人签字，商会讨论谓其牵入政治，宣告解散。钦差谕知义律，义律私谓宁死不从，对于钦差固不敢也。据林则徐之奏文，义律初请宽限，自开舱后凡在印度商港者，给予五月为限，凡在英者，给予十月为限，然后实行新例，则人皆悉知，忽而改称倘必取结，则英国人船只得回国，其惶恐无主之情状，可以想见。其时缴交鸦片，极形忙碌，商馆附近之守兵巡船，次第撤去。义律心怀怨望，意图报复，不惜越出职权，下命商人离粤，以为战争之初步。五月二十一日，鸦片缴清，后二日，钦差大臣林则徐、两广总督邓廷桢会衔指定烟贩十六名，永远驱逐出境。二十四日，义律、英商乘船前往澳门。方义律之将去广州也，恳求美商一同退出，且曰："君去，则外商尽去，不久吾人可使无赖之华官让步。"美商答称国中无王，不若英国可得要求赔金也，拒绝其请。义律乃言将使美商，不能留于广州，其仇视中国之甚，实有求战之决心。

英商缴交之鸦片，存放于虎门附近，林则徐驰奏解送京师，御史奏言不便，道光谕其"率同文武官共同销毁，俾沿海共见共闻，有所震詟"。则徐得旨，患其火烧之后，余烬尚或可用，乃于海滩挑成二池，前设涵洞，后通水沟，先由沟道引水入池，撒盐其中，次投箱中烟土，再抛石炭煮之，烟炭汤沸，颗粒悉尽，其味之恶，鼻不可嗅。潮退，启放涵洞，随浪入海，然后刷涤池底，不留涓滴。共历二十三日，全数始尽销毁，逐日皆有文武官员监视，外人之来观者，详记其事，深赞钦差大臣之坦然无私。自吾人观之，于腐败官吏之中，而林则徐竟能不顾一切，毅然禁烟，虽其计划归于失败，而其心中，则为人民除去大害，可得昭示天下，固民族之光也，其失败之主因，多由于对外知识之浅陋，以为英国毫不足畏，欲以武力恫吓解决，乃不辨明有罪无罪，一律围困之于商馆，使其饿而缴交鸦片。巴麦尊致书清相，陈说英国之立场，一谓官吏先前包运鸦片，置而不问，一旦强迫商人缴交，一指凌辱英国职官。二者均非创始于林氏，钦差大臣之责任，不过适用旧法而已。适当处置之方法，一则切实管理沿海岛屿，一则与英国交涉解决。不幸前者为时太久，后者先无前例，时人囿于环境，殆不之知，知之，亦不能用。八月，林则徐得旨准许照会英国女王维多利亚（Queen Victoria），内称英国恭顺，而不肖者夹带鸦片来华，夷人分中国之利，而害中国，天良何在？别国贩烟至英，亦王所深恶而痛绝也。末告以新例缴烟，亦可免罪。同时，林则徐捕拏烟犯，搜查鸦片烟具，创设戒烟所。其奏报成绩，称迄于六月二十八日，获犯一千七百九十二人，土膏六十四万八千七百五两，枪七万二百七十八枝，锅五百六十五个。大臣议定凡设窑口贩土者，首要斩立决，从犯绞监候，夷人贩土者斩，予以一年六月为限，限内缴烟者免罪，上谕戒烟限期一年六月。各省长官受其影响，奉行颇严，而随在吸食之官绅、工商、妇女、优隶、僧尼、道士固不能一旦断瘾也。鸦片之市场，需要犹殷，价目昂贵，改由福建海岸偷运，朝命邓廷桢往办。禁烟既有希望，苟无意外之变，最低之限度，鸦片之为害，当必减少于国内也。

英商去后，广州国际贸易衰落，粤官始大惊讶，初义律住于商馆，连具十余禀，词均恭顺，及离广州，尚请派员妥议章程，林则徐派员前往，并赏以茶叶一千六百四十箱。义律既至澳门，心无所惧，六月五日，禀称船只入港，须候本国训令，如许于澳门装货，则感戴靡既，乃不肯议章程，拒领茶叶。此后凡有批谕，皆不接收。其驶入黄埔而贸易如故者，则为美国商船等。先是，林则徐访知美商鸦片，出产印度，贩自英商，召问美国大班（领事）。大班答辞相同，故无问题，至是，美船抵于码头，船主立时具结，结文略称遵守天朝之新律，不带鸦片入境，其贸易状况，一如往日。英船之集于香港也，互相保护，其贩来之棉花货物，运去之茶叶丝绸，概由中立国之商船转运。义律初甚恶之，欲禁茶丝运往英国，顾无实效，七月七日，外国水手醉酒暴动于九龙之尖沙村中，棍杀林维喜。村人谓为英人，粤官谕令义律交出罪犯，义律不收谕文，后始答称国籍姓名，究不可知，悬赏缉凶，出款抚恤死者之家，判定嫌疑犯人之罪。林则徐奏曰：“人命至重，若因英夷，而废法律，则不但无以驭他国，更何以治华民？

义律肆意拒违，断非该国王令其如此，安可听其狂悖而置命案于不办？任奸宄以营私坏法养痈，臣等实所不敢”，乃遣兵驻于香山，以便控制澳门，禁给英人食料，撤退买办工人，谕饬葡官驱逐英人。英人五十七家，迫而住于船上，深感不便。会军舰一只来粤，义律商于葡官，准许英人居住，由其保护澳门，葡官婉辞拒之。九月四日，义律带船至九龙口岸开枪射人，死兵二人，伤者六人，强购食物而去，又以失船将欲封港，美商抗议，乃止。义律之禁止贸易也，英商之损失颇巨，渐而改变思想，林则徐新奉上谕，不可冒昧偾事。双方由葡官居中传达，再行接近，二十四日，澳门同知蒋立昂奉命与义律会商，义律言趸船无烟，自愿请人往搜，结具分写汉文洋字，由其加印，对于林维喜案，则言醉酒滋事者，中有美人，可由其悬赏缉凶。中国方面说其交于华官代审，义律更求住于澳门六日，清理事件，许之。其磋商具结之经过，林则徐奏曰：“结内但云如有鸦片，将货物尽行缴官，而于人即正法字样，仍不肯写。”其原因则以船主、货主并为一谈，而水手私带，兵役栽赃也。关于贸易，据澳门新闻纸之记载，钦差先有印约，许于虎门外之川鼻岛起卸货物，中国方面现无材料将其证明，具体办法，究不可知。会英船“Thomas Coutts”以为监督禁令，越出职权，置之不顾，十月十五日，驶入黄埔具结贸易。商船“哨啷”（Royal Saxon）亦将入港。林则徐以为英商就范，又奉朝旨不必顾虑商业，改取坚决之态度，二十五日，下令义律交出林案之罪犯，并谓泊于外海之船只，限于三日内入港，或驶归国，否则纵火烧之。后二日，责问义律不禁海岸之鸦片贸易，令其交出汉奸，义律答称出于职权之外，商于舰长斯密氏（H.Smith），斯密氏率兵舰二艘，驶向虎门，义律同往，十一月二日，抵于川鼻岛，要求取消焚毁英船命令，准许英人住于岸上等。三日午前，水师提督关天培率兵船二十九只前向英舰，斯密氏令其后退，不得，开炮击之，战祸遂起。林则徐奏称，哕啷入口，而兵船追令折回，关天培闻而诧异，率兵船阻之，英船开炮。其奏言开战之日，与外人记录相同，而所叙之情节与之迥异，岂观念不同，而报告各谋卸责耶？哨啷以受军舰之阻挠，不得入口，固为事实。林氏奏言战胜，则不足信，斯役也，英舰损失极微，《中国文库》（或称《中国月报》）（The Chinese Repository）记载粤船之被击沉或破裂者凡四，余多受伤，逃入虎门。林则徐则称英舰败逃，不值追剿，夷兵落海，获帽三十一顶，四日、八日、十日等小战六次，均为全胜。

战祸之促成，自中国方面而言，殆由于官吏知识之幼稚，林则徐陛见皇帝，奏云：“内地茶叶大黄，禁不出洋，已能立制诸夷之命。”后至广州，奏曰：“茶叶大黄两项，臣等悉心访察，实为外夷所必需，且夷商购买出洋，分售各路岛夷，获利尤厚。”大臣亦信夷人嗜利，不能自绝于天朝。钦差心中既有成见，以为外人不敢启衅，乃命兵士巡船包围商馆，断其供给，外人住于馆中者，不论国籍，不分良莠，处于惊惶困难之中。及义律禁止英船入港，林则徐奏曰：“义律之勒令夷船聚泊口外，仍为图卖新来鸦片，恐被进口搜查起见，夷情诡谲，如见肺肝，即无别滋事端，亦不得容其于附近口门，占为巢穴。”林案发生后，英人不得住于澳门，钦差谓其缺乏粮糗淡水，“此一端，即足以制其命”，又以中国封港，其货无处可卖，其本国距离中国太远，出兵不易，女王叔父有觊觎之心。安南曾诱歼其船，他国恶之，万不敢以侵凌他国之术，窥伺中国，即或战争，中国亦无所惧，且曰：“夫震于英吉利之名者，以其船炮利而称其坚强，以其奢靡挥霍而艳其富，不知该夷兵船笨重，吃水深数丈，只能取胜外洋。破浪乘风，是其长技，惟不与之在洋接仗，其技即无所施。至口内则运掉不灵，一遇水浅沙胶，万难转动。是以货船进口，亦必以重资请土人导引，而兵船更不待言矣。从前律劳卑冒昧一进虎门，旋即惊吓破胆，回澳身死，是其明证。且夷人除枪炮之外，击刺步伐，俱非所娴，而其腿足缠束紧密，屈伸皆所不便。若至岸上，更无能为，是其强，非不可制也。”奏上，道光谕其不可偾事，朝廷尚无战争之意，会九龙枪杀兵士报于朝廷，道光对于蒋立昂、义律会议，批曰：“既有此番举动，若再示以柔弱，则大不可。朕不虞卿等孟浪，但诫卿等不可畏葸，先威后德，控制之良法也。”川鼻战后，林则徐奏称小战六次，无不胜利；但曰：“苟知悔悟，尽许回头”，而朱批则云：“不应如此，恐失体制。”其时林则徐尚欲保护英船入口，朱批则以其同为一国之人，不应如此办理，且曰：“若屡次抗拒，仍准通商，殊属不成事体，至区区税银，何足计算！”更诏授为两广总督，防备英人。林则徐之初坚决而后让步者，盖其留心外事，已知战争实无把握。英船泊于香港，水师无如之何。所可惜者，朝廷尚不能辨明传言与事实也。十二月六日，粤吏布告停止英商贸易，一八四〇年四月，林则徐奏称利用渔户，烧汉奸船大小二十二只，蓬寮六处，除烧死淹毙外，尚生擒十名，足寒英夷之胆。乃时英船尚在香港，而水师不敢驶出虎门，惟自杀汉人而已。军事则虎门炮台，曾由邓廷桢修筑，林则徐命造大炮，沿海诸省则无防备。

英国远在欧洲，其时传递信息，顺风三月，迟则四五月，最迟六月。义律报告及商人请愿书，九月，始到伦敦。巴麦尊作为根据，承认义律越出职权引起战祸之行动，义律之敢若此者，盖自律劳卑死后，迄于林则徐之来广州，英国对华政策，除规定公函往来而外，别无训令，对于商人，警告其不能保护贸易于一国境内，而违反其国之法典，其因中国执行禁烟法令，而受损失者，由于自取；而于商务监督，则饬其不得干涉商人之企业。二者尝相矛盾，历任监督均言除武力而外，难得解决争执之问题。其海军来粤示威，已趋向于改变政策，义律遂得利用时机，其向九龙华兵开枪，则造成战祸也。及林案发展，川鼻海战，报至伦敦，政府益得辩护之材料，大城商会，及工商界领袖主张出兵。政府党之议员倡言宣战，其一部分竟不知东方情状，如发言者，有谓中国准许贩卖鸦片，有谓苟不惩戒中国，则危险将及印度。其主战之理由，则为侮辱英国国旗，妨碍商业，强取财产，而须出兵求得将来安全之保障，以及外交上之平等也。其反对党者，谓华人不知英国国旗，而政府不应强输毒物于中国也。其党势力弱小，国会通过宣战，政府遣军舰陆军来华，决定一八四〇年六月，封锁广州。女王任命乔治·懿律（George Elliot）为和议专使，义律为副使。

一八四〇年五月，林则徐奏称英夷兵船来粤，六月二十一日，其海军指挥伯麦（Colonel Sir Gordon Bremer）始至，明日，布告自六月二十八日起，封锁广州。义律俄发中文通告书，诋毁林则徐，劝说华船赴英船停泊处贸易，由其保护等情。俄而懿律亦至。其时英国海陆军在华之实力大增，海军共军舰十六艘，大炮五百四十尊，武装汽船四艘，运输船二十七艘，陆军凡四千人，均归懿律节制。其军舰高大，汽船为新造之利器，行动自如，兵士各有利枪。中国军器，炮为百年前之旧式，极形笨重，陆军有弓、矢、长戟、刀剑、藤牌、鸟枪、扛炮等，兵士以弓矢为利器，恶用鸟枪，以其偶一不慎，火药爆发，而危险殊多也。将校既无军事知识，兵士又无严格之训练，缺额极多，器械恶劣，如火药官买例价每斤三分，而时价则一百六七十文，乃以劣货充之。澳门新闻纸论中国武备曰：

> 中国之武备，普天之下，为至软弱极不中用之武备，及其所行为之事，亦如纸上说谎而已。其所出之论，亦皆是恐吓之语，皇帝之官府办事，只有好斗气，相争而小胆。其国中之兵，说有七十万之众，若有事之时，未必一千合用，余皆下等聚集之辈。其炮台却似花园之围墙，周围有窗，在海岸远望，亦是破坏，炮架亦不能转动，却似蜂巢。其师船之样，若得我等或米利坚之私兵船，在一点钟之久，即可赶散各师船，中国敌外国人，不过以纸上言语，真可谓之纸王谕国矣！

报纸之论调，轻侮中国，无以复加，其一部分固国内之实情。据裕谦奏疏，民间先已传抄外国报纸上之信息，此殆出于英人之口吻。裕谦主战，其言英船，宽有三四五丈不等，长有二三四十丈不等，厚有尺余，较国内兵船及闽广大号商船，均大至倍蓰，固信而有征。广州封锁之后，懿律统率军舰来浙，其去广东者，非惧林则徐之设防，乃奉行本国北上之训令，而以交涉于广东，无所进步也。七月四日，舰队驶达舟山群岛，要求定海镇将张朝发献炮，不得，进攻，城陷，知县姚怀祥自杀。英国之用兵，作为交涉之胁迫，主旨仍在议和。七月二日，英船以白旗前往厦门递送巴麦尊译文公函，请求长官转递朝廷，守将拒之，英船遂去。闽浙总督邓廷桢夸张战胜，上奏道光，且曰："所获夷尸，……当场脔割，悬首炮台，共见共闻。"英船于浙，则托鄞船投递公函于浙江巡抚乌尔恭额。浙抚以其居心叵测，奏称即将原书掷还，英人言其抄录译文，始行退还。其时沿海要港，有英舰巡查，禁止船只出入。八月，英使坐舰驶入渤海，进逼北河，要求长官派员接收照会，直隶总督琦善约其于十八日听候回信，将其奏报朝廷，道光许其接收，十五日，遣人往收公函。其辞甚长，略称中国初不实行禁烟，官吏私受规礼，包庇贩买，忽而哧勒缴烟。函中要求凡五，一给偿货价，二昭雪亵渎，平等待遇，三割让岛地，四清还商欠，五赔偿费用，其细目则向专使议商。琦善复称林则徐受人欺蒙，措置失当，冤抑可代昭雪，于其要求，初则婉辞拒绝，无如直隶海防毫无预备，乃奏英夷愧悔，道光谕以羁縻之法应之。三十日，琦善接见义律，懿律则未上岸，义律出全权证书，提出要求，欲琦善承认，否则开仗，封锁北河。琦善以“天津切近京畿，盐漕铜船出入，边衅一开，则殊危险”，迫而让步。义律对于烟费，必欲中国赔偿，而上谕不可。义律仍不让步，再言烟费不已，琦善答以隐约之辞，谓经钦差大臣秉公查办后，必有满意之解决，最后议决“即以所言为定，俟到粤再行商议，条件未妥之前，不能撤兵”。九月，英舰南下。

定海陷后，朝廷始知局势之严重，上谕将浙抚乌尔恭额交部议罪，谓其事前既无准备，临事复觉张皇，以致该夷船驶至定海县，纵令三四千人登岸滋扰，提督亦受处分。初，林则徐奏称夷船或至天津，皇帝下谕琦善断不能据情转奏，渐乃听信传言，怀疑林则徐致寇。七月，下谕两江总督伊里布著颁给钦差大臣关防，驰驿前往浙江，查办事件，其使命盖防英人，而说者疑其访查林则徐构衅之由。及英舰抵于北河，琦善洞悉英夷船坚炮利，而中国炮为旧炮，不足防守，主张抚议，先言英人负屈之由，无从上达天听，继称停止英人商业，其货变色，赔累不支，遂铤而走险，现有愧悔之心，后向人言，“极称英夷强横，非中国所能敌，并称此次若非设法善退，夷船早已直抵通州”（御史高人鉴奏语）。道光初禁转达夷情，忽而谕其接收公函，更下诏曰：“著该督随机应变，上不可以失国体，下不可以开边衅，总期办理妥善，毋负责任。”其改变政策者，殆以英人诉冤，朝廷秉公办理，即可无事，战事持久，沿海各省均须设防，调兵遣将，所费不赀。林则徐在粤，于英舰封港，捕去出口之船只，除奏疏表示愤闷外，别无办法。伊里布抵浙，首言浙江江南之水师单薄，闽粤之水师较强，迭请调之入浙。朝廷以其顾此失彼，均不之许。朝廷既主和议，八月，林则徐奏报烟禁，朱批曰：“外而断绝通商，并未断绝，内而查拏犯法，亦不能净，无非空言搪塞，不但终无实济，反生出许多波澜，思之曷胜愤懑，看汝以何词对朕也。”此后凡其奏章，均有朱批驳斥。十月，林氏奏称英夷不能持久，烟禁必当维持，不可羁縻，中有他国效尤，更不可不虑，帝于其旁批曰：“汝云英商试其恫喝，是汝亦敢效英夷恫吓于朕也，无理可恶。”奏云：“若前此以关税十分之一，制炮造船，则制夷已可裕如”，又于其旁批曰：“一片胡言”。其时琦善已授钦差大臣，驰往广东，林则徐、邓廷桢均奉旨革职，诏曰：“本年英夷船只，沿海游弈，福建、浙江、江苏、山东、直隶、盛京等省，纷纷征调，縻饷劳师，此皆林则徐等办理不善之所致。”

对于转递公文，道光则欲臣下转奏，使其洞悉夷情，辨别真伪，相机办理。疆吏裕谦奏称不敢代奏夷书，朱批斥其顾小节，而昧大体，必致偾事。乌尔恭额以未递夷书，奉旨拏问办罪。伊里布于浙，诱捕英人，上奏其事，朱批曰：“豺狼之性，岂肯甘心受亏，如有周章棘手之处，朕有所问矣！”伊里布始知朝旨，旋奏浙省，更不宜轻于攻击，致误事机，朱批则曰：“甚合机宜，不负任使，可嘉之至。”帝望和甚殷，不幸中变也。

英使返之定海，始知岛中潮湿，不宜人生。驻守之兵士，初则醉酒，营中多病，长官禁酒，而病者仍未减少，全军人数不足四千，而病者以一人或病数次，竟达五千，死者凡四百余人。义律以浙官捕得英人，囚于木笼，备受虐待，商请伊里布释放，伊里布允许改良待遇，而拒其请。英使复与伊里布议定浙江休战，十一月十五日，南下，二十日，船抵澳门，明日，船以白旗投书，而受炮击，转请澳门同知递送。琦善道歉始已。和议之初，懿律称病回国，其先一日，华官见之，毫无病容，说者谓与义律意见不合，托病去职。和议之难题，则为赔偿烟价，要求土地。烟费索价二千万元，琦善先许三百万元，不可，增至五百万，义律仍持异议，最后决定六百万，分五年交清。土地则义律鉴于英商住于船上，极感不便，要求割让香港不已。琦善曾奏报朝廷曰：“其岛环处众山之中，可避风涛，如或给予，必致屯兵聚粮，建台设炮，久之必觊觎广东，流弊不可胜言”，乃拒绝之。义律转请中国开放定海、厦门，更要求上海，交涉久无进步。琦善奏称密谕兵士防守，而炮台实不足恃，且曰：“即前督臣邓廷桢、林则徐所奏铁链，一经大船碰撞，亦即断折，未足抵御，盖缘历任率皆文臣，笔下虽佳，武备未谙，现在水陆将士中又绝少曾经战阵之人。……从前所称断其水米接济，不过托故空言，即叠获胜仗，亦均不免粉饰。”十二月二十九日，义律要求与琦善面议条件于澳门，琦善不可，一八四一年一月六日，义律提出最后通牒，未得结果，七日，军舰炮击虎门外沙角大角炮台。琦善时以形势迫急，增兵四百防守，并令提督关天培严防，不幸炮台被毁，水师亦败。关天培请将义律来文，从权答复。八日，义律交来条件，限三日答复，琦善始许割让香港，不另开放口岸，奏言英人懊悔，愿归定海沙角炮台，二十五日，亲往虎门与义律会议，商订条件：一、割让香港，二、赔款六百万元，三、平等待遇，四、阴历正月十日后广州开市，此系义律之报告，而琦善则讳莫如深，虽广东巡抚怡良，亦不令其闻知，及怡良据属下报告，以割让香港人奏，始将条件上奏。其内容除割让香港而外，均与义律所言不符。对于烟费开市，只字不提，关于两国职官往来，则维持原状。其意岂欲蒙蔽朝廷，以求减轻其罪耶？要之，琦善缔结之条约，远胜于南京条约，其见解实高于时人，且迫于形势，固无奈何。其奏言广东情状曰："地势无险可扼，军械无利可恃，兵力不固，民情不坚，战抚两难，商之将军，都统，巡抚，学政，及司道府县，暨前督林则徐、邓廷桢等，佥称藩篱难恃，交锋实无把握。"和议既成，琦善割让香港，伊里布交还俘虏，英军交还炮台船只定海。

道光之主和，原由于误解诉冤之所致，以为罢免林则徐等，即可无事，及知英使要求赔款割让土地，再主战议。朱批有云，"若不乘机痛剿，何以示国威而除后患？"其心中深信英夷虽船坚炮利，然而一经登岸，则技立穷，下令调兵备战，并谕伊里布严防，俄得琦善奏报交涉之经过，更谕之曰："偿款开放商埠，均不准行，逆夷或再投递字帖，亦不准收受，并不准再向该夷理谕。……倘逆夷驶近口岸，即行相机剿办，朕志已定，断无游移。"其前诫惩不递夷书之疆吏，而今忽有此谕，矛盾抑何其甚？虽曰愤懑之极，实有害而无利也。道光更饬伊里布乘虚进攻定海，及英舰进攻虎门外之炮台，上谕宣布其罪状，有云："其逆天悖理，性等犬羊，实覆载所难容，亦神人所共愤，惟有痛加剿洗，聚而歼旃，方足以彰天讨，而慰民望。"诏授御前大臣奕山为靖逆将军，杨芳、隆文为参赞大臣，调派湖北、四川、贵州、湖南、云南之兵六千人，合前派之兵四千名，共一万人，并饬吉林、陕西等省长官预备出兵。迨琦善迫而议和，尽许义律之要求，上奏自辨，力言广东形势危急，战无把握。朱批曰："朕断不似汝之甘受逆夷欺侮戏弄，迷而不返，胆敢背朕谕旨，仍然接递逆书，代逆恳求，实出情理之外，是何肺腑，无能不堪之至！汝被人恐吓，甘为此遗臭万年之举，今又摘举数端，恐吓于朕，朕不惧焉！"乃诏革去琦善大学士，拔去花翎，交部议处。怡良不协于琦善之议和，奏称义律布告香港割让于英，朝令锁拏琦善，押解来京，查抄家产。浙江方面，伊里布迭奉上谕进攻，而以事实上之困难，不敢出兵，曾称粤省夷务查办完竣。道光批曰："无能误事，不遵朕旨，惟知顺从琦善，盖自有肺肠，无福承受朕惠也。”及和议成后，伊里布归还捕获之英人，英军全数自定海撤退，道光则谓由于粤省声罪致讨所致。伊里布奉旨入京，交部议罪。裕谦代之，亲往定海巡查两次，布置防务，奏称逆夷出示勒令投顺，并完纳钱粮，而士民不顾身家性命，始终不从，用毒药熬成浓汁投水，该夷死亡相继，现查白夷尸六百余具，黑夷一千数百，团练擒解逆夷，乘其昏睡，或潜取财物，或抛掷砖石，竟夕惊扰不安，夷性多疑，不敢留恋。其言出于推测附会，多非事实，且为士民要功。杨芳于和议时奏曰：“现在大局，或须一面收复定海，一面准其于偏岸小港屯集货物”，朱批曰：“现在断不准有此议论，惟有尽数殄灭逆夷，务令片帆不返。”其心中横有成见，而于臣下奏报，概以恶意解释，对于英国海陆军之实力，茫然不知，而欲战胜，反速祸耳。琦善所订之条款，较之南京条约，损失尚小，自朝廷方面而言，出重代价，始乃屈服，谋国之不臧，一至于此，悲哉！同时，条件报于英国，巴麦尊认为义律不遵训令，疏忽于商欠、行商、军费，及将来之保障等。四月，内阁会议，将其否决，罢免义律，而以朴鼎查（Henry Pottinger）代之。

朝廷调遣入粤之兵先后凡一万六千人，其路近者，业已入粤，琦善更修缮炮台，义律对于粤官声称中国调兵备战，蔑视和约，现将定期打仗，再作计较，终无满意之答复，二月二十日，传命军舰备战。二十三日，战争开始，炮击炮台，其守兵凡八千人，而英舰之炮火猛烈，时称其较官炮射远一二里，二十六日，炮台毁陷，虎门失守，关天培死之。[3]英舰驶入黄埔江内，毁林则徐购置之兵舰，水师败散，明日，湖南兵应战亦败。报至朝廷，道光添派齐慎为参赞大臣，调广西、湖南之兵兼程往援，琦善则于广州会同林则徐、邓廷桢守城，以白旗求和。三月五日，杨芳始至，奏称英兵距城二十里，拟以棉花浸桐油烧毁贼船，利用水勇，斩献渠首，乃战不胜，英军陷城外炮台。城中大惧，藩司带库金十五万两，设局于佛山，并将百余万两提贮内城。杨芳无奈，再向义律请和，其上奏朝廷，则言兵单，暂为羁縻，由美领事调停，恳求朝廷准许英人通商。事实上恢复贸易为义律停战之条件，其心中以为封港已久，英船来粤者，无货可运，暂时开舱既便于商船，而又增加英国海关收入也。商人起运货物，迅速异常，均信战争势将复起。五月，奕山、隆文各率兵至，初拟于十日后火攻，不幸天雨，未能进行。义律于商船出港后，要求粤官停止军事预备，不得，军舰逼近广州。

二十一日傍晚，奕山伏兵岸上，命水师预备火攻，夜半袭击英舰，奕山奏称火焰冲天，号呼之声，远闻数里，焚去英船多只。其报告战胜，要多粉饰。英舰炮攻炮台，连战四日，兵士游民乘机掠于商馆，水师散失，军队退守城池，居民移入内城，人心慌乱，奕山等大恐。二十六日，英军二千三百余人，前进攻城，百姓扶老携幼，吁求拯救于将军衙门。奕山奏言夷人请清商欠，俯允通商，即行退出虎门，归还炮台，因为生灵之计，公共派知府余宝纯议和。义律先曾出示官宪爽约构衅，将军大臣等及各省营兵须出城离粤，否则攻城，尽抄城内产业，意欲粤人促其出城。至是双方议订要款凡四，一、将军营兵限于六日内离开广州。二、七日内交出六百万元。三、款交后，英舰退出虎门。四、赔偿商馆内之损失。斯役也，完全屈服，义律以六百万元代价，作为广州赎金。英人犹言其未攻下广州，以挫粤人之气，而去将来之祸。奕山率兵偃旗息鼓，退出城外，但其奏疏则仍混饰。

广东之战，清兵多于英兵，而大小战争，无不败北，其将杨芳久历戎行，为国内名将，奕山为近支皇族，非不悉心计划，而结果若此者，盖有数因。水师非军舰之比，军械之利锐相去悬远，兵士全无纪律，纷扰抢劫，互斗杀人，殴伤差役。浙江试演大炮，炸裂四尊，死伤兵士多名，其无经验与训练，可想而知。广东自此败后，莫不丧气，按察使王廷兰与友人书曰："粤省此番用兵，所调各省之兵，万有七千，不可谓不多，各库银款数百万，饷不可谓不足，木料买自广西，火药枪炮解自江西、安徽，军装器械不可谓不备，而卒至决裂溃败，一至于此。……维时城门全闭，夜间，贼用火箭火弹，直打城中、城外东西南三处，火光烛天，烧去民房千余，呼号之惨，不堪言状。大帅有令，官兵自城外逃回，开门准进，而城中百姓，不准放出一人。……所虑一蹶不振，从此为外邦所轻，更恐无赖匪徒，渐生心于内地。"城内火焚之屋，共有八百间。五月三十日，英兵于城外萧冈三元里奸一妇人，村民聚众，余宝纯弹压始已。说者根据传言，夸张其事。《防海纪略》曰："三元里民愤起，倡议报复，号召各处壮勇。……夷兵终日突围不出，死者二百，殪其渠帅曰伯麦，曰霞毕，首大如斗。"其自慰之技，殆亦可怜。奕山奏称自开舱后，英商感恩，不敢再扰广东，请撤兵回防，并言广州危急，曾得观音山之神相助，朝廷以为无事，饬令裕谦等酌裁军队，闽浙总督颜伯焘奏参奕山，附王廷兰书，言其欺蒙昧良。道光先时盖已得有密报，非不之知，但以抚局已成，竟暂不问，促令疆吏撤兵。其时广州商业如常，英国设官治理香港，义律等候训令，七月，自澳乘船返香港，途中飓风大作，船破，土人救之，始免于难。奕山会同总督祁埙奏曰：“海风陡发，击碎英夷房寮码头，并漂没船只等情”，道光得奏，谕称淹毙夷匪汉奸，不计其数，帐房寮蓬，吹卷无存，所筑码头，坍为平地，扫荡一空，浮尸满海，发给大藏香二十炷于奕山，以谢海神，并派亲王诣神行礼，不知大祸又将至矣。

八月十日，朴鼎查抵于澳门，其所奉之训令，确实明白，十三日，通知粤官，义律回国，政府新命其为和使，将即北上，订商和约。奕山遣余宝纯见之，谋阻其北上，而英船业已驶出，共兵舰十只，汽船四只，大炮三百三十六门，陆军二千五百余人，二十五日，致书厦门长官，要求献出炮台城邑。厦门为福建要港，总督颜伯焘主张战议，招募兵勇，建筑炮台，縻款甚巨，不意一旦遇敌，而即失守。颜伯焘收集败兵，召练新军，以谋恢复。道光得报，调兵入闽，不准接收夷书，来则尽杀乃止，下令各省严防，截回撤兵，且曰：“向来议者，皆以彼登陆后，即无能为，乃今占据厦门，逆焰仍然凶恶，是陆路亦不可不加严备。”道光至此，始知英国亦有陆军，调兵二千，增防天津，并派大臣往察天津、山海关防务，更谕奕山乘虚进攻香港。九月六日，英船开出厦门，留船守鼓浪屿。舰队停泊于定海海面，二十六日，开始攻击定海。初朝廷不慊于琦善之议和，两江总督裕谦好为大言，道光授为钦差大臣，统兵防浙。裕谦遣总兵葛云飞、王锡朋、郑国鸿驻守定海，及英舰再至，三将力战而死，定海再陷。[4]

十月八、九日，英舰驶近镇海，十日，进攻。裕谦及提督余步云督战，力不能守，裕谦自杀，余步云败逃，镇海遂下。十四日，英军不战而得宁波，居民自称降民，朴鼎查以裕谦惨杀英人，初欲火烧宁波，幸而不果。道光得报，授奕经为扬威将军，哈哴阿、胡超为参赞大臣，驰往浙江，调兵应援，俄以北方防务重要，参赞大臣不能南下，改命文蔚、特依顺代之。英军既据宁波，遣船至慈谿测量水路，其城官逃兵散，罪犯逃监，衙门被毁，英船更至奉化、余姚，其情状同于慈谿。及冬，朴鼎查按兵待援，回归澳门。中国方面则谋恢复浙东，奕经驻于苏州，召兵于江北，年底援兵始至，一八四二年二月，抵于杭州，会同参赞，计划作战方略，同时攻取宁波、镇海、定海，使其不能相顾，三月十日，四鼓进攻，天明，均大败退。英兵于宁波、慈谿地界，毁坏曾住兵勇或屯火药之房屋庙宇，十五日，进陷慈谿，火焚清兵大营，追杀甚惨。道光得报，始知战无把握。浙抚刘韵珂奏称可焦虑者凡九，不能再战，二次奏请起用伊里布。道光之意转变，令伊里布往浙江军营效力，并谕所获逆夷汉奸，不准释放，亦不准杀害。

四月，刘韵珂奏称英有援兵到浙。五月七日，英军全数开出宁波，镇海之兵亦退，奕经言其恐惧逃走，乃隔数日，而乍浦之警报又至。耆英奏称暂事羁縻，耆英身为宗室，原任将军，及道光迭催奕山攻取香港，而奕山均托辞诿延，诏授耆英为钦差大臣，兼任广州将军，前往查办，时抵浙江，故有此请。上谕斥其惊惶失措，办理不善。英将亦不之理，十八日，攻击乍浦，其地防兵凡六千人，力战不却。英人赞称其勇，败后，生者多自杀死，妇女亦多投井。杭州派兵往援，而乍浦已陷，道光则以一日而城即陷，防兵未能力战，深自愤懑，其心中则以定海曾恶战六昼夜也。乍浦失守之日，刘韵珂奏曰："此时战则士气不振，守则兵数不敷，舍羁縻而外，别无他策，而羁縻又无从措手。查大兵到浙，数月之久，不特未能克复三城，该夷反退出宁波，大帮船只豕突浙西，占据乍浦，凶焰不可遏抑，臣刘韵珂忿恨之余，哭不成声，讫无良策，臣等亦皆束手，惟有相向而泣。"奕经为和议之计，遣人前往乍浦，交还俘虏，而英船已去。六月八日，两江总督牛鉴得知英船驶近吴淞，其炮台有老将陈化成驻守，更亲往督战。英舰炮火猛烈，牛鉴知事已不可为，先行逃走，陈化成战死。十九日，英军不战而下上海，二十日，英船自黄浦江驶抵松江，测量水势而回，牛鉴则称将其击退。二十三日，英舰驶去上海，官吏不知其所往也。其时朴鼎查率援兵至，先是，英国计划，攻取镇江，断绝南北运河之交通，调兵助战，至是来华，实力大增，共有军舰二十五只，汽船十四只，大炮七百二十四门，运输船犹不计焉，陆军一万余人。朴鼎查分之留守香港等地，其作战者，凡六千九百七人。七月六日，英船抵于浏河，驶过福山、江阴，未遇拒抗，十四日，驶近镇江。镇江时为交通要道，驻有旗兵一千余人，由海龄统率，参赞大臣齐慎等率兵来援，牛鉴亦至，协商防务，决定旗兵守城，援军作战。二十日，英舰开始攻击，应战之兵败退，旗兵登城拒战，颇为勇敢，俄而城破。多自杀死，英船再行上驶，廿七日，有船二只，停泊于南京附近之八卦洲，八月九日，舰队直抵城下，乃订和约。

道光最后之主和，固由于战败，而国内情状之不安，亦促成之也。一八三八年，御史贾臻奏称粤省匪徒纠人入伙，动辄千人，更有结拜三点会者，凡抢掳勒赎及杀人放火各巨案，皆系此类所为，大为乡里之害。其人近与烟贩勾结，持械护送，及政府严禁鸦片，湖南郴州、桂阳一带，则会匪烟贩，出没无常，此拏彼窜，为害日烈。广东虎门之战，省城各官家眷，先行逃避，人心益形惶恐。御史骆秉章奏曰："城厢内外民铺户十迁八九，内地匪徒肆行劫掠，难民有被抢去财货者，有掳去妇女勒赎者，伤心惨目，不可言状。各处会匪乘机扰害，或千人，或数百人，白昼抢劫村庄。"其言本于传闻，虽不尽确，然可略见纷扰之一斑。迨战争之区域广大，清兵凡遇英军无不败溃，乃畏之如虎，风声所传，殆如草木尽兵，而沿海诸省调兵设防，大为害于民间。御史吕贤基奏曰："比年以来，地方官不能上体圣意，每于近海之区，借防堵以派费，于征兵之境，借征调以索财，以及道路所经，辄以护送兵差，供给夫马为名，科敛无度，近闻湖北、湖南、安徽等处，皆有加派勒捐之弊，又闻浙江、直隶、山东亦然。"此种现象于战争期内，殆难幸免。方英军之入镇海也，官兵不敢入宁波拒守，邑人惊惶逃避，拥挤自相践踏，哭声遍野，而无赖匪徒又乘机劫夺。刘韵珂上奏其事略曰："该府居民闻警星散，十室九空，土匪大肆抢劫，毫无顾忌，不但该府如是，即距镇稍远之慈谿及绍兴府所属，无不皆然，甚至省中亦复讹言四起，人心惊惶，纷纷迁徙。"后英船驶入长江，人心惶恐，居民迁徙，匪徒乘机抢夺。江苏巡抚程矞采奏曰："乡僻地方，本属安静，每于夜半更深，讹称寇盗前往劫杀，因而老幼群起逃避。该匪徒等在室则伙抢米钱，在途则截留衣物。"镇江陷后，牛鉴奏称盐枭处处蠢动，放火肆抢，不能禁止。江南河道总督麟庆言之尤详。其辞曰："扬州府城，当逆夷入江之时，居民大半迁徙，店铺全行闭歇，食用交匮。……维时枭匪散在四乡，乘迁肆劫，……仪征县城滨临大江，为商运捆盐之地，即为枭匪丛集之区。"中记其二党仇杀火焚盐船。末曰："又闻清江浦黄河以北，亦有土匪，聚伙欲图滋事。……现在清江因下流居民迁徙人众，米粮腾贵，以致民情惶惶，宵小窃发。"骆秉章亦上奏曰："运河一路及山东、青曹二州，俱有土匪，肆行劫掠。……若不及早查拏，恐日久蔓延，更为可虞。其为英人攻陷之城邑，居民尤苦，其原因则为地方官吏或逃或死，土匪先毁衙门，大事抢掠，乡人继之。厦门、慈谿、上海、镇江莫不皆然。曹晟《十三日备尝记》记载英军退出上海，长官出示曰：“有聚众三人夜人人家，及白日持械抢夺者，登时处死，照例勿论。”镇江先由外兵抢劫，土匪乡人继之，其惨状备见于《出围城记》。英军时于运河扣留公文函件，发而读之，长官或谓境内无兵可调，或言匪徒谋变，人民深患英军将至。其恐怖之辞，溢于言外，清廷殆人于危险时期，其言和者不得已也。

道光于奕经败后意始稍变。刘韵珂迭次上奏形势危急，不能再战，奕经交还英军俘虏，以为羁縻之计。耆英于浙，令伊里布设法议和，牛鉴亦以羁縻为言，上谕初尚责之。及英船驶入长江，伊里布奉旨赏得四品顶带，耆英亦得谕旨办理羁縻事宜。二人更奉令人苏进行，迭致照会于朴鼎查，其困难则为英使要求中国全权大臣面商和议，而耆英等未奉任命，道光且言战费不能议及，更不可轻身与朴鼎查会晤，以致堕入奸计。朴鼎查于其要求停战，均不之理。及镇江失守，道光诏著耆英便宜行事，并有此时业已专意议抚之语，更令奕经暂缓赴苏，以其带兵或碍和议也。其时耆英尚在无锡，函请朴鼎查先派人员会议，然后再由大臣面议，七月三十一日及八月一日，两奉密谕，中有“应行便宜从事之处，即著从权办理，此事但期有成，朕亦不为遥制”。耆英遂约伊里布前往南京。方其行于途中也，英船泊于江面，牛鉴迭次遣人言和。朴鼎查复称钦命全权大臣前来商订条约，即可罢兵，乃以钦差大臣与全权无异相答，耆英等将即来宁，并录上谕示之。八日，伊里布至，十日，耆英抵省。道光明降谕旨曰：“两载以来，沿海生民突遭蹂躏，朕心实有所不忍，与其兵连祸结，何如息事安民？是以叠经密谕该大臣等，设法羁縻，以全民命，此朕万不得已之苦衷，谅该大臣等必能善体朕意，期于有成，著即遵照前旨，妥为筹办，不必他有顾虑也。”和议由布政使黄恩彤、侍卫咸龄等往议，耆英等则迭奉切勿轻上夷船致有意外之变之谕旨，留于城中。十二日，朴鼎查提出要求赔款二千一百万元，割让香港，开放广州、福州、厦门、宁波、上海，官员往来用平行礼等。十三日，闻知援兵入城，声称开炮攻城，人民惊慌，吁求救命。黄恩彤等连夜出城会议，议定赔款先交六百万元，英船退出长江，条约盖用御宝等。道光得报，谕称福州万难开放，可以他处代之，余多准许，黄恩彤商于英使。英使请代以天津，乃作罢论。其他争执，尚有去行商，及挈眷同住二点。二者英使持之坚决，耆英始肯让步。其关于同住，奏报朝廷曰："今若有室庐以居其货，有孥以系其心，既挟重赀，又携室家，顾恋滋多，控制较易。况英夷重女轻男，夫制于妇，是俯顺其情，即以暗柔其性。"和议既有进步，二十日，耆英等谒见朴鼎查于船上。二十四日，朴鼎查至下关静海寺答拜，固请入城，耆英许之。二十六日，英使入城，二十九日，条约于英船上签字，是为南京条约。

条约凡十三款，其主要者如下：一、开放广州、厦门、福州、宁波、上海，为通商港口，许英商贸易，眷属居住。英国得派领事管理其地之商贾事宜。二、割让香港，听英治理。三、赔偿烟费六百万元，商欠三百万元，军费一千二百万元，共分四期迄于一八四五年交清。英军暂驻于定海、鼓浪屿，俟款交清，五口开放后，始撤归国。四、废除行商。五、放还俘虏，赦免工作于英军之华人。六、五口进出货物，中国公布公平划一之税率，贩人内地之英货不得加重课税。七、两国往来文书，概用平等款式。综观条约之内容，实基于巴麦尊之训令。通商港口为开放之商埠，外人得经商居住，其初至者与华人杂居，后购圈空地，设置租界，建筑房屋，为其居住区域，上海则其明证，华人不得入内杂居，后始开放，扩地日广，设官治理，发达益甚，进而侵犯我国之主权，其在英美先进国家，原无通商口岸租界之限制，外商入其国中，多能置地，建造房屋，开设商店，不受苛例限制。我国通商港口，初盖由于特殊环境，租界之成立与管理，则侵略之结果也。领事之在欧美，职为商业委员，其在中国，则权颇重，领事裁判权颇提高其地位。英使要求香港者，则以港内水深，便于停泊大船，外相先主割让定海，义律改求香港。其时英国业已设官治理，后更宣布其为自由商港。关于赔款，南京条约载明二千一百万元，一八四一年八月一日后，英军各城所得之款并入扣除，而广州之六百万元，则未计入。英国共得二千七百万元，耆英等对之，未有异议。英国训令则言不得争执赔款，以致和议决裂。中国代表苟或核减，当无困难也。撤兵之期，则英船于十月一日全数驶出长江，定海、鼓浪屿之驻兵于虎门条约改定赔款交清后，撤归本国。其他诸点，义颇明显，殆无须解释也。通商章程言明于广州再议。

耆英等之议订条约也，当兵败之后，强敌逼临城下，和议决裂，则不堪设想，心中存有恐惧，乃为时势所迫，俯首下心，且其生于闭关时代，不知国际大势，外交方略，而又缺乏缔结条约之学识与才能，唯有听命于人而已，其历多日而始议成者，一则奏报条件于道光，一则译成中文，英人记载中国代表未曾批评或增减条约上之字句，其唯一之志愿，见于容止者，则和议早成，而英船即去南京也。要之，和议之成，颇赖耆英之力，军机大臣中之主和者，则穆彰阿也。条约奏至朝廷，道光谕曰："耆英等奏详陈夷务情形，亲往夷船，妥为招抚一节，览奏忿懑之至，朕惟自恨自愧，何至事机，一至于此？于万无可奈之中，一切不能不勉允所请者，诚以数百万民命所关，其利害且不止江浙等省，故强为遏抑，各条均准照议办理。惟该夷所请，均已允准，即当迅速定议，全数退出大江，不得任其耽延，惊扰行旅，至此外一切紧要事件，必应筹及者，均著责成该大臣等一一分晰妥议，不厌反复详明，务须永绝后患。"乃条约成后，交涉日多，困难之问题，相继而至，台湾惨杀事件，则其证一。初英船二只前后于台湾触礁，其地长官达洪阿等捏奏战胜，俘获二百余人，几尽杀之。朴鼎查要求将其解部审办，道光坚持不可，会耆英访得其情，始遣闽浙总督怡良往查，得其欺饰冒功之罪，达洪阿等奉旨革职，其事始已。

斯战也，我国统称鸦片战争，盖以其由于缴交鸦片而起。外国历史学者则言其原因复杂，林则徐之强缴鸦片，只其导火线耳。吾人平心论之，印度输出鸦片，征收重税，为其政府大宗收入之一，英国对于商人运烟来粤，公然谓为经济原因，舰长有禁商船偷运者，政府斥其干涉商人之企业，而远调之，宜其指毒物为财产，而向中国索款赔偿也。清廷自战败后，威信大失，进行之计划为之停顿，禁令虽曰依然存在，而官吏不知其属于内政，有投鼠忌器之虑，书籍且有以烟禁无效，归罪于条约，未曾提及禁令者，此可代表时人之心理。战争之失败，由于不知英国之情状，海陆军之实力，而自信太深，造成祸机，以致无法挽救也。战争期内，及和议成后，朝臣疆吏尚未觉悟，琦善访知英国女主择配，奏曰："是固蛮夷之国，犬羊之性，初未知礼义廉耻，又安知君臣上下？"关于其人，林则徐言其腿足伸屈不便，耆英称其夜间目光昏暗。道光批曰："众口一辞，信然。"骆秉章奏曰："该逆兵目以象皮铜片包护上身，刀刃不能伤，粤省义民以长梃俯击其足。应手即倒。"福建举人黄惠田呈平夷策略，中云："逆夷由安海放桅而来，日食干粮，不敢燃火，其地黑暗，须半月日始出口，方至息辣。”道光于战争迭败之时，访求安南人造船，以为可败英船。及得其人，毫无所用，而官吏仍信天下水师，以安南为最强。迨英船退出宁波，往攻乍浦，弈经言其恐惧逃走，御史苏廷魁奏曰：“现在粤中传闻有英夷本国为嗌呵喇（Bengal）攻破等语，缘嗌呵喇为夷货聚集之所，经英夷占据，尽收其税。嗌呵喇怨之最深，乘虚捣击，是以逆夷兵船纷纷遁回援救。”道光得奏，谕令追剿，达洪阿捕获难民，奏称得其供辞，自犯顺以来，费去不下二千万元。且曰：“彼以货财为命，今闭关，货物不行，所在私售无多，价亦大减，……朴鼎查始冀如义律故智，思得所欲，及不可得，且人船丧失，所耗益多，其情势必绌，饥而扑食，乃更扬言大举，窃恐其势将离，未必复能持久也。”凡此无稽之谈，不知得自何地，竟为官吏所信，而并上奏朝廷。其无辨别是非之能力，故难权衡轻重，审察利害，而有正确之决定也。战争之损失，要由于国际知识之幼稚，和议成后，耆英、伊里布等均为当时清议所不容，军机大臣王鼎反对和议，相传其在道光之前，指摘穆彰阿之误国，帝乱以他语。王鼎愤懑自尽，遗疏极论穆彰阿之欺君误国，以求皇上之觉悟，其刚愎无识，殆不可及，足以代表所谓贤士大夫之怀抱。英人观察官吏，谓其多为极端顽固。其害则自蔽聪明，不受忠告，而偾事误国也。

战争失败之原因，略言于上，而在当时则归罪于汉奸。汉奸盖就人民贩卖货物于英军，或为之工作而言，其造成者，则国内人口滋繁，生活艰难。大多数之人民，未受教育，久于专制政府之下，丧失民族精神，遂视国家之荣辱，不关于心，甚者不惜工作于英军，而自摧残本国。其心目之中。徒为一时之职业，以及多得酬金耳。其愚蠢无识，原无轻重，乃官吏视之，为英军筹划，有神奇之技。广州之战，说者谓英军熟悉地方情形，其出发作战，布置得宜，由于汉奸报告。镇海之陷，大理寺少卿金应麟奏称英夷先用洋银收买兵丁，以致镇将左右均属汉奸，其炮被盐汁浇灌，不能点放，弈经谋复三城，计划严守秘密，及其失败，则诿罪于汉奸助逆。后英舰驶抵南京江面，耆英等奏称其将遣汉奸偷挖高堰，高堰远在高邮之北，英人殆不之知。甚者且言英国译员马礼逊等为改穿夷服之汉奸。其荒谬无识，可称绝伦。道光既得奏报，迭令严防，而军队仍败，对于汉奸，忆懑之至，改令招抚，来者多为无知愚民，曾谕捕拏福建已革举人某，及访得之，乃在台湾。大臣之奏报，一则由于自相恐吓，一则借以减轻责任，南京条约第九条规定赦免汉奸。道光批谕曰：“其有助逆抗拒官兵及为向导内应者，即与叛逆无异，天理难容，必应按律惩办，其中情罪较轻者，即不加诛戮，亦应牢固监禁，以杜后患。”幸其人数无几，未致严重交涉也。

道光既不明知英军火器之利，对于战败之兵丁，则以其未曾力战，迭谕将其先遁者杀之，以警其余，奈其无济于事。武将之遇英军也，战败则死，报之朝廷，恩恤即至，其不死者，则交刑部议罪。文官凡有守土之责者，亦然。道光曾谕臣下曰：“由来尽节捐躯之大小文武，俱按定例，予以恤典，从无论及平素居官若何，若失地偷生之辈，其治罪与否，视其平素居官之贤否，以为准则，有是理乎？能服天下乎？”其用意则奖尽忠死节之臣，其残酷不仁，无济于事，则不之问。英将谓收容俘虏，至为不易，实由于此。交战之先，清廷未曾对英宣战，公文上只有剿讨之命令，悬赏购头之布告，其最残酷者，首推裕谦。裕谦于浙，诱获英人二名，上奏其死曰：“先将两手大指连两臂及肩背之皮筋剥取一条，留作奴才马韁，再行凌迟枭示。”吾人今日读之，犹为心悸。朝廷之法令既严，又常责人力不能为之事，谕旨前后时相矛盾。大臣唯有捏奏军功，假造事实耳。道光曾批奕经奏文曰：“不实不尽之至……朕只恨世道人心，何至如是之不诚不实？朕以重任付诸臣，诸臣无不还朕一欺字，再不解是何存心也。”专制帝王淫威之毒，抑何甚耶！

1. 烟箱之重量不同，以一百斤为多。价约四五百元。

2. 正月十日，为公历一八四一年二月一日。

3. 虎门之败，裕谦于浙称其未设防守，实无根据。

4. 定海之陷，裕谦听信讹言，奏称恶战六昼夜而败，实则历数小时耳。

第三篇
战后外交之形势及英法联军之役

中英善后交涉——中美订约——中法交涉——条约中之要款——耶稣教之弛禁——香港澳门与中国之关系——五口开放后之情状——鸦片输入之激增——对外思想之不变——青浦案件之解决——广州入城争执之严重——三国修约之失败——海盗与亚罗事件——混战与报复——西林教案——联军来华—广州陷后之情状——四国公使之通牒——和议之情状——四国天津条约之成立——朝廷挽回津约之失败——条约中之要款——换约之起衅——战事之责任——朝旨之中变——联军第二次北上——和议困难之症结——巴夏礼捕后之交涉——咸丰之决心议和——和议之条件——清代外交之评论——中国对俄所受之损失

南京条约成后，通商章程尚未议定，据道光朝《筹办夷务始末》中之上谕，中称咸龄与马礼逊酌定善后章程八款于英船上，内有英商犯法归英自理。朱批且曰："通商以后，华民归中国管束，英商归英自理。华民有罪逃至英馆者，英夷不准庇匿，英商有罪逃入内地者，中国即行交还。"章程原文则未之见，耆英奏称前与朴鼎查面议，所有税饷一切事宜，俟十一月内到粤妥议。考其原因，则通商输税例案，均在广州，势须据之酌量办理也。道光诏授伊里布钦差大臣、广州将军，并许黄恩彤、咸龄同之人粤。耆英改授两江总督。伊里布奏言和议由耆英同其议定，而今一人奉命办理善后，英夷将持异议。耆英得旨，在宁通筹各省贸易事宜。一八四三年三月，伊里布病死于广州，朝令交涉事宜，暂交黄恩彤办理，改授耆英钦差大臣，令之入粤。方其行于途中也，黄恩彤与英译员，商订税率，议定五口通商章程。六月四日，耆英始抵广州，朴鼎查约其会于香港。二十三日，耆英同黄恩彤等乘英轮船前往，会见朴鼎查数次，签定章程，二十七日，互换南京条约，唯商约未成。初伊里布约定七月颁行新例通商，乃以议商税则往返辩论，不能如期实现。朴鼎查改请广州通商，先照新例输税，耆英许之。税率据耆英奏文，增者五十七种，减者六十四，添出者十三，其货价靡常，而品类不一者，参用估价定税之法。要之，自整个新税而言，船税大减，货税主要物品略有增加。十月八日，中英虎门条约成立。耆英奏称事毕，欲回两江总督原任，道光许之。

中英缔结条约，改进商业状况，别国商人均欲沾其利益。美国在华之商业，次于英国，其商人尤为关心。一八四二（道光二十二）年十月，美国长官要求其商人得与英商一体贸易，伊里布奏称只准一国贸易，将生枝节，英人反得与之串通，利归于己。耆英亦以为言，朝旨始许他国商人贸易于五口。方南京条约报于美国也，其政府欲遣使来华，议订商约。初战争期内，美国舆论深表同情于中国禁烟，其要人发表中国要求叩首为战争原因之文，杂志主笔竟拒绝登载。至是，其总统欲其商人得于五口贸易，一如英商，将遣专使来华，参院予以同意，其国务卿并征求商人之意见。总统任命著名律师顾盛（Caleb Cushing）为使，国书内称二国促进邦交，本于互惠和平之原则，缔订商约。措辞谦和，并问皇帝圣安，且令顾盛入京觐见，国务卿训令顾盛注意二国之平等地位，不得称为贡使。驻于广州之领事，奉命通知粤官，耆英以为夸耀示异，复文阻其勿来。顾盛之来，乘坐大号兵舰，寓有恫吓示威之意，一八四四（道光二十四）年二月，船抵澳门。领事通知总督程矞采，顾盛遣员说明订约，并将入京朝见。程矞采阻之，且言不必订约，顾盛则称专为朝见及订约而来，愿由内河进京，免生疑虑。程矞采坚持不可，上奏朝廷。道光谕耆英往粤办理交涉，不准其入京朝贡。顾盛以交涉久无进步，乘坐兵船，进入黄埔，请至衙门拜见总督，程氏拒之，发生激烈之争论，会知耆英将至，乃等俟之。五月三十日，耆英抵粤，六月十日，往澳，十八九日，接见顾盛。顾盛仍言北上。耆英力称不可，后始放弃北上之意，国书由耆英代奏，专订商约。会议之时，顾盛提出草约凡四十七款，文义鄙俚，字句涩晦。耆英删为三十四款，四易其稿，其删去者，据耆英奏文共有六端。（一）领事呈明督抚，公使得赴都察院申诉。（二）洋楼由暴民焚后由官赔修。（三）洋货纳税后三年不销，请发还税银。（四）商船入港，由中国保护，并开炮互敬（此句疑有误会）。（五）公使之公文递往京中，由内阁或部院衙门接收。（六）两国用兵，准商人搬回。其他条件之实质，则少更改，七月三日，约成，二使签字，是为望厦条约，订约于望厦故也，其地邻近澳门。

法国在华之商业，无重要之可言，其政府谋扩张领土或政治势力于海外，注意鸦片战争之发展。一八四二年一月，法舰来粤，其长官有教士翻译，请见奕山，奕山见之，法官更与朴鼎查相见，二月，去粤。三月，教士呈递说帖言和，给英码头。及英船攻入长江，法船驶抵宝山，强人投信于官，谓来帮助中国。八月八日，其长官往见道台，谓来探听消息，将劝英人戢兵，且曰："若准英夷设一夷官在京办事，自必心服"，十三日，强行上驶，及抵南京江面，和议方正进行，遂无活动。九月，英船退出长江，法船亦退。一八四四年三月，程矞采奏称法船来粤喧传于时，八月，抵澳，有驶往天津之说。其使臣剌萼尼（M. de Lagrene）通知耆英来粤。耆英遣员见之，回禀法船八只在澳，请耆英赴澳相见，耆英许之。剌萼尼初不提出要求，惟请二国订约，共御英国，声称西洋诸国两相结好，必互派使臣，往来聘问，二国现可照行，以便常通消息，互相援助；又请中国雇用法国明习天文之人，赴监当差，遣人赴法习学造船铸炮事宜，许法人住守虎门代防英国，及弛废天主教禁等。耆英以其违反旧制，力言不可，乃请给以英美条约，作为中法条约之根据，十月二十四日，签字于黄埔江中之法舰，是为黄埔条约，内容仿自望厦条约。法使言其商业无足轻重，多方要求弛废教禁，耆英为之力请于朝廷，道光许之。其他国家尚有遣使来订商约者，除比利时订有协定外，均不得请，一八四七（道光二十七）年，独瑞典、挪威之使臣订约而去。其条款亦仿自望厦条约，条约几尽相同，兹综言其要款于下：

一、最惠国条款　最惠国条款云者，指中国与甲国缔订条约，载明此文后，与乙国订约，予以政治上，或商业上之利益，而甲国亦得援例享受，即俗所谓利益均沾、机会平等也。虎门条约首先载之，此后与外国订约，常有最惠国条约。列强借之要求，争夺权利，往往破坏中国之主权。其在欧美，国际条约虽有最惠国条款之规定，但其属于商约，表明其无歧视，或不平等之待遇，而双方面皆以互惠为原则也。中国条约则为片面互惠，又非完全属于商业范围，乃所以称为损失也。

二、领事裁判权　领事裁判权于条约上则曰治外法权。中国初与邻国往来，曾有互交罪人之例，且不始于俄国，殆可谓为互惠之治外法权。南京条约于领事裁判权，尚无明文，中英善后章程及五口通商章程，始有解决二国商人争执之方法，虎门条约明言互交罪人，望厦条约订有明显之条款，天津条约更有规定，烟台条约乃成今日之领事裁判权焉。其范围则在华之缔约国人，及其财产，苟与华人或其他国人发生交涉，居于刑事或民事之被告地位，不受华官之审理，中国法律之裁判，但照本国法例，受审于领事或法官。华人居于被告之地位者，外人报于领事，由其交涉，会同华官解决。其要求之理由，则为中西法律悬殊，而中国法例、法庭、监狱，尚未改良也。初顾盛来粤，疾疫方流行于广州，群众信其带来之占风器所致，怒而暴动，美人御之，伤杀华人一名。耆英请于顾盛交出罪犯，顾盛答谓自卫无罪，不能交出，且告领事曰："行于土耳其之治外法权，当适用于中国。"及望厦条约成立，载明条款，黄埔条约亦然。外人享有领事裁判权之经过，已如上述。其所持之理由，殆不足辩，世界各国之法律不同，凡至一国者，则多出于自愿，必当遵守其国之法律。乃在华之外人居于特殊之地位，实非事理之平。外人既得权利，其犯罪受审者，归于本国官吏办理。订约而后，列强常以商人兼任领事，判案原可非议，而其所判定者，尝致无法执行，罪人逃脱，浪人无赖遂有所恃。华民更托外人之保护，不理华官之传讯。其后交通日便，贸易激进，外人得游内地，双方接触之机会愈多，诉讼之事件骤增。其争执之点，尝非法律专家不能解决，英美虽设法庭于中国，而缔约国人之归领事裁判者尚多。领事负有保护侨民商业之责任，判决争执，易于引动感情，不免袒护不公之弊；少数侨民且以中国官吏无法干涉，常贩卖禁物，深为害于国内。其设法庭于中国者，破坏主权，更无论矣。

三、关税　广州海关税银，向有定例，船钞则根据船之大小而定。一八四〇年，四百二十吨船，纳银二千六百余两，一八四三年，虎门条约载明每吨输银五钱，依照新税计算，前船只纳一百八十余两耳。虎门条约规定七十五吨以下者为小船，每吨纳进口税一钱。明年，望厦条约改定船在一百五十吨以上者，每吨纳钞银五钱，其不及者，每吨一钱，视前益轻。美约又言船已纳税，而货未全销，载往别口者，于凭单内注明，得免征船钞，其货纳税后运往别口售卖者，得免重税，由是外船得有沿海贸易之权。按之国际惯例，沿海贸易，本国商人方可经营也。货税，中英代表多据值百抽五议定，约中英官负有担保商人纳税，及禁防私漏之义务。美约无协禁私漏之明文，反言变更税则，须商于美官。协定税则乃告成立。美约更言商船入港，并未开舱而于二日内出口者，不征税钞。

四、兵舰巡行权 一国之领海内河，为其主权所在之统治区域，外国军舰不得自由巡行也。中英通商章程，许英舰泊于五口，保护商业，约束水手，以免事变。其入港也，免其钞税，进出口时，先期通报海关。及订望厦、黄埔条约，耆英允许美法军舰，得至中国口岸，其文义含混，口岸实指开放之五口，外人仅得贸易于其地也，乃未将其指明。英法联军之役，法舰阑人大沽，引用约文，致函要求驶入北河。其后长江沿岸之要埠开放，列强兵舰遂得自由航行于内河。

五、修约 望厦条约第三十四条，载明十二年后修订关于商业之条款。黄埔条约第三十五条，规定十二年修约，瑞典、挪威商约亦有修约之明文。独虎门条约未有只字提及，乃英援用最惠国条款，谓其亦得享受十二年修约之权利。一八五四（道光二十四）年，南京条约适当十二年之期，要求修约，美法尚未及期，从而助之，不得。一八五六年，三国复请，亦未成功。其在广州主持外交者，为总督叶名琛，叶氏傲慢不见外宾，朝廷对于外国要求，概令其办理，寄谕又严饬其拒绝修约，故无结果。列强则以条约上许其修约，乃谓华官不肯遵守条约，如期会商。但后条约载明改订之期，中国要求者再，而列强多托辞拒绝，天津条约而后，中国改订税则之困难，尤其明显之例。其或要求，其或拒绝，皆可证明其唯利是视耳！所可怪者，清廷大臣不许其会商也。会议之时，让步与否，其权操之于我，且得利用时机改订互惠之条约也。内外大臣固不知此，历史学者曾认其为中英第二次战争主因之一焉。

综观条约之内容，凡英国战胜后所得之权利，缔约国莫不安然享受，甚且越出英约范围之外，朝臣疆吏唯求办理便易，固不知其丧失主权。海关税则协定，朝廷颇以为便，耆英之所顾虑者，则为款能足额，规礼应外人之请，尽行废除。外舰约束水手，领事担保纳税，均为传统思想之表现，其对领事裁判权成立亦不反对。其观念迥异于吾人，要由于国际知识之幼稚，设使吾人处于当日之环境，亦不之知，此闭关之害也。其未详载于约中而关系至巨者，则中国应法使刺萼尼之请求，允许传教也。先是，天主教盛于清初，一七二四年后，教禁始严。及中美代表议约，美译员为教士，商请于专使，要求传教。顾盛将其提出，望厦条约准许美人设立医院、礼拜堂于五口。法人信奉天主教甚虔，其神父潜入中国，宣传教义，政府予以赞助，未曾改变，或进而借之侵略。一八四四年，剌萼尼力请于耆英废除华人信教之禁令，其措辞则称天主教劝人为善，而非邪教也。耆英初称中国习教之人，借教为恶，故惩其罪，后许出示弛禁。剌萼尼固请代奏皇帝出旨，免拏教民，耆英上奏其事。十二月二十八日，上谕弛禁，许筑教堂于五口，华人入教者听之。耆英亦出布告，英美领事以其解释太隘，基督教不得享受新得之权利，向耆英交涉。耆英布告一律待遇。剌萼尼意尚未餍，再向耆英交涉，发还天主堂之旧屋。耆英奏称其坚决要求，可许其请，以为笼络抚绥，否则将致启衅，且旧教堂事实上不能归还。一八四六（道光二十六）年上谕曰："前据耆英等奏学习天主教为善之人，请免治罪。其设立供奉处所，会同礼拜，供十字架图像，诵经讲说，毋庸查禁。……所有康熙年间各省旧建之天主堂，除改为庙宇民居毋庸查办外，其原旧房屋各勘明确实，准其给还该处奉教之人。"中国对外准许传教，神父私往内地，基督教牧师则传教于口岸，后亦前往各省。来华之教士因之大增，其人富于牺牲服务之精神，其目的则宣传福音，而求多得信徒。其采行之方法，为恤苦医病，教育青年，顾其传道之机会，远胜于前，无暇研究华文，只能口操方言，而国中学者囿于固有之思想，常轻视之，不相往来。华人之信教者，多为市井愚民。其后天主教神父利用华官之心理，条约上之权利。袒护教徒作恶，益失知识界之同情。其时民众迷信极深，妄造蜚语，煽惑人心，激成暴动，教案遂为清季重要问题之一。

中国割让香港，英王委任朴鼎查为总督治之。虎门条约规定华船之往香港者，持有商港海关之护照，始得贸易，且言二国互换记录，以禁违法之商业。初义律承认华官征税于香港，一如黄埔，巴麦尊后亦训令朴鼎查可许华官收税于香港。至是，条约上虽无明文，而华官尚得根据商约，管理香港华商之船只，英国有协助之义务，而事颇易进行。一八四三年，英国改委前商务监督德庇时为香港总督，于其离英之先，长官语之曰："苟因事实上之需要，可许华官管理香港之华人。"可见中国之不善经营，虽曰英商主张自由商港，抑由官吏之昏庸无识也。英国既得香港，澳门葡官呈陈耆英变通成法。豁免租金五百两，扩展地界，税收照新章减少三成。耆英上奏，朝廷概不准许。澳门政治情状，一如往日。迨后香港之商业发达，澳门日衰，一八四九（道光二十九）年三月，其长官曹玛利楼（Joao Mario Ferreira do Amaral）照会总督徐广缙裁撤海关，许其添设领事于广州。粤官不可，葡官封闭关门，宣布不征货税，遣兵防守炮台，驱逐同知，不交地租，征收华人之地税。其时中英交涉，极形严重，徐广缙不敢用兵，反言其借兵于香港，又不将其上奏朝廷，乃欲用商制夷，谕令商人退出澳门，去者日多，澳门之街市为之一空。葡官大惊，四月曹玛利楼下令，凡无护照迁移者，收没其财产，令下，仍不能止。其受损失之华人，莫不切齿。八月曹玛利楼骑马巡于澳门边界，为人刺杀，斩其首手而去，事闻，葡官要求徐广缙缉凶，交还其首手，徐广缙不复，葡官遣兵强据边界之要塞，英、法、美领事抗议，英舰且又示威。今自吾人观之，葡萄牙之强据澳门，实为野蛮之侵略，徐广缙不知国际公法，有所表示，外人谓华人之去澳，由于粤官之威胁，及其迟延不复，而益信手段之卑劣，起而助葡，且防其施行同样手段于其他外人也。明年一月十六日，粤官归死者之首手于澳门。斯举也，中国丧失列强之同情，葡萄牙遂得借口掌握澳门之统治权，一八八七（光绪十三）年，中葡条约始予以承认。

中国开放广州、厦门、福州、宁波、上海为通商港口。广州国际贸易之历史颇早、厦门、福州、宁波亦曾准许外商互市，试分述之。上海地在长江下流，河汊繁多，通于内地，其东黄浦江便于碇泊，而沿江诸省人口繁密，有大宗货物之需要，且其近于丝茶生产之区，便于外商之购买。一八四三年，英国领事抵于上海，十一月开港，美法领事继之而至。外商人初租屋于城内，北门沿黄浦江一带，时为乡村，英领商于道台租地，一八四五年，议决外人居住区域，北达苏州河，南讫洋泾浜（今爱多亚路），东临黄浦江，共一百五十余亩，明年，向西扩展一千余亩，一八四八年，竟达二千八百余亩。明年法国租界成立，其地南达北门，北至洋泾浜，东界黄浦江，西讫关帝庙、周家木桥，后扩至一千二百亩。美人初无设立租界之意，购地于苏州河入江一带。英法对于租界，均有势力范围独占之野心。美国领事住于英界，初升国旗，英领抗议，旗即撤下，后再升旗，英领再行抗议，美领置之不理。美人置产于界内者，英领不肯承认，道台受其指示，表示反对，美领终乃强迫道台承认其国人之权利，会英国以其国际上之地位，对美采行亲善之政策，始行让步解决。法领曾令外人于租界内购买地产者，须向其注册，亦以反对而止。英租界之治理也，英领、道台议定管理章程，征收路捐、灯捐，年有常会，由纳税人出席，讨论一切，议决预算，由英领主席。其办理市政，以同意为依归，而非法律之裁制。其缺席者，后得委托代理人赴会投票，其与华官关系，除每亩纳钱一千五百文外，别无可言。华人之有地产于租界者，只得售于外人，外商之房屋商店，不得租于华商。及太平军攻据南京，上海小刀会起事，人民相率避乱于租界，外人以新环境之需要，改订章程，道台及三国领事批准，一八五四（咸丰四）年七月，公布，始许华人同居于租界。乱平，华官再行提出禁令，未能执行，章程中之最要者，则为第十条规定纳税之义务，执行常会之议决案，凡多数通过者，全体皆须遵守也。章程关于市政，未曾载明，其影响普通利益者须得领事之同意，方为有效。领事原欲合并三国租地，成立统一之市政府，而法国不予同意，英美区域，乃称公共租界，法界独为一区。租界之市政府成立，华人则无参与常会之权利。

宁波在甬江下流，土肥民众，为中国著名之大城，一八四三年，开放为商港，官吏指定外人营业住留之区域，顾其贸易极不发达。盖丝自水路运往上海，既便且捷，而茶叶贩卖之权，又操于沪商也，独传教事业，颇有进步。其贸易类近宁波者，尚有福州。福州在闽江之口，水急势险，难于航行，一八四四年，开放，数年中未有商船入港，英官主张交换他港，未能成功。其入城问题，引起严重之交涉，闽人仇英之空气颇浓，领事初主让步，住于卑陋房屋，不敢高挂国旗，以启恶感，而总督刘韵珂拒其入城。会香港总督来闽，严重抗议，申言撤旗而去，借为恫吓，刘韵坷无奈，许其建筑领事馆于城中。外人入城者，未有租界之划定。厦门开放较早，始因刘韵珂之主持，亦有领事馆地址之争执，后亦同时解决。初荷人、英人曾来厦门贸易，闽商受其刺激，亦自厦门运出货物于台湾、菲律宾岛等。至是，领事外商住于鼓浪屿，划定租界。其地输入货物之价值，远过于输出，一八四七年，外船开始运出华工于厦门。广州原为中外国际贸易之商港，及订约后，废去行商，外商始得自由雇用买办通事，但其所居之卧室、营业之地址仍限于商馆。其贸易额数，初则尚能维持原状，后渐衰微，其失业者心怀怨望，造成粤人仇外原因之一。其事详后。

五口开放之后，贸易之机会大增，外商教士之来华者日多，交通便易，有以促成之也。十九世纪之中叶，轮船发达，航行大便，和使朴鼎查之来粤，南京条约之寄英，均赖轮船之运递。一八四五年，太古轮船公司航行于英国、香港，后五年，增加自香港驶行于上海之航路。邮件之传递，因之日便。初中国无今日所谓之邮局，一八三四年，英国商务监督律劳卑组织邮局，传递信件，托船运带，不收费用。一八四二年，朴鼎查通告开办邮局于香港，迨轮船公司扩展航路，传递邮件，酌视路程之远近，而定其价，取值颇昂，后渐减少。于是交通益便，而中国之闭关政策根本上不能存在矣。

我国海禁弛废，要由于鸦片战争之结果，鸦片促成战祸，和议之时，耆英请英使严禁鸦片，后赴香港，亦以为言。朴鼎查则言别国商人贩烟，英商效尤，不如收税。耆英将其上奏，且称禁弛两难；上谕批称“鸦片烟虽来自外夷，总由内地人民，逞欲玩法，甘心自戕，以致流毒日深，如果令行禁止，不任阳奉阴违。吸食之风既绝，兴贩者即无利可图。……此后内地官民，如再有开设烟馆，及贩卖烟土。并仍前吸食者，务当按律惩办，毋稍姑息！”不幸和议成后，官吏实际上未曾严禁，一八四四年，烟商公然贩卖于广州，一八四九年，鸦片二万余箱于青天白日之下，自吴淞运往上海。外人均谓官吏俸给太少，乃私受贿赂，勾结奸商，运入内地。鸦片之运输也，时以香港为中心，分装于武装之快船，运往上海以南之各港，其地或非条约上开放之商埠，亦得贸易焉。其销售之数，逐年增加，一八四〇年，岁入一万五千余箱。一八四五年，三万三千余箱，一八五〇年，四万二千余箱，一八五五年，竟达六万五千余箱。一八四〇年，虽以战争输入较少，而战前每年之需要，只约二三万箱，末数与之相较，达于两倍以上，抽吸之烟犯，虽无统计，而人数当亦二三倍于前。社会之不安，政治之恶劣，人民生活之痛苦，自可想见。一八五〇年，咸丰即位，下诏严禁鸦片，其抽吸者，限期戒烟，逾期人即正法，家属收没为奴，子孙三世不得与考，并订十家连坐之法，不幸仍为具文，反足以供贪官污吏之诛求耳。及太平军势炽，清廷之收入大减，军糈之需要日亟，一八五三年，朝廷再议鸦片，大臣有请开禁征收重税者。后上海道台议收烟税，宁波长官亦然。英国对于鸦片，主张中国弛禁收税，朴鼎查、德庇时均曾劝说粤官。英商公然运入中国，英国慈善家及宗教领袖认为耻辱，后得传教士报告，民众为之奋起，一八五五年，签名上书国王，请禁英商英船贩运鸦片于中国。顾其胪列之事实，不免浮夸张大之辞，政府一一批驳，遂无结果。中美望厦条约载明美商禁带鸦片，而少数商人贩运如故，其政府力主禁之。一八五七年，总统任命列卫廉（William B. Reed）为专使，命其协助中国政府禁烟，迨其来华调查实状之后，缔订天津条约，改去美国对于禁烟之义务，其违反训令，殊可怪也。

鸦片战争之失败，证明清代政治上军备上之积弊，非留心外事，彻底改革，实无自强之道，不幸荒谬刚愎之思想，依然存在。道光于伊里布赴粤，谕其不得雇用夷人制造或购买轮船，其对外让步者，惟患战祸之再起，而受臣下之恫吓也。耆英于和议成后，旨授两江总督，亲历战地，访察实状，密奏英炮摧残之威力，庐舍炮台尽成瓦砾，目不忍视。其扼要之结论曰："不能取胜，并非战之不力，亦非防之不严，不独吴淞一口为然，即闽广浙江等省之失利，亦无不皆然。臣以所见，证诸所闻，忿恨之余，不禁为阵亡殉节诸臣及被难居民痛哭也。"其所言情节均为事实，道光倘许发钞，或可针砭朝臣之痼疾。后耆英官于广东，购得洋枪，派员入京进呈。道光称其绝顶奇妙之品，灵捷之至，且曰："卿云仿造二字，朕知其必成望洋之叹也"，知为外人利器，何不公布派人学习，或购用于军中。不幸关于此类之奏疏谕文，莫不讳而藏之，君臣安于固陋恶劣之情形，粉饰自欺，作为升平之世。其心至不可解，交涉自无诚意，如许弛教禁，而"道光二十七（一八四七）年律例，但有禁天主教条例，无弛禁之文"（叶名琛奏语），官仍捕惩教徒。条约上许外人居于五口，而仍予以困难，广州固不必论，英传教士租住于福州神光寺，绅士百计逐之，捆送修屋之工匠，县官且以媚外革职。商业上俄船驶抵上海，而长官禁其贸易，朝廷嘉之，其尤堪称异者，则对外缔结之条约，以及上谕，从不发钞于京报，国人反从外国报纸得知其内容。于此期内，道光固深失望，而国内清议对于主和之大臣，莫不非议。伊里布死，说者谓其庸懦无能，徒以党于穆彰阿，英祸始终，竟未获罪。朝廷起用琦善等，赏之三品顶戴，御史陈庆镛奏言刑赏失措，无以服民。帝即命琦善等革职，闭门思过。一八五〇年，道光病崩，遗命断不可行郊配之礼，其第四子奕詝嗣位，明年改元咸丰，追论和议之失，诏革三朝大臣穆彰阿之职，永不叙用，降耆英为五品顶带，以六部员外郎候补，起用惨杀台湾英国难民之长官。时人莫不深赞咸丰之明断，而信太平可期，不意对外损失，反过于前代也。亲信大臣中之稍知世界大势者，当推耆英，耆英办理外交事宜于广州，矫去妄自尊大之习气，常与外使相见，惜其限于环境，但求敷然免事，无改革或促进邦交之决心。中美订约，顾盛赠送枪炮之图样，关于海陆军战术及建筑炮台之书籍。此数者，皆中国不如英国，而败于战争，为国内所亟需改革者也。耆英婉辞却之，并拒派人赴法学习之请。其报告朝廷驾驭外夷之奏文，中多诋毁，其留心国际之形势者，只有林则徐、魏源数人而已。林氏编译之《四州志》，魏源所编之《海国图志》，皆不免于错误。魏源之言鸦片战争，谓非由于缴烟，而起于断绝互市，夸张三元里乡勇之困英酋，定海伤杀夷人之恶战，夷人不敢进攻固守之松江。然舍此外，殆无他书。外人之观察中国者，谓华人不知外国之情状，妄自尊大之成见，毫未除去，其关于中英战争之史迹，既无可靠之书籍，又无广搜新闻之报章。其所根据者，则满载上下相欺之奏文上谕之京报也。其精通外国语言之华人无几，知识界人以本国之习惯环境，作为批评外国之标准，西方学术之输入，实为中国之急需。华人谓其优秀于外人者，乃其自言自信也。此论切中时人之痼病，而国人终不自省，遂为衰弱祸患根本原因之一。

官吏昏然排外，英国则欲多得权利，转采坚决之态度，而以武力为后盾。其领事之行动，曾不待其本国政府，或上级长官之训令，而于事出之后，本其个人之主张，提出要求，至为严峻；地方官既不能防患于未然，又不能立时负责解决，托故延宕，避免责任，乃予领事以口实，案情反而扩大，终遂屈服于武力恫吓，凡其要求，莫不许之。其专横之甚，无以复加，中国政府之尊严、威信，深受损失，试以青浦之案证之。初虎门条约载明英人得游历于五口附近之内地，其界由地方官议定，其原则为早出晚归，不准在外过夜。上海定为三十英里，乡民亦无仇外之表示，相处颇安。一八四八（道光二十八）年三月，英国教士三人往青浦传教，途中为漕船水手所击，知县救之，送往上海。领事阿礼国（Rutherford Alcock）报于苏松太道咸龄，请惩凶犯。咸龄谓浦非一日可以往还，教士出于规定范围之外，且青浦知县已枷责二犯，意欲不问，阿礼国则称青浦在三十英里之内，惩犯太少，两不相让。案至五日，阿礼国不待训令，采取自由行动，通告英船不纳税金，封锁海港，不许漕船驶出吴淞。英舰之在上海者，初只一只，而重载放洋之漕船约一千余只，竟慑于英舰之威，不敢他驶。道台乃以民意激昂，将起暴动来告。阿礼国坚持如故，遣人乘坐军舰，直驶南京，往见两江总督李星沅。李星沅患其生事，即令臬台驰往青浦，捕凶惩办，更以英舰不肯退出南京，迫而罢免咸龄。其措辞则言不严办该案，而转生轻侮也。领事始弛海禁，其蛮横之行为，足以引起二国之战争。而英国巴麦尊之训命，反赞其处置得宜，华官之昏庸有失常态，殆不足责。于时交涉之中，其最难解决者，则广州外人之入城也。

广州问题颇为复杂，一八四三年，耆英入粤，于途次闻知粤人报复，及抵广州奏曰："市井小民，嗜利尚气，好斗轻生，又系通洋码头，五方杂处，多有造谣生事之徒，从中煽惑，借以渔利。从前粤中习俗，既资番舶为衣食之源，又以夷人为侮弄之具。该夷敢怒而不敢言，饮恨于心，已非一日，近日夷情不能再如从前之受侮，设有一言不合，即彼此欲得而甘心，遂有上年十一月（一八四二年十二月）间，焚抢洋行之事。其实皆系无赖、游棍，及俗名烂崽等辈所为，一经查拏，旋即逃散，民夷两相疑惧，倘办理稍有未协，必致重启衅端。"其困难之症结，殆为误会已成，双方无了解，或协妥之可能性也。其时五口开港，中文南京条约载明其为港口，并未提及外人住于城中，港口指江河之口而言，条约未许缔约国人入城也。会上海、宁波等相继许外人入城，英国政府曲解条约，谓当入城。粤人独持异议，拒其进入广州。英国因谓中国不守条约，而以不平等之原则相待，乃信问题虽小，关系至大，不肯让步，初拟于赔款交清后，不欲撤回定海之驻军，以为要挟。耆英得美法之劝告，坚持不可，而入城问题，迄未解决。考其原因，则粤人好动，林则徐利用民气，号召团练，及其势成，不受政府之指挥，而唯使用意气，反为大害。其宣传之方法，或贴字帖，或散传单，其文字不知作于何人，概为鼓动情感，不负责任之高调，造成傲慢之心理，深信英夷入城，即为侮辱广州，不惜聚众暴动。政府则皇帝迫而议和，大臣昏然排外之思想未曾改变，耆英办理外交，清议斥为误国。及广州问题严重，御史劾其媚外，上谕责之，其白辩曰："屈民就夷，万万无此办法。……凡示谕之撕毁，长红之标贴，皆臣等授意晓事绅士，密为措置，而外人举莫之知。"其言为避免责任之计，殆不足信，可见其境遇之苦。又曰："数年以来，臣等办理夷务，千头百绪，枝节横生。诸夷狡黠成性，屡欲借端败约，几致无从措手。”其尤感受痛苦者，则拏办匪徒，亦不敢持之太急也。其属下官员，曾隐助所谓义民。英国教士租屋创设医院，医治贫苦者之疾病，全为慈善性质。屋主许之，绅士强其废约，不得，诉于官吏，捕之下狱，英官抗议，始行释放。此困难所以益趋于严重也。

一八四六（道光二十六）年一月，耆英与巡抚会衔布告开放广州，许外人入城，明日，即有红白字帖，攻击长官，诋詈英夷，语多忿激。又明日，知府刘浔出署，平民有担酱者，顶撞不避，为其所责。或言刘浔往媚夷人，而乃轻视国人，或言其带夷人入署，群相煽惑，暴动遂起，游民不召而集，火焚知府衙门。刘浔出逃，官吏前往弹压，而暴民益多，驱逐官吏。广州入于混乱之状，耆英大惧，暂将刘浔撤职，并改外人入城之布告，以缓民气。其事报于伦敦，英国政府以为英人入城，徒滋纷扰，训令香港总督德庇时慎重考虑。三月，德庇时约见耆英，耆英前往，四月，议定条件：（一）广州缓期入城。（二）英人在外行走，粤人不可欺凌。（三）中国不得割让舟山群岛于他国，并可由英国协同防御。六月，英国交还定海，入城问题，暂告结束，粤人之气焰日张。秋间，英人二名私行入城，为众殴伤，及冬，英商请许其于商馆前两花园中间墙上搭一过桥，长约二丈，而民阻之。明年，二月，英人往游佛山，经镇人投石击伤。会英国内阁更易，巴麦尊在职，采行断然处置之政策，训令传达香港。四月，总督德庇时率轮船及兵士九百名，突入黄埔江，逼近广州，形势危急。德庇时提出要求，耆英许之，其条件如下：（一）二年后开放广州。（二）惩办凶徒。（三）英商得于河南，建造货栈。（四）教士得建筑礼拜堂。耆英上奏其事，中称英夷“不准进城，则深以为辱。无如粤民过存轻视，屡向聚殴。该夷偶有所求，如租地建房等细事，亦复率众阻挠。地方官以民为本，又不便重拂舆情，曲徇该夷所请。臣数年以来与前抚臣黄恩彤于民夷交涉事件，斟酌调停，实已智尽能索，而不意犹有今日之变，抚衷愧怍，无地自容。”上谕批称进城一节，无关轻重；而粤人持之甚坚，其惩办凶徒，亦非易事也。十二月，乡民惨杀英人六名，英使要求严峻，耆英捕杀首要。定派通事一，差役二，随同外人外出，其事始已。其时耆英所处之地位，内则粤人仇英，外则英人威吓，进退两难，而两广之叛乱渐已开始。海岸则海盗横行，抢劫商船，均无法应付，幸而道光召其回京。其先耆英密奏其愤恨衰老，支持竭蹶，请帝默简才能，预为储备，此盖应其请求也。

耆英离粤，朝命两广总督徐广缙为钦差大臣。徐广缙毫不明了国际上之形势，又不虚心访察，对于外国，概以恶意推测，而竟蒙混朝廷，造成大祸。一八四八年五月，徐广缙与香港新任总督文翰（Samuel George Bonham）相见，至其兵船，互相筵宴，奏称本年广州贸易情状不佳，英夷悔过，中云："其国中连年贸易缺本，无力滋扰，是以故示恭顺，将从前骄纵之行，尽归咎于德酋（即德庇时）以自文其奸。"六月，文翰函请，预备明年广州开放事宜，徐广缙复文称其将致纷扰，势不可能，一面奏其虚声恫吓，妄图要挟，其兵一千二百五十名，而死者二百余人，不能远出。其结论曰："总之，广东民情剽悍，迥殊他省，不许外夷进城，妇孺同声。若含糊答应，临时别生枝节，不但有乖守土，抑且大非柔远之经。"又曰："该夷地方（指香港）频年贸易缺本，亏折三万万有零，支用不给，现裁减兵饷。"其言尽本于广州贸易之衰落，而牵强附会也。交涉报于伦敦，巴麦尊训令文翰警告中国政府，不守协约，将有不祥之结果。文翰约见徐广缙，要求奏请皇帝发贴准许入城之上谕，徐广缙上奏朝廷，谓其智尽能索，依从两有所难，含有许其入城之意。道光批曰："自宜酌量日期，暂令入城瞻仰。"会文翰让步，改请许其入城，会谒总督。徐广缙反信民兵十万，足敷防守，别夷亦怒文翰无端寻衅，搅乱贸易，而鸦片战争，夷商帮饷八百万，尚未还给分文，贸易今更萧条，香港驻兵不满二千，势难招用土匪，而故让步也。态度因而剧变，上奏朝廷曰："进城一事，实属万不可行。"对于文翰之建议，严辞拒绝。其时粤人广贴字帖，聚众示威，乡勇驻守要害，严防英人入城，及二年之期，英人果不得入城。文翰最后致抗议书于徐广缙，警告中国政府不遵协约之规定，将来发生不祥之事件，其咎由于自取。其让步者，由于英国政府初信粤人反英运动之激昂，强迫入城，亦无益也。

入城问题暂告结束，徐广缙奏称胜利，保举出力绅士。道光谕曰："夷务之兴，将十年矣，沿海扰累，糜饷劳师，近年虽略臻静谧，而驭之之法，刚柔不得其平，流弊愈出愈奇。朕深恐沿海居民有蹂躏之虞，故一切隐忍待之，盖小屈必有大伸，理固然也。昨因英夷复申粤东入城之请，督臣徐广缙等连次奏报，办理悉合机宜，本日又由驿驰奏该处商民，深明大义，捐资御侮，绅士实力勷勷，入城之议已寝。该夷照旧通商，中外绥靖，不折一兵，不发一矢。该督抚安民抚夷，处处皆抉根源，令该夷驯服，无丝毫勉强，可以历久相安。朕嘉悦之忱，难以尽述，允宜懋赏，以奖殊勋，徐广缙著加恩赏给子爵，准其世袭，并赏戴双眼花翎，叶名琛（巡抚）著加恩赏给男爵，准其世袭，并赏戴花翎，以昭优眷。”绅士等均得奖赏。徐广缙更奏香港英官恐其往袭，疑惧万分，借债发息，穷蹙难支。其荒谬自欺，殊极可恨，上谕报至英国，巴麦尊大怒，乃谓反英运动，曾得清廷之同意与协助，训令文翰严重警告中国政府，不能自欺，英国之容忍，非其力弱，乃其力强，而慎重耳。若遇事机，英军足以毁灭广州全城，不留一屋，而予粤人最严厉之惩戒也。其措辞可谓强硬之至，外相更批准驻粤领事退还粤官不合常式公文之案件。一八五〇年，文翰致书于大臣穆彰阿、耆英，警告朝廷。其书先请两江总督转递，再往直隶白河投递。时咸丰嗣位，及得其书，一面称其虚辞恫吓，肆其狡诈，一面谓大臣不收外国函件。会英国内阁更变，对华之外交稍形和缓，朝臣以为外交胜利。兵科给事中曹履泰奏曰：“查粤东夷务，林始之，而徐终之。两臣皆为英夷所敬畏。”一八五二（咸丰二）年徐广缙奉诏出讨太平军，朝命巡抚叶名琛代之。

自五口通商以来，工商业发达之英国，仍以在华商业上之机会缺少为憾。中国征收之税银，根据鸦片战前之货价订成，及十年后，物价减低，而海关征收之税银如前，商人病之，其政府坚欲修约。其所持之理由，则虎门条约之最惠国条款也。初中美望厦条约，中法黄埔条约，中国、瑞典、挪威商约，皆有十二年修约之文，英国虽无修约之规定，以为亦得利用利益均沾之条款，要求修约。瑞典、挪威则因商业不甚发达，虽有明文，但未请求。英国在华之商业，时占第一，亟欲修约，乃谓南京条约订于一八四二年，一八五四年，则届十二年修约之期。其时美法二国修约尚未到期，然以利害相关，从而助之，与英合作。三国代表之希望甚奢，会商进行，但其本国政府训命不得用武。盖英法方以土耳其故，力战俄国，不得顾及东方，而美国宣战，须得参院同意，要非顾及友谊，或有爱于中国也。一八五四年，三国代表函告叶名琛修约，叶名琛复称无修改之必要，三国代表知其与之交涉，终无进步。叶名琛之为钦差大臣也，轻视外人，常以尊国体为言，自其就职以来，即不理外国使臣。英、美、法代表于其抵粤之时，根据国际上之惯例，函请谒见，叶名琛答称公务冗繁，改日约期会见。法国公使守至十五月，未曾得见，叶名琛自称天朝大臣，殆无接见外夷使者之诚意也。美使曾以谒见无期，不能亲递证书，轮往上海，商请两江总督，递往北京，又不可得。双方之误会益多。至是，英美代表决定离粤，登轮而往上海，进与两江总督交涉。初六月间，英美领事递送修约节略，江苏巡苏吉尔杭阿将其退还，八月，美使麦莲勒毕喳（Robert M. Mclane）抵申，往谒总督怡良，言其愿助中国平乱，请开放镇江，许长江贸易，及设上海关于吴淞。英使包令（John Bowring）继之求见，要求多端，且谓不许其请，将往天津。奏上，咸丰谕曰：

> 夷人诡谲性成，明知通商事宜，胥归粤东办理，辄赴各海口，妄肆要求，现已谕怡良令该夷等，前赴粤东听候查办，著叶名琛仍遵前旨，设法开导，谕以坚守成约，断不容以十二年变通之说，妄有觊觎，并谕以天津海口，现因办理防堵，兵勇云集，倘该夷贸然而来，船只或有损伤，转致自贻伊戚。至该督接见夷酋等仪文，仍当恪守旧章，无得以该夷等有相待稍优之请，稍涉迁就，以致弛其畏惮之心！

谕旨措辞坚决，交涉至为不易，会法使亦至。三使坚请修约，声称多开口岸，其地如有贼匪，必当随同驱逐净尽，且饬商人补缴上海欠税。初小刀会起事，外商不肯纳税，帝曾饬其补交，故有斯言。其愿助平乱者，欲见好于清廷，固与双方有利，而朝廷疑忌外人，亦无结果。十月，英美二使北上，及抵大沽口，长芦盐道文谦见之。二使请往通州，与便宜行事之钦差大臣商议修约。咸丰得报，称其居心叵测，其谕文谦曰：“与之接见，务须折其虚憍之气，杜其诡辩之端，万不轻有允许。”文谦与通事交涉，未有进步。帝谕直督桂良赴津，但不可轻见夷酋，迁就了事，交涉仍由文谦办理。二十一日，英使方面提交节略，文谦将其一一驳斥，发生争论。奏上，帝称其虚辞恫吓，无甚伎俩，改派前任长芦盐政崇纶办理。十一月三日，会议，英使提出要求十八款，其主要者，则为公使驻京，英人得住于内地，购置地产，开放天津，修改税则，准鸦片进口，免除厘金，使用各式洋钱等。美使之主要条件，略与相同。上谕称其“所开各条，均属荒谬已极”。其愿让步者凡三，一伸理民夷争案，二免上海欠税，三停广东茶捐。二使以其所议不协，离沽南下，报告政府，谓无兵力为助，修约势难成功。咸丰则谕怡良等告知外使曰：“此外各款（指上三款），不但天津不敢入奏，即应办夷务之大臣，亦不敢轻为奏请，倘冒昧渎陈，奏事之员，身获重谴，于该夷商务，仍属无益。”其意至不可解，一则政府装聋，一则疆吏乞怜，世界上竟有若此之政府耶？外交上之问题，岂装聋所能解决耶？一八五六年，三使再请修约于粤，叶名琛拒之，美使伯驾（Peter Parker）至申交涉。怡良称其夸张船坚炮利，全系虚辞恫吓。叶名琛奏称理当坚持定约，上谕说明修约之原意，及政府之政策曰：“原恐日久情形不一，不过稍有变通，其大段断无更改，故有万年和约之称。……该督等亦只可择其事近情理无伤大体者，允其变通一二。”其言颇为得体，无如美使希望太奢，而朝廷不许，疆吏亦不肯自我解决，得罪于清议也。美使欲往天津，上谕桂良严防，不可派大员接见，修约遂无结果。

于此情形之下，英国政府之计不售，渐具求战之心，而未得隙，乃俟时机，以便宣布中国苟不遵守条约上之义务，则二国和平，及商人安宁，均无保障，而须决于一战也。一八五六年十月八日“亚罗”（Arrow）商船之水手被捕，英旗撤下之案忽起，英国遂得口实。先是，我国之海盗势炽，其人多为沿海善于驾船之渔民，渐而变为有组织之海盗，抢劫商船，后更改造大船，安置重炮，势力日强。一八〇九年，中、葡、英三国合力剿之，降者二万余人，大船四百余只。及鸦片战争，粤省水师受挫于英，香港割让之后，海盗得有保护，其势复盛，北起长江口，南至安南、东京，皆其势力所在之地。沿海各省之长官，无力御之，商船、渔船之受劫者，置而不问，人民迫而交给匪款。政府可谓失其天职！会海盗抢劫英船，商人患之，在华之兵舰奉命剿匪，攻击广东海盗，先后三役，予以重大之损失，其在浙江者，势仍猖獗。商人禀请政府，雇用英船往剿，朝廷不许，怡良曾饬英船停止助剿海盗，而又置之不问。外国商船因而保护华船，征收金钱，其行径固侵犯我国之主权，而又无异于匪徒也。葡萄牙船之营业，尤为发达，其每年收得之款，数逾五十万两。其专横之甚，竟使华商与海盗磋商，求其保护，海盗许之，葡船与之竞争，酿成海战，结果，葡船大败。英法领事，后知保护之弊，严禁本国商人参与其事。广东则香港政府为其商业发达之故，公布章程，规定华船注册，领取护照，船上得悬英旗，其期定为一年，但得续请。亚罗船主本为华商，以防海盗之计，注册于香港政府。至是，亚罗泊于黄埔江，水师千总巡查见其船上张有英旗，以为奸民，登船大索，拔下英旗。其船长爱尔兰人因事他出，远见华官登船，驾舢板船归，见状，诘问其故。兵士以恶言相答，千总拟执全船水手而去，船长请其暂留二人驾驶，千总许之，捕十二人去。[1]船长立时报于领事巴夏礼(Harry S.Parkes)。巴夏礼至，被捕之水手，尚在江边，说千总放还，谓条约上载明捕人于英船上，先当通知领事，迨其调查之后，即行引渡。千总答称不知条约，执之而去，上报获匪，叶名琛奏报亦称其获匪李明太等。

巴夏礼回馆，致抗议书于粤督叶名琛，请其礼还被捕之水手，粤督复称亲自检查水手，其中三人实为海盗，其余九人，当即交回。巴夏礼坚持不可，会得香港总督包令之训令，要求三项，一、礼还水手，二、道歉，三、担保以后尊重英旗。叶名琛以为亚罗乃华商之船，其所持之护照，已逾一年，当失时效。捕获之水手，又皆华人，当归华官管理，其中且有海盗，复文辩护。十四日，英船奉命捕获粤船一只，事遂益趋于恶化，二十日，巴夏礼亲往香港，会商总督，结果采行积极之步骤，攻取沿江之炮台，及其回归，领事馆致书粤督，责其道歉，礼还水手，限于二十四小时答复，逾期则将自由行动。叶名琛许还十人，不可，始遣微员送十二人于领事馆。巴夏礼谓其不照照会上之条件，礼还水手，且无道歉之书，拒绝不受。二十七日，英舰开始炮攻炮台，逼近广州，更攻击总督衙门，轰毁城墙，靖海门、五仙门民房被焚。叶名琛号召乡团，及事危急，始遣知府蒋立昂出城会议，未有结果，乃调兵二万，固守旧城。包令初信其顾全大局，势必让步，亲至广州，以便会商解决悬案，及至，知其坚持如故，大失望归。其炮击广州也，未得本国之训令，乃退兵去，叶名琛饰辞奏称夷匪扒城，败逃，后又伤杀四百余名。

综观亚罗事件之起，本无轻重之冲突，可立解决，安然无事，竟至重大之事变，叶名琛重要之错误有二，一、叶名琛为钦差大臣，办理外交事宜，不能维持领海之治安。香港政府之收费注册保护华船也，当即抗议，促其取消，而竟置之不问，以致发生事端，实属怠于职守，至堪痛恨。二、亚罗案件发生之后，叶名琛应付之方法，殆无异于买卖式之折扣，其迫于威势，逐渐让步，固不如以正当方法，断然了决也。夷考其刚愎之原因，殆由于自满自傲，叶氏初以翰林清望，超任疆圻，以拒英人入城，颇得贤声，益以雪大耻尊国体为言，及太平军起，广东失业游民，及秘密会党闻风起应，扰乱蔓延于广州附近。叶名琛用兵平之，遂亦自负。其在英国方面，亚罗之护照，依据注册章程第十条之规定，时效虽未失去，然固琐小之事，乃竟小题大做，其决心求战，至为明显，更不足责。

中英战端开始之际，美法领事均表同情于英，甚者且欲从而助之，然以未得训令，表示中立。十一月，美领退出广州商馆，途中，其乘坐之舰，受炮攻击。美舰发炮应战，攻毁炮台五座，叶名琛知其构衅于二国，殊非得计，致书道歉，其事始已。中英之战祸既启，粤省公布斩杀英人汉奸之赏格，十二月五日，乡民杀英水手一名，英军闻报，火焚全村，以为报复。十四日深夜，粤民火焚英馆，其势浩大，火烟蔽空，美法诸国商馆，均及于难，存者唯有一屋。三十日，粤兵改装旅客，身藏武器，登于英船，途中出械劫船，惨杀外人。一八五七年一月十四日，粤人供给面包于香港外人者，中置砒霜，幸其质量太多，发现时早，未有死者。由是法、美、葡国公使提出抗议。叶名琛复称香港非其势力所及之地，粤人自受英军炮击之后，无家可归，怨愤之极，而谋报复也。说者谓粤省长官与闻其事，此种报复仇杀之行为，及无计划之混战，人民深受其害，诚野蛮罪恶之悲惨史也。叶名琛奏报朝廷，初言英兵败逃，国势孤立，帝谕其酌量办理。后言“孟加拉等国，与之构衅，不能添兵来援”。其说起于印兵叛乱，乃叶氏误省为国。朝廷则以内乱未平，恐其造成事变，饬其许英求和，而于广东之惨杀，殆不知也。英官报告本国，内阁方谋商于外国武力修约，对于国会提出出兵中国之议，征求同意，上院通过，下院否决，内阁解散下院。新选之结果，政府党之势力大增，通过议案，政府遂得本于事前决定之政策，联合法国出兵中国。

先是法使剌萼尼劝说耆英弛废教禁，天主教活动甚力，一八五〇年，洪秀全以上帝会起兵，三年之中，扰及长江流域，官吏如叶名琛之流乃信教士，实为祸乱之根，而教民皆奸民匪徒也。其言曰：“上帝会乃天主教之别名。”其时法国天主教神父热心于传教，及得弛禁之诏令，不辞困难，不畏险阻，潜入内地。西藏、湖北、直隶等，各有捕获，解赴广东交其领事管束。一八五三年，广西之乱尚炽，而神父马赖（Pére Auguste Chapdelaine）西往广西之西林传教。其往也，实无条约上之根据，叶名琛当照会法领阻其前进，或将其解至广州，而竟茫然不知。据法方报告，马神父抵于西林，初受县官之欢迎，一八五六年，新官下车，二月，捕囚神父及其信徒二十五人。受审之时，神父备受毒刑，狱定，枭首示众，其事报于驻粤之法国领事。领事言其虐杀无辜之神父，而法人犯罪者须交于领事审判，要求惩办县官，粤督不许。后答法使葛罗曰：“无马神父其人，只有惑众拜会抢掳奸淫之林八、马子农等，月日又不符合。”双方各执一辞，领事报于本国政府，时值拿破仑第三在位，保护教会甚力。英国闻之，利用其事，商于法国，共同出兵大沽，要求修约，促进商业。其时亚罗案件尚未闻于伦敦，而英国已具求战之决心矣！法国许之，英国外相更商于美国国务卿，请其合作。其政府于政策上赞成其计划，然以商于参院之故，主张慎重，婉谢其请。英法出兵之计划，但不为之稍变，及亚罗事件报至英国，内阁不惜解散下院，而进行其经济侵略政策焉，一八五七年委任额尔金(Lord Elgin）为全权专使。法皇诏委葛罗（Baron Gros）为使臣。额尔金奉命统军而东，途中得知东印度公司之军队叛乱，声势浩大，印度总督请其分兵往援，额尔金许之，七月，抵于香港。

额尔金来粤，而法使葛罗未至，印度又乱，请于美法领事，共同合作，率兵前往北河。领事谓其未得训命之先，不敢应命。额尔金无奈，致书葛罗，促其早日来华。其时中英军队混战乱杀，报复不已。八月，英舰封锁广州，十一月，援兵始抵香港，政府训命专使北上，以与清廷交涉，而在香港之英人皆言祸根生于粤人之傲横，力请攻取广州，以挫其气，且示英军无所惧于团练也。葛罗亦抵粤东，访问马神父惨杀之案，谓为不公，总督必须负责。二使会议进行，俄使普提雅廷（Count Putiatin）亦至香港，且言率兵北上而外，别无办法。初俄船不得贸易于广州，及五口开放，俄船先后三次驶至上海，均不得贸易而去。幸其商业不甚发达，拒绝贸易，无关轻重。至是，俄国来文，称英法联合，将遣使来京，商办要事。中国复称能御英夷，毋庸派使入京，俄国仍称使臣将于七月到津，上谕直督谭廷襄于其来津，告以凡关涉俄国事件，非库伦不能人奏。其来京之使命，则为另订东北边界条约，初俄国营经东方，其探险队深入黑龙江下流，一八五四年，克里米战（Crimean War）起，俄自黑龙江以船运兵防守海口，华官阻之，不得，明年，请将黑龙江、松花江左岸，以及海口，分给俄国守护。上谕将军，向其声言不敢据之入奏，自干罪戾。一八五七年，黑龙江将军奕山奏报俄夷谕江左屯户，移居江右。八月，俄船抵津，华官见之。普提雅廷不肯言其来意，其属员言俄愿助中国拒英。其投递北京之公文，一言定界，一称代平内乱。平乱乃见好于清廷，而目的则订界约也。中国拒之，遂往香港。

英法二使，最后决定对于广州用兵，十二月十日，其领事各通知其专使来粤于叶名琛。十二日，二国兵船驶入白鹅潭，额尔金、葛罗各致书于粤督，额尔金列举粤官不肯开放广州、亚罗事件，以及修约等问题处置之失当，告以英法联军之合作，要求派员议商开放广州，赔偿损失，并据河南，以作担保条件之实行，即可相安，限其十日内答复。葛罗要求惩办西林县官，赔偿损失，余略同于英牒。十四日，叶名琛复文将其一一驳斥，一面奏报朝廷，称其不屈，又言美国以伯驾唆使，将其撤去，改派列卫廉（William B. Reed）来粤，复其照会，美商“欢呼载道”；美使讥笑法使形诸笔墨。其言毫无根据，列卫廉来华修约，叶氏拒其谒见，心殊怏怏也。咸丰得奏，谕其将进城赔货及更换条约各节，斩断葛藤，以为一劳永逸之举。君臣方自得计，而联军进据河南矣。其兵共五千余人，二十四日，二使致哀的美敦书于粤督，告以将攻广州。明日，叶氏复文，仍持原议。二十八日，联军发炮攻城，军舰助之，守兵于城上架炮应战，团练持矛或鸟枪，冲前以御联军，大败退逃，明日，再战于北门，清兵复败，炮台尽失，广州遂下。联军之将攻广州也。贫民为其衣食之计，仍以小船贩运水果等物，售于舰上兵士，其为之运输者，尚有香港之苦力，归英人指挥。苦力不辞劳苦，不畏炮弹，联军深赖其力。其工作于敌军者，多以生活困难，贪得联军之酬报耳。甚矣哉国内人口之多，失业之众也。夫此未受教育之愚民，原不足责，何政府之漠视人民生计而无建设耶！

二十九日，联军攻下广州，驻防都统令开西门，纵民迁徙，英军劝民勿自惊扰，分兵巡城，严禁杀掠，以见好于粤民。英军进入总督衙门，尽得粤督外交之奏折，皇帝之朱批，始知叶名琛之报告，莫不粉饰浮夸，曲解事实，以附会其轻视外人之心理也。必欲捕之。叶氏自城陷后，微服奔于粤华书院，更移居于左都统署圃之八角亭，明年一月五日，英军往搜书院，不得，闻其移居都统署。领事巴夏礼率兵往捕，得之，送至舰中，俄即送至印度首都加尔各答。其为人也，刚愎不挠，昧于世界之大势，囿于轻视外人之成见，不知外交上之正当方法，徒足以偾事辱国而已，顾其对外之行动，均得咸丰之温诏，朝廷自严惩主和之大臣以来，排外之政策，昭然显著于国内，温诏益长叶名琛之顽固意气。相传叶名琛之父，雅好扶乩，筑长春仙馆以嗣吕洞宾、李太白，名琛亦信乩语，凡军机大事，尝取决焉。及联军构难，乩语告以过十五日可无事，[2]而广州竟先一日失守。薛福成称时人语曰："不战，不和，不守，不死，不降，不走，相臣度量，疆臣抱负，古之所无，今亦罕有。"此语虽不尽确，而固其乖谬刚愎之写真也。咸丰得报诏革叶名琛职，前此朱批，固已忘却，可见朝廷实无一定之政策，而惟视其效果，以定黜陟，对于臣下，竟无信义耶！英兵入城之后，奉命往取库银，及至库房，见银五十二箱，其重非一人之力，所能移动，元宝凡六十八包，铜币一室，并有贵重之衣，珍宝之物。门外游民聚而观者，拥塞街中，英兵无法取归库银，游民为之搬运，英兵去后游民涌入，争取衣物而出，广州于是入于无政府之情状。二使议决恢复被俘巡抚柏贵之职，而以合作为条件，商于柏贵，柏贵许之，一八五八年一月，就职，其下有委员三人佐之，法人一，英人二，领事巴夏礼与焉。三人中独巴夏礼能操华语，掌握统治广州之大权，凡巡抚贴发之布告，须有委员之图记，行政亦须受其监督。巴夏礼尚谓额尔金让步太甚，不能禁止乡民之仇杀英人，何其专横之甚耶？

广州既陷，叶名琛奉旨革职。咸丰命黄宗汉代之，不知柏贵所处之地位，饬其联络绅民，将夷逐出内河，御史何璟则请从外用兵。柏贵上奏英法二使之要求，非派大臣与之会议，则不撤兵。上谕责之，后始明知官兵之兵器被缴，外兵分守城门，而大吏不能自主也。两江总督何桂清恐广州事变，影响上海商业，减少税收，向外商说明粤事应归粤办，并奏报朝廷。上谕曰："如果悔罪退出省城，尚可宽其既往，倘负固不悛，即调集兵勇，驱逐出城，再与讲理。"其言要为空论，联军且谋北上矣！二使之来华，原为修约，商请美俄二使同往大沽助战。初美国不应英国武力修约之请，但欲修约，派列卫廉来华，叶名琛拒之，不见，留于香港。普提雅廷亦在香港。二使言其未奉训令，不能助战，但可合作，改订条约。一八五八年二月，四国公使各致照会于大学士裕诚，额尔金要求公使驻于京都，多开商港，改订税则，及传教等，并请清廷委任全权大臣，于四月初来沪议订新约。葛罗声称同意于英使之要求。列卫廉先述来粤之经过，次言改订条约，朝廷苟拒其请，将与他国专使，一同北上。普提雅廷谓交涉之困难，由于外国公使，不得直接与朝廷公文往来，以致引起误会，发生战端。中言华官拒其入京，故与三国合作，末后劝告清廷解决困难。四国照会由上海领事前往苏州，面交江苏巡抚，由其转递驻于常州之两江总督。其时太平军据有南京故也。督抚会衔上奏，三月，转达朝旨。其答英、法、美三使之文，大意相同，略称朝廷已免叶名琛职，改任黄宗汉为总督，兼钦差大臣，办理夷务事宜，可即回粤磋商，并言朝臣不准私收外使之函件，对于俄使告其前往黑龙江勘定疆界，公使皆不满意，决定北上。何桂清欲留英美二使于上海，不得，奏请暂缓用兵。

四月，四国公使船抵大沽口，直督谭廷襄先曾奉旨设防，留于天津。二十四日，外船要求代递公文，谭氏许之，其内容则请皇帝派遣便宜行事之钦差大臣，会议于天津或北京，限其六日答复。朝廷复称可向谭廷襄磋商。帝谕谭廷襄告知外使，中国从无便宜行事之官。谭氏初欲离间英俄，不得。二十八日，法使投文，声称如五月一日仍无钦差会议，即执行王命，意谓战争也。谭氏照会公使，未书钦差大臣全衔，英、法、美使以其款式不合，将其退还，其心以为华官轻视外人，而遂重视此等节文也。普提雅廷往见总督，说其改正。谭氏从之。英法二使问其是否已得全权大臣之诏，知其仍须请训，五月一日，不肯往见，普提雅廷劝之，弗听，谭氏与美使相见，议商条约，英法二使，乃宽限六日，待其得有全权证书，即行开会。谭氏后称朝廷不可，二使欲待中美交涉之结果，以作最后之决定。其时咸丰傲慢如常，初谕谭廷襄不准添开口岸，会闻俄使建议代办枪炮，谕曰："中国从不与各国海外争锋，器械亦尚可恃"，及见美国国书中有"朕"字，批曰："夜郎自大，不觉可笑。"谭廷襄初亦不知其地位之危险，而以外使不肯就范，主张战争。其与美使会议也，奏请添口，上谕允于粤闽各开一口，乃许添开口岸，改定税率，余多拒绝，对于公使驻京，长江开放，不许提出讨论。列卫廉大失所望，英法二使欲以武力达到目的，态度愈形强硬。普提雅廷调停双方，未得要领，终乃谢绝。

五月二十日，英法二使照会谭廷襄，称其前往北京，将与全权大臣议和，法使且引黄埔条约，谓其军舰得往天津，又致哀的美敦书于大沽炮台守将，限其于二小时内，交出炮台。守将不应，攻之即下，军舰扫除白河障碍物后，即行上驶。谭廷襄初尚奏称毁夷船七只，及炮台失守，即回天津；其地人心惊惶，纷纷迁徙。谭氏再奏俄美二使仍愿调停，咸丰始行让步，谕称除公使驻京及内地传教外，尚可斟酌办理。会联军逼近天津，抢漕米九百余石，俨然以战胜国自居，谭氏奏帝请派职分较崇之大臣于六月一日前来津。咸丰诏大学士桂良、户部尚书花沙纳赴津。联军入天津城后，大臣纷然主战，或奏夷人畏民甚于畏兵，或请用民，宣示逆夷罪状，或言驳斥夷人条款，君臣皆信民可御夷。及闻外兵驻于望海楼，帝深失望曰："住房，不闻民有起而阻之者，人心若是，可胜浩叹！"兵不能战，而民可用，何竟不思之甚，民已迁徙，尚欲用之，无怪其失望也。同时，帝诏蒙古亲王僧格林沁设防于通州。六月二日，桂良等抵津，四日，接见英使于海光寺。英使欲互交证书，桂良竟无以应，乃请颁给钦差关防。交涉由英译员李泰国（Horatio Nelson Lay）[3]威妥玛（Thomas Francis Wade）办理，二人精通华语，性情粗躁，李泰国时为上海海关职员，竟不忠于中国。

初，桂良等赴津，朝臣以耆英熟悉夷务，奏请起用，耆英奉旨赴津。其时，李泰国要求公使驻京，开放长江，上谕均不准许，乃谕耆英不必拘定与桂良等商。朝廷之策略，欲桂良拒绝一切，再由耆英让步，酌许一二了事也。九日，耆英谒俄美二使；并请见英法二使，二使复文拒之，耆英假称上谕委为钦差大臣，二使亦不之理。李泰国仍向桂良交涉，后出见之，耆英请外舰先行退出白河，然后议商条件，且言前在广东，亲善英国，李泰国出其在粤诋毁英夷之奏疏，以窘辱之。其心殆不可知，盖政府委任会议之代表，操有增减更换罢免之全权，即虽战败之国，亦得另派代表，未有拒而不见者也。岂以耆英在粤时久，明知外交方法，不若桂良等之驯服，易于屈服让步耶？耆英遂以在津无益，回归北京，咸丰大怒，更受肃顺之谗，诏赐自尽。

方中英代表之议商条约也，额尔金除先与桂良相见，及后签字日再见而外，未曾出席会议。其提出之条件，根据于本国之训令，交与李泰国等办理。李泰国之态度，至为强硬，必欲如其所欲，毫无磋商妥协之意，惟以战争入京恫吓而已。桂良等不堪其辱，告之俄美二使，请其转告英使，亦无效果。双方争执最烈者，一为公使驻京，一为多开口岸，一为内地游历，朝廷坚决不愿公使驻京，仅许如俄国之例，派遣学生来京，对于口岸，不肯开放长江沿岸之大城。英国提出镇江，上谕称其碍及河运，桂良请以南京代之，上谕不允，英使又请开放天津，桂良以登州、牛庄代之。内地游行，英使不肯让步，交涉久无进展。恭亲王奕劻等主战，奏请捕杀李泰国，即可无事。最后英使方面提出条约五十六款，声称不可更易一字。额尔金曰："予欲立时签定条约，清使若再迟延，予将认为和议决裂，径带兵进京，多多要求矣。"桂良迫而许之，一面奏报朝廷，势不能战，对于新订之条约，则曰："将来倘欲背盟弃好，只须将奴才等治以办理不善之罪，即可作为废纸。"关于公使驻京，称其一欲夸耀外国，一欲就近奏事，且曰："（夷人）最怕花钱，任其自备资斧，又畏风尘，驻之无益，必将自去。"关于长江及内地开放，奏称长江不逾三口，镇江外商不致阻碍河运。内地游历，既有执照，未必将到各处。其言迫而签字之情形，则谓不许其请，即带兵进京，且曰："奴才等愿以身死，不愿目睹凶焰，扰及都城，再四思维，天时如此，人事如此，全局如此，只好姑为应允，催其速退兵船，以安人心。"咸丰亦无奈何，批谕公使驻京，一切跪拜礼节，悉遵中国制度，不得携带眷属。六月二十六日，中英天津条约签字，明日，中法条约成立。方中英交涉之相持也，普提雅廷议订条约，十三日签字，其时二国界约亦成，普提雅廷表示亲善，言于桂良，中国亟宜整顿武备，俄国愿送枪万枝，炮五十尊，派员助筑炮台。咸丰初不肯收，后乃令其送交恰克图华官。十八日，中美条约亦成。三十日，咸丰批准条约，英法二使以其措辞含混，要求再降谕旨。七月四日，上谕依议，遂无异言。

四国条约成立，英法军舰离津南下，双方说明改订税则会议于上海举行。其原因则上海时为通商要港，货价贵贱，均有记录，海关税则且有成案可稽也。俄使以其本国商业，无足轻重，径回本国，三国公使则至上海。

朝廷之批准条约，实非得已。及外船南下，咸丰力谋有所挽回，其主张则中国免除海关税银；外国则将公使驻京、长江通商、内地游行、赔偿兵费始还广州四项放弃也；诏派桂良会同何桂清往议。何氏以海关免税，则军饷无出，力言不可，上谕以为此乃一劳永逸之计，严词责之。九月末，桂良等至申，奏报臬司薛焕之言，免税不能废约，十月，再奏免税有可虑者十端，不可向其提出。及议商税则，桂良奏称额尔金以广东仇英之动作，要求撤总督黄宗汉职，及绅士之权，不理废约之说。咸丰得奏，以为四项条件，毫无把握，而又枝节横生，谕曰："朕派桂良等前往上海，又命何桂清会同商办，岂真专为税则计耶？……试思桂良等在津，滥许所求之事，据奏思日后挽回，若至今仍无补救，不独无颜对朕，其何以对天下！"桂良多方解释，关于内地游历，奏云"游历他方者，多系传教之人，本属例所不禁（帝于其旁朱笔批曰：'始则传教，继则叵测其心'），今有执照，转能稽核（帝又批曰：'即使处处稽核，于事何补？'）。夷情最忌繁难，苦其累赘，日久或可不往。"（帝又批曰：'冀其自废初心，真梦语也。'）君臣之误解，多由于国际知识之幼稚，而帝愤愤之气见于文辞。其反对之理由，则外人侦探国内之情形，而贻祸于无穷也。关税会议，独英委员与桂良等会议。其时中国国际贸易三分之二，操于英人，二国经济关系，最为密切也。其具体条件，由李泰国提出，作为讨论之根据，并无重要之修改。额尔金欲乘兵舰，溯江上驶，商于桂良，桂良请以公使，暂勿驻京为交换条件。额尔金允许再行商议，遂乘兵舰上驶，沿路调查，直达汉口。咸丰知之，颇为愤怒。十一月，关税章程签字，作为条约中之一部分，美法条约仿而行之。总之，四国条约文虽不同，然以最惠国之待遇，享受之权利，莫不相同。其内容关于我国者，至深且巨，兹分言其要款如下：

一、公使驻京　公使驻京，我国历史上向无此例，清廷大臣不知国际上外交之惯例，对于英国之要求，坚决反对。其心理则北京为一国之首都，今许夷酋留驻，有失朝廷之尊严，且得探听朝廷旨意，而易有所要挟。桂良不惜哀诉，托称让步，皇帝将斩其首，其愚诚不可及。外人则言误会争执之起，多由于粤督饰辞上奏，曲解事实，而公使不得直接与北京政府交涉，辨明真像，甚乃引起战祸。今按世界交通发达，各国关系日趋密切，国际上发生交涉之事务益繁，误会争执之解决，常赖大使或公使之协商。桂良力拒英使驻京，额尔金对之不稍让步，美约、法约载明其公使，可因要务，暂住北京。中国若许别国公使驻京，二国亦得享受同等之机会。自朝臣观之，英国要求之准许，别国公使，亦将驻京。咸丰诏命桂良等之赴上海也，令其取消公使驻京之条款。中国通商事务，交上海长官办理，公使可驻其地，终无所成，造成战祸。一八六〇年，问题始告解决，大臣奏请车驾回京。咸丰谕曰："此次外人称兵犯顺，恭亲王弈䜣等与之议抚，虽已换约，然退兵后，各国尚有首领驻京者，且亲递国书一节，既未与彼等言明，难保不因朕回銮，再来饶舌，该王大臣奏请回銮，系为镇定人心起见，然反复筹思，只顾目前之虚名，而贻无穷之后患，朕拟本年暂缓回銮，俟洋务大定，再将回銮一切事宜办理。"其愚殆不可及，而大祸所以造成也。条约承认我国公使亦得驻于缔约国之首都，享受同等之权利，乃清廷放弃驻外公使，列强根据之报告，则为公使一面之辞。一八七七（光绪三）年，中国始设使馆于外国。

二、关税　南京条约后，协定关税成立。协定关税云者，一国与缔约国共同议订税率之后，非得其同意，不得改定或增加也。列强在华，享有最惠国条款之待遇，其多数虽表同情于我国，增加关税，但因一国不许改订，即作罢论，甚至物价剧变。海关征收之税，不足百分之五，亦不得修改，其违反关税自主之原则，尽人所知。盖关税自主为一国统治权之表现，我国竟与外人共之，不得提高税率，保护国内之工商业，且不得增加国库之收入也。说者有谓物价低廉，贫民受其赐者，然利终不敌害，其说不足深辩，关税之当自主，毫无疑义。自订约后，英国依据条约，领事负有协助华官征收英商货税之义务，商人遇有不公平之待遇，亦可报于领事，由其提出抗议。修约之先，英商谓物价低廉，税则未改，担负太重。及天津条约成立，根据货价改订税率，仍为值百抽五，十年一改。输出之丝茶，输入之鸦片，均为例外。外人需用之物，又多免税，外使更以常关税重，厘金苛繁，向桂良磋商，议决海关带征百分之二.五之子口半税，免去杂税，于是外人运输洋货于国中，得免苛捐，而国货反纳重税。其价增加，销路减少，而使失业者大增。政府竟置人民之生计于不问，殆先进国所无之怪现状也。按照先进国之关税，除进出口税而外，货物运输于国内者，概不纳税。税则增加民众之担负，而妨工商业之发达也。条约减少商船，每吨之课银，凡船一百五十吨以上，每吨改收四钱，其下每吨一钱，船纳钞后，于四月之内，驶往他港者，概行免税。其尤堪注意者，则上海小刀会之乱，海关雇用外人，而天津条约，予以规定，推行其制于他港也（其事详后）。

三、口岸　南京条约开放五口，均在长江以南，北方诸省，及长江沿岸无一商埠，商业仍受限制。外商要求增加通商口岸，多得商业上之机会，及四国天津条约成立，中国开放牛庄、登州、汉口、九江、南京、镇江、台湾、淡水、潮州（汕头）、琼州。桂良所谓长江不逾三口者，初就中英条约而言，中法条约开放南京，一八六〇年，增加天津。由是长江以北之海港，及沿江要埠开放。长江口岸，镇江开放最早，九江、汉口次之，南京则以内乱暂不开放，乱平，外商始来贸易。其余诸港，外人先后前往，琼州独为例外。英国后以登州水浅，改换芝罘，中国许之，其港在登州之东百有余里，港大水深，便于停泊。凡此通商口岸，驻有领事，保护侨民，其贸易于他港者，船即充公。

四、传教　鸦片战后，来华之教士渐多，其传教之区域，限于五口。中俄天津条约载明传教。中美天津条约等亦有规定。教士携有护照，得人内地传教，官厅须力保护，教民不得稍受虐待。一八六〇年，中国许还教产于天主教。神父之充译员者，于华文中法条约添人内地置产权。一八六五年，法使与总署大臣议定章程，一八九五年，再有所议定。其主要之条件，内地教产，属于教会，私人不得购置。他国教会利用本国条约上最惠国之条款，亦得享受同等之权利。由是教士深入内地，租买地基，建筑教堂，宣传教义。其多数来华之目的，本于服务救世之思想，而欲多得信徒，或设医院，或授生徒。其影响于中国者，至深且巨，但以东西文化，根本观念之不同，文人保守思想之顽固，愚民迷信之深痼，官吏轻外之心理，迸成误会。其一部分不肖之教士，徒以教徒数多，收容无赖，不惜保护罪犯，教民因而凭势欺弄良民，积愤益甚，尤以天主教为甚，引起清末无穷之纷扰。

五、游历　外人得游历于内地，始于天津条约，其在先进国家，外人入其境内，游历城镇乡村，不受限制，而中英天津条约第九条曰："英国人民，准听持照前往内地各处游历通商，其执照概归领事发给，而由地方官盖印。"其无执照以及犯有不法之行为者，则由华官交于最近领事办罪，途中不得虐待处罚。其在通商口岸百里以内游历者，无须执照。约文载明旅行执照之权利，不得发给水手，其规定虽由于中国特殊之情状，而固进一步之开放也。

六、赔款 天津条约规定赔偿英国商业损失二百万两，军费二百万两，法国军费二百万两，概由粤省筹措。英约载明交款之后，归还广州。一八六〇年，英法联军进抵北京，二国军费增至各八百万两，由海关支出。美国因商馆损失，亦得赔款五十万两，其政府后以数目过多，退还其一部分。联军之所得者，亦云多矣。

七、鸦片 鸦片自中英战争以来，销路大畅，公然买卖于国内，英国代表迭说大臣奏请弛禁，均无效果，然于弛禁之主张，迄未改变。及二国代表会议通商税则章程于上海，英使再请弛禁。中国时虽内乱，需款孔殷，而其代表初尚严辞拒绝，后乃迫而许之，改称鸦片为洋药，每石纳银三十两。运入内地者，尚有厘金。外商输入洋药，可于通商口岸出售，由华商运入内地，鸦片问题，遂告解决。政府可谓放弃天职矣。虽然，于腐败政府之下，禁止鸦片，徒供贪官污吏之敲诈，公卖鸦片，名虽便于管理，而贪官污吏，亦得营私。吾人之结论，中国苟无统一廉洁之政府，鸦片难终禁绝也。

条约中尚有领事裁判权、最惠国条款等，其性质已言其前，禁用夷字，更无讨论之必要。综之，条约关系重要，而清廷让步者，迫于联军之威力，患其前攻北京，出于一时权宜之计，勉强批准，而于外使驻京，开放长江等，固根本反对也。自今观之，公使驻京，内地通商，游历，皆先进国家视为当然之事，其应全力反对者，则外船不得驶入内河，及损失国家主权之条款也。不幸君臣上下均不之知，仍持战议。初联军南下，僧格林沁奏参失事大员，谭廷襄奉旨革职查办，僧王移军设防，建筑炮台，置木桩以防轮船，购牛皮以御火箭（时称子弹之名），调集骑兵，图设水师。帝命怡亲王载垣往巡。其时广东团练抗英，朝臣言其战胜，帝谕黄宗汉，称其如能制胜万全，不必阻遏团练进攻，否则不必轻于一试。及上海会议不能废约，帝心愤怒，明年一月，谕旨中云："前曾经叠次谕知，如果该夷北来，我兵必先开炮。条约内既未定有大津口岸，即非该夷应到之处，我若用兵，并非理曲"，又饬桂良设法，使其闻知。态度可谓强硬之至。桂良奏称英人总云，"不怕。"大将胜保等亦持战议，其扼要之语曰："夫犬夷惟利是视，各国之所谓使臣，皆该国之奸商。彼国王止令其出外讲利，恐亦未必尽知其寻衅兴兵，堂堂天朝，无故而示弱于彼，果何谓欤？……凡有一切要求，尽拒不纳……不然，即请皇上赫然震怒，或擒杀其酋，或缚解其众。”其建议朝廷固未接受。二月，桂良奏称英使卜鲁士（Frederick W.A.Bruce）将入北京。帝饬其告之曰：“倘到津船只，或受损伤，我等不能任咎，又或复开兵衅，则上年条约，必至全归罢议。”说其于上海换约，又谕僧王严防，漕船暂停于牛庄等地。识者知其不能再战，前直督庆祺密函新任直督恒福不可启衅。三月，桂良奏称英酋不听开导，坚欲赴津换约，朝廷始疑战无把握，乃欲限定入京人数，不准逗留，带械，坐轿，摆队；入京之路，则自北塘上岸。

五月，英使卜鲁士照会桂良赴津，桂良复称兵船须停拦江沙外，俟其到津，方可商办各事，并欲与之相见。卜鲁士拒之，六月乘船北上，法使同行，初中英、中法天津条约，载明于北京换约。美使华若翰（John E.Ward）以其本国条约，未曾指明换约之地，同之北上。俄使则已抵京。咸丰得知三使来京，令由北塘行走。军机处奉旨于正阳门外查空闲房屋三所，以备三使寓住，恒福又曾奉旨往北塘迎之。各使入京，侍从限定不得逾二十名，朝廷毫无启衅之意。而卜鲁士则有成见在胸，恃其军舰，不顾广州领事馆译员赫德（Robert Hart）之报告，不理桂良之照会，兵舰十六只，同之北上，兵士约一千三百人，法舰只有二只。十七日，船抵拦江沙，派人投文，要求撤大沽口之防具，限三日答复。二十日，恒福遣员告以总督将至海口，请其暂候数日。二十四日，美使得悉恒福驻于北塘，英使俄亦收得照会，请其由北塘登岸，无如舰队先已奉命扫除阻碍物等，预备作战，而竟置之不理也。二十五日，发炮轰击，兵士登岸，炮台始乃发炮应战，瞄射准确，击中兵舰，沉没者四，重伤者六，兵士死伤四百余人，英海军大将亦受重伤，幸美舰救之，得免于难。奏上，帝饬恒福问其开炮之故，并言可俟桂良回津换约，俄谕其驻于北塘，请其换约。其让步之原因：一患夷人将来报复，国内尚未平定，聚兵大沽，殊非易事，而又不能撤防。一患其扰他省，外舰驶行洋面，水师无如之何，沿海诸省，均可侵扰，帝谕各省严防，但不可宣露有碍抚议。总之，大沽之战，实非朝廷之意。恒福备送食物于外使，投文请其换约。英法二使不应，独华若翰许之，七月八日，登岸，拟乘自备之轿入京，恒福说其乘马，最后乘车进京，随员凡三十人。其在京也，住于一宅，不准与俄使相见，朝廷说其入觐，华若翰知其将行三跪九叩首之礼，谢绝其请，国书由桂良接收转递。美使俄即出京，至北塘换约，事毕南下。

六月十一日，外舰全离大沽海面，上海闻知败报，外商惊惶，将停营业。何桂清谕其安业，外商始定。帝谕何氏给予照会，说其据照中美条约，另立条款。法使复称须待本国训命，英使则置之不理，何氏往谒，亦不肯见。朝廷仍欲言和，九月，谕将士曰："不准因有前番得意，遇夷即战，徒邀保举，不顾剿抚大局，如有前项情事，即由汝等查拏正法，不必请旨。"其欲和之意，尚未稍改，惜其无法通知外国政府，并未宣布启衅之责任也。英人或责额尔金未留重兵保障新约之实行，或言朝廷违约失信。斯说也，要无根据，天津条约未换之前，军舰不得驶入白河，毫无疑意。恒福通知英法二使，自北塘登岸，竟置不理。其将狃于战胜，首先发炮，其指挥作战也，处置失宜，死亡之多，由于自取。所可惜者，美使入京，未能以礼相待，互换之条约，朝廷不肯立即实行，必欲与英法条约一同办理。华若翰往见何桂清于昆山，要求先行开放台湾、潮州，并照新章输纳船钞。奏上，咸丰许之，英法商人，亦得享受同等之权利。及冬，卜鲁士欲阻漕船北上，朝廷将禁茶叶出口，以为报复，乃以外商反对而罢。一八六〇年二月，华商杨芳等密与英商磋商和平办法。英商提出条件，其重要者凡四：一、津约不改一字，二、增加兵费一百万两，三、许外兵一二千人至津，四、撤大沽防兵。上海道更与法译官梅尔登（Méitens）商减赔款，免去撤防。何桂清奏报朝廷，而咸丰之态度忽变，其原因有二，一则朝臣多持战议，初大沽之役，兵部尚书全庆等奏请乘势进行天讨，令广东出兵往攻香港，登州水师出而截其归路。其计划所谓纸上谈兵，毫不切于实际，而大臣固以为洋务转机。一则帝以夷人别无伎俩。帝初患外舰别扰他港，乃今久无动作，商人贸易如常。卜鲁士欲阻漕运，竟因商人反对，不果于行，信如时人所谓夷人嗜利成性，未必将扰其他海口，而大沽防守甚严，天津可以无事。二月二十七日，谕曰：

天津和约既定，而普鲁斯（即卜鲁士）忽复称兵，是该夷先

> 行背约，并非中国肯失信于外夷。此时兵威既振，岂能将前议之五十六款，悉行照办。至兵费一层，中国既经得胜即应该夷赔偿，若两抵不偿，已属通融，安有中国出银之理？……至大沽设防，系海疆应办之事，并非专为唤咈（英法），即使和约大定，亦不能遽行裁撤。果使该夷悔罪，诚心求和，前定之五十六款内，凡不可行之事，悉听何桂清裁减，于上海议定，以后或欲援照咪（美）夷成例，减从来京换约，尚属可行。

咸丰所欲裁减者，仍前四事。美使入京，自称待之如囚。英商先称断不可如美使相待，事遂不谐。英商提出之条件，先殆商于卜鲁士。初大沽之战，报于英国，值内阁更易，外相罗素（John Russel）颇主慎重，训令公使，苟得中国之请，仍可北上换约。其时法皇拿破仑第三以欧洲问题，与英不协，梅尔登迭与华官相见，谓派钦差前来调处，即可无事。奏上，咸丰不置可否，法皇后始决定与英合作。三月九日，二使致北京大学士照会，请何桂清代递，要求四事：一中国道歉，二公使驻京，三赔偿兵费，四进京换约，限于三十日内答复，措辞极为坚决。咸丰见之，称其狂悖已极，将其驳斥。四月八日，卜鲁士收到复文，称将用兵，何桂清将其上奏。帝称其“故作此虚声恫吓之言，以冀尽如其愿。……如果该夷带兵前来，惟有与之决战，所有前议条约，概作罢论”。十六日，二使再致照会，内称用兵解决，外船扣留漕船，强驻兵于舟山群岛，山东之烟台，及辽东半岛之金州。其地长官说其他去，均置不理，而亦无如之何。朝廷乃再改变政策，谕“将士不可衅自我开，是为至要”，且饬僧王亦须暗中筹划抚局，会薛焕奏称英国意原在和，美使亦欲调处。咸丰得奏，许二使各带从人一二十名入京会议，及外船抵于大沽海面，恒福送礼与美使，请其转约二使入京换约，美使复称无法。上谕许二使于城外坐轿，谕盛京将军玉明曰：“不可贪功挑衅，致误抚局”，又谕恒福曰：“借此转圜，此机断不可再失，总当遵奉叠次谕旨，照会该夷，不可任令委员借口风浪不顺，畏葸不前。倘再贻误事机，致令大局决裂，惟恒福是问。”帝既决心议和，竟不知进行之方法，其希望则欲二使入京会议。

七月三十日，大批外舰抵于大沽海面。额尔金、葛罗亦奉命至，仍为和议代表。其时英军来华者，共一万八千余人，法军七千人，分留小队防守占据之港；其作战者，英军一万，法军六千三百。华工为之运输者，凡二千五百人；其人助敌攻击祖国，不过表现政治之不良，以及人民生计之困难耳。其在东南，太平天国忠王李秀成方统大军，逼近上海，外兵援助，清兵防守，北方则联军力谋进攻。初舰队驶抵拦江沙，美使乘坐之船亦至，恒福送给礼物与之，得悉联军将自北塘上岸。先是，僧王于大沽设防，置北塘不问，御史陈鸿翊奏请北塘，亦须设防。帝饬僧王办理，僧王复奏其地不能设防，请于北塘、芦台中间之营城地方，建筑炮台，调兵固守。帝将奏疏交亲臣阅看，亦无异言。八月一日，联军自北塘登岸，未遇抵抗，清兵扼守距北塘十余里之新河。十二日，联军前攻新河，守兵大败，退守唐儿沽，距大沽八里。薛福成称马队三千，逃出者只有七人。其言虽不尽确，而固惨败也。十四日复战，又败，固守北河北岸炮台。十八日，联军攻陷大小梁子，请交出炮台，不得，二十一日，进攻炮台。守兵死亡相继，僧军迫而退出，南炮台兵不战而退。二十五日，联军进据天津，僧军退守通州。联军之进行也甚缓，一由运输困难，一由迭次言和。初直督恒福奉旨办理抚局，及联军登岸，致函额尔金说其入京会议，英使拒绝其请，及唐儿沽败后，再递照会，二使不复。帝命侍郎文俊前粤海关监督恒祺伴送二使入京换约。十七日，恒福将其通知二使，明日，额尔金复文声称让出天津交通之路，允许提出之条件，始可停战。恒福称其狂悖，而战又败，乃请帝许其要求，由军机大臣照复。长芦盐政宽惠等奏请诏派职分最崇之大臣，颁给关防，许以便宜行事全权字样来津。二十一日，炮台失守，恒福照会二使，称旨派全权大臣来沽，实则咸丰时未有旨，其目的则欲停战也。文俊等至津，二使拒之不见，及炮台失守之信息报至，帝授桂良、恒福为钦差大臣。

二十七日，桂良自京赴津，而津先已失守。二使均至其地，照会恒福，谓会议无可再商，只有允许所请。桂良所奉之使命，先阻公使驻京，如外使坚持，亦可许之，但不得多带从人；赔款亦许商办。顾时情状迥异于战前，额尔金鉴于前事，必欲有所保证，入京换约不肯如美使之待遇。及桂良抵津，二使各派委员与之会议，巴夏礼与焉。巴夏礼要求开放天津，驻兵于大沽，及赔款还清，方能撤兵。入京换约，须先派人观看房屋，然后使臣带兵入京，军费则坚索现款。桂良不肯开放天津，巴夏礼声称地为我有，不许即踞官署，桂良不敢坚持，余亦允许，独于现款，力持异议。桂良上奏言将罢兵，帝称其双目已盲，对于入京观看，责其怯懦无能，又谕僧王拦阻，设法以备截击。桂良言公使入京，以礼相待，自可相安。朱谕则曰："拥兵换约，虽愚马矣亦知其心藏叵测，别有要挟，桂良等尚在梦中耶！"又称带兵换约，则"夷人续来，将内溃于心"。关于赔款，巴夏礼要求先付二百万两，咸丰以为给银，则为城下之盟，夷兵得饷，势将益形猖獗，乃称给银，断无此理。总之，帝于条款，尤不愿公使带兵换约，给与现款，密谕亲王曰："以上二条，若桂良等丧心病狂，擅自应许，不惟违旨畏夷，是直举国家而奉之，朕即将该大臣等立真典刑，以饬纲纪，再与该夷决战。"其坚决之态度，多造成于误会，迄于此时，朝廷无一明知国际公法，以及英法外交政策之人，本于旧有之思想，牵合于中国国际间之新事迹，又无辨别是非轻重之能力，妄信浮言，空唱高调。初额尔金来华，薛焕言其代替卜鲁士，主战非英王之意。联军驻于烟台，大臣言其马队三千，上骑中空木人。新河战败，怡亲王载垣奏称僧王所获俘虏，言夷与"长发贼"勾连，帝交僧王复奏，僧王言无其事。给事中薛书堂奏言，战则我有五胜，和则我有十害，请即声讨，严禁茶叶大黄下海。朝臣之主张若是者，不知凡几。

九月六日，和议将成，而桂良迭奉严旨申斥，乃变态度，明日，二使索看全权大臣便宜行事敕书，不得，愤怒而去，投文称其前往通州。巴夏礼声称现虽签定条约，亦不能阻其前进，路上遇有华兵，即行开战。咸丰得报，谕曰："惟有与之决战后再抚，舍此别无办法。"九日，朱谕亲征，以臣下谏阻而罢，悬赏捕杀夷人。僧王密请出幸木兰（热河），京中扣车调兵，帝谓将在京北坐镇，人心大为不安，朝臣奏请车驾不可出京，以安人心，上谕许之，一面派怡亲王载垣、尚书穆荫赴通，一面宣布巴夏礼罪状，中云："倘执迷不悟，灭理横行，我将士惟有尽力歼除，誓弗与同天日。"十日，载垣致照会于额尔金、葛罗，略称皇帝委为全权大臣，请其回津，会商和约。二使时抵杨村，仍言将至通州议和，英使派巴夏礼前往。咸丰得奏，信其挟兵要盟，谕载垣将其"羁留在通，毋令折回，以杜奸计"。如不能羁禁，亦可作罢，但无庸接见。其索现带兵入城，万不能允。其谕僧王曰："倘越过马头，即著僧格林沁迎头截击，尽歼丑类，断不容其行至通州。”十四日，巴夏礼来至通州会议，载垣允许开放天津，入京换约，外兵驻于张家湾以南五里，咸丰限制入京人数四百名，赔偿军费，先付之现银，可于二月内缴清，和议将成。十六日，巴夏礼要求英使可得入觐皇帝，亲呈国书，载垣知其不肯拜跪，奏称事关国体，万难允准，帝谕令其拜跪，否则如美俄前例，十七日，会议未有解决。载垣称其欲逃，令僧王捕拏，时官兵备战，扼守张家湾。

十八日晨，巴夏礼等回至张家湾，其地驻有清兵，折回通州，欲见载垣，说其退兵，不得，方拟回营，适得英将紧急之书，招其即归，乃骑马驰行。清兵围而捕之，解见僧王。僧王饬其致书英将停战，巴夏礼不可，官吏送之他地，受审者再，最后囚于刑部大狱。斯变也，英人被囚者二十六名，法人十三，尤重视巴夏礼焉。巴夏礼初为广州领事，精通华语，桂良称其骄悍，甚于威妥玛万分，叶名琛尝奏英主厌兵，粤事皆巴夏礼等所为，及从额尔金北上，数与钦差议和，大臣故重视之。沈兆霖奏曰：“皇上明降谕旨，历数数年英人罪状，大伸天讨，中外臣民同声称快，……又闻英人所倚为谋主者，唯巴夏礼一人，前此掳去叶名琛，亦系此人之计，余如额尔金、葛罗等，皆不能画策。今巴夏礼就擒，敌已失其所恃，必将设法索回。据国法言之，自应即予诛磔，何烦再计，然敌之势，本利在速战，即行诛戮，恐奋兵深入，其势益锐。莫若牢固监禁。”焦祐瀛奏称“虎兕出柙，不可再制”，请将其正法。帝批奏疏曰：“是极，惟尚可缓数日耳。”巴夏礼等被捕之日，联军进攻张家湾之守兵，弹落如雨，守兵死伤颇多，退守八里桥；地为自通州入京之要道，距北京八里。夜分，额尔金始知巴夏礼等被捕，力说大将督军进攻，大将许之，二十一日，进犯八里桥。胜保督禁军力战，俄即败退，胜保伤颊，说者讥其红顶黄褂，骋而督战，以致受伤，可谓谑而虐矣。僧王知不能战，不待朝命，即照会二使言和，咸丰授其弟恭亲王奕劻为全权大臣。奕劻素持战议，主张捕杀李泰国，反对公使驻京，至是，致书额尔金、葛罗请先停战，以便议和。二使复称放出巴夏礼等，始可言和。奕訢不可，奏曰：“幸就擒获，岂可遽令行还，”交涉未有进步。其时联军于激战之后，子弹不足，乃致照会辩论。二十二日，咸丰自京出狩热河。奕劻饬恒祺往说巴夏礼写信息兵，巴夏礼欲用英文，朝臣无识之者，遂作罢议。朱谕曰：“看此光景，不如早为处死”，俄再谕奕劻，“如城不守，即将巴正法”，又谕各海口闭关。北京自帝出狩后，人心惊惶，谣言四起，匪徒抢劫，禁军不能再战，帝始改变态度，谕曰：“现在事机紧迫，间不容发，朕亦不为遥制，即著恭亲王等相机办理，总期抚局速成。”僧王亦主议抚，而二使迭请释放巴夏礼，奕劻奏称如夷攻城，即将其正法。帝乃谕称将其送还，以示大方。巴夏礼时自狱中提出，住于德胜门高庙。三十日，二使投文声称再过三日，巴夏礼如不放出，即交大将执行。巴夏礼信请免战，而信竟未收到。十月二日，帝谕奕劻见之，奕劻言其“生性狡悍，此次既被拘执，怀恨必深”，仍不肯将其放出。

十月初，联军军火援军自天津大至，五日，开始行动，大将据报，以为咸丰驻于圆明园。园在北京城外西北十余里，为清帝避暑宫殿，内有清漪园、静明园、静宜园，中有耶稣会教士设计建筑者，列帝修治，可谓积二百年之民力经营而成者也。联军往攻北京圆明园间之海碇，防兵败溃。六日，法军首先入园，其将称其建筑之美，珍物之多，为欧洲所无，且非言语所能形容也。法兵将珍物搜去，英军亦得赃物，无赖乘机强取剩余之物。据朝臣奏疏，迄于九日，静明园、静宜园尚未抢劫，禁兵人园防守。奕劻时在万寿寺闻之，大惊，以北上之路断阻，逃至卢沟桥，奏言抚局不可再议。上谕仍饬其筹办。七日，二使致哀的美敦书于王大臣，内请释放巴夏礼等，否则攻城，待其放出之后，再议条件，互换条约，并须交出一门，人民苟皆安居，联军亦不辱之。八日，恒祺与留京王大臣议定释放巴夏礼归营。初英人被捕者二十六名，法人十三名，至是，存者英人十三，法人五名，距其被捕之时，二十日耳。方苞于清盛时，记狱中情状，言其饮食不时，污秽不堪，犯人备受虐待，狱吏至为贪狠。嗟夫！我国良民之惨死于狱中者，不知凡几矣！十日，二使再致书于大臣，限其于十三日午时，开放安定门交外兵把守，逾时将即攻城。恭亲王业已逃至长辛店，交涉由恒祺办理。咸丰得奏，谕曰：“倘该夷不允复出，尚复成何事体。”留京王大臣，函请奕劻回京，恒祺以恭亲王名义，照会二使赔偿圆明园之损失，并请先议条件，再行开门。二使置之不复，大臣相顾无策，乃于规定期内，开放安定门。咸丰亦谕奕劻回京，外兵入城，未扰人民。十四日，奕䜣回至西便门外天宁寺，明日，照会二使换约。

初联军入京，二国大将意见不协，二使更以欧洲问题，信其难于合作，十五日，英将通知额尔金，（一）英军不能留于北京过冬。（二）十一月一日，军队开始撤回天津。（三）华官开放安定门，理应维持信义，不得毁坏公家建筑。（四）大使决定焚毁海碇之行宫，以及圆明园之宫殿，将即执行。当斯时也，额尔金数与葛罗会商，以为清廷不顾白旗，施其阴谋，不顾国信，捕囚代表，死亡多人，必欲有所惩戒。二使会商之时，对于赔款，则以款已增加，如再要求，徒加无辜人民之担负；对于割地，则以问题将益复杂；对于严惩载垣、僧格林沁，则以一时难于成功，均作罢论。后始议定恤金英国三十万两，法国二十万两，额尔金建议中国政府刻碑胪列阴谋失信之事实，葛罗谓其侮辱太甚，力持异议。最后额尔金主张焚毁圆明园，谓被捕之外人，先曾受辱于园中，必先毁之，然后议和。葛罗不可，主张和议决裂之后，火焚清宫，法将助之。英将力言焚毁皇宫，则为失信，额尔金之意遂决。十七日，二使照复恭亲王。额尔金谓中国虐待英人，须出恤金三十万两，拆毁圆明园，葛罗要求恤金二十万两，交还天主堂及教士墓茔。文中约定二十日照复，二十二日，给银，二十三日，签定新约，换约。十八日，英兵奉令焚毁圆明园，于是经营二百年之宫殿，竟于火光之下，化为烟灰焦土破瓦颓垣，世界美术遂少宏丽伟大建筑之一。英将之执行命令者，亦深为之叹息焉！额尔金之报复行动，出于一时之情感，其野蛮失常，殊可痛恨。其不欲火焚皇宫者，盖患恭亲王惊惧出逃，无人负责办理交涉，而非有爱于中国也。俄使伊格那提业幅（Ignatieff）自称劝说二使让步，中国不可再失事机。二十二日，户部允给现银五十万两，英使增加要求，一、九龙司归英，二、许华人赴英。法使要求归还前田地房产于天王教，奕劻许之，和议始成。

额尔金改于二十四日入城，由英兵保护，至礼部衙门签定新约，是为中英北京条约，并互换天津条约，文武大臣在焉，额尔金先期约之故也。大臣多呈惶恐之色，额尔金改许先赔现银五十万两，可于四十日内交清，葛罗俄亦允许同样办法。换约礼毕，额尔金即行，英兵于安定门鸣炮庆祝，明日，法使亦至衙门订约，换约并赴宴会，态度颇为和平，后告奕劻愿助中国剿匪，额尔金要求朝廷公布天津条约于各省，始肯撤兵。法兵出京较早，中英北京条约之要款凡五：（一）皇帝对于大沽事件，深表歉意。（二）使馆设于北京。（三）赔偿军费八百万两，由海关提出收入五分之一付交，恤金三十万两，立时付清。（四）华工得侨居或工作于英国属地。（五）中国割让九龙海岸一部分与英。中法北京条约，法得赔款八百万两，恤金二十万两，中国交还教产于天主教堂。华文条约，神父之为译员者，添入教会得置地产于内地之文，和议成后，十一月一日，法军尽离北京。十二月九日，英军亦退。其在金州、烟台、定海之兵，亦次第撤退。明年，天津、广州驻军，始尽撤退。委员交还广州政权，巴夏礼报告书中，有谓英兵、粤人相处甚善，其前反英之运动，曾由官吏奖励而成。委员管治期内，广州城外团练，受总督黄宗汉之指挥，仇杀外人，联军追杀团丁达于花县。由是官吏始知乡民不足以慑外兵。

总观清代迄于一八六〇年之外交，吾人未尝不深叹息。外人来华，初为商业，其所求者，则为商业上之机会，如其愿偿，生命财产，均能安全，则可无事。其不能者，政府则以武力助之，盖自工业革命以来资本家汲汲谋得市场于海外，而中级社会之政府，予以保护，不惜用兵，乃合商业、政治二者为目的，外交武力为手段，弱国遂为鱼肉。同时，清代内外官吏国际知识浅陋，无以应变，以致重大之损失。中国对外初无交涉之可言，外商限于一地，遵守习惯，相安无事。一八三四年，形势大变，平等待遇，严禁鸦片，法律问题，相继发生，遂成战祸，缔结城下之盟。不幸对外思想，依然不变，政府更无远大一定之政策，其一时成功者，则赏以官爵。迨其失败，虽有批准之朱谕，亦不免于惩罚焉。其前后矛盾，殆无理解之可能，终则酝酿英法联军之祸。其争执之初起，原属无足轻重，可即解决之问题，乃因昏庸之大臣，造成极大之事变，缔结丧失权利之条约。所可怪者，大臣之反对条约者，对于关系国家主权，人民生计之协定关税，及领事裁判权等，未曾要求修正，反于国际上之常事，如入京进觐，公使驻京，抵死力争。其心目之中，徒以天朝皇帝不应与外夷公使非礼相见，而失其尊严也。其时国内扰乱，财政困难，咸丰初以时局之严重，主张议和，乃以知识之幼稚，发生重大之误会。禁军迭败，帝逃热河，恭亲王密奏迁都陕西，胜保请招南军勤王。其时江南大营再溃，太平军迭陷东南名城，势大张旺，二事均以和议告成作罢。和议既以增加代价而成立，咸丰仍未觉悟，不肯回京。关于进递国书，谕曰："此次夷务步步不得手，致令夷酋面见朕弟，已属不成事体，若复任其肆行无忌，我大清尚有人耶？"及额尔金坐轿出京，奕劻奏其事曰："沐猴而冠之状，殊觉不堪入目。"其原因一则由于少见多怪，奕訢幼生于宫中，未见外人，外人之行动，异于华人，坐轿之状，不无稍异，一则出于轻视之心理，咸丰初禁美使坐轿入京，后俄使坐轿，轿夫均受重罚。及联军逼近北京，始许公使于城外坐轿，而今力无奈何，徒作讥刺之语也。

北京条约成立，俄使伊格那提业幅自称劝阻二使，给银从缓，外兵不久驻京，力请解决二国之问题。初俄经营东方，探险队前往黑龙江下流调查，而朝廷对于满洲，以为发祥之地，除罪人而外，严禁汉人移居。黑龙江北岸，只有少数野蛮部落。一八五三年，俄国要求分界立牌，会以克西米战延期，俄船阑入海口，其政府请将黑龙江松花江北岸归之，中国不许。一八五八年，黑龙江将军奕山奉旨与俄东西伯利亚将军木里斐岳幅（Muravieff）订立界约，五月二十二日，相见。木里斐岳幅要求黑龙江等地，分属二国，并准二国船只往来。奕山拒之，明日，再见仍以为言。奕山坚持如故，乃称病不见，二十六日，奕山胆怯，至其寓所见之。木里斐岳幅益横，提出草约，奕山拒绝签字，遂大声喧嚷，将文收起而去，夜间放枪，有意寻衅。奕山为其所胁，派人见之，竟称若不签定界约，将即驱逐北岸屯户。二十七日，奕山许而从之，约成，是为爱珲条约。其条款凡二：一、黑龙江、松花江北岸，自额尔古纳河至松花江海口属于俄国，其南岸顺江至乌苏里江属于中国。自乌苏里江至海所有地方归二国共管。各江只许中俄船只往来。黑龙江北岸居住之满洲人等，照常居住，仍归清官管辖。二、二国准许两岸居住之人民，互相贸易。约成，派员勘界，其属黑龙江境者，自无问题，而乌苏里江一带属于吉林。朝廷以奕山失职，将其罢免，勘界久无所成。其在西北，中国于鸦片战后应俄要求，开放伊犁及塔尔巴哈台，边界则未勘定。

一八五九年，伊格那提业幅奉命入京，七月，呈递补续和约六条，其主意则请勘定吉林东界，新疆地界，并求陆路通商权利等，由理藩院大臣肃顺、瑞常交涉，将其驳斥。双方强辞辩论，各出恫吓之辞，交涉毫无进步。俄使照会军机处，亦无所得，后即出京。及英法联军进至天津，俄使要求回京，俄抵北京，而联军逼临城下，自请调解。奕訢密奏其经过曰："前据俄罗斯伊酋来文，屡请前赴暎咈夷营代为说合，昨又据崇纶、恒祺等面称该酋现已进城，暂住北馆，仍自请赴暎咈营劝阻，允给银两尚可从缓，且可酌减，并称不致久驻京师，夷兵亦令退至大沽等处，不使驻扎近京地方等语。臣等明知此事系俄夷怂恿，今为此言，何可尽信？然解铃系铃究出一手，若不允其前往，难保不倍加作祟，因给予照复令其前赴劝阻，设能如其所言，于抚局不无裨益，而伊酋事后如有要求，再作理论。”俄使所言多非事实，奕劻之解说，全出于误会。及二国罢兵，俄使请订新约，要求改订吉林、新疆地界，并商业权利。奕訢主张借给绥芬乌苏里江一带与俄，华人住居之处不得占住，添开商埠，俄使不可，十一月议成条约，竟将土地割让。奕劻奏曰：“该酋以英法之换约，攘为己功，设或迁延不定，恐或另生枝节，而英国兵既不撤，法国兵亦未尽回津。渠等狈狼为奸，尤虑变生意外，臣等查夷性犬羊，喜人怒兽，势难理喻。俄酋居心狡诈，必须力为防维。……再与之理论，难保不勾结英法为患，但于目前之患较少，不得不委曲允从，以便催令英酋退兵，俾京城根本既安，人心渐定，以全大局。”其言多无根据，奕劻将其上奏者，一盖曲解事实，或受俄使之愚弄，而不自知。一因前言借与，而今割让，是以恫吓皇帝，而欲其批准，借以解决二国之争执也。中俄北京条约之要款如下：

一、黑龙江下流至乌苏里河合流处，南岸属于中国，北岸归俄。自乌苏里河口而南，上至兴凯湖，二国以乌苏里及松阿察二河为界，西属中国，东属俄国。自松阿察河、白棱河等迄于图们江，西属中国，东属俄国。于是东北沿海岸广大之区域，尽归于俄。二、西疆勘界，指明顺山岭大河，及华官所在卡伦为界。西疆之范围颇广，一八六四年之塔城条约，中国丧失塔尔巴哈台伊犁所属巴克图卡伦迤西之地。后新疆叛乱，将军与俄员勘科布多等界，亦多割让领土。三、中国开放喀什噶尔——新疆之要地也，并许俄商于库伦、张家口销售零星货物，俄于喀什噶尔、库伦得设领事。四、两国边地长官，平等往来。一八六二年，二国订成通商章程，试行七年，改订商约，俄商享受陆路上贸易之特殊权利（其权利详后）。于是俄国不劳军队，得有广大之区域，及陆路上商业优越之地位，甚矣哉俄国外交官之狡诈多能也。相形之下，何清廷大臣之愚拙若此耶！一则由于一强一弱，一则由于无正确之报告也。

1. 咸丰朝《筹办夷务始末》《中西纪事》均言十二人，外国公文亦然。

薛福成之笔记，始误称称十三人，今书竟多据之，实误。

2. 咸丰七年十一月十五日，即公历一八五七年十二月三十日。

3. 李泰国之名，普通书籍称为“李国泰”，而咸丰、同治两朝《筹办夷务始末》，凡书其名，均称为李泰国，坊本盖有错误。

第四篇

太平天国及捻苗乱

黄河改道及其影响——人口激增——秘密会社之活动——财政之困难——政治之腐败——广西之情状——洪秀全之略传——上帝会与团练——洪秀全之起兵——起兵后之时机——攻扰六省之经过——太平军中之思想——文化之摧残——战胜之主因——太平军、清军、人民、迷信、种族思想、女子、军械——清廷应付之方略——洪秀全之失策——北伐军之失败——江苏境内二军之相持——太平军之西征——曾国藩练勇之困难——讨贼之檄文——檄文之批评——湘军出征之战绩——湘军战胜之原因——江北、江南大营之败溃——全国纷扰情状之一斑——经济制度之紊乱——人民所受之痛苦——饷糈之榨取——太平天国与外国之关系

清廷自五口通商以来，外交莫不失败，内政亦无建设改革之大计，而人口繁多，生计艰难，秘密会党之势力日张，危机四伏，造成极大惨杀之悲史。吾人于言祸乱之先，不可不知一八五五年黄河之改道也。黄河自有记录，迄于十九世纪初叶，大徙者凡五。一一九四（金章宗五）年，河水泛滥，其一部分始由南清河（泗水）入淮。十三世纪末叶（元世祖至元中），河水改从汴渠，经过徐州，东北流入泗淮，其北流渐微，十五世纪，北流筑塞，遂以一淮受全河之水。淮水发源于河南，历安徽、江苏，而入黄海，原为中国大河之一，乃以一河容纳二河之水，易至泛滥。黄河之在徐州境内者，河身褊狭，上流之水，难于一时流出，徐州之下，则水放流，均易成灾。清廷设官治之，修筑高堤，防塞决口，糜款甚巨，从未有一二十年安流不为民害者。一八五五（咸丰五）年夏，大雨不已，河水高涨，自仪封铜瓦厢决口，折入山东，夺大清河道，流入渤海。淮水下流入海之道遂淤，其水一部分改由运河流入长江，兹言黄河改道之主因与影响于下。

黄河发源于青海巴颜喀拉山之北麓，高出海面约一万四千尺，曲折东流，入于甘肃皋兰之附近，地势降低，而洮湟二水流入，由是水势陡盛，东行阻于六盘山脉，折转而北，流入绥远，再以高山之阻，转入陕西、山西，而为二省天然之省界焉。水流奔泻于山峡之中，直达河南，始至广大之平原，高低相去无几，然后折向东流，而入于海。夫水之流也，因高就下，高低悬殊愈甚，则水流益速，其力之猛，冲动碎石，夹带沙泥，及至下流，支流众多，水量大增，易于为害，且其经过之高山平原，多无树木，甚者或无青草，登高远望，则目力所见，常为黄土。迨遇大雨，地面上之肥泥被洗而去，流入河中，黄河之水沙泥益多，及抵平原，水流渐缓，其力不能尽携泥沙而去，泥沙淤淀，河身渐高。历代之治河者，从未于根本上着手，而多高增两岸，筑塞决口，久则河身淤泥积高，一旦水势浩大，惟有破堤泛滥，另夺河道入海而已。至是，黄河改自山东入海，淮水入海之故道淤塞。其上游之水，乃以洪泽湖为尾闾，其湖底较海面水平线为高，而水无从流出，万顷膏腴之地，均在水中，江北人民之生计转难。黄河既至山东，而时内乱正亟，无力修治，后遂大为民害。其漂没之人畜财产，殆不可计算，地面上之肥泥，亦入海中。外人有告予者，谓其来华，船抵扬子江口，见江水所含之泥，而以中国不善保存，深叹其富。扬子江如此，黄河更无论矣。予曾从吉普士（Dr.Gibbs）博士读微菌学。博士研究山西东北土壤之微菌，曾告吾人曰："其地土壤缺少有利于植物之微菌，殊为穷瘠。"予按其地缺少树木，肥泥为水洗去，实其原因之一。处于今日整理黄河，诚非易易。其为吾人所能者，则为保全肥土，禁伐小树，广植草木。夫然天降大雨，水因植物之根，易入泥中，而肥土得免于洗去。此盖补救办法之一也。

十九世纪初叶，中国入于衰弱时期，祸乱时起，尚非大规模之屠杀，人口有增无已。贫民虽曾溺死婴孩，而道德观念，以无子为不孝，社会上以养子为防老，迄今民间尚信"一根草有个露水珠儿"。其意谓天生一人，即有衣食，父母无须烦恼。其溺死者，多为女子，非子女众多，而家累太重者，则不肯为，人口故无减少之理。十八世纪末叶，学者洪亮吉曰："治平至百余年，可谓久矣，然言其户口，则视三十年以前，增五倍焉，视六十年以前，增十倍焉，视百年百数十年以前，不啻增二十倍焉。"洪氏举例证之，一家夫妇二人，初有屋十间，有田一顷，及至其孙，不下二十余人，而居屋十间，食田一顷，即量腹而食，度足而居，亦必不敷。其言人口增加之倍数，虽未必尽确，要为平日观察所得之结论，不可厚非。洪氏谓户口增加之后，游手好闲者，数十倍于前。其人遇有水旱疾疫，不能束手待毙，苟逢时机，将起而作乱。《皇朝续文献通考》称一八一二（嘉庆十七）

年，全国人口凡三万六千余万，乃一八二一（道光元）年，户口之总数，视前反少六百余万，其数颇可怀疑。鸦片战争时，澳门报纸论中国人口，一称中国人有天下三分之一，一言“嘉庆及当今皇帝（道光）太平管治此三十万万臣民”。其时世界人口之估计，约十二万万左右，中国何得有此三十万万臣民？数目当或译错。据三分之一计算，中国人口殆四万万。报纸偶言直省人口，前后多不相同，盖此实非外人所能估计也。道光朝东华录记其中年人口逾四万万，亦非调查所得之确数。综之，咸丰初年，人口已至无可再加之情状。其时满洲、热河、察哈尔、绥远均不准汉人移居，新疆、外蒙古、西藏更无人愿往，而本部十八省，尚有限制。台湾故例禁止内地人民偷渡，台民私往番地者治罪，云南、广西、贵州等尚有一部分土地归土司治理。人民私往外国，亦犯国禁。其职业种类少于今日，极大多数以耕种为生，而田地有限不敷分配，生活日难。一八五〇年，浙江巡抚常大淳奏称人民开山过多，以致沙淤土壅，有妨水道，山地硗薄，生产力弱，而民竞争耕种。鸦片战时，杨芳战败，请许英商贸易，称其船有洋米三万余石，广东向资洋米接济等语。中国以农立国，而产生之食料，不足以供国人之需要，可见人口之多。前后战争，均有愚民贪图小利为敌人工作，可证失业之众，其无职业而胆较壮者，则投入会党，为害乡里。于是会党之势养成，魏源曾言及之，兹再节引时人之言，以见社会情状不安之一斑。

御史常大淳于一八三五年，奏曰：“直隶、山东、河南向有教匪，辗转传习，惑众敛钱，遇岁歉，白昼伙抢，名曰均粮。近来间或拏办，不断根株，湖南之永州、郴州、桂阳，江西之南安、赣州与两广接壤，均有会匪结党成群，动成巨案。”一八五〇年，侍郎赵元奏曰：“近来盗风愈炽，直隶、山东陆路行旅，往来多被抢劫，两湖三江连年水灾，盗贼日众，至如河南之捻匪，四川之啯匪，广东之土匪，贵州之苗匪，云南之回匪，又皆肆意横行，目无法纪。且到处均有邪教会匪，各立名目，煽诱乡愚，胁从既众，蹂躏尤多。地方文武恐滋事端，苟且因循，惟务姑息，书差既豢贼纵容，兵弁复得规徇隐。州县之勤干者，有时查访严拏，则差役通风，武弁解体，夺犯戕官，往往酿成巨案。其愚懦者，平时既不以缉捕为务，至报劫频闻，恐干严议，辄复讳盗为窃，避重就轻，以至匪徒益无忌惮。若不急为整顿，则盗贼肆行，奸匪交接，其祸害有不可胜言者。”一八五一年，曾国藩奏称安徽、江苏，河南瘠县，盗风日炽，乡吏勾盗，差役讹索，案尚未破，而事主之家已破，乃吞声饮泣，无力再控，即使再控，幸得发兵会捕，而兵役平日皆与盗通，临时卖放，泯然无迹，或反借盗名以恫吓村愚，要索重贿，否则指为盗伙，火其居而械系之，又或责成族邻，勒令缚盗来献，直至缚解到县，又复索收押之费，索转解之费。故凡盗贼所在，不独事主焦头烂额，即最疏之戚，最远之邻，大者荡产，小者株系，比比然也。”及于湖南练兵，奏曰：“湖南会匪之多，人所共知，去年（一八五二）粤匪入楚，凡入添帝会者，大半附之而去。……近来有司亦知会匪之不可遏，特不欲其祸自我而发，相与掩饰弥缝，以苟一日之安，积数十年应办不办之案，而任其延宕，积数十年应杀不杀之人，而任其横行，遂以酿成日今之巨寇。”湖南湘乡诸生刘蓉后以军功，擢至巡抚，其言乱前情状曰：“今天下僻远之邑，绿林深密之地，盗贼群聚而据焉，大者以千计，小者亦以百计，造栅置寨，屠狗椎牛，昼则群饮于市肆，赌博叫嚣，夜则劫掠于乡村，纵横骚扰，而乡里莫之敢发，州县莫之敢问，隶卒莫之敢撄者，诚畏其势而无可如何也。”四人之言，虽为社会情形之实录，要就纷扰之地而言，虽难例推全国，而国内固已不安矣。

政治上之腐败，亦为造成祸乱主因之一，其尤明显者，则财政之无办法，及吏治之无从整顿也。政府之收入，以田赋、盐税、关税为大宗。田赋限于祖制，正赋不得加增，一八四五年后，每岁歉收约在数百万两以外，而朝廷又发款赈济灾民。盐归政府专卖，由商人包运转售，百弊丛生，民间则盐枭偷运，敢与官吏相抗。关税收入年约四五百万两。而朝廷自嘉庆以来，叛乱时起，用兵不已，黄河决口，阻塞需款，国已患贫。道光初禁鸦片，未始不动于严塞漏卮，以培国本之说。迨及战争，朝廷调派军队，军费大增，而南京条约赔款二千一百万元，广州之六百万元，尚不在内。道光曾以筹款为虑，刘韵珂则言浙江无力担负。其时国内生活费低，银元购买力十数倍于今日，因巨大之赔款也。其能如期缴清，一由于官吏设法搜罗，一由于朝廷卖官鬻爵，财政更为窘迫。而鸦片漏卮，反多于前。道光初以纹银不敷流通，农民纳税之担负，为之增加，谋开银矿，一八四八年，谕四川、云、贵、两广督抚于其所辖境内，确实察勘矿产。中国虽为用银之国，而国内殊少银矿，开采又为旧法，殆无纯利可得，其为害于民，历史上曾有明例。道光之出此，盖为增加收入之计，后虽未曾开矿，然可见其患贫，臣下亦以为言，战争期内官吏私派之弊，实不能免，魏源于《圣武记》中言之，鸦片战争，更有切实之明证。

吏治腐败之原因，常为蒙蔽。刘蓉言之曰："今时弊之积于下者，不必尽闻于上，其闻于上者，又必再四详慎，不甚关于忌讳，然后敢入告焉。公卿大臣又必再三审处，不甚戾于成法，然后勉而行焉。则夫弊所及除之端，盖无几耳，而禁令之不行，抑又如此，则是天下之弊，终无厘革之日也。"章学诚论其弊曰："上下相蒙，惟事婪赃渎货，始则蚕食，渐至鲸吞，初以千百计者，俄而非万不交注矣，俄而万且数计矣，俄以数十万百万计矣。"洪亮吉亦曰："今日州县之恶，百倍于十年二十年以前……有司……无事则蚀粮冒饷，有事则避罪就功，府县以蒙其道府，道府以蒙其督抚，甚至督抚即以蒙皇上。"章洪二氏当白莲教之乱，见闻官吏逼民为贼，深有所感，其言似甚激烈，而实切中时弊。政府竟不能用，积弊反多。鸦片战争期内，统帅疆吏莫不蒙饰上奏，和议成后，上下仍不明知实状，造成外交上重大之损失。其关于内政，刘蓉曾痛言之曰："今天下之吏，亦众矣，未闻有以安民为事者！而赋敛之横，刑罚之滥，朘民膏而殃民命者，天下皆是。"刘蓉所言之天下，就中国全国而言，盖对于时事，深有感慨而发。其措辞虽涉笼统，要可证明吏治之坏，民生之苦。初一八五〇年，咸丰嗣位，诏求直言，朝臣言事者颇多，其关于吏治，可于曾国藩、赵元之奏疏见之。曾国藩曰："臣观今日京官办事通病有二，曰退缩，曰琐屑。外官办事通病有二，曰敷衍，曰颟顸。……习俗相沿，但求苟安无过，不求振作有为，将来一遇艰巨，国家必有乏才之患。……十余年间，九卿无一人陈时政之得失，司道无一折言地方之利弊。……科道间有奏疏，而从无一言及主德之隆替，无一折弹大臣之过失。"朝臣赵元曰："近来积习相沿，风气日坏，加以捐例屡开，仕途益杂，罔识民事之艰难，但较缺分之肥瘠。幕友家丁，招摇滋事，书差胥吏，又复从中舞弊，联络把持，贿嘱情托，无所不至。委靡者怠玩因循，不知振作。贪酷者恣睢暴戾，惟事诛求。钱粮则任意侵亏，词讼则株连积压，及至众怨沸腾，舆论不洽。上司或有风闻，遇事参劾，辄敢挟嫌抵制，攻讦多端，大吏虑其噬脐，姑容不问，不特各州县毫无顾忌，即佐杂末吏，亦且相率效尤。”积弊之由来已久，朝臣非不知之，而平时竟不敢上奏，致成痈决疣溃之祸。此洪秀全之所以得于广西起兵也。

广西旧称瘴疠之区，明（一三六八——六四四年）前放置罪人，其大部分归土司统理，逐渐改土归流，清末尚有始设州县者，其省多山，土壤硗瘠。境内原有苗人、狼人、猹人、猺人、山子等杂居，其人名称繁多，而俗统称为苗猺。生活未脱野蛮人之状态，身体强壮，愍不畏死，汉族后始徙居其地，其住近于苗猺者，生活状况，或与之相近，或略胜一筹。其人深受环境之支配，轻身好斗，而又知识浅陋，迷信极深，苟人得其信心之后，则虽为之赴汤蹈火，亦所不辞。广西东部桂平、武宣一带，山势高峻，蜿蜒千里，古称猺山，地为天险，其附近居民出入山中，登高履险，捷若猿猴。其人有土著客民之分，巡抚周天爵曾奏朝廷曰：“初粤西地广人稀，客民多寄食其间，莠多良少者，结土匪以害土著之良民。良民不胜其愤，聚而与之为敌，黠桀者啸聚其间，千百成群，蔓延于左右江千里之间。而其原因州县不理其曲直，邪教见民冤抑之状，因好鬼之俗，倡为蛊惑之辞，盖自道光二十二三（一八四二三）年，祸基已兆。”其言发于洪秀全举兵之后，影射之辞，虽不尽确，而客民土著相仇，则为事实。广西省志亦以为言。一八四七年，广西大饥，民食不足，其狡桀者，相聚为盗。会湖南土匪南扰广西，杀人劫财，无恶不作。其东北一区，受祸尤烈，本地之无赖，乘势横行，陈亚溃等各有党羽数千，小股尚有数十。巡抚郑祖琛老而讳盗，无力维持境内之安宁，乡民迫而自卫，创立团练。团练之起，原为良民自卫之团体，无如雇用团丁，分子复杂，秘密社会之党员，往往得势，乃予洪秀全起兵之时机。

洪秀全者，广东花县农民洪国游之幼子也。生于一八一三年，上有异母兄二，下有同母妹一，父母爱之。其家境穷苦，年幼入村塾读书，天质颖敏，塾师爱之，十六岁后，辍学，村人延为塾师，后往广州应试，得马礼逊信徒梁亚发（译名）所编之《警时良言》。秀全收之，及试，不售，携书而归。一八三七年，说者言其再试失败而归，心中怨恨，抑郁致病，盖其家贫，而村师所得无几，其时除教读力耕而外，难有相当之职业，才能有为之士，多视科举为其进身之阶，考试失败，则无从上进也。病时，秀全梦见幻象，有鬼召之，魂魄若乘彩舆而往，抵一宫阙，老媪导往清溪，洗濯污秽。有一老者易其心脏，导入正殿，见一老者高坐，悲泣世人信奉恶魔，授秀全宝刀金印各一，曰：“以是锄奸”，赏赐异果。秀全食之，老者导之，遍观下界之淫乱污秽，秀全愤极而苏，共病四十日。[1]其他所见之幻象尚多，及愈，其躯干益雄伟，操行益庄重。斯说也，其族弟洪仁玕述之以告外人者，要偏于神奇之怪迹，殆不可信，其徒则以此惑人，病后仍为乡村塾师，一日，陈箧发书，得《警时良言》。书分九卷，材料取于译本《圣经》，秀全读之，觉其义意与前病中幻象相印证，自言曾得上帝之默示，毁弃偶像，专拜上帝，宣传新教，名曰上帝会。[2]其先入会者，则同县人冯云山也。云山年幼读书，长怀大志，应考失败，心怀怨望，遂与秀全相结。二人知其乡人信神，不易得势，一八四四年，同往广西桂平、武宣二县之乡间宣传。其地近于猺山，汉人猺獞之居近山麓者，知识浅陋，二人不辞劳困，劝民入会，与之同处，逐渐得其信心。及冬，秀全回于花县，而云山不肯舍其传教事业，独留广西，努力进行。一八四七年，广州美教士洛波士（Issacher J.Roberts）闻知秀全宣传上帝，致书招之。洪秀全偕仁玕见之，留住广州，受其指导，未及受洗而去，西觅冯云山。初冯云山鼓动乡民，上帝会之信徒大增，拆毁神像，生员王作新等控之，拿获解县。知县顾元凯、知府王烈讯之，得其宣传文字，内载敬天地，戒淫欲诸款。官吏以其劝善无叛逆之迹，释之，递解回籍。洪秀全同之回乡，而上帝会依然存在。一八四九年，洪秀全等再至广西，秘密活动，广收党徒，明年起兵。

洪秀全、冯云山之宣传上帝会，以民间原有之思想，牵强附会于欧人所言之宗教，其所根据者，多为旧约，观其文字，则其宗教之理论极肤浅，而于基督教之精义，尚未了解，甚且与之冲突。其宣传之方法，则托耶和华为天父，耶稣基督为天兄，而洪秀全为上帝之次子，奉天父天兄之命，统治人类，除去恶魔，洗涤罪恶，拯救世人。其言至为不经，而从者则证以秀全病中之幻象，且曰：“世人肯拜上帝者，无灾无难，不拜上帝者，蛇虎伤人，敬上帝者不拜别神，拜别神者有罪。”乡民求免上帝之重罚，加入会中，并纳香银五两。其会友概为平等，男称兄弟，女称姊妹。冯云山之在广西，具有热忱，颇得乡民之信心，故时不久而信者增多。其能起兵横行于一时者，则广西之汉人、苗人，本为好勇轻生之武士，但无组织之能力，苟得军事训练，富有能力之领袖，则皆成为精兵，而贪生怕死之官兵，不能御之。其先湖南会匪窜入境内，东西劫掠，变成流寇。流寇云者，避实捣虚，出没无定，不据城池，专事劫掠屠杀之徒众也。于其纷扰之后，贫民之衣食益难，强者自动加入，弱者被迫胁从，由是徒众之耳目益多，祸害愈烈。《浔州府志》纪之甚详，邑人谭熙龄曰：“时（一八四八，九年）流贼蜂起，四境骚然，动以千百计，而官与团汲汲有不能终日之势，匪徒遂无所忌，而人愈众。”团练之起，由于乡民迫于祸害之切身，自动组织，官吏多取任放之政策，及其成后，尝依势凌人，一村之团练，或与他村之团练，结仇构衅，或相党援。武宣、桂平之团练，有上帝会人、非上帝会人之别，常相仇杀，而上帝会人，因其团体之坚固，多占优势。

上帝会之声势渐大，一部分叛乱失败之会党，加入其中，借求保护。其人多属于三点会（一称三合会），其得横行者，则以政府制度之不良，长官之昏庸畏祸，胥吏之敲诈勒索，军队之腐败不堪，而人口增加无已，以致失业，而流入会匪也。洪秀全招而收之，一八五〇年七月，起兵于桂平紫荆之金田村。谭熙龄曰：“紫荆者，层崖叠嶂，深林密箐，通断藤峡。”峡古称大藤峡，在万山中，盘薄六百余里，地称天险。冯云山、杨秀清、萧朝贵、韦昌辉、石达开、秦日昌等佐之。冯云山幼抱大志，召聚会众。杨秀清初以烧炭为业，聪明狡诈、善于巫说。萧朝贵耕种山地，多力勇敢，其妻为秀全之妹。韦昌辉原名韦正，捐得监生，熟于胥吏，出入衙门，颇有机变。石达开为一地之富豪。秦日昌做苦工自给，忠勇信义。此数人者，议定起兵之计划。其余上帝会徒之从秀全者，多如李秀成所供，俱为农夫，或寒苦之家，受经济压迫，铤而走险者也。时值国中之内患外忧交至，清廷之弱点昭著于世，起兵之诸豪，有取而代之之思想。其举兵也，悉取村中之粮食衣服，纵火焚烧拜上帝人家，盖其一部分信徒，安居家乡，心中仍有起兵即为叛逆，而犯大逆不道之重罪，将有家属夷灭之祸，而避之者。秀全焚其居宅之后，则无以为生，势必迫而加入。此中情节，可于李秀成供辞见之。秀成家贫为人佣工，难于度日，及其住处被焚，始肯从军。官军之剿叛人也，多无纪律，扰乱民间。人民苟为教民，官军即可视为叛徒，捕而杀之，教民有避祸难而助乱者。

洪秀全起兵后，客民助之，谭熙龄于《浔州府志》曰：“值贵县土客械斗，客民无依，男女约计数千，窜及桂平，……与洪逆合伙。”其军中有上帝会徒，三合会员亡命等，均受政治经济之压迫，轻生好斗，为其生存竞争之计，勇往直行，不顾一切，其势锐甚。官军方逐大股土匪，秀全乘时部署队伍，武生胡以晄聚众应之，湘人洪大全、游民林凤祥、海盗罗大纲等，率众从之，声势张旺，器械稍备。官兵数败，朝廷以贼转多，诏命巡抚郑祖琛出省会督师，战亦不利，罢免其职。咸丰先后诏委重臣林则徐、李星沅、赛尚阿为钦差大臣，劳崇光、周天爵、邹鹤鸣为广西巡抚，调提督向荣、张必禄，副都统乌兰太驰往会剿。林则徐中途病死，李星沅督师无功，忧愤而死，张必禄亦殁。其时将帅疆吏不和，咸丰诏军机大臣赛尚阿为帅，洪军之势猖獗，附者益多。周天爵始知其为劲敌，咨商向荣统师专剿，向荣初为战将杨遇春之部下，时以能战见称故也。一八五一年，向军进攻，将校多死，秀全分兵四出，扰于浔州府属各县桂平、贵县、武宣、象州、平南。赛尚阿招调大军攻之，亦无大功。其主要原因，则洪军勇敢，据有险要也，谭熙龄曰："或五人，或十人为一队，五人者毙四人，其一人犹贾勇冲敌不知退，其教以死为登仙也。"其人熟于地理，出入险阻，奔走逃窜，往往出于官军意料之外，九月，弃其老巢，往袭永安。向荣统率一军追之，遇敌大败，失其军械，乌兰太接战，亦挫。秀全遂陷永安，永安今为蒙山县，在猺山之东，洪秀全据之，益信官军之不足畏，立国号曰太平天国，自称天王，封杨秀清为东王，萧朝贵为西王，冯云山为南王，韦昌辉为北王，石达开为翼王，洪大全为天德王，秦日纲等为丞相等职。

洪军既下永安，声势陡增，钦差大臣赛尚阿改变战略，不问小股队伍，亲督战将乌兰太、向荣进围。向荣一军驻防北路，乌兰太兵防守南路，二将不和，而赛尚阿无统驭之方，其围城也，缺留一面，欲放之出。一八五二年春，太平军守城，清兵无如之何，但以粮食日少，知其终将见擒，四月，天雨，冒死出战，伤杀清军总兵数人，溃围而出，乘势夺取火药十余担，据李秀成言，军中始有火药。清兵捕获洪大全，槛送至京，磔之。太平军沿山中小道而行，直扑省城桂林，乌兰太追之，重伤而死。向荣则知省城兵力单薄，敌将往攻，统兵绕道，先时入城，而洪军踵至，昼夜攻城，守兵善于防守，相持三十一日。六月，洪秀全等乘夜解围北去，陷湘水上流之全州，掠船数百，方拟顺河而下，直趋长沙，而江忠源扼之。江忠源者，湖南新宁县人也，曾以军功补得知县。及洪军势炽于广西，值丁忧回籍，乌兰太召之，统率湘勇赴援，俄再回湘，及闻桂林被围，率兵千余人往援。其兵为湘中之团练，果敢忠勇，会桂林围解，江忠源率之往援全州，不及驻于簑衣渡，二军恶战，南王冯云山中炮而死。太平军气沮，改由东岸往攻道州，陷之，弃之，东走，下桂阳、郴州诸城。其城均在湖南南部，土瘠民贫，及太平军至，争先加入。郴州当湘粤之冲，商贾辐辏，驮货骡马，不可胜算，财货尽为洪秀全所得，军势大张，洪秀全休兵不动。九月，萧朝贵将其精兵，间道直趋长沙，乡民避难入城，长官初尚不信寇至。十八日，萧朝贵猝至城下，官兵登陴固守，诸生自告奋勇，请领兵勇助战，会江忠源等率兵来援。城中之兵勇日多，堵御益力，萧朝贵亲攻南门，重伤而死，其部将报于洪秀全。秀全丧其妹夫，悲哀愤恨，亟欲复仇，悉率其兵，驰往长沙，并力攻城。其时张亮基新奉朝命为湖南巡抚，礼请举人左宗棠参佐兵事，左氏以友人郭嵩焘之劝，出而应聘，人住长沙，太平军攻城正亟，左氏“精通时务，熟悉古今地图兵法”（胡林翼语），为之划守。洪秀全命军中采煤山夫，以鳌翻法攻城；其法穴地甚深，达于城根，放置火药，将其爆炸，声震如雷，其力极猛，破坏城墙，可得乘势蜂拥而入也。无如地雷数发，而守兵死战不退，堵合阙口。十一月，洪秀全气挫，惧众离心，取所造玉玺称为天赐，借以激励士气，军中高呼万岁，夜间去城，渡湘而西，清军初不知其所往也。十二月，太平军西陷益阳，掳得民船，渡洞庭湖而往岳州，守将弃城先逃，尽得旧藏吴三桂所遗之军械，再夺民船五千，顺流而下，迳扑汉阳陷之。汉阳时为数省通衢，百货山积，及陷，焚掠五昼夜殆尽，更自汉阳渡江，力攻省城武昌，穴地坏城。一八五三年一月，下之。二月，太平军悉众东下，达五十万人，船逾万只，尽载其金钱、米粮、军械、布帛、贵重之物，妇稚亦皆置于舟中，蔽江而下，军士沿两岸而行。及抵武穴，两江总督陆建瀛督官兵水师御之，两江额兵约有十万，而缺额极多，其作战者，说者谓为万人。官兵大败，舟师溃散，退守南京，九江、安庆、芜湖相继失守，三月，进攻南京，十九日，地雷坏城，外城失守，后二日，内城亦破。官吏旗人二万余人（一说三万），皆被杀死，状至惨酷，天王定都南京，号曰天京。

一八五〇年七月，洪秀全起兵，一八五三年三月，攻陷南京，历时不足三年，而能出广西，走湖南，破湖北，历江西，经安徽，入江苏，横行数千里，如入无人之境。其于攻下之诸城，除收掠财货兵器，招纳会众而外，未曾分兵固守，其性质初殆无异于流寇也。其人数自数千增至五十万，临时由各地投入，服饰自难整齐，其旗或黄或红，兵士多衣黑色号衣，长及于腰，袖短而便，状如背心，身束长带，佩刀或插枪于其中，脚着草鞋，甚或赤脚。其迥异于官军者，则头上长发，不肯结辫，短发亦不剃去，而以红绸或布束之，绕于头上，将校则以黄绸为之，其人数较少，故俗有长毛红头之称。其领袖多为粤人，发难于广西，官书故以粤匪称之。洪秀全既以推翻清室为目的，申言其罪以讨之，其文名曰颁行诏书，其中有诛妖救世文，讨胡檄，均为杨秀清、萧朝贵所发行，而奉旨准许者。前者叙说《圣经》中之故事，上帝创造天地，怒降洪水，救以色列人，遣子耶稣降生，天王救世。咸丰胡奴，为中国世仇，且率人变为妖类，望志士起兵，共立勤王之勋，人民亟早回头。其讨胡檄文首斥满人为妖人，盗窃神州，肆毒中国，奴视汉人。次言满人之罪状，改变中国之服装，淫乐中国之女子，文有“满洲妖魔，悉收中国之美姬为奴为妾，三千纷黛，皆为羯狗所污，百万红颜，竟与骚狐同寝”。蹂躏人权，改造胡语，贪官刮剥，豪杰绝望。中论夷夏之分。末言妖运告终，劝民速拜上帝，擒狗鞑子，同享禄位。檄文利用种族不平等之情感，反对满清，含有宣传之性质。其不平之意，取而代之之心，则溢于言外。

洪秀全以上帝会起兵，托言上帝遣其次子下凡救世，作为理论，其壮年曾数应试，皆不中归，郁抑不平。其所住之乡村，书籍缺少，对于学术，自无深切之研究。其宗教思想，一部分本于以色列人之传说，如拜上帝者有福，拜别神者有罪之类。其理论之演绎，敬拜偶像，即为叛离上帝，摧残偶像，则为有功，得入天堂。孔子神主，自在偶像之列，安置神像之建筑，自无存在保护之价值。其教徒生于贫苦之家，远陋之乡，少见宏伟之建筑，或无审美之观念，或不知美术之意义，因而摧残破坏，不遗余力。凡其军队攻陷之地，所有庄严之孔庙，幽深之佛寺，道观，宏大之官署，以及名胜之古迹，常受劫掠焚毁之祸。僧尼曾遭杀死，太平军中且称经书、佛经、道家书，籍为妖书。其私藏诵读者，犯罪至重。及其占据南京，毁坏中外人士艳称之报恩寺塔。塔建筑于明初，历二十九年始成，凡九级八面，覆以五色琉璃瓦。张岱《陶庵梦忆》纪之曰：“塔上下金刚佛像千百亿，金身一，金身玻璃砖十数块凑砌成之，其衣折不爽分，其面目不爽毫，其须眉不爽忽，斗笱合缝，信属鬼工，闻烧成时，具三塔相，成其一，埋其二，编号识之。今塔上损砖一块，以字号报工部，发一砖补之，如生成焉。夜必灯，岁费油若干斛，天日高霁，霏霏，霭霭，摇摇，曳曳，有怪光出其上，如香烟缭绕，半日方散。”其言近于文人浮夸之辞，而其为美术史上无价值之建筑物，固世所公认，乃竟毁之。其他建筑，若明故宫等，亦多被毁，此足证明太平军中之领袖，毫无常识，其破坏之行动，直为中国文化上极大之障碍。

洪秀全自起兵以来，纵横六省，兹分言其战胜之主因，以见当时之情状。

一、军队　太平军之初起，几尽粤人，广西之风俗强悍，其从军者，或为练丁，或为乡里中之会众，或为知识浅陋之苗人，或为迫而从军之教徒，类多饥寒逼迫之民，铤而走险者也。起兵之后，战亦死，不战亦死，力战既可死中求生，安享富贵，战死亦得升天。迨其自广西出发，秘密社会之党员，踊跃加入，其人以失业之故，结合党羽，潜伏各地，待时而动。至是，太平军诱之以拜上，称之为兄弟，其初不满万人，历久战争，而人数反增，其中要多会众，是以声势浩大，战多胜利。《平定粤匪纪略》曰：“恶少年闻风响应，未来则敛钱馈贼，曰进贡，既去则假其旗帜，裹黄巾聚众为淫掠”，可见其关系之密切。曾国藩倡办团练于湖南，对于会众，主张严捕大杀，不顾残酷之名，左宗棠练兵于金盘岭时，严定立斩会众之条，均有所见而然。

二、官军　官军有八旗绿营之分，暮气深重，久已失其战斗能力，平乱则力不足，扰民则绰然有余。一八五〇年，曾国藩应求直言诏奏曰：“漳泉悍吏，以千百械斗为常，黔蜀冗兵以勾结盗贼为业。其他吸食鸦片聚开赌场，各省皆然。大抵无事则游手恣睢，有事则雇无赖之人代充，见贼则望风奔溃，贼去则杀人以邀功。”其言深切时弊，后奏练兵目：“自军兴以来，二年有余，时日不为不久，縻饷不为不多，调集大兵，不为不众；而往往见贼逃溃，未闻有与之鏖战一场者！往往从后尾追，未闻有与之拦头一战者！其所用兵器，皆以大炮鸟枪，远远轰击，未有短兵相接，以枪钯与之交锋者！其故何哉！皆由所用之兵，未经练习，无胆无艺，故所向退怯也。”曾氏主张练兵，形容整个官军，虽曰过甚，而其中不堪战争者，实无异此。其困难由于饷糈太少，营制马兵月饷二两，马干一两，战兵一两五钱，守兵一两，每人按月给米三斗。绿营多为步兵，平日缺额甚多，饷任营官侵蚀，兵士又不切实操练。战时，随地报募，而即驱之作战，调遣之兵，由各地营中抽选，兵不相知，将不相识，统帅用非其人，指挥不能统一。将士各自为政，败不相救，胜则争功，以之拒抗不顾死亡之太平军，自多失败。善哉谭熙龄于府志曰："兵不经战，闻风声则提携奔避，临敌阵则畏缩不前。而用兵诸将又苦事权不一，贪功嫉能，文员所招募壮勇，类皆市井无赖，不知纪律，不受约束，肆意抢掠。百姓畏兵，甚于畏贼。"江忠源以为湘勇万人，足以平乱，左宗棠训练之精兵，为时只有二月耳。

三、人民　我国人民深受专制政府之淫威，对于国家除纳税而外，别无深切之关系，其视政府之存亡，无明显之利害，盖人之常情，非利害切己，则不表示意见，而或有所动作。王闿运记太平军曰："始寇之起，所行无留难，其踞省府，胁取民谷而已。行道掠人夫，不用则遣还。"其纪官军曰："彼等绿营兵，以地方州县之人夫，搬运其武器锅帐，己则拱手乘车马，征地方之公馆为宿舍，兵卒或步行而不担武器，徒征发民家旅居，使居人惶怖，而恨其不去。"潮勇入湘，奸淫抢掠，湘民恨之切骨，称颂太平军之不奸杀焚掠。曾国藩深以为病，作书劝告各县绅耆，言其颠倒黑白。太平军自湘入鄂势如破竹，掠取城市财物，绰然有余，不掳乡民，反而分恤贫苦之人，又称事平豁免三年钱粮，贫人争先附之。张德坚于《贼情汇编》曰："贼至争先迎之，官军至皆罢市。此等悖惑情形，比比皆然，而以湖北为尤甚。"二军相较，太平军最初之纪律，远胜于官军，则为明显之事实。其原因则人民安居已久，各营生业，太平军自广西出发，未曾久驻一城，路上夺得库金积谷，人民或来进贡，财货有余，不必苛扰虐取于民也。

四、迷信　知识简单之人民，宗教之信心强固，得其信心之后，赴汤蹈火常所不辞，洪秀全以上帝会起兵，自称上帝次子，奉天父之命，立国称王，天父无所不能，无所不在，无所不知，凡事由其作主。杨秀清、萧朝贵尤为狡桀，秀清调察人私，托言天父下凡，附于其身，忽变常态，群惊信之。其在永安，赛尚阿诱其部下周锡能为内应，秀清知之，忽作天父下凡，命将其押审，北王韦昌辉审之，无供。秀清再作天父下凡，用尽劝诱之方法，得其实供，命北王晓谕兵将。"北王大声唱道，众兵将，今我们托赖天父皇上帝权能，破残妖魔鬼计，指出周锡能反骨偏心，谋反对天。众兵将，同心踊跃，立志顶天，天做事，天担当，齐要放胆，时刻要记念天父权能恩德。每事要加时长灵变。众兵将同心唱叹天父皇上帝无所不知无所不在也。……斯时，皇上帝圣兵合军兵将共怒切齿，伏求天父上帝下令，即将谋反妖魔，凌迟焚灰。”审毕，天父回天，各官回衙，天父忽再下凡传集众官，称其权能。谕曰：“尔众小，未知天父权能，且看今晚，未知天父无所不在，无所不知，无所不能，亦观今晚。尔众小，要认真天堂路，切不好踏差，放胆立志顶天，不妨我自有主张也”，乃再回天。众杀猪牛，敬拜虔谢。其事详见于《天父下诏书》。萧朝贵托言耶稣下凡，晓谕将士“遵守命令，勇敢作战，一时受苦，同打江山，后来自有高封”。其谕或为文，或为歌，载于《天命诏书》。其中杂有天父圣诏，性质相同，其兵固深信之，而常力战不却也。

五、种族思想　中国民族，原合多数种族之血胤而成，乃至近代，夷夏之别极严。推求其故，则中国迭受外患，清以东胡入主中国，明末志士，生于忠君思想发达之世，其自好者，不事二姓，发为文字，含有种族仇清之思想。清帝患之，一方面召用隐士，一方面大兴文字之狱。然其根深蒂固，终难将其消灭，民间秘密社会，曾有复明之口号。其始虽不可知，而其利用种族之恨恶，推翻满清，则昭然若揭，其思想则取而代之也。洪秀全之起兵，连合会党，公布檄文，驱杀胡妖。说者言为种族革命，其得一部分人之同情，盖以此也。

六、女子　千年以来，我国女子以弓足为美，尤以殷实富贵之家为甚。广西民贫，乡村之女子多为天足，其工作之勤苦，几无异于男子。及洪秀全起兵，上帝会人从军，家人同往。谭熙龄曰：“向之从贼者，类皆自逸去，而拜上帝会则必家属子女俱。……调遣不足，以妇女充后队。”周锡能自清营归伍，则称回乡团接兄弟姊妹，及其被杀，其妻同子亦均受刑。《天父下凡诏书》，且纪营中姊妹关于其妻之传说，天王曾谕将士保护老幼男女，诏中迭见“女将”。相传秀全之妹宣娇统领女军，妇女之在军中，曾有助于男子。将士知其家人同在营中，战或不胜，家属将被杀戮，力战则可出险。尤有进者，女子勇敢善战，或不逊于男子，男子受其刺激，则将引起争胜之心，而勇敢杀敌也。久则自不免于弊端。

七、军械　十九世纪中叶，科学发达，火器日精，我国于鸦片战争失败之最大原因，则为刀剑弓矢之不敌枪炮，而军士无严格之训练也。清廷于订约后，尚未觉悟，军事设备，毫无改革，兵士仍执刀剑。夫刀剑以铁制成，得之甚易。两军相攻，胜负决于勇敢，古代匹夫盗魁，揭竿而起，可得横行，亦以此故。今则火器刀剑之利钝，不可同日而语，匹夫起兵者，殊不易易。忠王李秀成之败，挫于上海，而失地于东南者，则常胜军之有利炮也。设使清兵先已改用新式火器，则太平军当或不足为患也。

于上述情状之下，洪秀全举兵而势大炽，北京政府应付之政策，则取生番式之屠杀。咸丰诏用大臣，调遣重兵，专力剿办，顾其任命之大臣，或死于途中，或殁于广西，或相诋毁。赛尚阿未受军事教育，又无调处才能，其职务则监视诸将之攻战，而作浮夸之报告。诸将时有满汉之别，常以地位不同，互相忌嫉。向荣以能战称于当时，先与乌兰太龃龉，后与赛尚阿不协，曾托病不出，朝廷迭令催之，将其革职，始肯视事，统兵追敌。其后乱事蔓延，朝廷益无一定具体之计划，赏罚且无公平之标准。其不能立奏大功者，则多革职议罪，而固不问其所处地位之困难、军队之战斗力也。是以三年之中，钦差大臣，督抚之受罚者，不胜例举。朝廷君臣无所措手足之情态毕露。盖洪氏举兵之年，值道光病崩，其第四子弈诗嗣位，明年，改元咸丰。咸丰行年二十有二，缺乏常识，性好女色，贪于娱乐，乱事方亟，旗民欠粮，犹亲选秀女。女中有家无见粮，黎明食粥而往应选者，等候久之，而咸丰不出。其时天寒，女子不堪其苦，高言皇上失德。咸丰闻而问之，女子以前辞对，咸丰令其退出，惭而罢选，说者尚称其圣德焉。此虽私人道德，无政治上之关系，而其弱点，则无判断之能才，辨别是非，乃为群小所包围，颠倒是非，随心所欲，对于战争自无办法也。在外之大将，专事防御而已。军中或无侦探斥候，访察敌军之行动，故难防祸于未然，而徒追敌于事后。向荣即其明证。逮曾国藩率湘军出征，始有计划，清廷之无人也久矣。

太平军攻下南京，钦差大臣向荣率兵踵至。初向荣统军往援长沙，洪军久攻不克，转入长江下流，向军追之，收复诸城，师行颇速，其先锋张国梁抵于九江。张国梁原名嘉祥，初为盗魁，受抚后为向荣部下，忠勇能战，及是，乘空漕船东下，三月三十日，达于南京，而城已于十日前失守矣。

大军结营于朝阳门外，依山据险，遍立土垒，是为江南大营，与太平军相拒，无胜负可言。其时洪秀全轻视清兵，业已命其丞相林凤祥、李开芳等统兵东攻镇江，沿运河北上。其城守兵先逃，三十一日，不战而得镇江，乘势袭取扬州。扬州时为淮海盐商所在之地，民殷物富，及陷，太平军所得之财货极多，将即北伐，而钦差大臣琦善、内阁学士胜保将率北方马步精兵，自河南来援，阻其北上。林凤祥令送妇女资财于天京，自率大军，西往安徽之滁州，折转而北，陷临淮关，五月，攻下凤阳，声势大振。初洪秀全与杨秀清计商亲统全军渡江，沿运河而北，直趋北京。有舟子言于秀清曰："北路无水乏粮，遇困莫解，今据长江之险，舟师万千，宜踞南京为都。"秀清韪之，言于天王，改遣林凤祥等北伐，洪秀全遂失时机。其军中多为憨不畏死之农人，铤而走险之贫民，乘势附从之会众，自出永安围后，入于扬子江流域，附者日多，势力愈厚，群众心目之中，信其果得上帝之助，其气正锐，宜于进取。清兵自屡败后，军心丧沮，琦善统率北方之精骑锐兵，力战北上之一军，而林凤祥竟得从容改道北上。洪秀全苟或悉众而北，清兵御之，固不知鹿死谁手也。持久则太平军失其锐气，将致军粮不继，纪律散失，引起民众之恶感。其时忠君之思想未衰，皇帝之威信尚在，历时既久，具有才能之大臣，可得从容布置。太平军乃处于不利之地，天王之尤失策者，则其不肯遣兵东下，席卷东南富庶之区，善治其民，不扰上海之商业，而与外人言和，购买火器，训练军队，乃听清官治理其地，自海运输漕米，接济北京也。虽然，此实偏于理想之空论，即使洪氏侥幸成功，不过以暴易暴，且其狂妄之思想，摧残文化，祸犹未可知也。

太平军北上，胜保自扬州城外将兵追之，山东巡抚李僡集兵布防，进驻徐州。林凤祥新得援军，乘间前往河南，六月，闯入归德，径扑省会开封，幸其守兵，先期闻警，而援军适至，登陴固守。太平军知其不能猝下，鼓众西行，历中牟，抵巩县，潜收煤艇，北渡黄河，七月，围攻怀庆府（今沁阳县）。钦差大臣兼直隶总督讷尔经额督诸路援兵，先后驰至。林凤祥初欲攻下怀庆，然后北上，命兵立水栅为城，深沟坚垒以困之，而清兵来者益多，乃出太行山之小道，潜入山西境内，攻扰其东南诸城。胜保统兵踵之，讷尔经额布置防御，驰回正定。十月，林凤祥忽自河南武安，直入直隶，连陷广平、顺德二府属县。清军外无侦探，及敌大至，惶恐不知所为，兵遂败溃，北京大震。咸丰诏命惠亲王绵愉为奉命大将军，蒙古科尔沁郡王僧格林沁为参赞大臣，督北路诸军御太平军。十月，林凤祥率全军东北而行，陷献县、沧州，直走天津，而津沽已有防备，攻不能下，南陷静海，坚筑土垒木栅，分踞独流镇、杨柳青，以作犄角。清军攻之，互相胜负，其时气候渐寒，太平军先无预备，军中粤人惯住于温暖之地。及至严冬，北风怒号，砭人肌骨，冰雪交至，不堪作战。清兵则多生长北方，视为固然。僧格林沁采用以围为攻之策，督兵力战，颇有成效。明年二月，林凤祥率兵突围而去。《山东军兴纪略》曰："冰雪塞涂，贼病多死，能行者手足谬沫，委弃兵仗。"清兵追杀甚惨，太平军南至阜城，洪秀全遣将黄生才等入皖，纠合皖民，侵入山东援之，连陷城镇。胜保奉命御之，而黄生才竟能攻下临清，声势大张，无如人众地瘠，无食可掠，胁从者散去。胜保灭之，林凤祥自阜城南逃连镇，马队陷据高唐，一八五五年，均为清兵攻陷，由是北伐军消灭。

初林凤祥留兵分守扬州，清军围攻之者益急，仍不能下，而太平军之交通尚未断绝，其往来以镇江为孔道。镇江在扬州之南，隔江峙立，其形势之险要，足为扬州之屏障，镇江失守，扬州始乃难于守战。其时清兵尚未收复镇江，而瓜州、仪征亦在太平军之掌握，守将互相应援，清兵故难攻下也。洪秀全另派一军往援扬州，军队自三汊河前攻，步步为营，死战不退，清兵骇溃。一八五四年一月夜间，守兵出围，退于瓜州，清兵之所得者，空城而已。其先琦善奏称扬城之围已合，旦夕将下。咸丰诏谓围城穷蹙，必歼除罄尽，无俾旁突滋扰，及得奏报，诏惩诸将，琦善亦革职留营效力。琦善所统之兵，名曰江北大营，声威远在江南大营之下，大营得扬州之后，与太平军相持于瓜州，互有胜负，琦善俄死，兵势益衰。

方太平军之将北伐也，张亮基命江忠源平定湖南巨匪，咸丰授为湖广总督，以为长江上流，可得无事，诏令江忠源率其所部千余人，赴江南大营，帮办军务。不意洪秀全派兵西上，再陷安庆，以船运兵，溯流而上，直攻江西。江忠源率军适抵九江，闻敌将窥省城南昌，驰往应援。六月，太平军围攻甚力，且分兵出攻九江，往扰腹地。江忠源飞书湖南请援，其巡抚骆秉章遣兵勇三千余人即行，罗泽南与焉。泽南原为书生，治程朱之学，及洪秀全入湘，创办团练至是，奉命率其弟子乡人，自成一军。八月，湘军抵于南昌，战初不利，其兵作战，未遇劲敌，而胆气不壮也，乃援邻邑，剿灭股匪，颇有战功。太平军力攻南昌，时巡抚张芾，以防守事宜，交江忠源办理，江氏督军死守。九月，太平军解围而去，攻陷九江，入于湖北。江忠源自南昌往救，及至，而九江城陷，闻敌上犯，乃出瑞昌，经新国（今阳新），抵于江边，而敌踞有天险之半壁山。十月，二军激战，清兵败逃，水师溃散，太平军乘势水陆大进，次第攻取沿江之要城，直入汉阳，一支北趋德安（今安陆）不胜，退驻黄州。其在皖北者，归冀王石达开指挥。石达开驻于安庆，安卫人民，委任乡官，按亩收税，设官征取货捐。天王改命秦日纲代之。十一月，秦日纲率兵冒雨，自安庆而前，出集贤关，进陷桐城、舒城，清兵败退庐州（今合肥）。庐州时为安徽之临时省治，文武大吏在焉。太平军往攻，江忠源自湖北败后，率兵入皖，驻于六安，及闻庐州有警，将兵入援。太平军围之，城陷而死。败闻，咸丰切责湖广总督吴文镕出省督师。初张亮基调任山东巡抚，吴文镕奉旨代为总督，颇主持重，欲扼上流之势，坚守省会，待其门生曾国藩水师练成，然后出兵，而朝廷促之即行，一八五四年一月，东至黄州督师，二月，兵败城陷而死。太平军乘胜西上，再陷汉阳，围攻武昌，分军而出，一陷德安诸城，一溯江而上，攻下岳州。曾国藩率其所练之陆军水师出战。

曾国藩为湖南湘乡县人，先祖业农。一八一一年，曾国藩始生，年幼读书，聪明有识，果毅有为，二十八岁，考取进士，历迁检讨、侍讲、考官、侍读，擢至侍郎，一八五二年，请假回籍省亲，途中得知母死，改服奔丧。时太平军道出湖南，会众闻风起应，力攻长沙。曾国藩间道归于湘乡，而小股土匪，仍扰于民间，良民为其生命财产安宁之计，办设团练自卫。湖南西南山势蜿蜒，土瘠民贫，其人体壮多力，勇于战斗，召而练之，则成精兵。方事危急，湘乡之匪蜂起，县令礼请邑中儒生罗泽南、李续宾、刘蓉等训练乡勇，乡团遂以湘乡称首。及洪秀全退出湖南，张亮基搜捕土匪，札请罗泽南招募乡勇千人，入长沙防守。曾国藩奉旨帮办团练，搜查土匪，国藩言其不习练兵，恳请在家终制，文成未发，适张亮基专人送函恳请其出，友人郭嵩焘亦至其家力劝出保桑梓。曾国藩官高望重，学问文章负有盛名，出而练勇，易于号召也，乃毁前疏，赴长沙与张亮基筹商，主张于省城立一大练，就各县曾经训练之乡民，招募来省，严格操练。其时罗泽南已率所部入省。其编制也，仿明戚继光兵法，定五百人为大营，不满五百者为小营。曾国藩亲自校阅，访知塔齐布等勤劳勇敢可用，将其保奏，有“临阵退缩之事，即将微臣一并治罪”。其知人善用如是，将士任用诚朴士人，无官僚之恶习，兵多农民，无营棍之嚣张。其所遇之困难，则筹饷不易，而兵勇相仇也。筹饷多赖劝募，而兵燹之后，百业凋落，至为不易，曾氏奏疏数以为言，巡抚曾欲将其所部汰裁。兵勇相仇，始于曾氏弹劾副将而起，塔齐布逐日抽调兵勇操练，盛夏不辍。提督至长沙时，公然非之，营伍咸怨曾氏，并及湘勇兵勇，遂相械斗。曾氏严责其勇，而营官不问其兵之不法，乃咨请提督按律治罪，提督尚未能行，而营兵忽于夜间集队闯入参将公署，欲杀塔齐布。塔齐布匿于菜圃草中以免，乱兵毁其房而去，更往曾国藩官舍，夺门而入，杀其使丁，国藩避逃，赖巡抚骆秉章解救，始免于死。提督仍置乱兵不问，义勇忿忿不平，将致大祸，国藩率之，移驻衡州，奏称其地为匪徒聚集之薮，数月以来，聚众为乱，巨案叠出。及至，遣勇平定衡永郴桂各属土匪，以壮其气。其治匪也，不问残酷之名，严刑鞫讯，日有斩杀，其毙于杖下者，时不能免，匪徒闻风敛迹。其在衡州，咸丰迭次饬其讨贼，曾国藩奏称土匪尚未大定，水师亦未成功。初洪秀全掳得船只，作为兵船，往来江上，江忠源羡其运输便利，而陆军无如之何，郭嵩焘亦以为言。曾国藩深信平太平军，必有水师，访求造船之术，咨请粤督买炮置于船上。其船身大底平，仿自广东海艇，一八五四年二月，水师成立，有战船二百四十只，运输船二百余只，人数五千，以褚汝航、杨载福（后改名岳斌）、彭玉麟等统之。陆军五千余人，以塔齐布等将之。合官员丁役全军约一万七千人，三月，出发，公布讨贼檄文。文曰：

逆贼洪秀全、杨秀清称乱以来，于今五年矣，荼毒生灵数百余万，蹂躏州县五千余里。所过之境，船只无论大小，人民无论贫富，一概抢掠罄尽，寸草不留，其掳入贼中者，剥取衣服，搜括银钱，银满五两不献贼者，即行斩首，男子日给米一合，驱之临阵向前，驱之筑城濬壕，妇人日给米一合，驱之登陴守夜，驱之运米挑煤。妇女有不肯解脚者，则立斩其足，以示众妇。船户有阴谋逃归者，则倒抬其尸，以示众船。粤匪自处于安富尊荣，而视我两湖三江被胁之人，曾犬豕牛马之不若，此其残忍惨酷，凡有血气者，未有闻之而不痛憾者也。自唐虞三代以来，历世圣人扶持名教，敦叙人伦，君臣，父子，上下，尊卑秩然，如冠履之不可倒置。粤匪窃外夷之绪，崇天主之教，自其伪君伪相，下逮兵卒贱役，皆以兄弟称之，谓惟天可称父，此外凡民之父，皆兄弟也，凡民之母，皆姊妹也。农不能自耕以纳赋，谓田皆天主之田也。商不能自贾以取息，谓货皆天主之货也。士不能诵孔子之经，而别有所谓耶稣之说，新约之书，举中国数千年礼仪人伦，诗书典则，一旦扫地荡尽，此岂独我大清之变，乃开辟以来，名教之奇变。我孔子孟子之所痛哭于九泉，凡读书识字者，又焉能袖手坐观，不思一为之所也！自古生有功德，没则为神，王道治明，神道治幽，虽乱臣贼子，穷凶极丑，亦往往敬畏神祇。李自成至曲阜，不犯圣庙，张献忠至梓潼（在四川）亦祭文昌。粤匪焚郴州之学宫，毁宣圣之木主，十哲两庑，狼藉满地。所过州县，先毁庙宇，即忠臣义士如关帝岳王之凛凛，亦污其宫室，残其身首，以至佛寺道院，城隍社坛，无庙不焚，无像不灭，此又鬼神所共愤怒，欲一雪此憾于冥冥之中者也。本部堂奉天子命，统师二万水陆并进，誓将卧薪尝胆，殄此凶逆，以救我被掳之船只，拔出被胁之人民，不特纾君父宵旰之勤劳，而且慰孔孟人伦之隐痛，不特为百万生灵报枉杀之仇，而且为上下神祇被辱之憾，是用传檄远近，咸使闻知。倘有血性男子，号召义旅，助吾征剿者，本部堂引为心腹。酌给口粮。倘有仗义仁人，捐银助饷者，千金以内给以实收部照，千金以上专折奏请优叙。倘有久陷贼中自拔来归，杀其头目，以城来降者，本部堂收之帐下，奏授官爵。倘有被胁经年，发长数寸，临阵弃械徒手归诚者，一概免死，资遣回籍。在昔汉唐元明之末，群盗如毛，皆由主昏政乱，今天子忧勤惕厉，敬天恤民，田不加赋，户不抽丁，以列圣深厚之仁，讨暴虐无赖之贼，不论迟速，终归灭亡，不待智者而明矣。若尔被胁之人，甘心从逆，抗拒天诛，大兵一压，玉石俱焚，亦不能更为分别也。本部堂德薄能鲜，独仗忠信二字，为行军之本，上有日月，下有鬼神，明有浩浩长江之水，幽有前此殉难各忠臣烈士之魂，实鉴吾心，咸听吾言。檄到如律令，无忽！

檄文歌讴大清之功德，自多夸张之辞，其胪列太平军之罪状，一部分由于误解其思想，一部分则为事实。洪秀全自广西出发，抵于南京，途中数千里地，既无收税之所，又无储蓄之粮，初则人数数千，后则达于五十万人（一说攻陷南京有众七十万）。其粮食来自何地，吾人可代为设想。其加入者，多为衣食富贵之计，非有高大之思想，荼毒生灵，蹂躏州县，殆难幸免。其强胁人民为之工作，亦犹今日战时所拉之夫役，自不能免。其江上船只，亦尽掳之于民。官军之纪律，初虽坏于洪军，而洪军与之相较，殆五十步与百步也。其破坏名教，焚毁庙宇，一如檄文所言。平心论之，洪秀全之宗教思想，极为幼稚，其屡试不售，怨恨已极，乃其焚学宫毁木主原因之一。尤有进者，个人信奉宗教，无论其热忱达于何点，皆当尊重他人之信仰。公共建筑物为民力所成，美术影响人生至深，均当保护，乃竟不顾一切，而焚毁之，其愚殆不可及。然则洪秀全不应起兵乎？曰：此又不然，政府成立之根本原因，就学理言之，则为防御外患，维持治安。换言之，政府之天职，则为谋求全国人民之幸福也。清代政治之腐败，外交之失策，会党之横行，民众生计之困难，而竟置之不问，业已失其存在之需要，人民可得革命而推翻之。所可怪者，我国已往之知识界人，囿于忠君极端服从之说，或以身家性命之顾虑，见闻政府之腐败，人民之失所，除少数言论而外，殆无活动。其先起兵者，则为会党之领袖，盗贼之巨魁，文人学子奔走事之而已。盗魁遂为天子，此秦以后历史上常见之例，故除大杀人民，摧残文化，争夺帝位而外，终无根本之改革与建设，此固不能独责洪氏也。

方曾国藩之统兵讨太平军也，太平军南据岳州、通城，崇阳之众应之。三月，曾国藩分兵往鄂，欲以进援武昌，而太平军忽自岳州退入湖北，王鑫率勇追之，国藩统水师抵于岳州，船遇大雨，颇有损失。会太平军反攻，王鑫败退，余兵坚守岳州，势甚危急，国藩命水师援之，将其救出，南返长沙。其援鄂者亦奉令撤回，太平军乘胜南下，陆军攻陷湘潭，兵船泊踞靖港，长沙在包围之中。四月，曾国藩命塔齐布将兵往攻湘潭，遣彭玉麟等将水师五营助战，亲帅兵船往攻靖港。及战，风发水急，为敌所乘，大败而退，自以两次失败，战无希望，愤而投水，从者救之，得免于死，丧气归于长沙，曾为市井小人所侮，长官有议将勇解散者，会湘潭水陆大捷之报至，塔齐布统兵进攻，恶战五日，颇有斩获，水师尽焚敌船，敌大溃散，收复湘潭。《曾文正公年谱》曰："自粤逆称乱以来，未受大创，湘潭一役，始经兵勇痛加剿洗。"固军兴以来之大捷也。太平军退守岳州，骆秉章奏请速饬广东、贵州之兵勇往援，调罗泽南回楚，胡林翼之黔勇，乃留而助战。胡氏先为贵州黎平知府，募勇得力，吴文镕调之人楚，胡氏带勇千人，行次通城，而吴文镕败死，故留于湘。曾国藩另造船只，水兵自广西募至，广东解来大炮，整理一切，而武昌守兵久待援军不至，粮食缺乏，巡抚青麟率全军冒死突围而出，退至湖南，咸丰竟将其正法，太平军再至湖南，直趋常德。七月，湘军整顿完毕，曾国藩分兵进攻岳州，人数约有二万，名将胡林翼、罗泽南、李续宾、塔齐布等均于此役作战，水陆军进逼岳州。太平军拒战不利，即行退出，湘军遂得岳州。敌船来攻者，均为水师所败，水师进攻城陵矶，遇风失利，死亡颇多，失船数十只。陆路连战皆捷，水师助之，陷城陵矶。湘军进至湖北，于激战之后，抵于汉阳城下。十月，太平军弃城东逃，一日之间，清兵收复汉阳、武昌，火焚襄河中不及退出之敌船千只，军威大振。湘军沿长江南岸东下；鄂军自北岸前进，归湖广总督杨霈节制，曾国藩自将水师。太平军于田家镇设防，以铁链锁江。十一月，湘军进攻，水陆大捷，尤以南岸半壁山之战为最烈。曾国藩奏曰："平地血流，崖有殷痕，江之南岸，水皆腥红。自湘潭、岳州以来，陆战数十次，未有毙贼如此之多者也。"太平军中之主将，则为燕王秦日纲，水师攻断江中铁链，焚毁敌船四千只以上。田家镇、蕲州之守兵不战而退，湘军进至九江城外。其守将林启荣果勇善战，塔齐布攻之不胜。一八五五年一月，太平军改变战略，石达开自皖北纠合大军，往攻湖北以分湘军之兵，借解九江之围，湘军战败，乃攻杨霈所部于广济。鄂军猝然遇敌，争先溃逃。太平军连破汉口、汉阳，改出别道再破武昌。朝廷大震，诏命曾国藩赴援。当此时也，湘军之地位，殊为危险。大军围攻九江，而湖北省会业已失守，孤悬其间。苟或撤围回援，则敌军来追，上下受敌，国藩乃令九江围兵坚持勿动，先后遣胡林翼、罗泽南，等回援湖北，达于武昌城下。一八五六年四月，罗泽南战死，李续宾代统其众，攻城如故。十二月，太平军突围而出，官军收复武昌、汉阳。此役也，以巡抚胡林翼之功为最，湖北之地位始渐巩固。方武昌之力战也，曾国藩困于南昌，形势岌岌，及武昌克复，军事始有转机。

湘军之出境也，曾国藩请设大员筹饷，朝廷置之，其出兵名义，初用钦命办理军务前任礼部侍郎关防，三年之中，改变者三。其关防且为木质，非朝廷颁给，地方官戏疑其为伪造，印札为其诘责，捐输印收，被其猜疑，其所受之痛苦，以在江西为甚。后曾书告其友郭嵩焘曰："国藩昔在湖南、江西，几于通国不能相容。六七年间（一八五六，七），浩然不欲复闻世事。"其所幸者，左宗棠及郭嵩焘之弟昆焘入骆秉章幕府，筹饷军政归其主持，湘军作战在外，深赖其力。其能战胜者，初以曾国藩之地位，异于疆吏，故得从容布置，对于朝廷之促出兵，有辞上奏。其遇困难多能忍耐，其水师一败于岳州，再败于靖港，三败于湖口，奋不欲生者再，及为从者所救，仍不灰心，反增长其用兵之经验。其兵来自湖南。其地风气强悍，人民易成精兵。其应募者原为保护家乡之农民，将校多为研究理学之学者，其人对于洪秀全之摧残儒教，莫不痛心疾首，而欲灭之，均能黾勉从事，训练士卒。其勇待遇视营兵为优，陆勇月饷四两二钱，亲兵什长略有增加。水勇三两六钱，炮手舵工稍有增加，故能得其死力，冲锋陷阵。迨后风气一变，招募颇易。曾国藩曰："湘中勇夫赴江西、湖北投效者，络绎不绝，父缺子代，此往彼归"，盖视投营为名利之场也。营中将校相处，重信义，共患难，胜不争功，败则相救。曾国藩奏曰："臣等一军，勇逾万余，……不特臣国藩臣塔齐布二人，亲如昆弟，合如胶漆，即在事人员，亦且文与武和，水与陆和，兵与勇和，将与卒和，粮台官绅与行间偏裨均无不和。全军二万人，几如家人骨肉之联为一体，而无纤芥嫌隙之生于其间。"及其困于南昌，彭玉麟回籍，曾氏招之，其时交通断绝，彭氏变服步行七百里，抵于南昌。曾氏致江忠源书，曾论将校兵士乖迕不和之弊，其命将出师，谆谆然以之为戒。其行军也，严谨斥候，未曾为敌所袭而败，其自上流东下，军有水师，往来应援，其船大炮多，非太平军中之所能及，而实长江战争之利器。尤有进者，曾国藩虽非将才，然能谋而后战，审察利害，不求一时之功，而有深思远见之方略。太平军遂遇劲敌。

方林凤祥败于北方，长江上流之激战也，南京尚有江南大营。大营自屯孝陵卫后，军饷出自苏常浙江，其兵月饷五两以上，故于全国绿营中，较有战绩。城中有增生金和者，密约向荣袭城，已为内应，向荣失期，以其怯弱，不足成事，遂去南京。其友廪生张炳垣（一作张继庚）仍力活动，连结党羽，谋为内应，前后凡七上书于向荣。向荣遣降人田玉梅入城，约期举兵。一八五四年三月三日夜间，张炳垣率其党羽五十余人，袭杀神策门守兵，而大营兵不至，事败被杀，向荣遂失时机。其兵于城外建筑军垒，分援邻邑，其后向荣谋断南京西上之路，遣将西攻太平府，并陷芜湖，太平军之守镇江、瓜州者，亦形不利。初上海小刀会起事，一八五五年，清兵攻陷县城，移兵镇江，并力攻城，掘地道，置火药，轰毁城垣十丈余，而守兵死拒不退，仍不能下。瓜州则二军相持，无进取之可言。太平军之在皖北者，大队往援湖北，余兵与提督和春相拒。和春督兵攻下庐州，分兵直趋巢县、舒城，以去心腹之疾，亦进陷之。由是南京之粮食日少，形势危急。一八五六年春，东王杨秀清大恐，遣部将李秀成等往援镇江，李秀成苦其不得入城，报于守将，出兵夹击围师。陈玉成奋然前往，幸得成功，四月，进攻，大败围兵。二将乘势率兵渡江，北往瓜州，突施攻击，大败江北大营，再陷扬州，顾以兵少不敷防守，弃城而去，五月再回镇江，力攻距城三十里之要镇高资，大败清兵，杀江苏巡抚吉尔杭阿。向荣闻报，遣其骁将张国梁驰援，亦已晚矣。据李秀成供，谓其率兵回归天京，杨秀清责其攻陷江南大营，始得入城。李秀成议定分军旁扰邻邑，向荣发兵应援，兵力遂单。六月，李秀成会同援兵，自紫金山勇扑大营，城内守兵亦出通济门而前，并力夹攻。大营起火，兵勇溃散，向荣收聚败卒，退至丹阳，八月，气恨而死。

方太平军、清兵之恶战也，清廷之威信大失，秘密社会之党徒，失业之民众，以为法律不足凭，官长不足畏，乘势蜂起，凡太平军所到之地，多从之去。其遗散之零星小队，或起兵来附，而大军已去，未及加入者，所在纷扰，其势大者攻陷城池，雄霸一方。广西自洪秀全出，向荣追之，境内无兵，土匪大起，攻城戕官，所在皆是。湖南哥老会（天地会）徒，大半附洪秀全去。曾国藩于长沙奏称尚有串子会、红黑会、半边钱会、一股香会。名目繁多，往往成群结党，啸聚山谷，乡里无赖，无所畏惧，造谣煽惑，白日抢劫。浏阳征义堂尚不与焉。征义堂聚众数千，胁官扰民。《平定粤匪纪略》记载恶少年敛钱馈贼，聚众淫掠，称其多如猬毛。一八五四年曾国藩督师东下，其奏疏甚多，间或略言人民痛苦，及至江西奏曰：“九江以上，兴国（今阳新）、通山、崇阳、武宁等属，皆土匪勾结粤贼之渊薮。”太平军之在江西者，催民纳贡，诛求极酷，曾国藩曰：“前此官有骚扰之名，贼匪有要结之术，百姓不甚怨贼，不甚惧贼，且有甘心从逆者。自今年以来，贼匪往来日密，抢劫日甚，升米尺布，搒掠罄空，焚毁屋庐，击碎釜缶。百姓无论贫富，恨之刺骨”，江西北部，时为太平军所踞，自其败后，粮食不足，故乃抢劫。后石达开往援湖北，自江西回归迭陷要城，声势大张。赣水以西，土匪应之，众至十余万，扰乱几及全省。安徽皖南沿江一带，为太平军出入之孔道，江南大营曾分兵攻之，人民不得安居，流离失所。皖北沿江要城，亦归太平军统治，其北驻有清兵，淮水一带民气强悍，盗贼横行，尤以捻军为甚。乡民设办团练，而权归于练总，练总侵掠圩寨，征粮榷税，称霸一方，如苗沛霖之类。居民不胜其虐，荡析失业，田庐荒秽。江苏南有江南大营，北有江北大营，江南战事区域，在丹阳以西，江北在仙女庙、邵伯以南。苏常里下河尚称安宁，难民避难者多，且为军饷所出之地，官吏榨取于民，农民不堪其苦。青浦、南汇乡民，均有抗税暴动。一八五三年，小刀会起事于上海县城，其众以粤人、闽人为多。九月，其领袖刘丽川招集手下占据县城，攻陷川沙等县，清军围攻之于上海，久不能下。游兵扰及租界，长官言其难于约束，外人视为口实，乃以武力逐之。一八五四年，法舰助战，城中粮食缺乏，明年始下。

林凤祥之北伐也，出江苏，经安徽，攻河南，入山西，趋直隶，扰山东，援军继之北上，北部遂人于纷扰不安之情状。人民身高体壮，风气强悍，乐于战斗。十九世纪初年，天理教徒起兵，以为根据，可见北方秘密社会势力之盛大。迨太平军至，一部分加入军中，一部分相聚起事，清廷方聚大军拒战太平军，各城之防兵单弱，不能平乱。山东一省有白莲教、幅众、团众、降众等作乱。白莲教为前余部，幅众原多綄漕船之工人，以布幅帕头，结党成群，及漕运改由海道，其人失业，相聚为众。其时黄河溃决，农夫受其祸者，无以为生，沦而为匪。团众则为团练劫掠之人，降众则指降而复叛者，扰及全省。安徽捻军于春秋二时入境，“焚掠自近及远，负载而归，饱食歌呼，粮尽再出、有如贸易”（《山东军兴纪略》语）。河南亦受捻军之害，土匪起而应之。山西、直隶均受清兵太平军之扰乱，土匪乘之。甘肃回民有欲动之势，新疆且有外寇。其余诸省，广东则群雄并起，扰及全省，一八五四年进陷佛山镇，九龙暂且归其掌握。福建亦有小刀会起事，其党攻陷漳州、泉州，船往厦门，更行登船，进攻福州。贵州为贫瘠之省，汉苗杂居，清帝改土归流，不善治之。苗人不服，迭起祸乱，朝廷用兵剿之，未尝调查祸根，讲求安绥教导之法。一八五五年，苗民起事，全省扰乱。浙江有小股土匪，幸未造成大乱。海上自上海以南，达于广东，海盗势炽。其在广东者，英舰攻而败之，宁波海面则扰乱颇甚，予外船保护之机会。长江盗贼之劫掠者，所在皆是。总之，祸乱既作，破坏之习惯惭成，扰乱之机会增加，政府失其维持治安之天职，人民失其遵守法律之义务，而入于无政府之情状。

于斯纷扰时期，其最苦者，则为人民。国内商业几全停顿，输入货物，除鸦片外，多无销路。输出物以丝茶为大宗，其价低廉故也。外商来华之先，收买西班牙银元，欧洲市场为之一空，及抵上海，仍无纳税之现款，发生重大之困难。其原因则人民各欲贮藏现款，以备万一也。清廷以收入锐减，兵费大增，无法支付，而鼓铸制钱之云南之铜出产额少，且不能北上，乃鼓铸铁钱。其种类繁多，有当千，当五百，当二百，当一百，当五十，当三十，当二十，当十，当五之不同。铁钱始作于公元后一世纪公孙述雄踞一方之时，后世曾再鼓铸，要当扰乱之秋，缺少铜料，而政府且借之获利也。咸丰严禁私铸，顾民羡其厚利，法律虽严，而亦不能止焉，恶货币乃充斥于市场。政府仍以国用不足，发行无准备金之官票宝钞，官票面价一两，抵银一两，当制钱或宝钞二千，宝钞为制钱票。清廷诏令完纳钱粮，及一切交官解部协拨等款，均准搭用官票宝钞五成，但时国内扰乱，政府失其威信，人民不愿使用，而以政府之压迫，暂时使用，物价因而提高，终乃拒绝使用铁钱，纸币遂成废物。其受损失者，人民也。其时纹银一两，兑制钱二千以上，平民生活之代价，为之提高，生计益难。

人民生于乱世，应付军队，唯求苟安于一时。太平军至，则前进贡，及官军至，则又供粮。田地之所出有限，并须养其家室，然以时势所迫，出其所有，藉作安居之代价，斯亦可矣。无奈大军经过，不良之分子，骚扰乡里，常不能免。每当军队大败之时，主将失其统驭之力，溃兵散卒三五成群，无恶不作，战胜之师，将帅许其抢劫，以作赏赐，大掠之后，始肯安民。行军之际，清兵拉夫，洪军强民入伍。斯民也，原无政治知识，对于清廷之存在，天王之建国，皆无明切之关系，惟求安居乐业，固不愿以其生命牺牲也，及闻警报，争先逃去。其时社会上重男轻女，贫民患其担负之重，溺死女婴，民间男女之比例，常不均匀。生活困难之男子，或无妻室，入伍之兵丁，多为市井之无赖，贫困之愚民，遇有时机，乃至放荡为非，奸淫妇女。顾时民间贞操之观念极强，自爱之妇女，知其将受污辱，或投水死，或悬梁死，或投崖死。其心目之中，诚古所谓“饿死事小，失节事大”也。王定安记载武昌城陷，于《湘军记》曰：“妇女悬梁投水者，数十万人，死丧之惨二百年所未有。”安徽诸省，亦有其例，程善之先生曾言皖南乡民，于军队入境之时，避于一山，妇女自经者，尸积如山。人民远出避难，弃其田地财产，田地荒芜，房屋常罹于火。汉口火烧十五里，五昼夜不绝，村镇之类此者，不知凡几。太平军所掳民船，毁于湘军水师者六七千只。水师曾夺其船五百余只，彭玉麟以为勇饱思飏，而尽焚之。人民经济之损失，殆不可计。其在城邑，官吏闻敌将至，先焚城外之民房，武昌、南昌莫不皆然。其去家乡者，或死于途中，或掠于盗贼，父子不保，夫妻相弃，生者则多流离失所，加以天灾岁歉，生活愈难。一八五六年，东南天旱，飞蝗蔽天，食尽青草，北方亦然。军机大臣彭蕴章在京，作诗咏其事曰：

> 飞蝗来蔽天，食我田中粟，顷刻空连畦，野老吞声哭，三冬釜无炊，八口谁为育？腰镰带夕阳，刈获恐不速。未熟早登场，终胜饱蝗腹。百里秋塍空，群空还断续。……蝗亦及东南，纷纷见奏牍。

彭氏之诗，歌咏北方之蝗害，家居苏州，因亦略及东南，范围可谓广矣。时当黄河决口之后，政府均不之问。二军相战，清兵搜杀长毛，一八五四年，湘军于大冶战胜，曾国藩奏疏中有“各营生擒逆匪一百三十四名，因其掳掠奸淫，肆毒已久，仅予枭首，不足蔽辜，概令剜目凌迟”。半壁山之战，水师焚敌船四千余只，曾氏奏其入江号呼浮沉，或反攀战船求救，辄被官军刺毙，或缘登贼舟，贼亦抽刀斫之，不能相顾。太平军每至一地，则搜杀妖人，及其攻陷南京，杀戮官吏满人二万余名。妇女老幼无得免者，而投其尸于江中。呜呼！人何不幸，生于乱世！

太平军之初起，纪律胜于官军，沿途易于得食，及自湖北东下，势如破竹，尽取省会所得之库金，仓廪之积谷，民间进贡之粮米而去。其可考者，曾于武昌得银七十万两，安庆三十万两，并及大宗仓谷。南昌献银二十万两，白米五万担，及陷南京，尽得城中之财货。天王遣兵东下，连陷镇江、扬州，所得极多，粮如山积，并获运送漕米之船。清兵之饷，初由户部筹拨，年约六百余万两，迨至战祸延长，范围广大，收入减少，而军费激增。山西豫征钱粮，朝议推行于陕西、四川，仍不足用。户部无奈，徒以空文指拨，统兵大员，乃各就地设法收括，毫不顾及民间之疾苦。清廷为免困难之计，亦不问其筹款之方法。其握军符兼治民政之疆吏，或保卫一方之统将，常令地方官筹饷，或由地方协助军费，其款类多榨取于民。其掌兵权而无督察吏权者，军饷则多出于捐输厘金二途。捐输原为自由捐官之一种，至是，军官指定所谓富户，责其输金，充作军饷，给与印收，然后报告于北京政府，而予以相当之虚荣，或官爵也。其强迫性质，无异于太平军中之进贡。其指定之富户，实无正确之调查与标准，出款则为直接之担负，人情之常，非出于万不得已，不肯交出，反足以引起挟嫌之报告，私情请托之弊端。官吏常避富贵权势之家，不敢指定摊派，故于一县所得之金钱，数实无几，而困难之状，虐民之深，亦未有过于此也。厘金由副都御史雷以诚创办，雷以诚募勇成立一军，助攻扬州，苦无军饷，一八五三年，创办厘金于仙女庙。其法仿自商人会馆，百取一二之赢金。以济公用之惯例。征收之法，据王闿运《湘军志》，分行商、坐商二种，榷之行商，则本千而取三十，名曰活厘，榷之廛肆，则入千而取十，名曰板厘。换言之，运输之货物，按价征收百分之三，设卡收之，商店输纳百分之一，近于今日之铺捐，其后偏重活厘，成为通行之厘金。英人吟唎（LinLe）曾往仙女庙贩米，称自仙女庙至瓜州，共有厘卡二十，征收之税，视法定额增加数倍。吟唎工作于太平军中，对于清军肆力攻击，其言虽甚，然可略见厘金之害。曾国藩于攻克武昌之后，仿行其法，令人设卡于汉口，征收货捐。总督以其病商害民，拘捕卡长，不幸后竟采行，各省踵之。当时达官朝使均以捐吏诃索，借端讯留其家人姻戚，奏请罢之，朝廷不许。四川初设卡局，人民聚众毁局，官吏以炮船营兵捕之。湘军之粮饷，初极困难，以捐输为大宗，颇扰于民，及其出援江西。曾国藩以筹饷之故，与巡抚陈启迈相抵牾。其部将官至三四品者，曾为州县扑责，饷糈劝民捐赀，给予营中印收，州县辄指为伪，捕拘捐户，责令再捐。此外地方恶税尚多，上海征收丁税，北京征收间架税，凡屋每间百文，宁波等地征收鸦片捐。凡征调之时，车骡人夫，多征之于民，人民所受之痛苦深矣！

方太平军之东下也，势如破竹，欧美诸国闻而惊奇。时值英国以粤人仇英之运动，广州之入城问题，与在粤之钦差大臣发生严重之争执。美法诸国以其利害相同，多表同情于英。外人之观察中国者，概谓北京政府之腐败，官吏之昏庸，而改革之无望也。及太平军势力张旺，以为汉人成立政府，势将改变政策，其热心于宣传宗教之牧师，闻知太平领袖，信仰上帝，摧残偶像，信其将予以极大之传教机会，深表同情于太平天国，而上海华官反信外人助其防守，一八五三年三月，照会英、美、法三国领事，请其派遣军舰往援南京，领事置之。四月，英国专使文翰乘舰驶往南京调查实状，谒见太平军领袖，研究其刊行之书籍。其报告本国政府，建议严守局外中立，其属员深表同情于太平军。当时传说英国将保护太平天国，清廷求助于俄，而俄将保护黄河或长江以北之地。美国在华委员为之叹息，其报告政府竟言中国将为印度，其言乃外人之猜想。同年，美国委员赴宁调查，后二年，再往南京，其报告亦请政府中立，而美政府动于太平军驱逐满人，建设汉人政府之思想，训令其委员，可得斟酌情形，承认其为事实政府。法国之政策，颇异于英美，其所以然者，则天主教神父深入内地传教，观察太平军破坏之行动，常有不利之报告。说者谓太平军摧毁神像，而与天主教立于反对之地位，故神父恶之也。法使亦曾赴宁调查，请其政府中立，然未有效。太平军既下南京，分兵东陷镇江，渡江北伐，置东南富庶之区，及上海通商要港于不顾，而英美商人，则为防患于未然之计招募义勇，深掘战壕。一八五三年九月七日，上海小刀会起事，攻陷县城，明日，攻于黄浦江边之海关，对于外人未有骚扰。其人以红布包头，自称属于太平天国，遣人赴宁求援。天王命使调查之后，不肯出援，官军进攻，相持不下。三国领事相继宣告中立，而外人之贩运军火于双方者，因其获利之厚，终不能止。官军围攻县城，久不能下，两军隔城墙城河而战，东门外商业繁华之区，皆罹于火，估计损失约三百万元。一八五四年十二月，法将领事单独行动，下令法舰，对于城中之小刀会开始炮击，明年，城陷，官军屠杀抢劫，惨酷过于小刀会。此役也，法军死伤三百余人，而其在沪利益，无足轻重，其加入战争，殆由于宗教之主动力。其个人或以宗教之关系，或以金钱为目的，或动于冒险，尚有自动加入太平军者。太平军利其运来之枪炮，战斗之勇敢，待之甚厚，尤以李秀成之部下为最多，称之曰“洋兄弟”，其下称之曰“洋大人”，英人呤唎则其一也。秀成之女，与外人发生恋爱，后遂妻之。

1. 李秀成供称洪秀全病死七日，还魂，殆就其见幻象而言。

2. 相传上帝会创于湖南人朱九涛。咸丰曾谕访查其人，疆吏复奏称其为狗头山取药之妖人，其被捕之徒弟，身有符咒。《平定粤匪纪略》记朱九涛之语曰：“铸铁香炉成，可驾以航海。”其人殆为白莲教余党，而书竟有称其立上帝会于广州者。其时教士虽得传教，而秘密会社断不敢宣传于广州。美国海尔博士（Dr.w.J.Hail）认洪大全为朱九涛，亦不足信。

第五篇

太平天国及捻苗乱（续前）

洪秀全之宗教思想——三字经——洪秀全之天国——上下阶级之森严——朝廷情状之一斑——军政与严刑——公田之计划——天历——天国中之妇女——消极之禁令——内讧及其影响——太平军之战绩——湘军克复安庆——陈玉成之败死——常胜军之成立——太平天国末年之情状——外人之观察——淮军之起——湘军近逼南京——华尔死后之常胜军——戈登之战绩——苏州杀降之事件——太平军之余支——湘军攻陷南京——太平余众之命运——捻军之大起——平捻——清廷治苗之失策——湘军平定苗乱——战争期内人民所受痛苦之一斑——人口减少之估计——内乱之评论

太平军于内讧前之战绩，已见于前，兹言其思想制度等。洪秀全以上帝会起兵，说者谓受耶稣教之影响，实则本于民间固有之传说，而牵强合于教士所传之宗教。教士所言之上帝，异于中国古书中之上帝，而洪秀全并之为一。其言曰：“上古之世，君民一体，皆敬拜皇上帝。盖拜皇上帝这条大路，当初皇上帝六日造成天地，山海，人物以来，中国番国俱是同行这条大路，但西洋诸国遵行这条大路到底，中国行这条大路，近一二千年则差人鬼路，致被阎罗妖所捉。”其言荒谬不经，一则不知耶稣教自亚洲传入欧洲，一则错解中国之历史。其徒称天父接洪秀全升天，天父天兄附人身下凡，本于民间巫觋之说，耶稣教徒断不肯信。其称洪氏为上帝次子，与耶稣教决不相容。上帝会则立基于此传说，而以之号召愚民，其不信仰上帝悔改前罪者，则“惹皇上帝义怒，罚落十八重地狱永受苦”。十八重地狱，来自佛教，与耶稣教无关。太平军中之敬上帝也，献茶三盏，肴三盘，饭三盂，其礼为中国敬神之礼，而为西方所无。其附会于耶稣者，则引用《圣经》中之故事，七日有一礼拜，重视浸洗，感谢上帝，遵守天条。天条仿自摩西十诫，一曰崇拜皇上帝，二曰不好拜邪神，三曰不好妄题皇上帝之名耶和华，四曰七日礼拜，颂赞皇上帝恩德，五曰孝顺父母，六曰不好杀人害人，七曰不好奸邪淫乱，八曰不好偷窃劫抢，九曰不好讲谎话，十曰不好起贪心。天条禁人为恶，合于耶稣教之旨。其礼拜日在今为星期六，殆遵旧约中犹太人之安息日也。天王重视礼拜，计划民间设立教堂，但未实行。其军队所到之地，架设高台，号召民众，讲说天条，名曰讲道理，后竟作为别用。太平天国发行之书，若《天命诏旨书》《颁行诏书》《三字经》《天父下凡诏书》《赞美辞》等，均可见其宗教思想。《赞美辞》文短，便于记忆，其辞句常作军中口令，兵士莫不习之。其辞曰："赞美上帝，为天圣父。赞美基督，为救世真圣主。赞美风神，风为神灵。赞美三位为合一真神，广大无边，不惜太子，遣降人间。人知悔改，魂得升天。"其所谓太子者，指洪秀全而言。《天父下凡诏书》现存有二，其一详言天父指出周锡能之谋反，其一谕洪秀全优待女官等，其性质已言于前。《三字经》足可代表洪秀全发行之书，及其思想。兹节录其原文于下：

> 皇上帝，造天地，造山海，万物备，六日间，尽造成，人宰物，得光荣，七日拜，报天恩，普天下，把心虔，……中国初，帝眷顾，同番国，共条路，盘古下，至三代，敬上帝，书册载，商有汤，周有文，敬上帝，最殷勤，……至秦政，惑神仙，中魔计，二千年。……至宋徽，犹猖狂，改上帝，称玉皇。皇上帝，乃上主，普天下，大天父，号尊崇，传久载，徽何人？敢乱改，宜宋徽，被金掳，同其子，汉北朽。自宋徽，到于今，七百年，陷溺深，讲上帝，人不识，阎罗妖，作怪极。……上帝怒，遣己子，命下凡，先读史，丁酉岁，接上天，天情事，指明先。皇上帝，亲教导，授诗草，赋真道，帝赐印，并赐剑，交权能，威难犯，命同兄，是耶稣，逐妖魔，神使扶。红眼睛，即阎罗，最作怪。此蛇魔，皇上帝，手段高，教其子，制服妖，战服他，不放宽。……小孩子，拜上帝，守天条，莫放肆，要炼正，莫歪心。皇上帝，时鉴临。要炼好，莫炼歪，自作孽，祸之阶，慎厥慎，惟其始，差毫厘，失千里，谨小心，慎其微，皇上帝，不可欺。

《三字经》专备儿童诵读之用，先言《旧约》中上帝创造天地万物，以色列人之故事，太子耶稣下凡之救世。中言我国君主初信上帝，中途背叛之狂悖。次述上帝遣子洪秀全下凡，制服阎罗妖魔，凡事有其作主。末劝儿童为善。其所言者，要多牵强附会狂妄不经之谈，借宗教为号召，以达其政治之愿望而已。

洪秀全以宗教立国，自称天王，名其国曰真天命太平天国，朝曰天朝，京曰天京，律曰天条，法曰天法，历曰天历，军曰天军，营曰天营，民曰天民。其称上帝曰天父，耶稣曰天兄，事曰天事，情曰天情，恩曰天恩，福曰天福。其官爵常有天字，如张天安，侍天福，承天预，顶天义之类。上帝下凡，对上帝会人呼曰“众小”，对于妇女曰“小女”，百姓曰“外小”，男则自称“小子”，女则“小女”。朝中洪秀全称其兄曰“甥”，大臣曰“胞”，对于清官兵卒僧道，概称曰“妖”。洪秀全之起兵，以奉上帝之命为真主，其在广西诏曰：“天王诏令各军各营众兵将，放胆劝喜，踊跃同顶天父父兄纲常，总不用慌，万事皆是天父天兄排定，万难皆是天父天兄试心。各宜真草（草作心用）坚草耐草对紧天父天兄也。”又作天父之言，谕其下曰：“天父谕众小曰：‘众小尔，认得尔主上真么？’众小对曰：‘认得真我主上’，天父曰：‘我差尔主下凡，作天主地，出一言是天命，尔等要遵，尔等要真心扶主顾王，不得大胆放肆，不得怠慢也。若不顾主顾王，一个都难也。’”其他相似文件，不胜枚举。及湘军东下，太平军自武昌败退，燕王秦日昌谕陈玉成等宣讲天情道理曰：“令众兵士，放胆诛妖。万事总有天父主张，天兄担当。不用慌也。”会北方之太平军失利，天王诏曰：“有功当封，有罪当贬。今朕既贬北燕地为妖穴，是因妖现秽其地，妖有罪，地亦因之有罪，故并贬直隶省为罪隶省。……朕现贬北燕为妖穴，俟灭妖后，方复其名为北燕，并知朕现贬直隶省为罪隶省。俟此省知悔罪，敬拜天父上帝，然后更罪隶之名为迁善省。”诏文妙不可言，殆所谓想入非非矣。后太平军败于湘军，忠王李秀成上奏。天工诏曰：“朕奉上帝圣旨，天兄耶稣圣旨，下凡作天下万国独一真主。何惧之有！不用尔奏，政事不用尔理，欲出外去，欲在京住，由于尔。朕铁桶江山，尔不扶，有人扶。尔说无兵，朕之天兵，多过于水。何惧曾妖者乎？”其靠天思想如是，岂欺人而竟自欺耶？抑深溺于谬说，而不能自拔耶？

洪秀全之称王也，谓奉天父天兄之命，为天下万国真主。其封杨秀清为东王也，谓管治东方各国，西王管治西方各国，南王管治南方各国，北王管治北方各国。诸王均归东王节制，天王称万岁，东王九千岁，西王八千岁，南王七千岁，北王六千岁，翼王五千岁。国中虽以天王为最尊，但不亲理政事，政权操于杨秀清。杨秀清精明能断，赏罚严明。众心服之。及奠都天京，北王、翼王、顶天侯、丞相等官，均到东府请安，议商国政，议毕，由北王同众官跪呼千岁，然后由杨秀清上奏。其文式曰："小弟杨秀清立在陛下，暨小弟韦昌辉、石达开跪在陛下"，均可证明杨秀清之地位。其所设之官，名目繁多，上下之分极严，清廷比之尚犹不及。朝中以军师总揽一切大政，官以王为最尊，侯次之，丞相又次之，其下有检点、指挥、将军、总制、监军、军帅、师帅、旅帅、卒长、两司马等。每一阶级，设官甚多，名目不一，地位亦异。其统兵在外者，每军以总制为尊，监军次之，下有军帅、师帅、旅帅、卒长、两司马、伍长。其守土之官，郡有总制，州有监军，乡有军帅等官。其制度殆本于古代之政治与思想，军民不分，军官兼治民政也。此外又有女官。凡事上奏，由下级官吏，按次禀报上司，最后达于丞相，丞相禀军师杨秀清，由其转奏天王，可谓复杂之至。其目的盖多设官，足以号召也。就其政体而言，则为专制独裁集权之政府，立法、行政、司法三权，名义上概归于天王。外人观察者，言其不知民政，一则由于官制如是，一则当战争期内，军政之色彩浓厚，破坏过甚，而无改革与建设也。其领袖颇能自尊，建造天朝宫殿，及东王府内殿，需用工匠，令官各地召集，以供应用。天王寿辰，东王诰谕官员国戚士卒人等曰："本军师及列王尚且备办奇珍异宝，进献天朝，为我天王祝寿。你等为官为民，俱要体会天父，敬念天王，多多采办宝物，……并于万寿前三日，一心斋戒，虔敬天父，报答天恩。为此特行诰谕，你等须要凛遵，毋得观玩自玩！"其他天朝喜事，亦令官员人等，多多备办奇珍异宝入京。天王少见臣下，行军之际，规定御舆出入，内外官兵，各回避道旁，呼万岁，万福，千岁，不得杂入御舆宫妃马轿中间。一八五三年，天主严谕臣下，敬重后宫，诏曰：

> 咨尔臣工，当别男女。男理外事，内非所宜闻。女理内事，外事非所宜闻。朕故特诏，继自今外言永不准入，内言永不准出。今凡后宫，臣下宜谨慎，总称娘娘，后宫姓名位名，永不准臣称及谈及。臣下有称及谈及后宫姓名位次者，斩不赦也。后宫面，

> 永不准臣下见，臣下宜低头垂眼。臣下有敢起眼窥看后宫面者，斩不赦也。后宫声永不准臣下传，臣下女官有敢传后宫言语出外者，斩不赦也。臣下话永不准传入，臣下话有敢传入者，传递人斩不赦，某臣下斩不赦也。……自今朕既诏明，不独眼前臣下宜遵，天朝天国万万年，子子孙孙，暨所有臣下，俱宜遵循今日朕语也。钦此！

其防范之严，天王威权之重，蔑以加矣，乃重视忌讳，且以秘密会社起兵，隐语颇多。对于天父诸王名称等，均避讳改字，如爷改牙，秀改绣，清改菁之类。其例繁多，笔不胜举。隐语如东王之称禾乃师赎病主，翼王之称圣神电通军主将等，殊无意识。其立国于南京也，举行会试，郡有乡试，其所出之试题，多为论颂。士子之应试者，莫不赞美天父天王也。其试文存于今者曰，建天京于金陵论，凡三十九篇，曰贬妖穴为罪隶论，凡三十二篇。其文可称有趣之文，如宋溶生曰："皇上帝造地（成？）天地之时，盖以预储此地（金陵），以俟太平真王，树万年不朽之基，而建万世无疆之业也夫。"其朝廷情状，详见于一八五三年新镌之《天父下凡诏书》。兹引用之于下：

北王韦昌辉等至东王府请安，商议国政，事毕，回衙。东王回入内殿，忽而天父下凡，诏女官曰："尔小女等，前来听我天父吩咐。"女官跪请，天父怒而不言，良久，始命速传北王，承宣官往，天父更谕女官，北王未到，将圣旨禀奏东王，命其启奏天王。凡事皆要从宽，性情不可太烈，幼主须善教诲，不可任其率性所为，杨长妹等四女，准其安享天福。女官答称遵旨，禀奏东王。天父回天。北王等不知，跪祷于东府头门。女官禀报天父适才回天，留有圣旨，东王今欲登朝启奏。北王等进殿，跪请金安，东王谕言将即登朝启奏天父圣旨，因命北王等官先往。众皆先到，东王在后，坐于金舆。天父忽又下凡，其舆抬至金龙殿前，女官启奏天王。天王步出迎接。天父怒曰："秀全尔有过错，尔知么？"天王跪下，同北王及朝官一齐对曰："小子知错，求天父开恩赦宥。"天父大声曰："尔知有错，即杖四十。"众官哭求代受，天父不许，仍令杖责天王。天王乃俯伏受杖，天父以其遵旨，免其杖责，并谕杨长妹等四女，安享天福，辞毕回天。众官卫扶天王回殿，顶天侯负东王登殿。天王命众官感谢天恩，三呼万岁，众官遵旨。北王禀奏东王，天父才又下凡。东王甚喜，启奏天父圣旨，教导幼主，宽恕女官，凡犯死罪之人，交其细心严查，其可原宥者，由天王开恩，天王一一许之，东王转谕众官，对下不可斥骂。众官对曰："遵旨。"东王俄偕众官跪下，三呼万岁，奉旨退出朝门。众官护送东王回府，东王升殿，众官跪呼千岁。东王谕其直言无隐，众官跪呼千岁，奉命回衙。后二日，东王回思天父欲责天王，将登朝劝慰，召集北王众官，谕说其意。不一时，天王坐于殿上，擂鼓启开朝门，东王等登殿，三呼万岁。天王赐东王坐，东王、北王劝慰天王，东王且曰："二兄本无过，其过仍在小弟也"，因言教导幼主，为万世法则。天王欣喜，降旨赐宴于金龙殿。东王再奏善视女官，体恤臣下，不可专听娘娘之辞，不可脚踢娘娘。天王赞称其言，将赐臣下绸帛，东王因而说其节用，天王称为骨鲠之臣，乃互相夸赞。言毕，北王等三呼万岁，谢宴出朝。众官至东殿，照例行礼，东王命其回衙，勤理天事，众官遂散。

吾人于此书中，可知天王之失政。其宫中女官，非将士之妻女，即为其母。天父免役之四女，中有杨长妹、石汀兰二人，"分属王姑，情同国宗"，殆杨秀清、石达开之家人也。洪秀全虐待女官，如于雨雪寒冻之时，令其凿池挖塘。东王初托天父诫语，天王仍未悛改。书中言娘娘甚多，天王常信其言，谴责女官。娘娘偶触其怒者，即用靴头击踢，不问其身有孕与否也，性情可谓粗暴。对于臣下，常处以死刑，其中不免冤死。幼主毁坏天父所赐景物，天王亦不教训，而任其为所欲为。天王将赐绸帛，先言天父赐给绸帛，不甚过多，似有吝意。东王说其节用，殆躬自厚而薄于人耶。要之，杨秀清所言，皆切时病，杨氏固太平军中之怪杰也。其时，天国、清廷交战不已，成功失败，决于兵力，军队自于天国占据重要地位。其最高之官，则为军师，杨秀清初为左辅正军师，萧朝贵为右弼又右正军师，南王、北王均为副军师，其后李秀成亦为军师。按军队编制，一军设有总制、监军、军帅。军分前、后、左、右、中五师，师有师帅，每师五旅，每旅五卒，卒有四两司马，每两司马有五伍，伍有五人，全军凡一万三千一百五十余人。战争期内，土侯丞相常奉命为大将，为其军事便利之计，对于编制常难遵守。林风祥之北伐，将二十一军，每军不足定额，只有数千人耳。大军转战于各地，途中杂有胁从，其人未受严格之训练，不堪作战，此其败于湘军原因之一也。太平军再入湖北，布告富者出钱，贫者出力，否则概不饶免，及至战祸延长，游民之加入者渐少，胁从者益多。军中营规共有十条，禁止扰民，颇为严峻。顾后人数增多，分子复杂，沿途索粮，终不免于骚扰。其治民也，刑罚严酷，斩为常刑，其罪重者，尚有五马分尸，点天灯。夷考其故，其领袖初在广西，其地汉猺杂居，风气强悍，官吏惯以严刑威之，而乃受其影响。五马分尸，无待说明，点天灯则以浸油之棉花或布捆缚罪人，将其倒立，点火烧之。想其惨状，令人心悸，何不仁之甚耶！

洪秀全攻陷永安之后，诏令兵将，此后凡所得金宝、绸帛、宝物等项，不得私藏，尽缴归天朝圣库，逆者议罪。及抵湖南，诏曰："通军大小兵将，自今不得再私藏私带金宝，尽缴归天朝圣库，倘再私藏私带，一经查出，斩首示众。"前诏遵者不多，后诏故益严厉。圣库后为天王之私产。战争期内，将士私藏财宝，易于逃走，所谓饱而思飏也。其军粮财货，一出于贡献，人民初于太平军过境，尚肯集资聚粮进贡，以求免祸，后则久历兵灾，无力为之，军师出示威吓。其言曰："富者出资，贫者效力。……天兵压境，来营投效者既属寥寥，进贡之人尤少。……本军师特再出示，差某检点前来收贡，限三日齐解圣库，赏给贡单，诸兄弟不得骚扰。如有一户不到，定将全家斩首。"其性质近于抢劫。二由于抢劫，太平军每陷一城，尽掳仓库，及富户之财物。迨后进贡者少，每至一地，则先纵兵抢劫，然后安民，再将所得之粮，运入天京。三出于科派，天王自定都天京，据有沿江一部分之土地，设总制，监军等治之，委任乡官，征收田赋。盖安民之后民得安耕也。四出自关榷，初清于长江自武昌达于南京设有数关，天王仍于其地设官收税。无奈兵事影响，商业不甚发达，收入较多者，一二关耳。四者之中，先以进贡、抢劫为大宗收入，后几全由于抢劫矣。其财物归于圣库之制，自奠都后，亦渐破坏。

太平军攻陷南京，天王欲救济贫民，诏定天朝田亩制度。其言曰："凡天下田，天下人同耕，此处不足，则迁彼处。彼处不足，则迁此处。凡天下田，丰荒相通，此处荒则移彼丰处，以赈此荒处。彼处荒，则移此丰处，以赈彼荒处。务使天下共享天父上主皇上帝大福，有田同耕，有饭同食，有衣同穿，有钱同使，无处不均匀，无人不饱暖也。"其目的无人将或反对，究如何达到，则为重要问题。彼处田地不足，此处亦然，则将何如？运彼丰处之粮，以赈荒处，何法进行？彼此粮均不足，又将何如？诏中未有切实说明。其拟定之办法，分田为九等，其田一亩早晚二季可出一千二百斤者，为上上。其次上中，上下，中上，中中，中下，下上，下中，下下，各以一百斤为差。下下之田，一年可出四百斤。凡人十六岁以上，受上上田一亩，或下下田三亩，十五岁以下，受田一半，每人够食外，余均归于国库。凡二十五家设库一所，二十五家中之婚娶喜事，俱用国库，但有限制，不得多用分文。今按江苏膏腴之田，稻麦二季收成，每亩不足四百斤，上上田约今四亩。一家夫妇二人，及未成年之子女三人，可种田二十亩，多于今日江苏农民所种之田，食料自可有余。惟其偏于理想，而难见于事实耳！其理想盖受耶稣教之影响而生，耶稣之传教也。其信从之者，常须卖其产业，及其死后，信徒仍为团体生活。书中故数以皇上帝为言。其受田之计划，一方面含有古代寓兵于农之意，一方面则本于孟子所言之井田，如其规定墙下树桑，养母鸡母彘之类。其难于实现之原因，则为中国耕种之地属于农民，其田多或不足二十亩，大地主之田，则多受之于勤俭耐劳之父祖。政府收为国有，给予代价，则时无法偿还，夺而取之，则非事理之平。分受田地之先，对于国内田亩、人口，须有精确之调查与统计，而时实不可得。南京城外尚有敌兵，更无从着手。张德坚等奉命编《贼情汇编》，得太平军中之文件极多，留心访查田制，迄未能得。其征田税也，一如旧制。设想太平军北伐成功，四万万人口，分受当时可耕之地，每家所得之田，势必少于定数，家人殊难维持其相当娱乐之生活，即使大杀之后，人口锐减，田地足数分配。二三十年，人口增加，将何法分受田地？移民塞边，固有限制也。说者以此谓太平天国实行共产，其言殊不确实。田亩制度书中，言明官吏犯法，黜为农民。官吏固为特殊阶级，诸王各有私产，其奢侈生活，要为抢劫之结果。其人殆共人产，而不与人共产也。

太平天国成立，天王颁行天历，我国古代革鼎，皇帝曾颁新历，改称年号。洪秀全之天历，用意与之相近。其历以三百六十六日为一年，双月三十日，单月三十一日，中无吉凶良日。其理由则天父所定之日，无日不为良日，历中规定立春、清明、芒种等节，俱十六日，余俱十五日。每四十年一加，每月三十三日，取“真福无边，有加无已之意”。按地球绕日一周，约三百六十五日四分之一，天历四年，将有三日之差，四十一年将有六十余日之差。其不合于科学，不适于用，至为明显。干王洪仁王于后请每四十年为一斡旋，斡旋之年，每月二十八日，节期俱十四日。天王许之，下诏颁行，中有“今蒙爷哥下凡植带朕作主，创开天国、天京、天朝、天堂、天历”。其历不适于用，民间亦不遵行。江南一带田多殖稻，农民引水栽秧，多在潮水高涨之时。潮水涨落，以月吸力为转移，阴历朔望，农民必须知明，而今废去。且收成结账，便于农民，况其行之已久，良辰佳节，视之为定，实非诏令一时之所能改。尤有进者，太平军极盛之时，如一八五四年，黄河流域北伐军所过之地，未有一城设官治之，而不为清军所收复者。西南诸省无一服从天王之命令。扬子江流域，天王奠都于南京，镇江以东，非其所有，江北扬州之北，仍归清官治理，南京城外，尚有江南大营。安徽沿江一带，为太平军克复，皖北尚有清军，皖南宁国、徽州一带，仍归清官治理。江西、湖北、湖南沿江要城，虽归太平军治理，而内地城邑之官吏，仍奉清廷之诏令。天国之领土，殊为褊小，人民时尚不得安居，推行天历于民间，诚非易事。

制度中之引起吾人好奇心者，则其应付妇女问题也。太平军初设女军，其人初多将士之家人，工作勤苦，体力无异于男子，主将为天王之妹洪宣娇，后则杂有被掳之青年妇女。李秀成谓营中男与女不得交谈，母与子不得并语。按《天父下凡诏书》，周锡能谋为内应，其妻告其子曰：“理真（名），尔穿此布衣不久，三天后，就有绸缎尔穿矣。”又有姊妹传闻曰：“见她昨晚打整行李，预备其夫做事。”起兵之初，并不如此，事实上颇难断绝家人之关系，洪秀全之用意，则为防免奸淫，固不如忠王之言太甚也。及抵南京，天王宫中，东王府内，均有女官，更设女馆（李秀成称为女行）。其入馆者，或成年未嫁之女子，或嫁后夫死尚未再嫁之寡妇，或夫从军于外而无依赖之妇女。换言之，妇女非有依赖之夫主，则须入于女馆。馆中人杂，生活单调，近于丧失自由之监狱，且不能知将来之配偶，妇女视为畏途。其不服从父母，既不嫁人，而又不肯入馆，则罪或至于死。呤唎为太平天国辩护，亦称妇女皆求速嫁，甚至孀妇于夫新死，墓土未干，而即奔从他人者。立法之意，则防无依靠之女子，失身为娼妓也，流弊竟至于是，可胜浩叹。世传杨秀清兼管女馆，择其美而艳者，以为姣妾。北王韦昌辉曾出告示，中云：“妖妇失大妹胆敢谋逆，欲思私藏红粉（火药），毒害东王，亦蒙指出。”其事始末，今不可知。朱大妹以一女子，欲害东王，何得与之接近？天王攻下武昌，曾于城中选女数十人为妃，及抵南京，再行选妃百人入宫。其发贴之告示，文有“贡姝献娇”之句，天王曾诏妇女曰：“你们姊妹休违拗，肯来欢你是要好，受打受骂休悔恨，打是恩情骂是俏。”（见《太平天国诗文钞》）其文虽可怀疑，而诸王盖多轻狂好色。女馆岂领袖选妾淫乐之所乎？是耶！非耶！民间一夫一妻，结婚之后，永为伴侣，不许离散，固不问其父母主婚，夫妇意见设或不合，积怨日深，将无家室相助之乐，徒有互相仇视之心。法律不准丈夫有妾，而亦不许其妇另嫁，强冤家相聚，造成精神上极大之痛苦，其去婚姻之意义殆远。斯法也，固不适用于太平天国之王侯，将士。其家妻妾甚多，吟唎为之辩护，而亦承认其为事实，谓其导源于《旧约》，太平军行之。其制一人为妻，余均为妾，吟唎之言，殊不确实，此乃中国固有之风俗也。其妻住于南京，王子有爱其美丽者，百计诱之，吟唎苦之，夜间偕妻他往。王子竟敢出城追之，此不过视妇女为玩物，而欲得之以纵其性欲耳。其餍满人望者，则谋恢复女子之天然肢体，而力去缠足之恶习也，惜其未能成功。

其他改革，尚有禁娼、禁烟、禁酒、禁赌等。奸淫为犯天条，其罪至重，女为娼者，合家剿洗，邻家知而不报者，一律治罪，南京城中，殆无娼妓。其官讲说道理常曰：“不剃发，不留须，不吃黄烟，不喝流水。”此语余闻之于祖母，天国称烟曰黄烟，酒曰流水。烟之种类时有旱烟、水烟、鸦片，其为害最大者，则为鸦片。鸦片自战败于英，输入大增，嗜者益众。天王禁之，其抽吸鸦片者，罪至于死，但其军中，仍有吸食，烟价同于黄金。常胜军中之外人，曾有为太平军掳去者，赎回之代价，中有鸦片焉。酒为消耗物品，饮者有伤脑力，尝或误事，赌则荡产倾家，天王一律禁之。禁令要受宗教上之影响，属于消极，吾国游戏较之近代先进国家，种类殊少，尤以成年人为甚。其人既无相当游戏，又无适当娱乐，无所事事之岁月，实乃人生痛苦之境遇，遂以烟酒赌博消遣解忧，为社会上应酬之物品。其有嗜好者，固非皆为此故，然其境遇之劣恶，殊有以促成之也。是故消极禁令，刑罚虽严，尝少效果，盖人为社会动物，必有相当之游戏与娱乐，苟无积极代替之办法与物品，多难成功。太平天国领袖固不知之，清廷大臣亦莫不然，此乃鸦片迄今尚未铲除原因之一，酒与赌博更无论矣。

一八五六年，江南大营兵溃，李秀成等追抵丹阳，东王杨秀清之势益张。初天王不理政事，大权归于东王，其同时起兵之北王、翼王，至其府中议政，尚且跪而问安。在外将士之谕令，常有“军务一切，俱要禀遵东王颁行诰谕而行”之语，《天父下凡诏书》，述东王之言曰：“即韦正胞弟而论，时在弟府殿前议事，尚有惊恐之心，不敢十分多言。”今查东王诰谕中，有“蒙天父劳心，恩命王四殿下下凡，继治天下，佐理万国”。北王诫谕，有“差东王下凡，辅佐天朝，佐理国政。”《天国印行诏书》曾称东王为四兄，证以北王诫谕，四殿下确为东王。其满月之期，令官员人等，多备奇珍异宝，送解回京。谕中“继治天下”，究作何解？东王又托天父下凡，而予天王以难堪，实有取而代之之意。天王恐惧，韦昌辉、石达开亦愤其专横，密议除之，其原议杀杨秀清一人。九月，韦昌辉设计杀之，闭城大索，捕其亲友党与二万余人，将尽杀之，石达开值自湖北驰归闻之，将尽救之，北王不平，并欲杀之。事泄，石达开缒城出逃，西走安徽，召大军回京靖难。韦昌辉搜捕石达开，不得，悉杀其家中之老幼，又以严刑大杀立威，人心不服。石达开自将大军，直趋天京。天王命杀韦昌辉，而传其首于石达开。于是首谋起兵之五王。惟有翼王一人而已，翼王豪爽多才，善于用兵，至是，入京总理军政。天王于内讧之后，疑忌外臣，信用其兄安王洪仁发、福王洪仁达，以分翼王之权。二王昏庸，用非其才，翼王不服，心又不安，乃出天京，率兵远征，终不言归。当斯时也，大权归于二王，朝政不一，任将不专，外则北伐军覆亡，上流之兵败挫，人心知其难于成事，渐有散去回乡之念。咸丰闻其内讧，以石达开将降，诏谕曾国藩。曾国藩奏言招抚之害，督兵之将帅，盖欲多杀以立功，对于叛乱之人，必欲尽杀其族，如咸丰之前诏。初，朝臣有言耒阳杨氏为杨秀清之本宗者，咸丰即谕湖南巡抚曰：“如逆首杨秀清，实系耒阳人，即将逆族亲属尽行拘拏到省，尽法惩治，并将该逆祖父坟墓，查明后发掘焚烧，以除孽种。”以一人而罪及全族，并及死者，可谓惨毒之至。太平天国之王侯达官，固难免死，即胁从年久者，亦为长毛老贼，不在赦例。官军时称捕杀粤人不赦，粤人知之，乃信与其坐而被杀，毋宁力战，死中求生，团体转而坚固。李秀成供称，我粤人无门可投，可见官兵之残酷不仁，而粤人实有欲罢不能之势，否则人各散去，减少人民死伤流离之痛苦，免去无意识之牺牲。总之，内乱之延长，未始不由于谋之不臧也。

一八五六年，湘军克复武昌，遣兵追敌，连复湖北沿江之要城，直达黄州，由是湖北肃清。巡抚胡林翼之威望日隆，湖广总督官文，满人也，颇欲依之以为重。胡林翼初则负气，轻视官文，或告之曰："平贼，督抚合作，始克有济。"遂推诚相结。据薛福成言，凡胡林翼决定之军政民政，官文未曾别持异议，因得尽其才能，内靖盗贼，外援邻省，湖北乃为湘军饷糈援兵所出之地。其筹款之法凡三：一曰整理钱粮，初湖南田赋额外征收，人民无力完清，收入反少。左宗棠改定漕章，减少漕粮之浮折，农民按时完粮，颇称便利。湖北仿之，输将始能足额。二曰盐课，盐为政府专利物品，出产之区，各有规定贩卖之地。湖北原食淮盐，及太平军东下，淮盐不能上运，川盐济其缺乏。胡林翼设局于宜昌，沙市，征收盐税。三曰厘捐，湖北仿行扬州厘金，设局于府县市镇，征收往来之货税。于是湖北收入大增，兵燹之后，尚能养兵六万。湖北平定，湘军水陆回援江西，次第肃清九江附近之敌兵，迭陷要塞，九江之围益固，其指挥者，则名将李续宾也。无如守将林启荣督兵死拒，无隙可乘。一八五八年四月，湘军地雷，毁城墙而入，屠杀极惨。太平军既败于上流，而其心腹之地，官军之势转盛。初江南大营兵溃，主将向荣病死，咸丰诏命统兵于皖北之提督和春代之。和春移师渡江而南，会太平天国内乱，骁将张国梁乘势战败丹阳城外之围师，进攻句容、溧水，以夺太平军犄角之势，一八五七年十二月二十七日，收复镇江，守兵奔逃南京。江北大营亦因敌兵无援，有隙可乘，遂于同日克复瓜州。太平军之地位濒于危险，其在外之石达开众至数十万人，毫无回救天京之意，幸其后起之杰英王陈玉成、忠王李秀成善于将兵。且值清廷外交失策，引起英法联军之祸，而捻军、团练并起于江北，其首领受天王之封爵，深为清兵之害。太平天国之命运乃得延长。

一八五八年，清军分四路防攻太平军。一、和春、张国梁督率江南大营，攻下南京附近诸城，次第夺取要塞，进逼南京，筑壕建垒，以围攻之。二、德兴阿将江北大营，驻于扬州，防敌北进，分兵守江北要城，攻击敌军。三、湘军围攻安庆，安庆南濒长江，地势险要，为安徽省会。初九江克复，官文、胡林翼筹商东征之策，决定陆师渡江，先皖北而后及于江南，水师先安庆而后及于南京，奏调李续宾统军东下，朝廷报可，李续宾经营皖北。四、曾国藩家居丁忧，朝廷诏其复起，所部驻于江西，始而奉命援浙，继而奉诏援闽，率兵入闽，而兵不服水土，多染疾病，会敌他往，再回江西作战。综观形势，官军颇占优势。太平军大将石达开统众乘虚攻隙，初横行于安徽、江西，转攻福建、广东，更入湖南，南趋广西。凡其所到之地，扰乱不堪，顾其东西奔走，实为流寇，不能有助于天王，其欲挽回颓势者，则陈玉成、李秀成也。其作战之计划，先攻弱兵，以壮声势，然后合兵反攻。陈玉成初以攻陷武昌，升至检点，及湘军出战，败退下流，至是，统大军于江北，往来湖北、安徽，九月，力扑江北大营于浦口，大营溃散，追抵扬州，陷之，败兵退防邵伯。其时李续宾深入皖北，连下要城，师次三河，陈玉成、李秀成等闻警驰援，纠合大股捻军，抄断湘军后路。李续宾初分其兵，驻守收复之诸城，而湖北援兵不至，军力单弱，会敌大至，以马队冲锋，四面围裹，李续宾督战，兵败而死，全军尽没。李续宾，湖南湘乡人也，读书有识，先佐罗泽南倡办团练，出征七年，“克复四十余城，身经六百余战，一时诸将无与伦比”。及死，湘军夺气，解安庆城围，退至湖北黄州。胡林翼方丁忧家居，朝廷闻报，即起用之，幸赖战将鲍超、都兴阿之力战，太平军不得西上。

太平军奔走于江北，幸得三河之捷，以解安庆之围。其仍为太平天国心腹之疾者，则江南大营之围攻南京也。初大营自克复镇江以来，军势复振，再逼南京城下，而太平军婴城固守，不能即下，乃度地势，作长濠困之，围师凡八万人，但江中未有水师，不能绝断敌人之交通，其久攻城而不下者，外报记其将士通敌，以粮交换城中之金银，而未力战也。迨江北大营兵溃，朝廷罢免其帅德兴阿，谕令和春兼辖，江南大营之防地益广，常以江北军警，遣师往援。一八六〇年一月，张国梁往援江浦，战克沿江要垒，并陷江中之天险九袱州，旋师南京，围攻颇急。天王患之，诏促诸将入援，李秀成约定诸将夹攻之期，率其精兵，出皖南，入浙江，突围距省城杭州百数十里之安吉，将往杭州，浙江巡抚乞援。咸丰诏命和春派兵。四月，秀成知其中计，自杭州驰入江苏，会聚精兵，分道前进，力扑大营。大营自长围成后，意谓大功可成，将士挟妓，饮酒作乐，军心日弛，暮气沉重，又定每四十五日发一月之饷。故事战兵每名月饷一两五钱，而张国梁所部，时为五两四钱，得其死力，故以善战称于当时。至是和春以城久攻不下，而饷糈困难，乃有此命，兵心由是不服。大营又分兵外出，二十七日，太平军夹攻大营，张国梁督军苦战八昼夜，势渐不支。五月四日，诸营火起，兵勇溃散，张国梁命其部将冯子材率兵固守镇江。太平军攻之，迄未能下。和春、张国梁统率败兵，退守丹阳，而李秀成踵至。张国梁败死，丹阳失守，和春逃抵常州，死于重伤。太平军乘势前进，包围常州，攻取无锡、苏州，再败大营往援浙江之一军。败兵沿途抢劫，无恶不作，为害于苏州尤甚。曾国藩曰："阊门、胥门锦镛之地，皆逃兵所烧"，其初欲守城也。苏人恨之，欢迎李秀成兵，门有尽杀官军之语。大军前进，逼近上海，天王始有东南富庶之区，诏命李秀成北伐，李秀成则以上游事急，率兵往援。

江北大营、皖北湘军、江南大营，次第大败，太平军之势复振，其非李秀成、陈玉成之所能败者，则曾国藩所统之湘军也。朝廷惊闻江南大营兵溃，北部方防英法联军，不能分兵南下，诏授曾国藩两江总督，俄命其兼钦差大臣。曾国藩初统湘军，无察吏之权，地方官恶其筹饷，备窘辱之，及石达开扰于湖南，势将入蜀，官文奏请调其援蜀，咸丰谕其统兵西上。曾氏奏言兵少，不能抽调，驻于宜昌，即可稳占上游，意不欲行，后始奉旨进剿安徽之敌。曾氏主张攻取安庆，及大营兵溃，咸丰诏其往援苏常，授为总督，曾氏始有察吏之权。初曾国藩再自长沙出发，水陆大捷，克复名城。相传捷报达于北京，咸丰喜曰："不图曾国藩一书生，乃能建此殊勋。"军机大臣祁寯藻对曰："曾国藩一在借侍郎犹匹夫也，匹夫居闾里，一呼蹶起，从者万人，恐非国家之福。"咸丰为之色变，又以曾氏违旨，不就官职。于是湘军转战千里，历有年所，曾氏尚无督吏抽饷之权，备受地方官之侮辱，前后沥陈困难，朝廷均不之理，至是始授两江总督。其作战之计划，则围安庆之师，势不可动，曾奏朝廷曰："安庆一军，已薄城下，关系淮南全局，即为克复金陵张本，不可以遽撤。"国藩商请湖北出师万人，遣员回湘招募乡勇，粮糈则以江西为本，七月，将兵而南，驻于徽州之祁门。祁门地在皖南，为南京之屏障。曾国藩至，李秀成竭其全力来攻，并陷徽州、宁国，环围祁门，分兵西攻江西。湘军经历无数之血战，危险万状，一八六一年春，太平军再攻祁门，大营之文报饷路断绝。鲍超、左宗棠先后来援，杀敌万余，粮道始通，军气稍振。左宗棠富于机谋，勇于任事，以幕友赞理军事，湖南之能维持治安者，多其调处之力，后受官文之构陷，诸公无敢一言其冤，独朝臣潘祖荫力奏，始免于难，一八六〇年，奉旨佐理湘军，其兵五千，训练极严，为后起之精兵。左氏意气豪迈，对于曾国藩且言其骄愎，而欠才略，固自信其有所成也。曾国藩以其弟及属下之力劝，始去祁门，李秀成之猛攻祁门者，冀分调或解安庆之围师也。不意曾国藩督兵死守不退，其弟国荃方围安庆，知敌之谋，进攻益力。陈玉成将兵往援安庆，不胜，改图湖北，进陷黄州，分扰德安、随州。胡林翼亲往御之，而湘军终不肯撤安庆之围师。陈玉成无奈，再援安庆，筑垒死战，亦不能胜。九月五日，湘军以地雷坏城而入，搜杀守兵一万余人，亦云惨矣，固湘军之奇捷也。曾国藩上奏朝廷，而咸丰已死，其子嗣位，宗室相杀，明年，改元同治（其事详后）。李秀成部将往扰江西，亦不能胜，会石达开部下汪洋海等挟众二十余万来归，李秀成率之东下。

陈玉成、李秀成援解安庆之围师，均不可得。李秀成之众转多，而陈玉成之兵气沮，人心散离，自安庆陷后，退驻于集贤关。曾国荃患其与桐城之余党合并，势将复振，遣兵驰追，斩获颇众，另派骑兵由间道袭击桐城，守将知力不敌，率众而逃。湘军乘势收复楚皖毗连之诸城。陈玉成兵败之后，天王下诏切责，不敢回归天京，欲趋湖北德安、襄阳一带，招集新兵，而部下不从，于是进退失据，大失所望，改由六安，逃入庐州，有效死久踞之意。一八六二年五月，清将多隆阿督队围攻，设计诱敌，紧逼城垣，而城中粮尽，势甚危急。陈玉成无奈，率其卫兵三千人，夺路出逃，官兵搜杀余兵殆净，先后共计九千余人。陈玉成既无可归之路，径趋寿州，往依苗沛霖。苗沛霖者，原为诸生，居于下蔡，及太平军、捻军势炽，假借名号，扰于乡里。乡民迫而办立团练，苗沛霖跃为练总，有众数万，雄踞淮颍之间，戕官胁官，叛服不定，为捻军首领之一。胜保招而抚之，受清官爵，但不冠带，其下称之先生，仍通款于陈玉成，天王封为北平王。至是，苗沛霖书招陈玉成，谓其练丁皆习战守，陈玉成故往依之，苗沛霖设计缚之，送于胜保军中，胜保讯之。说者言陈玉成述其败状，以为讥诮。报至朝廷，朝命将其磔死。陈玉成面上有疤，时人称之四眼狗，骁勇悍鸷，善战多能，及其死后，楚皖之间，湘军遂无劲敌。

一八六一年冬，李秀成东归，号称百万，遣其族弟侍王李世贤，将其所部自江西攻浙，亲将大军，直赴杭州。湘军始得肃清江西境内之余敌。浙江城邑多破，省城杭州势益岌岌，其巡抚王有龄请援于曾国藩。曾国藩方以皖战正亟，不克分兵。十一月，朝廷谕曾国藩督办江苏、安徽、江西、浙江军务，所有四省巡抚提督以下各官，悉归节制，并令左宗棠驰赴浙江。曾国藩奏辞兼辖浙江。左宗棠自江西率兵入浙，独当一面。当是时也，李秀成已陷杭州，王有龄自投环死，李秀成殡之，遣人送其榇于上海，旋下满城，禁杀满兵，资而遣之，一八六二年一月，进攻上海。初，江南大营兵溃，太平军逼近上海。据儒生黄畹禀帖，巴夏礼等前往南京，请勿加兵于沪，提出遵守不扰百里之约，两不相犯。天王不可，巴夏礼怒而去宁。其时英法方与清廷构兵，太平天国可得利用时机，以谋巩固其地位也，乃竟失策。会清廷议和，中外相安无事。至是，李秀成自杭州出发，督军进犯上海。常胜军会同英法兵御之。常胜军者美人华尔（Frederick Townsend Ward）组织训练之军队也。华尔为美国富于冒险性之水手，曾投军于墨西哥等地，一八五一年来华。迨太平军攻陷江南大营，席卷东南富庶之区，上海赖外兵保护之力，城得不破，但已入于强敌包围之中，商人为其自卫之计，设立会防局，协筹军饷，防御太平军。华尔以丁吉昌之介绍，得见上海著名商人杨坊，议定攻下松江，予以三万两银。丁吉昌为其译员侦探。丁氏初为诸生，改于上海习商，曾就教士习学英文，而与外人相处甚善。其家居近苏州，及太平军东下，家破人亡，决心复仇，遂从军焉。丁氏之仆，熟于地理，为其向导。华尔号召潜逃之水手百人，乘汽船前进，其人动于抢掠财货之心，非如官书所记“感慕华风，愿更服色，为中国臣民”也。守军先有防备，华尔不胜而归，改招菲律宾岛之水手百人再往，美人白齐文（H.A.Burgevine）与焉，夜间，乘其不备，以梯上城，一八六〇年七月十七日陷之。华尔又招一百余人，建议前攻青浦城，如将其攻陷，再得三万两银，八月，攻城，清军助之，大败而回。华尔受伤，白齐文率其余众，再行攻城亦败，退驻松江。华尔之兵虽败，但其攻陷松江，沪商信之，其经费粮糈由会防局及海关筹出。外人初轻视之，英海军大将谓其引诱英兵潜逃，控之于美领事。华尔言其已入华籍，领事以美国严守中立，因之于舰中。华尔乘间泅水逃去，改召松江之农民为兵，而以美人为将校，严其训练，厚其军饷。军有大炮枪械，军容颇盛。会中英北京条约成立，英国改变对华之政策。其海军大将往观华尔兵操，并许助之，至是，太平军分三路进攻上海，华尔败其一军于松江附近，回援上海，会同英法海军应战。太平军次第败退，报之朝廷，同治诏赏华尔为副将，薛焕称其兵曰常胜军。

太平军败于湘军、外兵，势力渐蹙，幸时南京尚无围师，兹略言其内政。天王自三王相杀，石达开远征之后，外无亲臣，重用二兄，及洪仁王于来宁，以军师执政，幼西王萧有和亦为天王所信，顾皆无才，纲纪日坏。天王深居宫中，不见臣下，益无振作之气。将士失望，陈玉成致书诸将，谓朝中办事不公，固其证也。其尤堪虞者，则为城中之粮日少也。方其初起，农民尚能安耕，府县仓有余粟，大军所过之地，得食甚易，及陷南京，军中尚有余粮。其后兵祸联结，人民逃亡，田多荒芜，掳取不易，米粮渐少。迨江南大营第二次溃散，李秀成力说诸王人民，出其金银，多买粮米，并奖商人运粟入城。洪仁发、仁达视为有利可图，巧立名目，征收重税，以致米商裹足不前，城中仍少存粮。李秀成指为南京失守之主因，实洪氏自杀之政策也。及势危急，天王诏李秀成为军师，而已无济于事。外则湘军日逼，败亡之兆已见，将士之禀请投降者，时有所闻，虽以忠勇能战之李秀成，亦曾叹其身为粤人，而无门可投也。天王统驭诸将之策略，则多封之为王，以羁縻之。其王初则七八人，后则添多，或言多至二千七百，或言四千，确数今不可考，王爵太滥，固明显之事实也。其中尚有纳贿得封者，结果各自为政，军权不一。一八六三年，曾国藩察看军情，奏报朝廷曰："城中酋受封至九十余王之多，各争雄长，苦乐不均，败不相救。"其谓城中者，指南京而言，受封为王者，殆不止此。李秀成之部将陈坤书为虐于苏州，李秀成拟重惩之，而陈坤书纳贿求王。天王封之护王，秀成无如之何。其下兵士，原多贫穷困苦之农民，势败则散，军队渐不足用，转胁愚民入伍。李圭于《思痛记》详言人民被掳之情状。李圭住于南京乡间，及江南大营二次兵溃，欲逃不得，家中妇女皆死。李圭与其叔等被掳，凡新掳之男子，辫发扣结一处，派人监视，然后引见头子（军中军官之称）。头子问其是否愿意回家，如对曰："然"，立命杀之，以警其余。其称愿在营中者，仍有老贼监之，故纵其逃逸，逃者即捕杀之。李圭之叔，初许出银赎出，出后，又遇他军，仍被留于营中。李圭初欲乘机逃逸，以为办理文书，难得时机，诈言不知文书，乃工作于军中，不堪其苦，而又不能逃出，始言知书。头子许其佐理文书，爱之，疑其存有逃亡之心，欲以掳得之女子，妻之，以安其心。李圭托辞谢之，军中所掳之妇女，皆为将士之妻妾，十数岁之儿童，为其养子，均不敢言归。李圭留于军中，凡三十二月，终自杭州，逃往上海。其所见闻之事，或为惨杀，或为奸淫，或为焚烧，或为抢劫，使之深为不安。愚民入伍，非其所愿，其所穿之服装，所蓄之头发，遇有时机，可即脱去剃去，改衣常服，结成辫子，而与普通人民无异。太平军患之，尝刺字于新附者之面上，文曰“太平天国”，其意则绝胁从者之生路，而强其效死勿去。

当时来宁之外人，记其见闻，兹略引之，以见太平末年之实况。一八六一年三月，英人立嘉（Alexander Michie）赴宁调查，其报告略称太平除亟欲购买军械、火药、汽船而外，无奖进商业之意，事实上徒以劫掠为生。苟能维持其生活，则不愿从事于工作贸易。城中之人，——官吏衣服华丽，饮食精美，估计约二万人。其人自远方而来，服务于军中者颇少。南京名胜，若琉璃塔、明孝陵，建筑物若旧官衙大寺，满城焚毁殆尽。王府高立于破瓦颓垣之中，路旁房屋不多，不足以供二万人以上之居住，天王宫殿颇形宏大，妃嫔六十八人，宫女凡三百人。天王深居宫中，除诸王而外，鲜见外臣。其受王爵者，共约十人，或十一人，而在城中者，二人或三人而已。天京设于南京八年，一无建设，反而阻碍工商业之发达。其地田税重于官军三倍，未曾顾及人民生计，终将不能持久也。立嘉之言，固其亲身见闻之感想，但其在宁，仅一星期，要不尽确，如其估计人口二万，受封为王者十人或十一人，殊不足信也。美教士洛波士留宁十有五月，洛波士初于广州传教，洪秀全曾往见之，受其指导。至是，干王洪仁玕遣人招之，洛波士于一八六一年抵宁，不得一见天王，留住城中，见闻使之大失所望，但尚不肯即去，而愿稍有补救。后洪仁王干杀其仆人于主人之前，洛波士备受侮辱，知其不去，将有生命之危险，一八六二年，潜行逃出。方其在宁也，作书告其友人，先言消极禁令，竟使城中无偶像，无妓女，无赌博，而黑暗方面，则令人痛心。继述天王实有疯癫之病，无理可喻，称其子曰小救主，自称耶稣之弟。中论太平政府毫无组织，其领袖殆不知政府为何物也。大小官吏，唯尚严刑屠杀。洛波士言其自苏州赴宁，路旁所见之死人，自十五至二十，其中有新被杀者，有非死于敌人，而自相害者。南京曾禁短发人入城，守兵于城门，捕获十四至十八人，而尽杀之。其中有不知禁令，而枉死者。其住近于洛波士卧室之书记二人，缮写诏书，一日，各错写一字，天王下令杀之，其人未受审判，即于三日之中斩首，其专制屠杀之淫威，令人生畏。末言天王非信耶稣教，教士无宜传福音之机会，反欲传其道于外国。其书作于一八六一年十二月三十一日，洛波士不愿公布于世，其所言者，自极可信。外官之在上海者，见闻太平军于其附近屠杀焚劫之惨，渐而改变中立态度，北京条约之成立，亦与之有关焉。

综观中外之记录，可见太平军失败之原因。李秀成东归，攻下杭州，其部将进攻上海，为英法兵及当胜军所败，其时安庆失守，陈玉成兵败逃窜。上海绅商患敌再至，而念湘军迭陷大城，声威颇振，乞援于两江总督曾国藩。曾国藩以为上海居长江下流，形势若在釜中，不愿改变据上游以攻下游南京之计划，不肯分其精兵往援，但称明年将有兵往。上海时为要港，商业发达，税收颇旺，朝廷闻警，广征将帅。曾国藩奏称李鸿章可当一面，嘱其招兵。李鸿章在曾国藩幕下，晓通军事，回归合肥，招募乡勇。淮北风气强悍，历太平军、捻军、官兵之扰乱，乡民办有团练，习见战斗，胆气颇壮。李鸿章招而练之，军制仿自湘军，曾国藩选将程学启等助之。一八六二年三月，英国海军大将准许英商汽船租往安庆，运输军队，淮军八千人，遂至上海。同治诏李鸿章署理江苏巡抚，淮军初抵上海，薛焕所部之兵拒绝操练，竟多投入太平军。李秀成自昆山进攻，官军不利，一败于太仓，再败于嘉定，三败于青浦，英法军队、常胜军亦败。华尔奉命募兵，年饷增至九十万两。外兵严守要害，太平军之势颇盛，会湘军自安徽而东，直趋南京，进逼南门外之要塞雨花台。天王促李秀成来援，上海始得无事。

初曾国荃自陷安庆，回湘召练新勇东下，以为太平军粮，来自江南芜湖、江北巢湖等县，必先破之，始能制其死命，一八六二年四月，率军沿江而下，次第恢复巢县、含山、和州、繁昌、南陵等，五月，合水陆各军袭取南京之屏障太平府，乘势攻陷芜湖，连下沿江要隘，降秣陵关之守将而前。水师纵火，焚烧沿江大洲之芦草，以为策应。湘军始扎营于雨花台之南，其军不满二万，而曾国荃决心进攻，义不他顾。同时勇将鲍超亦败宁国之敌，七月，太平援军来战，城内出兵应之，均不能胜。皖南一带，战事仍烈，杀伤甚多，无人掩埋，疫气流行，湘军之死亡者山积，而邻邑之药殆尽。曾国藩奏曰："近日秋气已深，而疫病未息，宁国所属境内最甚，金陵次之，徽州、衢州次之，水师及上海、芜湖各军，亦皆厉疫繁兴，死亡相继。鲍超一军，……现病者六千六百七十人，其已死者数千，尚未查得确数。宁国府城内外尸骸狼藉，无人收埋，病者无人侍药，甚至一棚之内，无人炊爨。……张运兰一军，驻扎太平旌德等处，病者尤多，即求一缮禀之书识，送信之夫役，亦难其人。……天降大戾，近世罕闻，噩耗频来，心胆俱碎。”湘军如是，太平军中死亡必多，人民情状盖可想见。十月十三日，李秀成纠合大军十余万人，自苏州来宁，围攻湘军，日夜不休。其战也，洋枪洋炮，弹若飞蝗，下则潜通地道。曾国荃督军死守，颊伤不退，堵合地道。二十三日，侍王李世贤自浙率兵继至，暗凿地道，环逼不懈。湘军死战，掘穿地道，相持四十六日，军兴以来，未有之苦战也。湘军势甚危急，曾国藩极为烦忧，飞檄常胜军应援，而常胜军不肯奉命。幸李秀成改变战略，率兵渡江，以分官军之力，大败李世忠兵，攻陷浦镇，连下和州、巢县诸城，进抵六安。其时气候寒冷，冰雪交至，讵其所过之地，历遭兵燹，已成荒墟，军食不足，兵士多病，乃复东行，将攻扬州，而一八六三年六月，雨花台失守。天王诏其急救天京，迨抵浦口，天王疑之，而江潮大涨，九洑洲被淹，船少兵多，渡江不易，而杨载福、彭玉麟之水师扼之，兵士或逃或降，李秀成百战之精锐遂失。湘军更欲肃清长江，火攻下关等要塞，下之，分兵袭破燕子矶垒，以撤九洑洲之藩篱。三十日，水陆二军大举进攻九洑洲，守兵中有外人以洋枪远击，湘军伤死颇重，人不得近，午后，侦知守兵少懈，夜间，移船潜近敌垒，乘风纵火，焚毁敌船，而风烈火猛，延及洲上，火光烛天，守兵慌乱。湘军大进，跃过重濠，肉薄齐登，屠杀守兵殆尽。长江遂无敌垒，湘军进攻南京之地位大固。李秀成留于城中，而东南之军报日急。

淮军初战不利，幸而李秀成回援南京，会慕王谭绍光攻陷湖州，率兵进攻上海，外兵出而助战，败之。华尔迭请往救南京，李鸿章均不之许，函告曾国藩言其要求攻打金陵，均分财物，曾国藩亦不之应。一八六二年九月，华尔奉命渡海，往援宁波。初宁波于上年失守，太平军对于外人，未曾伤害，及清兵预备攻城，英法军舰援助清兵，并炮攻城，驱逐守兵，而以其城交于清军。太平败兵，则仍据扰乡间，至是，华尔登岸，前攻距宁波西北三十里之慈谿，外舰助之。城下，华尔重伤殒命。其为人也，勇于冒险，善于将兵，其加入官军，殆为金钱荣誉之计，每下一城，得银三万，或三万六千两。其将佐兵士，并得大掠城中所有之财货，华尔与上海长官商人相处甚善，其妻则杨坊之女也。及死，政府欠其饷银十四万两，历久交涉，并未清偿，一九〇一年，并人拳乱赔款付出，亦可怪也。华尔之战绩，颇为时人所夸，法将于宁波仿行其法，召练华人一千余名，援助官军，号曰法国洋枪队。其将数易，后以德克碑（D’Aiguebelle）统之，作战于余姚、绍兴一带。其先北京条约成立，法使葛罗言愿助平匪乱，俄使请用俄兵助战，漕米由其雇用美船输送。朝廷交曾国藩复议，曾氏意主慎重，遂作罢论。及淮军作战于上海不利，英使请用印兵助战，曾国藩奏称不可，俄使再向李鸿章建议出兵助战，李氏却之，而外兵洋枪之功效，固昭著于时。北京政府，遂受海关职员赫德之劝说，购买军舰，招募将佐于英，助攻南京。华尔死后，李鸿章奉朝廷之命，统将其军，竟不敢为，乃命白齐文代之。十月，英将统率英兵、常胜军，改取攻势，驱逐上海附近之太平军，收复嘉定，淮军守之。李鸿章战败自南翔来援之敌兵于黄渡，白齐文连战均胜，淞沪始乃解严。当斯时也，逼驻雨花台之湘军，力拒李秀成等之死攻，危险万状，李鸿章迭催白齐文往援。白齐文方谓程学启掩夺其功，心中怏怏，欠饷又未领发，不肯奉命，一八六三年一月，自松江往上海索饷，殴伤杨坊，夺银四万两而回。李鸿章闻知其事，大怒，罢免其职，将重惩之。白齐文不服，谋欲作乱，亲往上海，商于英将。英将予以警告，谓其不能坐视，白齐文始肯遵命。其将校多为美人，不愿英人将之，深表同情于主将，发出不得虐待白齐文之宣言，又以欠饷未清，势甚汹汹。李鸿章发其欠饷，与英将议定常胜军定额三千，而以英人将之。其人殊无将才，连战不胜，军气大挫，军士忽于松江暴动，将有解散之势。会英国政府准许将校服务于清军之文抵沪，三月，李鸿章委任戈登（Charles George Gordon）为常胜军之主将。

戈登就职，将士不服，慰之始安。其人富于天才，勇敢果决，自处廉洁，不受赏赐，人格远非华尔之所能及。四月，戈登率兵二千余人，借得英国大炮，登船而行，于长江福山上岸，会同官军六千，进陷常熟。值李鸿章之兄中太仓强敌诈降之计，所部死亡几尽，戈登奉命往援，五月一日，破城，兵士大掠，重载财货珍物回归松江。会白齐文运动复职，归自北京，将校再有叛乱之势，戈登罢免其首领。其不服从者，偕同白齐文加入太平军中。二十七日，常胜军援攻昆山，初程学启攻城，久不能下，守兵八千，多太平之精锐，转而反攻。戈登奉命往援，乘汽船巡查，访得昆山、苏州往来之要道，命兵驻守，以绝城中之交通。守兵大惧，弃城乘船而逃。戈登指挥兵士御之，斯役也，太平军之伤杀溺死大半，戈登俘虏兵士二千，得船一千五百只，改设大营于昆山。其兵家居松江，感觉不便，表示反对。戈登捕杀其领袖一人，二千余人愤弃其械而去，乃编俘虏以抵其缺。程学启亦忌戈登，其兵攻击常胜军兵士，戈登怒将辞职，程学启道歉始已。七月，戈登统军而西，攻下吴江，程学启杀其俘虏中之将校五人，戈登认为残酷不仁，妨碍其名，愤而往沪，曾闻白齐文勾引其兵加入太平军，辞职之意，始行打消，回至军中，大败苏州反攻之敌。方东南警报之日急也，李秀成请于天王出城赴援，天王不许，李秀成固请不已，出其家财输助守军，然后驰行抵苏，战亦不胜。九月，官军逼近苏州，初戈登颇患白齐文等之在太平军中，派遣丁吉昌变服入于苏州，外人之在城中者，未得实权，心怀怨望。丁吉昌说之投降，独白齐文留于城中，主将逐之而去。丁吉昌得纳王部云官之信任。十一月十九日，清军开始攻城。

苏州守兵凡四万人，李秀成统兵一万八千驻于城外，作为声援。攻城之军，共逾三万，初战败退，后乃次第克复城外之要塞。其力战不屈之守将，则慕王谭绍光也。其下纳王知其必败，受丁吉昌之劝说，往见戈登、程学启，商定斩杀慕王，献城出降，苏州遂下。戈登商请李鸿章赏赐其军二月之饷，以作不掠苏州之代价，李鸿章不可，程学启予以一月之饷，常胜军不受，戈登力劝始已。会闻李鸿章杀降，救之，不及。初苏州城降郜云官之兵尚众，要求改编，李鸿章患其将为后害，阴谋杀之，程学启力赞成之，及是，计杀纳王。丁吉昌救出其养子郜胜镳，戈登闻报，携带郜胜镳，及粤人降者千余名而去。心中大怒，以为纳王已降，必当保全其生命，而今借端杀之，实为惨无人道之行径。事前，戈登虽未与闻其谋，而李鸿章乃其主将，认为妨害其荣誉也，致书于李鸿章，要求其交还苏州，并辞职去。李鸿章遣使说之于昆山，戈登不礼其使，统军往捕李鸿章，半途率之再回昆山，欲辞职去，而以无补于事。丁吉昌深表同情于戈登，而上海外人亦斥杀降之不仁。戈登之意，以为当击程学启之军队，而中国政府罢免李鸿章也。不意清廷以其克复名城，赏赐黄马褂，加太子少保衔，且下谕曰：“李鸿章办理此事，甚为允协，断无将其议罪之理。”善如李鸿章之言曰：“此中国而非欧洲也。”初一八六二年一月，英使卜鲁士请总理衙门大臣文祥、董恂至使馆面谈，告以朝廷如赦贼罪，给予公文，承认由其作保，保全降人之生命，太平天国即可自灭。其参赞威妥玛并述英舰长之报告，谓贼将请其赞助，俾得出城，且述洪仁歼之言曰：“官兵似此乱杀，实为太平天国之益”，盖时官军不顾信义，屡杀降人，非此则不肯降。信如其言办理，则乱早可结束，而恭亲王奕訢竟不之许。其欲多杀逆党，固不问生命财产丧失之重大，以及人民痛苦之增加也。清廷君臣何无人心耶？总之，杀降之影响，增加敌人之反抗，延长人民之痛苦而已。政治道德之低落，犹其余事！

戈登深以李鸿章杀降为恨，其将校兵士亦表同情于主将，蠢蠢然有反抗李鸿章之势。戈登患其为祸，会李鸿章出金恤其部下伤兵，又以友人之劝说，心意始转，一八六四年，再统常胜军出发。先是，李秀成于苏州陷后，弃无锡而去。其城守将请降，李鸿章又计杀之，护王陈坤书始决死守常州。李鸿章上书曾国藩曰：“苏锡之复，歼数逆首，自是粤酋死拒困斗，绝无降意。护酋（陈坤书）早欲投诚，兹乃招聚广东悍党，婴城固守。”李氏于苏州杀降之后，仍未觉悟，而遂延长战祸。太平杭嘉守将欲以二十万人，献城投降，李氏不受，咨请左宗棠主持。左宗棠方欲大杀立功，亦不之理。李鸿章更告曾国藩曰：“粤人即不尽杀，放归亦无生理。”其与郭嵩焘书曰：“苏州遣回降人千余，皆可杀者。”郭氏时任广东巡抚，主用严刑，李鸿章竟以此相告。其致彭玉麟书曰：“该军（外兵常胜军）往往破贼，而不能多杀贼，故须我军偕作，以辅其力所不逮也。”呜呼，何其言之残酷至是耶？此固不能独责李氏，而统兵立功之大将，莫不嗜杀也。淮军力攻常州不下，三月，常胜军遂陷宜兴、溧阳，力攻金坛三次，均不能下。其时程学启独攻嘉兴，守将死不肯降，城破，程学启亦伤，乃屠掠其城。四月，太平军放弃金坛，五月，戈登回军，助攻常州，陷之。值英国政府闻知杀降事件，取消将校服务于中国之命令传至上海，戈登辞职。清廷不愿外人将兵，先已迭谕李鸿章统治常胜军，至是，李鸿章主张解散，戈登率之回于昆山。全军酌留少数人外，余均解散，外人各有赏赐，兵士得恩饷一月，及回家路费。朝廷赏赐戈登银一万两，戈登始终不受，李鸿章深以为异。常胜军成立三年，陷城约有五十，所谓淮军之功，多赖其力。《李鸿章传》（国史稿）记其解散曰：“常胜军多失律，随攻常州，又畏懦不先登。戈登惭思归国”，乃撤常胜军。法人训练之洋枪队，俄亦解散。

太平军败挫于江苏、安徽，兹分言其在外者。一、石达开自湖南进入广西，避实蹈瑕，往来于西南诸省之边界。其部下诸将，有率众脱离而东下者，及犯黔蜀，二省之从众争起应之。朝廷以贵州僻处远方，置而不问，但以四川居上游之形势，为军饷所出之地，诏命湖南巡抚骆秉章率军驰援。一八六一年，湘军次第克复成都附近诸城，明年，石达开更自湖北入川，不胜，西走贵州，清兵遂得从容剿平全川之群盗，专防外寇。石达开更突入蜀，扰于叙州各属，转而入滇，又明年，自率大队抵川，渡金沙江，入于土司境内。骆秉章知之，遣兵防河，利诱番人绝其归路，会河水大涨。石达开欲渡不得，而清兵大至，进退无路，望见官军竖立投诚免死之大旗，乃亲往降。官军囚之，送往成都，诱杀其党二千余人，石达开亦被杀死。呜呼！官军固无所谓信义也。二、陈玉成之部将陈得才会同捻军于河南、陕西、安徽及湖北北部。一八六二年，朝廷诏命骁将多隆阿督军赴陕，大败陈得才，其众奔走而东，多隆阿尾之，颇多斩杀。陈得才更出官军不意，间道入陕，俄亦败没。说者言其闻知南京失守，而自杀焉。三、一八六一年，李秀成自江西回军，命李世贤东攻浙江，亲陷杭州会之。明年，浙江县邑多破，左宗棠以曾国藩之疏荐，新任浙江巡抚，自江西入浙，与李世贤兵激战于衢州一带，闽军北攻温州诸城之太平军，外兵又逐其宁波之守兵。方此战争紧急之时，湘军进逼南京雨花台，天王诏促李世贤入援。李世贤将兵抵宁，力战湘军，久不能胜。而左宗棠入浙之师乘势进攻，收复严州，一八六三年，连陷要城，前攻富阳。其城之守兵死战，左宗棠檄调法国洋枪队会攻，下之。官军进薄杭州，而敌尚踞嘉兴，以作犄角，明年三月二十日，淮军程学启下之。三十一日，太平军放弃杭州，左军及洋枪队入城大肆抢劫太平余兵麇集于江浙边境。李秀成令其就食江西，然后来援天京。

李秀成出援苏州，原拟大捷之后，回救天京，乃事大谬不然。自苏州失守，致书护王陈坤书等，请其来援，中言“有京都而我等方有性命”，仍欲力守待援。其时湘军尚未攻陷城外东北紫金山，不能合围，制其死命。

一八六四年二月，下紫金山上之石垒曰天保城，三月，派兵堵绝太平门、神策门入城之孔道，城始合围。城中无外接济，粮食缺乏，贫民乞食于忠王。忠王家无余粮，可以分给，上奏天王。天王诏称合城俱食甜露，可以养生。城民——男妇仍求忠王。忠王奏请放其出城就食，天王怒而不许。城中人于混乱之状，盗贼渐多，每于晚间，抢劫杀人，而城外之围攻日急。天王严禁与敌私通，犯者处以五马分尸之刑。全城人所恃者，李秀成一人而已。其老母妻子，尚在天京。忠王迫不得已，命以大篮，系绳悬于城上，放出妇孺万人。曾国荃聚之于山中，而禁兵士辱之，听民选之为妻。妇孺鹄面菜色，形容枯槁，闻有选之为妻者，则争先求选焉。会淮军攻下常州，朝廷诏促李鸿章会攻南京。李鸿章知城将陷，不欲分夺曾国藩之功，托言炮火不宜于夏，不肯赴援。盖时诸帅争功忌嫉，由来已久，李鸿章遣兵往援宁波，攻陷绍兴诸城。左宗棠深以绅士初未向其乞援为恨，后淮军攻下嘉兴，心尤不平，语浙人陈其元曰："渠复嘉兴，我五体投地，其兵勇为暴于百姓，则我所痛心。"（见《庸闲斋笔记》）湘军之纪律盖无异于淮军，此不过其借口耳。李氏固不愿得罪曾氏兄弟也。曾国荃不愿借力于人，激励将士，掘置地雷，放倒城墙者再，无如军中未有重炮，守兵之勇气犹旺，死战不退，堵合阙口。湘军一面攻城，一面卖食，守兵以金银财物置于篮中，由城上放下，兵士取之，放置食物于篮中。然其数量，不能供给多数之兵，将士食粮日少，天王忧惧不知所出，六月三十日，服毒自尽。幼主洪福填嗣位，湘军进逼不已，人心不安。其时曾国藩所部几十万人，围师共有五万，饷糈不足。鲍超部下将欲为变，而城久攻不下，曾氏深以为忧，乃以饷故，与江西巡抚沈葆桢绝交，上奏诋之。朝廷发其一部分欠饷，其弟督战愈力。七月，城益危险，李秀成知城将陷，令其军士，夜不去兵。十九日，紫金山下之龙膊子地雷爆发，毁城二十余丈，战将李臣典冒死先登，南京遂破。忠王兵败回宫，让其战马于幼主洪福填骑乘，偕同家人，夺门而去，[1] 不幸与之相失，匿于乡村间，官军获之。湘军入城，太平军之逃出者，为数无几，其自知不免者，或自焚死，或投河死，或自刃死，其被杀死者尤多，秦淮河中尸为之满。城中火起，王宫人宅焚毁殆尽，曾国荃传令闭城，分段搜杀。国藩上奏曰："三日之间，毙贼共十余万人，秦淮长河尸首如麻，凡伪王，伪主将，天将，及大小酋目，约有三千余人，死于乱军之中者，居其半，死于城河沟渠及自焚者，居其半。三日夜，火光不息。”李秀成被捕之后，追供太平天国之史迹，力劝招降其所部。其所部旧将，知为忠王，有见而跪下请安者，其得人心如是。曾国藩杀之，自以殄除元恶，靖平大难，而左宗棠、沈葆桢交疏讥其浮报洪福填已死，时传南京财货尽入军中，曾国荃请疾归乡，李臣典病死，曾国藩解散所部二万五千人，其愤郁惨沮，可谓至矣。日人稻叶曰：“争功妒嫉，蜚语中伤，乃汉人天赋之特性。”斯言也，深切官吏之病。虽然，湘军之残酷抢劫，亦不可讳。曾国藩谓金陵城破，十余万贼，无一降者，至聚众自焚而不悔，实其惨杀之结果也。一八六五年，李鸿章署两江总督于南京，致书郭嵩焘曰：“金陵一座空城，四围荒田，善后无从着手。……沅翁（曾国荃）百战艰苦，而得此地，乃至妇孺怨诅，当局固无如何，后贤难竟厥施，似须百年方冀复旧也。”其破坏之甚，可想而知，有请移督署于扬州者。曾国藩初拒华尔助攻南京，及闻李泰国奉命购置舰队，将攻南京，迭函李鸿章坚决拒之，殆久视城中之财物，属于所部将士，而乃纵之焚杀洗劫耶？

南京陷后，太平军之势力大挫，余众逃往江西，皆忠王李秀成之部下。李秀成力劝曾国藩免其党羽之死，招而降之。初，一八六三年，曾国藩往宁，查察军情，奏报清廷，中云：“但求金陵、苏、杭三处，有一二克复，即当大赦群酋，广为招抚，以庶几赤眉百万同日纳降之盛轨”，及捕审李秀成，言其力劝官军，不宜专杀两广之人，且曰：“其言颇有可采”，蔼然为仁者之语，不幸均成空言。当时太平余众聚于皖浙边界，听王陈炳文等有众十万，于皖南迭次具禀，向鲍超投诚。鲍超拘留其使，乃遣弟往，声称军中有洋枪七千余杆，不敢开仗，如蒙收纳，则侍王李世贤各逆首，均欲投入帐下。鲍超无力主持，其部下杂有降人，已为时人所非，陈炳文则久欲投降而不得也。其党如釜中之鱼，投生终不能久，赦免其罪，则数十万人，可即分散，减少无意识之破坏与流血，免去千万人民之痛苦。乃朝廷惨杀政策，非太平军中之老贼，全数就戮，则不肯止。疆吏左宗棠等欲立大功，夸张敌势，而以多杀邀宠固恩。呜呼！其罪当服上刑，大丈夫之立功受爵，固如此乎？官军既以屠杀为事，太平党羽，唯有死战而已。其人以洪福填为主，洪福填年方十六，愚蠢无知，其将则李世贤、汪海洋也。清廷以其扰于江西，命将聚兵御之，太平军战败，逃入广东，转向福建。洪福填为官军所捕，磔于南昌，李世贤、汪海洋等深入福建。其地政治不修，武事不竞，官吏偷沓，民气强悍。左宗棠与子书曰：“土盗伏草，行劫结会从乱者，处处皆然。吾驻军延平前后数十里间，白昼抢劫之案，几无日无之，数日后，分兵四出掩捕，斩杀数十名，风乃稍息。然聚则匪，而散则良，东捕而西窜者，不知凡几。”李世贤之众转多，袭取汀州，进据漳州，声势大振。左宗棠分兵前攻，淮军、粤军奉命会剿，一八六五年，次第收复诸城，进围漳州。五月，守将知不能胜，率兵遁去，余众人于广东，左宗棠统兵入粤。明年春，太平军之在南方者始平，其在扬子江北，或逃往江北者，加入捻军。捻军之势转盛。

捻军之名，起于何时，究不可考，原义亦不可知。或曰一聚为一捻，或曰数百人为一捻，数千人为一捻，或曰其众捻纸燃脂，明火劫人谓之捻，或曰乡民逐疫，裹纸涂油为龙戏谓之捻，后乃掠人勒赎，强取财货，势力渐盛。嘉庆曾严禁之。一八四八年，河南拏获一百余人，势仍不衰，其盛行之区，则在河南、安徽民气强悍、生计困难之地。及洪秀全起兵，捻军大起，尤以安徽寿州、蒙城、亳州、颖上为甚。其头目众多，人民从之者，室家相保，不服从者，立见焚杀，党聚愈多。咸丰初诏周天爵剿之，周天爵奏曰：“自入合肥境内，沿途所接呈词，土匪抢劫焚烧，每乡不下数百案，每案指控数十人，其余捻匪或千余人数百人。”奏中所言之罪犯，自多惯以劫掠为生之土匪，良民畏之甚于畏官，官吏不能予以切实保护，则非逼而为匪不止。及后战祸延长，各地之防兵力单，捻军劫掠邻省，一如营业，初无祸患。农民受其蹂躏，难于耕种，加以天灾频至，衣食困难，遂以饥寒之交迫，流而为捻。及其势成，官军剿之，多不能胜。其邻近捻营之乡村，设立团练，乡有练总，其原意则为自卫，苟延性命于一时也。无如人少，不足有为，乃官胜从官，捻胜从捻，且其杂处捻巢，或与捻通，结果则捻以团练为名，而官军无从查问，其势强者，雄霸一方，无异于据地自主之国王，如苗沛霖之类。其首领为防御官军之计，通于太平军，受天王封爵，其人亦皆蓄发。群捻之中，推李兆受、张乐行等为最强，清将周天爵、袁甲三治之，无功，朝命胜保往剿。胜保不善利用马队，马兵反而从捻，知其力不能胜，奏赏练总苗沛霖官，更捕李兆受之家属，招其归降。李兆受从而许之，改名曰李世忠。一八五九年，和春奏曰：“捻众投诚后，仍旧打粮勒索，以致民怨沸腾，……投降之众，仍复听其自为虐取于民，漫无钳制。”曾国藩奏称捻众蔓延日广，南为金陵、芜湖之援，北为齐豫数省之患，自安庆至宿亳千余里，人民失业，田庐荡然。”其受抚者，间或叛去，捻众自久战以来，多成百战之精兵，后得胜保等之良马，遂成穷凶极恶之流寇。

一八六〇年，北京条约成立，海防无事。咸丰诏命僧格林沁进兵山东，专剿捻军。其部下多蒙古骑兵，追逐奔驰，颇占优势。僧格林沁初战不胜，招募援兵，战始转机，乘胜南下，一八六二年，招抚苗沛霖，专剿张乐行。二人初相仇杀，陈玉成调停其间，终不可得。僧格林沁捕磔张乐行，屠杀其老巢附近之居民，殆无遗孑，凡其将到之地，人民心胆欲碎。苗沛霖俄又戕官复叛，僧格林沁平之，大杀其党。其用兵也，专以神速为贵，不带米粮，传令州县，供其面饭。官于兵燹凶年之后，难以应命，兵士连日或不得食，转而抢于民间，奸淫妇女，人民上控，僧王概不之理，其求见者，先纳重金，其军之罪恶，甚于捻军。曾国藩曾奏朝廷曰：“凡流寇所以日聚日众，非良民乐于从贼也，只因贼骑剽忽劫掠，居民不得耕获。百里废耕，则百里之民从贼偷活。千里废耕，则千里之民从贼偷活。今凤颍、徐泗、归陈等郡，几于千里废耕，而官兵又骚扰异常，几有贼过如篦，兵过如洗之惨。民圩仇视官兵，于贼匪反有恕词，即从贼，亦无愧色。”其言诚为实录。捻首张乐行既死，其侄张总愚代领余众，会南京城陷，太平军之一部分加入其中，声势大振。一八六五年五月，僧王追捻于山东，为其所乘，兵败而死，骑兵投入捻中。朝廷惊疑捻将北犯直隶，诏命两江总督曾国藩督军。当斯时也，湘军一部分遣归乡里，曾国藩调用淮军驻于徐州，兼召旧部助战，谋困捻军而不可得。追剿虽有斩获，然无大功。捻军之往来也，万骑冲突，日辄百数十里或二百里，横行如故，深入湖北，士民颇怪曾国藩之安居徐州，不若僧王亲战捻众。明年，捻再攻扰河南，延及山东，淮将刘铭传大败之于巨野。捻始分为二股，一犯曹州曰东捻，赖文光、任柱为之魁，一犯许州曰西捻，张总愚为之魁。曾国藩以病回任两江总督，朝命李鸿章代为统帅，时南方太平余党已平，左宗棠奉命西征。于是讨捻之兵，有湘军、淮军、旗兵。东捻扰于山东，丧其巨魁，任柱迭为官军所败，其众溃散。一八六八年一月，赖文光南下淮扬，官军获之，东捻遂平。李鸿章方以大功告成，而西捻忽自陕西驰走山西，直犯直隶，京畿大震。

同治命恭亲王奕劻督师，禁军出发，竟无侦探，诸帅相继北上，军队杂多，颇为民害，人民怒而杀其零星散队，由是戎服乘马者十余人，犹不敢径行。左宗棠与子书曰："直隶之大顺广一带，与山东、河南接壤，各处民团凶悍异常，专以兵勇为仇，见则必杀，杀则必毒。杀机已开，将成浩劫，近更波及行旅。似此光景，成何世界……淮军冗杂殊甚，其骄佚习气，实冠诸军。皖军多收捻余，战不足恃，且恐为贼添伙党，东军荏弱不任战，仅我军士马一万九千，尚未至大坏耳。"左氏诋毁淮军，夸称所部，不免太甚，读之，固可略见官军之一斑。大军既至，捻更他窜，诸军追剿甚力。七月，张总愚大败于山东，困于黄河、运河、徒骇河之间，无所掠食，而朝廷已诏赦免逆众，给以免死护照，不得借端擒杀。党羽遂散，张总愚自投水死，西捻亦平。斯乱也，蹂躏江苏、安徽、湖北、山东、河南、陕西、山西、直隶八省，凡十六年，受祸尤以乡镇为甚，诚人类悲惨史之一也。

贵州一部分土地，唐代尚称"非人所居"，其地向称山多田少，地瘠民贫，居民为苗。苗人倚山为寨，部落而居，知识幼稚，生活简单，善于战斗，捷于登山，所在之地，多为险阻，林深箐密。列代于其生计，从未设法改良，或妥为指导。亦不遣人调查，而多诿称其非汉人足迹所到之地。苗人原以抢劫为常事，客民居近之者，常与官吏相结，而欺压之。苗人乃思复仇作乱，政府概用兵力平之，大杀叛逆之后，收管其一部分土地，对于屈服之苗人，仍无切实善后之计划。苗人生殖滋繁，再行作乱，循环不已。十八世纪初叶，雍正采用改土归流之方略，开始经营，剿平不服之苗人，建立六州，曰古州（今榕江）、台拱、清江、都江、丹江、八寨，设官治之，时称新疆。六州在贵州西南部，邻近广西、湖南，厥后叛服无常，屡烦兵力，而"究其始祸，无不由汉民之欺凌，官吏之贪暴"。（湖南巡抚李瀚章语）其言之详尽，而确实者，则为贵州候补道员罗应旒之奏文。其文由都察院代奏，清帝谕交贵州巡抚核复，复奏亦未否认。其文甚长，兹节撮其主意如下：苗疆定后，尚有土司通事。其人助官为虐，挟其诈力，朘剥无已，一切食米、烟火、丧葬、娶嫁、夫马供应之费，无不取之于苗民，外此，又复千百其术，借事勒索，不倾其家不止，而苗民之生机绝矣。苗民纳税原轻，或不出税，而官吏则以民愿报效，不敢领价。勒索民物，均由土司通事办理，官收其一，而土司通事则增为数倍。苗民例须供役，平日摊班，及至委员过境，或官吏下乡，则合境应役。其不至或无役者，折钱二三百文，否则拘押罚至数倍，苗民贫困，乃于役前数日裹粮守役，男病女役，官吏待之一如牛马。其尤令苗民恐慌者，则客民入境，夺其田地，而相仇恨也。清廷统治贵州，有兵一万七千余名，每年由他省协助之款约六七十万两。官吏分苗为二，曰熟苗，薙发结辫，曰生苗，从不薙发。

苗民既以官吏客民为仇，久欲报复，一八五五年，乘机起兵，以张臭迷为首。姜映芳、黑大汉等应之，骚扰于东部台拱、黄平、镇远一带，围攻城邑，惨杀汉人。都匀等府属之苗民均起，苗民依山为寨，据洞为穴，不肯远去其巢，饱掠即归。官兵剿之，力不能胜，而蔓延日广。巡抚蒋霨远请调川滇之兵助职，仍无大功，而饷糈日益困难。贵州原恃他省协款，而时各省多乱，无力筹交，兵士不肯力战。一八五六年，蒋霨远奏曰："黔省军务紧急，下游苗教各匪，不下二三十万。"下流为贵州东部，其称匪教不下二三十万，不过虚张苗人之声势，而减轻其责任。全省苗民约二三百万人，一隅之壮丁，殆难有此数目。一八六三年，巡抚张亮基奏曰："自松坎至遵义袤延四五百里，几于遍地皆贼。"其地在贵州南部，为入川之要道，可见蔓延之广，全省唯省会贵阳未陷。凡有扰乱之区，则田地多成荒芜，十室九空，苗民无所劫掠，转至他省。广西、湖南、云南曾受其害，官军之讨之者，专以屠杀为事。苗民闻其将至，或伏匿坚巢，或四散无迹，待兵过后，啸聚如前，截阻饷道，戕杀归顺之人，官军故无大功。其兵纪律不严，骚扰之甚，一如盗贼，良民转而从贼，朝廷唯知大杀。一八六六年，上谕云："将教匪痛加剿洗，以期并力寨头，拴渠扫穴。"一八七〇年，又曰："台拱、清江、古州之间，虽有香招登裸等寨，来营乞援，席宝田已派员分往援定，仍当将各处著名逆匪，歼除净尽，方能剿抚兼施。"其坚决残忍，无以复加。自太平天国平后，同治诏四川、湖南分道遣兵入援，川兵数万，费饷甚巨，战又无功，罢之，专以湘军进剿，由席宝田统将。席宝田步步为营，绥靖后，方肯前进，军中备有枪炮，苗人拒抗凶猛，死伤较多。湘军曾用火攻，尽毁其寨，军行甚缓，耗饷极多。江苏、湖南等省均有协款。一八七一年，苗势穷蹙，台拱诸城次第克复，明年，余苗聚于聚牙坡，湘军陷之，擒其首要，唯少数逸逃，俄亦擒斩殆尽。湘军招抚苗人数万，饥饿不堪，日给口粮。黔军收降不下二十万，其中饥疲者五六万人，日给口粮。战事之结束，盖以苗民无粮，其受抚者，多为老弱妇女。李瀚章于乱平时奏曰：“历年来，全苗诛夷疾疫死亡过半。”李瀚章为湘南巡抚，未曾入黔，其言不足代表实状。贵州巡抚黎培敬筹办善后，奏曰：“黔省兵燹垂二十年，百姓流离琐尾，存者不及前之十一，加以城郭已毁，田庐尽墟，满目凋残，安辑非易。”其奏存者不及十一，殆就苗人客民而言，前此人口虽无统计，然可根据时人之观察，作为估计灾情之重，固无疑义。战祸首尾十八年，诚现代惨史之一也。

本部十八省之内乱，始于一八五〇年，终于一八七三年，首尾二十四年。太平军攻扰十七省，十七年始行消灭。捻军战于八省，历十六年而灭。苗乱起于贵州，扰及四川、湖南、云南、广西历十八年始定。二十四年之中国，境内无一安乐之地。城邑迭易清军叛军之攻守，乡村不得耕种，人民死于兵火饥馑，生者困于流离重税。一八六三年，曾国藩自安庆东下，察看军情，奏曰：“自池州以下，两岸难民，皆避居江心洲渚之上，编苇葺茅，棚高三尺。壮者被掳，老幼相携，草根掘尽，则食其所亲之肉，风雨悲啼，死亡枕藉。臣舟过西梁山等处，难民数万，环跪求食，臣亦无以应之。二月十五日（四月二日），大胜关江滨失火，茅棚数千顷刻灰烬，哭声震野，苦求赈恤。他处芦棚丛，亦往往一炬万命。徽、池、宁、国等属，黄茅白骨，或竟日不逢一人，又闻苏浙之田，多未耕种，群贼无所得食。……粤匪初兴，粗有条理，颇能禁止奸淫，以安里胁之众，听民耕种，以安占据之县。民间耕获，与贼各分其半。……今则民闻贼至，痛憾椎心。男妇逃避，烟火断绝。耕者无颗粒之收，相率废业，贼行无民之境，犹鱼行无水之地。贼居不耕之乡，犹鸟居无木之山。实处必穷之道，岂有能久之理？”明年，奏曰：“皖南及江宁各属，市人肉以相食或数十里野无耕种，村无炊烟。”其言皖北目：“舒、庐、六、寿、凤、定等处，但有黄蒿白骨，并无民居市镇，或师行竟日，不见一人。鲍（鲍超）军在南岸经行东流贵池，亦复如是。”及南京陷后，据委员查复安徽情状曰：“皖南徽、宁、广等属，兵戈之后，继以凶年，百姓死亡殆尽，白骨遍野。……安徽用兵十余年，通省沦陷，杀戮之重，焚掠之惨，殆难言喻，实为非常之奇祸，不同偶遇之遍灾，纵有城池克复一两年者，田地荒芜，耕种无人，徒有招徕之方，殊乏来归之户。”王定安于《湘军记》中记载安徽情状曰：“民之掳杀流亡死伤以百万计，陇亩荒秽，百里不闻鸡犬声。”安徽沿海一带，历二军之攻守，皖南为太平军出入之孔道，皖北为捻军之巢穴，兵灾既重，又有疾疫，惨状竟至于此。

关于江苏兵灾之情状，李鸿章初作战于上海附近城邑，一八六三年，巡视嘉定、太仓、青浦、华亭诸县奏曰：“各县各境首尾二三百里，皆向时被贼踞扰之地。三年以来，无论大道间道，逆贼出入蹂躏，几于无地不焚，无户不掳。……查苏省民稠地密，大都半里一村，三里一镇，炊烟相望鸡犬相闻。今则一望平芜，荆榛塞路，有数里无居民者，有二三十里无居民者。有破壁颓垣，孤厘弱息，百存一二，皆面无人色，呻吟垂毙，询其生计，则云近地无可求乞，远地不能行走，惟掘草根作饼充饥。”俄而淮军西行，《平吴纪略》载李鸿章之奏语曰：“常州之江阴、无锡、金匮各县城乡村市，一片焦土，遍地黄蒿，行终日而不见人，偶遇二三难民，露处僵饿，旦夕待死，惨苦不堪。”李氏更与郭嵩焘书曰：“常镇数百里，久无人烟。”南京惨状，已见于前。要之，曾李二氏之言，均为事实。太平军之失败，多由于缺乏粮食，掠取于民，结果竟至于此。天津条约之后，英使额尔金乘轮船上驶汉口，船抵镇江，登岸入城。属员有记其见闻者，称镇江为一空城，昔日人口约五十万人，今则不足五百人。此乃千百城镇中之一也。常胜军作战于溧阳、宜兴。外人言其乡村荒芜，相食人肉，甚者村无居民，荒凉殆如沙漠，白骨遍于山野。

左宗棠初入浙江，书告其子曰：“浙江夙称饶富，今则膏腴之地，尽成荒瘠。人民死于兵燹，死于饥饿，死于疾疫，盖几靡有孑遗，纵使迅速克复，亦非二三十年，不能复元，真可痛也！”及浙江城邑大半收复，左宗棠奏曰：“频年屡遭兵燹，小民死丧流亡，田屋荒毁。臣军行所至，目睹灾民，男妇露宿野处，道馑相望，有数日不得一食者，有一家饿毙数口者，近复疫气流行，十人九病，而浙之残黎，几于靡有孑遗矣。”又曰：“浙江此次之变，人物凋耗，田土荒芜，弥望白骨黄茅，炊烟断绝。见届春耕之期，民间农器毁弃殆尽，耕牛百无一存，谷豆杂粮种子无从购觅。残黎喘息仅属者，昼则缘伏荒畦废圃之间，撷野菜为食，夜则偎枕颓垣破壁之下，就土由以眠。昔时温饱之家，大半均成饿莩，忧愁至极，并其乐生哀死之念，而亦无之。有骨肉死亡在侧，相视而漠然不动其心者。哀我人斯，竟至于此！”读之，将为泪下。其与子书曰：“浙民死丧流亡之惨，为天下所仅见，我入浙以后，日坐愁城，目睹情形，几于泪殚为河矣。一切赈救之策，皆从无中生有，黾勉图之，无救十一，方引为惭恨，积为悲伤，而浙民与江皖之民，已相与颂仰之矣。”浙江情形，于此略见一斑，浙东时无耕牛，乱平，始由温州、台州买来。金华、衢州、严州、处州等处，余存之人口，不及从前二十分之一。陈其元于《庸闲斋笔记》抄录时人歌吟浙人生活之情状，兹录其三首如下。

猪换妇

朝作牧猪奴，暮作牧猪奴，冀得牧猪妇，贩猪过桐庐，睦州妇人贱于肉，一妇价廉一斗粟。牧猪奴牵猪入市尘，一猪卖钱十数千，将猪卖钱钱买妇，中妇少妇载满船，蓬路垢面清泪涟。我闻此语生长吁，就中亦有千金躯，嗟哉妇人猪不如。

屋劈柴

屋劈柴，一斧一酸辛，昔为栋与梁，今为樵与薪。市儿诋价若不就，行行绕遍江之滨，江风射人天作雪，饥腹雷鸣皮肉裂。江头逻卒欺老人，夺柴炙火趋城闉，老人结舌不能语，逢人但道心中苦。明朝老人无处寻，茫茫一片江如雪。

娘煮草

龙游城头枭鸟哭，飞入寻常小家屋，攫食不得将攫人。黄面妇人抱儿哭，儿勿惊，娘打鸟，儿饥欲食娘煮草，当食不食儿奈何。江皖居民食草多，儿不见门前昨日方离离，今朝无复东风吹。儿思食稻与食肉，胡不生长太平时！

诗中所咏悲惨之情状，不能卒读，此不过百中之一例耳。

江西兵灾，初以沿江一带为最惨，周馥于亡室吴夫人传曰：“余走彭泽，东流沿江数百里，人烟寥落不闻鸡犬声，惟见饥民僵毙道相属。”周氏避乱他乡，备受辛苦，后作忆昔诗三，详言当日难民之情状，兹引其二首于下：

忆昔粤贼来，东南沉半壁，一年百窜徙，自分死锋镝，贼至兵先逃，杀掠等夷狄。贼去兵复来，疮痍苦搜剔，千里荒无人，荆榛杂瓦砾。初乱有人哭，久乱声寂寂，哀哀十二年，有泪无处滴。力弱未能庇，伤哉我亲戚！

猝闻贼追来，骇愕弃儿走，逃死恨无路，情急足愈后，褴褛丛棘中，屏息独掩口，青天惨无光，但闻贼叫吼，连山烟蔽日，十人死八九，夜半忍饥归，生菜烹瓦缶。贼垒巨火明，阴风搜林薮，五更复潜逃，处处惊刁斗。

周馥所咏之情状，各地皆然，及湘军围攻九江，太平军入江西内地，城邑迭易二军之攻守。一八六四年，李秀成所部再往就食，俄而入闽窜粤，众号百万，攻下嘉应州（今梅县）。县志称其“穷搜大索，火光烛天，岩谷焚掠之惨，不可言状”。此不过沿途中之一例耳。其在贵州、云南，苗戕官惨杀汉人，焚毁其家，官军剿之，历久始平。田地多荒，人非死于兵匪，即多死于疾疫，饥饿，几于靡有孑遗。云南死者及半，一八六七年，左宗棠取道湖北，率兵入陕，驻于樊城，购雇车驮，重出代价，而应者寥寥，虽曰“佚役畏祸，不敢西行，而兵燹之余，物产雕耗，频年调发既数，民不能堪”（左氏语），实其主因也。

其在北方，一八六二年，朝臣倭仁奏曰：“河南自咸丰三年（一八五三）以后，粤捻各匪焚掠殆遍，盖藏一空。为州县者，贼来则仓皇束手，贼去则泄沓自如，积习相沿，诛求无厌。至稍称完之区，则钱漕之浮收日增，杂派之讹索愈甚。捐输不已，虽数十亩之地户皆抽之，抽厘不已，虽百余千之本钱亦及之。书役干没，劣绅侵蚀，名为军饷，实为中饱。官虑民团聚众相抗，阻抑之于平日，及被贼扰害，不能卫民。民乃自行团练，官亦无可如何。其间良莠不齐，或恃众滋事，则罪尽归之民，诛之戮之，而不问官之失。故州县以民为鱼肉，以上官为护符，上下相蒙，侵渔无已。哀哀小民，何以堪此！其不变而为盗贼几希矣！”倭仁痛言官逼民反，淋漓之至，人民懦而良者，于此情状之中，将何以为生？死亡病疫之惨，当可想见。团练聚众抗粮，怀庆、开封属邑及密县、郑州、新乡等均有焚署围城之事，乘机作乱，其省且为捻军出没之孔道。《豫军纪略》记载一八五五年豫东情形曰："东西三百余里，南北二百余里，皆无人烟。贼过之区，粮食农具聚而焚毁，轮奸妇女，即老妇亦不能免。"山东受黄河改道之害，粮运断绝之影响，北伐军、捻军之骚扰，匪多如毛，所在蜂起。《山东军兴纪略》记其聚散无定，且曰："各县团长文武生监与胜营弁勇（胜保军队），出入匪中，关说多方，行径诡秘，朝欲纳款，夜复叛逃，东则乞降，西又攻剽。"上文极形容之技，小股土匪固无目的，唯利是视而已。直隶、大名、顺德一带，旧有土匪，乃侵入河南。民团凶悍，竟与兵勇仇杀。其他散于国内之会党，若小刀会、千刀会等，不胜枚举。

人民于纷扰之中，死者之估计，殆占全国人口三分之一。战争之区，壮者被掳，老幼乏粮，中或饿死，或有病死，江苏、浙江、安徽之大部分，受害极深，几于靡有孑遗。殷实之家，虽能先期远徙避祸，顾其实为极少数。完善之区，若江苏里下河一带，容难容民，限于食料之供给，数有限制，况其常有荒年耶？《张謇自订年谱》记载一八五六年旱灾曰："通海大旱，蝗自北至，作风雨声，辄蔽天日，落地积厚二三寸，户外皆满。……饥民满道，见袖饼啮者辄攫。"北方亦有蝗害，灾区颇广，穷民将何为生？其远徙者，途中尝或遇盗，及至他乡，亦为流离失所之人，湖南等省比较安宁之县邑，盖亦近之。一八五七年，陕西尚安，乃时大旱，赤地千里，及秋，飞蝗蔽天，贫民饿死，固其一例也。尤有进者，官吏常禁人民迁徙，人民多无远见，非祸患迫切，不肯去其家乡，去者以交通之困难，亦不能远，得食往往不易。南京于湘军逼近之时，石米售银十二两。关陇粮价高贵，一八六六年左右，兰州粮价，每斗值银三十余两，饿殍盈途。左宗棠将入关时曰："向时稻米二十余文一斤，麦面十余文一斤者，贵至一钱（约二百文）内外，且无从购取。"军粮则自他省运往。贵州等地亦然，农民不能耕种之区，常多类此。良民相食，人肉终亦有尽。城镇未受兵匪祸者，乃受团练之害。曾国藩于江南禁办团练曰："军兴以来，各省团练，未闻守城杀贼之功，徒有敛费扰民之害，非其地，非其人，毋得擅自举办。其从前各处练丁支领口粮者，概予裁撤。"其言深切时病，豫民之乱，苗沛霖之起，莫不由此。人民于大杀饥荒之后，生者又受经济之压迫。美国教士威灵斯（S. Wells

Williams）于其所著之《中国》，估计太平天国之乱，死者二千万人，其他外人之估计，多者五千万人。外人常居于商埠，不知内地死亡者之多，估计不免太少，合中原捻军之乱，关陇滇回之大杀，贵州苗人之报复，各省城镇土匪之掠劫，饥饿疾疫之死亡，死者殆有全国人口总数三分之一，约一万万人以上。其财产损失，更不胜计，官军守城，先即焚毁城外之民房，如太平军攻入湖北，清官纵火尽焚武昌城外之民房，火凡七昼夜不息。太平军初至一地，焚毁官署寺庵，后则并及民房。清军克复城邑，亦常纵火。城陷之后，无论何方，莫不纵兵大掠。捻军、太平军、常胜军等固不足论，而湘军、淮军亦然，各军于大掠之后，始肯安民，成为习惯。湘勇成立，曾国藩严其约束，即与罗泽南之意见不合，后曾氏自湘乡丁其父忧，返至江西，团练杀死其勇百余人，乃严申纪律。后其人数大增，监督不易，曾氏亦自言之。其与友人书曰："近年从事戎行，每驻扎之处，周历城乡，所见无不毁之屋，无不伐之树，无不破之富家，无不欺之穷民。大抵受害于贼者十之七八，受害于兵者亦有二三。喟然私叹，行军之害民，一至于此乎？故每与将官委员告诫，总以禁止骚扰为第一义。虽行之未必有效。"其言官军不免杂有袒护之辞。南京之陷，军士焚杀劫掠，则其明例。湘军之中，尤以鲍超之部下最无纪律，王闿运于《湘军志》曰："每破寇，所掳获金币珍宝不可胜计，复苏州时，主将所斥卖废锡器，至二十万斤，他率以万万计。能战之军，未有待饷者也！……湘军于饷艰难，其后人人足于财，十万以下赀，殆百数。"苏州之陷，李鸿章称其部下犹未大掠，王氏之言，殆有感愤而发。将士之赀财，固多掠之于民间者也。

内乱之起，以人口增加、政治腐败、秘密会社活动为主因。人口问题，暂以屠杀、疾疫、饥荒为解决之方法。贤良之长官，安绥余民，免去田赋，奖之恳荒，借给仔种，供给口粮，其中亦有借办善后之名，而耗费公款，一无所得者。城邑克复之后，由朝廷或疆吏任用官吏治之，政治组织，一如往昔，所有弱点，依然存在，信如曾国藩所言，克复一城，多收一城之钱粮而已。会社依然秘密活动。一八六七（同治六）年，左宗棠奏曰："近年哥老会匪涵濡卵育，蠢蠢欲动，江、楚、黔、蜀各省所在皆有。……凡官军驻扎处所，潜随煽结。陕甘两省游勇成群，此风尤炽，甚有曾经打仗出力，保至二三品武职，犹不知悛改者，实为隐患。"一八六九年，左氏书告其子曰："军兴既久，哥老会匪，东南各省，遍地皆然。吾于金盘岭练军时，即严定立斩之条，盖虑其必有今日。自闽浙转战而来，旧勇物故假归者多，时须换补，而匪徒即伏匿其中。比上年转战直东，各省游勇麇聚连镇、吴桥之间，潜相勾煽，而此风转炽。凯旋后，驻军西关，察亲兵一营，即有百人入会者，密谕巡捕稽察，得其姓名，忽一日传齐，勒令首悔，斩阻挠者一人，两日半，缴出匪凭二百余起。"又曾捕杀一百余人，左氏办理之严若是，部下尚有受煽惑起而叛乱戕杀长官者。湘勇自乱平后，回归乡里，其保举之武职颇高，不乐于耕种，及储蓄用尽，乃多加入秘密会社。湖南之土匪遂多，曾国藩深以为忧，但亦无所补救。其致刘蓉书曰："吾乡会匪，年年发难，旋即芟除。此辈布满郡邑，聚散无迹，起灭无端，勾结蔓延，牢不可破。"综之，二十四年中之悲惨战史，除人民流离，死亡而外，别无有意识之结果。吾人所得之教训，则为叛乱未起，政府尚未失其尊严，犹能维持境内之粗安。祸乱既作，人民失其遵守法律之习惯，遂至群盗蜂起。当局者苟或不严办理，则人民不能安居，而痛苦将倍蓰于前也。

1. 天王诏旨称幼主为洪天福贵，盖其名也，官书误作福瑱，二字沿用已久，故未改正。至李秀成供称其家人皆死，实为其免祸之计，不足深信。左宗棠捕获其养子，得知其母妻幼子均免于难（见左氏奏疏）。据闻其子收养于外人，今尚存在。

第六篇

内政外交

清季之政治情状——咸丰死之政变——同治家庭之惨剧——承继大统之问题——慈禧之专政——光绪、慈禧之关系——宦官之乱政——朝廷之情状——地方长官之权重——仕途之冗杂——军队之腐败——财政之困难——曾左二氏之失望——李鸿章之观察——台谏之积弊——汉族之移民——人口之问题——总理衙门之创立——外国使臣之地位——驻外公使之派遣——大臣对外智识之幼稚——外交上之主要问题——海关之改组——香港、澳门漏税之解决——海军之创设——机器局与陆军——招商局之成立——铁路之兴筑——电报、电话及邮局之设立——新教育之失败

清帝自康熙后，传至咸丰，凡一百三十八年（一七二三—一八六一），均年长嗣位，乃自咸丰而后，皆于冲龄即位，其君有三，一曰同治，二曰光绪，三曰宣统。同治初由两宫太后垂帘听政，大婚后方亲理政，而忽病死，其族弟光绪继之，仍由两宫听政。一八八一年，东宫慈安猝死，西宫慈禧独揽政权。其后光绪年长，太后不肯归政，干涉变法，光绪生命几致不保。一九〇八年，光绪、慈禧相继病死，宣统嗣位，其生父载沣摄政，大事决于隆裕太后。清季太后既专政权，因其所处地位之困难，重用亲王宦官。清初，亲王曾居要职，雍正惨杀与其争位之兄弟，始不之用，渐为惯例，嘉庆曾命亲王入直军机处，而以格于故事，即罢免之。咸丰始用其弟恭亲王奕訢及远支亲王，然当乱时，固非常例。及两宫太后听政，任命奕訢为议政王大臣。慈安死后，光绪生父醇亲王奕譞用事，礼亲王世铎、端郡王载漪、庆亲王奕劻等次第执政。宦官乱政，为女主垂帘尝难避免之结果（其事详言于后）。总之，皇帝冲幼，太后专政，亲贵用事，宦官乱政，实清季政治上重要之变迁也。其时国内于大乱死亡之后，人口锐减，生活稍易于前，对外则于败辱之下，外人之势力锐进，正宜研究外国政治之情形，海陆军之实力，工商业之进步，而可有所比较，取其所长，矫正固有之弱点。不幸朝廷上无富于经验、刚毅果决之皇帝，强有力之政府，而能有所改革与建设也。李鸿章欲筑铁路，曾入京觐见，言其利益于恭亲王，王谓其事重大，虽两宫太后亦不能决定。处于世界交通便利之世，列强竞争市场于海外，而图恢复昔日闭关之情状，事实上既不可能，其一二因时制宜之官制，均非彻底之改革，乃粉饰苟安，贫弱如故，外交依然失败，终遂败于日本。其间三十余年之内政外交，兹分言之于下。

咸丰即位之年，洪秀全起兵，清廷君臣不能振作有为，削平大难，咸丰亲臣为怡亲王载垣、郑亲王端华。二王之祖为皇族近支，建立大功，封受王爵，而奉世袭罔替之旨，其爵传之子孙，所谓铁帽子王也。二王袭爵，皆无才能，但能迎帝所好，端华之弟肃顺，亦入内廷侍奉，肃顺胆大敢为，尤善揣测上意，渐握重权。三人同干朝政，军机大臣侧目，肃顺恃宠立威，尝兴大狱，铲除异己，朝政益坏。咸丰之家庭生活，则好女色，大乱紧急之际，尚亲选秀女，皇后钮祜禄氏无子，宠爱贵人叶赫那拉氏。贵人生于一八三五年（道光十五年），其父官位颇卑，中年病死，家境遂落，有妹一人。贵人美艳聪明，幼曾读书，倾向守旧，以秀女被选入宫，其妹后为咸丰之弟醇郡王奕谖之妃，一八五四年，帝进贵人那拉氏为懿嫔，后二年，生子载淳，咸丰备宠爱之，封为懿妃。一八六〇年，英法联军第二次北上，议和不协，北京危急，咸丰出狩木兰（热河），后妃从之。十月，中英、中法北京条约成立，咸丰以公使入觐之问题，不肯遽归，将于明年春回京，及期，疾病，于是延期。八月，病势转剧，据《慈禧外纪》，十二日，那拉氏患其难有起色，遣使前往北京，密告恭亲王奕䜣，肃顺等别有所谋，妃抱其子哭于帝侧，曰："置皇子于何地？"咸丰曰："立之为君。"帝位遂定。二十一日，病势益危，载垣等入宫，称受顾命，皇帝谕载垣、端华、肃顺等八人为赞襄政务王大臣。《慈禧外纪》言那拉氏于帝病危之际，藏收玉玺，遗诏未用玺印，其说与贾祯等奏疏符合。贾祯言谕旨曰："每有明发，均用御赏同道堂图章。"载垣干政之谋，出于肃顺，赞襄政务王大臣，皆其党羽。其人既见恶于太后，威望又不足以临朝臣，其中王大臣且无近支亲王一人，虽曰不违于故事，而古今之环境，固不同也。

二十二日，咸丰病死，赞襄政务王大臣奉皇太子载淳嗣位。载淳年方六岁，不知饥寒，政权归于王大臣，尊皇后钮祜禄氏曰慈安皇太后，生母贵妃曰慈禧皇太后，拟定明年改元曰祺祥，谋遏恭亲王奔丧。九月十四日，御史董元醇疏言皇上冲龄，未能听政，暂请皇太后垂帘，听决军国事宜，并派近支亲王一二人辅政。皇太后谕其照行，载垣等抗言不可，并谓本朝无太后垂帘故事，即令军机处驳斥。恭亲王叩谒梓宫，载垣等屡言亲王不可召见。十月，梓宫自热河出发，由王大臣护送，两宫太后偕同载淳间道疾行返京，以迎梓宫。十一月一日，车驾安抵北京，颇赖侍卫荣禄保护之力，明日降旨，曰：

> 上年海疆不靖，京师戒严，总由在事之王大臣等筹划乖方所致。载垣等复不能尽心和议，徒诱获英国使臣，以塞己责，以致失信于各国，淀园被扰。我皇考巡幸热河，实圣心万不得已之苦衷也。嗣经总理各国事务衙门王大臣等，将各国应办事宜，妥为经理，都城内外安谧如常。皇考屡召王大臣议回銮之旨，而载垣、端华、肃顺朋比为奸，总以外国情形反复，力排众论。皇考宵旰焦劳，更兼口外严寒，以致圣体违和，竟于本年七月十七日（八月廿二），龙驭上宾。……八月十一日（九月十五），朕召见载垣等八人，因御史董元醇敬陈管见一折，内称请皇太后暂时权理朝政，俟数年后，朕能亲裁庶务，再行归政，又请于亲王中简派一二人，令其辅弼，又请在大臣中简派一二人，充朕师傅之任。以上三端，深合朕意。虽我朝向无皇太后垂帘之仪，朕受皇考大行皇帝付托之重，惟以国民生为念，岂能拘守常例？此所谓事贵从权，特面谕载垣等，著照所请传旨。该王大臣奏对时哓哓置辩，已无人臣之礼，拟旨时，又阳奉阴违，擅自改写，作为朕旨颁行，是诚何心！且载垣等每以不敢专擅为词，此非专擅之实迹乎？总因朕冲龄，皇太后不能深悉国事，任伊等欺蒙，能尽欺天下乎？此皆伊等孤负皇考深恩，若再事姑容，何以仰对在天之灵，又何以服天下公论！载垣、端华、肃顺著即解任，景寿、穆荫、匡源、杜翰、焦祐瀛著退出军机处，派恭亲王会同大学士，六部，九卿，翰詹，科将伊等应得之咎，分别轻重，按律秉公具奏。至皇太后应如何垂帘之仪，一并会议具奏。

朱谕，由醇郡王奕谖拟定，奕谖之妃，为慈禧之妹，先在热河，奉太后密旨拟成。乃再降旨，声称三人解任，不足蔽辜，将其革去爵职拏问，严行议罪，又饬派员押解肃顺来京。肃顺方送梓宫入京，不服，奏上，上谕斥其"咆哮狂肆，目无君上，悖逆情形，实堪发指"，派员查抄其家产。五日，梓宫方始抵京，大臣请将三人照大逆律，凌迟处死。八日，降旨公布三人罪状，称其自以赞襄政务王大臣自居，诸事擅自作主，私改谕旨，当面咆哮，违阻皇太后面谕之事，意存离间亲王。肃顺又有擅坐御位，自由出入内廷，私用御物，离间两宫太后等罪，独外交失败未曾提及。载垣、端华赐令自尽，肃顺斩首，前解职之军机大臣五人，均受处分，余党亦有革职永不叙用者。太后授恭亲王奕䜣为议政王大臣，在军机处行走，其亲王之职，后奉世袭罔替之旨。

载垣等总揽朝政之计失败，两宫太后听决国政，遂为自然之结果。初董元醇奏请皇太后听政，太后即命照行，慈禧尤好政权。咸丰季年，说者言其干预国政，乃竟阻于赞襄政务王大臣，其密谕奕谖拟定之旨，固以听政为言。及归自热河，大学士贾桢等上奏，略称大权不可下移，移则日替，载垣等赞襄政务名虽佐助，实则主持。皇太后宜揽政权，庶使臣工有所秉承，不居垂帘之虚名，而收听政之实效。奏中列举前代之故事，并言当今贼匪未平，而大权宜有所专属也。统兵大员胜保，亦请太后亲理大政，并简近支亲王辅政。太后仍令朝臣妥议，朝臣皆以为请。于是两宫太后听政，明年改元曰同治。今观政变之起，实由于女主、权臣之争权。清代帝王年幼嗣位，故事置摄政大臣，女主从未临朝，近支亲王后多不得参与国政，赞襄政务王大臣之成立，或本于咸丰之遗命。三人之罪状，不过反对女后之专政而已。三人平日专横好杀，不符清望，而赞襄王大臣之中，无一贤能亲王。三人之才，殆非慈禧之敌，朝臣又不之附，慈禧乃以太后地位，诛杀三人。两宫太后听政，慈安性情不乐于政治生活，除大赏罚黜陟而外，概置不问。慈禧具有精明练达之才能，判阅奏章，裁决政务，召训大臣。《曾文正公年谱》记载曾国藩入觐，可以为证。曾氏入朝，先行叩头，奏称叩谢天恩，起行数步，跪于垫上。慈禧问其进京，练兵，治民，出京等问题，慈安与皇帝独无一言。曾纪泽出使英法，亦由慈禧询问。此不独对二人然也，皇帝年幼，固无足怪，而慈安何亦如此！慈禧听政既久，渐与慈安不睦，恭亲王维持其间，决定朝政，颇为慈安所信，乃为慈禧所恶。

一八七二年，两宫太后听政凡十有二年，同治年及十八，将亲政矣。春间，选立皇后，慈安欲立大臣崇绮之女阿鲁特氏，慈禧欲立侍郎凤秀之女富察氏，相持不下，召同治自定。同治选阿鲁特氏为后，慈禧心滋不悦。及秋，大婚礼成，封富察氏为慧妃，帝于新婚宴尔之时，爱情正浓，而慈禧戒帝毋常至中宫，而宜眷遇慧妃，并饬皇后学习礼节。同治重违母意，既不常入中宫，又不肯幸慧妃，郁郁不乐，常独居于乾清宫中，明年三月，亲政，而仍无以自娱，乃微服出外冶游，两宫太后亦不之问，其导之者，则侍讲王庆祺、总管太监张得喜也。一八七四年冬，同治染得天花，明年，一月十一日，痘已结痂，会皇后阿鲁特氏受慈禧之谴责，省帝于乾清宫，泣想冤苦，帝温慰之。慈禧闻其密语，直入室中，牵后发而出，以掌扶之，并令太监传杖，同治惊悲而昏，痘遂大变，慈禧始肯释之。一说天花将愈之时，帝后同处，房帏不谨，以致骤危。宫禁之事，虽不可知，而后说颇多疑问，殆不足信。十三日，同治病死，无子，《慈禧外纪》称皇后阿鲁特氏有孕，两宫太后召集王公大臣二十七入会议，独无皇后。恭亲王建议秘守帝丧，俟皇后生子后再议，慈安谓恭亲王之子可以入嗣。恭亲王则称溥伦当立，溥伦者，道光长子弈纬养子所生之子也，行辈当立，慈禧对之，均持异议，乃曰，“弈谖之子载湉可立”。载湉年方四岁，其母则慈禧之妹也。大臣不敢违反其意，继统之君遂定。慈禧之立载游者，盖恭亲王之子年长，命之入嗣，则太后难再听政，其父又非慈禧所喜，溥伦行辈当立，立则太后进为太皇太后，虽尊而疏。醇亲王弈谖则为道光之第七皇子，其子乃慈禧之妹所出，年幼而亲，慈禧视之可若己出，而得专政也。载湉入承大统，不为同治立后，对于阿鲁特氏怀孕之子，置而不问。阿鲁特氏以寡妇居于宫中，心益悲哀，患受慈禧之虐待，服毒自尽。懿旨称其“毁伤过甚，遽抱沉疴而逝”。御史潘敦俨奏请表扬潜德，太后斥其糊涂谬妄，下吏夺职。其恨恨之气，于其死后，尚未能平。阿鲁特氏之死，虽曰无益，然于专制帝王之家庭，盖为唯一不平之抗议，而能令人深思其姑慈禧之恶狠，殆善于生而受辱也。多情之帝王夫妇，竟至于斯，诚为惨剧。

初慈禧于御前会论，宣布载湉承继大统，其父弈谖惊昏仆于地上，内侍扶之而出。载湉即位，弈谖以生父之地位，不便入朝随班行礼，奏言旧病复发，哀恳曲全，许乞骸骨。两宫太后交王，公，大学士，六部，九卿妥议，议许如其所请。太后准其开缺，而以亲王世袭罔替，并得条陈大政。载湉之即位也，两宫太后诏曰："皇帝龙驭上宾，未有储贰，不得已以醇亲王弈譞之子载湉，承继文宗显皇帝（咸丰庙号）为子，入承统为嗣皇帝。俟嗣皇帝生有皇子，即承继大行皇帝为嗣，特谕！"诏中皇帝有子，承继大行皇帝，殊嫌含混，载湉可得于其将来所生皇子之中，择一承继同治，以奉其祀，而自承继咸丰，另立皇子为嗣也。群臣疑忧太后不为同治立后，而新君他日有所借口。内阁侍读学士广安请饬朝臣会议，颁立铁券，载明皇帝将来有子，承继大行皇帝为嗣，接承统绪。懿旨斥其冒昧渎陈，传旨申饬。一八七九（光绪五）年，同治及皇后安葬，吏部主事吴可读尸谏。吴可读初为御史，两次请将已革提督成禄正刑，措辞激昂，奉旨降三级调用，至是，深虑大统授受之间，常生变故，思以尸谏，借坚穆宗（同治庙号）立后之信，请于长官前往襄礼，礼毕，服毒自尽。遗疏上奏，恳请两宫皇太后降明谕旨，将来大统仍归承继大行皇帝嗣子，中有"两宫太后一误再误，为文宗显皇帝立子，不为我大行皇帝立嗣。既不为大行皇帝立嗣，则今日嗣皇帝所承大统，乃奉我两宫皇太后之命，受之于文宗显皇帝，非受之于我大行皇帝也，而将来大统之承，亦未奉有明文，必归之承继之子"。事闻，都人大惊，两宫太后懿旨，下大臣妥议复奏。大臣意见有二：一承太后之意，奏称建储与继统无异，非臣下之所当擅请，应毋庸议。一称吴可读不明懿旨，太后当降明谕，而使穆宗之大统垂于久远。奏入，诏称吴可读奏请颁定大统，实与本朝家法不合，皇帝将来诞生皇子，自能慎选元良，继承穆宗皇帝。大统问题，始告解决。吴可读之死，为皇室家庭中之琐事，无补于民生大计，然其处于忠君时代，不能深责。彼全性命保妻子之臣，于其死后，而尚不敢直言，能不悲乎？

一八七五年一月十四日，宫中定策，立载湉为帝，夜半，具法驾，往醇王府迎之入宫，承继大统，改元光绪。载湉生于一八七一年，母曰叶赫那拉氏，弈譞之子也，年方四岁，饥不能食，寒不能衣，仍由两宫太后听政。先是，同治卧病，降谕所有内外各衙门陈奏事件，呈请皇太后披览裁定，及光绪即位，王公大学士、六部九卿等奏请两宫皇太后垂帘听政。太后懿旨曰："垂帘之举，本属一时权宜，惟念嗣皇帝此时尚在冲龄，且时事多艰，王大臣等不能无所禀承，不得已姑如所请，一俟嗣皇帝典学有成，即行归政。”二后听政，慈禧专横，慈安心渐不平。一说由于慈安焚去咸丰欲杀慈禧之密诏，其言今无证明，殆不足信。《慈禧外纪》记二后争先祭其亡夫，慈安不慊于李莲英，感情恶劣，其说亦多疑问。总之，宫中之事，要难深诘，所可知者妇女易听谗言，二后之性情不同，听政既久，难免嫌疑，而宫中太监，又挑拨其间也。一八八一（光绪七）年四月八日，慈禧方病，慈安临朝，召见军机大臣，午后，内廷忽传慈安已崩，诏命大臣进宫。其病也，御医不及诊视，距其退朝五小时耳，而暴变至此，大臣莫不惊异。曩例妃薨，立时传其戚属入内，瞻视后小敛，乃慈安死后，戚属无预敛事。说者谓为慈禧毒死，盖有所因。于是恭亲王益孤，慈禧恶之几兴大狱，免为议政王大臣，太监安得海之诛，恶之益甚，及同治亲政，谏阻复修圆明园，严受申责。同治诏其亲王毋庸世袭，改降郡王，而慈禧之恨，仍未泯除，一八八四年，以安南事急，斥其因循误公，委蛇保荣，开去一切差使，其属下亦多免职，说者比之政变焉。

一八八六（光绪十二）年，慈禧太后鉴于光绪之年已长，难于久握政权，下谕明年正月（阴历）举行亲政典礼。奕譞及军机大臣奏请从缓，奕譞疏中云：“臣愚以归政后，必须永照现在规制，一切事件先请懿旨，再于皇帝前奏闻。”礼亲王世铎等合词吁恳训政，太后始尚作态不许，但其旨中有“皇帝……即亲政后，亦必随时调护，遇事提撕，此责不容卸，此念亦不容释”。其将久握政权之心，昭然若揭，王大臣等再申前请训政数年，慈禧谓为天下公论，许之。一八八九年，光绪行年十九，立副都统桂祥女那拉氏为皇后，后慈禧侄女也，进朝臣长叙之二女他拉氏为妃，长曰瑾妃，次曰珍妃，举行大婚典礼。皇后性情温和，容貌平常，年龄长于皇帝，太后党于母家，故得为后。光绪则钟情于瑾妃、珍妃，二妃不为太后所喜，尤以珍妃为甚，后以其干预外事，降为贵人，太监亦得轻之。其师文廷式为侍读学士，其兄志锐为侍郎，均为太后免职，志锐发往边地。清臣恽毓鼎言光绪之境遇曰：“幼而提携，长而禁制，终阏损其天年，无母子之亲，无夫妇昆季之爱，无臣下侍从宴游暇豫之乐，平世齐民之福，且有胜于一人之尊者。毓鼎侍左右近且久，天颜戚戚，常若不愉，未曾一日展容舒气也。”其天资聪明，博学强识，善于音乐，惜其性情偏于柔懦，无果敢勇往之气，解决困难。

自幼畏雷，其在书房，若遇雷声，必投身于其师傅翁同稣之怀中。翁同龢凡在书房二十五年，最为帝所亲昵，常弄其须，或以手入怀中，探抚其乳。其好弄无异于常人，一见太后，便如木偶，盖其接近之人，为守旧大臣、妃嫔、宦官。师傅平日教以孝顺服从，而宫中礼节，凡见太后例须跪下，帝自幼受其抚养，而自为其驯服。妃嫔、太监莫不深惧太后，朝臣疆吏善于逢迎，又多其党。帝于大婚之后虽曰亲政，事实上太后仍有干涉任用罢免大臣之权。

女主专权，宦官之势常盛。考其原因，中国礼教思想轻视女子，世俗理想之妇女，少出门户，不与男子亲相授受，古礼称兄妹分席，其界域之严若是。妇女之生于世，殆为生子，其血胤乱杂者，祖宗不享其祭，子孙即为不孝，罪过颇重，其乱之者，则为罪大恶极，见而杀之，不为犯罪，乃为避免之计，预防故严。尤有进者，婚姻多不自由，青年之男女，婚前不应相见，而强无爱情之夫妇相处，更力防其另生恋爱，遂无公开之社交，尤以上级社会为甚。无如男女色欲，所谓性也，而实防不胜防，奇异卑劣之事，往往出于意料之外。帝王防免其弊，则以身体摧残之宦官，服务宫中。宦官日侍皇帝后妃，知其性情，迎合其意，其狡黠者，日久得其信心，而乃利用其弱点，得至专揽大权。其人未受教育，不知廉耻，多为社会上卑劣龌龊之分子，及得政权之后，纵其所欲，无恶不作，往往引起国内之扰乱，汉、唐、明季之祸尤烈。清代宦官多出于直隶、河间，顺治鉴于前代之祸乱，减削宦官之职权，归并其重要者于内务府，定其官秩不得过于四品，禁其外出京城，除其职司而外，不得干预他事，招接官员。子孙遵其遗制，未闻宦官乱政。及两宫太后听政，始变祖制，信任宦官。其所以然者，女子临朝听政谓之垂帘，固以男女之别，而不得与朝臣自由对语，毫无隔碍也。曾国藩入觐，其年谱记载朝廷情状曰："皇上向西坐，两宫太后在后黄幔之内，慈安在南，慈禧在北。"曾国藩跪于垫上，奏答慈禧之问题。大臣之朝见者，莫不如是，势不得不用宦官。其初信用者曰安得海，安得海于咸丰崩时，密探载垣等之阴谋，报于慈禧，得其信任，遂收贿乱政。一八六九年，安得海衔慈禧之命，自运河乘舟而南，前往苏州，织办龙衣。山东巡抚丁宝桢奏其借拟无度，招摇煽惑，下令捕之。慈禧始知祖法，救之，不得，下令杀之，乃有憾于恭亲王。安得海死，李莲英渐为慈禧所信，受总管太监之职，监管宫中太监，兼司太后库金，侦报光绪之短，一八九八（二十四）年政变，皇帝被禁，李莲英有力焉。宫中妃嫔莫不畏之，皇后亦然，大臣有所请求者赂之，多能成功，权势或过于军机大臣。其他小奄为太后耳目者尚多，报告妃嫔之行为，专事挑拨。一八九七年，慈禧颐养于颐和园中，光绪亲臣恽毓鼎奏劾园中之小奄牛姓，在外招权纳贿，请严惩之，以符祖制。光绪知其祸将不测，撤去疏文，以保全之，区区小奄，皇帝知其作恶，无如之何。拳民之乱，太后皇帝狼狈出逃，太监尚索贿作恶。德龄女士居于宫中，言其愚蠢卑鄙，挑拨恶感。其影响于政治何如哉！

太后临朝，政治上之变迁，已如上述，其最大不良之影响，则朝廷软弱也。妇女性情偏于保守，不能断决大计。亲王之中，奕劻较有识见，初因事件奉旨切责，后以力谏圆明园之修筑，几获重罪，乃避太后之忌，韬晦自全，对于朝议，不敢别持异同，侍读学士张佩纶上疏论之，太后得奏，饬其负责，而奕劻固多顾忌，光绪生父及慈禧亲信之奕譞，又与之不协。一八八四年，奕䜣罢免，据劳乃宣所著之《张佩纶传》，时论贤之。张氏以为太后宜存不弃之心，醇王宜思阋墙御侮之义，曾于于广坐之中，劝说醇王，引用吐谷浑阿豺令诸子折箭之故事，醇王感动，不幸终惑于谗，恭亲王未能起用。其代之者，军机处则为礼亲王世铎，总署则为庆贝勒奕劻，二人识见庸陋，能力薄弱，备员充位，对于军国大计，一无建树，唯求维持现状而已，奕劻俄而进为郡王，亲王矣。会朝议重视海防，太后诏设海军衙门，以奕谡领之，衙门之组织，同于军机总署，太后先曾旨饬军机大臣遇有要事，商诸醇王。奕譞之地位若是，后与李鸿章等筹筑津通铁路，奉旨依议，竟受言者之阻挠，不愿坚持。其困难则太后毫无主见，惑于浮议，而二三其心也。李鸿章深为慨叹，其复前出使大臣洪钧书曰："中兴之初，深宫忧劳于上，将帅效命于外，而一二臣者主持于中，有请必行，不关吏议"，乃事定后，朝廷无人，力能主持大计，于是兴革大政，犹豫不决，朝令夕迁。终则多无所成。

亲贵大臣，用非其人，枢臣又分派别。清代严禁朋党，皇帝亲政，则总理万机，关于委任或罢免大臣，决定大计，均可一人为之，军机大臣不过于询问之时，陈述意见，富于自信力之皇帝，固可先时自由决定，朋党殆不易兴。两宫太后听政，朝政先由恭亲王主持，及其疏远罢斥，太后多无主见，用人由枢臣拟进，几成习惯。李鸿章于一八九四（光绪二十）年与吴大澂书曰：“迩日用人，多出宸断，与从前枢廷进拟者不同，一时仰颂圣明，耳目为之一新”，久始改变，故其言如此。太后又以男女之别，外臣引见常由枢臣为之。军机大臣遂益处于重要之地位，而朋党繁兴，门户之见成矣。其人或以南北界域，或以乡友亲谊，或以种族观念，或以考试关系，或以新旧争执，或以利害冲突，结成派别，要多以对人为问题，胸襟褊狭，不能容物，而以权利为前提，往往置国家之大计于不顾，内而京官，外而疆吏，不无党羽勾结利害之关系。其相争也，无公开之辩论，明显之主张，而多出于阴谋诡计，秘密活动，无论对方之理由与计划若何，而唯破坏摧残，不择手段，大为害于国家而已。其树立一派者，当推翁同龢，翁氏南人，父兄曾居要职，与北人峙立，为光绪亲信之师傅，久为考官，门生众多，政治上有不可轻侮之势力。其政敌北人则有张之洞，满人则有刚毅，新派则有李鸿章。张之洞初任两广总督，奏请多为部议所指摘，事无奈何，称病欲去，后拳乱起，闻知李鸿章将荐之入枢府，极论不可，其扼要之语曰：“京朝门户已成，悍戾不改，洞坐磨蝎，最好招谤，必受此辈之害。”门户既成，不易除去，相争迄于清亡。

方咸丰、同治之为君也，太平天国、捻、苗、回乱扰于国中，满人无力削平，乃以汉人之力定之，汉人政治上之地位，遂异于前。其平乱也，非朝廷授以训练之精兵，予以大宗之饷糈，乃其自行招募勇丁，练之成军，统之作战，就地筹饷，而朝廷予以名目，许其保举出力之员而已。其部将忠于主将，主将操其赏罚予夺之奏权，其保举参奏者，朝廷类多批准，将士实与朝廷无关。乱平，统兵大帅立有大功，其位益尊，其名益显。专制君主视其统治之领土，为其私人财产，凡保卫其地位者，认为有功，赏以爵禄，所谓同享富贵也。其激励大臣常曰“重受国恩”，而期其致死图报，皇帝既以报酬分赃之原则治理其国，大臣亦以共享富贵为思想，其才能知识，不足以有建设，政治故无进步。尤有进者，立功之大臣，多官于外省，曾国藩、李鸿章、岑毓英等几莫不然，督抚之权转重。先是，提督官为一品，地位虽低于督抚，固得专折奏事，至是竟为督抚属员，则其明显之例。督抚中尤以曾国藩之望为高，恭亲王初为议政王大臣，对于国内要政，常垂问其意见。积久成为风习，凡遇外交上之大事，或国内之建设事业，莫不本于广思集益之口头禅，交令疆臣复奏，疆臣因得表示意见，左右朝廷政策之决定。一八八五年，左宗棠奏请统一事权，创设海军衙门曰："臣曾督海疆，重参枢密，窃见内外政事，每因事权不一，办理辄行棘手。盖内臣之权，重在承旨会议，事无大小，多借疆臣所请，以为设施。外臣之权，各有疆界，虽南北洋大臣于隔省之事，究难越俎。"其言有为而发，关于朝廷之软弱，固信而有征。同时，部议关于一省或数省之财政，非征求其意见，或旨交其酌议，尝或难于实现。尤有进者，乱前，各省款项，除赈饥外，非先奏请，不敢动用；乱后，疆吏于款用后，一报即可了事。故时有外重内轻之说。观察中国之外人，鉴于曾国藩不办扬州教案，岑毓英嗾杀马嘉理案（其事详于下篇），外货征收厘金之争执，以为朝廷虽有诏令，而督抚或借词推诿，或不予执行，其地位无异于半独立之王。光绪中叶，枢臣谋削督抚之权，但不能于大处着手，不过吹毛求疵，而以文墨旧例绳之而已。吾人今考疆吏权重之原因有二，其一为平定乱后之自然趋势，且当女主听政之时，已如上述。其一则我国千年余来，政府与多数人民之关系，除纳税而外，别无可言。同时，领土广大，交通不便，朝廷监督不易，其所望于地方官者，维持治安，征收钱粮，审判讼狱而已。余多听其处置，行之既久，遂成中央政府之集权专制，徒有虚名之现状。虽然，此就一方面而言，事实上督抚委任罢免之权，操于中央政府，无论地之远近，何时，何人，皇帝皆可下诏将其免职，甚至拏问办罪，鲜闻拒命者也。要之，朝廷对于督抚多宽待之，其与外人发生之争执，非不得已，固不问也。

二十余年之内乱，影响于政治者，略如上述。其战争之长久，区域之广大，虽曰由于双方各以死力应付，而武人以屠杀为功，利战事之久，取得高官，以享富贵之心理，亦有以促成之也。官军每于大捷之后，皇帝许其择优保举，主帅莫不多所保奏。时方军事紧急，官爵足以激励士气，部议难于将其驳斥，其被驳者，主帅为之再请，更有掩败为胜冒夺军功者。曾国藩删去李秀成供辞，则称其夸张己功，而与奏疏不符。李鸿章之淮军初抵上海，外兵攻陷城邑，为之防守。其致友人书曾明言之，而其奏议，则浮夸军功，保举将士。此实不独曾李二人为然，其他立功者，莫不如此。一八六七年，左宗棠奏曰："军兴以来，各省军营所保武职，无虑十数万员。"明年，曾国藩奏曰："统计各省军营保至武职三品以上者，不下数万人。”其与友人书曰：“国藩与左李辈动辄募勇数万，保荐提镇以千百数计。”二人之言，一指所保武官，一就高级军官而言，人数可谓众多。左宗棠西征，保荐之人员尚未计人。其西征也，奏称地苦，非多保举，无以慰劝将士，故其保举尤滥。凡此十余万人之在营中，虽无如许位置安插，尚可保有固有官职，一旦出营，多为有阶无缺之员。后军事大定，解散回乡，乃深处于困难之中。沈葆桢奏请安置此项人员，自提镇至都守均照实缺之例，给予俸银，无如政府收入不敷支出，更无余力担负，作为罢论。曾国藩奏请借补小缺，亦非办法。大多数武员唯有回归家乡，平素得官取财甚易，及资用尽，欲出则今昔之情形迥异，乃如曾国藩所言，“跃然有隼思秋之意”，投入哥老会中为乱，其人现姑不论。

武员中之有奥援者，则有差委，其得意者，一如左宗棠查复李瀚章参案之奏语。李瀚章为李鸿章之兄，官至湖广总督，为人参奏。一八八一年，左宗棠奉旨查复，奏言关于任用私人，非亲即友曰：“窃惟李瀚章一门，遭圣时以功名显，……勋伐既高，依附者众。当时随从立功，身致富贵者，又各有其亲友，辗转依附，实繁有徒，久之倚势妄为，官司碍难处置。”其言深切时病，而又平允。湘军亦莫不然，左宗棠、曾国荃相继为两江总督，一八九〇年，曾国荃死。李鸿章致书新任总督论及其地情状曰：“文襄（左宗棠）、忠襄（曾国荃）两政十载，湘楚旧部视如家乡，而随忠襄者尤多且久，昔之相从尽力，今则失职无归，责望旧恩，原有不能尽绳以法者。然近年屡有造谋巨案者，不免用钺，而徒党实不可爬梳。每值岁暮，汹言烦兴，转调江阴防军，以为金陵翊卫。”乡里之谊，对于吏治不良之影响，竟至于此。其次则为候补人员，候补官多武员及捐途出身者。武员之多，已如上述，而战争期内，需款孔亟，政府以官为饵，奖人纳捐，仕途益杂而难。浙江巡抚王凯泰奏曰：“自捐章折减以来，持银百余两，而为佐杂矣，持银千余两而为正印（知县）矣。即道府例银巨万以上，今亦折算至三四千两矣。”时当大乱之后，财力艰难，捐输已久，不足号召，一八六九年而后，一年收入不过一百五十万两，而于政治上竟有重大不良之影响，朝廷固不之问。其年江苏巡抚丁日昌奏曰：“军兴以来，捐例遍开，而又减价以招之。军功本易，而又积年以增之。其不能不冗者势也。……见在捐班军功二途，纷至沓来，处处有人满之患，尤不可不豫筹变通，以防冗滞。即如江苏一省，外补道缺不过二三，府州同知通判缺由外补者，亦止数十，而候补道约六七十人，州县同知通判约一千余人。夫以千余人补此数十员之缺，固已遥遥无期，即循资按格而求署，事亦非十数年不能得一年。其捷足先登者，非善于钻营，即有所系援者也。”此种现象，不独江苏为然。一八八〇年，李鸿章奏曰：“窃据藩司任道镕、臬司丁寿昌详称军兴以来，保举捐纳各官，指分来直者络绎不绝，缺少员多，久形拥挤。……迄今到省人员愈众，计候补道府已有四十余员，知州知府二百数十员，河工地方同知通判九十余员，佐贰佐杂八百余员，序补无期，差委更少，消磨岁月，苦累不堪。”候补官员之多，痛苦窘迫之状，无待笔述。其得差委者，自多视为营业，而谋获得花利，且为将来一家衣食之费焉，欲其清廉，殆不可得，清末吏治之坏，可以想见。

捐输武功造成缺少官多之现象，而正途出身者，任用亦大因而困难。朝廷之设官，原非尽为治民，亦有市恩，及收聚英才免为叛乱之思想。士子自童生考至秀才、举人、进士，往往不易，但以按期会试，加以恩科，各有录取，人数颇多。其幸入词垣者，于散馆之后，考试高等，则授编修检讨，次则用为部属，次则铨选知县。编检仕途冗滞，司员缺少人多，曾国藩于乱前奏曰：“顷岁以来，六部人数日多，或二十年不得补缺，或终身不得主稿，翰林院亦三倍于前，往往十年不得一差，不迁一秩，固已英才摧挫矣。而堂官又多在内廷，终身不获一见，”其时捐输武功之仕途尚未大开，而积弊已至于此，及乱平定，益为困难，翰林院之编检曾多至三百余员，各部之候补司官，多者数百，少者百数十员，补用知县，更属遥遥无期。信如御史彭世昌之痛言曰：“壮年通籍，则白首为郎，暮齿分曹，则半途求去，人才抑塞，欲进无由！”其困难固由于仕途之滥杂，而时国内之官署，视今为少，政府之事业有限，京官共约一千四百，外官亦用人无多，且旗人进身，视汉人为易也。其得大用者，究为少数幸运分子。其官于京师也，正俸恩俸不足以供一家之生活费用，时尚不全发给，故李鸿章常以“穷”字讥之。张之洞久官于京，知其清贫，一八八三年，闻知户部议定津贴，两次奏请从优定议。户部议定按照品级，每年津贴三百，二百四十，一百六十，或一百两，京官便之。后三年，户部奏停津贴，发给全俸，张氏奏请照发，而上谕不准。京官生计之穷困，朝廷固不之问，更无从辨别才与不才，而能进贤黜不肖也。

内乱之初，业已证明旗兵、绿营之不能战，湘淮二军平定乱后，军制之弱点，营中之积弊，将校之养成，兵士之训练，军器之粗劣，当有根本之改革，即以能战之湘军而论。训练之期，颇为短促，二三月后，即称劲旅。迨其作战时久，其初入营者，多归家乡，乃临时招募，渐而习染绿营习气，其一部分于南京陷后，解散归农，其存在者，于剿捻时，曾国藩称其暮气太重，不可再用。淮军以常胜军之故，军械精利，称于全国。捻军平定，大部分幸尚保留。左宗棠曾称其冗杂骄佚，虽或言之太甚，而其染有恶习，殆为事实。其驻防直隶之兵，逃亡为乱，朝廷得奏参之疏，遣官查复。李氏知之，设法弥补了事，其与人书，谓其几败淮军，其纪律之败坏至是，后买军火于外国，挑选将士留学德国，要无重大之效果。淮军之徒有虚名也久矣。其时国内军队，仍以绿营兵、旗兵为多。其解散劲旅者，多以饷糈较厚，而担负太重也。清代待遇旗兵颇优，而营制则马兵月饷二两，马干一两，战兵月饷一两五钱，守兵一两，米皆三斗，而各路勇饷，每人每月多为四两有奇。营兵之饷既少，尚有不能全行发给者。左宗棠为闽浙总督，二省额兵十万，筹饷困难，上奏发饷情状曰："有给银欠米者，有半银半票者，每月仅获半饷。米价贵者一斗七八百，中价五百，布一尺宽者六七十，窄者三四十文。每月所食，不足供一人十日食，"乃听其营生。此种兵士毫无战斗能力，左氏之言曰："将领惟习趋跄应对，办名册，听差使，大小操时，则列阵行走，既毕，散归。"一八七一年，曾国藩曰："兵丁或小贸营生，或手艺糊口，应名充数，出征则漫无斗志，毫不足恃，此天下绿营之通弊。"其后左宗棠查复李瀚章参案，中云："原奏湖北防军，每营虽称五百名，实仅三百名，口粮悉为营官侵蚀，火长夫银悉归统领侵蚀，所冒领之军器军装，变卖分肥。臣按言者所陈各情节，实各省通弊，臣就所历闽浙陕甘等处言之，无不如此。"二人之言，均为实录。左氏主张裁减额兵，增加饷粮，以谋有所改革也，奈朝廷囿于成例何！丁日昌奏请改试枪炮，格于部议不行。全国营兵额数八十余万人，何堪一战！曾国藩之练兵于直隶，亦不足言。郭嵩焘深悉军情，及出使英国，书告李鸿章曰："愚见所及，各省营制，万无可整顿之理。"呜呼！其言抑何可悲！

财政困难，政府亦无救济之方法。其困难之症结，则在全国财政不能统一集中，地方政府按照旧例交解额定之款于户部，或指定之官署，余款作为本省经费。其昔设立之税所，而今以环境之迥异，无所收入者，则须认赔。直隶有多伦木税，久无收入，每年认赔，李鸿章后始请旨撤废。其收入旺者，亦按例照交，乃以多报少，其性质则为包税，政府之收入常少。于是现象之下，政府未尝编制预算，皇室之经费，军队之协饷，新事业之费用，不足之时，则指令各省摊派。其时中央政政府之税收，以田赋、盐税、捐输海关为大宗。田赋盐税原为旧有之税收，增收不易，捐输亦有限制，而海关则日占重要地位。厘金为地方政府之主要收入，初为战时之新税，原议军事大定即行废除，乃以征收日久，督抚便之，同时，支出浩繁，裁去之后，别无办法，遂照旧征收，未尝顾及病商害民。估计全国之收入约七千万两，较之先时，实有增加。支出则以军费政费及皇室费用为大宗。湘军初赖两湖、江西协饷以东下，南京陷后境内无事之诸省，奉旨协助剿捻之军饷。四川、湖南协助云南、贵州军饷及捻苗回乱平定，左宗棠西征，以全国之财力，供养其兵，不足之数，借自外商，据其奏报，自一八六六至一八八〇年，共收银一万二百二十三万。及国内平定，穷瘠区域之驻兵，则赖富庶之省协，款如新疆一地，年需三百万两。其在直隶、江苏等省，设立机械局，制造军火，福建创立船厂，所在需款。及台湾交涉事起，朝议自一八七五年，各省摊定海防费四百万两，初则尚有报解，后则不足十成之二，购买军舰，殊为困难。中法战后，始认真办理，及北洋舰队成立，饷糈骤增，更以海防费，建筑颐和园，部议不再购买新舰。关于皇室经费，除经常费外，尚有陵工大婚等费，兹举一二明例，以便有所证明。陕西于回乱起后，人民死亡过半，耕种田地不及十二，平日田赋每年征额一百三十余万，至是，收入仅及其半，而拨甘肃协饷四十余万，再支本省军费政费，何能足用？而皇帝谕旨，责派陵工费十五万两，急于星火。巡抚刘蓉哀求苦告，不得，乃百计筹款，分期缴交。一八七一年，同治年长，将即大婚，江宁苏州织造局织办彩绸，督抚拨银三十万两，明年，奉旨织办四单所开之衣料，约值二百万两。总督无力拨款，始停办两单。平时传办之件，约七、八、九万两。一八八〇年，总管太监李双喜竟传办衣料二万三千五十五件，需银九十七万两，左宗棠时为两江总督，奏请核减皇室之奢侈生活，于此可见一斑，光绪大婚。竟用五百万两。

中兴期内之政治，依然使人失望，中兴名臣，对于政治之感想，则又何如？固吾人所当知者也。当时曾国藩、左宗棠、李鸿章均负时望。曾左对外之知识幼稚，无比较中西政治优劣之观念，左氏喜好功名，统军西征，于其经历之地，对于军队，曾有深切之痛言。其于入关之先，书告其子各地之情状，兹节引其一二家书中语，以见其观察：一八六五年，统军入闽，致书其子曰：“自入闽以来，所见所闻，无非八九年前各省泄沓颓败气象，纵此时无巨股阑入，亦必趋于危亡。盖人心日弛，人才日敝，浸浸乎纲隳纽散之虞，非一时所能整顿也。”后统兵北上，奉旨剿捻，一八六八年，与子书曰：“督抚多用庸才，乱何由定？此行不但欲清河北贼，亦欲于军事之暇，请陛见一详陈之，然非战胜，则言不足重也。”曾国藩精于理学，久官京师，晚年忧谗畏讥，其于朝政，明若观火，其与友人郭嵩焘书曰：“尊论自宋以来，多以言乱天下，南渡至今，言路持兵事之短长，乃较之王氏（王夫之）之说，尤为深美。仆更参一解云，性理之说愈推愈密，苛责君子愈无容身之地，纵容小人愈得宽然无忌，如虎飞而鲸漏。谈性理者熟视而莫敢谁何，独于一二朴讷君子攻击惨毒而已。”其言有为而发，不免言之过激，一八七〇年，以天津教案上奏曰：“自古以来，局外之议论，不谅局中之艰难，一唱百和，亦足以荧听而挠大计，卒之事势决裂，国家受无穷之累，而局外不与其祸，反得力持清议之名。臣每读书至此，不禁痛哭流涕。”其论古今，足称深切透达。

李鸿章熟悉外情，明了大事，自一八七〇年任命直隶总督，在职二十余年，国内大政往往预闻，深愿中国有所改革，而多不能成功，颇为失望，对于清议，尤痛心疾首，一八六五年，与郭嵩焘书曰：“都中群议无能谋及远大，但以内轻外重为患，鳃鳃然欲收将帅疆吏之权，又仅挑剔细故，专采谬悠无根之浮言。”及伊犁交涉失败，朝议激昂，李鸿章斥为“群吠力争”。其与友人书曰：“左帅主将倡率一班书生腐官，大言高论，不顾国家之安危，即其西路调度，不过尔尔，把握何在？”又曰：“清议之祸，与明季同出一辙，果孰为之耶？”其时刘铭传家居，奉旨入京，与李氏对俄见解相左，致书告之，李氏斥其“窃穷京官烂名士口头禅，而故相戏弄耶？”李氏识见高于朝廷大臣，不觉言之激烈，及事渐定，李氏之深切观察，散见于与友人书中曰：“中朝向来积习，过事若无事，然有事则又仓皇失措也。”其于国内之现象曰：“循行故事之冗员，营私骫法之武弁，愍不畏死之奸民，盖遍天下皆是矣。”又于防日本时奏曰：“环顾当世饷力人才，实有未逮，又多拘于成法，牵于众议，虽欲振奋而末由。……居今日欲整顿海防，舍变法与用人，别无下手之方。”其主张则为开矿产，设电报，筑铁路，创洋学格致书馆。一八七四年，入京上奏，未有效力，然终未改其志。其论轮船，致曾国藩书曰：“有贝之才，不独远逊西洋，抑实不如日本。日本盖自有其君主持，而臣民一心并力，则财与才日生而不穷，中土则一二外臣持之，朝论夕迁，早作晚辍，固不敢谅其终极也。”一八八〇年，报名士王闿运书曰：“天下事无一不误于互相牵掣，遂致一事办不成，良用喟叹。处今时势，外须和戎，内须变法，盖守旧不变，日以削弱，和一国又增一敌矣。自秦政变法而败亡后，世人遂以守法为心传，自商鞅、王安石变法而诛绝（？），后世人臣遂以守法取容悦。今各国一变再变，而蒸蒸日上，独中土以守法为兢兢，即败亡灭绝而不悔，天耶人耶！恶得而知其故耶！”郭嵩焘出使英国，留心外事，对于本国变法之希望，怀抱悲观，书告李鸿章。李氏推论其故，报之曰：“人才风气之固结不解，积重难还，鄙论由于崇尚时文小楷误之。世重科目时文小楷，即其根本。来示万事皆无其本，即倾国考求西法，亦无裨益，洵破的之论。……果真倾国考求，未必遂无转机，但考求者，仅执事与雨生、鸿章三数人，庸有济乎？”雨生为丁日昌，曾请改试枪炮，朝议不许，及任福建巡抚，奉旨准于台湾试造铁路电线，明了中外大事之长官也。李鸿章之主见如是，对于顽固守旧者，则深斥之，一八七六年，有以其谈洋务致谤相告者，复书曰：“今日喜谈洋务，乃圣之时，人人怕谈厌谈，事至，非张皇即卤莽，鲜不误国。公等可不喜谈，鄙人若亦不谈，天下赖何术以支持耶？中国日弱，外人日骄，此岂一人一事之咎。过此以往，能自强者尽可自立，若不强则事不可知。”其言可谓痛切之至。后二年，政府创办寄信局，有以日后内地消息，洋人得信最先告之者，复称此等迂论，最易动听。李鸿章之计划，多未实现。一八八四年，恭亲王弈䜣免职，李氏以为慈禧与醇亲王奕譞锐意图治，力变从前虚饰之习，不幸亦少成功也。

郭嵩焘之地位，不及三人，而其学识颇高，自通籍后，入翰林院，会以英法联军之役，佐僧格林沁办理文报，及战不胜，主张议和，其论洋务切中时要，屡言屡中，自言以理论之，其见解远出时人之上。其自言曰："嵩焘论洋务，数犯天下之不韪，侃侃言之，一无顾忌，非独自信，能通知洋情而已。其自南宋以前，上推至北宋，又上推至汉唐，又上推至三代，源流本末，利病得失，皆颇窥见一二，下视明以来议论，不顾国势之强弱，不论事理之顺逆，袭取南宋诸君子之唾余，侈口言战，自诩忠愤，若蚊蚋之纷扰于吾前，不足一与校论。"其言发于中法安南战时，郭氏时方家居，感慨国事，上疏论不可战，而于刊行之奏议，附识此言。郭氏曾授侍郎，在总理衙门行走，欲上采用西法之节略，而慑于都中虚憍之议论，嚣张之意气。后云南马嘉理案起，郭氏请将岑毓英议处，堂官与公使交际，备受清议之指斥，奉旨赴英，或诮其去父母之邦，或责其不修高洁之行，蒙耻受辱，周旋洋人，甚者欲毁其家室，出国不及二月，再受言官之奏劾，其与李鸿章书，仍欲中国变法自强，并劝李氏将其派出留学之学生，改习矿学工程。其论士大夫之痼弊，由于不知事理，囿于南宋后之议论，而中国乃以欺谩受祸。又曰："今时士大夫知洋务者绝少，纷纭无据之言，徒足眩惑听闻，以资外人非笑，于事毫无裨益。"曾偶举天津教案为例（其事详后），其言曰："其（曾国藩）办理教案，则亦天理人情之至矣，而津人毁之，湖南尤与毁之，询以津案始末，无能知者。道之不明。而意气之激，以不得其平，则亦何词不可逞？何罪不可诬哉？"士大夫之心理，诚如时人所谓"闻西洋好则大怒，一闻诟诃则喜，谓夷狄应尔"也。初郭氏于一八六三年，授广东巡抚，奏议须总督会衔，其刊行之奏议，中有注明铺张战功，或托辞讳盗，或虚构讼狱，明知其非事实，而势无可奈何，徒付慨叹。其办理捐输也，以为曩者强迫贫苦之农夫担负，至为不公，乃向富商劝募，竟遭言官弹劾，及将去职，奏曰："大臣秉公举劾，昭示功过，原期为朝廷耳目，若以一二人之私，今日劾一督抚，明日保一督抚，直视地方大吏，惟所爱憎废置者，不独是非颠倒，于朝廷体制，似亦微有关系。"其言虽有为而发，而固深切时病。郭氏亦有言责，不肯滥用，其书告友人曰："东抚动以小故连章举劾，王壬秋（王闿运）因咎我曰，'朝廷望君为鹰鹯，而君海上，不劾一人，所以败也。'予曰：'此乃所以为筠仙（嵩焘字）也。'"总之，郭嵩焘之为人，足称虚心求知，实事求是，清末诚不多得之英士也。

四人之见解不同，观察各异，而皆失望于政府，其共同之点，则患言官之诋毁。古代谏无专职，大臣均可诤谏，汉沿秦制，虽设谏议大夫等官，而朝臣亦得进言。后世言官之起，据王夫之言，梁武帝始设专官，唐代因之，尚为宰相属员。至宋，君权视前扩张，仁宗任用谏官，不受宰相之荐举，由是谏官独立。南宋士大夫倡言复仇，诋毁宰相，其势益张。明太祖统一中国，扩张君权，奴隶臣下，而故重视谏官，许其监议一切，以为天子耳目，清代沿用其制。要之，谏官威权之成立，多由于专制帝王监防臣下之心理，谏官之称职者，虽有不顾生死犯颜直谏之士，而固偏重于参劾大臣。我国先贤之政治哲学，有德有才能者，当居高位，帝王固为例外，而大臣当为人民表率。实际上官吏不少卑鄙龌龊之分子，而人民理想上心理上均以先贤之言论为归依，更自宋儒理学发达之后，对于正人君子，而益求全责备。士大夫之自好者，不愿人道其非，心襟乃渐狭隘。其听之者，类多不加审察，贸然信之。于斯情状之中，御史乃居于重要地位，大臣莫不以其参劾为患，曾国藩忧谗畏讥，李鸿章痛恶言官，郭嵩焘言其妄发议论，左宗棠任闽浙总督，亦以诽语为言，川督丁宝桢奏称得罪言官，自请罢免，更举一二例，以便有所证明。陕西巡抚刘蓉驱逐编修蔡寿祺入京，蔡氏以编修之故，奏参刘蓉行贿夤缘，朝命查复，复称不实。刘蓉上奏乞恩放归，措辞激昂，御史陈廷经参其放言高论，妄自尊大，请旨严行治罪，以为大臣轻量朝廷者戒，刘蓉遂得处分。郭嵩焘出使英国，著《行海日记》，记其途中见闻，且言和亲外国，以破关于外国之谬说，寄至总署。总署将其印行，以资流传，忽为朝臣诋毁，御史参奏，总署惧而毁板。凡此参劾，对于国家唯有不良之影响耳，无怪曾李二氏恶之也。大臣为其地位之计，进不得，退亦不得，备员充位，维持原状，最为得策。盖有所作为者，进行其计划，无论若何，终不免有困难与反对，必有相当职权，而以毅力持之，始克有济。太后于其大臣多非深有信心，吾人责其有为，其可得乎？清议盛于中兴时期者，太后听政，欲得虚心受谏之名，遇有灾异星变，即有广求直言之诏。士气自文人立有武功，意气嚣张，言者类多无罪，而有主持清议之名，且易于进用也。

平定内乱之统帅，初皆文人，曾国藩由进士仕至侍郎，李鸿章考取进士，供职于翰林院，左宗棠出身举人。各立大功，声闻全国，普通文人羡佩其事业，心目中固曰，彼能是，而予何不能耶。奈环境不同，不得时机，建立事功，以垂名于万世。其人自视太高，立功太易，不知文人之立事功者，不过千万人中之一二，何能以之例推天下之士，其不自知者，好作大言，攻击他人。其言类多不负责任之高调，未曾亲历其境，不知当局者所处之地位，感受之困难，解决方法决定之经过，所根据之材料，常非确实之报告，以之立论，则远去事实。尤有进者，人才深赖家庭教育社会之养成，难于脱去由环境而生之弱点，一旦排斥去之，其代之者，果能胜任耶？吾人应有之态度，则当平心静气，审查事实，辨其利害，以求有所补救。所可痛心者，士大夫猎取高名，徒以意气用事，逞其私见，而反有害于国也。每于外交严重之时，不问国中军队之战斗力，不明强敌之海陆军，嚣然一辞，主持战议，乃多造成大祸。光绪嗣位而后，在朝之以直言见称者，有宝廷、张佩纶、张之洞等。宝廷身为满人，善于诗文，好讦人短，以直言升至侍郎，一八八二年，朝廷命其典试福建，船行，美爱江山船户之二女，情不自禁，买之为妾。其荒淫渔色，有玷官声，知其将为言路所劾，自行奏参。太后下旨交部严议，遂终身废退，世传其诗曰："微臣好色成天性，只爱风流不爱官"，乃以风流名士自居。张佩纶尤好言事，疏劾大臣，说者言其曾借之以求赂焉。中法衅起，张佩纶奉命充福建军务会办，兼船政大臣，法舰攻击泊于马尾之军船。时传张佩纶闻炮先逃，天雨，跣而前奔，乡人知为会办，拒而不纳。张氏无奈，匿于寺中，总督不知其在何所，会上谕递至，须由其拆封，乃悬赏求之，始得。传说不免附会，而朝臣据以入奏，其狼狈不堪，甚于其所奏劾之大臣。张之洞于伊犁交涉，发言盈庭，而实牵强附会，其所陈之调度，近于儿戏。其人首鼠两端，保全禄位，殆为小人之尤，主持清议之领袖，竟至于此。初侍讲王先谦奏防言路流弊，太后嘉纳，谕称嗣后不得以雷同附和之词，相率渎陈。无如积习难返，郭嵩焘于中法战时，奏曰：

凡为大臣皆积资累劳，身负重寄，平日志行才略，朝廷考求有素，深浅得失无不周知，自非权奸能上蔽朝廷耳目，必待言官发其罪状，取快一时，即不当以薄物细故，指发隐微之过，以致

> 上伤国体，下寒任事者之心。……若视其大臣日在猜嫌之中，而使疏远小臣，揭发其阴私，指摘其小过，以矜激直。庙堂之上，荆棘丛生，大臣救过不遑，互相交结，各顾其私，为害反甚。……三四年来，言官毛举细故，见事生风，大率因睚眦之小怨，用影响疑似之传闻，胪列入告。朝廷遣使四出，驿站之骚扰，州县之供给，已不胜其惫，而又内顾言官之意旨，经营傅会，以定爰书。……其甚者疆吏之贤否，藩臬之迁擢，皆取决言官一疏，断行不疑，太阿倒持，尤乖政体。……国君进贤，如不得已，若因一言之有当圣心，遽资倚任，加之显擢，群怀希幸，相率效尤，倚托攘斥夷狄之美名，人挟一疏，急求荣进。迨至事件已属，变故骤兴，迁就仓皇，周章失措，流俗无知，摘其章疏告示，传以为笑，……不顾事机之顺逆，不计饷源之盈绌，则亦虚憍之议论，积成习尚，贻累天下国家之尤者也。……臣因目前洋务急须料理收束，因推论洋务之原始，实由廷臣议论繁多，眩惑圣聪，以为有可倚信，而其实陈奏之辞多，而办事之心少，主战之文胜，而用兵之术疏。万口纷嚣，昌言于公廷，携眷远徙，仓皇于私室，外间一切情形，从无有敢上达者，风会所趋，莫知为非。

郭嵩焘时方家居，奏文由李鸿章、左宗棠代进，其言毫无忌讳，多为事实。士大夫言行不一，大言欺人，由来已久，朝廷又奖成之。言者徒博虚名，反为国害，虚儒之习气，苟不矫正，建设之事业，殆难进行，郭氏之言，岂仅为时人语哉。

其他政治上之堪注意者，则土地之利用与移民也。清代土地可分为三：（一）设置县州直接委官治理之区域，凡十八省，或称直省，或称行省。十八省地，清初尚未完全治理，西南历久战争，苗疆始得改土归流，其地设县之后，治理曾赖苗酋之助，仍与开化之地不同，其中广大区域，尚有未曾设官治理者。一八七六年，广西田州之附近苗乱，巡抚平之，奏将其地改土归流，置县曰恩隆，四川松藩亦改土归流，均其明例。各省沿海岛屿，舟山群岛初则尚未列入版图，康熙征取台湾，朝臣有主张放弃者，以防海盗之故，乃设官治领台湾、凤山、诸罗三县。凡此广大区域，政府未曾经营，其他较小岛屿，更不足论。沿海之良港，多为荒村，渔船出入之所。一八六六年，闽浙总督左宗棠奏曰：“台湾设郡，调兵更少，三年一换，额兵一万四千，存者不及三分之一。水师向有船九十六号，今无一存。”其地旧例禁止内地民人偷渡，台民私入番地者治罪，其前往者多为奸民，故有十年一大反，五年一小反之说。及日本侵台之后，沈葆桢奏请废去前禁，以广招徕，朝廷许之，汉人始得自由入台。台湾地广人稀，物产繁多，生活较易，汉人之渡台者日多。政府鉴于日本强据琉球，遂移巡抚驻守，多设府县治之。其正北方，直隶、山西等省毗连内蒙古，蒙人不善利用其地，汉人迫于生计，为之耕种。试以直隶证之，初独石口、马厂地为蒙古一等公德鉴所有，德鉴报效朝廷，张家口、多伦诺尔一带荒地，亦渐开垦，同治因之，诏添学额。据李鸿章奏疏，一八八二年，丈量始清，直接属于直隶。（二）属地，其官制异于直省，土地多禁汉人徙居，如满洲、外内蒙古、康藏、青海、新疆。满洲为清室发祥之地，平时汉人不得往居，地广人稀，黑龙江北乌苏里江以东之地，乃蚕食于俄，而俄经营不已，有并吞全部之心。及日俄战后，光绪诏改满洲为三行省，置三省总督，分设巡抚，其下属官若司道府县一如直省，汉人移居者遂多。内蒙古与直省连接，汉人冒险开垦其地，购得所有权于蒙人，清末弛废禁令，蒙人乃多北徙，今热河、察哈尔、绥远三省，先固蒙人游牧之区也，移民实始于此时。后宣统嗣位，方将极力经营外蒙古，许汉蒙通婚，奖进汉人赴蒙，定汉文为公文，许蒙人学习，不幸失败（其事见后）。康藏、青海均为藏人旧居，信奉喇嘛教，青海大部分为不毛之区，清初取之，未有建设。西康土司数多，各管一区，清末数有变乱，用兵平之，设置府县，招徕汉人，将改为省，对于西藏，朝廷亦谋行使宗权（其事详后）。新疆距离直省太远，路过沙漠，交通不便，居民多属于突厥族，清廷治理不善，造成叛乱。左宗棠平之，以为地实陕、甘、山西各边及京师屏蔽，关系綦重，一八八二年，奏请筹款改省，朝廷许而从之。新疆遂为行省，官制同内地。设省之后，汉人之徙居于其地者仍少，山西商人间或前往。予亲闻诸考古家斯坦因（Aurel Stein），汉人言语以湖南方言为最通用。其原因则湘人以左宗棠西征之故，官于其地者多，迄今尚有势力也。三曰属国，其与中国之关系，分言于后。

综观清末，盖为汉族移民重要时期之一。汉人初以生计窘迫，多冒险而往，既无保护，又无组织，政府后始准其前往，而今内蒙古、满洲等，皆汉人居住之区域，诚吾国史上大事之一也。其在广东、福建之过剩人口，则向海外营生（其事见后）。其在国内之移民史上，尚有不可轻忽者，江苏、浙江、安徽等省之一部分土地，于大杀、疾疫、饥荒之后，人口锐减，河南过剩之民乘机移居于江浙二省，迄今尚有土客之分，发生问题，湘人有开垦于安徽等省者。人口增加，为吾国之一重要问题，历史上之扰乱大杀，多由于此。古代解决之主要方法，一曰战争，疾疫，饥荒。二曰溺死婴儿。三曰移民。第一方法略见于上，不必赘言于此。第二方法，颇为重要，惜无统计与详细之记载（事实亦不易得）。兹引古书中一二例，以便有所证明。《后汉书·贾彪传》记彪为新息令，严禁弃去婴儿，三年中，男女活者千余人。《晋书·王濬传》记其为巴郡太守，人民苦役，生男多不养。濬严禁宽徭，活者数千人。汉时县邑不足万家，三国时户口大减，而生产率之高至此，不无可疑之点，但时溺婴之风盛行，固无疑问。清帝迭诏禁止溺婴，民间设立育婴堂，而人民溺死婴儿，或以不善待遇而夭死者，据吾人见闻，不可胜计。第三方法，较为妥善。吾国史上，例不胜举。帝王或为救济贫民，或为政治目的，曾命官吏移民。民间每至荒年，饥民有相聚逃至他乡求食者，但其终不能解决人口之问题，理极易见。人口繁密之区域，其一部分受经济之压迫，移居于地广人稀之新地。旧地居民生活为之较易，所生之子女存者较多，新地之住民亦然，遂于短促期内，昔日人口之密度，将见于二地矣。近代之欧洲史，尤足以证明。综之，战争、大杀为人类悲惨之事。疾疫、饥荒一由于人，一成于天，其限制人口，于古代尤甚，然其普遍于国内之时，则不常见。溺婴非父母之心，非贫穷之家，殆不肯为，移民又非办法。无已，人口增加，生计困难，不逞之徒，唯有起而作乱，大杀而已。此一治一乱，循环往复，所以见于中国也。

吾国人口于内乱大杀之后，人口过剩之诸省，得移居于他乡，问题似乎得暂解决。实际上仍极严重，数千年之道德观念，无后为不孝之子，为父母者，莫不愿早生子见孙，婚嫁之年龄常早。今日内地中等社会，尚多于十七岁以下成亲。民间记岁之方法，异于今日法律之规定，生时即为一岁，明年元旦又为一岁，十七岁者，按今计算，则为十五六岁。据人口专家汤姆生（Warren S.Thompson）于金大演说，称十七岁结婚之妇女，生产之子女，约倍于二十七岁之始结婚者。其言本于统计，吾国何能独异？无怪人口增加之速。一八九四年，孙文上书于李鸿章，中云："今日之中国，已大有人满之患矣。其势岌岌，不可终日，上则仕途壅塞，下则游手而聚，嗷嗷之众，何以安此！明之闯贼，近之发匪，皆乘饥馑之余，因人满之势，遂至溃裂四出，为毒天下。方今伏莽时闻，灾荒频见，完善之地，已形觅食之艰，凶祲之区，难免流离之祸，是丰年不免于冻馁，而荒岁必至于死亡，由斯而往，其势必至日甚一日。"孙文之言，本于其在广东观察之结果，警切之至。其时民无储藏，一遇荒年，即无衣食。李鸿章自一八七〇年，就直隶总督，一八九五年始去。期内虽曾告假回籍，然不久即回，遇灾奏告皇帝。作者统计其奏疏，灾情有二，一曰水灾，二曰旱灾。水灾凡十四次，旱灾四次，除一八八〇年而外，其年直隶西南旱灾，东北水灾，每次代表一年。二十五年之内，灾共十七，平均每一年半有灾一次。其中水灾较多者，由于永定河为害也。永定河之在直隶，时人比之黄河。人民深受其害，政府縻款甚巨，而竟几无宁岁。直督奏报灾情，请留漕，拨金，捐款，买米，施赈，平粜，免赋，朝廷往往准许，贫民赖其救济。此就一省而言，山西、河南之灾，甚于直隶，贫民之生活痛苦可想。

公使驻京，自北京条约成立，告一结束。其时水陆通商商埠，数约二十。轮船驶行长江，外人得入内地游历，教士得自由传教，国际上交涉事件日多。驻京外使代表其本国政府，办理交涉，国内原有之理藩院与礼部，专为管理或待遇藩属之君长、贡使，列强非其可比，公使于礼节上不必叩首，待遇之新原则，优越之权利，处置通商问题，解决教案，议定边境，均出其职权之外，而理藩院又非适当之机关，乃因环境之需要，一八六一年一月，创立总理各国事务衙门，简称总理衙门，或曰总署，或曰译署，设立衙门之用意，初为专办通商事务，乃演进为外务部。恭亲王奕劻之奏请称，为临时性质，日后洋务转机，即可撤废。咸丰派奕劻及大学士桂良、户部左侍郎文祥管理，颁给关防，挑取满汉司员各八人，仿照军机处办理，后因事繁，增用额外人员，奕劻、桂良缔订条约，已见于前。文祥曾任粤海关监督，三人之中，推其明了国际大事。一八六二年，大臣奉旨在总理衙门行走者，增至七人，最多曾达十一人。其人多为六部堂官，或兼任军机大臣，对外之知识，极为肤浅，而又人数太多，责任不一，迥异于外交部。

日本大使副岛种臣来聘，自京返津，问李鸿章曰：“总署大臣十人，何为？”一八七五年，云南马嘉理案起，英使威妥玛交涉，久无进步，怒而出京，告李鸿章曰：“我在京与总理衙门商量此事，延至多时，或今日答应一两件，明日又谓某件还要斟酌，或此件甫经说有眉目，又说某处不能商行，各位中堂大人如同哄骗小孩子一般，说来说去，无非空谈。”又曰：“自咸丰十一年（一八六一）到今，中国所办之事，越办越不是，就像一个小孩子，活到十五六岁，倒变成一岁了。……总署向来遇事总云，从容商办，究是一件不办，”因言抽厘不照条约。李鸿章云：“这是中国自主之权，你岂视中国不当作自主之国。”威妥玛曰：“丹国（丹麦）是一个极小国，我国还许他自主，何况中国？但中国自周朝以来，常说内修外攘。试问至今，内修若何？外攘能否？今不改变一切，恐终不能自主，非独我一人意见，各国官民皆如此说。……中国改变一切，要紧尤在用人，非先换总署几个人不可。”其言若一训辞，说明总署办事之情状，足称详尽，而于中国长官面前如此说法，可谓轻蔑之至。李鸿章将其晤谈节略，函报总署，亦无改革。总理衙门除办理交涉，咨令外交官外，兼管海关、同文馆、购置军舰等。

通商口岸增加，领事之数亦多，条约规定领事与道台地位相等。向例地方长官办理外交者，为两广总督，及广州丧失其外交上之地位，朝议初欲南方商埠之交涉，归两江总督办理。曾国藩不愿与闻夷务，先由江苏巡抚薛焕办理，至是，设通商大臣于上海，以薛焕充任。北方三口，设三口通商大臣，办理牛庄、天津、烟台之交涉事务，以候补京堂崇厚任之，其后南北地方交涉，由道台出面，归南北洋大臣办理，由两江、直隶总督兼任。领事之职位颇低，而朝廷设通商大臣，与之交涉，乃将其地位提高。其人又以领事裁判权之故，益居重要之地位，轻视道府，欲与督抚抗礼。左宗棠为闽浙总督，不礼来谒之领事，领事报于公使，公使向总署交涉。左宗棠复称其未开正门，发炮迎之，故有此事。督抚后请总署拟定待遇章程，免致争执。外国初设领事，以其事简，曾以商人或教士充之，或请他国领事代办，尤以商务不发达之国为多。总署大臣后以商人或教士之充领事者，易生弊端，与外国订约之时，加以限制。

外国设外交官于吾国，吾国侨民之在外国者，多于在华之外人，而清廷初则不派公使，或领事于外国，虽曰财政困难，人才难得，而吾国历史上实少其例。一八五八年，美使列卫廉与直督谭廷襄订约，向之建议，谭廷襄答称中国富庶，无求于侨民，不必保护之也，足可代表一班大吏之思想。李鸿章等后曾建议派遣公使、领事，朝廷初亦置之。于此现象之下，列强对华之外交，根据于公使之报告，吾国所持之理由，或不易传达于其政府，发生事件，概归驻京公使办理。公使易得操纵，多所压迫，而于吾国损失颇巨。一八七七年，政府始设驻英公使于伦敦，以郭嵩焘任之，更设使馆于他国。其时公使多兼办三四国之交涉，政府以其事简，且可节省经费。顽固大臣初颇轻视驻外公使，郭嵩焘书友告友人曰："出使者，今人所薄视，自以不屑为者也。"李鸿章请赏驻德公使李凤苞花翎，部议驳斥，朝廷且言其出身卑贱以劾之，固其例也。后则风气渐开，群视出洋随员为捷径，设法营谋，曾国藩之孙曾广钧以翰林编修，谋为参赞，不幸失败，乃怨望李鸿章焉。

外交情状，以环境之需要，发生剧烈之变迁，对外或有觉悟，抑或稍异于前，实吾人所当知者也。总理衙门主办外交之大臣，知识浅陋，已如上述。一八六七年，皇帝密谕疆吏问其修约之意见，中云："咸丰十年（一八六〇）换约，原因中国财力不足，不得不勉事羁縻，而各国诡谋谲计，百出尝试，尤属防不胜防。"其怀疑列强之心理，迄未改变，亲王大臣时以复仇为言。总署对于外使之要求，非万不得已，不肯让步，其已允许者，仍欲避免。贵州提督田兴恕闹教，拆毁教堂，杀伤多人，法国公使迭次抗议，交涉日趋严重。朝廷饬大员查复，奏上，称其贻误军事，乃将其发往新疆，迭促其行，而田兴恕托病推诿。朝廷不问，密谕称其"贻误军务，应重治罪，第既牵有外国之案，则又不得不曲予矜全，以维体制"。大臣之心理，往往类近诏旨。天津教案解决，醇亲王奕谡愤而称病，谓"在事诸臣，汲汲以曲徇夷心为务"，而竟成贤员，杀义民。不负地方治安之官员，不守法律之暴民，反有贤义之称，此郭嵩焘所谓不知案之始末，而惟意气用事，马嘉理案起，无怪朝廷不将岑毓英议处，而清议诋毁郭嵩焘也。英、法、美、俄公使以战争之结果，驻于北京，而大臣仍信洋务转机，外使即可出京。一八六一年，总署奏请派员与普鲁士使订约，许其享受丧失主权之权利，而于使馆设京，则坚决不肯让步，请其于十年后设立，最后减为五年。约成，普使随员入京，恭亲王欲废条约，以示惩儆，文祥欲将随员递解出京。英使卜鲁士劝说，称其将即出京，普使且不进京，始已。既而普鲁士公使来华，商问驻京公使，现时能否入京？公使答称尚非其时，而普使贸然入京，恭亲王不礼焉，后知大势所趋，始许其请。兹再分言中兴名臣，对外之见解于下。

常胜军作战胜利，其主将戈登深望中国整顿武备，向总署建议，谓武官宜学炮法，总署置之，往谒曾国藩于安庆，陈说练兵。曾国藩卒然曰："余见英官著红色军服，而君衣蓝色，若位不足以致此，吾人将为君设法焉。"戈登颇轻其言，告以水兵服红色军服，而此为工程师之衣，乃进言建筑兵工厂之计划。曾国藩忽而论其佩刀，戈登失望，以英语问其译员丁吉昌曰："长官固如此乎？"丁吉昌曰："此拒君之进言也。"曾氏后闻沈葆桢主张翰林学习洋务，讥其大骇听闻，其上奏朝廷，论及外国，曾袭亿万小民与彼为仇之说，其友郭嵩焘函告其不应袭取俗说。及天津教案起，曾国藩上奏挖眼无据等情，都门士大夫讥之，乃奏论清议之祸，而悔其失言。左宗棠初言洋炮无用，虽主持创设船厂于福建，而以轮船危险，严谕其子不得乘坐自津南下。其时轮船虽有失事，而固不如其言之甚，闻知英国绅士有禁烟之运动，则言其恐惧中国报复，及自西北回归，李鸿章述其语，而加以批评曰："湘阴（左之故乡以之代用其名），提师入直，兴复不浅，然谓船政轮舶，足敌俄之铁甲快船，又称俄虽强，不若粤捻回之难剿，奚翅梦呓？"沈葆桢曾任船政大臣，及为两江总督，英人建筑铁路于吴淞、上海间，百计将其收回，理当自办，乃以吴绅耻其先有铁路，而又识见不广，偏愎不受谏阻，邀取时誉。遂将其拆送台湾，成为废物。李鸿章对之，深为失望，函告友人，斥其不知何心。长江水师主将彭玉麟，初纵其部下毁坏教堂，后言轮船无用于长江，而水师足资防御，曾奏朝廷曰："洋务……有不必讲者，如洋枪陆队，临阵呆笨，知正而不可奇。我军矫捷轻快，实远胜于西人，今乃必从而效之，延聘外入教习，是欲去己之长，效彼之短。此臣之所不解者也。薄小轮船，以之攻击脆薄，而不可用，巡缉长江尤所不宜。"其所主张者，则水师舢板船也。轮船较之舢板，孰为薄小？其言诚不可解。一八六二年，总署以文祥之议，创设同文馆，招收学生，习学英语，俄而扩张，兼授法语、俄语，一八六七年，设馆教授算术、天文等课。

大学士倭仁等以其奉夷人为师，力请罢之，其言曰：“变而从夷，正气为之不伸，邪气因而弥炽。”倭仁，蒙古人也，以理学见称，痛恨西学。朝廷欲开通风气，诏其在总理衙门行走，倭仁屡辞不得，家住称病。其年夏旱，太后诏求直言，知州杨廷熙奏请撤销同文馆以应天变，并诋大臣，时论谓由倭仁授意，太后诏其销假到任。倭仁无奈，乘马而往，说者言其故意坠马伤足，乃称伤重，竟不视事。名士许珏曾问于大学士阎敬铭曰：“今世正士，谁善外交？”阎氏叹曰：“焉有正士，而屑为此者！”

其他疆吏之见解，可于一八六六年之复奏见之。初总税务司赫德呈递《局外旁观论》于总署，其文一言内情，一论外情。其言内情，略称中国律例不能实行，兵丁欠饷，动称千百万两，“按名排点，实属老弱愚蠢，充数一成而已”。将校自尽请恤，浮报军功，官吏回避本省，而任胥吏舞弊，仇教而反迷信。国内经济状况，则“各省拨款叠催，而民言剥皮，及至大内所需，饬令捐备，例不报销，是令人舞弊也，……以致万国之内，最驯顺之百姓，竟致处处不服变乱。吁！事不以实，而徒饰虚文，可乎？”其论外交，谓中国之损失，“皆由于智浅而欲轻人，力弱而欲服人”。中国外交以边界、传教、贸易为重要，宜守条约。外国方便，有火车、轮船、工织机器、邮局、电报、银币、军火、兵法，中国宜早兴办，最后建议中国宜整顿地丁、盐课、税饷，规定官署经费，鼓铸银币，建筑铁路，制造轮船，敷设电报。皇帝又当召见公使，派遣驻外公使，早日解决争执。其言深切当时之需要，而总署大臣初置不理。至是，英使阿礼国递交其参赞威妥玛所著之《新议论略》于总署，总署大臣误解其意，以二语论之曰：“一则曰借法自强，一则曰缓不济急。”威妥玛谓中国之情状，内乱甚深，外交冷淡。内乱则“目今直省之中，若云全省并无贼股，实不易言。盖贼率皆会匪，入会实意不过抢掠，旗号所书，皆欲立国为君”。云南回疆乱尚未平，奉天亦有叛乱。其原因则以水旱之灾，官吏不先防备，财政困难，兵士欠饷。厘金病民，而一二良臣，无济于事，亟宜改革。对外中国宜变通前状，言者以新法含有恶意，实则外国无侵占之意。英国迭请中国派使赴英，中国可派使驻外。各省宜筑铁路，设电报，开矿产，练军队，借外债，设医校，用外人，并引海关为证。朝廷乃将二文交官文、曾国藩等筹议，疆吏尽以恶意推度，几尽言其无一可行。湖广总督官文以为中国事机已顺，惧我相图，故作此论，且欲牟利。江西巡抚刘坤一奏曰："通商不过耗我之物产精华，行教则是变我之人心风俗"，轮船火车断不能从其请，遣使则弃重臣于绝域，令得挟以为质。其对外交之主张，则曰"以夷攻夷"。两广总督瑞麟奏称兵不宜裁，律不必改，新法除军火外，皆不足议。浙江巡抚马新贻复奏夷畏百姓，赫德所言内情为尝试，外情为恫吓。其他督抚之言，殆无引证之必要。吾人今读疆吏之奏疏，几不敢信其曾读赫德、威妥玛之原文也。疆吏之心理，岂如郭嵩焘所言耶？郭氏自英书告李鸿章曰：

> 窃谓中国人心有万不可解者，西洋为害之烈，莫甚于鸦片烟。英国士绅亦自耻其以害人者，为构衅中国之具也，力谋所以禁绝之。中国士大夫甘心陷溺，恬不为悔，数十年国家之耻，耗竭财力，毒害生民，无一人引为疚心。钟表玩具，家皆有之，呢绒洋布之属，遍及穷荒僻壤，江浙风俗，至于舍国家钱币，而专行使洋钱，且昂其价，漠然无知其非者，一闻修造铁路，电报，痛心疾首，群起阻难，至有以见洋人机器为公愤者。曾劼刚（纪泽）以家讳乘坐南京小轮船至长沙，官绅大许数年不息，是甘心承人之害，以使朘吾之脂膏，而挟全力自塞其利，蒙不知其何心也。办理洋务三十年，疆吏全不知晓，而以挟持朝廷曰公论，朝廷亦因而奖饰之曰公论。呜呼！天下之民气郁塞壅遏，无能上达久矣，而用其鸱张无识之气，鼓动游民，以求一逞，官吏又从而导引之。

郭嵩焘之痛言，可谓切中时病，李鸿章初拟遣学生出洋，总署先尚不肯照会公使。一八七四年，李氏入京，向总署王大臣建议，筑铁路，设电报等，文祥目笑存之，会议不置可否，廷臣有诋之者，乃请于奕劻先办清江至京铁路。奕劻心以为然，但谓无人主持，太后亦不能定此大计也。后刘铭传再言铁路，亦阻挠于时议。一八八九年，醇亲王奕譞拟筑天津、通州铁路，而朝议相违，叹曰："决理易，靖嚣难。"刘铭传愤而言曰，"津通铁路，此次如办不成，以后决难再举，不独遗笑外洋，朝野有志之士，亦冷心解体"。会张之洞请先筑芦汉（后称京汉）铁路，朝廷许之，郭嵩焘闻而失望，以为津通路短，易于筹款，而芦汉路长难于兴筑，不过縻款，一无所成而已。朝廷尚别有奏请者，李鸿章亦深失望，电告友人曰："中国积习，可叹可恨。"一八八〇年，政府许设电报，各省次第兴办，独湖南官绅反对，设立之电报杆，均为人毁去。其人亦何愚陋至此耶！

李鸿章之见闻较广，办理外交，负有能名，对于内政，主张变法，仍不免于极大之错误，一八七〇年，天津案起，奉命回直，上奏筹御外人之疏，中云："臣昔在苏沪与洋人久相交涉，所部将士与洋兵曾共战陈，习知其平素伎俩，专恃火器。水路船炮我军或难于争良，陆路野战彼族亦难必胜，盖大炮笨重，不宜运行，又洋人不能自扎营垒，一败则无归宿也。"其后在津日久，益知外国之情状，始知淮军之不可恃，奏曰："饷少，兵劣，器坏，不能一战。"人之知识有限，不能无错，知而改之，实足钦佩；又以外人曾在常胜军中，设与他国战争，招募外人，彼将助我作战。伊犁交涉严重之时，戈登奉召来华，入京陈说意见之后，返津，回归印度。李鸿章称其言曰："中国对外有事，彼将来助。"其言深可怀疑，而固李氏之感想。后中国驻外公使，先已购定军舰，忽以与第三国势将起衅，废弃成议，公使报于李鸿章。李氏初尚不信，命其交涉，终无进步，始知中立国之意义。此种错惧，不独李鸿章一人，而士大夫莫不尽然。初伊犁事起，张之洞主张战议，大言炎炎，其奏议中有云："设使以赎伊犁之二百八十万金，雇募西洋劲卒，亦必能为我用。……俄人意在拊印度之背，……李鸿章若能悟英使辅车唇齿，理当同仇。"天下之事，实不若此简易。戈登之来华，印度政府不许其请，将其免职。朝臣殆不之知，其他共同错误，则初遇交涉，大臣不敢轻见外使，或往外国，以入虎口也。鸦片战争，将告结束，道光谆谆然谕戒耆英等不可轻身，即往夷船。巴夏礼等之被捕，亦由于此历史上之传统观念。中日台湾交涉事起，日本时无使臣在京，朝廷不派使臣渡日交涉，据李鸿章言，恐其留之为质也。一八七六年，皇帝诏李鸿章为全权大臣，前赴烟台，与英使威妥玛商议和约。时英巨舰来华，人心汹汹，津人患其危险，百计留之。及条约成立，友人有致书问之者，答书称其前入虎口，言下露有不顾生死之意。其言殆非夸张功绩，而或诩于明僚，盖尚不知公法也，自此而后，国人渐知其无危险矣。李鸿章又上奏曰："各国通商传教，往来自如，麇集京师，各省腹地，阳托和好之名，阴怀吞噬之计。"殊不知欧美列强，外人入其国后，居住合法行动之自由，或过于其在中国。李氏之恐惧，实为太甚；凡此种种，例不胜举。吾人生于今日，指摘前人之过，殊非难事，设使吾人生于当时，决不敢谓对外知识，高于时人。吾人之责任，则在明了当时之背景与环境，而可认识其政治社会。其造成之原因，由于胸襟狭隘，心理傲慢，成见太深，而无求真知识之心。吾人不能为之恕者，有得新知识之机会，不知利用，而仍顽固反对，阻碍中国之进步，增加民众之痛苦也。于此现状之中，宜李鸿章之见称于世。今之论古，犹后之议今，古人给予吾人极大代价之教训，可不勉乎？

吾国处于十九世纪科学发达之中叶，列强之公使驻京，领事驻于商埠。其轮船驶行于沿海，及长江内之口岸，货物贩运于全国，其军舰枪炮，以战胜之威，动人耳目。其铁路之发达，电报之敷设，矿产之开掘，闻者或动其好奇之心理，识者或有仿行之计划。外人视为利之所在，多方劝说，谋得承办之权，实用科学及经济势力，非任何人所能反对而终止。同时，外使在京，于中国战争屈服之后，不免存有轻视之心，而大臣顽固之态度，益足以坚其概念。中国之礼教，自其观之，犹为古代之产物，不适用于近代先进国之代表，欲以西方盛行之礼节，行于中国。中国之社会环境，迥异于外国，一旦欲其抛弃固有之思想礼教，采行其所轻视夷狄国中之礼节制度，自固不易，然于失败之后，又难完全拒绝，问题乃生于此。其时主要之问题，可别为五，一曰改革与新法，二曰觐见与遣使，三曰订约与修约——商业，四曰教案，五曰属国之丧失。凡此五端，系就咸丰死后，迄于中日战争期内之大事而言。一八六七年，太后以十年修约之期将届，密谕疆吏筹议修约事宜，旨中胪列六款，一请觐，二遣使，三铜（电）线铁路，四内地设行栈，内河驶轮船，五贩盐挖煤，六传教，疆吏各就所知议复。试举曾国藩、左宗棠、李鸿章之意见，以作疆吏之代表。关于觐见，均请准许，遣使外国，认为有益，传教当晓谕人民，并许保护，挖煤曾李谓用机器自行试办，左氏言外商不宜挖煤。余款三人均言不可。其理由可引曾国藩之奏语。其言曰："其（洋人）来中国也，广设埔头，贩运百货，亦欲逞彼朘削之诡谋，隘我商民之生计。军兴以来，中国之民久已痛深水火，加以三五口通商，长江通商，生计日蹙。小民困苦无告，迫于倒悬。今若听洋人行盐，则场商运贩之生计穷矣；听洋人设栈，则行店囤积之生路穷矣；听一轮船入内河，则大小舟航水手航工之生路穷矣；听其创办电线铁路，则车驴任辇旅店脚夫之生路穷矣。……轮船铁路等事，自洋人行之，则以外国而占内地之利，自华人之附和洋人者行之，亦以豪强而占夺贫民之利，皆不可行。”其言虽有形容过甚之处，而实含有至理，究有何合于理智解决之办法，减少小民可以避免之痛苦？固不能以其害而抹杀其利，经济势力，且非政治所能阻止。此所以国内需有眼光明锐之政治家也。曾氏不足语此，其言不过代表一时之意见，兹为便利之计，仍按上言之五问题，分言三十三年中之大事如下：

国内机关改组早而成绩较著者，当推海关。初国际贸易限于广州，海关监督主持征收货税船捐，而并勒索规礼，久为外商所病，及南京条约成立，新开放之四口，皆设海关。上海、宁波各由道台兼理，福州、厦门归都统节制，广州仍照旧制。其时海关行政较之于前，固有进步，而官僚恶习则未尽去，税吏不通外国语言，私受商人贿赂，共同舞弊，如上海税吏将棉花二包作一包计算纳税。新自英国来华之商人类多资本短少，尝或不顾信义，偷运货物，诚实商人乃言海关不能行使职权，纳税偷税之货物，待遇实不平允。一八五三年三月，太平军攻陷南京，九月，小刀会起事于上海。上海道吴健章以外人之助，缒城出逃，住于租界。会英、美、法领事宣布中立，吴健章不得于租界征收货税，暂设海关于黄浦江中之船上，但以领事之抗议而罢。其无理干涉侵犯中国之主权，至堪惜痛。条约上英国领事，负有赞助华官收税之义务，通知商人，书其税额存于领署，商人言其出于职权之外，英商后竟不肯缴款。吴健章不能收税，以作官军之饷，心至焦极，改于上海往内地之要道，设税局二所，三国领事提出抗议，殊不知其何所根据，而干涉内政也。吴健章无奈，撤去税局，一八五四年二月，向其议定，设海关于虹口。后二月，英船一只不纳税银，领事依据条约，当即予以惩罚，不幸置而不理，他船要求同样之待遇，遂不纳税。总督怡良密咨闽、浙、江西等省督抚，停止商人贩运丝茶于上海销售，未有效力。六月，吴健章再与三国领事议商上海海关章程，由其各推委员一人主持收税，七月，委员就职，上海海关之实权，始归于外人。吴健章因以媚外及养贼罪落职。委员初为领事馆之职员，认此非其职守，相继去职，英领推荐李泰国，英国闻报，以为推荐侵犯主权，表示反对。李泰国之在职也，自由雇用职员，非其同意，不得罢免。其为人也，善于组织，办事认真，收入为之大增。

领事外商谓其结果良佳，主张推行于他港，一八五八年，中英通商章程，载明中国自由邀请英人帮办税务，毋庸其官指荐干预，西方诸国均得享受同等权利，明年，两广总督劳崇光，及关督恒祺商请李泰国改组广州海关，试办一月，颇著成效，遂用外人办理。及北京条约告成，赔偿英法军费大增，而以海关之收入担保，一八六一年，恭亲王以薛焕之请，奉旨箭谕李泰国帮办各海口通商事务。海关任用外人之制，次第推行于各口，卓有成效。会李泰国回英，以英人赫德等暂摄其职，奉命购置军舰，及回中国，总署以其办理不善，改委赫德代之。

赫德初为广州领事馆之译员，后服务于海关，一八六三年，代李泰国职。为人精通华语，娴习华礼，忠于职守，督抚初有反对外人管理海关者，赫德处置得宜，免去困难，及就职后，即往北京，谒见恭亲王于总理衙门，言谈欢洽，一八六五年，正式设立总税务司官署于北京。其职务于管理关税之外，对于外交常有赞助，事实上殆为总理衙门之顾问。海关年有报告，凡输出、输入之货物，价值、收入、支出等款，颇为详晰，赫德所用之高级职员，不分国籍，藉以免除列强之忌嫉，初一八五八年之通商章程，允许美法诸国，雇用其国人帮办税务故也。其中以英人为最多，初无华人，政府亦不之问，其薪金待遇颇为优厚，外人乐为之用，中多能员。赫德告其服务于中国政府机关，办事必当勤慎信实，兼宜学习华语，各地税务司须与地方官合作。一八六四年，赫德说恭亲王提出钞银百分之十，充作设置浮桩、号船、塔表、望楼，以利行船，先是，海关收入除行政费外，余款概作政府收入，通商章程载明拨用船钞，建筑浮桩等，至是，赫德建议，总署许之。未几，政府次第准提外船华船钞银百分之七十，以作改良航行之费，其款既多，工作益繁，航船颇受其利。一八六七年，引港亦归海关管理，而水手多为外人，此官吏放弃责任，而与外人侵略之机会所造成也，外人更何足责！方赫德之整理海关，英商恶其职员详问船上之货物，而未予以权利，英领谓其仍受领事裁判，曾课以罚金，而妨碍其工作。其危险则海关长官，非承领事之旨意，或间接受其指示，则难行使职权，海关之行政主权何安？赫德改订外人之受处分者，暂派人代理，同时，上诉其案于英国法庭。驻京英使亦谓英人之受领事处分者，非其个人之责任，乃执行中国政府命令所致之结果，不能负责，英国政府之意见亦然。会法庭否决领事之判书，其事始已。

其时国际商业视前发达，海关之收入增加，广东则以香港、澳门不归中国治理，漏税甚多。香港、九龙去广州不远，自英人经营以来，商业日盛，舢板船之往返于广州、香港者繁多，香港公卖鸦片，而鸦片输入纳税颇重，小船自香港偷运鸦片入于内地，获利极厚。粤海关监督无如之何，乃于中国领海之内，驻船巡查来自香港之船只。英商谓其封锁香港，表示热烈之反对，而公使言其属于中国主权，英商始肯让步。一八八六年，赫德奉命往港议定鸦片专约，港官协助海关收税，管理往返二地之商船，中国撤去巡船。赫德因欲解决澳门之悬案，初葡萄牙人租居澳门，岁出税金五百两，中国设官驻守。一八四九年，葡官驱逐华官，而强据之，广东官吏人民莫不恶之。后葡萄牙遣使入京，议订条约，朝廷以澳门问题迄未解决，不肯批准。就国际公法而言，葡萄牙之据澳门，无条约上之根据，近于盗贼之行为，自理论言之，中国尚未丧失领土也。澳门地接香山县，水陆路往返广州，均称便利，鸦片之偷运入粤者额数颇巨。至是，赫德奉命遣人前往葡京，一八八七年，议订条约。其要款凡三，一、葡萄牙永远管理澳门。二、澳门不得让与他国。三、澳门政府协助中国征收洋烟之税。约成，又订鸦片专约。两广总督张之洞坚持反对之议，奉旨申斥。赫德辩护则为预防葡萄牙割让于法也。海关收入，同治初年，约七百万两，一八八九年，增达一千五百万两，洋药税厘又六百万两，共二千一百万两。一八九三年，增至二千三百万两。

海关而外，海军亦颇重要，其军舰则多购自外国。初国内水师成立颇早，惜其船身微小，久无改革。不足一战。及林则徐缴交英商鸦片，购一美船，改为军舰，是为中国新式军舰之始，后为英舰击沉，或言未及购置。迨常胜军建立奇勋，赫德建议于恭亲王奕䜣，购设海军，以便早平内乱。恭亲王从之，令总税务司李泰国于英购置军舰，招募水手，李泰国聘英海军大尉阿思本（Sherard Osborn）为将，订立合同，谓其不受他人之指挥，而仅执行李泰国交来皇帝之命令；共买军舰七只，运输船一，用银一百七万两，每月经费需银七万五千两，一八六三年，驶行来华，九月，抵于上海。恭亲王令归江督曾国藩、苏抚李鸿章调遣，初曾国藩闻舰队将至，患其分夺将士之功，迭次书告李鸿章，不愿其来助攻南京。李泰国入京，商定中国派员为汉总统，阿思本为帮同总统，听督抚节制，并可派人上船学习。朝廷以蔡国祥为汉总统，而阿思本欲照合同办理。曾国藩奏曰：“不若早为疏远，或竟将此船分赏各国，不索原价。”李鸿章奏称蔡国祥面谓徒拥虚名，阿思本亦请解散，并告英使卜普士若不善为处置，将生危险。恭亲王照会卜鲁士将其变卖，英使遂令阿思本统率舰队驶往印度办理善后事宜，解散水手，兵舰卖于英国。不敷之款项，仍归中国担负，前后縻银一百四十余万两，竟无所得，良可怪也。曾国藩虽不欲舰队助战，然于长江亲见轮船驶行迅速，不受风浪之阻碍，淮军以轮船之运载，得过南京江面，抵于上海，心中不能无感触，乃召华人，试造轮船于安庆，未有成绩，派候补同知容闳出洋访探机器真价，有所购买。容闳者，粤人，幼得教会之助，留学于美国耶鲁大学，而欲中国变法者也。李鸿章时与外人相熟，知其枪炮之利，设局仿造枪弹，谋于上海，访购机器，一八六五年，海关译员唐国华等因案革究，集资购买虹口铁厂以赎罪，其厂原为修造轮船之用。会容闳所购之机器亦至，归并一局，厂中有洋匠八人，以时需要制造枪炮，每月需银一万余两，后二年，曾国藩奏请拨留关税二成，一成作为专造轮船之经费，奉旨准许，其年于城南购地兴筑新厂，明年，造成轮船一只，名曰恬吉。曾国藩称其尚属坚致灵便，可涉重洋，将陆续增造。其在闽县马尾尚有大规模之船厂，左宗棠初主持之，商请浙江、广东巡抚，凑集巨款，据其一八六六年奏议，开办费三十余万两，每月经常费约五六万两，聘前宁波税务司法人日意格（Giquel）、法国洋枪队将德克碑（D’Aiguebelle）主持其事，朝廷许之。会奉旨北上督兵，疏举沈葆桢为船政大臣，并请仍得会衔奏事，皇帝从之。朝臣后以船厂縻款太巨，而造船太少，奏请停办。左宗棠论其不可，李鸿章亦以为言，始得不废。自吾观之，其经营实不得法也，李鸿章亦称其植党排轧，积弊深痼。

一八七四年，台湾事起，朝臣以为陆军强于日本，而海上作战，恃有军舰，张佩纶奏设海军以御日本，明年，朝廷议定海防费四百万两。其时船厂所制轮船均为旧式，而多以木造成，且其所造之数，不敷分配，乃向英国购买蚊子船八只，由直督李鸿章主办，两江总督亦另购买。一八八〇年，李鸿章拟购铁甲船于英，而英以中俄交涉严重，不肯出售，明年，向德订购二只，凡银三百二十六万两，其年共到蚊子船十一，快船二，又陆续购买，修筑大沽炮台，建筑旅顺炮台。及中法事急，福建有兵船七只及水师船等，及战，为法舰所毁，船厂幸免于难，法舰往攻台湾，守将刘铭传迭次请援，而援军不敢渡海。战后，朝廷深受刺激，适二铁甲船来自德国，名曰定远、镇远，新购之雷艇亦至。醇亲王奕谡时代恭亲王奕劻执政，欲有所为。一八八五年，太后诏立海军衙门，谕奕谡总理海军事务，节制水师，李鸿章、奕劻、曾纪泽等会同办理，建筑威海卫港。明年，奕譞巡阅旅顺、威海卫军港，检阅海军，李莲英随行，海军颇有振作之气，续购之快船亦至，雇用英海军大尉琅威理（Capt. W. M. Lang）为总教习。其编制操法，仿自英国，以其海军最强也，北洋舰队，以全国之力经营，颇有可观，而饷岁增，费用浩繁，乃借款以救济，并谋筹新款。会太后将归政权于光绪，拨用海军经费修筑颐和园，部议不再购买新舰。其提督丁汝昌本为淮军战将，无海军知识，琅威理以其无权，不能有为，辞职去国。其下将佐，多为闽人，有习海军于欧洲而归者，轻视主将，操练日怠，军纪渐坏。南方南洋舰队归两江总督节制，实力远在北洋之下。

陆军与海军相较，殆无明显之改革，陆军之不能战，久为识者所知。琦善于鸦片战后，官于西藏，与法教士语，承认军队之当改革，但不敢上奏于皇帝，言之将有杀身之祸。耆英与美使顾盛订约于望厦，不受顾盛所赠之枪炮模型与兵书，殆亦为此。曾国藩、左宗棠初均不信洋枪大炮之威力。李鸿章于上海见闻外兵常胜军之作战，始信其战守攻具，天下无敌，迭次书告曾国藩说其倡率用外国军器。李氏雇用外人教授炮法，买置大炮数尊，购办造械机器，及常胜军解散，戈登劝其收留其一部炮队。其心中以为“中国但有开花大炮轮船两样，西人即可敛手”（上曾国藩书中语）。曾国藩不肯倡率，并置戈登之建议于不顾。及曾国藩北上剿捻，李鸿章代为两江总督，购机器，设厂于南京，制造军火，江苏遂有机器制造局二所。一八七〇年，李鸿章改授直隶总督，初三口通商大臣崇厚奉旨创办机器局，厂址周围五六里，在天津城南海光寺，至是由李鸿章接办，大加扩充，一八七四年，分设四厂，规模宏大，他省亦有仿办者。机器局虽有创设，而军制迄无改革，戈登曾向总督署条陈西法练兵，总署置之。后台湾事起，朝廷诏筹海防，李鸿章之建议，中言练兵用洋枪炮，丁日昌奏请武举改试枪炮，均未采行。粤省劳崇光雇用英人练兵，俄亦解职。当时八旗仍称劲旅，受国家豢养，各省营兵多复旧额，其情状一如左宗棠之奏语（其言见上）。淮军器械较优，而军纪操练，未有进步，李鸿章曾雇德教练官，而不与以实权，其创办之武备学堂，徒有虚名。戈登于伊犁交涉时来华，及其将去，留有赠言，中云："中国既请洋入教导，华人必当受教。……华人不愿受教，不如不请。"其言深切时病，又言中国陆军劲旅无多，宜先整顿陆军，不幸其未整顿也。

交通亦有改革，惜其进步迟缓。初十八世纪，英人瓦特改良蒸汽机，其推广之影响，改变世人之生活，十九世纪初叶，科学家制造轮船、火车，试行之结果良佳，次第推行于欧美，中叶，商人经营之电报盛行于美欧，电话于一八七八年由商人开始营业，世界之交通为之大便。中国处于此时，当即利用科学之发明，促进国内之交通。盖时土地广大，交通不便，人民受其影响，多数足不出于百里之外，而老死于家乡，方言为之繁多，朝廷难于监督地方长官。交通果有极大之进步，阻碍势将减少，朝廷固不之知。其先行于国内者，则为轮船。轮船于鸦片战争始至吾国，一八四五年，商业轮船往来于香港、英国，后五年，航路展至上海。迨天津条约成立，额尔金乘坐轮船驶抵汉口，及条约批准，长江开放。轮船往来于口岸，沿岸商埠亦有外轮运货载客，内河时未开放。苏浙河内，竟有小轮船驶行。国内往来海口之沙船，内河之运船，均受亏折。"滨海之区，四民之中，商居什之六七"（左宗棠奏语），均感生活困难。李鸿章初奏救济沙船，予以利益，而终不能与轮船竞争，信如李鸿章曰："中国长江外海生意，全被洋人轮船夹板占尽。"容闳等欲筹款购置轮船，分运漕米，运载客货，未能成功，而殷实商人有附洋商营业者。一八七二年，李鸿章饬南省海运委员朱其昂等，酌立招商章程二十条，大意官商合办，官先借拨钱二十万串，创设招商局，华商入股，购船三只。政府准其照新关章程完税免厘，揽运货物，起岸则照常捐厘。李鸿章咨准江浙督抚，将明年漕米二十万石，由其运津，咨请总署加意保护，两江总督沈葆桢颇多赞助。开办五年，置船十二，借用官款，收买美商旗昌洋行大小轮船十八只，英商太古公司减价争运货物，而关道以运漕之故，滥荐私人，招商局遂致亏蚀。朝官迭次参奏，均赖李鸿章妥为奏复，请将官帑免息三年，分五期缴还，商局设法增加股本，官物概归其运送，运津漕米增加额数。及朱其昂死，叶廷眷、唐廷枢次第接办局务。后中法战作，商局船只惧为法舰所毁，不敢出洋，营业停顿，亏息不堪，乃售交旗昌洋行营管。战后，朝廷责令收回，而商局之债积多，难于维持。李鸿章奏请运糟空回减税，并减茶叶之税，暂勿提拨官款，朝廷许之，商局之基础始固。综观招商局之成立，多赖李鸿章之全力协助，曾因之与疆吏相忤，如左宗棠称为其商人射利，与国家无益之类。其营业失败者，由于滥用私人，不知节省，而官僚之习气深重，其主持局务者，均有官衔，以类近衙门之机关经营，自多处于失败之地位，殆所谓公家穷而私人富，况有资本雄厚之外商与之竞争乎？

外商久欲兴筑铁路，一八七五年，英商未得中国之许可，建筑上海、吴淞间之轻便铁路，明年，工竣营业，乘客拥挤，而绅士耻之。江督沈葆桢严令上海关道交涉，未有进步，会车辗毙一人，沪官打死地保，鼓动乡民示威，形势严重。英使威妥玛以滇案出京，时在上海，饬商人停车，及烟台条约成立，李鸿章与之议定赎路，派道员盛宣怀往沪，与沪道英领会商办法，出款二十八万两赎回。初李鸿章入京陛见，建议兴筑清江至京铁路，恭亲王谓太后不能定此大计，至是，力劝沈葆桢收回自办，英商亦愿赞助中国办理。而沈葆桢求好于清议，坚持不可，会丁日昌奉旨准于台湾试办铁路、电报，乃将其拆送台湾，其一部分材料，成为废物。台绅林维源捐款五十万元，建筑铁路，而朝廷将其改作赈款。台湾铁路，后由刘铭传办理，刘铭传曾请建筑二路，一自清江至京，一自汉口至京。朝廷交南北洋大臣复议，江督刘坤一言其不可，李鸿章请借洋款建筑，朝议诋之。其反对筑路之原因，一为贫民失业，毁迁坟墓，一为知识浅陋。实则铁路筑成，货物流通，足以解决一部分人民之失业问题，愚陋非待试验所得结果之后，将难消除。所贵乎已受高等教育而居高官者，在其虚心，乃张家镶奏疏中云："民间车马及往来行人，恐至拥挤磕碰，徒滋骚扰"，不亦可笑。李鸿章仍谋有所进行，其奖进开采之开平煤矿，为便利运煤之计，一八八一年，筑成唐山至胥各庄铁路，长约二十里，俄再接造六十里，南抵蓟河边阎庄。一八八七年，李氏商得弈谖之同意，由海军衙门奏请将其延长，南接大沽北岸，北接山海关，若款不足，先筑阎庄至大沽北岸八十余里之一段，再造大沽至天津百余里之路线，仍由公司经理，奉旨照行。公司借款兴工，一八九四年，工竣通车。李氏又向弈谖建议，建筑天津、通州间之铁路，弈谟同意，而朝议庞杂，奕谟让步，主用晋铁，改筑卢沟桥至汉口铁路。晋铁量数尚不可知，何时炼铁？更属遥遥无期。朝廷忽欲先筑营口至珲春铁路，会醇亲王死，无人主持，遂作罢论。

电报之在中国，初许美商安设海线之权利，其线自美至华，路过英俄，不能兴创而罢。丹麦亲善二国，一八七〇年，英使威妥玛为之请于总理衙门，丹商大北公司得设海线，自香港达于上海，言明不得于岸上设线，明年，工竣。及台湾事起，疆吏颇赖其利，许其于福建、台湾设线，会以反对而止。及吴淞铁路筑成，公司于路旁设线，直达上海，铁路由沈葆桢收回拆毁，乃说其将电线拆去，公司迁延不肯，后由中国收回。李鸿章初曾议设电线，朝廷不可，一八七九年，自大沽口至天津架设电线。明年，伊犁事起，请架设电线，上谕准可，乃创电报学堂，雇丹麦人教授。盛宣怀请归商办，由官保护津贴，方事之初，召股困难，改借官款，由淮军饷内支出，改为官督商办，分期归还官本。工程由大北公司代办，延长达于广东，一八八三年，展接京通，明年，自上海展至汉口，广州展达龙州，北塘展至山海关、旅顺，更由济宁设至烟台，由营口至奉天，由奉天至朝鲜仁川。一八八五年，盛宣怀请由汉口接线至川入滇归商办，自广西入滇归官办，其理由则山道设线不易，商人无利可得也。李鸿章以奖设电报之故，从之。北方电线又展达保定，奉天展至珲春，一八八八年，九江架至南雄，南达广东，明年，定至陕西为商线，自陕至嘉峪关为官线。其时电报费昂贵，非达官商人，殆少用之。商线经过之区域，多为要邑，获利极厚。外商经营之海线，除大北公司而外，尚有英商大东公司，一八八三年，准其妥设上海、香港间之海线，与中国陆线相接。边境则中法条约载明互接电线，一八九二年，亦许俄国接线。电话始于一八八二年上海租界设立，国内城邑之仿行者颇迟。新式邮局初于香港成立，逐渐于商埠营业，中国设立之邮局则发达较迟，其原因则官文传递，旧设驿站，后置文报局，民间设有信局，而朝廷反对设立邮局也。初天津条约载明使馆邮件，每于冬季改由镇江寄发，总理衙门交海关办理，海关于封冻口岸，次第附设邮政部，归天津税务司德璀琳（Gustav Detring）办理著有成绩，乃于商埠次第设立寄信局。

士大夫对外知识之浅陋，由于中外言语之迥异，国内缺少关于外国实况之书籍。一八六三年，李鸿章曰：“互市二十年来，彼酋之习我言语文字者不少，其尤者能读我经史，于翰章、宪典、吏治、民情，言之历历，而我官员绅士中绝少通习外国语言文字之人，外国公使领事均有译员，而中国唯有通事传语。其人通洋语者十之八九，兼识洋字者十之一二，所识洋字亦不过货名价目，与俚浅文理。”其言殆为多数通事之写真，精通外国语言之人才，实为当时之需要。初恭亲王奏设同文馆，咸丰许之，一八六二年成立。其章程仿自俄文馆，先置学生十名，年在十五左右，从八旗中挑选，教授汉文、英语，每届三年，总署一考，明年，添设法文、俄文二馆，每馆学生十名。李鸿章请于上海创设外国语言文字学馆，朝廷许之。及上海机器局扩充，曾国藩奏称雇用英美人四名译书，俟学馆筑成，即选聪颖子弟学习，及成，有学生数十人。广州亦设学馆，有学生二十名，其毕业者送往北京同文馆肄业。恭亲王以左宗棠等之建议，奏添一馆，考收满汉举人等习学天文、算学，太后许之。总署改订章程，凡年在三十以内之翰林院庶吉士、编修、检讨，及五品以下由进士出身之京外各宫，均得应考入馆，发给原薪，奏派徐继畬为总管同文馆大臣。柳史张盛藻称非养士之道，上谕不应。倭仁极言不可，且曰：“未收实效，先失人心”，迭与总署争论。太后后始谕称仍照前议办理，饬倭仁另办一馆。倭仁奏言无人可保，上谕令其咨访，会知州杨廷熙应直言之诏，痛诋在京之王大臣。恭亲王自请免职查办，太后不许。及考，应试者凡七十二人，考取三十一名，固为正士所轻视，其入馆者仍多八旗子弟，不肯尽心学习，于是设备比较完备之同文馆，竟无影响于中国。

同时，马尾船厂亦附设学堂，分英文、法文二部，选童入学。其后李鸿章于天津创电报学堂、武备学堂、水师学堂，类多办理不善。学生不能利用时间，切实学习，而外国教习亦不能尽其才力，徒有虚名而已。容闳主张派遣幼童留学外国，由丁日昌商于曾国藩、李鸿章，一八七一年，二人联名致书商于总署，每年访选幼童三十名往美国肄业，以四年为限，共一百二十名，在美肄业十五年后回国。总署许之，明年派出。一八七六年，李鸿章遣淮军将士卞长胜等七人赴德学习军事。同年，船政大臣沈葆桢遣学生数名，随日意格赴法，明年，遣学生三十名往法英学习海军造船等科，以三年为期。其后闽厂又遣学生出洋学习六年。政府每次遣派学生，縻款颇巨，并命监督同往，吾人不知其监督何事也。幼童不知国内之情形，遣之前往，乃于外国教授国文，宁非愚乎？淮军将士之赴德也，先无预备，又非其人，据德使报告，其中三人不肯学习，并阻他人学习。船厂学生限期太促，其后留美幼童竟以监督不满意之报告而撤归，卞长胜等无所得而返，船厂学生亦无美满之成就，可慨也夫！谋之不臧，以致于此，主其事者，实有相当之责任焉。

第七篇

内政外交（续前）

觐见之争执——外使之人觐——遣使之困难——斌椿游历之失败——蒲安臣之出使——驻外使馆之成立——条约——滇案之交涉——烟台会议——交涉之评论——中德修约之交涉——外商之贪心——反对教士之传说——教案之迭起——天津教案之严重——藩属之观察——新疆叛乱之平定——伊犁之交涉——中日之关系——中国对于安南之失策——和议之失败——战争之经过——和议之成立——交涉之评论——缅甸之丧失——西藏交涉之开始——帕米尔之交涉——外人之赞助中国——华工贩运之惨史——国际贸易之发达——输出输入之物品——国内情状之不变

外使驻京解决于英法联军之役，英、法、美、俄使馆相继成立于北京，咸丰患其觐见，不肯返京。同治嗣位，外使要求进觐，总理衙门答称太后听政，不能照允。其在京也，除与总署大臣相见而外，不得与各部院大臣往来，英使威妥玛为李鸿章言之，李称其不管洋务，故无外交。英使则曰："各国规矩无论管理洋务与否，皆可互相往来，以敦友谊。"适用西方之政教于中国，实非易事，入觐问题尤难解决。朝臣之心理，多欲外使如礼跪拜，而公使固力不可，且执条约上不得有碍国体之说。朝廷视为重大事件，一八六七（同治六）年，预筹修约，列举问题，谕疆吏奏复，曾以之为问。左宗棠论之曰："今既不能阻其入觐，而必令其使臣行拜跪礼，使臣未必遵依。窃思彼族以见其国主之礼入觐，在彼所争者，中外钧敌，不甘以属国自居，非有他也，似不妨允其所请。此礼限于呈递国书。"左氏并言使臣平日无须请觐，若欲请觐，仍行拜跪礼乃可。曾国藩请于皇上亲政之后，许其入觐，不必强以其难。李鸿章之意见，与之相同。三人与外人接触较久，多所询问，故其言如是。山东巡抚丁宝桢则言"彼既不行中国之礼，其桀骜之气，自难遽驯，……若准入觐，恐将来锥刀之事，动烦睿鉴，措置较难，……似不如先为婉拒，……以杜其渐也"。丁氏之言足以代表朝臣之议论。会朝廷派前美使蒲安臣（Anson Burlingame）为办理中外交涉事务使臣，聘于列强。据恭亲王奕劻奏报，有饬其无庸谒见君主之语，据外人记载，蒲安臣谒见外国元首，称同治亲政，亦许外使入觐。及天津教案起，前三口通商大臣崇厚奉旨渡法道歉，以递国书见法皇向总署请训。曾国藩与李鸿章书言其事曰：“总署答以昔年与蒲安臣咨，已预议中国使臣至外国不必面递书一层，是见不见，均可交递。并云，如始终龃龉，但向彼国执政取一不收国书之照复，即可回京复命。”信如其言，蒲安臣之允许，殆出于训令之外。公使入觐之问题，迄无适当之解决。

一八七二（同治十一）年，同治大婚，筹备多日，礼极隆重。驻京公使以为将得通知，前往庆贺，不意大婚之前，总署派崇厚等至各使馆告其于良辰之日，不可在街上行走，并请其通知本国人之在京者，斯日在家。公使大怒，有当面予以教训者，但无如何，许而从之。明年二月，同治亲政，俄、德、美、英、法公使共同照会总理衙门请觐，总署大臣诧为异事，议商多日，初欲公使行跪拜礼以难之，公使坚持异议，未有解决。三月，公使再请，最后议定公使先行免冠，五鞠躬入觐，恭亲王说明鞠躬曰：“即彼国俯首立地而叩之礼，”其主张改三为五者，表示尊重之意，公使同意，由一员读辞称颂，其辞先期知照总署。朝臣多言不可，翰林院编修吴大徵以为入觐不跪，则普天臣民，必愤懑不平，且曰：“我国定制从无不跪之臣，……朝廷之礼，乃列祖列宗所遗之制。……洋人狡狯之情，虚词恫喝，诚所不免，不过借此以为挟制之计。”其言不知何所根据。御史吴鸿恩亦论不可。同治犹豫，谕直督李鸿章妥议，李鸿章将其驳斥，但言“只准一见，不准再见，只准各使同见一次，不准一国单班求见，当可杜后觊觎”。其言岂对时论而发耶！朝臣以为外使入觐，可得乘机要挟皇帝，而许其请求也。御史仍言不可，王昕请陈兵以惧之。边宝泉奏曰：“皇上独伸乾断，以不见拒之，并谕中外大臣严设兵备，以崇朝廷尊严之体，以杜外夷骄纵之萌。”于是朝议庞杂，恭亲王不敢自专，奏称仪节辩论三月，请交廷臣妥议，俄再奏言将致启衅。御史吴可读亦言不必与之较礼。六月，同治诏许公使入觐，值日本大使副岛种臣在京办理交涉，持有国书，亦请入觐，面递国书。总署大臣以其为同文之国，欲其跪拜，副岛拒绝，大臣请改为五揖，其理由则公使许改三鞠躬为五鞠躬也。大使终不之应，乃一律待遇，论及入觐班次，大臣声称公使在京已久，理应先觐，副岛称其为头等钦差，当先入觐，互相论辩，总署大臣久始让步。入觐之先，总署议定仪注，公使不得带剑上殿等，请其先至总署演习，外使深为失望。

六月二十九日为入觐之期，副岛首先入宫，英、俄、法、美、荷公使继至，会于北堂，崇厚引入福华门，文祥出迎，外使略进茶点，由大臣导入紫光阁之行帏，专伺召觐，而皇上久待不至，九时，始御紫光阁，据恭亲王言，西北之军报适至故也。副岛入见，鞠躬如礼，置国书于黄桌之上，恭亲王叩首将其上呈，下阶宣读敕语，声浪低微，大使再鞠躬而退。五国公使继之进觐，俄使高声诵读法文祝辞，德使馆译员译之，译后，公使次第置其证书于桌上，恭亲王跪奏宣传谕旨如前，而礼已毕，为时约十余分钟耳。法使独留不去，递其总统答复天津教案之书，礼节如前，礼毕而退。于是久经交涉之入觐，始告解决，结果不过如此。外使之要求不已者，谓清帝不许入觐，含有轻视外国之心理，非以平等敌国之礼相待，力争得之，非以天朝皇帝异于常人，而动其好奇之心，必欲一见而后快也。礼毕，总署宴请大使公使，公使不至，独副岛往应，《京报》记其始末，兹录《清朝全史》一节于下。

> 英公使先诵国书约二三语，即五体战栗。帝曰：“尔大皇帝健康。”英使不能答。皇帝又曰：“汝等屡欲谒朕，其意安在？其速直陈。”仍不能答。各使皆次第捧呈国书，有国书失手落地者，有皇帝问而不能答者，遂与恭亲王同被命出。然恐惧之余，双足不能动，及至休息所，汗流浃背，以致总署赐宴，皆不能赴。其后恭亲王语各公使曰：“吾曾语尔等谒见皇帝，非可以儿童戏视，尔等不信，今果如何？吾中国人，岂如尔外国人之轻若鸡羽者耶！”

其文译自英文，稻叶译成日文，但焘自日文译为中文，辗转造译，不无稍异于原文，作者未见原文，引之以见朝臣之思想。此种记录轻侮外使，又非事实，殊非亲善友邦之常态。其于紫光阁接见外使者，阁为外藩君长入觐锡宴之所，乃朝廷权宜之计也，外使多有怨言。及光绪嗣位，云南马嘉理案起，威妥玛怒而出京，李鸿章于津留之，节略记其问答。威云：“现在两宫垂帘听政，我们亦须请觐，各国皆有此例。”李云：“两宫垂帘，非比皇上亲政，中国向无此例，不能照允。”威云：“条约内既有国主，就可请觐，并未分别，但我们不是就要商办，和约本有准觐及碍于国体之说。”后烟台条约成立，关于入觐，虽有规定，而太后于归政前及光绪亲政之初，迄未准其进觐。外使啧有怨言，驻外公使薛福成为之奏请，始乃许之，又以觐见之宫殿发生争执，公使初有主张不必入觐者，后始让步，议定召觐于紫光阁，礼节一如前例，仍行五鞠躬礼。

外使驻京，中国亦得派遣使臣驻于外国，历史上无派使臣驻外之例，唯常有外国使臣入京朝贡。清初二百年中独雍正于一七三三年，防准噶尔部联俄，派遣使臣聘于俄国。至是，外使迭以为请，而传统思想，难于一旦破除，更以人才难得，费用浩繁，放弃应有之权利，及筹备修约，垂询疆吏。左宗棠曰：“外国于中国山川，政事，土俗，人情靡不留心谘考，而我顾茫然。驻京公使恣意横行，而我不能加以诰责，正赖遣使一节以调各国之情伪，而戢公使之专横。”曾国藩曰：“遣使一节，中外既已通好，彼此往来，亦属常事，……似应令中外大臣留心物色可使绝国人员，储以待用，不论官阶，不定年限，有人则遣，无人则不遣，则权仍在我。彼亦断不至以许而不遗，遂启兵衅。”李鸿章奏称遣使有二利：（一）凡遇争辩疑难之事，公使领事有不可情理喻者，使臣向其政府诘责晓譬，排难解纷。（二）使臣学习外国之所长，以为自强根基。丁宝桢则称遣使可如蒲安臣之例，“将来各国情事，我既可以详加体察，而因此投间抵隙，能潜使各国自为离异者，权衡即在其中。此事深中要害，办理自能妥洽。”诸人之意见主张遣使，而所持之理由，各不相同。曾国藩、丁宝桢均以遣使为暂时报聘之人员，对于公使之性质与职务，皆未明了。李鸿章称使臣可学习于外国，使臣岂留学生之比耶？学习或就广义而言也。左宗棠、李鸿章之言，自今论之，较为中肯。朝廷得奏，未即派遣使臣，及天津教案起，朝廷派崇厚赴法，后马嘉理案发生，威妥玛请派钦差赴英，总署初尚留难，待后议定，英使争论遣派大员。可见朝廷之传统观念，尚未大改。一八七七（光绪三）年，驻英使馆始行成立，其先尚有二事，一派斌椿等游历，一诏蒲安臣出使。

外人之在国内，深知中国情状者，知其排外心理，由于不知欧美强国政治之实状，陆海军之战斗力，工商业之发达，科学之进步，而徒妄自尊大，夸言中国政教之高深。李鸿章议遣使臣曰：“该酋叠请之意，固以中国遣使为真心和好，且以富强夸耀于我，使知轮车电线之利，冀可仿而行之，不为阻挠，然在我实未尝无益也。”其言颇有见解，总税务司赫德关心中国，知其症结之所在，而欲中国改良内政，一八六六（同治五）年，告假回英，劝说恭亲王派同文馆学生随之游历西方诸国，增长见闻，奕訢许之，派前知县斌椿及学生数人前往，斌椿时年六十有三，及抵欧洲，各国以为中国未派使臣，待之颇厚，而斌椿年老力衰，懒于动作，身在外国，所处之环境，迥异于中国之社会。其所见闻多为[illegible]火车及汽力之生活，高大雄伟之建筑，而无安缓俭朴之适意，其尤感受不安者，不通外国言语，不明其思想制度，宴会之时，目视男女共席，相交言语，而以中国固有之道德论之，则乱男女之大伦，而为夷狄之陋俗，自无深切了解同情之可能性。其原定计划，先往欧洲，后游美国，乃至欧洲不愿游美，乘轮而回，自无良好之印象。其所著之笔记，偏重于海程宴会，固无影响于国内。

明年，美使蒲安臣辞职回国，总理衙门设宴饯行，将首途矣。赫德劝说奕劻遣之聘于各国。其时总署大臣以为中英天津案约十年修改，外人业已深入内地，处于优越之地位，患其强筑铁路，故欲遣使聘于列强，说其不必干涉内政，而得听其发展固有之文化。恭亲王求得蒲安臣之同意，奏请委为使臣，太后许之。蒲安臣在京，深表同情于中国，及得诏书，欣然奉命，诩其为文化最古国之代表，有协理二人，记名海关道志刚、郎中孙家穀为会办，凡事须咨呈总理衙门复定准驳，以一年为期。一八六八（同治七）年二月，自上海渡美，钦使善于演说，谓中国改变其闭关思想，欢迎教士传道，列强亦当更改政策，到处美人开会欢迎，其总统蒋森（Johnson）许其谒见，其条件则清帝亲政，亦许美使入觐也。七月，二国订立条约，华工得自由入美，美国不干涉中国内政，余多立于平等地位。九月，钦使自美抵英，英人淡然视之，女王久始召见，会扬州教案发生，蒲安臣进行交涉，颇有所成。十二月，外相致书钦使，说明对华外交政策，英国无强迫中国改革内政之思想，唯望其依照条约保护外人，而有亲善之友谊，此后地方交涉，概向中央政府磋商。措辞颇为和平，在华英商闻之，群起反对，其心殊不可知。钦使自英渡海，进谒大陆列强之元首，明年，抵于俄京，进觐俄皇，不幸病死于俄，从者归国。其演说也，偏于理想，意欲促进东西之和平关系，热心太甚，措辞或不免于浮夸，虽能动人于一时，然终至于失望。据志刚日记，凡与外人论及中国变法，及创办铁路等，志刚无不反对，此行固无影响于中国对外思想也。

蒲安臣后，崇厚奉旨赴法，及回，亦无所得，及同治大婚，派往使馆通知外人家居，备受公使之讥嘲，以其出使外国，当有相当觉悟也。一八七七（光绪三）年，政府设立使馆于伦敦，委任郭嵩焘为驻英公使，郭氏虚心求知，谋欲国内改革，不顾清议诋毁，自上海渡英，根据沿途之观察，作为日记，上呈总署，几致事故。出使之人员，初定三年回国，及期，莫不欲归。盖中国之社会与家庭，迥异于外国，欧美人士之远行者，妻子偕往，华人则多男子独行，远至外国，无家室之乐，思念故乡，人之情也。西洋男女交谈，同席宴会，视为当然，中国礼教则将视为人伦之变，曾纪泽出使英法，携眷同行，先商于法官，谓中国妇女若与男宾同宴，将为终身大耻，眷属只可间与西国女宾往来，不必与男宾通揖，尤不可与之同宴，若能酌定规矩，则公使挈眷出洋者庶不至视为畏途，固其明证，下级职员无力携眷同行者，更不足论。使馆中之职员，有参赞、译员、随员、武弁等，待遇颇优。参赞中有外人，如英人马格里（Macartney）之例，郭嵩焘等深赖其力，译员多同文馆学生。公使兼二三或四五国交涉，领事归其节制。领事初无俸金，华侨病之，英法又不愿其派遣于本国属地，人数无几。曾纪泽始请改订用人回国章程，组织大有进步。公使人选，初有留学监督，如李凤苞、陈兰彬之类，或为办理洋务之人员，或为翰林院编修，间有不明大体而资笑噱者。郭嵩焘因此与驻德公使刘锡鸿交恶，互相诋讦，总署并将其招回。

中国败于英法联军之后，对外关系剧变，列国向欲与中国订约通好而不能者，次第遣使商请订约。其专使多得大国公使之介绍，其入京者，住于使馆，及与中国钦差磋商条款，发生争执，会议停顿之时，公使出而调处。自一八六一迄一八九四年，外国缔约通好者凡十二国，朝鲜以属国之故，尚不与焉。在国名曰普鲁士及德意志通商税务公会、比利时、葡萄牙、瑞典、荷兰、丹麦、西班牙、意大利、奥地利及匈牙利、日本、秘鲁、巴西，十二国中，欧美诸国除葡约初未批准外，无论国之大小，势之强弱，距离之远近，商业之盛衰，莫不享受最惠国之待遇，其为总署坚持者，则初不许公使驻京，而于领事裁判权，通商口岸，沿海贸易，关税协定，最惠国条款等，则多列入。日本独以东亚同文之国，不得享受欧美商人之在中国之权利。中韩通商章程，由李鸿章派员拟定，华人之在朝鲜者，享受之权利，多如欧美人之在中国。中英天津条约规定十年修改，朝廷以前改约启衅，而今外商要求无餍，公使多方要挟，深以为患，先命南北洋大臣派员入京备询，再谕疆吏筹议其事。曾国藩奏曰："详绎总理衙门原折密函，层层商折，谋坚执固拒之辞，而又不欲大局之决裂，怀雪耻报仇之志，又不欲彼族之猜疑，实属审时度势，苦心经营。"观此可见总署大臣彷徨不定之窘状，李鸿章初言来岁换约，必厚集其势，以求大欲所欲，继称其异于庚申（一八六〇）年之局势，不至于战争，且曰："即以条约而论，英国第七十二款载明彼此两国再欲重修，须先行知照，酌量更改等语，曰彼此，曰酌量云者，显系两国有一不欲，即可停修，有一勉强，既难更改。其有互相争较，不能允从之处，尽可从容辩论，逐细商酌，不能以一言不合，而遽责其违约，是其事较昔有缓急之不同也。自来敌国相交，最忌情形隔阂，议论盈廷，莫得要领，历次办理洋务，激成衅变，率由于此。"其言深有所见，疆吏有置而不复者，上谕催之，其复奏多牵强附会之辞，无足讨论。

总署预筹修约，一八六八（同治七）年一月，英使阿礼国送到修约节略，要求免厘，五月，再递节略，请准外商在内地开栈，退还洋货厘金，口岸三十里内免厘，洋盐人口，长江添设码头十处，开放温州，开挖煤矿，运贩台湾樟脑，及划定税银成色。总署大臣许还洋货厘金，其在三月内者给银，一年者抵税，并弛樟脑之禁，长江内开放芜湖、大通、安庆，海面改开琼州，挖煤由南洋大臣择矿试办。阿礼国以其所得无几，九月，坚决要求内地设栈，内河轮船驶行，开挖煤矿，长江添开瓜州、湖口，沿海开放温州、台州、泉州、北海、琼州，独于停厘运盐等不提，盖其无关重要，且为总署所反对也。其坚持之条款，关系于中国人民之生计，深知总署大臣不肯让步，乃请美使助之，并出恫吓之语，美使请筑铁路，设电报，驶轮船，开煤矿。恭亲王驳之，始改倨为恭，阿礼国称待本国训令再议，明年八月，复称修约将来可与法普二国，一同办理。恭亲王患其合力谋我，请其修约，英使派员会商，其争执均属于商业问题，久始议成条约。中国开放芜湖、温州，通商口岸创设关栈，准许洋布大呢洋绒完正税及口子半税后，在通商口岸各省概行免税，英商买土货出口者，发还子口半税，洋货于三个月内再运出口者，退还税银，英船每个月纳税一次，税银定明成色。九江关督备轮在鄱阳湖拖船，南省自行开矿两三处，湖丝加倍征税。英国允许洋药增税，商船驶行于内河者，待遇同于华人。总观条约之要款，中国处于丧失主权之地位，英商享受之利益，实反客为主。而时主要输入货物为鸦片，英商恶其增税，群起反对，英国政府不肯批准，及烟台条约成立，修约问题始行解决，其时德国亦请修约，兹分言之于下。

英国欲得在华商业上之权利，中国则以外商之势力日盛，华商难与竞争，贫民将失其衣食之资，双方之希望不同，难再进行，迟至马嘉理（Margary）案发生，始行再议。初法人安业（Garnier）来滇，途中被杀，英人谋探入滇之路被阻。一八七四（同治十三）年，英副将柏郎（Browne）奉命自缅甸入滇，使馆译员马嘉理得总署护照，往滇迎之。马嘉理抵滇，俄往缅甸，欲同柏郎入滇故也。明年春再入滇境，腾越忽传洋人数十将来设行，又有洋兵二三百人袭城。云南巡抚岑毓英遣将李珍国杀马嘉理及其从者，调兵阻柏郎入境。三月，威妥玛向总理衙门要求：（一）派员观审，（二）再发入滇护照，（三）给银十五万两，兼及税务商务。总署大臣视之为借端要挟，将其驳斥，唯许由北洋大臣派员会同英官观审，英使无奈，许之，南下至申。盖时上海已有海线，达于伦敦，便于报告请训也。会岑毓英反对英员由缅入滇，李珍国往说缅王阻止英人来滇。观审人员因应英使之请，延期出发。朝廷改命湖广总督李、擀章会同岑毓英查办，而李瀚章迟迟其行，威妥玛遣参赞问之，答称奉旨查办马翻译之事，并不查柏副将阻路之事，又言观审员之保护，应归云南督抚办理，参赞示以护照，又怀疑之。其言与李鸿章所语威妥玛者不同，英使闻报，口出怨言，在津有决裂之意。李鸿章奉命设法羁縻，威妥玛要求六项：（一）中国派大员赴英通好，（二）明发遣使谕旨，（三）滇官失察，分别议处，（四）使臣顺往印度，（五）使臣在印妥商缅滇边界贸易章程，（六）公使得与各部院大臣交接酬应。李鸿章报告总署，称其口紧机急，请酌允其一二，同时婉拒使臣往印会议通商，威妥玛另行提出条件七项，凡前所有者，括纳其中，添入整理通商口岸，保护观审员人滇，护送将来入滇调查人员，钞发谕旨，遇有英国，必与中国一样平行。总署允许派员往英，保护观审员，诏责岑毓英，而威妥玛坚持发钞谕旨，抬写大英国字样，对于优待通商，亦不让步。李鸿章允许奏请发钞谕旨。

威妥玛俄称入京交涉，至京，总署大臣沈桂棻与之磋商。沈氏不知交涉之方法，初称派大员入滇查办，断断不可，至是，复称李鸿章虽然答应上奏发钞谕旨，而本衙门仍须酌办。谕旨迄未发钞。威妥玛请其转奏朝廷，召见英使，谕以云南杀害英官惋惜之意，或令部院大臣至使馆传述朝廷之意。沈桂棻称其万办不到，又言整顿通商事务，不能商办，交涉未有进步。九月，威妥玛率随员出京，会李瀚章入滇，交涉暂时顿停。英使南至上海，俄再北上，会得印度报告，照会总署谓捕审之凶犯，均为冒顶。明年，李瀚章等奏复，略称马嘉理之死，由于野人索过山礼不遂所致，调兵则诿罪于李珍国等。英使不服，请将人证提京复审，李瀚章议处，且曰："中国不照办，是国家愿自任其咎，自取大祸。"一面谓查办不实，要求偿补，牵入公使待遇，商务利益；六月，提出办法：（一）朝廷惋惜滇案，晓谕各处保护外人，（二）许英派员察看告示，（三）凡关于伤害英人案件，准英官观审，（四）会商滇缅边界商务，（五）英得派员驻于重庆及大理或他处，（六）华洋各商均领税票，中国多开口岸，先速开放宜昌，洋货纳正税后，于口岸销售，不再重征。其入内地者，请领税单，再完半税，关于优待遣使赔款，亦提出讨论。总署对于赔款、免厘、多开口岸，不肯让步。威妥玛忿激异常，俄再递送节略，改前要求为八条，仍以口岸免厘为争执之焦点。六月十一日，英使忽催提京复审，明日，称即往沪，总署乃再让步，又以赔款发生争论。十五日，英使函称撤回前议，竟率家人属员出京，李鸿章留之于津，不得，且曰："总理衙门所说之语，所办之事，全是骗人"，乘轮南下，其意则报告政府用兵也。

威妥玛在华时久，熟悉官吏之性情，而又躁戾，一语不合，动辄拍案，竟于李鸿章之前，极论总理衙门大臣之非，无怪李氏称其"愤激不平之气，狂妄无理之言，殊甚骇异"。其在中国之地位，则为公使，代表本国而谋促进二国之邦交者也，实属不应出此，乃其外交方法，以绝交、出京、撤旗为口头禅，将事交于兵舰及印度总督办理为恫吓。英国政府时无启衅之意，而威妥玛实欲造成战祸。及其出京，朝臣袒护岑毓英，有倡乘时雪耻者，总署亦以海防为言，李鸿章深以战祸将起为患。会英巨舰来华，国人颇为不安，驻京各国公使不直威妥玛之所为，其在天津，曾言不受第三国调停，须直接向其磋商，可见其武断专横矣。中国时无驻外公使，不知国际公法，任其纵意而行，李鸿章筹挽回之法，与英使馆参赞梅辉立（Mayers）协商，许派大臣至使馆宣谕惋惜之意，又派人往沪劝说，两江总督沈葆桢亦奉旨办理，均未成功。总税务司赫德乃请赴申劝说。赫德在京初力调解，迭向总署建议遣使赴英磋商，八月，抵于上海，威妥玛以本国政府不愿启衅，允许开会于烟台，中国须派全权大臣。李鸿章得报，书告总署。朝廷诏为全权大臣，而津人攀留，李氏亦不欲行，派员说英使赴津，不得，朝旨又饬其前往，乃乘轮南下。十八日抵烟，其佐之者，有赫德及天津税务司德璀琳。英使先已来烟，英德海军大将，及俄、美、德、奥公使亦在其地。李鸿章往谒威妥玛，威妥玛要求滇案人证提京复讯，谓得证据，由于岑毓英主使，李氏答称其为风闻传说，必须证据确实，始可办理，相持不下。后二日，英使回谒，仍以提讯为争执，交涉无法进行。李氏深为失望，会慈安太后万寿日至，宴请各国公使及海军大将。英使始改态度，九月四日，提出条款，迭次讨论，十三日议定，是为烟台条约。

条约共分三端，第一昭云滇案，结案之奏疏，及专使之国书，须先交英使阅看，谕旨发示各省，以二年为限，其心中不信总署大臣故也。恤金要求初为十五万两，总署不许，后反增至二十万两，至是，仍为二十万两，由英使随时支取。印度总督仍得遣人入滇调查，并许其住于大理或其他地方五年，日后议订缅滇边界及通商章程。第二端属于公使及商人等之待遇，英使初请太后召见慰谕，或大臣宣谕惋惜，朝臣言其万不可能。及威妥玛出京，李鸿章与参赞梅辉立语。其节略记之如下：梅云：“召见一层，若能办到，威大人必能回心转意。”答云：“大皇帝冲龄，皇太后垂帘听政，万无召见外臣之礼，此层断办不到。”许道在旁云：“中国此时若要比提案解京事再重大，即使用兵，亦万办不到。”按许道为兼办交涉之天津海关道许钤身也。其言足以代表清议，李鸿章改请由大臣宣谕朝廷惋惜之意，而威妥玛不从，会议之初，英使要求召见慰谕，李氏称其断不可行，乃请与近支王公接见，游历禁地，凡庆贺大典一律行礼，李氏仍称不能。英使之要求，一则根据西方之惯例，一则欲去华人之轻视观念，使馆人员常为愚民所辱，威妥玛在京曾为人击伤，以为觐见交际等可提高其社会上之地位也。部院堂官不肯与之周旋，况王公乎？英使再行让步，仅于条约上规定公使待遇与各国交际情形无异，实则徒为具文。关于领事裁判权，中国承认英派按察司等员于上海设立承审公堂，审理英人。凡华人被控，关于英人之命盗案，英官得派员观察。上海租界，中国亦设会审衙门。第三端则为商业事务，英商久所要求者也。威妥玛于调停中日台湾交涉之后（其事见后），提出要求，为总署所拒，滇案之初，请多开放新港，总署先许一港，后增至三，至是为四，曰宜昌、芜湖、温州、北海，准领事驻于重庆，长江之内，大通、安庆、湖口、武穴、陆溪口、沙市，许轮船停泊，上下客商，如用民船卸货，须照章纳厘，土货只准上船，其地外商不得设立行栈。会议场中争执最烈者，英使提出划定商埠界址，界内免收洋货厘捐，李鸿章则以厘捐多在商埠百货鳞集之处，许其要求，则损失过巨，坚持不可。其时外商纳子口半税后，货物运往各通商口岸，概免厘金，及其售于华商，遇卡始行纳厘，外商病之，外使数以为言，至是，争执不下，最后始议定租界内不征厘金。通商口岸之无租界者，则划定外人居住区域。鸦片进口税提高，不得免征厘金。关于香港漏税发生之问题，亦载明协商解决。条约附有专条，准英派员游历甘肃、青海，或由四川入藏，前往印度。斯约也，条件先由威妥玛向总署提出，总署已多许之，李鸿章再行承认而已。约成，朝廷幸其得免战祸，将其批准，而英商则谓租界免厘，鸦片重税等款，让步太甚，公使不能利用时机，多所要求，群起反对。他国公使亦不满意，英国初不批准，所可怪者，中国让予之权利，外商未有不争先享受者也。一八八五（光绪十一）年，驻英公使曾纪泽与英外相订成续约，其主要条款，则口岸租界暂不划定，征收洋货厘金仍照旧例，鸦片每箱缴交厘金八十两，连同正税三十两。其能成功者，颇赖英国禁烟会宣传之力，政府始行批准条约，其保护鸦片商人，可谓至矣！后四年，英商轮船驶往重庆，川人反对，总署交涉将船收买，开放重庆，其条款亦称烟台续约。烟台条约之地位，次于南京、天津条约。

综观交涉之始末，岑毓英对于滇案，实有重大之责任，马嘉理之死，柏郎之被阻，均其主使。及李瀚章入滇，奉旨与之会同查办，未到之时，人犯供证已齐，从事于顶冒装点，李瀚章含糊定谳，而英人廉得其情，威妥玛援例坚持人犯提京复审。及岑氏丁忧回籍，真相大明，李鸿章于和议定后，根据云南朋僚之函告，书复沈葆桢曰：“岑中丞去滇后，犯供全翻，与威访查情节，一一吻合，足见彦卿（岑毓英字）手眼神通，能障蔽家兄等之耳目，而几贻国家之大祸。”郭嵩焘于津得看钞案，奏称情节骇人听闻，固信而有征也。岑毓英既为主使人物，始则延不奏报，迨经寄谕查询，又敷衍粉饰。李鸿章初主认真查办，以免英使挟持，无如内外大臣胶执偏护之见，而无如何。英使方面则谓提京复审，问明主使情节，将其正法，可保中国五十年内再无此等案件，又称“尚有一好方法，将军机处总理衙门办事大臣撤换，可保将来比岑毓英提京更好”。此事倘能成功，朝臣对外之观念或将改变，事实上则屈辱万分，固非易事。总署大臣均非办理外交之人才，徒以敷衍延宕为事，前后言语尝相矛盾，时而反复，初于发钞谕旨，大臣宣谕惋惜之意等款，均称万不可办。迨后虽欲许之，以谋解决问题，而英使已另有要求矣。威妥玛知其心理，语李鸿章曰：“凡英国要办一事，必要多方推阻，及至他国恃强举行，亦不过问”，乃以绝交战争为恫吓，其能壮其胆量者，朝廷遣郭嵩焘赴英，郭氏将行，而威妥玛又说总署迟迟其行。及烟台会议，李鸿章始知受骗，赫德迭向总署陈说遣使外国，及往沪调停，致书论遣使赴英曰：“使臣必知所说之话，俱系确切可靠，才能有济。”其言实有所为而发，李鸿章于烟台会议，初以交涉毫无进步，深为失望，致书总署曰：“案出之初，小者细者未允，后则允其大者，仍不能结。……士大夫清议浮言，实未谙悉机要，内外诸当事为所摇惑，于本案情节视若淡漠，此时不才即焦头烂额，于事何裨？”威妥玛之肯让步者，始于李鸿章之宴饮各国使臣，席散，独留，语主人曰：“中堂此来，原为了事，必须速为定见，不可游移，现在各国官员都有在烟台者，中堂认识甚多，今日你出一主意，明日他出一主意，其实各国人均不能干预。此事中堂与我作主，不可听他，致误大事。”又称英国大员前曾主张严办天津教案，暗示遣使，难有结果，心中盖患中国遣使赴英交涉也。赫德在烟不为威妥玛所礼，建议遣使赴英，可以力助，德美公使亦以为言。李鸿章受其影响，函告总署，谓和议决裂，即回天津，可派使臣往英。据赫德所言，钦差属员有以信息通告英使者，英使故有此言。李鸿章之交涉方针，及公使待遇等之争论，自今观之，不无可议之处，就当时情状而言，李氏固外交上之人才也。

中国与普鲁士及德意志通商税务公会缔结条约，载明十年修约，及普鲁士与同盟国战胜法国，成立德意志帝国，其国势之强盛，科学之进步，工商业之发达，益欲促其发展商业于东方。德国统一较迟，其在海外初无属地，乃欲为其商人，多得权利于中国，商请修约，未有结果。一八七六年，德使巴兰德（M.Von Brandt）再请修约，开送十六条款于总署，其主要者，沿海沿江多添口岸，准许外船入内江内河贸易，洋货免厘，德国兵船可助中国巡缉洋面海盗等。总署大臣多所拒绝。其时中英交涉趋于严重，巴兰德表示好感于中国，其在烟台也，愿出调停结案，而威妥玛不许，乃谓如议不成，速派使臣赴英理论，将前后情节通知，由其报告本国，从旁接应，可不至于动兵，及去，谓通商添口，如能定议，德国修约亦可照行，不必另起炉灶。迨烟台条约成立，免厘限于租界，各国公使、商人以其结果不如其所希望，引为失望。巴兰德再向总署交涉，要求开放大孤山，其地远在满洲，僻处鸭绿江口，近于朝鲜，英使先请开放，为总署所拒；又请鄱阳湖行驶轮船，吴淞上下货物，总署均不之许。巴使改请洋货免厘，由总署给文，照会驻京各使会商办法，及得照文，巴使谓其语意含糊，请总署将其取回更换语句，总署坚持不可。巴使竟谓无商量之余地，师仿威妥玛以绝交为恫吓之故技，怒而出京，总署大臣果患其致误和局，函嘱李鸿章相机而行，俾有转圜。德使之横行无礼，大臣之顾忌无识，均可叹息。李鸿章多方劝说，巴使仍请开放大孤山，关于内地抽厘，李鸿章辩称其为中国自主之权，各国不应干预，竟应其请，改给照会予之，巴兰德始肯回京。大臣对于免厘，则请加税，烟台会议之时，李鸿章谓中国海关税率低于西洋各国，免厘须以提高税率为条件，威妥玛声称不可，加税须得列强之同意，进行殆非易事。巴兰德又不放弃吴淞起卸货物，鄱阳湖驶行外轮之要求，又以内地租住店房之争执，未有成功，回归德国。一八七九（光绪五）年五月，来华，在津与李鸿章磋商，李氏函告总署，内称内地租住店房，窒碍极多，请酌许其一二条款，以作结束。德使入京，再向总署交涉，明年，订成中德续修条约。中国准许船泊吴淞起卸货物，德商不得设立行栈，免厘则未成立。其他条款有足以见内地商情者，土煤出口，初定每百斤征银四分，一吨纳银六钱七分二厘，洋煤入口，每吨征银五分。至是土煤出口每吨改为三钱，约中载明华船不准悬挂德旗，华商盖以免厘，悬挂外旗以求利也，政府不顾人民之生计，殊堪叹息。

中国自五口通商以来，国际贸易操于外商之手，日形发达，外人来华者多。其人专牟厚利，享受特殊权利，仍不餍足，多所要求，不顾中国之主权，不问华人之生计，而其势力尝能左右本国之外交。上海为其势力最盛之地，兹略言之，以见其所处地位之一斑。上海租界初为外人居留贸易之区域，分有三所，及太平军逼近上海，难民争往避难，租界内之地价房金大增，外商利其收入，借之振兴市面。乱平，华人多去租界，道台领事不欲华人留住，议定取缔章程，而工部局不肯执行。英美租界于一八六三（同治二）年合并，成立公共租界，后三年，纳税人于年会（一作常会）修改章程，予工部局行政便利之权，章程后得公使批准。法租界则仍维持原状。工部局对于市政，颇有经营，自一八七〇（同治九）年而后，殷实华人之居租界者始多，租界渐为东南繁华之区，商业之中心。其地为中国之领土，居住之华人，固中国之人民，当受本国法律之裁判，官吏之处分，毫无疑问，驻京各国公使亦皆视为当然。英国政府初于工部局设立，尚认其侵犯中国主权，而外商则视租界为小共和国焉，曾要求改上海为自由城，公使不许，外商始终不许华官管理租界内之华人。初上海防御太平军，长官征收城中丁税，欲推行于租界，而工部局不许征收，领事、公使均言华官有征税之权，而商人终不之许。明年，双方议定工部局征收房捐，以其半数交于华官，代替一切税捐，终因商人反对而止。华人初避难于租界，犯罪归领事审判，俄交县官办理，外人称其判决不公，一八六四（同治三）年，始设会审公廨，上海知县遣员审理，领事亦派员出庭，往往干涉，逐渐造成华人民刑诉讼，双方共同判决，外员之意见竟作最后之决定。华人服役于外人者，非得领事之同意，不得受审，租界内之华人，遂处于特殊之环境，工部局之预算，决于纳税人年会，华人之纳税者，则不与焉。英美政治思想，纳税有参政之权，否则即为暴政。华人纳税居于被治者之地位，虽曰市民之在县区者，从无投票选举之权，而固不平等之待遇也。外人在华犯罪，不归华官审判，一八六五年，英国设立承审公堂于上海，一九〇七（光绪三十三）年，美国亦设法庭。外商处于优越之地位，商业上享受特殊之利益，凡其要求之事，认为当然，中国当即让与，不可稍有代价也。

外商谋得商业上之利益，教士则求传教之机会。耶稣教创于犹太人耶稣基督，渐而传于西方，唐时其别派景教，自中亚细亚传入中国，太宗许其筑寺，颇厚待其僧侣，后受武宗之摧残，其在长安之势力归于灭绝。其僧侣之传教于中亚细亚，中国边民尚有信奉之者。元时罗马教皇遣高僧东下，是为天主教人华之始，高僧传教于京都，受洗者众，中有景教徒焉。元亡天主教随之俱亡。明末天主教之僧社耶稣会教士来华，教士输入科学知识于中国，影响颇巨，士大夫有与之游者。无如理学发达之后，夷夏之别益严，士大夫卫道之心强固，排斥异端之说日盛。于是胸襟狭隘，意气用事，从不虚心审思，切实考察，中国受祸之深，往往与之有关。教士在明已见驱逐，赖造军火始复见招。清帝以胡人入关，先后任用教士汤若望、南怀仁为钦天监，杨光先讦之而去，俄以推闰失实落职，乃力攻其教法，中云："宁可使中国无好历法，不可使中国有西洋人。"雍正始行严禁教士传教，时人吴德芝记教堂曰：

> 自西洋人设立天主堂，细民有归教者，必先自斧其祖先神主及五祀神位，而后主教者受之，名曰吃教，按名与白银四两。……有疾病不得如常医药，必其教中人家施针灸，妇女亦裸体受治。死时，主者遣人来敛，尽驱死者血属，无一人在前，方扃门行敛。敛毕，以膏药二纸掩尸目，后裹以红布囊曰衣胞，纫其顶以入棺。或曰借敛事以剜死人睛，作炼银药，生前与银四两，正为此也。……又能制物为裸妇人，肌肤、骸骨、耳目、齿舌、阴窍无一不具，初折叠如衣物，以气吹之，则柔软温暖如美人，可拥以交接如人道，其巧而丧心如此。

原文见于《中西纪事》，其作者抄自梁章钜所著之《浪迹丛谈》。梁氏久在广东，官至巡抚，道光时人，其言本于附会，至为不经。《中西纪事》成于同治初年，教士已入内地传教，而作者深信其说，其先魏源著有《海国图志》，其言华人信教曰：

> 方其入教也，有吞受丸药领银三次之事，有扫除祖先神主之事，其同教有男女共宿一堂之事，其病终有本师来取目睛之事。

> 凡入其教者，给银一百三十两为贸易资本，亏折许复领，至三次则不复给，仍赡之终身。受教者先令吞丸一枚，归则毁祖先神主，一心奉教，至死不移。有泄其术者，服下药，见厕中有物蠕动，洗视之，则女形寸许，眉目如生，诘之本师，曰：乃天主圣母也，入教久，则手抱人心，终身信向不改教矣。凡入教人，病将死，必报其师，师至则妻子皆跽室外，不许入，良久气绝，则教师以白布囊死人之首，不许解视，盖目睛已被取去矣。有伪入教者，欲试其术，乃佯病数日不食，报其师，至，果持小刀近前，将取睛。其人奋起夺击之，乃踉跄遁，闻夷市中国铅百斤，可煎纹银八斤，其余九十二斤仍可卖还原价，唯其银必华人睛点之乃可，西洋人之睛，不济事也。

其文殆自吴氏记录衍绎穿凿而成，今自吾人观之，无异于痴人说梦，徒供一笑而已。吾人明了教会之性质，教士之工作，取睛炼银之说，不合于科学，事实上且不可能，故不之信。时人知识幼稚，闻之不察，信以为真，无怪其仇视教士，而欲焚毁教堂。《中西纪事》引用此文，并附说明，谓药性发，心如魔醉，裸体受辱，亦所甘心。关于男女共宿一堂，有黑夜传情之事，则以本师预目其妇人之白皙者，投以药饵，能令有女怀春，雉鸣求牡。又曰："近年来始有传其取婴儿脑髓室女红丸之事，播入人口，盖由于天主堂后兼设育婴会也。道家修炼，其下者流入采补，此固邪教中必有之事。"作者实以国内之迷信传说，牵合于教会，其说本于方士炼阴补阳，取人精髓以求长生之故事。前筑中山陵时，江苏有摄取人魂之讹言，近年南京时有取魂造桥之说，儿童或扣布条，中书咒语，以求免祸。其说倡之何人，来之何地？不可究诘。其在数十年前之势力，更可想见，教会因之受祸。

教士自弛禁教以来，初传教于通商口岸，而天主教神父独入内地。迨中法北京条约成立，华文有许教士于内地置产之语，传教原为服务慈善事业，无国界之分，美国今日尚有外国教士，而士大夫疑之太深，从不虚心考察，轻信浮言，仇教渐而变为风气。武官受其影响，亦以闹教为正气，尤以湘人为甚，长沙刊印毁教之图画、歌谣、檄文，为势力最盛之地。贵州、四川、江西均有毁教之案。其中首推贵州之教案为重要。贵州提督田兴恕拆毁教堂，伤杀教民，几致事变。其次则为江西教案，一八六二(同治元)年，南昌开考，生童传递湖南公檄，诋毁教士，不敬祖宗，不分男女，采生折割等事，约期打毁教堂，暴民从之，官吏不肯保护。巡抚沈葆桢挺身任之，谓为二百年养士之报。驻、京法使严重抗议，兵舰驶入长江将致事变。李鸿章致书规劝沈氏，曾国藩时为两江总督，郭嵩焘致书论之。中云："国家办理夷务二十余年，大抵始以欺谩，而终反受其陵践。其原坐不知事理，天下籍籍，相为气愤，皆出南宋后议论，历汉唐千余年以及南宋事实，无能一加考究，此其蔽也。传曰惟礼可以己乱，奈何自处于无礼以长乱而助之[illegible]乎？至于寇乱之生，由一二奸顽煽诱，愚民无知相聚以逞，遂至不可禁制。所欲拆毁教堂者，无识之儒生耳，其附和以逞，则愚民乘势钞掠为利，民数聚则气嚣，气嚣则法废，造意不同，而其足以致乱一也。君子不屑徇愚民之情以誉，故法常伸，而民气以肃。"其言本于历史上之观察，分析民众之心理，均有至理，无如时人明达如郭公者，实不易得。后案由教士领款，再筑教堂，作为结束。

清议诋毁教士，朝臣时以无稽之言上奏，如北堂旧址交给神父，神父建筑洋楼，御史奏其同于砲台，"俯瞰宸园大内，狂悖莫甚于此"。太后交总署奏复，恭亲王称其应毋庸议，及朝廷筹议修约，以传教列入疆吏奏复问题之中，三口通商大臣崇厚独称天主教无异于释道，醇亲王奕譞深恶其言，奏称没齿鄙之。其他疆吏莫不力持反对，左宗棠奏称地方官之贤者，为士民扶持正气，遇有教士袒庇教民，则地方士民共同排斥，官从而维持之。曾国藩奏称："近日教士贫穷，不能以财话人，则说不行，异端时废时兴，周孔之道万古不磨，中国若修政齐俗，礼教昌明，则鲜有信之者矣。"李鸿章则称邪教不能惑众，各省毁堂阻教，民心士气尚足可恃。密筹防闲之策。丁宝桢建议通饬督抚于洋人传教处所，饬属密谕绅耆晓谕乡民，互相禁戒传习。后英使阿礼国返英，恭亲王告之。谓英人不贩鸦片，不遣教士来华，则欢迎其至。综之，朝臣疆吏由于知识幼稚，胸襟狭隘，多恶教士。教士之入内地传教者，租买房屋，房主慑于绅士之威力，惧有不测之祸，往往弗应。其传教方法，常于繁华街市人烟稠密之所，或僧寺之前，露天说其教义，劝人为善，或施给药品医治人病。华人之信教者，凡遇乡村出钱修庙之时，公共演戏谢神之事，不肯捐助，致起村民之恨恶。天主教徒不与非教徒结婚，其时婚约多于子女尚未成人时说定，乃以信教之故，发生毁约之争执，此虽偶尔之事，而固足以增加困难。官吏切实保护教士，则为清议所诋毁，曾国藩不肯查办扬州教案，固其明例。初一八六八（同治七）年，扬州生童聚率暴民打毁英人所设之教堂医院，曾国藩不愿办理，英使抗议于总署，领事乘坐军舰驶抵南京，监押汽船，朝廷谕其速办，始肯赔筑教堂。于此现象之下，中国之尊严地位大受损失，湖南巡抚办理湘潭、衡阳教案，令地方赔修，时人疑之。郭嵩焘在其幕中，致书曾国藩曰："嵩焘谓充类至此而尽，发之中丞，两县犹可以情自求解脱，发之夷人，则中丞亦且俯受而无可置辩，此岂不为光明正大乎？"其言至有见解，惜能用之者少耳。其后教案益多，其中尤以天津案件为重要。

初英法联军北上，法军肆虐于天津，及其开放为商埠，法神父于三汊河建筑教堂，其地为望海寺旧址，名曰仁慈堂。女修士出钱收养贫儿，其意以为贫苦之家，不愿送其子女入院，予以金钱作为奖励也。时人本信外人挖取心眼配药炼银之说，一八七〇（同治九）年春，天津屡失孩童，好事者辄疑外人拐去。六月，仁慈堂有疫，孩童日有死者，津人遂信惨杀之说。官吏捕惩拐犯，中有供称仁慈堂仆役王二授以迷药者，官吏群众信以为真，县府官欲往院中调查，而不可得。三口通商大臣崇厚无所决定，道台怒而往与法领事丰大业（M.Foutanier）交涉，未有结果。次日，崇厚谒见领事，议定明日往查，及期，令拐犯同往，其调查之结果，院中只有王三，无如拐犯所供之王二，供辞又于事实全不相符，真相始明。崇厚允即出示辟谣，而暴民忽围教堂，将有暴动。崇厚闻报，遣官弹压，值丰大业闯入衙门，盛怒开枪于主人之前，崇厚避之，毁其室中之茶碗用物，崇厚再出见之，劝其暂勿外出，法领不听而去，抵于教堂附近，遇见知县刘杰，开枪击之，弹中其仆。暴民怒而杀之，闯入教堂，惨杀教士、女修士、仆人等五十余人，掠去财物，乘势往劫英美教士住宅。外人闻而大惊，惴惴然虑其生命之危险，会江苏等省士民亦有仇教之行动，驻京各国公使认为津案关系于全体外人之安全，共同抗议，法国代办罗淑亚（Comto do Roohoohouart）称待训令办理。朝廷诏直督曾国藩自保定赴津查办。今观教案之起始，丰大业之行动谬妄，两次开抢，实为造成事变之主因，事起之后，暴民人数聚多，气焰嚣张，和平弹压，殆不可能，况官吏护教压民，将受清议之指摘耶！乃多伤人命，累及无辜，至堪惋惜。官吏于事变之后，不肯缉凶归案办罪，崇厚以严禁聚众滋事，怨声载道，官吏盖欲反之以干时誉也。

七月，曾国藩抵津，方事之起，曾氏卧病，闻知朝旨。据其子曾纪泽日记，称其写成遗嘱，吩咐家人，预备一死，及抵天津，始知案情重大，非一死之所能了。津人或言逐洋人，或倡战法国，或请劾崇厚，或议调兵勇，朝议亦颇激昂。奕谡奏请拊循津民，勿更地方官，一面密筹海防，密查住京夷人。内阁学士宋晋奏言仁慈堂有坛装幼孩眼睛，办理交涉不可有失人心，请调兵防备。奏文由大学士官文代奏，其意见与之相同。内阁中书李如松亦言不可有失人心，请用藤牌以御火器。太后亦信仁慈堂存有眼睛等物，其谕曾国藩曰："百姓毁堂，得人眼人心，呈交崇厚，而崇厚不报，且将其销毁"，饬其访查。朝廷以各使之劝说，命崇厚赴法，奕譞力争不可，而总署坚持不已。李如松论之曰："遣使报币徒损国体，于事无济，千古一辙！……崇厚出使法国，无论其应对失辞，恐为外夷所狎侮，而拘留迫胁亦足启夷人要挟之风。"会曾国藩奏报仁慈堂无迷拐人口之事，挖眼剖心全属谣传。且曰："杀孩坏尸采生配药，野番凶恶之族尚不肯为，英法各国乃著名大邦，岂肯为此残忍之行？"京师之士大夫闻而讥之，倭仁致书责之，曾氏迫于清议稽延不办，其致友人书，论其处置困难，不敢查拏正凶。外人深不满意于曾氏。

罗淑亚出京交涉，要求刘杰及知府张光藻偿命，并谓提督陈国瑞在场，一并惩办。曾国藩拒绝其请，并听府县官逃去，唯许惩凶赔偿，双方坚持，形势严重。崇厚奏其病重，请派大员办理。朝命丁日昌、毛昶熙赴津会办，交涉仍无进步，势将决裂，朝廷谕李鸿章自陕统兵入直。其密谕曾国藩等曰："洋人诡谲性成，得步进步，若事事遂其所求，将来何所底止，是欲弭衅而仍不免不启衅也。……总之，和局固宜保全，民心尤不可失"，令其调兵扎守要塞，寄谕沿海沿江督抚严行戒备。李鸿章人直，言其陆路力可以战。会欧洲普法战起，中国始免于祸。朝廷改命李鸿章为直督，议定赔偿损失及抚恤金四十六万两。崇厚奉旨赴法道歉，府县官发往黑龙江效力，捕杀凶犯多名。津案之交涉，曾国藩备受清议之诋毁，上奏痛论其害，更悔报告津案之孟浪，《防海纪略》引其致总署书曰："内惭神明，外愧清议，聚九州铁不能铸此错。”罪犯之死者，津人乐称道之，奕谡愤而辞职，此交涉所以棘手也。公使方面，则欲严办官吏以警将来，威妥玛后与李鸿章语，述英前大臣之言曰：“天津教案，当时若将津郡地方全行焚毁，可保后来无事”，则其明例。总署鉴于教案之迭起，拟订管理教士章程八条：一、收养孤孩应全停止，或严行限制。二、教堂祈祷不应男女混杂。三、教士不应干预官吏，侵犯中国有司之权。四、教民滋事曲直，须凭地方官作主，不得有所仇嫉包藏。五、教士护照须载明经行地方，不得任意遨游。六、奉教者必查明来历身家。七、教士与地方有司往来，应有一定礼节，不宜妄自尊大。八、古时教堂基址既成民居，不得任意坐索，致侵平民公道买掌产业。总署将其照会驻京公使，英美赞同管理之原则，而不尽同意于细则，无所成功。教案仍为外交上问题之一，法国尤启朝廷之疑，北堂教堂之交涉，则其例也。北堂旧有教堂，清帝赐于耶稣会之教士者也，及中法北京条约成立，遗址还于神父，神父筑建高大之教堂，其高过于大内，有违体制，而又逼近皇宫，有碍风水。同治病时，总署迭次交涉拆毁，与以代价，法使拒之，李鸿章后遣使商于罗马教皇，议定给地偿款，由教士另筑，其事始已。

外人之势力盛于国内，属国于此期内亦多丧失。属国云者，小国邻近中国。其君主或奉行正朔，或遣使朝贡，或受中国皇帝之册封。中国未尝遣使驻于属国，促进二国之关系，或明了其国内之情状。属国之在欧美，则就统治权而言，统治权之表现，对内如政府之组织，行政官之任免，军队之编制调遣，财政之预算，建设之计划等；对外如订约通商遣使等。其决定与管理之权，往往操于宗国或其代表，英国之于印度，即其明显之证。中国于属国之内政外交，除一二例而外，向不干涉，且或不知，英并缅甸膏腴之地，法取安南数省，即其明例。法使曾以中国与朝鲜之关系为问，总理衙门大臣答称内政由其自主。吾人今斥清臣之昏庸，妄发丧失主权之言论，然就当日藩属而言，则确实之情状也。尤有进者，属国之遣使朝贡，多出于自动，积久成为惯例，其动机或生于羡慕中国之文化，或有求于中国，或商人冒充使臣，以求利也。《大清会典》记载属国朝贡之定期，其不至者，清廷亦不复问，荷兰即其明例。其来贡者，许其使臣贸易，朝廷亦有相当之赐赏以嘉奖之，其所得者常多，西人曾谓中国实贡物于外国。清廷曾谕改琉球三年一贡，其王奏称进贡，“风调雨顺”，延长贡期，国内将无正朔，请仍照旧，清帝许之。封册云者，则指藩国王死之后，其子嗣位。业已为王，清帝不过从而予以虚名，非可废立其王也。奉行正朔盖为周制，小国步推历时，不如中国之较精，故愿奉行，琉球国王之请，则其明例。同时，中国境内有奉行其旧历者，西藏是也。总之，朝贡册封奉朔均不能监视藩国也。西方强国亟求属地者，原因虽杂，而经济问题，实为主因，属地之广大人稀者，则可容收本国过剩之人口，其人烟稠密者，则运输大宗熟货销售于其境内，进而吸收其生货，资本家并得投资之机会，即今所谓经济侵略也。上国对于属国人民，待遇虽不能一律平等，而固未漠然置之，清廷则异于此。光绪时内廷拟买驯象，缅王自请赠送，欲买驼骡硫磺，而朝廷以其有违定制，不许采办。其先严禁人民渡海，犯者罪至于死，又视商业为末业，华人之入藩国者，毫无权利，朝鲜曾禁华人入境，则其例一。清廷不许韩人越境耕种于旷大之区域，则其例二。朝鲜商船遇难，水手被救，送至上海，官吏以为琉人，送往福建，琉官谓为韩人，乃送之回国，则其例三。中韩之关系较为亲密，尚且若是，其他可想，乃次第丧失。

一、新疆　新疆在中国西北部，东北界外蒙古，东接甘肃、青海，南连西藏，西南至英属克什米亚，北及西北与俄接壤。清自征服其地，设将军参赞大臣等官治之，顾其僻在边域，地隔万里，途涉流沙，官于其地者，朝廷难于监督，人选又为满人，类多纵欲为非，虐待人民。其人属于突厥族，好勇逞斗，治理于各堡世袭之士官名曰伯克，易于为变。及太平军起，回疆忽有外寇侵入，幸即平定。回人固知清廷之兵力，不能远及其地。及关陇战乱大起，其党遣人出关，四出招诱，新疆之回有欲动之势，会迪化清官搜括苛敛，回众大怒，一八六四（同治三）年起义，新疆东部遂入于混乱之中，蔓延及于天山南北之要城，朝廷闻警遣将统兵往援，促其前进，均托故不行。其困难则在自陕经陇，出玉门关，始达哈密，途中地旷人稀，非运输大宗粮糈，则难得食，万一冒险前进，回众绝其后路，全军势将坐而待毙，兵士尤怨远行，强之则将为乱也。后二年，浩罕酋长阿古柏自中亚细亚侵入天山南路，次第攻陷名城，回人以其同类，颇归附之。阿古柏雄于才略，安抚汉回商贾，人民称便。同时回首称雄于天山北路者，攻据伊犁，其人互相争杀，纷扰不已。阿古柏欲收其地而不能得，初回酋起事，伊犁将军迭次乞援于俄官，俄自经营中亚细亚，蚕食小国或诸部落之领土，并取边境之瓯脱地，遂与中国接壤，边界之贸易日益发达，伊犁时为中心，俄官托辞拒之。迨伊犁陷后，地方扰乱，俄使屡请出兵伊犁，并愿相助，总署大臣谢绝其请，俄使竟言不能坐视。一八七一（同治十）年七月初，其总督派兵进据伊犁，八月俄使始以其事通知总署，朝廷饬伊犁将军荣全即往，而俄官不谈伊犁。明年，总署大臣与俄使商议，俄使声称还后乱将复起，须待中国收回新疆，反请开放科布多等地，赔偿俄人损失。伊犁俄官通知荣全不得管理其地人民，及摊派饷银。总署暂置不问。其在天山南路，阿古柏立国称王，俄、英、土耳其予以承认。英使奉命入其国中，与之订立商约，其政府以为天山南路，适当俄属中亚细亚、英属印度之间，英俄利害易生冲突，而欲以之为缓冲国焉。

后左宗棠平定甘肃，将欲出关，而日本出兵台湾，二国备战，朝议有请撤退西征之师。会台案和平解决，左宗棠急欲乘势扫除关外之回众，初关陇一部分回兵，败集于新疆东部。沿途自大杀而后，田亩荒芜，人烟稀少，大军前行，其粮必自他省运往，途中无一便于航行之大川，军士万难裹粮前进，唯有大批橐驼良马以供运输，始克有济。兵士前征者，历万里，涉流沙，远去其父母家人，回归则遥遥无期，非重赏厚饷，则难为用。甘肃于承平之时，尚赖他省协饷，于此大乱之后，府库如洗，江南诸省自太平军平后，协助剿捻平回之款，担负已重，西征军费极巨，无力多筹。朝廷无奈，准许左宗棠借贷外款，以裕军饷，于是以全国之力经营一隅之地。同治诏授左宗棠钦差大臣，督办新疆军务。左氏命军出关，分屯哈密之旷野平原，开垦荒田二万亩，收获大宗食料，以济军需，其困苦经营，亦云勤矣！一八七六（光绪二）年，左宗棠进驻肃州，兵士一百余营前进，其作战计划，自哈密而西，讨伐新疆东部之悍回，进取名城乌鲁木齐（今迪化），肃清西北，然后转战而入天山南路，收复阿古柏所据之城邑，再向俄国索取伊犁也。大军进攻今迪化道诸城，次第陷之，明年春，分兵而南，围攻吐鲁番。其城在今焉耆之北，天山南路之门户也。守兵力战而败，官军收复其城，乘势疾进，五月阿古柏死，其子嗣位，连战皆败。英使威妥玛奉命迭为叛人缓颊。初左宗棠西征，朝议纷纭，朝臣疆吏有言其远征劳费，不如封阿古柏为外藩者，郭嵩焘亦以为言。左氏坚称不可，称今置而不问，后患环生，必有日蹙百里之势。奏中慷慨之语曰：“臣一介书生，高位显爵为平生梦想所不到，岂思立功边域，觊望恩施？况年已六十有五，日暮途长，乃不自忖量，妄引边荒巨艰为己任，虽至愚极陋，亦不出此”，至时，迭陷要城叶尔羌英吉沙尔等，一八七八年一月，收复和阗，南路大平。斯役也，湘军自阿古柏死后，殆无恶战。其兵残忍好杀，奸掠焚烧，回众争逃避之，南路受祸深重。

南路平定，总理衙门向俄使布策（Eugéne Butzow）交涉归还伊犁事宜，布策拒绝，俄回本国。皇帝诏命崇厚为全权大臣，赴俄交涉，一八七九（光绪五）年，开始交涉，俄由布策出席，许还伊犁城邑，要求分界、通商、偿款三款。分界则另订塔城、伊犁及南路边界，中国让与之土地颇多，伊犁以西膏腴之地及天山之塞要与焉。通商则蒙古、新疆均不纳税，俄商得自新疆至汉口贸易，减轻货税，东北松花江许俄行船，达于伯都讷。关于偿款，中国予俄五百万卢布（合银二百八十万两），十月签定条约。观其内容，乃战胜国强迫战败国之条件，非友邦磋商之结果也。总署请交疆臣议奏，太后下李鸿章、沈葆桢、左宗棠等复议，复奏多论商务界约损失重大，李氏请设法补救，沈氏请作罢论，总署亦论俄约之非，左氏且请备战。明年一月，太后谕将崇厚交部议处，饬廷臣妥议具奏，部议崇厚革职，太后改为革职拿问，交刑部治罪。时值回疆平定，士气激昂，朝臣信兵足以战争。洗马张之洞之奏议传诵于时，实则昧于国际大势，不知俄国实力，而为牵强附会之推论，不负责任之高调耳。其言曰：“俄虽大国，自与土耳其苦战以来，师劳财竭，臣离民怨，……若更渝盟犯顺，图远劳民，必且有萧墙之祸，行将自毙，焉能及人？……伏请严饬李鸿章，谕以计无中变，责无旁贷，……战胜酬公侯之赏，不胜则加以不测之罪。设使以赎伊犁之二百八十万金，雇用西洋劲卒，亦必能为我用。俄人蚕食新疆，并吞浩罕，意在拊印度之背，不特我患，亦英之忧也：李鸿章若能悟英使辅车唇齿，理当同仇。”天下之事，固不若是之易，宜李鸿章深恶之也。左宗棠自请出屯哈密，规复伊犁，主战派之气焰张旺。李鸿章深以为忧，称其“倡率一班书生腐官，大言高论，不顾国家之安危”。张之洞之奏疏为外人所得，译载于报纸，外人疑信清廷备战。及崇厚抵京，朝旨定为斩监候，驻京各国公使闻而惊愕，俄使尤为愤激，先当崇厚交部议处已有恫吓之言。公使劝告总理衙门，赦免崇厚，以为国际惯例，不得以交涉失败，罪其使臣，今杀崇厚，而中俄邦交势将决裂也。英国女王维多利亚电请太后释放崇厚，赫德忧患中国孤注一掷，电召戈登来华。戈登入京，详论不可启衅于总署，李鸿章、刘坤一亦以为言，郭嵩焘在籍上疏力言主战之非。会俄舰队巡行于黄海，沿海诸省人心惊慌，朝廷始知廷议之非，力谋避免战祸，招左宗棠回京，遣出使英法大臣曾纪泽使俄。曾纪泽为曾国藩之子，袭父爵为侯，曾学英文，以字典圣经旧诗为课本，国中明达之外交家也。朝臣尚有论其亲外，用非其人。

总署大臣患俄不肯接待曾纪泽，向驻京公使声称，如俄接待公使，中国将赦崇厚死罪。其交换条件，可谓奇矣，而朝臣竟视为争论之点。八月一日，曾纪泽抵于俄京；其先入俄也，奏陈战守均不足恃，维持和局，不外分界、通商、偿款三端，分界宜力争之，通商可酌更易，余宜从权应允。总署电称俄国如因条约不准，不还伊犁，大可允缓，能将崇议，两作罢论，便可暂作了局。曾纪泽复称非事无可解决，不可作为悬案。朝廷许其察看情形，奏明办理，又从其请，赦免崇厚死罪。俄国新与土耳其战，其中亚细亚总督言无援军，不能拒抗新疆之清兵，亦愿和平解决。二十二日，俄皇始见曾纪泽，后二日，曾氏照会外部婉述前约未能批准之原因。外部以为指驳太多，无可商改，将派公使到京再议。朝廷得奏，训令曾氏在俄定议，曾氏与俄外部大臣交涉，久无进步。明年，俄皇还都，谕令外部让步，始能解决，二月约成。关于地界，中国收回伊犁要塞，西边归俄，两国派员勘定塔城及喀什噶尔地界。关于商务，天山南北二路贸易，迄于肃州暂不纳税，俄国得设领事于肃州、吐鲁番二城。余如科布多等于商务兴旺时再议。关于代管经费及损失费，中国给俄九百万卢布，合银约五百万两，二年内付清。

其年，二国又订通商章程，初一八六二（同治元）年，二国缔成章程，俄使后请改订，一八六九（同治八）年，议定，其要款如下：（一）边界百里内之贸易，概不纳税。（二）俄商持有执照，得往蒙古各处各盟贸易，亦不纳税。（三）俄货得由恰克图、张家口、通州运至天津，其至津者，按照海关进口税则减收税银三分之一。（四）俄货于张家口销售者交纳正税，其未售出运津者，将多交之税发还。（五）俄货自津运往他口者，补交正税及子口半税。（六）俄商自他口贩运华货经津回国于交完全税后，不再纳税。其在天津、通州贩运者，完一正税，在张家口者，始交正税及子口半税。（七）俄商于中国贩运洋货，由陆路回国，其货已先纳税者，不再交税。至是二国改订章程。关于征收税银及蒙古贸易权利，无异于前，其不同于前者，一许俄商自科布多运货，经归化城至通州、天津贸易。一许俄货运至肃州，纳税照海关税则减少三分之一，如天津之例。约成，二国派员勘订界约，中国多许俄国要求，订成界约。总观中俄之交涉，曾纪泽所处之地位，颇为困难，俄国原不欲归还伊犁，及崇厚与布策订成条约，俄国既得土地，又得商业权利，欲其将视为已得之权利尽行让步，实非易事，且自朝臣倡言战俄，而形势更不利于中国也。曾纪泽奏言其困难曰："泰西臣下条陈外务，但持正论，不出恶声，不闻有此国臣民，诋及彼邦君上者，虽当辩难纷争之际，不废雍容揖让之文。此次廷臣奏疏势难缄秘，……每谓中国非真心和好，即此可见其端，若于兹时忍辱改约，则柔懦太甚，将贻笑于国人，见轻于各国等语。臣虽饰词慰藉，而俄之君臣怀憾难消。"据此，好作大言之大臣，徒误国耳。交涉之时，曾纪泽以公使出席，而前约订于全权大使，俄人数以为言，竟能有所成功，曾氏态度和婉，前后言语未曾矛盾，亦有力焉。其接收之训令，则不免于前后歧异也。惜后订成界约，仍多丧失边地耳。据薛福成言，俄自伊犁约后迄于光绪十八（一八九二）年，三变其界。综之，收复新疆，竭全国之力，不足，借款于外，收回伊犁，又出巨款。一八八四（光绪十）年，朝廷改其地为行省，设置巡抚司道府县，其行政经费，驻军饷粮，仍由各省协助。政府并未奖励过剩之人口，迁于新疆，出此代价，徒有广大领土之名，反而无所经营，惜哉！

二、日本 日本在中国之东，以岛立国，其领土褊狭，人民短小，我国古书译音称为倭人。其交通于中国颇早，东汉光武帝赐其王金印，文曰："倭奴国王"。其往来之途径，初自朝鲜而入中国。朝鲜半岛与日本九州岛相对，中隔海峡，峡中最大之岛名曰对马，古代航海术未精，船只往来，可停泊焉，交通尚便。中国学术思想先由朝鲜传入日本，其王深羡中国文化之高，遣使来华，古史目为贡使，存有轻视之心。日人好勇逞斗，自视傲甚，蒙古大帝忽必烈征服中国，两次出兵征日，皆不能胜。明兴，倭寇乱作，太祖遣使谕之。会室町幕府将军患贫，乞钱于明，明帝封之为王，将军固天皇之臣也。其后海盗勾结日人，扰于沿海诸省，大为中国之害。

明末，日本强臣丰臣秀吉欲假道于韩，以伐中国，韩王不许，秀吉遣兵伐之，明帝命兵往援，竟不能胜，朝鲜几至不国。会秀吉病死，兵祸始已。清初二百年，朝廷严防日本，日本未曾遣使来华，华商有往来二国贩运货物者。十九世纪中叶，实用科学进步，轮船火车促进世界交通，时值工业革命，制造之货物大增，资本家之势骤盛。列强保护工商业不遗余力，争求市场于海外，而中国、日本墨守闭关政策，终以见迫订约通商。中国于战败之后，轻外排外之心理迄未改正，衰弱如前。日本自明治天皇嗣位，任用贤能，仿行西法，废除藩政，改革积弊，国势日强。国人对于日本观念，依然未改。其国内武功派大臣亟欲发扬国威，乃欲有事于朝鲜、琉球、台湾。朝鲜与日本隔海峙立，交涉颇早，古代半岛中之小国，曾卑礼厚币求援于日本，日人谓为朝贡，目为藩属。迨七世纪，唐将大败日兵于朝鲜，日皇不敢干涉韩政垂数百年。及秀吉起兵伐韩，几灭其国。江户幕府复遗使征聘，韩王许而从之，每逢将军嗣位，多有使者往贺。琉球在日本之南，小岛蜿蜒，立于海上一如带形，日人言琉王舜天为其国内武人源氏之后，自日南渡者也。二国文字风俗相类，萨摩藩侯邻近琉球，先后遣兵攻之。琉王降服，朝贡颇勤。中国隋书始记流求。其后闽人有徙居于岛中者，明太祖遣使往谕其王，王命其弟奉表来贡，后遣学生学于中国。及清帝入主中国，朝贡如故。琉球既为中日属国，朝鲜朝贡尤勤于中国。台湾又为中国领土，在福建之东。日本曾欲借端兼并，乃与中国发生严重之争执，又以修改商约问题，误会益多，终成战祸。其事详见下篇。

三、安南　安南于中国之关系颇早，秦始皇帝征服其一部分土地为郡县，汉时犹然。其后中国势力盛时，均能达于安南北部，其学术思想制度多自中国传入，其王按期朝贡，华人有往其港经商者。清代安南四年朝贡一次，清廷于其内政外交，向不闻问。鸦片战时，朝臣奏称安南水师，前败英船，为天下之最强者。道光诏求安南船工仿造其船，魏源亦以为言。全国士大夫殆无明了安南之情状者。初十八世纪之末，法国谋扩张领土于远东，值安南内乱，嘉隆王遣法教士赴法，缔结条约，法国出兵助王，而王酬以权利。会法国内乱，不出人兵，安南亦未履行条约上之义务。后法国安定，神父传教于安南，越人仇而杀之，法海军示威，始得解决。越人无所觉悟，再有仇教之行动。一八五八（咸丰八）年，法国、西班牙出兵，历战三年有半，安南屈服，赔偿军费，割让三省于法，法国之势力，始巩固于安南。一八七三（同治十二）年，安南乱起，中国出兵边境，明年，上谕不可与法兵启衅。法国乃以武力压迫越王订成新约，其要款凡三：一越王有自主之权，不受何国统属，二安南开放红河，三割让六省，其用意则否认安南为中国藩属。红河上流在云南省内曰富良江，法欲行船促进商业者也。二国又订通商章程。驻京法使抄送新约于总理衙门，总署照复越南为中国属国，又称其久列藩封，不能漠视。措辞虽属和平，而固未尝承认条约。法使再以通商章程咨送总署，总署置而不复。安南自订约后，无开放红河之意，其在危急之时，尚不肯以实情告知中国。中国筹谋补救之策，颇不易得，为谋二国交通便利之计，设招商分局于安南。法国托言安南不肯开放红河，违反条约，有意寻衅。一八八〇（光绪六）年，曾纪泽于俄，照会法国外交部，内称安南为中国属国，不能不问，明年，至法再致照会声明。驻京法使宝海（M. Bourée）至津，李鸿章以法国对安南之政策为问，宝海答称无并吞之心。曾纪泽在法，亦向外交部询问，答辞相同。曾氏建议于总理衙门，促进中越之关系，解决法越之争执。其主意则越王遣使驻于北京，并派精通汉文之人为驻法使馆之随员；法国现言安南违背条约，中国劝其开放红河，自行除盗，即可无事。总署交李鸿章核议，李氏谓待陪臣之礼不可变通，法言越王有自主之权，势难遣使为参赞。开放红河，则法商将入云南，是自引虎入室。其理由极牵强之至，惜曾纪泽筹谋之计划，未能采行也。法国恫吓越王，而黑旗军阻之。初粤民于起兵败后，逃往安南为盗，越王乞援，华兵往讨，迄未尽平，越王将其召抚，黑旗军则其一也，主将曰刘永福。越使至津称其烟瘾甚重，所部不足二千，营中无新式枪炮，兵无训练，纪律荡然，但曾狙杀法探兵队官。滇粤长官夸张其事，谓法军畏之如虎，上谕亦称其屡挫法兵。李鸿章奏其实不能战，且曰："华人专采虚声，佥欲倚以制法，法人固深知其无能为役。"时人不信其言。

法国虽称不并安南，然欲越王开放红河，而刘永福力阻开放，法乃恫吓越王，而目刘永福为匪，势将开战。一八八二（光绪八）年，朝廷以安南久为藩属，地为滇粤之屏篱，密令督抚遣兵出驻东京（河内），以备万一。总署迭向法使宝海交涉，宝海至津，李鸿章与之协商，议定三款。（一）中国撤兵，法国声明无侵略土地及削贬王权之意。（二）安南开放保胜。（三）

二国分界，保护安南共御外寇。其详细条约由二国遣派使臣会议，宝海报告本国政府，久无复电。明年，内阁改组，茹费理（M. Jules Ferry）为首相，以其让步太甚，撤回宝海，又得国会协助，遣军压迫越王。中国驻越之兵，则如李鸿章之言曰：“不过虚张声势，牵制法人不使并占北圻（东京一带），并非即欲与法人交战。”曾纪泽迭抗议于法，收买报纸宣传，故泄交涉之经过，法国恶之，派驻日公使德理固（Arthur Tricou）为全权大臣来沪。李鸿章时以葬母回籍，至是，奉命往申，但无全权大臣之旨，与曾纪泽在法之言稍有出入。六月，会议，德理固之态度初极强硬，谓法国立意用兵，必欲达到一八七四年法越条约应得之权利，中国稍侵其权利，法国断不稍让，即与中国失和，亦所不恤，更欲中国说明暗助或明助安南，如不相助，当给予凭据。李鸿章答称中国无与法国失和之意，法越条约，总理衙门未曾承认，今法越交战，无论所订何约，先未商于中国，中国概不承认；又称宝海所议草约，先得外交部之同意，何故将其撤回？法使辞屈之时，则称目下情形，只论力，不论理，后说李鸿章电请朝廷给予会商越事全权。李鸿章答称中国体制不得由臣下自请，法使遂忿然而出。十余日后，德理固再见李鸿章，意欲让步，声称中国可勿侵犯法人在北圻已得之权利，即愿切实声明法国毫无侵占安南之意，然后议商事务。李鸿章称其事关重大，本人不能作主，现奉旨回津，将即起程，于是会议停顿。其困难之症结，则在朝廷未予李鸿章办理之全权，而李氏又不愿受清议之指摘，不肯负责进行交涉，而遇事推诿也。其时中俄交涉业已解决，朝臣方信可得专力御法，太后密谕疆吏筹议，疆吏几尽主战。其人或欲见好于清议，或不知法国陆海军之设备与战斗力也，朝廷亦倾向于战议。

方和议进行之际，法国出兵安南，预备作战，及和议停顿，法军开始活动。八月，军舰轰陷其京域顺化海口炮台，越王适死，朝中大惧。新王遣使议和缔结和约，其要款则法国保护安南，管理其内政外交，驻兵于各城邑。越王遣使乞援，其情势更难于先，信如李鸿章称为可虑之至。曾纪泽与法外交部交涉，坚持中国利益，毫无结果。九月，德理固来津，会晤李鸿章，谓事隔两月，事机变迁，宜妥筹办法，以免二国绝交，提出办法三条，一保护在越中国商民，二剿除北圻土匪，三另订中越边界。法使口称法国保护安南，实于中国商务有益，李鸿章以法军毁招商分局为问，法使承认赔款，事后并予以极大利益。其言土匪，则指黑旗军也。法使声称华军助之，李鸿章极端否认。其争执之焦点，则为分界，法使允许从宽订界，李鸿章请以二十度为界，德理固坚持二十二度，且言法初并三省，后取六省，中国何先不问？双方各不相下，久无成议。德理固入京交涉，亦无成功。法国厚集安南兵力，将攻黑旗军，法使改称凡在北圻境内手持兵械者，无论是否中国官兵，概作土匪驱逐。其言可谓蛮横之至，其先尚请华兵勿驻近于黑旗军，庶得免启战祸，而今竟欲与华军作战。交涉延宕，祸致于此，总署大臣与李鸿章等均有重大之责任，中国固无远见之外交家也。其时中国驻扎北圻军队数约三万，坐视法国武力压迫越王，暗中接济黑旗军，又不能胜，徒造谣言——越人胜法。总署大臣信之，以为兵力可战，其函告李鸿章曰："滇粤出关各军，无坐视法人吞尽北圻之理，拟将法人种种挟制情形，照会各国，并令防军如法军来犯我驻守之地，不能不与开仗。"就保藩自卫而言，实为理直辞壮，奈战祸启后，胜负非决于空言，而定于兵力之强弱何！李鸿章复称恢复安南原状，"揆之目下中国人才兵饷，皆万万办不到者也"。无奈朝廷不信其言，李氏又失磋商和平解决之机会。十二月，法军进攻，大败黑旗军，败兵焚掠乡村，与民为仇。其驻防之地山西遂失，刘永福更募兵勇以战。

一八八四（光绪十）年，法军乘胜进攻驻于北宁之华兵，刘永福等往援，均大败溃。法军陷城，乘胜进据太原。太后得报，诏免恭亲王奕訢等职，军机处及总署大臣多另派委，查办统兵诸将。四月，云贵总督岑毓英奏称粮尽势孤，退守边境，其兵不待朝旨，业已撤退，太后命兵往援，时法国军舰泊于安南，有来扰之意，德璀琳以法海军总兵福禄诺（Comdt E.Fournier）书至津言和，李鸿章上报，朝廷许之。五月，福禄诺来津，先请撤换驻法公使曾纪泽，称其失言，北宁之失，以师丹之败为比，有挑引德法之恨恶，二国舆论以其有失使臣之体。朝廷许之，调曾侯至英，李凤苞赴法，谕李鸿章议和之条件，一维持藩属，二杜绝云南通商，三保全刘永福，四不偿兵费。第三四条均无困难，而第一二条实难于协商。李鸿章避免争执，乃以空泛之辞，与福禄诺议成简明条约，中国退兵，不问法越条约，许法货物通至边界销售，法国保护北圻，不侵占中国边地，不索兵费，限三月后，二国各遣大臣缔结条约。简约与朝廷之训令相去甚远，中文语句又与法文不同，福禄诺将去，约期中国军队退出越境，法兵将往巡边，驱逐刘永福军。李鸿章不敢上奏请旨，其致粤督张树声电曰：“内意但以续议条款责问敝处，其余一切不问，只得由外间相机酌办”，无如咨告云桂撤兵，而其长官先奉扼扎原处之旨，不肯撤退。其原因则朝廷不满意于和约，而又怀疑法人太甚，仍持战议也。朝臣邓承修等联衔上奏夷情叵测急筹战守曰：“法人……战无不克，其轻量中国可知，法不和于山西未失之前，而和于北宁既失之后，有是理耶？臣等闻法兵虽胜，而数月劳师集饷，势已不支，又北圻新定，其民未附，安知非惧我增兵大举而故为此要挟之辞？且李鸿章果以和议为可持耶？……我强则和约可保，我弱则所约皆虚。……李鸿章治兵二十余年，不以丧师辱国为耻，乃云起自田里，托为审势量力持重待时之言，以文其爱身误国之罪，此臣等所为痛恨而不能已于言也。”其言多无根据，直以国事人命为儿戏，而在当时，则为强有势力之清议。朝议主持战说，太后旨责李鸿章畏葸因循，命吴大澂、陈宝琛、张佩纶会办北洋、南洋及福建防务。及广西巡抚潘鼎新电告法兵巡边，而官军驻在边界百数十里之外，请示办法。上谕李鸿章谓断不能退守示弱，且曰：“已电谕岑毓英、潘鼎新按兵不动，如彼族竟来扑犯，惟有与之接仗。”其电谕潘鼎新曰：“前令潘鼎新驰赴广西关外，本系预备战守，该抚上次电信，亦有一意主战，较易著手之语。衅自彼开，惟有决战，果能办理得手，朝廷有奖励，无责备。”六月，法兵进攻谅山，略有死亡，其政府以为中国违背和约，照会撤兵，要求赔款，一面派兵赴援，令海军大将孤拔（Courbet）率舰队北上。其外交部长电责李鸿章，李鸿章复电称为不幸，非两国政府之意，且曰：“中国定例，凡将士驻守之地，非奉旨万不敢退，即有旨退兵，亦应由驿站转递，路远不能即到。故福禄诺临行时，业经告明限期退兵之说，实不能行。”其言虽非由衷，要亦无可奈何，就责任而言，二国尚未批准简约，撤兵又无规定之期，中国究难负责也。

朝廷得报，谕沿海督抚备战，拒绝赔款，一面总署电告驻法公使李凤苞谓兵于一月后撤完，法应催使来津定约，李凤苞通知外交部。外部要求中国立时撤兵，并偿兵费，总署训令切勿轻许兵费。会法新使巴德诺（M. Patenótre）来沪，限期和议成功，总署答称华兵奉旨限期撤退。皇帝诏任两江总督曾国荃为全权大臣，陈宝琛为会办，赴沪会议，其所奉之上谕，兵费恤款万不能允，安南照旧朝贡，黑旗军由我处置，分界于关外留出空地，作为瓯脱，云南运销货物，应在保胜，开关商税不得过值百抽五。双方条件相去太远，法使谓非赔款不肯言和，李鸿章为之焦急，请予恩恤，一面密电曾国荃告以万不得已，可许恤金数十万，更商于总署。总署复称“尊意即是鄙意”，会议之时，法使坚索兵费恤金，曾氏许以五十万两，法使不允。及电报至京，上谕责其轻自允许，不知大体，陈宝琛亦奉旨申斥，和议遂无所成。八月三日，法使照会和议之期限已满，日后法国任凭举动无所限阻，曾国荃未有答复，法国舰队开始活动。初舰队驶入闽江，监视华船，有据福州之说，八日往攻基隆炮台，数小时内炮台尽毁，时淮军名将刘铭传奉命防守，新至台湾，械饷俱缺，固无奈何，法兵幸不登岸。总署得报，向法驻京代办抗议，有不胜诧异之句，代办说明自由行动之意，交涉仍无发展。李鸿章请和，太后谕廷臣会议，会得巴得诺照会，太后以其无礼，谕称一意主战。代办以要求赔款不遂，二十一日出京，朝命各省严防法舰，饬潘鼎新等进攻安南，电李凤苞回德，二十三日，法舰队攻击华船于闽江，共有兵舰八艘，鱼电艇二，凡一万四千余吨，船有大炮机关枪，水兵一千七百余人。闽船大小十一只，共六千五百吨，水手一千余人，船上仅有小炮，余为水师。战起，二小时内，悉数毁沉，法舰轰毁炮台，二十六日，朝廷下谕用兵，而曾侯自英电称勿先承认宣战。法国亦未宣战，惟从事于破坏耳。孤拔再率军舰往攻台湾，刘铭传迭电告急，左宗棠奉旨遣兵赴援，而兵不敢渡台，李鸿章雇用英船密运饷械往台接济，法舰乃封锁台湾。朝廷令南北洋大臣出船往援，实则驶去船为击沉人送死耳。曾国荃初不欲多遣船往，奉旨申饬，及船五只南行，二只击沉，三只逃往镇海。朝廷严责刘铭传乘势恢复台湾已失之地，救船出险，更催滇粤进兵，以为牵制，无如拟定之计划，均为纸上空谈，而于敌方之实力，茫然不知，毫无补救也。边军迭奉谕旨前进，未有进展，明年二月，法军进攻谅山，守军御战，潘鼎新报称粮药俱缺，精锐伤亡殆尽，焚谅山城，退至镇南关。法兵攻关，滇军败溃，提督杨玉科阵亡。粤督张之洞电告李鸿章曰：“谅山陷后，西事棼如……兵气不易再振。……朝廷若操之过急，再难措手。”兵士自谅山败后，抢劫逃亡几不成军，广西人民逃避，全省惊扰。幸冯子材等截杀逃兵，激励将士，三月廿三日恶战，会援军至，廿四日战败法军，乘胜追出关外。同时，法舰队攻陷澎湖，朝廷始愿议和。

初中法交涉日形严重，美使杨越翰（J. R. Young）通知李鸿章谓其政府情愿调停，已令驻法大使询问法国意指，而法自以理屈，不愿友邦调停，德理固来华，亦言不受第三国调停。及天津简明条约成立，法兵巡边，再致战祸，中国愿受美国调停，法国仍再拒绝。迨法舰攻毁基隆炮台，清廷一意主战，曾纪泽不礼于法，先亦力持战议，上谕言和者诛。李鸿章知其力不能胜，招商局轮船不敢出海，售于美商，而战并无胜利。九月，赫德书告总署称法愿受调停，李鸿章亦得报告，称法谓款项难筹，可租借海岛，或后建筑铁路，许法商承办。十月，法再提出条件，其重要者，实行天津简明条约，双方停战，遣使会议商约税则，中国向法借银二千万两，半购军火及铁路材料，半为建筑铁路之用，雇用法工。总署不愿考虑，德璀琳再言和议，亦无成功。会英外相调停，曾纪泽电问条款，翁同龢亦言和议。太后旨称和议勿伤国体，奕譞拟定八条，多为中国最初之主张，如废津约，展拓地界，法国不得干预安南之内政等。曾侯得电，称其中有矛盾，交与外相，外相不允传达，盖其内容乃战胜国强迫战败国接收之条款也。曾侯将其修改，注重修界朝贡二事，始允转递，而法使怒称中国要求修界，即无和理。其政府议和之条件，则为遵守津约，华兵退归，免赔军费，法兵暂留台湾也，于是调停失败。一八八五（光绪十一）年二月，法军进至镇南关，驻德新使许景澄电报总署，谓法使介入催询和议，“微露法兵可退基隆，不押关，不索费。”三月初，李鸿章电报总署，言法愿照津约，余无所求。十六日，法外部询问曾侯可否议和，如奉训令可来商量，其首相茹费理实有让步解决之诚意。总署电复曾侯，略称已准商办，数日内当有确旨，不幸竟无消息。及法军败退谅山，茹费理去职，李鸿章再请总署议和，称此时议和，可无大损，否则兵又连结。赫德呈递善后办法，曾侯亦电总署，谓此时议和，尚觉体面。朝廷乃命赫德办理，四月四日，海关职员金登干（James Duncan Campbell）奉命与法外部订成草约于巴黎，其条款凡三：（一）二国遵守天津简明条约。（二）二国停战，法舰开封台湾。（三）法国遣使议约，中国撤退边兵。

四月，法使巴德诺至津，李鸿章奉命为全权大臣，五月，会议，六月，订成条约，其要款凡六：（一）二国平靖边境盗匪，不得出兵侵入缔约国之领土，侨居安南之华人概归法国保护。（二）法国统治安南。（三）二国会勘边界。（四）二国日后议订商约，开放商埠。（五）中国创造铁路，雇用法人。（六）法国撤退台湾澎湖驻兵。后再议订商约界约，其要款如下：（一）中国开放龙州、蒙自、思茅、河口为商埠。法得设驻领事。（二）中国设置领事于河内、海防，日后商于法国，得派领事于各大城镇。（三）安南华人之待遇，与最优待西国人不得有异。（四）陆路贸易，中国按照海关税则，输入洋货减少十分之三，输出土货减少十分之四。（五）法国享受最惠国之待遇于中国南部及西南境。（六）二国划定边界，派员勘定。今观条约之内容，中国丧失安南，给与法国权利。约文中云："不致有碍中国威望体面"，实则屈服败辱，耻孰甚焉，何必顾此虚荣耶！所可怪者，中国根据条约，可派领事保护华侨，及至会商续约，法使不愿中国派遣领事。中国谓法征收华人丁税，要求约中载明免税，法使仅许从宽办理。而一八八六（光绪十二）年，天津条约曰："越南各地方听中国人置地建屋，开设行栈，其身家财产俱得保护安稳，决不刻待拘束"，而竟一无保障，所谓"与优待西国之人一律不得有异"之明文，究作何解？法国违背条约，一至于此，国际公法，岂专为欧洲列强耶？

综观中法安南交涉之始末，朝廷之处置荒谬，朝臣之昏庸无识，殆不足责。李鸿章于时明了国际上中国之地位，外交之方法，而竟听其造成若此之结果，实有重大之责任。法国对于安南压迫之理由，则为红河尚未开放，中国苟令越王开放，法人无所借口，列强亦可明知中国与安南藩属关系，信如曾纪泽言"可省其窥伺之心"，而李鸿章竟力言其不可，坐失事机。法国必欲享受法越条约上已得之权利，至为明晰，其途有二，一用武力解决，一用外交解决。其时安南衰弱已极，内不能平乱，外不能御侮，黑旗军何能拒法？中国军队亦非法国陆军之敌，以之作战，殆难侥幸，而徒丧师辱国，多所损失耳。曾纪泽初信法国慑于德国不敢出兵，后亦悔其多言，谓与李鸿章之心相同。外交解决实为当时最妥善之方法，及法出兵，时机已晚，于其作战之先，负责交涉，虽不能尽如吾人之意，要能有所补救。法使德理固之在上海，实有解决争执之诚意，而李鸿章则迁延观望。其六月八月致总署书曰："脱使（即德理固）无论在沪赴京，所议必难就范，似只有虚与委蛇，相机观变，再筹因应之方。"其七月四日致总署电曰："脱请就谈，今又请来晤，皆严却之，仅派人往彼知会，今晚登轮，脱忿然，谓将各行其意。”于是会议停顿，越兵战败，其王迫而允许受法保护。华兵在越无所补救，又不敢公然承认援助越王，是知力不能战，而又迁延造成战祸，其心殊不可知。及德理固至津，尚可保全一部分利益，不幸往返津京，一无所成，迨军队战败，订成简明条约，丧失一切权利，又以不撤兵致衅。吾人今虽知其境遇之困苦，京官公然斥为汉奸，固不如陈说利害，先时解决也。朝廷不欲撤兵之原因，一则安南久列藩属，一旦弃之，心所不甘，一则将士夸张浮报，以为国内军队足可一战，一则疑虑法国无信，而简明条约尚不批准，新约且未议定也。后巴黎和约签字，朝命撤兵，电谕沿海督抚，尚云：“条款未定之前，仍恐彼族奸诈背盟，伺隙猝发，不可不严加防范。”粤督张之洞电曰：“条款未定，万万不可撤兵，臣之洞谨昧死上陈”，又电将士迅速攻城，促成和议，以少要挟。其先张氏亦言战无把握，于粤唯有悬赏购杀法人，大借外债耳，其人固无远见也。朝旨不许曰：“撤兵载在津约，现既允照津约，两国画押，断难失信，现在桂甫复谅，法即据澎，冯王（冯子材、王德榜）若不乘胜即收，不惟全局败坏，且恐孤军深入，战事益无把握。纵再有进步，越地终非我有，而全台隶我版图，援断饷绝，一失难复，彼时和战两难，更将何以为计？……如期停战撤兵，倘有违误致生他变，惟该督是问。”朝廷鉴于前事，殆有觉悟，谕旨撤兵，诸将托辞延宕。其人先多夸张战功，败则溃逃不复成军，一胜则哄然言战，其言固无把握也。朝廷之议和，殆不可非。所不解者，法国迭次表示让步，英国调停，何朝廷迄无诚意？迨后决定议和，国内之外交人才，无过于曾侯，法愿与之协商，竟不令其与闻和议，签字后之一日，曾侯尚不之知。就形势而言，主持并越之茹费理谋欲解决，是已不见谅于国人，谅山之役，迫而辞职，二国争执或有公平解决之可能。不幸巴黎草约，匆匆签字，失去讨论条约之时机。李鸿章议订条约，以法外部之条件为根据，多所让步。总署大臣已不满意，划定之地界，损失尤多，奉命勘界之委员力谋挽回，竟无能为力。以重大之代价，而得若此之结果，谋之不臧，能不为之痛哭耶！彼侵略之国，更何足责，越王冉遣使乞援，朝廷不问。

四、缅甸　安南丧失，缅甸亦并于英。缅甸在中国之南，毗连云南、西康，西北接壤印度，东界安南、暹罗，南达马来半岛，西南则为孟加拉湾。

境内分上缅甸下缅甸二部，上缅甸高山重叠，险阻繁多，土壤硗瘠，交通困难。下缅甸濒临大海，地肥物阜，其人民多属于蒙古族，或自中国而往。其在上缅甸者类近野人，好勇善战，下缅甸之文化颇高，人民流于文弱，清初缅甸对于中国叛服不常，乾隆数遣大军征讨，但以地势险阻，运输不便，气候炎热，瘴气为害，战无大功，主将敷衍了事。缅甸后复通好中国，受清封册，遣使入贡，定为十年一次，中国于其内政外交，固不问也。缅甸自名王波罗拿（Bodoahpra）于一七八二（乾隆四十七）年，即位以来，征服诸大部落，国势张旺，与英属印度政府不协，尝启争端。后其孙嗣位，遣兵侵入孟加拉，印兵拒之，不胜，政府自海上运输军队，攻其南部要港仰光，缅人拒战猛力，会天大雨，英军颇多死亡，终乃长驱直入，达于首都，缅王遣使订约出款割地以和。后因商业争执，英使奉命要求缅王赔偿损失。使者擅捕缅王之船，引起战祸，英军迭陷名城，缅王割下缅甸以和。英人遂尽握孟加拉湾之航权，势力大伸于缅甸。方回酋杜文秀之雄踞大理也，购运军火于缅甸，渐起云南官民之疑虑，英人欲往通商，印度政府遣人调查入滇之路。其路有三，一自中国西南诸省而往，一自安南红河前进，一自缅甸而往。其自缅甸之路，则英人所欲知者也。初遣使者前往，未得结果，一八七四（同治十三）年，再遣探险队往，威妥玛言于总署，得有护照，遣译员马嘉理迎之。其报告本国政府也，谓总理衙门大臣茫然不知缅甸战败赔款割地以和，及英国在缅之势力。其原因一由于中国向不问其内政外交，一则于回乱之时，久未朝贡也。马嘉理入滇被杀，探险队受阻，威妥玛借为要挟，几致大祸，及《烟台条约》成立，许英派员驻滇调查。李鸿章乃始注意缅甸，后闻英缅将起战争，告知英使，缅甸为中国藩属，中国愿意调解，英使答称业已解决，李氏声称嗣后关于缅甸之争执，可先通知中国。缅王自兵败后，深患英国之侵略。迨法出兵安南，其在东方之地位巩固，缅甸与法订成商约，英人深为怀疑。会缅王重税英商，印度总督视为口实，绝交宣战，印军奉命往攻，大败缅军，前后共十四日而即陷其首都，其蓄谋也久矣。英国辩护其野心侵略，谓缅王暴虐失政，而法新得安南，将经营东方也。其理由至为薄弱，不足诘问。

英国谋并缅甸，一八八四（光绪十）年，曾纪泽自伦敦电报总署，建议招降拓界。醇亲王弈譞评论之曰：“无论人才财力现办不到，即使如愿，乘彼乱而拓我界，名亦不正。……至电内所称拓界事亦宜早商英廷一语，竟不解此义。我若力足，何必商于彼？彼若垂涎，又安能允我拓界乎？”奕譞平日侈言复仇，其见解以为国际上之交涉，唯有武力，固不足以知此，乃向总署大臣建议延宕。总署电复曾侯曰：“彼谋未定，遽与开谈，是启之也，慎勿轻发。”迨其谋定，始行交涉，难易若何，大臣固不之问。明年，英缅交战，曾纪泽奉旨向英磋商保全缅祀，外相答称另行立王，管教不管政事，仍朝贡中国等语。会外相易人，推翻前议。曾侯改议朝贡拓界二事，朝贡英许备送应贡之物，曾侯不允，关于拓界，当时缅王虽兵败被擒，而土司纷纷起兵抗英，外相愿将潞江以东之地归于中国。其地亦称萨尔温，东抵澜沧江下流，其中北有南掌国，南有掸人。曾侯又索八募（即蛮暮之新街），英许让旧八募城。关于商业，英许大金沙江二国公用，中国得于八募附近立埠设关，磋商之条件将成，而总署仍持异见，其原因则滇抚张凯嵩奏称其地为野人所居，窒碍不行也。曾侯奉旨回国，交涉暂作罢论。会英国派员入藏，并来京议商印藏通商章程，藏人反对，总署大臣无法解决，乃愿让步，一八八六（光绪十二）年，与英使欧格讷（Nicholas R.O’Conor）协商缅甸问题，置缅人迭次乞援之表文于不顾，七月议订条约。其要款凡四：（一）缅甸循照成例，每届十年，派员呈进贡物，其人应选缅甸国人。（二）中国承认英国在缅自由处置之政权。（三）二国派员会勘边界，另订通商章程。（四）英国停止派员入藏，不催议订印藏商约。斯约也，中国放弃在缅甸之宗权，承认英国事实上之地位，而于边境则未言及展界。斯年，英国公布兼并缅甸，至于边界商务，则久置不提。一八九一（光绪十七）年，驻英公使薛福成密报旧案于总署，后二年，派员赴外部交涉，外部改持异议，印度总督尤不愿让步；历久磋商，外相始许于缅边东南展界一千五百英方里，让与车里、孟连二土司，滇西老界亦许展拓。关于商务，英许大金沙江二国船只往来，缅盐不准入境，缅关暂不收税。英国得设领事于蛮允，中国可设领事于仰光，云南输入货税，依据海关税率减收十分之三，输出减收十分之四，一如中法安南商约，明年约成。

五、西藏　西藏在中国西南部，为藏人居住游牧之区域，藏人古称羌人，其在西北者，曾奉命徙居于内地，互通婚姻，久已同化于汉族，汉入藏人固皆蒙古族也。藏人部落而居，逐水草游牧，颇为祸害于边境，及至中古，藏人信奉佛教，别派之喇嘛教政教迥异于前，渐改其勇悍好斗之风气，其地以达赖喇嘛为最高。迨满人崛兴于东北隅，达赖遣僧往谒清帝，其后准噶尔人侵入藏地，清帝出兵援之，乱平，设置参赞大臣于拉萨，派兵驻防。达赖按时进贡，清帝赏赐颇厚，而于其内政外交，向不干预。西藏邻有哲孟雄、不丹、尼泊尔等，其人属于藏族，风俗习惯多与之同。其王或朝贡中国，或附属西藏，及英人略取印度，地与西藏连接，谋欲通商，勘定边界。西藏地为高原，交通不便，鲜与外人往来，喇嘛久闻英人之侵略，深多疑忌，其人又不重视商业，不愿与之相通。十九世纪初叶，英人有冒称回人而往其地者，居住多年，密画西藏地图，及返印度，途中为盗所杀，地图始行发现，喇嘛益疑英人之阴谋。鸦片战后，英使数建议于钦差大臣，勘定印度、西藏边界，朝廷均不之理。后烟台条约许英遣人入藏，喇嘛反对，不能成行；境内入于无政府之情状，不丹（旧称廓尔喀）商人经商于藏，喇嘛夺其财货三十余万两，朋分使用。其王交涉，许还七八千两，商人不可，川督丁宝桢闻之，函请驻藏大臣妥为办理，亦无结果，奏派委员丁士彬入藏；会双方议定赔银十八万两，西藏凑还十万，余由川借。及丁士彬由巴塘动身，番官拦阻，不听开导，反伤官兵。报至朝廷，亦无办法。其先外人入藏者亦被拦阻，丁宝桢改派委员赴印度游历，路过藏地，亦为藏官所阻。英使要求入藏不已，帝谕丁宝桢遣员向藏番劝说，且曰：“西藏通商，事在必行”，然亦无法进行。

一八八五（光绪十一）年，英国通知派员来议印藏通商，中有派使驻于拉萨之语，总署亦难解决，明年，中英缅甸条约成立，英国放弃派员入藏，而印藏间之问题迄未解决。哲孟雄旧为藏属，藏人向游牧于其地，哲王曾向西藏报告英人侵略，而喇嘛敷衍了事，渐乃归英保护。英人筑有大路，一八八七年，藏兵出驻隆吐山，梗阻交通。英使请中国饬其撤退，否则将用兵力驱逐。总署说其延期至明年二月，以便办理，旨饬藏人撤回，而喇嘛不从。三月，印兵奉命攻毁兵房，喇嘛不遵谕旨，调兵往援，立誓抗英。朝命升泰为驻藏大臣，切实晓谕，而番众争辩，降神问卜，不肯让步，再战又败，心仍不甘，调兵一万余人来援，战又大败。升泰赴边调停，力劝藏兵撤退，而印督要求多端，朝廷派税务司赫德（Robert Hart）自海道入印，协助交涉，一八九〇（光绪十六）年，议订条约，划定藏哲边界，哲孟雄归英保护，通商游牧嗣后再议。会俄官入藏，交结喇嘛，喇嘛仍力反对通商，后三年始能订成商约。其要款凡三：（一）开放亚东。（二）开关五年内，货物免税。（三）开关后一年，藏人仍在哲孟雄游牧者，须照章程办理。约成，喇嘛无开关之意。综之，朝廷处置此变，严词申责喇嘛，而均置之不理，订约久不能成，亦由其阻挠。中国属地之管理，远不能及外国之藩属，向不问其内政，徒事羁縻，及遇事变，不听善言劝导，不能指挥如意，除用兵而外，殆无奈何。喇嘛之固执，升泰斥为痴愚，要多由于知识浅陋，而恐惧太甚耳，终予英人侵略之机会。

六、帕米尔 帕米尔高原，古书称为葱岭，为亚洲之脊，外人罕至，土人部落而居，清代盛时，兵力曾及其地。乾隆年间，《钦定西域图志》一见其名，固未治有其地，说者不知其为部落种族名，抑或国名，及左宗棠平定喀什噶尔，其部将刘锦棠始设屯于旧界。一八八九（光绪十五）年，爱乌罕（今作阿富汗）与邻近部落构兵，护理新抚魏光焘派兵巡查，至托巴什滚伯牧地方，有名苏满者，地极险要，询知未有所属，设卡置回人驻守。帕米尔之西北为俄属中亚细亚，西南为阿富汗，南为印度克什米尔。俄国蚕食中亚细亚部落，经营不遗余力，英国患其势力伸入印度，保护阿富汗，修路筑炮台于帕米尔南部。帕米尔遂为三国边防重地，而中俄先未派员勘界，乃各视为属地。中国时无精确之地图，出使大臣洪钧译俄地图，将其划为俄地，国中士大夫初不之知。一八九一（光绪十七）年夏，英外部致秘密节略及地图于钦使薛福成，力说中国收管帕米尔全境。未几，俄兵数百侵入，总署向俄使抗议，俄兵旋去。未及数月，英兵驱逐坎巨提酋长，坎巨提在帕米尔南，纵横数百里，户口约有万人，中国旧称之为喀楚特，一称乾竺特，向贡沙金一两五钱，回赏大缎二疋，及新疆收复，再行朝贡，一八八八（光绪十四）年，与印度构兵，乞援。总署照会英使，照复称其亦属于克什米尔，会争执解决，印督赏给防费，至是，酋长阴通于俄，阻英筑路，印兵逐之，酋长率其部人逃至塞下。薛福成奉命向英外部交涉，外部允许二国共立其弟，其事始已。方交涉之进行也，俄谓中国拓土，其地亦属于俄，请中国撤卡，否则进兵，相持不下。会阿富汗兵侵入苏满，俄兵亦至帕米尔，中国请俄退兵，俄以阿富汗为词。奕劻建议三国共管，各不侵占，二国不许。俄请中国分界，谓与英国无涉，总署恃英援助，欲三国协议，亦不可得。中俄交涉各不相让，又无所成，英俄议定边界，以小帕米尔归英，使馆参赞马格里闻之，请于外部归还中国，中俄界约仍无成议，中日战起，俄国强据其地。

上言列强侵略中国，乃其一部分人自私自利之行动，其大多数国人与中国毫无直接关系，其人不知中国情形，或仅知为世界上一国，或以为地理上名称，其中自有囿于传统爱国观念，信服政治家之宣传，为极少数资本家之利益，促成战祸者，及其战胜，虽于中国得有种种权利，而享受之者，就其国人而言，千百人中不过一二，况其亦有良莠之别，如吾人之社会耶！戈登于伊犁交涉时，奉召来华，及去，留有赠言，中云："中国既请洋人教导，华人必当受教，洋人多有好心与华人相同者。"其言深有所见。日意格告左宗棠之言，略与相同。戈登建议设兵工厂于曾国藩，条陈练新军于总理衙门，均为中国之利益而发。其奉召来华，不顾长官之处分，尤见其诚心。英人赫德、马格里之赞助外交，亦其明证。赫德事业，久为吾人所知，不必赘言于此。马格里初在常胜军中，后工作于机器局，及伦敦中国使馆成立，用为参赞，凡有重要交涉，莫不多所赞助。薛福成奏称其"忠于所事，劳勋不辞，研究利害，动合窍要，请如金日殚之例，用为任使"。马格里在使馆中共有三十年，历任公使深赖其力。同文馆之教习亦愿悉心教授，灌输西方之学艺于中国，无奈时人不肯接受耳。威妥玛轻侮清廷大臣，痛言外交上之弱点，颇足以令人深思，大臣苟不以人废言，则当有所改革，清臣固不之知也。国际上之重大交涉，非影响于全体外人，驻京公使亦有贡献其意见或解决之方法于大臣者，烟台条约之成立，美英调停安南之争，尤其明显之例。惜朝臣不足以辨别是非，多怀疑之，而效力殊微也。尤可惜者，教士来华，士大夫多鄙恶之，而不相往来也。其人多受高等教育，熟悉华言，留心于国内之社会情形，其意见尝有考虑之价值，其教成之学生颇有益于社会，而士大夫均排弃之。日本明治维新，教士颇阴协助，一拒绝外人，一师仿其法，此日本强盛，中国衰弱之一原因也。

外人来华营商，华人又亦有渡海者。其动机相似，而待遇则异，其主要原因，则列强保护其侨民周至，而中国漠然置之也。不肖之外人，利用中国之弱点，贩运华人，俗称猪仔，其贸易为十九世纪惨无人道之悲史。初华人迫于国内人口之激增，生计之困难，冒险远往南洋群岛等地。其人生活简陋，工作勤劳，荷兰政府奖之入其属地，明末国内扰乱，人民避难于海外者渐多，迨清兵入关，郑成功雄踞台湾，侵扰福建诸省。清廷诏近海住民内徙，禁其出洋，后台湾平定，禁令仍未废除，犯者罪至于死。雍正诏禁侨民回国，幸久成为具文，经济问题，且非法律所能禁也。海外侨民以粤人、闽人为多，二省远在南方，近于南洋，商人贸易于外，与外人接触之机会较多。其人违犯国禁而出，不得政府之保护，中国且无驻外公使也。美使列卫廉语其事于谭廷襄，谭氏托辞以对，可见官吏之思想依然如故。当时美洲地旷人稀，热带之国，需要工人前往开辟，而中国人口过剩，工人虽极勤劳，而酬金常少，甚者且无职业，乃以衣食住之困难，酿成叛乱。其附贼败散，或无家可归者，皆愿渡海避祸，其中推粤人为多，外人召之，运往秘鲁、古巴等地。会美国加利福尼亚州、澳大利亚洲先后发见金矿，工人应募而往。其去国也，立有合同，称为合同工人，其条件或服务数年后即得自由，或月薪四元。其在英美者，待遇较优，其往他国者，则为贩卖之奴隶，丧失自由，强迫工作，其终日之勤劳，待遇之恶劣，生活之苦状，不啻畜类，故俗呼为猪仔，清廷初置不问。及中英北京条约成立，中国始准华工出境。

方外人之招募华工也，国人依念家乡之心极强，非不得已，则不肯往外国，应募之人数无几，而需要殷切，外商视为有利可图，出资雇用地痞流氓为爪牙，深入乡村骗诱愚民，或劝其赌博，或说其出游，甚者路遇行人，托言欠债，劫之同去。其被骗出国者，上海、厦门均有其事，后以地方人士之暴动，官吏之严禁而止，转盛于广州。其于广州受骗者，杂有文人，农民，商人，小贩，最盛于英法联军攻下广州之时，人民惶恐，闭户不敢外出，捕得拐犯，而即置之于死，仍不能戢。俄而广州委员会同华官严禁黄埔江中船只，运出猪仔，颇著成效。猪仔贸易遂以香港、澳门为中心。香港政府认为罪恶，后始严行禁之。葡萄牙于其统治下之澳门，保护罪犯，时称其地之商业，以贩卖人口为最盛，受骗之人抵于澳门，将即丧失自由。外商俟船入港，驱之登船，聚数百人于一船，其船舱小污秽，饮食恶劣。工人见其远离家乡，号哭不已，其体弱者或罹病死，不堪痛苦者尝自杀死，监者无论何时，得痛鞭之，其状况所谓人间地狱也。工人间或起而暴动焉。船抵美洲，主人售之于地主园主，其待遇至为残忍，工作过十六小时。

一八五九（咸丰九）年，英国亦于广州招募华工，其办法则设立招募所，工人自愿应募者，订立合同，送之出国，并欲工人携其家室同往，久住不归。其后恭亲王会商于英法二使，草订招募华工章程。公使多表同情于中国，而二国政府将其修改，未有结果。一八七四（同治十三）年，中国派员调查古巴华工情状，其报告书称大多数工人均为受骗出国，并公布其生活之苦状，拐运人口之罪恶，葡萄牙颇处于不利之地位，英国又忠告之，明年，澳门始禁惨无人道之猪仔贸易。一八七七（光绪三）年，中国又得英使之助，与西班牙议定改良古巴华工之待遇条约十六款。猪仔贸易之罪恶方告结束，而排斥华工开始发难于美国矣。

美国政府初愿华工人境，蒲安臣聘于美国，缔结关于华工人境之条约，华人往者日多，渐启白人之仇视，其所持之理由，则为华工之生活简陋，工价低廉，白人不能与之竞争也。此固经济原因，其困难亦由于种族之观念，不肖美人起而惨杀无辜之华工，造成严重之问题。一八八〇（光绪六）年，美国代表来华缔订条约，中国承认美国限制或整理华工入境，其工人之意义，则专指承工而言，其已往者设法保护，一律优待，然其问题仍未解决。其后美国迫令华工注册。一八九四（光绪二十）年，二国再订条约，美国得禁华工入境期限十年，及期，美国自由禁止华工往美，而学生商人等不在其列。同时英属澳大利亚等亦禁华工人境，或虐待之。总之，数百万之海外侨民，政府固未予以切实保护也。其回国者，以禁例迄未废除，亦受重大之痛苦，一八九三年，驻英公使薛福成奏言侨民曰："筹及归计，则皆蹙额相告，以为官长之查究，胥吏之侵扰，宗党邻里之讹索，种种贻累，不可胜言。凡挟资回国之人，有指为逋盗者，有斥为通蕃者，有谓偷运军火接济海盗者，有谓其贩卖猪仔要结洋匪者，有强取其箱箧肆行瓜分者，有拆毁其屋宇不许建造者，有伪造积年契券借索逋欠者，海外羁氓，孤行孑立，一遭诬陷，控诉无门，因是不欲回国。间有商贾至者，不称英人，则称荷人，反倚势挟威，干犯法纪，地方有司莫敢谁何！"其言根据领事黄遵宪之报告，多为事实。光绪得奏，谕大臣复奏，奏上，请将私出外境之例删改，帝谕刑部办理，禁令始废。华侨在外，虽无保护，而仍不忘其家乡，汇款养其家人，为额颇巨。黄遵宪为旧金山领事，查银行汇票总簿，侨民汇银至广东者，多则一年一千五六百万元，少则一千余万元，四年平均，年有一千二百万元。他如古巴、秘鲁、西贡、新加坡等地，尚未计入，以之抵补当时输出货值之超过，尚觉有余。

中国自缔约通商以来，开放近海五口，均在长江以南，继则开放北方沿海及长江口岸边境要邑，商埠增多，商业上之机会远过于前。其在欧美无所谓通商口岸，外商于其国中可得自由营业。自世界交通便利以来，国际贸易益形发达，一国之物产常以原料产地技能制造胜于他国，各国提倡其所长，则成绩愈良，互相交换，苟能充类至尽，免除战祸，尤为人类之福。国际贸易发达，必人民购买力强，故额数多者，常为先进强国，少者多为贫弱之国。今日中国必须努力奖励生产，促进商业，除去外商非来中国无以为生之传说。其时苏伊士运河凿成，海线告成，均能促进商业。初一八六九年，苏伊士运河开通，往来欧亚之船只始不绕道于非洲好望角，路途大减。一八七一年，上海、伦敦间海线告成。由是货物之运输，商人之往来，商情之报告，既便且捷，大有助于商业之发展，而中国国际贸易当中日战前，虽年有增加，顾其额数犹少，其原因则中国仍为自给之社会也。据海关报告，一八七一年，贸易货值凡银一万三千七百万两，一八八五年，一万五千三百二十万两，一八九五年，增达三万一千四百九十八万两。平均计算，一八七一至一八八四年，每年输出货价凡七千六十万两，一八八五至一八九五年，九千九百六十四万。输入货价，一八七一至一八八四年，平均每年凡七千三百四十万两，一八八五迄一八九五年，一万二千六百七十二万两。输入超过输出，初由于鸦片之漏卮，及商埠增加，丝茶之需要颇殷，输出乃超过输入。输入再行超过者，始于一八七七年。其自一八八五年后贸易额数增加者，香港、澳门之海关问题次第解决，始免漏税也。国际贸易操于外人之手，华商以银价低落，常居于不利之地位。

中国国际贸易，茶叶初居输出品第一。先是，一六七八年，英国东印度公司运往茶叶五千磅，数年始能售尽。十八世纪中叶，英人饮茶者大增，及至末叶，每人平均年需茶叶二磅。中国为世界茶叶出产之地，迨十九世纪中叶后，日本、印度出产茶叶增多，中国政府不善保护，征收重税，英人又以藩属之故，改饮印茶。中国绿茶乃销行于美国、加拿大、俄国，惜其岁益低降，丝遂代为第一。华丝初销行于世界，十九世纪末叶，日本丝业以其政府保护提倡之力，改良饲养方法，华丝始遇劲敌。其他主要输出物品，则推糖、皮、棉花、黄豆、豆饼等。外国先购糖于中国，后买之于印度，南京条约后，华糖运往香港入厂提炼，再行运入中国销售。其原因则托外货之名，得免厘金也，清廷既不保护糖业，香港炼糖渐亦不能与外糖竞争，一八八四年，广东输出锐减，糖业深受打击，入于淘汰之列。皮推兽皮为大宗。棉花于一八八八年，开始运往日本，国内家庭工业蹶然不振，妇女渐不纺织。黄豆、豆饼于十九世纪末年，输出大增，多自满洲运出外国。输入物品，鸦片初估第一，后则国内种烟，四川、满洲之产额颇能供给他省，重庆、牛庄变为贩运之要港，外烟逐渐减少，一八八八年，输入八万二千箱，一八九三年，减为六万八千箱。棉织品乃代其为第一，其多数来自英国、美国、印度，日本亦有输入。其次当推火油，火油用以点灯，火光明亮，销路渐广，宁波官吏称其害人过于鸦片，严禁用之，他县亦有禁用者，均无效果。初自美国来华，一八八九年，俄油、荷油相继而至，渐为日用必需之品。其他物品，尚有铁、煤、火柴、玻璃等。其堪注意者，则奢侈品渐多也。其分运之中心，初为香港，及商埠增多，上海日益重要，迨黄豆之贸易发达，牛庄亦颇兴盛。在华商业发达首推英国，船只亦其最多。李鸿章等深知外人操纵航权之害，创设招商局，中国之河流运河以东南为多，商人以船运货，船业初极发达，但自内乱而后，日益衰微。其原因有三：一官吏军队强迫扣用，二海盗摧残，三轮船发达。先是，英人瓦特改良蒸汽机，一八〇七年，第一次试行商业轮船成功，一八二五年，轮船自英国试行，达于印度。一八三七年，太古轮船公司成立，明年，英国建筑武装轮船，一八六一年，始有铁甲船。中国于天津条约开放长江，轮船乃驶行于沿海长江口岸，华船不能与之竞争。

自内乱平后，藩属次第丧失，列强在华之势力渐盛，朝廷初以中兴为言，后则淡视遭遇之事变，仍无改革。其所谓明知洋务之大臣，深信中国政教，远非西人之所能及，学其机械足矣。其顽固者且斥其用夷变夏焉。人民于乱离之后，其视政府毫无密切之关系，一如昔日。政府于祸患之先，从未事前预防，而能有所整理，人民深受痛苦之时，始乃救济，人民受其实惠者常少，朝臣且不知祸乱之主因也。国中祸乱之起，要以人口繁多，生计困难，秘密社会之横行无忌所致。方湘军之平乱也，会党从军煽惑，兵士投入会中，左宗棠西征，其部下数叛，多受会匪煽惑而成。一八七〇年（同治九）年，两江总署马新贻被刺而死，刺者为其幼年之党友，激于义气，而杀之者也。其人被捕，受刑不屈，及死，李世忠称之曰：“义士”，盖其党也。其在民间势力尤大，政府虽严禁之，然无效果。人民自乱定后，存者回归家乡，户口繁密区域之人民，或他徙焉。无奈家族之观念太深，父欲抱子，祖欲见孙，所谓“不孝有三，无后为大”也。三十年内，人口又大增加矣！人民仍多以农业为生，而其家中多无存粮，一遇淫雨大旱，收成减少，即不免于饥寒。朝廷免其田税，筹款赈济，死者仍不能免。一八七六（光绪二）年，南方大水淹没圩田，北方亢旱飞蝗蔽天，灾情之重首推河南、山西。二省交通不便，运输困难，晋人种殖罂粟，情状尤为悲苦，饥民食尽草根树皮，转食人肉，家有黄金，尚有坐而待毙者。一八七八年，阎敬铭奏曰：“奉命周历灾区，往来二三千里，目之所见，皆系鹄面鸠形，耳之所闻，无非男啼女哭。冬令北风怒号，林谷冰冻，一日再食，尚不能以御寒，彻旦久饥，更复何以度活？甚至枯骸塞途，绕车而过，残喘呼救望地而僵。统计一省之内，每日饿毙者何止千人”，其言不忍卒读，海外捐款助赈，国内商人出款救济。九月，始有秋收，死者时称约五百万人。一八九二（光绪十八）年，晋北又遇大灾，灾区二三千里，死者百余万人。李鸿章据赈员报告，奏曰：“所到之处，饿殍盈野，村落成墟，惨苦情形，目不忍觏，询因该处歉收，已经三年，民贫地瘠，夙鲜盖藏。去岁猝遇奇荒，束手待毙，有力之家初尚能以糠秕果腹，继则草根树皮均已掘食殆尽，朝不保暮，岌岌可危，每村饿毙日数十人。现在生存饿民率皆鹄面鸠形，仅余残喘，遍加访察，竟有易子析骸之惨。”其他各省之灾，例不胜举。直隶有永定河为害，河南黄河于一八八八（光绪十四）年破堤，死伤约二百万人。湖南会匪时起作乱。人民之痛苦已深，担负已重，而政府入不敷出，于此现状之下，国内之危机四伏，势非变法，殆无振兴之望，而元首大臣，尚不觉悟，此祸之所以愈烈也。

1. 数十年前，欧人希勒格于其所著之《中国史乘中未详诸国考证》谓流求为台湾。其书所言古史之地名，多为荒谬之推论，其指流求为台湾亦无确证，无宁谓流求为琉球也。

第八篇 中日交涉

清初中日之关系——商约之成立——副岛种臣之来聘——日本之出兵台湾——台案之解决——日本兼井琉球——琉案交涉之失败——朝鲜之概状——日韩之争——朝鲜之订约通商——中国对韩之政策——朝鲜之政变——中日天津条约——二国合作之计划——修约之失败——袁世凯之活动——朝鲜政治之腐败——中日军备之比较——二国出兵朝鲜——改革韩政之争论——战事之责任——清兵之败出朝鲜——海上战争——朝廷之情况——奉天境内之战——北洋舰队之消灭——最初议和之失败——李鸿章之渡日议和——和约之成立——朝臣之议论——三国干涉——换约——割台之始末——交涉之总论

日本自败蒙古兵后，其与中国关系，有将军足利义满曾遣使入明，倭寇为害于沿海诸省，丰臣秀吉遣兵侵入朝鲜。神宗诏精兵往援，竭国中之财力，而不能胜。及清兵入关，南方明臣次第奉诸王拒战，兵败地蹙，形势岌岌，有遣使东渡乞兵者，将军托辞不许。清帝于统一中国之后，诏命沿海督抚严防日本。康熙命臣改扮商人，附船渡日访察情形，及返，奏言日人恭顺。其后疆吏有奏曰人造船学弓者，闽浙总督奉旨预防商船之水手留日不返，验点人数益严。方清帝之入主中国也，日本值江户幕府极盛时代，德川氏为将军，总揽统治全国之大权，其下数百藩侯皆俯首听命，天皇徒拥至尊之虚名。迨十九世纪中叶，中国战败于英，缔结南京条约，开放五口，国际贸易之情状为之大变，荷兰人报告其事于幕府，说其弛废闭关之禁。初将军严禁造船渡海，西方诸国惟荷兰人得贸易于长崎，日本关于世界之知识，颇赖荷人输入，至是，荷人劝说将军开港通商，将军不许。明知世界大势之识者，知其闭关无以图存，昔日天险之海洋，反利西方海船之行驶，孤立之日本，势极危殆，主张连结中国为唇齿之邦，共同防御欧人。其说代表日本先觉者之思想，事实上固不可能。后中国太平军起，国中大乱，外则英法联军进攻津京，咸丰逃往热河，其事报于日本。藩侯有感慨而言者曰：“中国衰弱，福建关系于日本国防，先取台湾、福州，以去日本之外患。”其时日本业已见逼于美国，迫而订约通商，英法诸国使臣继之而至，日人仇杀外人，反对幕府，议论纷起，举国若狂，幕府变为众矢之的，将军不能维持治安，大藩更相连结，不服命令。一八六七年，将军上奏归政，明治天皇于是亲政，日本与中国之关系为之剧变。

中日二国，同在东方，其开港通商，均由于威逼而成，何一跃为强国，而一贫弱如故耶？其主因则一知其贫弱，力不能御外侮，仿行列强制度，考察其试验之结果，以改革本国之弊政，奖励工商；一则依然傲慢，轻视外人，而不知其弱点也。日本自明治亲政以来，内政效法欧美，外交师其故智，而欲居于完全自主之地位，诏命大使往聘于欧美强国，修订丧失权利之条约，对于中国亦欲遣使订约，保护商民。中国时无编著之日本史，其偶尔记载者，多摭传说，毫不知其国内实状。囿于防祸之说，存有轻视之心，受祸乃由于此。日商初附荷兰船载货达于上海，其继之至者，由英领事介绍，照无约国人许其贸易。其先闽船载货东渡，而日商来华者殊少也。一八七〇（同治九）年，明治遣使柳原前光至津，带有国书，欲赴京递送，三口通商大臣成林阻之，允许代为传递，书中请订约通商。直督李鸿章函告总署曰：“日本距苏浙仅三日程，精通中华文字，其甲兵较东岛各国差强，现以受英法美诸国之欺负，心怀不服，而力难独抗。中国正可联为外援，勿使西人倚为外府，宜先通好，以冀同心协力。”其言颇有见解，初一八六七（同治六）年，恭亲王奕劻以外国新闻纸记载日本将与朝鲜构衅，奏报太后，且曰：“日本于中国既无朝贡，又不通商，与各国在京者情形不同，无从探悉事之虚实。”其建议则由礼部密咨韩王查复，太后许之。而今日使来请订约，正可许之，庶得磋商二国之争执，而总署大臣奏称许其通商，不必立约曰：“准其通商以示怀柔之意，不允立约可无要挟之端。”其言殊不可解，朝臣对于通商立约之意义，尚未明了也。津官通知日使，日使坚请立约，津官报告其语曰：“中国商民在该国贸易者甚多，该国与泰西各国通商，无不立约，中国因未立约，故诸事每形掣肘，常为泰西各国所欺凌。该差等来时，泰西各国复谓西邦各小国向系邀我等大国同往，方得允准，如径行前往，中国必不即允，今果不允，必将为所耻笑。”总署始许明年二国派员议约。

柳原前光之来津也，提出议约草案，欲照成例办理，总署不许其请。

安徽巡抚英翰请杜绝之，太后谕曾国藩、李鸿章筹议。明年，李请许之，并派员驻日，保护侨民。曾亦奏请派员驻日，疏言订约曰："明定章程，不外体制与税务两端，仿照泰西之例，固无不可。但条约中不可载明比照泰西各国总例办理，及后有恩渥利益施于各国者，一体均沾之词，以免含混。"曾氏之主张，许日享受外国在华现有之利益，惟不于约中载明最惠国条款耳。其见解殆由于误会，日使之请照最惠国条款待遇，说明其为双方面之互惠，曾氏盖不能辨别互惠与片面之最惠国待遇也。朝廷谕李鸿章办理，李鸿章奏调江苏臬司应宝时赴津，以便与日使议约。应宝时奉旨北上，以为二国通商税则必须另订。七月，日本正使伊达宗臣、副使柳原前光抵津，会议之时，提出约稿，一为修好条约，一为通商章程，均仿自西人前订之条约。应宝时等坚持不可，另行提出草约。其争执之焦点，则为互惠之一体待遇也。八月四日，柳原致函应宝时等，陈说二国照西人成例定约，免生嫌疑。七日，应宝时严辞诘之，且曰："中国非有所希冀，欲与贵国立约也，特因去岁情词恳切，如不定议，则照总理衙门去岁初议，照旧通商和好，毋庸立约。"措辞强硬，日使若再坚持，会议将即决裂。英使威妥玛意欲调停，李鸿章不为所动。日使徘徊旬日，知事无可奈何，始肯接收中国方面提出之草约，但仍力请添入两国准予他国优恩及有裁革事件，无不酌照施准。应宝时不许，乃请约文中两国国号并称，应宝时久始许之，订成修好条约十八款，通商章程三十三款。其要款凡七：（一）二国互遣使臣。（二）兵船泊驻口岸，不得驶人内河湖港。（三）二国设立领事于口岸，凡在口岸商人之诉讼案件，归其审理，各照本国律例核办。犯人入内地作恶者，由地方官处断。（四）商人经商于口岸，不得擅入内地，或改换衣服。（五）中国开放上海、镇江、九江、汉口、烟台、天津、牛庄、宁波、福州、厦门、台湾、淡水、汕头、广州、琼州。日本开放横滨、箱馆、大阪、神户、新泻、夷岛、长崎、筑地。（六）日船不得运出登州、牛庄之黄豆豆饼。（七）进口货不准日商运入内地，亦不许其于内地购买土货。

斯约也，日本未得享受列强在华之同样利益，其互遣使臣，限制兵船驶行，互开商埠，规定诉讼案件等，二国均立于平等之地位，实为未丧主权之第一条约。其可非议者，则限制商人贸易之机会也。议约之时，柳原申称外货贩入内地，日本不能独异于他国，应宝时不许修改，柳原又以日商如何贩运土货为问，清使答称可贩自华商，沿途纳厘，运至口岸。日商乃处于不利之地位。其时中国开放之江海口岸十六，而日商独不得往南京。其后烟台条约等，增加口岸，日商亦不得往贸易，其地位不如无约国人。按照先进国之惯例，外商得于一国境内，享受平等之机会，货物自由竞争于市场。歧视日本，殊非待遇友邦之道。其在约中，规定商人不得改换衣服，佩带刀剑，专为防免倭寇之祸，应宝时之主张也。李鸿章则患日本侵扰藩属，或与他国相结为害中国，乃于条约上载明两国所属邦土，不可稍有侵越。又曰："两国既经通好，自必互相关切，若他国偶有不公及轻藐之事，一经知照，必须彼此相助，或从中善为调处。"顾友谊之维持，将视外交官之态度与努力，空泛之辞，终无实效。日本政府颇不满意条约，罢免伊达。一八七二（同治十一）年，其外务省遣柳原来津修约，津官奉命拒绝，不收其照会，柳原坚请谒见李鸿章。李氏见之，声明必须换约，始可议改，后乃允许酌改数端。柳原将去，称俟本国大臣岩仓具视等自美欧回国，方可派员来华互换，盖时奉命与列强修约，视其结果作为修改中日条款之根据也。外务卿副岛种臣竟以台湾、朝鲜等问题，不待岩仓归国，欲至中国交涉。明年，明治批准条约，遣为大使，持奉国书，渡华换约，暂时放弃修改之权利。其后日本迭请修约，中国概不之许，其与秘鲁订约，反许以享受列强之权利，中日问题，故不易解决也。

副岛种臣在日为武功派西乡隆盛之党，主张对于东方弱小之国用兵，发扬国威者也。其奉命来华，以柳原前光、李仙德（C.W.Le Gendre）为参赞，柳原前订条约，李仙德则为美人，怂恿日本政客谋并台湾。李鸿章得报，函告总署，内称日本力图自强，扣留秘鲁贩运华工船只，交还二百余人，不受费用，情礼周挚，中国宜推诚接待。四月，日使抵津，谓修约暂无庸议，俟岩仓修约成功，再请中国商办，五月，互换条约。而日皇换约谕文，盖用太政官印，其国书则用国玺，此可表示其轻视条约之心理。副岛之在津也，与李鸿章语，泛论一切，自视甚傲，而于其主要使命，未曾提及。李鸿章以日韩交涉为问，副岛答称现仍遣使至韩劝喻，实无侵陵用武之意。李鸿章说其不必遣使驻京，副岛许之。及换约事毕，副岛入京，值同治诏许驻京公使入觐，乃请亲递国书，谒见皇帝，总署大臣许之，而以礼节班次之争执，几致谢绝入觐，李鸿章先请加意笼络，以固近交者，固未生效。

及副岛将去，总署始肯让步。入觐之先，大臣请其至总署学习礼节。方入觐问题之辩论也，副岛遣柳原、郑永宁至总署询问中国对于澳门之关系，次及朝鲜，并言台湾生番杀害琉民事件。大臣不肯负责办理台案，总署函告其事于李鸿章。李氏述闽人游击吴世忠语，致书总署曰："番人矫捷强狠，山径深险异常，英美商船曾被侵害，屡发兵船往剿失利，皆无如何，后仍讲和而止。日本力更不逮，断无能为！"副岛自京至津，谒见李鸿章，未言其向总署询问之事，李氏不便与之明言，泛论时事，言及丰臣秀吉征韩，因曰："朝鲜乃圣贤之裔，礼仪之邦，天之所兴，不可废也。"副岛答称日本迭次遣使通问，韩王置而不答，为之奈何！李云："今贵国若不责其朝贡，但以释衅修好为词，或者肯与友睦，亦未可知。若用武强，断无能相和好之理。"副岛答称只欲如此办理。综观副岛之来华，含有极大之作用，其在京中，对于重大之问题，仅遣参赞口头上询问。其陈说之时，牵及澳门，殆欲避免总署大臣之注意。及得其推诿之答辞，立即视为口实，其计殊为狡诈。李仙德先为厦门领事，曾同美兵渡台，报复惨杀美人之番人，及至日本，声称杀害琉人之生番所住之地，非中国势力之所及，出兵取之甚易。副岛听从其言，故李仙德随之入京。不幸总署大臣昏庸傲慢，缺乏外交常识，对于日使入觐之要求，直类于儿戏。关于琉民被害案件，日韩交涉，不肯承认中国之责任，杜绝日使之阴谋。李鸿章不知挽救之方法，一面深信日人不能战胜生番，置之不问，一面讽说副岛对于朝鲜不宜武力压迫，一若中国处于第三者之地位，而于日本侵略朝鲜，中国将不问也。其所以然者，台湾虽为中国领土，朝鲜虽为藩属，而官吏向不干涉生番，出兵征之，则将增加担负，朝鲜内政外交，中国向亦不问也。副岛在津，华官要求换约之上谕，改用国玺，允许照办，条约问题，始行解决。

副岛在京观察中国之情状，深得不良之印象，李鸿章致书友人，称其口出怨言，牵及朝鲜兴戎、台湾生番等，及其回津，与李鸿章语，询问总署大臣十人何为，返国后，主张出兵征韩，武功派之大臣嚣然一辞。方欲出兵，而岩仓等回国，力阻其谋，武功派怒而辞职，有起而作乱者，政府患之，遂谋出兵台湾。台湾在福建之东，为中国岛屿之一，其中土人不详其始，其西澎湖列岛，隋人始乃知之。唐施肩吾咏其地曰"腥脑海边多鬼市，岛夷居处无乡里"，可见其荒凉之一斑。国人后始迁居其地，明初严防海盗，朝臣有请尽徙澎湖居民以绝祸根者，澎湖近于福建初犹若此，其东台湾更不待言。台湾之名始于明季，或言即明史中之鸡笼山也，倭寇麕集其地。会荷兰人求通商于中国，粤官拒绝其请，荷船往攻澎湖，不胜，东据台湾。明末，华人徙居者渐多，郑成功之父初为海寇，曾居台湾，及朱氏诸王次第败于清兵，郑成功仍不肯降，率其所部渡海，逐去荷人，据有其地，拒抗清军。成功死后，康熙遣将攻取台湾，台湾始入版图。清廷视为荒岛，设一府三县，划入福建省内，府县均在台北汉人较为繁殖之区，距城不足百里，即有番人。番人居于内地，汉人不得前往，政府从未积极感化番人，或稍改良其生活状况，而竟听其残杀难民，遇有事变，诿为化外之民。其地居近热带，山林川泽无人整理，不宜于人生。政府禁民徙居，其冒禁渡台者，或为牟利之徒，或为无赖，或为会党，故自收服以来，叛乱迭起。清廷之不善经营，实不可讳。英美曾觊觎之，一八四七（道光二十七）年，英人调查岛中之煤矿，曾订合同买煤，以华官禁之而罢。其后美人迭至岛中，其驻华委员向国务卿建议并取其地，未得答复，英国亦有活动。一八六七（同治六）年，美船触台南礁石，生番杀其水手，领事报于台官。台官奏报朝廷，且请总署咨告美使，勿与番人结仇。总署请购熟番相几办理，终无举动，领事率兵讨之。日本鉴于英美之活动，亦欲取之。一八七一（同治十）年，琉球船破于台湾海岸，生番杀害其水手五十余人，明年，日人漂流至台，幸免于死。琉人被杀之后，清廷未有举动。日人有倡言出兵者，其心理则自认琉球为属国，且可侵略台湾也。识者明知琉球朝贡中国，台湾为其领土，贸然出兵，势将引起二国之战祸，而日本内政尚待积极之改革。其主战者多为幕府时代之武士，动于虚荣与意气，而不自知日本之地位也。及副岛返自中国，文治派力阻征韩，西乡隆盛等辞职而去，武士赞其英断，互相标榜，反对政府，国内汹汹。一八七四（同治十三）年四月，天皇命将西乡从道率兵三千余人渡台，以谋一致对外，免去内乱。李仙德助之，召其友人赞襄军务，雇用美船运输军队，自台湾东南登岸。牡丹社番人出战，日军焚其草屋，枪杀多人，从道降抚番人，为久驻之计。

日军至台，英使威妥玛首先得报，向总署询问，总署很亦得报。朝廷谕派船政大臣沈葆桢带领轮船兵弁巡阅布置，设法招抚生番，俾为国用，又派布政使潘霨赴台帮同筹画。五月，日使柳原到沪，布政使应宝时见之，诿称专为通商和好而来，西乡不肯听其指挥。潘霨向其交涉，议商捕杀凶徒，严禁番人残杀，有出款了结之意。柳原允函西乡按兵不动，潘霨俄即南下，随沈葆桢渡台，六月二日奉令往见西乡，声称地属中国，欲其退兵，未有结果。西乡乃托病不见，后称贴补军费，始可退兵。沈葆桢上奏台兵力不能战，而台地千余里，防不胜防，乃于郡府设防。政府调淮军六千人往援，总署以美人赞助日本，向其公使抗议。美国索还商船，拘捕李仙德。日本益处于不利之地位，其先柳原等与总署大臣之问答，均为面谈，毫无文据，至是，总署声称台湾属于中国证据繁多。七月，日皇命柳原北上，柳原抵津，患其入都不为总署所理，赴津海关道辞行。李鸿章约其至署晤谈，函告总署曰："深知若辈伎俩，又恨其行径诡变，不得不嬉笑怒骂，厉声诘责，取案上纸笔大书曰，'此事如春秋所谓侵之袭之者是也，非和好换约之国所应为，及早挽回，尚可全交。'"柳原急欲进京，其意则在贴补兵费，至京，与总署大臣交涉，各不相让，未有进步，而淮军已奉命渡台，援兵先后到者约有万名，二国势将起战。初日本政府凭信副岛报告，以为出兵剿番，一如前例，且得解决国内之纷乱。及兵将行，列强驻日公使有告以出兵将构衅于中国者，明治欲中止出发之兵，而西乡即率兵往，至是，对于军事未有把握，颇患引起战祸，而驻日外使讥其轻举妄动。日皇因欲让步解决，特派大久保利通为全权大臣，渡华交涉。

九月一日，大久保抵津，其人为日本维新名臣，富于才能。李鸿章闻其将至，请总署以礼待之，且曰："平心而论，琉球难民之案，已阅三年，闽省并未认真查办，无论如何辩驳，中国亦小有不是。万不得已，或就彼因为人命起见，酌议如何抚恤琉球被难之人，并念该国兵士远道艰苦，乞恩赏饩牵若干，不拘多寡，不作兵费，俾得踊跃回国。……鸿章亦知此论为清议所不许，而环顾时局，海防非急切所能周备。"其改变思想者，马尾船厂监督日意格在津，谓中国海陆军不敌日本，赫德亦以为言。李鸿章先闻日本购买大批军火于美，有铁甲船二，其告友人称华兵不知后门枪，淮军有之，为数无几。其论台防曰："幼丹（沈葆桢字）请调枪队原为设防备御，非必欲与用武。鸿章亦叠函劝其只自扎营操练，勿遽开仗启衅，并密饬唐提督（唐定奎）到台湾后，进队不可孟浪。西乡苟稍知足，断无以兵驱逐之理。"其时中国方有事于西北，财政困难，再与日本构兵，胜负殊难预料，李鸿章盖有所见。沈葆桢亦函总署，中云：“备未实修，未能遽战。”大久保来华，随从甚多，李仙德与焉。李仙德初为领事所拘，释后仍在日本活动，故亦来华。大久保匆匆入京，与恭亲王等会议于总理衙门，辩论台湾东南，非中国领土，喋喋不休，盖为军费地步也。总署大臣严辞驳之，互相切责。中国方面请交列强公断，大久保不许，乃照会日使，中称“嗣后倘再如此，本衙门不敢领教”。大久保照会总署，亦称数日内尚未议定办法，即行回国。其将视为口实，则皇帝不肯召见接收国书也。最后磋商办法，日本索款太巨，无法进行。

交涉困难，李鸿章深以为忧，拟请英、美、法使调停，总署乃将交涉始末，照会驻京公使。英使先曾调停，未有结果，至是，再受总署之请，出而调停。双方始各让步，议妥条款，十月定议。其要款如下：（一）中国承认日本出兵台湾，为保民义举。其先交涉之困难，双方各不认错，无法解决，而此则应大久保之请，顾及日本体面也。约文中有“生番将日属人民妄加杀害”之句，其称琉人为日属人民者，天津美副领事初建议于李鸿章。李氏将其函告总署，且曰：“不必提琉球，免致彼此争较属国”，此所谓掩耳盗铃，而又放弃强有力之理由矣。（二）中国抚恤难民家属，补偿日本建筑费，细则规定前者恤银十万两，后者给银四十万两。交涉之初，贴补兵费即为进行之难关，至是，大久保要求二百万两。总署大臣视为太巨，乃以威妥玛之调停，始得解决。（三）注销关于台案交涉之公文。总署照会日使，措辞严厉，含有恫吓之意。美副领事于大久保入京之先，言于李鸿章，谓总署照会，不必为激烈决绝之语。虚声恫吓，固少实效！其载明注销者，以其有碍二国之邦交也。约成，大久保出京，渡台办理撤兵。综观台湾交涉，事起于总署大臣之昏庸畏事，对于台案不肯办理，对于日员之询问，又不断然告以与日本无关，不烦代问，乃以推诿之辞，竟予日本出兵之机会。其办理交涉，不知国际公法，折冲订约，又无远见与才能，徒以皇帝之虚荣为争，骄而失败，其罪殆不足责！李鸿章于此亦有相当之责任，李氏初信番民强于朝鲜，日本无如之何。及交涉事起，容闳建议派大员往日，李鸿章谓在明时，日本扣留使臣，言其不可。其无识见，竟至于此，交涉迁延不决，徒多损失。主张和议，殆不可非。要之，先无准备，遇事张皇，购买军械，以求侥幸于万一，则所谓孤注一掷，固远不如以外交方法解决。

国内苟有远见之外交家，凡此问题当或不致发生。至于日本武功派之欲发扬国威，野心侵略，更不足责！

台湾交涉之起，由于琉球水手之被杀，琉球为中国藩属，可向中国申理，无须日本过问，日本之出兵讨番，实无理由。会议之时，琉球藩属，当为讨论之根据，先决之问题，疆吏朝臣反而避免争执，不肯提出诘问，条约上反而承认其为日属人民，虽曰琉球臣属中日二国，中国且可诿称不知其为琉人，而固不智也。琉球在日本之南，中国之东，以岛立国，地小民稀，不详其始，隋书始记流求。明兴，其王遣使奉表入贡，成为惯例。日本于唐代始知琉球，称其王为日人之后，风俗习惯相多类似，先后遣兵征琉，琉王降服，朝贡于强藩萨摩。夫以一国同时称藩于二国，则朝贡不过其名，事实上内政由其国王自主。二国于其外交，亦不干预，琉球初与欧美诸国订约通商，中日皆不之问，则其明显之例。琉球较与中国亲近，条约上采用清帝年号，则其证也。会日本明治嗣位，幕府将军归政，藩侯尚未废除，维新之志士，深以为忧。一八七一年，日皇下诏废藩为县，萨摩之藩属琉球，遂属于朝廷。朝臣有言废其王而县其地者，文治派知其性质异于国内藩侯，其王又朝贡中国，断然处置，将起二国之恶感，力持不可。及岩仓等奉命聘于欧美诸国，武功派乃谋并吞琉球，天皇诏其王入朝庆贺新政，及至，列其王于华族。据中国驻日公使何如璋语，琉王请照旧章朝贡二国，副岛许之，盖顾虑中国之抗议，难于立时改为县邑也，侵略之野心殊属可恨，琉球名虽属国，上国向不干涉其内政，固不应谋夺其自主权也。及台湾事起，总署大臣办理交涉，竟以含混之辞，解决争执。日本遂益进行其兼并之计划，改其日历，设法庭于岛中。

日本谋并琉球，其王之地位降低，受制于人，非其所愿。及光绪嗣位，琉王拟遣使进贡，日本不许，琉王遣使向德宏附船抵闽，一八七七（光绪三）年，琉使禀告阻贡，并拟进京吁请，而上谕则令其回国，毋庸在闽守候。向德宏不敢回琉，总署大臣多所顾忌，无所进行，会设使馆于东京，何如璋奉命为钦使，朝旨命其交涉，明年，琉使请其援救，何如璋主张积极进行，其言曰："日本国小而贫，自防不暇，何能谋人？如璋到此数月，……窃谓其今日固不敢因此开衅也。"其向总署建议，有遣兵船责问，或约球人拒日，或向日抗议保其领土，若皆不能，则将琉球归日，照西例易地偿金。李鸿章谓其建议除抗议保其领土而外，均不可行。琉使更乞援于美法公使。何如璋向日抗议，外务省托辞推诿。十月，何氏提出措辞强硬之照会，外务省请其撤回，不得。明年，内务省遣兵警渡琉，送其世子大臣于东京，降王品级，改其国为冲绳县。总署向日使交涉，日使托辞推诿。何如璋报告总署，请撤使回国，领事余乾耀建议撤华商归国，出船截其通商之路，总署不许其请，外务卿不理何氏，仅言交涉将由驻华新使夫户玑办理，外人以为时局严重。五月，美前任总统格兰德（U.S.Grant）来华游历，至京，恭亲王奕劻请其调停中日之争，格兰德许之，返津，李鸿章亦以为请。格兰德因欲解决华工入美问题，李氏声称琉事议妥，华工总好商量。六月，格兰德往日，日本待之极厚，乘间为其大臣言之，大臣闻知中国深怪此事，颇觉诧异。格兰德力言战争之害，中日均为东亚独立自主之国，不可受外人挑唆，中其奸计。二国邻近，情谊应若一家，而日本办理琉案，中国深不满意。日臣伊藤博文奉命与之协商，请其设法。其困难则日本武士轻视中国也。格兰德随员杨越翰（Young）函告李鸿章，中云："日本人以为不但琉球可并，即台湾暨各属地动兵侵占，中国亦不过以笔墨口舌支吾而已。"武士时多穷困苦，极愿入伍，若政府让步太甚，或将起而作乱，且政府已改琉球为县邑，颇难改废明令也。八月，格兰德致书于奕劻等，陈说撤回何如璋送往外务省之照会，二国各派大员会商，互相让步，妥定办法。倘二国意见不合，无法解决，可请一国秉公议办，二国应即遵行。且曰："亚细亚洲人数居地球三分之二，惟中日二国最大，诸事可得自主，所有人民皆灵敏有胆，又能勤苦省俭，倘再参用西法，国势必日强盛，各国自不敢侵侮，即以前所订条约吃亏之处，尚可徐议更改。日本数年来，采用西法，始能自立，无论何国再想强勉胁制立约，彼不甘受。日本既能如此，中国亦有此权力，我甚盼望中国亟求自强。"其言深有见解，建议之办法，颇可采行。何如璋在日泄传交涉之信息，不为日本所礼，格兰德以其受驻日英使巴夏礼之鼓动，于其书中力劝勿中奸人之计。李鸿章亦言何如璋照会措辞过当，"出好兴戎"。公使馆中之机密要事，均为外务省及各国公使所知，何如璋固非外交家也，格兰德在日不肯与之面商琉案。

自格兰德调停之后，二国再行交涉，日本请中国另派大员渡日会商，如不能行，可在烟台会议。李鸿章既谓不可会议于烟台，又称派员赴日会商，亦非办法。其致总署书曰：“彼必欲中国另派大员前去，无论踌躇四顾，无此专对妥员，即有人前去，而所议无成，怏怏而回，既轻国体，更无后著。鄙意仍要该国派员来华，若无办法，听其自去，虽是不了之局，中国始终不失身分。”其言如是，殆少解决争执之希望。总署大臣与之所见相同，时日本政客竹添进一郎在津与李鸿章相识，上书进言二国各缴回照会，解决争执。李鸿章招而与之笔谈，辩论琉球二属问题，请其回国，劝说政府，明年派员前来会商，且曰：“中国主持大议者，实止数人，皆不能分身远出，非自高声价也。日本群材济济，能派员前来为妙。”竹添答云：“此等语，敝国公使等皆不知之。”李氏饰辞不免辱国矣！一八八〇（光绪六）年二月，外务卿井上馨告知何如璋拟以琉球南岛归华，中岛归日，将派员来华会商。三月，竹添奉命至津，询问李鸿章之意见，谓无扞格，本国将委驻京公使宍户玑办理，并面呈说帖，要求修改条约曰：“中国于西洋各商均入内地贸易，而我商民独不得同其例，是疑于厚彼而薄我。夫中国与日本，人同其种，书同其文，有旧好之谊，有辅车之势，宜同心戮力以维持东洋全局。然中国相待之约，反不如待西人之优，我所深慨也。……中国举其所许西人者，以及于我商民，我国亦举所许西人者，以及之中国商民。而两国征税建法，一任本国自主，嗣后遇与各通商国修改现行缔约，内管理商民，查办犯案条例，或通商章程税则，互相俯就，但均不得较他国有彼免此输彼予此夺之别。果如此，于中国略无所损，而两国相亲爱之情，由此大彰，然后中日视如一家，永以为好，实两国之庆也。”竹添此行，系奉政府之命，其言为国内深谋远虑之政治家之主见，果如其言，订成条约，实为互惠平等之条约，对于二国之主权均无丧失，则所有之嫌疑或可消免。日本于换约后，一八七五（光绪元）年，商请修约，未有成功，旋自让步，商请总理衙门大臣，日商得如欧美商人，许其于登州、牛庄贩运黄豆豆饼。李鸿章以总署征其意见，论其不可，亦无所成。华商之在日本者，后亦不许其于内地贸易，以为报复。要之，彼此限制，殊非二国之利。竹添更与李鸿章笔谈，详论日人有憾于条约，故二国之争执迭起，日商受害，亦与中国无益。今欲割琉，修改条约，长杜纷纭。其言虽有牵强附会之处，而足代表日人之心理。

李鸿章答称议约，非格兰德函意，是为节外生枝，又称商议球事，牵及增改通商章程，则为胁制。竹添乃谓议无所成，将即回国。李氏函告总署，对于日本割归琉球南岛，主张还之琉人，事已至是，恐别无结局之法。对于议约，则称日人立言颇近公平，而事关系重大，不敢擅断。总署复称割分琉球，事不可行，关于修增条约，亦持异议。竹添深为失望，作诗讽谏，中云："墙外拒兄弟，室中容虎狼"，更相辩论，李鸿章劝其入京。竹添从之，而总署大臣主张北岛归日，中部还之琉王，南岛归华。竹添不可，返津回国。三分琉球之议，格兰德在京，曾以为言，日本以北岛久并于日，中岛最为广大，仍还琉王，南岛又属中国，固不愿若此之让步，格兰德游历日本，不再以之为言，盖已为日本所拒绝矣。日本之建议，则中岛属于日本，南岛归于中国；南岛地狭民少，亦非中国所愿。及中俄交涉严重，朝臣有请解决中日问题，促进二国之邦交者。七月，夫户玑奉命向总署大臣交涉，以南岛归于中国。南北洋大臣刘坤一、李鸿章均请还之琉王，总署说明分界之后，两不相干，以为存琉张本。日使请加最惠国条款，总署许之，双方议定条约，将签字矣。恭亲王奏报太后，且曰："此时不与定议，亦无策以善其后。"

其时太后奖用直言，凡有言责者，莫不遇事生风，吹求利害。按之实际，多为捕风捉影之流言，本于无根据之传说，空泛浮夸，成为似是而非之推论。每遇外交，争先发言，而太后毫无主见，往往难于决定政策，乃为害于国家。左庶子陈宝琛闻知其事，疏言日本国弱，自顾不暇，焉能助我。不宜遽结琉案，轻许日约。其反对改约曰："其（日本）居心叵测，无非欲与欧洲诸国深入内地，蝇聚蚋嘬，以竭中国脂膏！况此外又有管辖商民酌加税则，俟与他国定议后，再与中国定议等语。……故为简括含混之词，留一了而不了之局，以为他日刁难地步。此酌改条约之说，断不可从者也。"国际贸易之害，一至于此，迂腐之文人，固不知经济原理也。其言修约之害，全不明了日本国际上之地位、外交之政策，而为牵强附会之谈。太后交亲王议复，复奏请如总署所奏议行，而张之洞又持异议，太后无所适从，谕李鸿章妥议。初和议之进行也，总署函商条款于李鸿章，李氏之主见忽异于前，改称南岛贫瘠，琉王复国无以自存，向德宏在津哭说不可，且曰："尊处如尚未与宍户定议，此事似以宕缓为宜。言者虽请速结琉案，究未深悉其中曲折，即使俄人开衅，似无须借助日本。中国之力实不敌俄，宁可屈志于俄，亦何必计及日本之有无扛帮耶！……以内地通商均沾之实惠，易一瓯脱无用之荒岛，于义奚取？”其言前后矛盾，若出二人，究何策以善其后？李氏固未告知总署大臣也。至是，其奏复之疏文，本于前意，谓俄日强弱之势相去百倍。其扼要之语曰：“与其多让于日，而日不能助我以拒俄，则我既失之于日，而又失之于俄，何如稍让于俄，而我因得借俄以慑日！”此种见解，遂为李氏对日之基本观念。太后又命疆臣刘坤一等妥议。于是议论纷纷，莫衷一是。会议停顿既久，六户迭催签字，总署亦无办法。日使乃称嗣后不得再议琉案，总署颇以绝交为患。李鸿章言其不致启衅，草案终告推翻。明年夫户出京，左宗棠奏请备战，上谕各省严防，而日本实无用兵之意。及中俄交涉解决，琉球之争论复起。李鸿章仍欲琉王复国，或以王城首里归之，外务卿井上馨电称不可。后日本建议改琉王为县令，世治其地，许其朝贡中国。总署大臣力持异议，醇亲王奕譞明言“事必无成，而中国兴灭继绝，尚可以对环球。”不幸好意徒为空言，交涉引起恶感，各国亦无友善之表示耳。琉使再行乞援，亦无办法。一八八五（光绪十一）年，伊藤博文来华，面告李鸿章，称中国遣使往日，仍愿让步解决琉案，中国未派使往，此后日本始不复言琉球，乃以不解决为解决。总之，琉球交涉，总署错认琉民为日属人民。其后李鸿章虽力辩护，而沈葆桢给与日本公文固已明言其为琉民。日本阻贡报至朝廷，总署初尚顾忌，交涉遂处于不利之地位，日本之肯让步者，则欲免去二国之恶感，增改条约，得享商业上之权利。总署大臣则以俄患始肯解决中日之争执，其见解原不免于浅陋，而又不能坚持定见，李鸿章之主张不一，左宗棠西征，力言亲日，及回北京，主张战备，终遂失去时机，一无所成。噫！清廷固无人也！

中日邦交以修约台案琉球之争执，未有进步，其尤复杂而难于解决者，则为朝鲜问题。朝鲜地接中国，中国于其盛时，郡县其一部分部土地，文化思想因而传入半岛。自明以来，朝鲜朝贡中国颇勤，丰臣秀吉之难，明出大兵往援，韩人德之。及满人势盛，其主仍欲助明，终以力不能胜而降，遵例朝贡，未尝有缺。日本自江户幕府成立，遗使往说其王，命人入聘，韩王鉴于前祸，许而从之，日人有视为属国者。韩王忠于清而忽于日，一八三二（道光十二）年后，中止遣使聘于幕府。朝鲜虽曰臣属中国，而内政外交听其自主。其大臣习染中国政治上之恶习。不顾民生之大计，高谈理学，排斥外人，禁其通商，捕杀教士。初一七九四年，神父始至朝鲜传教，韩王禁之，后法公使迭请总署颁发护照，准许神父入韩传教。恭亲王答称朝鲜内政自主，拒绝其请。一八六六（同治五）年，朝鲜惨杀神父教民，法使照会总署，称将用兵，总署请其和平解决，后且不认助韩。美国借端朝鲜虐待水手，欲遣兵舰威逼订约，其他欧洲诸国亦愿朝鲜开港，或令军舰示威，或登陆进攻，或遣人调查，而朝鲜始终不屈，欧人无如之何，君臣自为得计。清廷初未予以有效力之指导，日本则异于此，方幕府之未归政也，国中扰乱，将军尚虑法国报复朝鲜，俄闻美国亦将构难于韩，告知美使称欲遣使赴韩调停，会反对幕府之势力日盛，将军归政不果，归政后，天皇诏对马岛藩侯通知韩王日本王政复古，其意欲其遣使朝贡也。时李熙在位，初韩王病死无嗣，其妃迎立皇族李昰应之子李熙为王，李熙年幼，其生父摄政，号曰大院君。大院君富于排外思想，好揽政权，遇事敢为，不顾一切。至是，藩侯使者迭至，未有韩使往日，一八七一年，天皇诏遣使臣会同兵船二只渡韩，使臣身衣洋服，深触大院君之恶，韩廷益不之礼。先是，驻于横滨之法兵奉命往攻朝鲜，大院君令兵御战，法兵败退，而自诩为奇功，且信日本助法，殊不知其浪人仇杀外人，而外兵驻其境内也。会德使谋通商于韩，雇用日人，益启大院君之疑，且其通知书中，有天皇诏敕等字，违反向日之惯例，而非邻国聘报之礼。大院君以侮辱傲慢之辞答复日使，日使丧气而归，大院君乃言日本变法学夷，禁其国人与日人往来，断绝二国商业。

日使归而报告其始末于政府，武功派之西乡隆盛闻而大怒，倡议征韩，好勇逞斗之武士和之。及副岛来华，根据总署大臣之口头答复，信为中国不问朝鲜，气焰益昂，预备出兵。文治派于欧洲知之，惊而遄程回国，朝议征韩，文治派坚持异议，力言日本内政尚待整理，耀兵于外，危险孔多，且予俄国侵略东方之机会。二派相持不下，天皇最后否决征韩之议，以免中日之战祸。初恭亲王对于外使常谓朝鲜自主其内政，总署大臣对于日员之询问，不知其有深意，亦以不负责任之言答复。李鸿章在津接见副岛，虽有讽说，而于日韩之争执，未有若何之处置。日本欲与朝鲜往来，则未稍改。一八七五（光绪元）年十月，其军舰在朝鲜西岸江华岛测量，逼近海岸，戍兵发炮击之。日舰还炮应战，毁其炮台，杀伤韩兵多名，报告于本国政府。政府鉴于台湾之争，训令新任公使森有礼赴京，明年一月向总署交涉，要求发给护照，派人会同日员前往，或为之转递公文。总署拒之，函告其事于李鸿章。李氏复书中云：“两相怨怒，则兵端易开，度朝鲜贫弱，其势不足以敌日本。将来该国或援前明故事，求救大邦，我将何以应之！虽执条规责问日本，不应侵越属国，而彼以关说在先，中国推诿不管，亦难怪其侵越，又将何以制之？……窃窥日本来意既明言欲求和，而不轻用武，……似宜由钧署迅速设法，密致朝鲜政府一书，劝其忍耐小忿，以礼接待，或更遣使赴日本报聘，辨明开炮击船原委，以释疑怨为息事宁人之计。至该国愿与日本通商往来与否，听其自主，本非中国所能干预。如此立言，似亦不为失体。”总署不从，森有礼乃称朝鲜为独立之国，照会中云：“贵国谓之属国者，徒空名耳！”互相辩论，迄无办法。森有礼往谒李鸿章于保定，仍请中国设法调停，声称日本无与朝鲜通商之意，唯欲议定三款：(一)朝鲜接待日本使臣。（二）日船遇难，代为照料。（三）朝鲜许日商船测量海礁。李鸿章初不之许，森有礼称言日韩战争，或不能免，李氏多所解说，日使再三央求转商总署设法解劝。李氏许之，深患总署不从，致书与之，一面说其奏请礼部转告朝鲜，以示和好，一面谓无法可设，彼固不得借口。总署奏请太后，得旨依议，而日使已通知总署，本国派员赴韩矣。

方中日交涉进行之际，日皇遣使黑田清隆乘坐兵舰，渡韩交涉。二月黑田抵韩，提出条件，限期答复。时李熙年壮，庸弱无主，其妃闵氏专政，召集大臣会议，讨论日本之提案，迁延不决，及期，日使恫喝用武，韩王迫而许其要求，订成江华条约。其要款凡五：（一）朝鲜为自主之邦，保有与日本平等之权。……彼此以平等之礼仪相待。（二）十五月后，日使来韩。（三）朝鲜开放二港通商。（四）日人之在通商港口者，享有领事裁判权。（五）救济被难之水手。观其所得之权利，远过于其最初之希望，日本之认朝鲜为自主之国，藩属之争执，乃伏于此。日韩条约成立，列强颇重视之，英德公使将其通知总署，日使抄送条约原文，总署未有异议。韩王咨报礼部，对日恢复邦交，开放商港，续订条约。中国颇惧日本再有要求，李鸿章询问森有礼，答称日本“防俄南侵，方欲与中国、高丽并力拒俄，岂肯同室操戈，自开衅隙？”李鸿章深韪其言。其时日本政治家深以俄国为患，森有礼之言或非虚伪，而中国、朝鲜大臣多未能见及此，又无一定之主张与政策。会总署谋求琉王复国，鉴于前事，颇患日人在韩。

丁日昌请说韩王与列强订约，威妥玛亦以为言，且引废琉故事，俄人又经营东方，不遗余力。大臣始筹朝鲜之策，李鸿章奉旨劝其与列强订约，书告其致仕大傅李裕元，谓大势所趋，朝鲜不能闭关自守，宜防日本、俄国。日本业已立约通商，应用以敌制敌之策，次第与泰西各国立约，以牵制之。朝鲜与俄接壤，形势日逼，若先与英德法美交通，不但牵制日本，并可以杜俄人之窥伺。其说朝鲜订约通商者，固防日俄，而亦代其决定外交大计。朝鲜自与日本订约，列强因欲援例，而朝鲜君臣深闭固拒，仇视教士，李氏虑其引起事变，故以为言。李裕元托人转告，谓其解官归乡，不敢力争。李鸿章函告总署曰："朝鲜既坚不欲与西人通商，中国自难强劝。"李裕元后复李鸿章书，详论泰西之学，素所深恶，不欲有所沾染，国内向称贫瘠，不能多容商船。后韩臣金允植来津，笔述其国中议论曰："不问时势可否，惟以守经为正理，斥和为清议，与其通洋而存，不如绝洋而亡！语涉交际，辄以邪学目之，为世所弃。"固陋至此，宜李鸿章第二次函告亦无效果。会美使薛裴尔（Shufelat）奉命往韩订约，一八八〇（光绪六）年，在日商请中国领事余乾耀派员同往，不得，转请日领投递公文，亦无效果。其时韩王欲遣学生至津学习制造军火，操练新兵，朝命李鸿章主持。明年，朝鲜执政李最应知闭关为非计，遣使至津，询问交涉事件，说明订约通商非天朝代为主持，无人敢为决定，李得韩王请其代为主持之文，抄送拟定之约稿。值薛裴尔来津，李请韩王遣使赴津，迟至次年，仍请李代主持。李派属员周馥、马建忠与美使会商。其第一条曰："朝鲜为中国所属之邦，而内政外交向来归其自主"，余款则注重应防之流弊，应获之权利，远胜于中美条约。美使初欲根据日韩条约，议订条款，后始放弃主张。其最大之争执，则为美使要求约中不必载明朝鲜为中国属邦之句，中国方面声称删去此句，即不与闻其事，美使向本国请示，而国务卿未有训令，乃采折中之办法，由韩王照会美国说明其藩属中国，条约始成。李鸿章以美使、韩员之请，遣其属员丁汝昌、马建忠会同韩美使者渡韩，韩王对于条约稍有修改，即行批准，其致美国照会，声称其藩属中国，而内政外交自主。英德诸国亦遣使订约，相继告成，朝鲜外交为之一变。

朝鲜开放，其年七月，忽有内乱，说者言其仇视欧人，反对通商而成，实则促成于二党争权。初大院君专政，及王李熙年长大婚，其妃为世臣闵氏之女，果决有为，干预国政，大院君迫而归政，李熙昏庸无才，受制于妃，闵族多居要职。大臣有奉命聘于日本者，日人颇厚待之，使臣感于日本内政之进步，亦欲朝鲜变法。韩王受其影响，派遣学生渡日留学，聘其武官操练新军，其多数朝臣则仍顽固不化，轻视外人，平民知识浅陋，迷信深痼，而其潜伏之势力至为强大，时人号称顽固朝臣曰“守旧党”，以大院君为首，主张闭关，反对日本。及与列强订约，党人大惊，夏旱，造言神怒开国所致，愚民信之，乃切齿于闵妃，大院君尤恶其专政。会军士欠饷未发，军米又改小斗，心怀怨望，附于大院君作乱，七月二十三日，乱起，政府无力弹压，乱兵暴民闯入宫中，欲杀闵妃，而妃先期改装潜逃，得免于死。暴民杀害大臣数名，攻焚日本使馆，日使花房义质逃免，乘舰返国报告，在韩武官多死于难。日本遣军舰陆军会同花房往韩，日使先往韩京会议不协，形势危急。朝廷得报，饬直督张树声派员带兵察看情形，相机办理，并谕丁忧回籍之李鸿章迅即赴津。李氏北上，威妥玛见之，代述日本政府之意，不愿中国交结李昰应主持交涉。李星应既得政权，以韩王名义，咨报已平内乱，朝廷置之不理。丁汝昌率同军舰会同马建忠办理，朝命调吴长庆所部六营渡韩，华官抵于韩京，本于事先计划，诱执李昰应，捕杀乱党。至是，李熙改派李裕元为全权大臣，前往济物浦与日使会商，华官未曾力请参与会议，八月，订成二约，一为续约，扩张商业上之权利及外交人员游历之机会。一为济物浦条约，其要款凡五：（一）朝鲜捕治凶徒之罪。（二）抚恤日员家属及伤者恤金五万元。（三）赔偿军费五十万元，分五年缴清。（四）日本使馆得置兵警备，其兵营之设置，由朝鲜任之，一年后可酌量撤兵。（五）朝鲜遣大员赴日道歉。综观事变之始末，朝鲜颇处于不利之地位，迫而订成辱国之条约。中国无如之何，朝臣以为中国捕获祸首，而日本条件犹若此之苛，有主张战议者。其人要多昧于国际大势，如张佩纶称粤捻回洋为四患，三患除而洋祸将息，发扬国威，宜先决定东征之策，筹备进行。又曰：“索兵费五十万元，使与台湾之数相准，以耻中国，”其言极牵强附会之至矣！中国之患，要多由于士大夫之不明事理，对内粉饰苟安，对外倡言不切实际之高调，而以人命为儿戏，国家为孤注，而于事先之预备，建设之计划，则少建议。

李鸿章之见解颇与之异，主张慎重，及事日急，奉旨筹议中韩商务章程，派周馥等与韩使议订章程，予华商特殊利益，韩使恐日援例，断断辩论，华员将其驳斥，最后议定载明章程系中国优待属邦之意，不在与各国一体均沾之例。其要款凡七：（一）北洋大臣札派商务委员驻韩，韩王派大员驻津。（二）华商在韩享受领事裁判权，韩人在华则归地方官按律审断。（三）二国商船得往彼此商港贸易，渔船亦听其捕鱼。（四）韩商例准于北京贸易，华商得入汉城杨花津贸易。二国商人持照，得往内地采办货物。（五）废除边界互市章程，许边民自由交易，税则除人参而外，值百抽五。（六）韩人贩运入参入境，纳税值百抽十五。（七）招商局轮船每月定期往返二国一次，朝鲜津贴船费若干。章程规定税率，不如中俄商约，实非待遇属国之道，而疆吏以其改变旧章论其不便。其时朝鲜开放釜山、仁川、元山三港，外商限往于商港，而华商独处于优越之地位。外商又以税率颇重，感受不便，美英先请修约，韩王许之，约中允其商人贸易于内地，日本亦得最惠国之待遇。中国乃改章程，商人享受同样之权利，淮军六营尚驻于汉城，袁世凯为营务处官，派员操练韩兵，陈树棠奉命为商务委员。李鸿章荐前德领事穆麟德（Paul Georg Von M？llendorff）为韩顾问，以其曾服务于中国海关也。穆麟德至韩，管理朝鲜之海关，兼办外交事宜，颇欲改革其国内之弊政，于是中国在韩之地位大异于前。

同时，日人在韩政治上亦有相当势力，如朝鲜练兵五营，三营归中国军官操练，二营由日员教导。初朝鲜依据济物浦条约，遣使朴泳孝等渡日道歉，羡其进步之速，日本政客待之颇厚，互相交结，引为援助。朴泳孝谋韩脱离中国独立自主，聘日人二名为其政府顾问，及其回国，纠合金玉均等为同志，势日张旺，日本表示亲善，委任竹添进一郎为公使，宣称退还军费四十万元，韩王受其影响，亦倾向于独立。其时（一八八四年），中法战事颇不利于中国，淮军三营奉命回国，余归提督吴兆有统领，党人劝说韩王乘机叛清，自主国政。韩王疏远亲近中国之大臣，李鸿章得报，深以为忧。会党人金玉均等主张操切，不满于闵妃之族，亟欲夺取政权，勾结日使竹添为乱。十二月四日，邮局成立，其总办洪英植亲日党也，设宴庆祝，邀请朝臣及各国公使赴宴，独日使竹添托病不到，斯日午后，日兵运输军火，殆有成议矣。晚间，宴会将终，党人统率日员操练之兵暴动，先行纵火，刺伤大臣，闯入王宫，拥王以揽政权，召请日兵保卫，竹添即率兵往。提督吴兆有等则颇难于应付，韩王请其勿动，各国公使亦以为言，韩人又恐投鼠忌器。五日，金玉均矫命诛杀大臣六人，而以其党代之，人心惶恐，韩臣乞援。六日，华官决定靖难，吴兆有函请日兵退出王宫，率兵出发，及抵王宫，卫兵开枪攻击，华兵应战，死亡相当。乘机踰墙而入。竹添知力不敌，率兵逃回使馆，其赞助暴动之阴谋，盖其个人之行动，而保护使馆之日兵无几也。韩人气不可抑，群起报复，竹添自焚使馆，率兵逃往仁川，途中遭韩人袭击，日人之在汉城者，颇多死伤。金玉均、朴泳孝则逃往日本。

事变报至日本，外务省不直竹添之所为，竹添先故扩大其事，毁灭参与事变之迹，无如事实明显，固非其所能掩也。日本驻津领事原敬，谒见李鸿章，称其政府实无开衅之意，公使榎本武扬亦以为言。中国方有事于法，不欲轻起战祸，上谕谓“目前办法，继以定乱为主，切勿与日人生衅”，奉旨渡韩查办之吴大瀓亦曰：“立意不与日人开衅。”日本请派全权大臣赴韩会商，总署复称久废此名，不能照办。日皇命外务卿井上馨为全权大臣，渡韩交涉，井上先命原敬告知李鸿章未调兵往，实愿和平解决。明年一月，井上抵于汉城，朝鲜君臣毫无主见，吴大瀓为之筹划辩论之词，而井上于事之原委概置不论，但言善后之条件。吴氏欲与和议，但无全权证书，为其所拒，韩使许其要求，订成汉城条约，其条件凡五：（一）韩王修书，遣使赴日道歉。（二）给被害日商恤银十一万元。（三）惩办杀害日本武官之凶徒。（四）赔日使馆修筑费二万元。（五）韩廷依据济物浦条约，建筑使馆卫兵之营房。约成，井上回国，韩人颇以会议速了，日人未逞所欲为庆。醇亲王奕譞谓其自知理屈，得钱即归，言下斥其贪利无厌，实则井上自认事变之起，曲在日本，亟欲让步解决，不愿多索赔金，而致争执耳。其外交之政策，则欲中国撤退驻韩之军队，其请中国委任全权大臣渡韩者，亦多为此，而朝廷拒绝其请，乃对韩人声称将与中国理论，又向中国驻日公使表示，日人之为朝鲜政府顾问者，向其大臣建议，商请中国撤兵，免致后患，韩王以之为言。中国方面，吴大瀓、李鸿章亦言撤兵。日本报纸谓清兵抢劫日商，多持战议，法国请日出兵，武官和之，而文治派反对，未了事宜遂由外交解决。天皇欲派大臣来华交涉，而以中国之意尚不可知，由英使巴夏礼、日使榎本探求意见，中国表示，诚意相待，始诏伊藤博文为全权大臣，会商韩事。伊藤恳请中国驻日公使徐承祖函告李鸿章，述其平日力主二国亲善，此次奉命谋决争执，俾二国连为一气。其言颇为诚恳。

太后得报，诏委李鸿章为全权大臣，吴大澂副之，与伊藤交涉。三月，伊藤来津，持奉国书，先往北京，欲谒皇帝亲递。总署大臣答称皇帝尚未亲政，拒绝其请，朝臣先患伊藤入京，向总署辩论，固不愿在京会议也。四月，伊藤再至天津进行交涉，自三日迄于十五日，会议六次。伊藤最初提出三项要求，一撤华军，二惩统将，三恤难民。李鸿章对于第一项表示同意，并请日本撤退使馆卫兵。伊藤说明第二要求，谓日兵为华军击败，伤亡颇多，中国不办，则无以复命息忿，其言颇合于日本之实况。初事变报至其国，武官主张乘机报复，伊藤之来，中将西乡从道为副使，盖免武人之批评或反对也。而清廷对于平乱之将士认为建立功业，不肯惩办，上谕先以为言，李鸿章故力辩论战事之责任，华兵杀害日人之证据。伊藤请交美国公断，李鸿章亦不之许。关于恤金，初曾讨论，而以李鸿章之拒绝，伊藤不复提出。双方乃议撤兵，对于撤兵，李鸿章先曾函告总署，谓日兵撤退，淮军亦可回国。伊藤则偏重于永不驻兵，不同意于吴大澂之草案，另提条件五款。李鸿章函告总署，太后得奏，谕称“撤兵可允，永不派兵不可允，万不得已，……添叙两国遇有朝鲜重大事变，各可派兵，互相知照”，争执遂得解决。双方本于免去起衅之意，议定二国不问朝鲜之练兵，于是条款议定，是为中日天津条约。其条件凡三：（一）中日两国于条约成立后四月内，尽撤驻韩之军队。（二）二国允劝韩王练兵，但不派员教练。（三）将来朝鲜发生重大事变，一国出兵，应先知照缔约之国，事定仍即撤回。关于惩办将士，伊藤要求不已，李鸿章允许行文戒饬所部将士，严办滋事之兵丁，借以顾全日本之体面，作为结束。

综观中日关于朝鲜之交涉，初由于总署大臣之放弃责任，日本乃不承认其为中国藩属。何如璋曾向总署建议，设大臣于韩，管其外交，李鸿章论其不可曰：“若密为维持保护，尚觉进退裕如，倘显然代谋，在朝鲜不必尽听我言，而各国将唯我是问，他日势成骑虎，深恐弹丸未易脱手”，及济物浦条约成立，张佩纶奏请派人员驻韩，太后谕李鸿章复奏，李氏顾虑太多，奏言困难，倾向于维持旧例。顾时中国在韩之地位，远胜于日本，而天津条约关于军队调动之规定，二国处于平等之地位，固日本外交上之胜利也。其时中法草约方成，法舰尚禁华舰出海，而国内财政困难，陆军数败，闽船覆没，势难再战。李鸿章之让步，殆非得已。日本撤退汉城驻军，则向朝鲜声明，依据济物浦条约，仍可驻兵。自政治上之势力而言，日兵败逃仁川，亲日党人亡命于外，日本在韩之地位大为低落，韩廷君臣深恶日人勾结乱党，金玉均等留日活动，误会益多。自日本方面而言，伊藤来华颇有促进邦交之诚意，伊藤为文治派之重要领袖，主张二国亲善，中法战起，法使请日出兵。井上不许，告知其事于华使，请其转告总署，至是，仍不欲与中国失和。及伊藤东渡，李鸿章致书总署论之曰："该使久历欧美各洲，极力摹仿，实有治国之才，专注意于通商睦邻富民强兵诸政，不欲轻言战事并吞小邦，大约十年内外，日本富强必有可观，此中土之远患，而非目前之近忧，尚祈当轴诸公及早留意是幸。"其言末句殊不可解，伊藤具有远见，亲善中国，总署与之开诚妥议二国之悬案，促进邦交，正所谓辅车相依，何患之有！我强邻弱，听命于我，乃古代之观念。李鸿章固囿于传统之思想也。其致友书，亦称伊藤要好，劝其游日磋商琉球之问题，然竟未曾上奏朝廷，书告总署。李氏盖无勇气与远见，惮于清议，而欲以不了了之，胜于一身备受指摘也。

中日对于朝鲜之争执，暂告解决，而朝鲜衰弱，俄国之势力日进，识者固知祸患方兴未艾，驻韩德使建议中日诸国，商订朝鲜中立条约，井上表示同意，而中国大臣固未慎重考虑。其时英俄邦交恶劣，英谓俄将租军港于韩，商于曾纪泽，命其兵舰占据巨文岛。穆麟德劝说韩王亲近俄国，俄使进而强韩雇用其武员教练军队。日本大惊，井上密商于徐承祖，由中国主持韩政，罢斥奸党。日使榎本奉命到津与李鸿章会商，面递井上拟定之办法：（一）李鸿章、井上密议朝鲜外交办法，既定之后，由李饬令韩王照办实行。（二）内监不得干预国政，韩王当与大臣商议国事。（三）韩王擢用重臣，必先商于李氏，由其与井上斟酌选用忠贤朝臣。（四）外都户部长官均应委任以上所举之大臣办理。（五）穆麟德免职，改用美人。（六）中国驻韩大员，改派才干较长之能员。（七）中国委派之大员及改用之美人，必遵李氏之详细训命办事，于其赴韩路过日本，谒见井上。（八）大员必与日使情谊敦笃，遇有要事，互相商酌办理。观其提出之条约，井上承认中国于韩有优越之地位，而兼顾及日本之利益，共同防俄也。其先日本不肯承认朝鲜藩属中国，今则盖有让步之意，中国易于整理韩政，或积极经营矣。李鸿章答称事关重大，必须密商于总署，请旨办理，且曰：“中国于属邦用人行政，向不与闻。”其函告总署，一面谓内监不得干预政事，选用贤臣，中国驻韩大员与日使合作，尚中肯綮。一面又曰：“诸要政均请由鸿章遥制，既惧无此权力。若朝王不能遵办，断难使其事事办到，况朝鲜外务，如与井上密议，相距皆远，何从面筹办法。至用人既由中国商定，又与井上斟酌，未免越界揽权，事多窒碍。”李氏实畏困难，不肯负责整理韩政。徐承祖深以井上之议为然，致书李氏论之，李氏置之，终遂谢绝。榎本、徐承祖再向总署建议，以驻日公使兼为督理朝鲜大臣，“可以弭衅隙，息日患”，亦为李鸿章驳斥。

李鸿章主持对韩维持旧制，其挽救之方法，则欲释送李星应归国。李星应安置保定，闻知政变，闵妃被杀，欣然欲归，俄知妃实未死，改言衰弱，不愿与闻政事，但言可如元代故事，遣监治国。日使亦言其归，或有补助。中国谋欲送还，闵妃百计阻之，其姬闵泳翊至津，李鸿章令其往谒，竟不告而行，韩使言欲将其禁锢，李鸿章说其委曲求全，及得王书，奉旨遣员送李星应回国，而王杀其生父旧党三人，其生活状况无异于禁锢。王益疏远中国，李鸿章说其罢免穆麟德，追陈树棠去职，请派袁世凯驻韩，改称总理。井上以其领兵杀害日人，初不满意，而袁氏颇有才能，井上改变态度，命人往谒李鸿章，说令袁氏赴日一行。李氏虽许其请，而不令其前往。会得金玉均运械入韩谋乱之报，袁氏不审虚实，报告公使交涉，实则附会而成。中国、朝鲜均以金玉均为患，韩王派人赴日刺之，徐承祖说井上诱之来华，井上初欲许之，后以困难，将其安置小笠原岛，月给十五元，以免二国之恶感。伊藤、井上既谋亲善中国，及闻英后赠送光绪御宝星，以其为赠二等帝国者，不合体制，有关声望，告知徐承祖请总署却之，二国邦交稍有进步。

中日邦交视前进步，一八八六（光绪十二）年，日使盐田三郎奉命向总署提出修约之请求。先是中日条约限制二国商人贸易之机会，日本久欲改订其为互惠之条约，迄未成功，已见于前，一八八三（光绪九）年，再行提出，总署以琉案未结拒之。至是，日本工商业大有进步，亟欲扩张市场于中国，伊藤、井上方握政权，主张促进二国之邦交，训令盐田交涉。徐承祖函告不便始终拒之，总署大臣与日使磋商，日方仍主互惠之平等待遇。徐承祖闻之，忽谓修约与我无益，而长崎中国水兵与日警互殴之案又起。初北洋军舰中有损坏者，驶入长崎坞修理，水手登岸，以恋妓生事，与日警殴斗，死伤约五十人，日警死伤二十余人。李鸿章初不明了案件之原委，颇疑日本之阴谋，雇用律师诉讼，电丁汝昌带证出庭，及知事之本末，又为丁汝昌辩护，朝廷则无确实之报告，总署、海军衙门均谓必按公法断清，始见友谊，否则作为悬案。其争论之焦点，则为恤金。徐承祖以辩论无益，请撤使回国。日报指摘中国有意寻衅，多持战议，井上亦以失和为言。德璀林主张和平解决，电告李鸿章曰："徐使只知讨好，不顾利害，现若决计小题大做，林亦不必议"，其言深切时人之痼病，明年，由德使调停解决。李鸿章颇为满意，书告徐承祖曰："事由互斗，实无曲直之可言，舍本齐末，就此转圜，尚为得体。"其解决条件，议定恤金，日本交给五万余元，中国给日一万二千余元，案件纷扰竟至半年。事后徐承祖请给伊藤、井上宝星，称其力排众议，不肯启衅，始终皆愿二国连和也。要之，伊藤固十九世纪大政治家之一，井上亦有远见之外交家，其主张则先整理内政也。内意则以积嫌日深，不以给奖为然。

修约以长崎案停顿，解决之后，暂未进行。一八八九（光绪十五）年，盐田再行提出，曾纪泽时在总署行走，倡议中日亲善，暗拒俄人窥伺朝鲜。曾氏久在外国，明了国际上之形势，眼光明锐，见解远大，而主持大计之奕谡见识愚陋，侈言复仇，终不之听。李鸿章虽韪伊藤、曾纪泽之议论，然信"古今形势，纵易而横难"，心中轻视日本，又以其内阁迭易，用人不定，犹豫不决，书问驻日公使黎庶昌。黎氏复称东方有变，彼终不能践言，其意谓日本国小民贫，无能为力也。李氏信之，盐田提出之条件，有诉讼照彼与两国后来所议之办法办理，尤为李氏所反对。其见解盖生于误会，及总署征求其意见，复书仍持不准日商贩运洋货入于内地，及赴内地买运土货之议。其结论曰："总之，与别国修约，或有损益参半之处，至修改日约，无论允改几条，终恐损多益少，我既不能拒绝，惟有多方辩论，借词延宕，或将无甚关系利害之事，酌改一二。若钧署未与盐田商出眉目，似宜缓请钦派全权，免致一发难收，竟成蛇足。"列强在华享受最惠国之待遇，其所谓别国，不知何指？李氏固未明了国际贸易之性质也，其无诚意，犹其余事。事实上两国商民则私往内地运货，日本前请准其商人于中国新添之四口贸易，徐承祖拒之。李氏答黎庶昌书，谓无约国商人尚得前往，不免不情！究不知何故条约不肯予以承认也！总署原不欲修约生事，致干清议，李氏之言更坚其意，修约遂无所成。日本仍欲进行，力谋改善二国之邦交。黎庶昌密奏其有亲我之心，交涉和平，请派兵船往巡。日使改以弛废鸦片禁令，便于华侨，交换利益均沾条款。其建议原近于儿戏，再为李氏所驳。曾纪泽时以郁郁病死，修约更属无望。日本乃禁华商入内地办物，李氏不主报复，又不修约，惟待大审院之判决。其主张诚非吾人之所能知。

中日问题未能妥协，而中国对韩亦多困难，明知韩王内政不修，欲叛中国，迄无适当解决之方法。李鸿章代韩筹设电报，借款兴办，路线起自仁川，经过汉城、平壤、义州，达于凤凰城，韩王请改设水线，李氏严词驳斥，始能兴工。一八八六（光绪十二）年，韩王秘密遣使乞俄保护，袁世凯电报天津，中国预备出兵问罪，韩廷震恐，议定外署照会各国公使，谓有小人假造国宝文书，中无外署印押者，均作废纸，其前后行动直为儿戏，幸俄国亦未承认，免致事变耳。袁世凯在韩之地位，异于各国公使，其见韩王，李鸿章谓如司道谒见亲郡王之礼，于宫外候请，降舆，三揖，侧坐，则为谦极。若遇大典朝会，只可变三鞠躬为三揖。袁世凯颇自矜傲，干涉韩政，韩王恶之，代替穆麟德之美人德尼（Owen N.Denny）不忠于中国，为韩王筹谋独立。其外交形势殊为恶劣，李鸿章向英交涉归还巨文岛，而英以俄不侵略韩地为条件，转商于俄，俄使谓俄无兼并朝鲜之意。中国欲其照会说明，俄使请以中国不变更朝鲜之现状为条件，未有所成。英国之意全为防俄，对于中国经营朝鲜，未有反对之意，中国向其交涉，始肯撤兵。袁世凯既与韩廷不协，而与大院君往来颇密，闵泳翊来华，不肯回国，发表其谋立大院君之阴谋，李鸿章召之往津对质，而闵泳翊不往，盖事由其虚构也。外人议论颇不利于中国，闵妃尤恶袁氏，一八八七（光绪十三）年，韩王受德尼之说，先未商于中国，忽派全权大臣出使日美诸国，地位反高于中国驻外公使，借表示其为独立国也。袁世凯逼令韩王中止驻美全权大臣之行，韩王多方辩说，清廷谕其改为三等公使，遵行三事：（一）韩使初至各国，先赴中国使馆具报，由华使挈之同赴外部。（二）凡遇朝会公宴，应随华使之后。（三）交涉大事先商于华使。韩廷允许照办，赴美公使朴定阳始得启行，及抵美都，竟不照行。袁世凯恫吓韩王将其召回，韩王听命，忽又咨请李鸿章撤回袁氏，不得，日与中国疏远，公然造谣，谓已出贿停止派使，及朴定阳回国，不肯惩办。袁氏托病拒绝韩臣之来见者，韩廷惊惶，始允将其免职，并请修正前订之三事，中国不许，实际亦未尽行，韩使往日，先未引见，则其明证，李鸿章固谓“立法严，而用法恕”也。韩王又以征税不便，主使韩商罢市，要求华商、日商退回汉城，二国均不之许。一八九〇（光绪十六）年，韩王忽赏李仙德二品衔，谋收海关，且借外债。李鸿章声明韩廷借款，未得中国同意，不得以海关之收入为担保。俄而太妃病死，向例讣使赴丧，韩王须出郊迎，礼极隆重，用款十余万两，李熙以其有碍独立，托辞谢绝。清廷不许，仍遣使往，韩王迎送如仪，朝臣之意则欲证明朝鲜藩属中国也。会韩王无力还债，欲借外款，袁世凯说其大臣向华商议借，韩王初尚不许，后以无法，从之，由李鸿章办理，而以海关收入为担保，韩王稍与袁氏接近。

袁世凯之在韩也，力谋扩张中国之政治势力，而韩王、闵妃、大臣多仇视之，德尼又为韩谋，驻韩各国公使多不满意袁氏之专横，其所处之地位至为困难。清廷初于朝鲜内政外交向不预闻，朝鲜已与外国订约，声明自主，缔约国于韩设有公使，韩廷新设外署与之交涉，中国不问其用人行政，韩王对于外交上之问题，不肯先向袁氏磋商，袁世凯监督韩政实为不易。朝鲜对外，实无坚定之政策，初欲亲俄。俄自得黑龙江北岸等地，经营远东，谋筑西伯利亚铁路，其政府以海参崴港冬季冻冰，谋于朝鲜占据海港，强其雇用武员。韩王请俄保护，均以李鸿章之力作罢。俄国驻韩公使仍力活动，得其君臣之信心，缔结条约，许俄船行驶于图门江。韩王又以袁世凯干涉内政，向美乞援，请求美兵保护。驻韩美使助其自主，李鸿章商请美国将其招回。美国无侵略朝鲜之意，原不足畏，而俄国野心勃勃，凡与朝鲜关系密切之国，皆以为虑，尤以日本为甚。其政治家久以防俄为言，而俄国势力大伸于朝鲜，日本将见逼于强俄，形势危急。其本国自维新以来，人口激增，而可耕之地有限，工商发达，益欲广求市场，其食料之一部分颇赖朝鲜之供给，二国地理相近，力欲于韩占有势力，固不愿其并于他国也，乃自竹添助乱以来，丧失其政治势力，转而欲与中国协妥，共同防俄。李鸿章谢绝井上之建议，伊藤复请其积极处置韩事，李氏亦未采行，井上邀请袁世凯游日，亦无结果。及韩廷违抗袁氏，驻韩日使见之，协商办法，而袁氏谢绝其干预。其对日本防范甚严，阻其设立电线，反对向其借款，留难日韩新约，日本政治家乃深恶之，其政策则始终欲在朝鲜扩张势力也。日使大石初欲扶韩自主，后则与韩忿争。一八九三（光绪十九）年，外务省商请李鸿章将袁氏撤回，本国亦愿撤换大石以作交换条件。李鸿章电称不可。

其时袁世凯在韩，对于政治未有若何之改革与建设，其王庸懦，受制于悍妃，信用内监，大臣出于世族，顽固无识，结党争权。李熙于妃病时，巫言旧宫有鬼，乃令卫兵于夜间放枪驱逐，都人大为惊扰，又强人民捐款筑宫。朝臣勇于私斗，未曾顾及国家。财政则极紊乱，收入多耗于皇室费用，官吏俸金。政府缺乏诚信，而王惯于食言，曾令使臣偷运入参来华，及为海关发现，初请放行，关员奉命许之，忽又否认前言，对外交涉往往类此，固世界腐败政府也。其对日本则仇视之，曾以禁米出口，引起严重之交涉，大石索款赔偿，韩初许之，忽而翻议，乃事忿争，且称袁氏调停为助韩，提出最后通牒。伊藤电告李鸿章调停，始已。一八九四（光绪二十）年，金玉均应李鸿章之子经方之招，来至上海。金氏在日于一八九〇年，复得自由，费用则赖日人之供给，其助之者目的不同，要非好意，而金氏生活浪漫，渐为日人所不理，经济趋于困难，故来中国。韩王患其为乱，密命李逸稷（日史称为李逸植）刺之，及至上海为洪锺宇所杀，凶手被捕，领事请严办之，而江督刘坤一饬舰载凶及柩往韩。韩王不顾李鸿章之劝告，厚赏刺客，时人传其分割尸体，日本政客不平，值李逸稷以谋刺朴泳孝被捕，供称系奉王命，使馆为日警搜查，韩使不待训命即行返国，日本舆论大哗。其国内自召集国会以来，下院反对内阁，天皇迭解散之，而势仍盛，对外则与中国修约失败，其总理大臣伊藤博文固欲防俄改革朝鲜内政者也，终以藩阀武人之专横，外交人员之寻衅，利用一致对外之情感，列强修约之易于进行，造成战祸。其导火线，则朝鲜东学党之乱也。

自中国方面而言，中日自订约后，二十四年之中，朝臣疆吏未曾本于妥协之精神，解决二国之争执，邦交数濒于危，国内宜有相当之预备，而大臣除一二人外，不知日本维新之进步，根据出使大臣肤浅观察之报告，附会其胸中之成见，发为议论。台湾役后，国防议起，朝臣以为日本以岛立国，我有军舰运输军队，即可致其死命。李鸿章奏请每年筹银四百万两，作为海防经费，购置军舰，初则各省尚有报解，一二年后，不足十分之二，会琉案交涉趋于严重，政府严令各省解款，购买军舰，修建炮台。中法战时，大臣益知海军之重要，筹设海军衙门，醇亲王奕譞曾书告军机大臣曰："将来水军果成，元气充足，宜以此事为发硎之具，"所谓此事者，就废琉而言，驻日公使领事以其政府发行公债，乃少见多怪，报称日本外强中干，凡遇交涉，多请用兵。余乾耀旅行于其国内，到处官商宴之，亦以恶意推度，岂恨恶积深之后，交涉果难于进步耶！中法战后，新购之铁甲船快船次第东下，海军衙门拟定章程，雇用英人琅威理为教练官，海军颇有振兴之望，其提督丁汝昌原为淮将，不知海军，章程多未遵行，李鸿章亦主宽大。北洋舰队成立，费用增加，值光绪年长，太后将欲归政，兴工修筑颐和园，而经费拮据，主持海军衙门之奕譞，提其一部分为工费，仍不足用。李鸿章函告曾国荃，谓太后听政年久，请其提用余款兴工，于是海防费告匮。户部尚书翁同稣主张节用，议定停购军火。李鸿章深为失望，其复王文韶书曰："现在筹办胶州澳，已见部中裁勇及停购船械之议，适与诏书整饬海军之意相违。宋人有言，枢密方议增兵，三司已云节饷。军国大事，岂真如此各行其是，而不相谋！"会奕譞病死，内廷无人能为李鸿章援。自一八八八（光绪十四）年后，北洋未曾购置一舰，周馥曾密为李鸿章陈说利害，而李氏无可奈何，琅威理复以职权问题，辞职而去。海军将士多为闽人，自成一系，中有留学于外国者，颇轻丁汝昌。陆军时称足以一战，实则平定内乱之劲卒，难与列强之兵相比。事定之后，湘军大半解散回乡，淮军虽受常胜军之影响，购用洋枪利炮，然而人数无几，纪律废弛。绿营八旗操用古代兵器，腐败不堪，以之拒战曾受严格训练使用枪炮之精兵，自不能胜，况后召用乌合之众耶！

日本自维新以来，陆军采用法国军制，实行征兵，其将佐皆为曾受军事教育之学生，营中之军械设备，概仿之于西方，其军队之勇敢善战，无异于欧兵。其海军仿自英国，划定军港，造船购舰不遗余力，创设海军学校，教育人才。其水兵体壮力强，训练有素，而政府尚以海军实力不及中国舰队，一八九二（光绪十八）年，国会否决内阁扩充海军之预算，明年，内阁再行提出海军之计划，国会仍持不可，天皇诏省宫廷费用，减少官吏俸金，以之补助海军经费，议院始肯让步，通过预算，海军实力为之增加。

李鸿章比较两国海军，略称华铁舰每小时行十五海里，日则十六海里，定远、镇远大炮口径三十零半生特，彼松岛等四舰，则配三十四生特大炮，并快放炮，又在英购铁甲船。其言发于一八九三年，非战败后之辩护，颇为可信。更就工商业而言，日本之进步可观，中国远非其比。总之，自战斗力而言，日本于时颇占优胜之势。

中日之战，由东学党之乱促成，其党为民间半宗教之秘密会社，旧称天道，创于崔济愚（初名济宣），称得天主之启示，授以仙药咒文，又谓儒释道各有所短，今取其长，以诚敬信为要谛，煽或愚民，一八六四（同治三）年，被捕处斩。其族人崔时亨传得其法，秘密宣传，信者日多，其原因则朝鲜政治腐败，财政困难，赋税加重，遇有天灾，韩王不恤其苦，而社会不安，人心思乱也。其徒愚陋无识，反对外人，排斥耶教，一八九二（光绪十八）年，开会于全罗道参礼郡，有众数千，议定为教主雪冤，请愿于观察使，未能如其要求，明年三月，至汉城请愿，跪于宫门之外。韩王不收禀帖，饬其退去，会排外之传单发现，外人颇为惊惶，日人昼行佩刀，以备万一。四月末，崔时亨召集其徒于忠清道报恩县，众至数万，韩王遣使将其解散。又明年，全罗道古阜郡农民抗税，首领全臻准乘时托东学道起兵，其地人民强悍，素称难治，附者益多，旗号称讨倭斥夷，官兵讨之，反为所败，韩王遣员招抚，亦未成功。其党势盛，扬言直捣汉城，匡君救民。招抚使洪启薰密请韩王向中国乞援，中国时有兵舰泊于仁川，先曾为韩运输军队，日本使馆人员询问韩官，华兵曾否登岸？以为本国尚未得报也。李鸿章得报，以为日人之意，唯在照约通知，袁世凯劝说韩臣乞援，李熙乃以为言，袁氏电报天津。李鸿章复称须由韩王自请，其心以日本政党争权，无暇外顾，即如多事，不过以保护使馆为名，调兵百余入汉城耳。

六月三日，韩王正式乞援，五日，上谕出兵，总署电令驻日公使汪凤藻通知日本。六日，公使照会外务省，内称韩王乞援，中国出兵，乱定即行撤还。中有“派兵援助，为我朝保护属邦之旧例”。外务卿陆奥宗光请其修正，不得，明日，照复声明“帝国政府从未承认朝鲜为中国之属邦”，口头上告以日本出兵。初朝鲜乱炽，参谋部另得报告，决定出兵，着手预备，其根据则济物浦条约也。斯日，日本代理公使小村寿太郎照会总署，日本出兵，九日，总署照复日使，称日保护公使领事以及商民，无多派军队之必要，不必进入朝鲜内地，以免发生事端。李鸿章亦向天津日领说明，盖互相商后之结果也。十二日，陆奥训命小村反驳总署之照会，称其出兵不受限制，日军依纪律节制而行，决无冲突之虞。中日出兵，韩廷颇为惊慌，十一日，全臻准率其死党逃匿，东学会就抚，二国军队均无留韩之必要。其先袁世凯电请出兵，列强驻韩公使曾以之为言，日使大鸟圭介时在本国，其书记郑永邦亦劝中国出兵。及日出兵，大鸟回任，汉城未有扰乱，亦无华兵。韩廷对于入城之日兵，感受不安，公使又多非议。大鸟电请撤兵，不得，袁世凯诘问前言，大鸟颇处于不利之地位，十一日，电请新来之兵不必登岸，不如撤回，明日，与袁氏面谈，谓华兵勿来，日兵可撤。其时日本政策尚未决定，出兵未有与中国交战之意，故大鸟初请撤兵也。中国方面，总署大臣必欲韩乱平定，不同意于立时撤兵。

六月十四日，日本内阁会议，首相伊藤提出整理韩政之草案，中日二国委员若干，共同办理四事：（一）调查财政，（二）裁去冗官，（三）设警备兵，（四）募集公债。会议席上，陆奥要求予以充分之时间加以考虑，结果认为非改革韩政，则不撤兵，中国拒绝其请，则单独行动，十五日，商于伊藤，伊藤表示赞同，于是决意进行。陆奥电告大鸟撤兵宜缓，借口调查韩乱完全平定，作为延宕。十六日，陆奥招见汪凤藻，面谈整理韩政，提出（一）（二）（三）项办法。明日，汪氏允许电告总署及李鸿章，而陆奥更以照会予之。李鸿章得报，表示反对，总署王大臣亦然。二十一日，总署训令汪使照会声称朝鲜善后事宜，由其自行釐革。且曰："中国尚未干预其内政，日本最初承认为自主国，更无干预其内政之权。"李鸿章电告交涉于袁世凯，且曰："如有别项要求，任他多方恫喝，当据理驳辩，勿怖勿馁！"其言本于昔日对日交涉之故智，实未明了日本外交之政策，及其决心进行也。国际上之习惯，一国政府对于外交上利害之重大事件，非慎重考虑，决意实现，殆不愿正式提出，交涉固迥异于闲谈。李鸿章欲以空言驳斥，其何可能！二十二日，陆奥照会汪使曰：

> 贵使照会内阁本大臣依本国政府训令，拒绝日本政府关于朝鲜变乱镇定及善后办法之提案。……帝国政府甚为遗憾，征诸既

往之事迹，朝鲜半岛常呈朋党争阋内讧暴动渊丛之惨状，确信可以如斯继续发生事变者，由于缺乏完成独立国责守之要素，虑及疆土之接近，及贸易之重要，帝国对朝鲜之利害，甚为紧切重大，因是不能拱手旁观彼国内之惨情悲况。当情势如此之时，帝国政府置诸不理，不仅有悖平素对于朝鲜所抱邻交之友谊，且不免不顾我国自卫之诮。……非协定将来足以保持该国安宁静谧，并保证政治得宜之办法，则帝国政府决难撤兵。且帝国政府之不遽行撤兵，不仅系遵守天津条约之精神，且为善后之防范。本大臣如斯披沥胸襟倾吐诚衷，假令贵国政府所见相异，帝国政府亦断不能发令撤去现驻朝鲜之军队。

照会说明日本之立场，措辞坚决，中国之反对，久在陆奥意料之中，斯日，开御前会议，明日，枢密院会议，均未发生异议。外务省派员往韩传达政府旨意。大鸟自奉新训令后，态度大变，与武官协商，不理袁世凯之交涉。袁氏电报李鸿章，主张用兵。大鸟决意挑衅，二十六日，上书韩王，陈说改革，其心以为尚或不足挑衅，久欲提出朝鲜之宗属问题。其拟定之步骤，如朝鲜承认属邦，则令其撤回公文；如称自主，则告以清兵现称保护属邦，日兵可助朝鲜逐之；如称内治外交自主，则诘以镇定内乱，属于内治，强其否认属邦。二十八日，大鸟照会韩廷引用汪使保护属邦之语，问其是否为独立自主之国，朝鲜君臣惊惶无主，袁世凯奉令向其说明，否认宗藩，中国将即兴师问罪。韩王进退两难，与袁氏协商，照复大鸟，诿称不知汪使之言，内政外交均为自主。大鸟更与袁氏逞气辩论，七月三日，向韩提出改革草案，分五纲领，共二十五条。后二日，其政府拟定之改革案，始由委员携至。韩廷迁延不复，大鸟限以时期。七日夜，韩廷照复派员协商，其应付之策略，则谋延宕，乞援中国，李鸿章则请俄国干涉。大鸟不欲迁延时日，向外务省建议，包围韩宫，伊藤及元老不可。陆奥则表同情。又值英使调停失败，俄国态度中变，十三日遣使赴韩，传达密令。其扼要之语曰："促成日清之冲突，为今日之急务，为断行此事，可取任何手段，一切责任，余自当之，故该公使丝毫不须内顾。"伊藤仍不同意于挑战，十九日，外务省训命大鸟慎重办理，陆奥固信其仍欲执行前议，其谋造成战祸久矣。大鸟与韩使磋商改革草案，未有结果，十九日，得陆奥传达之训令，时值袁世凯归国，无人为韩设谋，日兵自由架设汉城、釜山间之电线，强筑兵房。二十日，大鸟照会韩廷谓中国公文称朝鲜为属邦，违反日韩条约，清兵亟应退出境外，限其于二日内答复，同日，又致照会，谓中韩通商章程，有属邦或藩封字样，朝鲜宜发宣言将其废除。二十二日，韩廷以推诿之辞答复，夜间，日兵准备占领王宫，明日拂晓，大鸟照会韩廷，称将用兵。日军开始行动，包围王宫，解除韩兵武装，怂恿大院君复出。二十五日，大院君宣言废除中韩一切章程。

李鸿章自得日本不肯撤兵改革韩政之照会，渐知时局之严重，值俄驻京公使喀西尼（A.P.Cassini）出京。李氏平日深信日本畏俄，说其干涉，喀西尼声称断不容日妄行干预；其政府固不如此坚决也，其政策则谋维持朝鲜之现状。六月二十五日，驻日俄使奉命往询陆奥日本撤兵，陆奥说明撤兵条件，中国承认中日共同改革韩政，或由日本单独实行，即行撤兵，复向俄使申说日本之地位，一为维持朝鲜之独立安全，二不挑战，其意则欲避免干涉也。三十日，俄使照会日本，忠告其容纳朝鲜之请求，将兵与华兵同时撤退，拒绝其请，应负重大责任。陆奥协商于伊藤，不受俄国忠告，训令其公使说明，七月二日，照复俄使，日本政府决无侵略朝鲜疆土之意，如全平安，即行撤兵。十三日，俄国表示满意，二十一日，再有声明，陆奥保证前言，俄国遂无异议。同时，英使欧格纳亦力调停，其目的则维持东方和平，保护英国商业及防俄国活动也。驻日英使迭与陆奥磋商，议定中日开会协商。欧格纳从中斡旋，定于七月九日开会，及期，小村至总署与王大臣协商，奕劻要求日本撤兵再商韩事，毫无结果。小村告知英使，英使叹惜，再向总署劝说，亦无效果。陆奥利用时机，十二日，训令小村警告中国，后二日，小村照会总署，述其政府训命。其坚决之语曰：“中国政府依然主张撤兵，毫无倾听我政府竟见之意。……今后倘生不测之变，我政府不负其责。”总署将其语意，电告李鸿章，谓“无转圜之机，本日（十六）已有廷寄命决进兵之策”。李氏主张慎重，欧格纳再事调停，而日本之态度转强，提出中国万难接收之条件。二十一日，英外相训命公使向日提出觉书，有开衅则日本政府不能不任其责之语。明日，陆奥复书说明日本之立场，英无表示，但请战事若起，不得扰及上海及其附近，陆奥许之。美国时与日本接近，除向日提出劝告外，别无活动。

时局趋于严重，李鸿章盖知中国陆海军之实力，不敌日本，对于朝廷未曾明白奏报，或不顾忌讳陈说大计，对于日本亦无应付之策略，初则拒绝协商一切建议，继则唯赖俄国之干涉，忽略欧格纳之调停，尤为失策，英使往访奕劻，陈说中国如愿整理朝鲜内政，保护其土地，可催日本商办，总署电告李氏。其复电则称整理内政，中国向办不到，何能遽允！如照日本原议，断难商办。七月九日会议之决裂，固于此有关。造成战祸，陆奥之急切志愿也，乃得有所借口，态度转强，其警告中国之公文，传达大鸟之密令，相继发出，而俄政策又变，时局更难挽回，李欲让步解决，十七日，电告总署曰："唐绍仪元电，大鸟拟草韩政各条，多切时弊，俄又同见，如遽以兵力争阻，恐生枝节，俟袁至津稍痊，面禀，筹与小村妥商，但能无损大局，即幸甚。"时袁世凯托病回国，唐绍仪代之，小村有来津之说也。总署复电，称其所请，无论如何，断不可轻允。明日，李氏再有电请，无如朝廷用兵之议决矣。慈禧太后先已归政，其年适值六十寿辰，筹备庆祝，光绪年少未曾经事，其亲信之师傅，则力持反对建筑铁路、购置军火之翁同稣也，囿于环境，对外知识殊为浅陋，主张用兵，暗示亲臣交章论战，及日本不肯撤兵，迭饬李鸿章添兵。李氏主张避免衅端，朝臣论其失机，并及总署大臣，要皆不知国内之情状，日本之实力，轻信浮言，指摘时事，动于情感，放言高论，毫不切于实际，如曾广钧奏言大灭日本，余联沅条陈进规东京之类。其人识见同于王炳耀《中日战辑》所记之时论曰："倭不度德量力，敢与上国抗衡，实以螳臂当车，以中国临之，直如摧枯拉朽。"其较为明达事理者，如侍读学士文廷式之奏疏，学士为光绪亲臣，谓越南之事，中国犹不惜竭兵力以争之，故能稍安十年。十年之安，由于一战，实非吾人之所知。其密陈之四端，明赏罚，增海军，均就平时练兵设防而言，远水岂能救得近火乎？审邦交，则言连结英德诸国以拒倭人，倭人亦必回心与中国协议。大患在前，犹能指挥如意，别树敌国，聪明者翰林学士也！戒观望，则请出兵拒抗倭人。末后又言淮军之宿将劲兵，十去六七，今所用者，大抵新进未经战阵之人。奏疏前后不免矛盾，拉杂之言，作为庙堂议论，能不败乎！

朝议主战，奕劻不敢负责，七月十五日，奏请简派老成练达之大臣数人，会商交涉。翁同龢、李鸿藻奉旨会同详议，二人之在朝廷，久与李鸿章为敌，主战派之气焰益张，翁氏门生张謇言之尤激。张氏初在吴长庆幕中，随之渡韩，斯年恩科，考中状元，迭向恩师进言用兵。李鸿章之势益孤，清议斥为误国。光绪因之一意主战，商于太后，太后仅言不准示弱。据翁氏日记，十六日帝欲议处李鸿章，明发宣战谕旨，但皆未行。帝意既定，无怪总署拒绝李鸿章与小村协商也。关于军事预备，淮将先请撤兵回国，帝降谕曰："彼顿兵不动，我先撤退，既先示弱，且将来进剿，徒劳往复，殊属非计。现在和商之议，迄无成说，恐大举致讨，即在指顾。"至是，又谕李鸿章"懔遵前旨，将布置进兵一切事宜，迅筹复奏。若顾虑不前，徒事延宕，驯致贻误事机，定惟该大臣是问！"明日，李氏尚电总署谓小村若来，先商大略，即撤兵何如？朝廷固不之许，小村亦未来津。其时淮军二千余人驻于牙山，归叶志超统率，一部分由聂士成将之剿匪。至是，李鸿章雇英船载兵自津往援，船有名高升者，载军火尤多。左宝贵、马玉昆则自陆路奉令将兵入韩。日兵之在韩者一万余人，多在汉城。二十三日，舰队备战，自日本出发，奉有攻击之密令。二十五日，于朝鲜丰岛附近，遇见护卫运输之华舰二只，发炮轰击，华舰于未宣战之前，不意即有袭击，处于不利之地位，发炮应战，一沉一逃，高升俄亦击沉时。人讥议管带方伯谦之畏怯，殆为冤狱。日本宣传华舰首先开炮，则为避免责任之计，全不足信。近时其历史学者固已承认矣。

综观中日之战，多由于陆奥及陆军海军长官之造成，其所顾忌者，唯列强之干涉耳。二国之争执时起，祸根隐伏，迄无解决之办法。其野心之外交家乃欲利用时机，造成战争，一则处于战胜者之地位，一则居于败辱情势之下，缔订条约，解决一切，其计至狡。盖中国之财力军备均不敌日，明了中国实状之日人固皆知之。中国于时一无准备，对韩既不能改革其秕政，又不能监督其外交，对日亦不协妥，士大夫徒唱高调，唯有出于战争之一途。然则战争殆不可免乎？日，斯又不然。交涉之起，可用外交方法解决，李鸿章果有远见，先与日本协商改革之草案，固无重大之困难，且其计划非于此时始行提出也。不幸时无确定之政策，专赖他人，坐失时机，及至时已严重，朝议纷纷，挽回实属不易，况韩宫之包围，丰岛之海战，相继发生乎！李鸿章之失策殆无可讳，彼倡清议之士大夫，主持战议，实日本野心家之所希望者也。其人平日囿于见闻，迂腐固执，除作八股或类相近之文字而外，多无他技，乃扬眉吐气，论列是非，能不败坏国家大事乎！“误国之罪，等于卖国”，虽有为而言，岂谓此耶！日本学者有谓战争起于舰队出发之日，固有所见，军阀有意挑战，更何足责！七月二十五日，海军战起，驻于汉城之日军，向牙山出发，淮军时在朝鲜者共四千余人。明日，二军斥候交战，二十七日，唐绍仪潜行去韩，明日，韩廷给予大鸟公文，请日驱逐清兵，又明日，二军交战，叶志超率败兵退出牙山。其原因则淮军无几，而日军器械较为精利，叶志超且先得有后退之令也。八月一日，二国下诏宣战。

淮军自牙山退于平壤，聶士成所部踵至。平壤在朝鲜之西北部，旧称箕子故都，负山带河，形势险要。清廷先已命将统军由陆路渡鸭绿江而入朝鲜，其时铁路唯有自天津至山海关一段，运输不便，幸援军已至，全军人数约一万五千，势难反攻，乃建筑塞垒，为固守之计。日军亦待援军方始进攻，九月分路包围，十五日，开始猛攻，夺取北门要塞，总兵左宝贵战死，守兵退入城中，遍挂白旗，约定次日献城。及夜，叶志超率军，弃平壤出逃，退守鸭绿江西岸，朝鲜遂无清兵。其败溃者，一由兵士人少，一由指挥不一，叶志超奉命总统诸军，曾请辞职，盖知其难。诸将多无勇敢之气，指挥之方。兵士又无纪律，残暴专横，抢劫财货，役壮丁，淫妇女，安能望其力战？损失颇为重大，李鸿章二十余年所练之精兵，败于此役若此之易，固非日将始料之所及。后二日，海上亦有大战，初敌舰活动，而北洋舰队未有功绩，朝臣争论提督丁汝昌之畏怯，皇帝下诏切责。九月，李鸿章令其率舰队护送陆军出发，抵于鸭绿江口大东沟。舰队有铁甲船二，快船十，共三万五千余吨，另有水雷艇四只。十七日，日本舰队游弋黄海，与之相遇，其司令伊东祐亨下令前进。其舰队有船十二，约四万吨。中国之铁甲船，大于日舰，而日船之快速新炮，则非华舰之所及。其开炮互击也，日舰列一字阵形，华舰作入形阵势。交战四小时，北洋舰队大乱，致远舰长邓世昌力战，全船沉没，丁汝昌督战受伤。斯役也，华舰沉没者四，死伤六百人，日舰重伤者三，其司令之坐舰与焉，死伤二百余人，胜利归于日本。其胜战者，多由于将士勇敢，操练有素，而能临危不惊，发炮命中。中国则将佐不能合作，激战之时，快船有旁观驶去者，铁甲船作战最为勇烈。

据濮兰德之《李鸿章传》，舰中火药，有以细石子充之者，其言虽无明证，而军火以部议停买，固不足也。战后余舰逃入旅顺军港，日舰未曾追捕，遂握中国海上之自由航权。

陆海军相继战败，中国别无精练之军队、强有力之舰队，可以作战，胜负之局已定。论者谓李鸿章主张议和，迟迟出兵，为敌所乘，以致丧师辱国。平心论之，果先出兵，淮军人数亦不能多于平壤之守兵，谁能定其必胜乎？李鸿章先请募兵，朝廷尚不之许，论者之谬见，由于不知日本维新后之实力，意欲宣扬国威，深信小国竟敢欺辱大邦，可得一战败之也。总署大臣得报，李鸿藻谓李鸿章有心贻误，其言不知何所根据，李鸿章之主和，原为国家之利益，及宣战后，严饬所部将士力战，今实信而有征。翁同龢与辩者争论曰："高阳（李鸿藻）正论，合肥（李鸿章）事事落后，不得谓非贻误。"朝议遂决，奏上，李鸿章奉旨拔去三眼花翎，褫夺黄马褂。皇帝诏恤战死之将士，重惩兵败之大员，借以鼓励人心。李鸿章及其属员迭为言者参劾，其婿张佩纶留于幕中亦受恶名，奉旨去津，但仍无济于事。总之李鸿章掌握大权，任用私人，虽有相当之责任，而其改革之计划，则为朝臣所阻挠，对日交涉虽曰处置失当，然而战议倡于朝臣，最后决于皇帝，中国之失败，要多由于浅陋无识之士大夫也！淮军既败，朝廷调遣兵勇，诸将争出厚饷随地招募，军械则出重价，秘密向外购运，费用不足，则借外款，识者固知不能再战。二十七日，太后召见翁同龢，饬其传达旨意于李鸿章，请俄干涉议和。翁氏自称天子近臣，不敢以和局为举世唾骂。其所谓世者，实指固陋之士大夫而言，国家之利害，不敌一己之虚名，夫复何望！太后命其传旨责问，始肯应命。十月初，李鸿章奉密谕进行，十日，欧格纳至津，劝其早日议和，李氏淡然视之，十二日，喀西尼自烟台返津，李氏请其干涉，未有结果。欧格纳返京，向恭亲王奕劻建议朝鲜独立、赔偿兵费以和。其政府颇欲和议成功，商于他国共同干涉，不幸为中国所拒。奕劻自免职后，家居养病，至是，朝臣迭请起用，冀其挽回颓势，殊不知事前尚易补救，一旦战事爆发，英哲才能之士，常难挽回，况中材如奕劻耶！吾人今虽为之失望，而奕劻之见解，固高于不知事理之书生，起用之后，倾向和议，其助之者，唯孙毓汶、徐用仪耳。奕劻多所顾忌，不敢进行，翁同龢闻知英使建议，斥其不应如此要挟，其言可谓不识是非利害。朝臣志锐奏请以款二三千万饵英伐倭，文廷式等亦以为言，且谓张之洞已有成说，牵强之文人，可谓极牵强之技矣！其人仍持战议，或谓日本国势兵力不能与西洋各国同日而语，或谓断其各口通商四五月之久，则将自毙，或谓李鸿章有心贻误，闻败则喜，闻胜则忧，而“凡曾经战阵之士，通达夷情之人，莫不以为螳臂当车，应时立碎”也。主持清议之文人，故作大言，实际上则颇惶恐。梁济在京，其日记曰：“平壤一败，士大夫交头接耳，惊疑变色，妄信讹言。上封章者不知致败之由，盈廷皆督战责效之人，请招兵增兵调兵进兵而已。”且有送眷避难者，庙堂则大言欺人，和议遂作罢论。

日军自据平壤，肃清朝鲜境内，进行迟缓，司令名山县有朋，是为第一军。清兵退守鸭绿江下流，以九连城为中心，淮将刘盛休、提督宋庆、将军依克唐阿奉命率兵往援，十月二十四日，日军小队自上流渡江，明日，大队以炮掩护架桥渡江，守兵不支，退守九连城。敌军攻陷城外东北之高山，以拊城背，守兵逃往凤凰城，俄再退守摩天岭，岭在奉天之东部，山道崎岖，易于防守故也。日军据有东边城邑，后中国援至，十二月，两军激战于海城城外，清兵不支而退，日军乘势夺取海城。方第一军之将进攻也，日本另派第二军来华，大将大山岩统之，十月二十四日，自花园港皮子窝（一作貔子窝）登岸，日船运输军队，未曾顾虑北洋舰队之袭击。丁汝昌后以日军将至，先率舰队归于威海卫，意欲将其保全也。旅顺炮台亦无动作。十一月初，日军开始活动，六日，进攻金州，金州者，旅顺之门户也，东北有山，形势厄要，守兵力单，未能据守，徒防空城。日军攻之，炸门而入，守兵败集于大连湾，全军为之丧气。初淮军刘盛休所部驻防旅顺、大连，及平壤败后，往援九连城，朝廷命将募新军守之。七日，日军分三路进攻大连，陷之，其原有之大炮枪械，反而资敌，旅顺益危。大山岩休军十日，败报达于北京，朝命宋庆往援，途中与日军相遇，激战不胜。二十二日，日军大举进攻旅顺，海军助战，陷之，炮台先曾雇用德国军事专家筑成，依山而立，颇称坚固，败兵不能为一日之守。日兵入港，以俘虏遭割肢体，怒称败兵改装逃走，捕杀约二千人，以为报复，亦云惨矣！朝廷得报，李鸿章奉旨革职留任，摘去顶戴，宋庆亦得处分。朝臣以为淮军不可复用，改用湘勇。初战祸起，湖南巡抚吴大澂自请率勇出战，吴氏平日练习击射，以为湘人可用，朝廷许之，奉命驻防山海关，诏前湘将魏光焘、陈湜募勇北上，并饬招用猎户，又为捣穴之计，筹备东渡、初命刘永福，而刘氏复言不可，改招广东渔船，亦未成行。朝臣之视战争殆为儿戏，迂腐无识，何至于此！明年，吴大澂奉命出关，诸将先已退守营口，二月，日军进攻，陷之，二军始得联合，守兵退至田台庄。三月九日，二军激战，守兵大败，辽阳危急，帝促钦差大臣刘坤一出关督师。

自黄海战后，日本海军之声威大振，保护运船，第二军之取旅顺，舰队亦有力焉。北洋舰队则匿于军港，不敢再出，朝旨调南洋兵舰三只共守渤海，初英国以为战争妨碍其商业，请于日本划上海及其附近为局外之地，日本许之。其舆论谓上海设有机器局，制造军火，运往战区，而政府固不敢违反前言，撄触英国之怒也。长江下流无须军舰防守，其困难则南洋舰队之战斗力，远非北洋之可比，一旦驶出长江，日舰可得全数毁灭之也。刘坤一奏称不可，及旅顺失守，旨调四船北上，新任江督张之洞电告李鸿章曰："旨调南洋兵轮四艘，查此四轮既系木壳，且管带皆不得力，炮手水勇皆不精练，毫无用处，不过徒供一击，全归糜烂而已。甚至故意凿沉搁浅皆难预料，"其言抑何可哀！李鸿章乃饬丁汝昌严守渤海，余舰匿于威海卫。一八九五（光绪二十一）年一月，日本决定攻取威海卫，兵舰炮击登州，以分守兵之力，十日，陆军约二万人自荣城湾上岸，其地在威海卫之东，不足百里，而竟不顾华舰之袭击。北洋舰队时已埋置水雷于港口，以防日舰之驶入，其主因则为军火不足，士气沮丧，而政府且欲保全余舰也。荣城陷后，日军进攻威海卫炮台，丁汝昌先恐南帮炮台不守资敌，请于守将毁之，不得，三十日，炮台失守，日军将其修理，炮击泊于港内刘公岛之华舰，舰队助之，北洋军舰遂困守于绝地。日舰施放水雷，破沉铁甲船一，快船数只，余船不堪再战，水兵不听指挥，外员劝丁汝昌出降，伊东祐亨先且致书说之。二月十二日，将士致书伊东请降，约其毋伤军民，伊东复书许之，十四日，议妥条件，后二日，海军出降，丁汝昌先已自杀，将士亦有死者。初朝臣迭参丁汝昌，李鸿章为之力说，部下又为之请，始免于祸。平心而论，海军实较陆军能战，时人固不之察，投降则犯罪至重，家属将或牵及，至于情势之危急，虽战亦无效果，徒丧人命，而朝廷固不之问，必将查办，死则尚可认为忠臣，而保全其家属也。北洋舰队于是消灭。

平壤大东沟败后，日军尚未侵入国内，即行议和，尚或不至如马关条约之屈辱，太后、恭亲王、孙毓汶等均有此意，英使出而调停，其政府商于他国，将欲干涉，不幸以不明事理之主战派之斥和，未能进行。及九连城失守，第二军登岸，太后深为烦恼，十一月一日，召见军机大臣，垂问计将安出。孙毓汶奏请各国调处，奕劻请命恭亲王督办军务，二日，旨下，三日，奕劻邀请各国公使来署议商调停，其提出之条件，则为中国承认朝鲜自主，赔偿日本兵费，又电驻外公使向其外部婉商，无奈形势迥异于前，俄德不愿与闻，独美使田贝（Charles Denby）颇为努力，六日，驻日美使奉命照会外务省，称其政府愿意调停。陆奥初置不复，而中国军情日急，金州、大连相继失守，太后遣总署大臣张荫桓至津，密商于李鸿章，进行和议。李谓派大员前往，将为日本所轻，请派天津税务司德璀琳往。其函告奕訢谓权宜以头品顶戴授之，给予公函，遣之东渡。十九日，德璀琳往日，伊藤不肯接见，遣其侄来晤，奕劻闻美可以调停，召之回国。会日外务省致觉书于美，婉谢调停，并谓中国尚无同意于满足媾和基础之诚意，陆奥向美使私语，谓两国议和文件，仍由美国传达。总署得报，请托美使电问日本，将以何种条件为媾和之基础，日本则谓和议之前，不能公布条件。旅顺时已失守，援军不利。十二月七日，李鸿章密函奕劻建议于上海或烟台会议，奕劻决定以上海为会所，商请田贝电报东京，而日本拒绝，但谓无论何时，均可开议。慈禧太后主张和议，已与光绪不协，光绪受其亲臣主战之影响，以为北方气候严寒，日军不能忍受，援军反攻，将即败之，但以太后之命，诏授张荫桓及湖南巡抚邵友濂为专使，明年一月五日，特降谕旨曰：

> 朕钦奉皇太后懿旨，张荫桓、邵友濂现已派为全权大臣，前往日本会商事件，所有应议各节，凡日本所请各节，均着随时电奏，候旨遵行。其与国体有碍，及中国力有未逮之事，该大臣不得擅行允许，懔之慎之！

兵败之后，屈而议和，尚有若此之限制，和议何能有成？光绪盖迫于太后之命，盖无议和之诚意。张氏出京往申，未奉即日东渡之命，与邵友濂滞留于沪上，其主张则和战并行，统兵大员不可意存观望。据其奏疏，行抵通州，接翰林学士准良书，谓其以一身任天下之怨，到沪奏陈一战，请旨回京，及抵上海，则“匿名揭帖遍布通衢，肆口诋讥，互相传播”。其人或劝其自为身谋，或倡高调诋毁，战事究作若何结束？国内之损失，将若何减低？并无明言，而徒意气用事，识见毫无，身居租界，依托外人保护，既不应召杀敌，又不毁家纾难，而犹扬眉吐气，以博高名，尚知人间羞耻事耶！而在当时则为清议，清议之误国殃民，由来久矣！其在京中，御史安维峻请杀李鸿章，并言太后干涉朝政，将无以对祖宗天下，和议实由李莲英左右之等语，其放言高论，毫无忌惮，无怪光绪欲重惩之也！太后亦欲战后，整顿言官，言官不善利用言责，固害多利少也。日本政府先由田贝传达总署，会议于广岛，明年一月，日军进攻威海卫港。十九日，总署电转谕旨饬二使东渡，二十六日，渡日。日本政府得报，陆奥拟定交涉之方针，协商于伊藤，最后决定议和条件，严守秘密。其原则由陆奥拟定，中国承认朝鲜自主，日本以战事胜利，要求割让土地，赔偿兵费，二国议定商约，交还俘虏。御前会议决定采行，其时日本海陆军作战，无不胜利，日人之希望甚奢，文武官之意见不协，而又顾虑列强之干涉，颇难于决定也。明治诏授伊藤、陆奥为全权大臣，三十日，张、邵抵于广岛，二月一日，与日代表相见，互勘全权证书，而清使所交者则为国书，日方不收，乃以敕书示之，中有“电达总理衙门请旨遵行”之句，陆奥问其有无专对议决之权。明日，张、邵复称其权一如日使，伊藤仍谓全权不足，不能开议，指摘中国外交多无诚意，和使之来专为试探消息。张、邵请换证书，日使亦不之理，会议绝裂。伊藤独与参赞伍廷芳语，明日再谈，建议恭亲王或李鸿章为全权大臣，又谓广岛为军事重地，命船送使归于长崎。盖日方怀疑清廷尚无诚意议和，会议之先已有考虑，且其要求之条件关系重大，非中国大员磋商，殆无结果。张、邵二使均非其人，故其来至广岛，日方不肯予以发电之便利，先已不愿与之协商条件矣！

和议失败，朝廷欲加二使全权大臣，改换诏书，而日本拒绝。其外务省由美使转电中国，谓和议无论何时可以再开，总须中国改派“从前能办大事位望甚尊声名素著之员，给与十足责任”。其时东北援军败溃，威海卫失守，光绪无法，始肯遣派李鸿章东渡，迫于太后之命，二月十三日，召之入京。总署商请美使传达日本，十七日，外务省电称除允偿兵费、朝鲜自主而外，若无商让土地及办理条约之全权，即无庸前往，后二日，再以为言。李鸿章应召入京，与枢臣会商，或言非割地则和议无成，或言地不可割多给兵费。李鸿章请翁同龢同往，而翁氏不可，往谒公使，亦无法补救，终迫于势。二十六日，总署由美使转电日本，略称和使有讨论各问题之全权，割地之议遂定，全权证书底稿，亦先寄往日本。日本政府未有异议，决定于马关会议。三月五日，李鸿章出京，有参议李经方，参赞伍廷芳、马建忠等自津乘德船东渡，十九日，抵于马关，明日，与日使伊藤、陆奥相见于春帆楼，互勘敕书，光绪颁发之诏，未曾签名，日方未事苛求。李鸿章要求休战，伊藤约以明日答复，请其就馆，李氏亦答以明日，乃泛论中国之改革，会散李氏电报总署，并言日舰往攻澎湖、台湾。及期，伊藤提出休战条件，中国交出山海关、大沽、天津城塞，守兵军需铁路，担负休战期内之日本军费，约以三日答复。李鸿章称其严酷，碍难允行，将其电报总署，光绪令奕劻等商于驻京公使，均以先索和议条款为宜，谕旨则称“停战期内，许给军费，如彼不允，则置不论，索其和议条件”。二十四日会议，李鸿章撤回停战之议，请其提出议和条件，伊藤允于明日提出，日兵时自澎湖西岸上陆。会散，李鸿章归馆，途中狂徒出手枪击之，中颊，流血不止，立时晕绝，日使前往慰问，日皇遣医诊视，下诏惋惜。其事发生，各国舆论皆不直日，将有干涉之意，日人亦颇惊惶，其代表乃欲缓和国际间之形势，主张休战，而阁员多不满意，伊藤亲往广岛协商，面奏曰皇，日皇许之。二十八日，陆奥通知李鸿章，伊藤俄至广岛，三十日，议订休战条约，其范围限于奉天、直隶、山东，期为二十一日。

李鸿章伤后，仍不忘国，其照会日使，仍请提出议和条件，朝廷闻其受伤，诏授李经方全权大臣。四月一日，日方提出和约底稿，共十一条，其主要者凡九：一、中国承认朝鲜独立自立，废绝朝贡典礼。二、割让盛京省南部、台湾、澎湖。三、两国派员勘定地界。四、中国赔偿库平银三万万两，分五次交清。五、二年内华人尚未迁出割让地者，视为日本臣民。六、二国议订商约，和约画押六月后，中国照办下列之条件：（一）开放顺天府、荆州、沙市、长沙、湘潭、重庆、苏州、杭州。（二）开放内河，日船得自宜昌驶往重庆，自洞庭湖驶入湘江，直达湘潭，西江达于梧州，自上海驶进吴淞江（苏州河）达于苏杭。（三）日商贩运入口之货，纳值百抽二代税后，豁免一切杂税。日商贩运土货出口，及货物于各通商口岸者，亦得免除杂税。（四）日商将运出之货，或运往内地之货，暂行存栈者，毋庸纳税。（五）税银用库平银核算外，亦得照价输纳日币。（六）日商所设工厂，其运入之机器，只纳进口税，其制造之货物，得照日商运入之货物一体办理。（七）中国修浚黄浦江口吴淞沙滩。七、条约批准交后后三月内，日本撤兵。八、日本为保障和约之实行，得驻军队于奉天府、威海卫。九、交还俘虏，中国宽免关系日本军队之华民。伊藤交与中国代表，限其四日答复。

条件之苛酷无以复加，李鸿章电报总署，请其将割地索费密告英、俄、法公使，关于通商利益，则严守秘密，患其有利可图，协而谋我也。总署大臣商于三使，未有结果，枢臣之意见不一，未有训令。李鸿章先已饬其属员草成说帖，说帖以二国永久大局为立场，承认朝鲜自主，而于割地、赔款、通商三端，反复哀辩，五日，交送日使。日本先时迭以亲善为言，李鸿章亦欲以永久和睦减少条款，伊藤不为之动，六日，照会李鸿章，请其说明全案能否应允，或某款不能应允。李氏电报总署，称日注重割地赔款，且曰："若欲和议速成，赔款须过一万万，让地恐不止台澎，但鸿断不敢擅允，惟求集思广益，指示遵行。"枢臣时方龃龉，对于割地，大起争论，奏报太后，懿旨则谓两地均不可弃，盖太后自去岁主张和议，与光绪不协，转欲主战以窘之也。朝旨则令李鸿章反复辩驳，让地应以一处为断，赔款应以万万为断。八日，李鸿章电称澎湖已失，敌已攻陷之地，争回一分是一分，断不放松其未占据之处；关于赔款，则请减少，商业权利则照最惠国待遇；一面应日方要求，草成节略，除割地赔款面议而外，均有切实之答复，伊藤邀李经方密谈，经方携节略前往，伊藤多方恫吓，以为提案一部分答复，一部分面议，不肯接收，李经方回馆。

李鸿章得报，立电总署，内称时事迫急，允让盛京边境四城、澎湖列岛，赔款一万万，又令属员草成和约修正案共十二条，其要款则二国承认朝鲜自主，中国割让盛京四城、澎湖列岛，赔款一万万两，关于日人商业，则照最惠国待遇，末附仲裁条款。修正案送交伊藤，十日，会议于春帆楼，陆奥适病，伊藤独与李鸿章相见，提出修正案，减少盛京割让土地，改赔款为二万万两，减少商埠，删去值百抽二代税，取消疏浚吴淞江，放弃奉天府驻兵。李鸿章力请再减赔款，割地则辽东限在营口以北，台湾不必提出。

伊藤不稍让步，限三日答复，且出恫吓之言，明日，函称其修正案为最后条款，望其四日答复。盖时日方闻知列强将欲干涉，乃先强迫李氏承认也。十二日，李鸿章再请会商一次，而伊藤复称无可再议，李氏迭将困难情形，电告总署，并以和议决裂为忧。朝旨先曾饬其商减军费，允许割让澎湖，许日于金州、台湾开矿，十三日，再行让步，主张收回营口、牛庄，割让台南，如无可再商，一面电闻，一面即与订约。李鸿章得旨，电称难于商办，和议倘或决裂，让步之商业权利，将再提出，运兵船预备西渡，迭以事机紧迫为言。十四日，旨称“如竟无可商改，即遵前旨与之定约”。明日，二国全权大臣再会于春帆楼，作最后讨论，其结果则辽地划界，赔款利息，及占地军费，稍有改变。关于通商事宜，日方放弃内地租栈，日币纳税，日商开设工厂限于口岸，十七日，签字，是为马关条约，另成议订专条，另约停战展期专条各一。马关条约凡十一条，兹言其要款于下。一、中国承认朝鲜为完全独立自主国。二、割让辽东半岛、台湾及澎湖列岛。三、赔偿军费二万万两。四、二国另订商约，未成之前，许日享受最惠国待遇。五、中国开放苏州、杭州、沙市、重庆为商埠。日船得自宜昌驶往重庆，自上海驶进苏州、杭州。日商贩运货物得暂存栈，免除税捐，又得于商埠开设工厂，制造货物。六、威海卫许日驻军，于赔款付清商约成立，始行撤退。七、交还俘虏，中国宽待关涉日本军队之臣民。专条则言条约以英文本为凭，另约规定威海卫驻兵及中国给费事宜，停战则延长二十一日。

十八日，李鸿章率其属员自日回津，遣员送约入京，朝野之非议蜂起。初战争期内，陆海军莫不失败，士大夫不能了解其原因，徒言将士不肯力战，朝臣竟以牵强附会之传说，不足凭信之谣言，上奏皇帝，如御史奏劾李经方于日开设银行，与日主结为婚姻，甚者称为日本驸马。光绪择其奏疏，谕李鸿章查办。兹举二事为证，一称倭军半系叶志超、卫汝贵等溃散之卒，由龙稚梅统率，铁路总办吴懋鼎以米八千包接济倭军，举铁路以畀倭，亦在意计之内。一称天津船户奉命运米两船，将赴海口，悄将米包拆开，俱是火药，惟面上是米，船户赴关道首告，查验果然，并有督署图记，即赴督署禀陈，至今尚无发落。二事均为无中生有，而竟言之凿凿，其诋毁李鸿章无所不用其极，而识见愚陋何至于此！士大夫之无评判能力，由来已久。及张、邵议和不成，御史联衔请战，中云：“诣倭乞和，举朝震惊，同声悲愤，不知何人敢为皇上主此议者！恐大事从此去矣！……堂堂中国偶因兵事小挫，遂屈体于蕞尔之邦，至于我之遣使由彼为政，彼气愈骄，我颜愈赧，彼方偃蹇而不顾，我更匍匐而乞怜，伊古以来，有此国体，有此人情乎！”其言多本于情感，究于时势何补！国中无可战之兵，缺乏枪械，财政紊乱，出重代价，向外借款，其将何以持久！凡此事实，朝臣疆吏固不之问，对于割地赔款之马关条约之反对，原在意料之中。其人对于条约内容，或不尽知。张之洞首先反对，宋庆、刘坤一等亦以为言，朝廷谕刘坤一、王文韶据实直陈，不得以游移两可之词，敷衍塞责，而其复奏仍为游移两可之词，会闻德俄法干涉还辽，言者益多，争论悔约再战。张之洞电请朝廷以赔倭者，以赂英俄，所失不及其半，即可转败为功。急与俄订密约，如俄助我，分新疆与之；如英助我，分西藏予之，并给以商务利益。又电其前属员王之春向法外部商阻割台，其办法可谓奇异之至，世界上聪明外交家，殆无若张氏者！名士康有为应试在京，联合各省举人草成奏疏，请迁都决战。其文虽未上递，然颇称于一时，足以代表牵强附会之文人，本于捕风捉影之惯技，不知国中之情状，纸上谈兵，迂阔不切于事，徒博高名而已！战祸之起，损失之重大，唱高调之士大夫，盖有重大之责任，误国之罪，其何能辞！其人既不毁家纾难，又不亲赴前线，袖手高谈，若处于第三者之地位，大贻祸于国家，岂得再倡高调耶！梁济日记，曾论京官曰：“不知真正情形，妄为测度，竟说出传檄而定，此国必亡，浮浅嚣动，至于此极，温州黄员一代伟人之名，而早令其眷属逃难。顺德李为满朝文人所崇拜，而虑及随扈，又虑及书籍遭楚人之炬。”其文作于日军初入境内之时，朝臣竟惶恐至此，有劝其送老母出京者。清议固不能代表时论。

朝廷受其影响，又以三国将欲干涉，四月二十二日，电饬李鸿章改议赔款，李氏复称不可，且曰：“为今之计，和约既不可悔，应简派重臣赴烟台，候换约时，剀切与商，或稍有济。鸿伤病，莫能兴，断难往烟台，且不可以一口说两样话，徒为外人訾笑。”二十三日，三国驻日公使各致通牒于外务省，要求归还辽东半岛于中国。初战争将起，英俄曾欲干涉，均以日本应付得法，以及二国不肯对日作战而罢，及华兵退出朝鲜，英国尚欲干涉。迨日本战无不胜，总署迭请列强调停，而英已改政策，转而亲日。俄国则以日本承认维持朝鲜之原状，不肯调停，他国亦不愿干涉也。俄国外相罗拔诺夫（Lobanov）于一八九五（光绪二十一）年三月中，尚谓无调停之必要。其先李鸿章入京，商请各国援助，未有结果，三月三日，再向德使陈说。德国政府得报，六日，训令公使忠告日本要求大陆土地，恐将引起干涉。八日，德使照会日本外务省，陆奥以为英俄未有干涉之意，不肯让步，其公使青木奉命向德外相疏通，外相仍欲进行，商请英俄合作，德皇威廉第二之意，欲其成功，可向中国索取代价也，然无结果。及李鸿章东渡，日方提出苛酷之休战条款，总署再请列强干涉，俄德许之，会李鸿章被刺，日方另提条款而罢。迨日提出和议条件，总署将其通知驻京公使，求其援助。日本应付之策略，则以中国权利土地，诱说列强，以求其谅解。其驻英公使向英外相声明，日本既不反对俄得满洲一部分土地，建筑铁路，又于英并舟山群岛，德取东南一岛，亦无异议。对于法国，当或另有条件也。德皇初谓和议条件平允，继念黄祸，改变思想，其外相以为日据旅顺，将危险于欧洲之和平，大使奉命活动于英俄。俄国财政大臣微德（Count Witte）以日据旅顺，将妨碍其进行之计划，罗拔诺夫亦言日并辽东半岛，则北京危险，朝鲜之独立徒有其名，四月八日，决定干涉。微德之主张，则谓日本拒绝要求，即令舰队断其海上之交通，而使其在大陆之军队，无所接济。外相商于德、法、英国，德国许之，法国对于还辽，原无利害之关系，其外交政策则连俄国，凡其请求，无不许之。英国则拒绝加入，反以消息报告日本。至是，三国公使提出照会，尤以德国措辞为强硬，日本多方挽救均无成功。五月一日，外务省复称日本除据金州而外，愿还辽东半岛，但为担保条件之实行，得暂驻兵于其地，三国不许，于是中国利用时机，要求修约。

朝廷于三国干涉之后，谕令李鸿章与伊藤通信，为不放弃台湾之地步，李氏仍言难于补救，五月二日，总署电请驻日美使，转商日本延期换约，及夜，伊藤电告李鸿章换约，须于停战期内办理，换后再行商改。李鸿章请其考虑割让台湾。三日，帝派伍廷芳、联芳同往烟台，预备换约，拟给日本使臣照会，申请修约，一则关于三国还辽，一则关于割让台湾。其换约与否，犹待最后训令也。其时枢臣意见不一，太后不愿有所决定，据翁同龢日记，先言一切请皇帝旨办理，后饬枢臣会商一策以闻。光绪犹豫不决，心至烦恼，会天津忽大风雨，海啸继至，而日本坚持先行换约之说，三国亦无明显之表示，始派使臣往烟。其主张换约者，首推孙毓汶、徐用仪，恭亲王亦倾向之，其力持异议者，则翁同龢也。日本政府鉴于形势之严重，及中国之要求，大为不安，五日，明治诏还辽东，遣使换约。七日，日使船抵烟台，要求明日从速换约，并出恫吓之言。八日十时，李鸿章电告伍廷芳，谓总署来电，三国均嘱暂缓互换，业已再商日本展期，下午四时，总署电告李鸿章，忽称三国不肯援助，着伍廷芳即与日使换约。其改变之原因，据翁同龢日记，翁氏先与孙徐力辩展期换约，光绪从之，其称三国者，盖为饰辞，及至换约之日，德使函称不能援助，驻俄公使许景澄电称俄国亦不过问，朝旨遂定。彷徨不能自主，专恃他人，结果如此，抑何可哀！李鸿章得旨，电告伍氏换约，一面电告伊藤谓前请暂缓换约之议，作为罢论，而伊藤允许延期五日换约之电文适至，无奈三国不肯援助，换约迟早，固无重大之意义。斯日下午十时，二国使臣换约，光绪下降朱谕曰：

> 近自和约定议，廷臣交章论奏，谓地不可弃，费不可偿，仍行废约决战，以冀维系人心，支撑危局。其言固出于忠愤，而于朕办理此事，熟筹审处，万不获已之苦衷，有未深悉者。自去岁仓猝开衅，征兵调饷，不遗余力，而将非宿选，兵非素练，纷纷召集，不殊乌合，以致水陆交绥，战无一胜。近日关内外事情更迫，北则近逼辽沈，南则直犯畿疆，皆现前意中之事。沈阳为陵寝重地，京师则宗社攸关，况廿余年来，慈闱颐养，备极尊崇，设使徒御有惊，则藐躬何堪自问！加以天心示儆，海啸成灾，沿海防营，多被冲没，战守更难措手，是用宵旰旁皇，临朝痛哭，将一和一战，两害兼权，而后幡然定计。其万分为难情事，言者章奏所未及详，而天下臣民用当共谅者也。兹将批准定约，特将先后办理缘由，明白宣示。嗣后我君臣上下，惟期坚苦一心，痛除积弊，于练兵筹饷两大端，实力研求，亟求兴革，毋生懈志，毋骛虚名，毋忽远图，毋沿积习！务宜事事核实，力戒具文，以收自强之效，于内外诸臣，实有厚望焉！

诏文措辞，其何可哀！先无准备，何必败坏国家，贻害人民！光绪俄再降诏申言前意，而朝野上下，仍言李鸿章误国，订成割地赔款之条约，殊不知于战败之后，敌人之气正炽，而我居于屈服之地位，于其要求，势常迫而许之。于此情形之下，和议代表往往难于补救，吾人多为情感所动，对于订约之人，不能谅解其应付之困难。李鸿章受命之时，请派会办，而朝廷不许，一人乃独受谤。其书告新疆巡抚陶模曰："十年以来，文娱武嬉，酿成此变。平日讲求武备，辄以铺张縻费为言，至以购械购船悬为厉禁，一旦有事，明知兵力不敌，而淆于群哄，轻于一掷，遂至一发不可复收，战绌而后言和，且值都城危急，事机万紧，更非寻常交际可比。兵事甫解，谤书又腾，知我罪我，付之千载，固非口舌所能分析矣！"其言多非饰辞，吾人今殊谅解其局中之困难。三国干涉还辽，日本所索代价，亦由其决定。十一月，二国订成条约，其条件凡二：（一）中国付日库平银三千万两，（二）三月内日兵撤退。李鸿章与日使议商商约，中国请将领事保护华人载入约中，日本则欲载明改造土货不完口岸正税，相持不决。明年李鸿章出国，由总署大臣张荫桓等交涉，订成通商行船章程。其重要条款，多同于列强在华享受之权利，俄再议订专约，在华日厂制造货物之征税，同于华人设立之工厂。

辽东半岛，以三国之干涉交还中国，而台湾、澎湖则仍根据马关条约，割让日本。初马关和议，伊藤明言海军往攻澎湖，三月末，占领全岛，于是往来福建、台湾之船只大感困难，台人惊恐，俄闻割台湾为议和条件之一，人心更为不安，暴动时起。朝廷以台湾新设为省，惜之过于辽东，多方避免让与日本。张之洞奉旨接济台官饷械，其巡抚唐景崧商于英国领事，由英保护，其提出之条件，则中国管理土地政令，而以矿产杂税酬英，未有效果。奉命往俄之王之春时在法国，以之商于外部，外部答称电令法舰往台，并约西班牙协助，以德皇反对而罢。台绅谋立共和国，五月，呈请巡抚唐景崧暂统政事，景崧自称总统，宣布台湾为民主之国，召集国会，其议员每日得银五角。总统电告各省大吏曰："崧……允暂主总统，由民公举，仍奉正朔，遥作屏藩。"朝廷交涉既归失败，乃诏唐景崧回京供职，李经方为割台专使，以窘辱其父子，李经方托病推诿，奉旨切责，迫而渡台，交让政权。唐景崧时在台北，台南由前黑旗军主将刘永福管理，驻台军队颇众。日久蓄兼并之心，固不肯放弃也。明治已命海军大将桦山资纪为台湾总督，率舰队陆军前往，五月末，日军自基隆东南海口登岸，台兵力战而败，六月三日，日军攻陷基隆，守军逃溃，沿途抢劫，明日，败报传入台北府，总统府之职员，皆弃职逃。于是土匪蜂起，纷扰不堪。七日，日军始至，乘势进取淡水，台兵或附船内渡，或入台中，或往台南。日军既据台北，其地气候炎热，疾疫流行，交通困难，军队虽无激战，而感受痛苦，刘永福尚在台南驻守，日舰以风不利，迟至十月驶行，十二日抵于要港安平，刘永福知势不敌，俄即逃去，二十一日，台南尽降。日军之征台湾也，死亡一百六十四人，伤五百十五人，病死者四千六百四十二人，先后病者凡二万六千九百九十四人，牺牲可谓巨矣。中国方面则军械电线等物均归日本，识者固知战必不胜也，信如李鸿章曰："果能如约内渡，得以从容料理，则公家饷械，民间财产，保全实多。"

二十四年中之中日交涉，以马关条约作一结束。中国领土之广大，等于欧洲，人口之多，约世界总数四分之一，而反败于蕞尔小国，其老大衰弱，及政治上社会上所有之弱点，暴露于世，列强因而乘机争夺权利，中国几至不国，固订约通商以来，外交上未有之变局也。初鸦片战争，清兵虽败，而南京条约，中国尚未居于屈服地位。英法联军进逼北京，皇帝出逃，圆明园被焚，虽曰屈服，然于内乱未平之时，尚得诿称防御叛人，而不能专方对外也。中法安南之役，尚互有胜败，乃于此战，海军则北洋舰队全数消灭，陆军节节败退，天险要城相继失守。二国初以改革朝鲜之内政而战，订约承认朝鲜独立，问题业已解决，而又割让南北土地，赔偿军费，其数非中国财力所能按期交清，迫而大借外债。条约又许日商开设工厂，其先驻京公使，迭次要求，总署迄未让步，至是，外商根据最惠国之待遇，享受同样之权利，本国商人益处于不利之地位。和议之时，中国代表数以二国亲善为言，伊藤则以武员与国会之故，不稍让步，其先日使来华交涉，莫不倡言亲善，何压迫中国至此！李鸿章之失策，则鳃鳃然以和议决裂为虑，不敢坚持力争，日方则患列强干涉，威胁李鸿章承认其要求。条约成立之后，朝臣尚不觉悟，力图振作，其诡谋阴计，徒为将来重大之损失。李鸿章电复驻俄公使许景澄曰："虽欲变法自强，无人无财，无主持者奈何！"其时愚民排外仇教之行动，变本加厉。识者益信清廷不足有为矣！列强进而争夺权利，近代史中世界上大国无一衰弱屈服若是之例！其造成不良之现状者，虽曰知识陋浅，政治腐败，抑由于社会上环境之恶劣焉！李鸿章等之任用私人，实为家族制度与桑梓思想之结果，凡事之不能认真办理，或切实整顿者，固其原因之一也。战争期内，人民之视政府一如昔日，甚者甘为汉奸，北方败报传达南方，而上海之商人娱乐如常，甘肃之回人蠢蠢然起而作乱。说者曾言中日之战，乃以中国直隶一省而战日本全国，其言虽不尽确，固可略见国内情状之一斑。

第九篇 战后中国之危机

外交上之新形势——外债——中国借款之困难——法国之野心——俄国侵略之计划——中俄密约之成立——俄国经营之东省铁路——关税之交涉——铁路借款之争执——德租胶州湾——俄租旅顺、大连——法租广州湾——英国对华之政策——英租威海卫等——日意二国之要求——列强在华之铁路承办权——中国损失之综计——门户开放政策之成立

世界政治经济之关系日切，列强经营东方之心益强。中日战争，中国失败，向外乞援，予以不可多得之时机。列强外交家遂从事于秘密活动，总署大臣不善应付，几成瓜分之局势。战争之先，英国在华商业最为发达，对于中国颇为亲善，其政府迭谋调停战事，日本初疑中英订有密约，后知实无其事，英国外交政策，则谋维持其在中国、朝鲜商业上之利益而已。及中国陆海军败挫，英始转而亲日，毫无反对马关条约之表示，拒绝参加干涉还辽之行动。美国对华向无兼并领土之野心，对于日本维新期内之邦交颇为亲善，不肯对日有不利之行动，除友谊忠告或调停而外，别无活动。俄国经营东方由来已久，其外相罗拔诺夫时欲维持朝鲜之现状，日本予以保证，初无干涉战争之意，及马关条约磋商之际，忽谓日并辽东半岛，将危险及于中国京师及朝鲜之独立，财政大臣微德以为妨碍其计划之进行，主张干涉尤力。其时微德奉命督办西伯利亚铁路，谋欲铁路经过中国领土，直达海参崴也。法国与俄结为同盟，对于中国，一谋西南诸省政治上之势力，一以保护天主教之神父迭起争执，对华原无好感，但以俄国之请，加入干涉。德国谋欲扩张势于东方，其皇威廉第二念及黄祸，深患日本于亚洲大陆上得有土地，又欲应中国之请出而干涉，可得多索代价也。综之，三国干涉还辽，原为利害相关，或因妨碍其计划而动。日本迫而许之，罗拔诺夫向德建议共管辽东半岛，又受法国影响，主张日本不得割让澎湖、台湾于他国。法国以其近于安南，意欲各国承认其为中立领土也。德国深惧二国势力之发展，谓其违反干涉还辽之原议，力持异议。会中国向法建议共管台湾，西班牙亦谋活动，但以德皇反对，及俄国顾虑英国干涉而罢。俄而德皇访知中国向俄借款，转而与英国合作，七月六日，外相训令驻俄大使，说明中国条约上规定赔款尚未付清之先，不必要求日本退出辽东占据之地。十二日，驻日德使照会外务省，称其政府愿助日本。十九日，日本提出条件：一、归还辽东，中国出银五千万两。二、承认台湾海峡为公开航路，并不割让台湾、澎湖于他国。德国表示同意，罗拔诺夫言其索款太多，力持核减，德皇改为三千万两。关于日本撤兵之期亦生争执，德主中日商约成立之后，始可撤兵。俄主中国交款，日本撤兵，最后德皇让步解决。九月，三国通知日本议定款额及撤退辽东驻军事宜，十月，外务省照复许之。

三国干涉还辽之经过，可证其外交政策唯利是视，而朝廷王大臣之精力徒耗于迭请外国之干涉，先不讲求政治上之弱点，研究失败之原因，筹谋挽救之策略，而专仰人鼻息，阴谋相尚，固不知列强外交家之才能手段，远非其所能及，其政策之决定，常以商业上之利益，政治上之利害，及同盟国之关系为转移，无所谓仗义执言，中国之迭请不已，反足以暴露其一无足恃，彷徨无主之情状，引起列强侵略之野心而已。朝野上下均欲结俄国，两江总督张之洞先曾电告驻俄公使许景澄，谓俄与日接仗，尽翻马关条约，中国酬以土地及商业权利，其具体办法，则割让新疆，允许松花江行船，及陕西、汉口贸易也。张氏又向总署建议，商请英俄相助，而各酬以土地权利，七月十九日，密奏皇帝，请立密约以结强援。略称俄国举动阔大磊落，还辽有利于我，凡俄商务界约，酌与通融，水师助其煤粮，入我船坞修理，陆路许其假道，供其资粮。刘坤一初持战议，五月，向总署建议，酌许分地给款与俄、法、德国，请其为我击日，毁其海军，并与之密订条约，且曰：“同一失地与款，与仇曷若与邻，并绝后患？”后二日，再电总署与俄结欢，让以便宜，“庶可以制东西两洋”。张刘二氏外交知识本极幼稚，而此则本于以夷制夷之传统政策，国际间重大事件之处置，殆不如此简单，指挥如意，万一其言果尔实现，中国不过为俄保护国耳。其他强国将不别求权利耶？岂俄国之力果足以制东西两洋乎？何其不思之甚！二氏议论代表时人之心理，迎合庙堂之议论，盖朝臣疆吏均认日本为仇，其心以为日本地小民贫，中国竟不能胜，割地赔款与之，其势益强，将为大害，恐惧之甚，乃出重价，不择手段，图结强邻以自固也。

疆吏过信俄国之军力，俄国固不肯无故对日作战，或抹杀其要求。日本归还辽东，索款五千万两，朝廷不愿给款，训令许景澄向俄外部磋商，设法拒绝，罗拔诺夫言其不能援助，三国议定三千万两。十一月，日使林董与李鸿章议订还辽条约，林董要求中国不得割让辽东于他国，俄国闻而反对，李氏将其删去，但于问答节略予以承认，俄国对华政策于此可见。其政府自瑷珲条约以来，努力经营东方，尚未能得不冻良港，而马关条约割让辽东半岛与日，旅顺军港在焉。其外交家以其地近朝鲜，日本得有根据地于亚洲大陆，将握北京之门户，可得伸长其势力于中国，妨碍俄国政策之进行。罗拔诺夫因而联合法德，出而干涉。总之，干涉之谋始于德国，而正式建议者，则为俄国。三国以为大有功于中国，谋求经济上之权利，政治上之势力。朝臣疆吏不知引狼入室，方欲恃为强援，不肯改革弊政，力图自强。留心观察中国之外人莫不知其危险，英使欧格纳颇与总署王大臣接近，中日战后，力劝立海军，练精兵，而恭亲王事事推诿，十一月，回国，临别赠言。翁同龢于日记载其警切之语曰："自中倭讲和六阅月而无变更，致西国人群相訾议，昨一电曰，德欲占舟山，今一电曰，俄欲借旅顺，由是推之，明日，法欲占广西，又明日，俄欲占三省。许之乎？抑拒之也。……今中国危亡已见端矣，各国聚谋，而中国至今熟睡未醒，何也？且王果善病，精力不继，则宜选忠廉有才能之大臣专图新政，期于必成，何必事事推诿，一无所就乎？吾英商贸易于中者，皆愿中国富强无危险，吾英之不来华者，借贸易以活者，亦愿中国富强无危险。故吾抒真心，说真话，不知王爷肯信否？即信所虑，仍如耳边之风，一过即忘耳。此吾临别之言，譬如遗折，言尽于此。"英使之言，沉痛之至，朝廷不能振作，而惟强国是赖。三国各有所谋，索酬几至瓜分之祸，其先引起列强之互争者，中国无力赔偿军费向外借款，而列强争先揽借，以求政治上之利益也。

中国历史上初无外债之名，李泰国购买军舰，曾于伦敦借款，李鸿章解散常胜军，亦借外款，其后军需借债，期限颇短，要均无足轻重。及左宗棠西征，军费不足，奉旨向外商借债五百万两，以关税为担保。据曾纪泽日记，洋人得息八厘，而经手人禀报一分五厘，乃为外人所訾笑，八厘借债时在外国颇少，其主因一由于用作军饷，非生产之事业；一由于信用较低也。其时大臣本于传统之思想，以为借债即为丧失主权之弱国，非军用迫急，不肯轻借外债，其已借者汲汲以归还为务。其人不知国内之贫弱，人民之苦状，苟欲振兴农工商业，促进人民之生活情状，实现大规模之建设，非有巨额之资本，则必不能成功，除借外款而外，别无适当筹款之方法。夫借外债发展生产之事业，则有利而无害，清廷大臣之错误，在其不能辨别借款之条件及款项之用途，而概认为多害。其结果则生产事业难于发展而已。昏庸大臣既不之知，而又不愿兴创事业，原不足责。中日战前，中国所欠之外债只剩一百五十万两，战祸启后，军费浩繁，费用不足，总理衙门，向英商创立之汇丰银行等磋商，先后借款约银四千万两，以海关之税收为担保。迨马关约成，中国赔银二万万两，分八期交完，第一二次各银五千万两，均在每隔六月之后，余款分六次递年交纳。第一次赔款交清，凡未交完之款，按年加百分之五利息。约文更言款于三年之内付清，则全数免息。及善后条约成立，日本归还辽东半岛，中国出银三千万两，其担负之重若此，而全国财政一年收入只八千万两，不能于规定期内完全偿清，惟有出于借债之一途。总署大臣向时借贷外款，多由赫德主持，期限短而利息重，均以关税为担保，其条件为先进国所难接受，然于中国，外商非有优厚之利息及切实之担保，则不愿投资。政府先无招募公债之例，国人向不深信官吏，民间之利率高过于外债，发行公债，销路实无把握，唯有借款而已。至是，列强政府为其商人利益，兼为权利之计，不惜干涉借款，以达其政治之目的，于是列强之视借款，含有侵略之作用，进而谋伸长其在华政治经济之势力。俄国以干涉日本还辽之功，利用其外交上之影响，商请中国向其磋商。

一八九五（光绪二十一）年五月三日，驻俄公使许景澄电报总署，称俄外相罗拔诺夫言其政府欲借款与华。其主持借款者，则财相微德也，微德定其额数一万万两。总署先后得报，十五日，电复先借五千万两，以关税担保。其困难则赫德先曾建议大借外债，总署将其驳斥，法德又请向其本国借款，总署势难拒绝，意欲于借俄款之后，再向二国商借也。俄以二国争揽，改荐银行承借，对于款额不肯稍减，并请中国严守秘密。总署仍谓德情难却，罗拔诺夫则谓中国不可向他国借款，俄款仍为一万万两，俄法一气无须顾虑，对德可另设法。微德先言三国共同借款，而竟摈弃德国，其原因则视借款为二国经济侵略扩张势力之工具，不愿德国有所染指也。俄国陆军雄于欧洲，而其国内经济状况未有重要之进步，法国逼处强邻，不忘报复之心，而其国内实业较为发达，二国订有同盟条约。微德对于中国之外交政策，主张法以财力助俄，俄以外交助法，共同合作，以求政治经济上之优越地位于中国，其思想以为经济势力所及之地，将即巩固其政治地位，而欲实施经济侵略之方法，兼并中国北部也。六月九日，许景澄电称俄国主张向法借四万万法郎（合银一万万两），由俄代保。总署以英德公使之陈说，信为保护国之渐，电复不可，而李鸿章素主亲俄，电称其于公法、国体均无所碍，李电至而训命已发矣。俄再改变主张，谓由二国银行承揽借款，微德更与许景澄磋商政治条件。

其时朝廷亟欲日兵退出辽东，轻信讹言，以为日本增兵辽东，与英合而谋我，训命许使向俄催日撤兵，而俄外相答称借款定后，始能照办。总署大臣乃许其请，七月，合同成立，名曰中俄四厘借款合同，凡金法郎四万万，作九四又八分之一扣付款，法国银行担认二万五千万法郎，俄国银行一万五千万法郎，年息四厘，三十六年还清，以关税为担保，附有政治条件。其主要者凡二：一、借款不能如期付出本息，俄国商请中国允许银行发给，中国则以别项进款加保。二、中国无论何故，决不许他国管理税人等项权利，如许他国，亦准俄国均沾。第一条件之实质仍近于代保，微德前称中国败后，非得俄国之担保，不能借到利息低微之外债，意欲表示好感，实则其视中国无异于保护国也。第二则欲干涉海关，合同末后载明“声明文件与条约一律看重”。中俄借款进行之际，英德公使迭向总署抗议，英以俄国将有干涉中国海关之机会，颇有疑虑。德以借款不遂，为俄所欺，愤而与英国合作，二国公使陈说，均无效果。俄款一万万两，赔偿第一次军费及还辽代价，用去八千万两，余款无几。第二次军费五千万两，须于十二月内交出，政府无法筹款，英、美、德商均欲揽借，英德公使活动尤力，而总署初以中俄借款合同规定六月内暂不续借外款，无所进行。及六月后，微德建议列强共同借款，英德拒之，由汇丰、德华银行拟定条件，出借英金一千六百万磅，合银一万万两，年息五厘，并有折扣用费。总署以其条件过苛，值法使施阿兰（Auguste Gèrard）来称法国出借，大减折扣，大臣与之议商，施阿兰声称此次借款为俄约之续，大臣则欲先说折扣佣钱。英使窦纳乐（Sir C.MacDonald）闻而至总署争论。翁同龢日记记其事曰："咆哮恣肆，为借款也。此等恶趣，我何以堪！"施阿兰迭与大臣会商，其外部训令竟与初议大不相同，翁氏深为失望，日记称其"无耻无餍，而日在犬羊虎豹丛中"。总署再应英德使臣续议借款之请，由赫德撮合，与二国银行磋商，款额照旧，九四折扣，年息五厘，三十六年还清，仍以关税为担保，一八九六（光绪二十二）年三月合同成立。英国之意防俄操纵中国财政之权，进而管理海关，影响其商业，闻知法国借款条件中有增加其国人服务海关之要求，因于合同中规定三十六年期内，海关之行政不得改变。

二次赔款及还辽代价用去一万三千万两，借款名虽二万万两，然以折扣佣费，偿清六次赔款，尚少六七千万。一八九七（光绪二十二）年三月，总署大臣议商借款一万万两，而海关税银无多，苦无抵项，乃由李鸿章与英德银行磋商，其先二国使臣均向李氏请求也，交涉以无适当抵押及外商要求之折扣太重，久无进步，转向美商磋商，亦无结果。张荫桓主张不可自坏门面，须与英使窦纳乐商量，且曰："合肥（李鸿章）办理，声名扫地，而必无成。"后德强据胶州湾，列强各谋借款，求得政治上之势力。俄国提出政治条件凡三：一、俄国借款建筑并管理满洲及中国北部之铁路。二、现任英人海关总税务司去职，中国改用俄人。三、借款以海关税收为担保，不足之数，则以地税厘金为抵押。条件之严酷，视中国为保护国矣。一八九八（光绪二十四）年一月，英国对于借款，提出下列之要求：一、借款担保品为海关常关收入及厘金盐税。二、许英自缅甸建筑铁路直达长江。三、中国允许不割让扬子江流域于他国。四、中国开放大连湾、南宁、湘潭为商港。五、内河行驶小轮船。六、外货之在通商口岸者，免去厘金。其条件之用意，澡得政治上商业上之权利同于俄国，其要求开放大连湾专对俄国而发者也。俄署使巴布罗福（M.Pavlow）告李鸿章曰："大连若开口岸，俄与中国绝文。"总署则以英款利息低而其期限长，日本公使矢野文雄又劝大臣宜借英款。大臣与英使商成草约，而俄国坚决反对，二十四日，俄使亲往总署警告。翁同龢记其语曰："若中国不借俄而借英，伊国必问罪，致大为难之事。”会英使窦纳乐亦至，翁氏日记曰：“窦语亦横，大略谓中国自主，何以不敢以一语诘俄？英何害于俄，而俄必阻止耶？且法国何与也？盖合肥专以俄毁英之语激动之故，致此咆哮也，亦勉支而去，噫殆矣！”二国争借之烈，大臣应付之苦，于此毕见。

一月二十五日，俄使坚请许景澄自德往俄议商借款，并称“微德电谓不借即失和云”。法使亦至总署拦阻向英借款，明日，俄外部来电。翁氏记之曰：“若不借俄，则伊与户部代中国出力之处，前功尽弃，再缓数日，即迟矣云云。”李鸿章颇为焦急，主张向俄借半，电令许景澄速赴俄京，恭亲王奕劻从之，最后则以难于应付英国，改持不借之说。总署商于日使矢野展缓偿款，矢野允许电商政府。英国外部得知中国取消借款，训命公使要求利益，一、扬子江流域不得割让他国，二、内河行驶轮船，三、开放南宁、湘潭。窦纳乐向总署提出，态度坚决，对于一二条件不稍让步，总署迫而许之。借款不成，而先丧失利权，英国对华之政策，亦唯利是视耳。日本对于赔款，不肯展期，赫德建议再向汇丰、德华银行磋商，总署许之，其议颇赖张荫桓之主持，其理由则谓商人借款，俄国不能反对也，俄国果无异议。条件由赫德说成，三月，合同成立。中国借款一千六百万磅，八三折扣，年息四厘半，四十五年还清。其主要条件，则以海关之收入，及苏州、淞沪、浙江东部九江之厘金，宜昌、湖北、安徽之盐税五百万两为担保；指定各地之厘金盐税归总税务司兼管；厘金非得银行团之同意，不得减少取消。海关长官既得扩张职权，而合同又规定其行政于四十五年之内，不得改变。其所以然者，英国以其在华商业最为发达，严防俄国之活动，而并保障英人于海关上之地位也。总之，我国三次借款，所感之困难，所受之束缚，所处之危险，无以复加。列强之视中国，固不异于俎上之肉，任其宰割。侵略之罪恶，竟至于此。同时，朝臣应付之失策，亦不可讳。初马关约成，赫德献策，整理税收，大借外债，其数赔偿日本军费尚有余额，而总署以俄还辽之功，不许其请，后又顾虑英德之反对，三次借款造成若此之局面，固谋之不臧也。其事之起，由于还辽，三国各索酬报，几成瓜分之祸，法俄先得利益，兹分言之于下。

法国自得安南，进与中国接壤，其在中国之商业无足轻重，而其政府力谋扩拓领土，迭次要求，改订界约，减少陆路商品税率，增加通商口岸，并于中国西南及南部享有最惠国之待遇，其谋扩张势力也久矣。迨马关约成，法国以外交上之策略与俄德合作，忠告日本还辽，以为大有功于中国，乃于微德进行第一次借款之际，法使施阿兰奉命提出改定中越边界之要求，而请中国以湄公江（即澜沧江）上流东岸江洪一段与法。其地初为中缅瓯脱地，一八九四（光绪二十）年，始自英国收回，中英续议滇缅条约规定其归中国永远管理，“若未经大皇帝与大君后预先议定，中国必不将孟连与江洪之全地或片土让与别国”。其详细载明者，原为英国防法之计，据公使薛福成言，法国久争车里土司，故英愿让中国也。至是，施阿兰提出要求，其理由则谓法有功于中国。议院屡以为问，外部欲成此约，俾绅民咸知中国优待之意，俄使亦以为言。中国方面由奕劻、徐用仪交涉，总署时无精确地图，遂应法使之请，即将宁洱所属土司猛乌、乌得割让于法。其地自英国方面而言，属于江洪，奕劻等竟不之知。六月，条约将签字矣，英使欧格纳来署争论，力请暂缓画押，而法使不允，英使盛怒而去，词甚激烈。光绪得奏，严诘徐用仪，事已迟矣。二十日，界约商约成立。界约中国割让猛乌、乌得。商约要款凡四：（一）中国开放思茅，以河口代替蛮耗，龙州、蒙自仍为商埠。（二）土货自四口运出，或由安南运往四口者，减税四成。（三）中国将来于云南、广东、广西开矿，先向法国厂商矿师人员商办，并许安南铁路造至中国境内。（四）思茅、安南互接电线。约成，总署初欲暂缓批准，而施阿兰要求派员勘界，后竟许之。其政府既谋伸长势力于西南诸省，里昂商会亦遣专家来华调查其地之经济情状及各种矿产。十一月，施阿兰来商许法建筑铁路，奕劻知其危险，力持不可。法使依然要求，十二月，提出安南、龙州铁路，与奕助辩论，反复数千言，词不稍让，奕劻拒之，声色俱厉，而法使仍不稍屈，明年，迭以为言。总署迫而让步，允许公司承办，六月，合同成立。其条件如下：（一）中国允许费务林公司承办龙州、镇南关铁路。（二）三年内铁路造成，公司承受官局命令。（三）沿铁路得设电线，由路局自用。（四）承办之期为三十六年。于是列强始于中国境内得有建筑铁路之权，破坏主权，法国实为作俑之祸首，引起无穷之祸。铁路长凡一百二十里，法国派员往勘，李鸿章致书广西巡抚为之先容，称其尤重视矿务，庆亲王奕劻业已许其开采焉。英人以为法国谋拓土地，势将伸长其势力于四川，一八九六（光绪二十二）年一月，其政府与法国议成协定，互相承认其平等之权利于云南、四川。对于中国，则请开放口岸，以抗法国。明年，总署许之，施阿兰赖却前言，数至总署无理吵闹，翁同稣恶之殊甚，于日记中称之为“鬼”，曾曰：“施使狡谲为诸使之冠”。施阿兰转而要求铁路、开矿、商业权利，又言琼州及粤东海岸不许他国屯煤。总署大臣与之辩论，法使竟攘臂拍案，出语讥讪。三月，总署照复允许不让琼州于他国，商议其他问题，总署逐渐让步。法使争执最烈者，则为云南铁路，五月二十八日，谓为外部所定，不能改一字。翁氏记之曰：“历二时六刻，屡应屡翻，刚柔尽到，终以一字不如彼意，悻悻罢去，其实亦已允，不过作态要挟而已。”翁氏失望之深，自言终日与犬辈断断，弱国外交官苦矣。六月，双方议定三条，一、龙州铁路可得延长达于南宁、百色，二、雇用法人开采云南、两广矿产，三、疏溶红河上流，并许法筑铁路达于云南省会；路线或自红河而前，或经百色直达。其能成功者，据施阿兰言，李鸿章亲俄，认法为其同盟国，从中助之。其言信而有征，李氏诚引狼入室矣。

英国在华以商业为重要，其国人对于中国之感想，信如欧格纳临别之言，其外交政策原与中国接近，及中法新约将成，欧格纳以其割让江洪土地，违反缅约，力阻画押，不得，盛怒而去。总署电令驻英公使龚照瑗求其外部谅解，“如有违言，希与商两全之法。”其求谅解之办法，则谓猛乌、乌得，旧属中国宁洱县，与缅约无关；而外部则谓属于江洪，中国违约，轻视大国，并以地图为证，其图同于使馆所藏订约时之地图。中国乃处于不利之地位，向法磋商，求英谅解，均不可得，改应英国之请，磋商让地。英国要求野人山全境，而总署让地无几，龚照瑗电请不动缅约，另设办法，十月，电述首相沙侯(Lord Salisbury)要求开放西江之密语，略称法开海防，火车驶入华境，中国减收税银，西南数省商利必尽归法，将来蚕食边地，争开海口，皆意中之事。中国开放西江，英固有利，中国亦得正半两税。“香港、两广唇齿相依，必然永固，不虞外人觊觎东（西？）南边地。总署如以为然，野人山地尽可少让，商办各事，皆易商量。”欧格纳奉命向总署磋商，王大臣时多顾忌，既不愿外商深入内地，外船行驶内河，又不欲再让土地。明年，英国新使窦纳乐再奉训命要求西江开口，总署大臣答称奏准开放西江，则野人山地全归中国。英使报告外部，外部主张修改缅约，开放西江。

于是英使态度转而强硬，曾至拂衣而去，顾其要求之商埠太多，会议未有明显之发展。翁氏记其交涉曰："先缓后紧，处处以外部训条为言，处处以废约为挟制，其狡猾不下施贼，"迟至十二月，始有眉目。西江开放二口，轮船得至梧州，南宁俟商务兴旺再议。缅约稍改边界。总署修正约稿，二十九日，英使来议。翁氏记之曰："于缅约改本无他说（略争一二处），于专条则大肆驳辩，改处一一争回，几于一字不可动。扼要者，于南宁将来通商，办照会而不入专条。关于批准互换后再办，此二端已费千万语，至三水三处市面，伊皆欲立洋栈，我不允，彼竟决裂，声称废约，势汹汹矣，拂衣而起。"李鸿章出而转圜，改日再议，争执至五小时，再接再厉，无怪翁氏称其"贪如狼，狠如羊"也。一八九七（光绪二十三）年二月，条约成立，分作两端，一缅约，中国让地与英，促进商业，将来酌量情形，建筑铁路与缅甸铁路连接，一专约，西江开放梧州、三水、江根墟三口，外轮得自香港驶达梧州，途中得于江门、甘竹滩、肇庆府、德庆州停泊，上下客货。施阿兰闻之，来署争论，索得权利，始已。

英法各争权利于西南，法国实为祸首，其能成功者，颇得俄国之援助。中国北部，东北，西北三面，皆与俄国领土连接。俄自克西米战后，经营东方不遗余力，建筑西伯利亚铁路，其在东方之海港海参崴，冬季结冰，不便航行，谋得良港于朝鲜、中国。中日战起，中国之弱点暴露于世，俄外相罗拔诺夫书告驻法大使，竟言其愿中国为俄属国。及马关条约成，其财政大臣微德深以日本妨碍其计划为虑，主张干涉，其时微德奉命主办西伯利亚铁路。俄皇又欲积极扩张势力于东方，命其内阁大臣会议，微德于会议席上，发表干涉日本之言论，无所议决，其经过报于俄皇。俄皇召其亲信大臣，会议于宫中，采取微德之主张，外相联合德法共同干涉。微德之计划，则用经济和平之方法，逐渐巩固俄国之政治势力，其先努力经营者，则为满洲，而后逐渐及于蒙古、直隶、新疆、甘肃等省。微德欲其计划实现，向法银行磋商借款，转借中国，更与公使许景澄议订合同，减轻利息，借以表示好意。十二月，俄皇诏予西伯利亚铁路局主办之中俄道胜银行之特权。道胜银行除有办理一切银行事业之外，尚得操纵中国财政之特权，其明显之规定如下：一、收存中国税银，二、经营中国国库有关之事业，三、商得中国同意，有铸造货币之权，四、办理中国募集公债及支付本息事宜，

五、建筑中国铁路电线，有让与及取得权，范围可称广大。银行并受财政大臣之指挥，信如俄国外交家称其为财政部之变相支局，侵略中国机关也。银行之股本多来自法国，可见俄国之急于经营，而与法国之互相援助矣。方中日战争开始之际，西伯利亚铁路达于贝加尔湖附近。其未定之计划凡三，一、铁路沿黑龙江北岸而往海参崴，二、路线自恰克图而南，直达北京，三、铁路经过满洲东往海参崴。其第一计划，则路曲折远长，工程浩大。第二则将引起列强之反对。第三则路途减少，节省费用，又得经营满洲，微德之所欲也。中日战后，俄报鼓吹铁路经过满洲，直达黄海之议日盛。许景澄函报总署，并言俄国执政大臣亦有此意。张之洞先言中国自造铁路，与俄路相接。许景澄奏疏述称微德之言，防倭甚亟，建筑铁路，劝我与之连接。乃俄不待中国同意，即行派员来至满洲查勘路线，十月，俄使喀西尼方始照会总署，称俄派员四起，分道人满查勘路线。俄将沃嘎克来宁谒见张之洞，称其来商铁路事宜，张氏言中国愿与俄路连接，俄将声称俄路将在大连湾出海。张云："甚好，中国亦有利益。"张氏时主连俄，而竟不待训令，信口妄言，文人误国之罪，可胜言哉！张氏将其问答电报总署，总署大臣复称不如自办，不幸徒为空言，而俄进行如故。其时法国已请承办铁路，与俄合作，德以外交作用，亦愿助俄，美国不问东方之事，日本国势尚弱，而英国外交孤立，势难单独反对。俄国自谓大有功于中国，而信清廷将许其请也。明年二月，俄国调查路线功竣，四月，许景澄书报总署，喀西尼俄向奕劻磋商，后至总署建议公司代办，大臣不许，只允中国自筑。翁同稣于日记记之曰："喀语不逊，直谓中国既不顾邦交，我与日本联络，另筹办法。余直斥之，并指图谓之，此路汝省八百余里，我无分毫之利，勉力成之者，为邦交也。汝为公使，不顾大体耶？喀语塞，乃云'必六年造成，否则缓不济急'。"俄使之意，盖非中国财力之所能也。

中日战争之年，俄皇尼古拉第二（Nicholas Ⅱ）即位。一八九五（光绪二十一）年，许景澄函报总署，明年五月俄皇举行加冕典礼，请派大员往贺。清廷诏派王之春为专使，而喀西尼言其地位不称，难于接待，请派宗室王公或大学士前往。许使先亦函称欧洲各国君主或亲往贺，或遣亲王大臣。盖俄用意颇深，知非大员，不能办理机密事件也。《李文忠公尺牍》称军机处及总署大臣推之前往，翁同稣日记则言由于懿旨：李氏自中日战争，备受清议之诋毁，及割台后，回归京师，迭为言官所论，光绪亦不之喜，郁郁颇不得志，枢臣多其政敌，殆不肯推之赴俄也。李鸿章奉命，初辞不得，光绪授为钦差头等出使大臣，往俄致贺，并往英、法、德、美四国亲递国书，联络邦交。其所奉之使命，除致贺联络而外，尚欲征求列强政府之同意，改订税则。其随行人员，朝廷特命其子经述随侍，枢臣之意不欲李经方、罗丰禄同行，而李鸿章以其久办外交，必欲同行，亲与李鸿藻辩论，上疏奏请，并调用人员，光绪许之，参赞尚有洋员五人。一八九六年三月三日，自京赴沪，十四日抵沪，二十七日，乘坐法船西渡。李氏行后，俄使喀西尼提出铁路要求，总署不肯同意，俄使亦无进行，专待其政府与李鸿章交涉矣。微德深虑李鸿章先游英德诸国，为其外交家所诱说，而有碍于俄国计划中之权利，言于俄皇请其直接来俄。俄皇特命亲臣以军舰往迎，其人则道胜银行经理，兼西伯利亚铁路总办也，李氏于苏伊士运河，改乘俄舰，列强先有邀其往游者。俄舰直向黑海驶行，四月二十七日，抵于俄港渥答赛（Odessa），备受欢迎，俄皇催其早往俄京，次日，乘坐官车前往圣彼得堡。微德时在俄廷以熟悉东方情形见称，俄皇命其向李鸿章交涉。

四月三十日，李鸿章抵于俄京，往访外部，请期入觐，并与微德相见。据微德回想录称其答访李氏，提出铁路经过满洲之要求。其所持之理由，略称俄国力助中国保其领土之安全，将来中国发生事变，俄虽出兵援助，而其大军驻于欧洲，非有铁路运输，则难有济于事。前中日战时，俄军奉命自海参崴出发，但以运输不便，军行稽延，及抵吉林，而战事已终，无所为力。中国许俄筑路，经过满洲，连接海参崴，则俄可得实力援助中国。铁路经过之地，且能提高土地生产力焉。回想录所言，不无事后夸张之辞。李鸿章密电总署，称述微德之言，铁路速成，可抒日患，中国自办，恐十年无成，倘竟不允俄荐公司承办，则俄从此不能再助中国。李鸿章已为所动，其思想则欲联俄防日也。其时中国新败于日，李氏备受诋毁，向时主战之大臣疆吏，莫不痛恶日本，而又患其国势益强，将来大为中国之害。自身不肯奋发有为，唯有乞援强国以自慰耳！微德知其弱点，用而利诱李氏。五月四日，李氏谒见俄皇，呈递国书。礼毕，俄皇更于宫内便殿见之，李经方随入，赐坐畅谈。李鸿章电报其言于总署曰：“彼谓我国（指俄）地广人稀，断不侵占人尺寸土地。中俄交情最密，东省接路，实为将来调兵捷速，中国有事亦便帮助，非仅利俄。惟华自办，恐力不足，或令在沪俄华（道胜）银行承办，妥立章程，由华节制，定无流弊。各国多有此事例，劝请酌办。将来英日难保不再生事，俄可出力援助云云。”其言一部分出于牵强附会，而固易于动人，可谓极劝说之技，宜李鸿章称其较微德所议加厚也。微德更与李鸿章交涉，进行颇称顺利，口头上说定原则，报至朝廷，亦无异言，最后由罗拔诺夫起草，是为中俄密约。其重要者凡四：（一）日本如侵占俄国、中国，或朝鲜土地，二国协同御之。（二）战时，中国口岸准俄兵舰驶入，如有所需，地方官应尽力帮助。（三）中国许俄于黑龙江、吉林地方接造铁路，直达海参崴，由华俄银行承办经理。其合同条款由中国驻俄使臣与银行商订。（四）条约效力以十五年为限。密约签字之日，据微德回想录，微德发见约本误改日本为任何国，设法改正，始行签字。约成，二国严守秘密，外人无知之者。综观密约成立之经过，俄国利用时人恶恨恐惧之心理，骗说中国共同防日。其时日本地位不如俄国，中国军力与俄相去更远。其所谓协同防日者，就俄国而言，日本占扰其土地，事实上盖不可能，作战果需中国援助乎？就义务而言，不过增加俄国之责任，彼除维持其利益而外，固无取乎此也！是故密约之重要，非防日本，乃俄借此逞其大欲，伸长势力于中国耳！约文规定接造铁路，不得借端侵占中国土地，亦不得有碍大清国大皇帝应有权利。按之事实，铁路由道胜银行承办，仍受财政大臣之指挥与监督，无异于政府创设之机关。铁路公司经营之事业，范围广大，无不侵犯中国之主权，设警护路，尤其明例。俄国之贪利无厌，首先破坏中国之主权，引起长期之纷扰，自始至终，未有遵守密约之诚意。而于中国则有不可思议之恶劣影响，此固不能独责李鸿章也。

密约既成，李鸿章于俄皇加冕礼后，即往德国。列强外交家信其与俄订成丧失权利之条约，携带大宗贿赂而归，实则李氏未曾得赂，不过见欺于微德耳。俄国根据密约，得有建筑铁路经过东省之权，其具体细则尚未议妥，道胜银行代表奉命与公使许景澄磋商，其条件则由微德拟定，九月成立，是为东省铁路公司合同。其要款凡九：（一）中国入股五百万两，铁路由道胜银行承办。（二）承办机关名曰中国东省铁路公司，钤记由中国刊发，章程则照俄国铁路成例办理，股票只准华俄商民购买。公司总办由中国选派，查察银行铁路公司是否奉行中国委办之事，并得兼办交涉事宜。（三）合同批准后十二月内，开工勘路，及得地后，六年内完成。路轨宽度则照俄轨，合中国四尺二寸半。（四）公司建造经理防护铁路所必需之地，及沿路附近开采石块石灰等项所需之地，官地中国给与，民地购买或租用。凡公司地段概不纳税，并得建造房屋，设立电线。（五）凡建筑修理材料，概行免税。（六）俄国水陆各军及军械过境，公司即行运送。（七）中国军队军械由铁路运输，收取半价。（八）货物由俄国经铁路运往中国，或由中国运往俄国者，减税三分之一；运入内地者，再交子口半税。（九）公司自路成开车之日，经营八十年后，无条件归还中国，三十六年后，允许中国出款赎回。路成开车之日，公司呈缴中国政府库平银五百万两。综观合同之内容，俄国事事处于优越之地位，朝臣力争铁轨同于中国铁路，竟不可得。合同上中国之利益，后亦不肯履行。十二月，微德拟定中东铁路公司章程，由俄皇批准宣布。东省铁路公司资本有二，一股本，五百万卢布；二股票，发行之数，由俄国政府担保。路成，用去三万五千万卢布。说者称其故筑华美之车站，增加费用焉。华人之购得股票者无几，其股东多为俄人，铁路行政事宜归管理处办理。管理处共有九人，由股东大会选出，其总办由中国选任。协理由九人互选产出，于其就职之先，须商得俄国财政大臣之同意。公司遇有困难之问题，须待其决定。票价运费非得其赞同，不得提高。公司财政亦须归其监督，公司得自保护铁路，设立警察，免费运输俄军，又得开采矿产。总之，东省铁路公司名曰商办，实则俄国财政部之分局，微德不过以公司之名，执行其命令，以达经济侵略并吞领土之计划而已。其许中国于铁路通车后三十六年赎回，亦非诚意。微德于回想录中自言赎回条件之苟，代价之重，将非中国政府之所愿。一八九八（光绪二十四）年，总署与俄再订条约，许其建筑支路，达于旅顺、大连。一九〇四（光绪三十）年，驻俄公使胡维德报告铁路一律开车，其言曰："干路二千八百余里，支路一千八百余里，以哈尔滨为两路枢纽。每隔一二十里有兵房驻兵，哈尔滨之兵房可容四五千人，沿途皆是俄人。彼方议移民。"公司于满洲所得之地逾二百万亩，哈尔滨犹不与焉！路成，中国根据合同，索银五百万两，公司竟不肯与。议定之总办，亦未派人充任。噫！俄国侵略之甚，用心之险，无以复加矣！

李鸿章离俄往德，抵于柏林，德人表示热烈之欢迎。其皇威廉第二待之优渥，请其阅兵，欲向中国租借海港，为其东方舰队停泊储煤之根据地，商请李鸿章协助。李氏托言待其回国再议，俄自德国往游海牙、巴黎，亦受欢迎，八月，渡海峡而往伦敦，英人以其亲近俄国，俄国之势力日盛，将代英国在华外交上之地位，淡然视之，俄自英国乘船渡美，先游纽约，再至美京华盛顿，谒见总统，呈递国书，事毕，渡太平洋而归。方其游历名都大城也，实业家以其购买铁路材料机器等物，后竟一无所买，其致贺递书之使命，固无困难，改定海关税率，则无结果。先是，一八五八（咸丰八）年中英天津条约规定输出输入之正税值百抽五，上海关税会议准许外人服用物品输入免税，其议定税率之标准，则据数年前之货价也。各国商约以最惠国之待遇，多与之同，自津约成立以来，银价大跌，外商卖买多照金币计算，而中国使用银两，其国际贸易输入货物之价值超过输出，华商以银计算，合于金币，外货之售价大增，而海关货价之标准仍未修改，商人所纳之税一如前例，名曰值百抽五，而多仅及百分之二三。中英天津条约及各国商约多言税则每届十年按照时价修改。列强以为率由旧章，对于本国商人较有利益，未尝一请修改。自中国方面而言，海关税银年有增加，李鸿章曾与威妥玛议商提高税率，毫无结果，倘欲根据条约，实收值百抽五税银，则受协定关税及最惠国待遇条款之束缚，非得欧美缔约国之同意，不能有所更改。总署大臣知其困难，追而安于现状，向时英法诸国对于修改商约，多方要挟，必达目的而后已，竟于破坏中国主权之不平等条约上之权利，而亦不肯承认。其在中国所谓唯利是视也。至是，中国建议依照旧订税则改收金币。李鸿章商于列强外交长官，俄国同意，德、法、美国表示有条件之赞同，李氏不愿久在外国磋商，其复友书，则称将由驻外公使交涉。列强之意见不一，对英交涉尤为困难，其在华商业超过十分之五，外相前称商于商人，英商固不愿增加其货税也，遂作罢论。李鸿章修改关税之使命归于失败，列强外交家信其受俄贿赂，订成密约，满载而归，其在德国固已承认许俄建筑铁路之密约，但曰：“无碍华地，无损华权。”时人仍多推度，上海英人主办之《字林报》肆力毁之，发表中俄密约、喀西尼密约。其中所列条款，有俄国租借胶州湾十五年，其所登载之密约毫无根据，中俄实无所谓喀西尼密约也。李鸿章于俄所订之密约严守秘密，原文于华盛顿会议始行发表，英报发表之密约虽不足信，而时正值俄国亟欲扩张势力于中国之际，其宣传足以耸动列强之视听，促进其巩固在华之利益。要之，瓜分之议，固列强野心侵略之极端表现，而中国之衰弱，外交上以夷制夷之失策，无不予以可乘之机；谋之不臧，几致瓜分，可不哀哉！

法国自安南经营中国之西南南部，俄国经营北部，二国互相援助。英国力谋巩固其在华之地位，多得商业上之机会，互相监视，总署大臣应付极为不易。外使争求权利，往往不顾礼貌，攘臂拍案，出言讥笑，拂衣而去，尤以法使施阿兰，英使窦纳乐，德使海靖（Baron Von Heyking）为专横。英国时患法国伸长其势力于云南、四川，互相承认其在二省同等之权利。二国谅解关于中国之主权，而竟不先征求其同意。其外交家心目中固不以中国为自主国也，事之危险，无过于此。李鸿章自外国返京，原欲告退，而太后命其在总理衙门行走。其书告友人曰："今日办理交涉之难，视前尤为棘手，威棱不振，断非提空名，恃笔舌所能支吾，补救无从，惟有分谤而已。"外交上之形势如此，抑何可哀！新与中国缔结密约之俄国，竟欲干涉练兵。李氏书复淮将聂士成曰："日前俄吏在总署啧有繁言，谓伊国家必欲派员代我练兵。"总署先欲整理海军，雇用英员，亦为俄使所讥。张之洞于南方用外员练兵，亦受外国干涉。用人行政不能自主，信如李鸿章之言曰："群雄环伺，正无了期。当局者真有朽索六马之惧。"其言发于德俄强租军港之时，外交困难，远过于前。朝廷先不变法自强，为之奈何！列强争夺者，尚有承筑铁路及租借军港等。

铁路久为李鸿章等所欲创办，惜其计划未能采行，后向醇亲王奕譞建议，兴筑津浦铁路，曾纪泽亦以为请，奕譞方谋进行，而言官谏阻，太后诏命督抚复奏。两广总督张之洞建议改筑卢汉铁路，分段造成，其长约三千里，需银三四千万，欲用晋铁筑成。按之国内财政人才均不可能，奕譞竟为所动，太后诏从张氏之奏请。李鸿章深为失望，其书告驻外公使洪钧曰："香帅（张之洞）主意，括以四语曰，储铁宜急，勘路宜缓，开工宜迟，竣工宜速。曰迟曰缓盖亦知难。执事称原疏虑周论正而意巧，可谓知言；煌煌大文，作子虚一赋观可耳。"张氏之见解不愿随人作计，而能推陈出新也；其视铁路之计划，犹于作文，国家大事岂能如此？文人恶习抑何可恨！李鸿章、曾纪泽请两路同办，不得。言官请先造黄河桥，其心以为工程浩大，一时无力筑路，方为得计也。张之洞奉旨改授湖广总督，放弃晋铁筑路之主张，创设汉阳铁厂，炼造铁轨等物，无人妥为经营，縻款甚巨，所得甚微，铁路久未兴筑。中日战时，国内铁路之造成通车者，唯天津至山海关间一段而已。

战后，政府当局始知铁路之利，筹筑卢汉、津京铁路。法使施阿兰忽向总署声称本国根据一八八五（光绪十一）年中法条约，有承筑铁路之权，总署复称条约上并无建筑铁路优先权以拒之。其时政府建筑铁路之问题，则经费无着也。先是，光绪诏设公司建筑津京铁路，定其资本一千万两，招商投股，而商人之投资者寥寥无几，其原因则国内工商业尚未发达，资本未得集中，国人除官吏受赂致富而外，尚无所谓资本家也。人民深受腐败政治之影响，信任政府之思想至为薄弱，款遂无法筹足，迫而借债兴办。一八九六（光绪二十二）年冬，盛宣怀上奏铁路计划于朝廷，盛氏初办电报颇著成效，负有能名，官至天津关道，以张之洞等之保举，奉旨督办铁路，至是建议兴筑卢汉铁路，筹银四千万两，中国筹集半数，余款借自无野心之国家若美国等语。上谕准可其议，盛氏忽向比商借款，驻京比使以其国小力弱，非有强国为之援助，则难成功，密请法国合作，法国许之。明年五月，盛宣怀与比国银行团订立合同草议，英、美、德公使次第抗议，德使且言俄法秘密参与投资，危险孔多，德璀琳亦言不可。总署大臣终以条件较有利于中国，更以俄国之请，置之不理，俄法在华之外交遂得胜利。方卢汉铁路之交涉也，法国工程师前往山西调查矿产，勘定正定、太原间路线，名为俄商承办，实为法国银行团之所经营。俄国自划北方为其势力范围，八月，其驻京公使要求总署，罢免建筑长城以北铁路之英工程师。英国鉴于俄法之活动，以为其直接或间接承办之铁路，势将连为一气，挤出英国在华之势力，而故张大其辞，要求均势之权利。中国允许云南筑路，与缅甸铁路连接，开放西江。列强之竞争益烈，其详见后。

列强于中国各谋利益，其先强租军港者，厥为德国。德自战胜法国统一以来，工商业之发达，海陆军之扩张，国势之强盛殆与英国相等，其皇威廉第二以其本国军舰商船之在东方者，尚无储煤之港，久欲得之，迄无适得之时机。及三国干涉还辽，德国乘机要求天津、汉口租界，总署许之，中途德皇反而助日，尚以为大有功于中国，十月，外部训命驻京公使绅珂

(Schenck)商租屯煤海港。会前德使巴兰德来京，总署大臣宴之，绅珂同至。翁同龢记之曰：“巴所谈皆寒温，微露德色。巴退，绅留谈，则所求者四事，一、海澳泊舟，一、专使，一、其外部宰相宝星，一、买船。”四者之中，自以租借海港最为重要。公使许景澄亦自德国函报总署曰：“夏秋以来，各报颇言德国须在中国海岸得一船埠，商人向其政府建议。”总署大臣慎重考虑，以为允许德国，列强援例，将起无穷之祸，一面拒绝绅珂，一面训命许使向其外部说明。许使往谈，外相答谓英、俄、法国之在东方各有海港，想无所求，毫无放松租借之意，进而代筹办法。明年，绅珂迭向总署磋商，纵论英、日、俄、法离合之状，当无后忧。许景澄亦言德国必欲租借。时传德国将索厦门附近之金门岛，实则尚未决定；在其计划中者，有威海卫、胶州湾、舟山群岛、金门岛、大鹏湾等。外相以为交涉久无进展，密商于公使许景澄，问其租借之方法，许使竟言用武解决为宜，无怪其报告总署为德说项也。六月，李鸿章游德，威廉第二提出前议，外相以之为修改税则之交换条件，李鸿章答称待其归国再议。八月，德海军将佐建议于政府，谓胶州湾最为适当之地，德璀琳亦以为言，胪列其地位重要及将来可得发展之原因。德皇以为报纸宣传中国业已允许租借于俄，颇主慎重，先命调查，旋得中国使馆方面传出之报告，知其未曾有租于俄之议。中国在俄使馆顾问，亦劝德皇侵占，由是德皇决定租借胶州湾。十二月中，驻京德使海靖奉命向总署要求租借胶州湾，期为五十年。翁同龢记之曰：“海先谈海口泊舟，语含讥切，引归辽为功，而以加税为抵。……前使绅珂以海口未成撤回，故海靖注重在此。噫，难矣！”王大臣顾虑别国援例，坚持不可。一八九七(光绪二十三)年一月，海靖再行要求，仍为总署所拒，乃请俄法二使援助，二使不许，海靖报告其经过于政府。德皇欲以兵力占踞，而以俄皇反对，又无时机，暂作罢论。八月，德皇游俄，求其谅解。九月，德国通知俄国称其舰队将于胶州湾过冬，海靖亦以此意照会总署。十月三日，德舰有停泊于武昌者，水手上岸，暴民投石击之，中有伤者。其事报于柏林；德皇认为时机至矣，电命军舰驶往胶州湾，而山东之教案忽起，予以侵略之口实。十一月一日，山东曹州府巨野县匪盗戕杀德传教士二名，巡抚李秉衡命捕凶犯问罪。十四日，德国水手奉命上岸，强令胶州湾守兵三小时撤退，四十八小时退尽。初天主教神父之在东方者，由法国保护，中国遣使商请教皇派使驻于中国，教皇许之，而以法国之严重抗议作罢。一八九一（光绪十七）年，德使通告总署，言其保护本国在华之教士。其时教案纷起，公使迭次抗议，光绪下谕保护教士，然无实效。至是，德国竟以教案强据胶州湾。

光绪得报，心至焦烦，决定衅不我开，电令守将镇静严扎，任其恫吓，不为之动，又谕李秉衡曰："朝廷断不动兵，此时办法，总以杜后患为主，若言决战致启兵端，必至牵动海疆，贻误大局。试问将来如何收束？"朝廷主张和平，由外交解决，就国势而言，实为适当之处置。其责任则先无准备，处于武力压迫之下，始行让步，造成外交上之恶例耳，不幸竟为我国常见之事。德皇电告其要求租借胶州湾于俄，俄皇复电无所反对，其外相闻之力言不可，发电劝说德国外部勿据胶州湾。俄使来至总署，称其本国已派兵舰驶赴胶澳，去时，且曰："此两国之事，不第为华谋。"德皇得知俄国态度，以为非英援助，势颇危险，训令其驻英大使，促进二国之邦交，又信日本整理内政不能干涉，美国方有事于古巴不能远顾东方，对俄采用坚决不理之态度，而俄仍请和平解决不已，俄皇且自取消前言。德国时已商得英国之同意，英国外交孤立，坐视俄法伸长势力于中国，而无如何。其外交家先有联德之主张，对于德国行动，迫于利害，固无反对。十一月二十日，海靖提出要求六款：（一）山东巡抚李秉衡革职，永不叙用。（二）给费建筑教堂。（三）严办匪徒，赔偿损失。（四）明发谕旨，切实保护教士。（五）德人得于山东建筑铁路，开采矿产。（六）赔偿德国办理此案所用之经费。条件可谓严酷之至，李秉衡奉旨催办教案，于德兵登岸之先，业已捕获凶犯四人，办理尚为认真，但以对外之知识浅陋，态度强硬，德国要求予以处分。铁路矿产与教案何关？胶州湾虽未列入条约，实无交还之意，而欲另行交涉。其政策业已视为东方海外属地之起点，必欲取之者也。恭亲王奕劻声称德兵先行撤退，即可磋商提出之条件，海靖拒绝撤兵之请，必欲先办教案。朝廷迫而派翁同龢、张荫桓与之协商，多许其请，议将成矣，忽以兖州等地教士被侮，要求严惩官员，总署许之，始已。关于赔偿用费，德使承认放弃，中国许以租借海港。翁同稣记之曰："第六条声明不给赔偿，而述两国交情，且有助归辽东之谊，当另案办理，与教案绝不相干云云。盖隐示以可别指一岛也，此等语何忍出口？特欲弭巨祸，低颜俯就耳。”翁氏所谓别指一岛，究为德国接受与否，尚不可知，海靖固信中国许租海港矣。李鸿章忽持异议，商请俄国代索胶澳。初俄国欲派舰队监视德舰之行动，命令已发，忽而中变，反欲乘机租借旅顺，不应李鸿章之请，总署大臣亦有不愿出此下策者。德国向俄提出条件，承认中国北部及朝鲜为其势力范围，并许俄船泊于胶州湾，而俄仍以胶澳逼近北方，德国据之，终非得策，授意于总署大臣，请其租借山东以南之海港。张之洞亦称德有还辽之功，必应酬谢，不如以福建他岛与之。翁同龢迭向海靖磋商，海靖谓为外部训令，不可，盖其政府知其出此，将与英日之利害冲突，拒绝不受。俄国先称援助中国，迄无举动，总署乃以对德交涉可望和平解决，且信他国实无援助之诚意，万一交哄于中国，而危险尤多，谢绝调停。俄国转欲挑拨日本反对德国，命其军舰退回海参崴港，而德已向日本表示好感，承认福建为其势力范围，且欲利用其阻止法国之侵略，日本遂不之应。

俄国之阴谋不售，一八九七（光绪二十三）年十二月，遣其舰队泊于旅顺军港过冬，通知其事于英日诸国，德皇闻之，表示其愿助俄国，俄皇电贺显理亲王（Prince Heinrich）来华办理交涉，祝其早日成功。初德皇以为交涉尚多困难，诏命其弟显理亲王统率舰队来华，寓有示威之意。德皇设宴饯行，席上发表扩张领土之言论，亲王则以经营海外帝国答之。德国之意殊不可知，至是，对于俄国更作进一步之表示，称其赞助逐渐瓜分大清帝国之计划。德皇允许撤回德人之为教练官于北方者，俄国乃恃德国之合作，自由行动于满洲等地，益无所忌，向德建议二国协定。德皇不许，其思想不欲德国稍受条约上之束缚，得自斟酌情形，权视利害，利用时机，自由行动，而可唯利是求也。德国一方面求俄谅解，一方面告知英国，中国受俄指示，请其租借山东以南之军港，而德已拒绝之，藉得英国政府之同情。于是日本、英、俄皆不积极反对德国，海靖态度坚决，总署许其政治条件另案办理，教案始能就绪。不幸曹州复驱教民，德使闻报，翻悔前议，朝廷撤换曹州总兵始已。教案解决之主要条件，曹州、巨野各建教堂，给官地十亩以下，每处六万六千两；并于七处建教士住房，共给银二万四千两；严谕各省保护教士。总署奏言德国无退胶澳之意，双方议商政治条件，其争执凡二：一、租借地及年限，翁同龢迭请德国于山东之南租借一岛，海靖坚决不许，乃欲开为商埠，设立租界，亦为德使拒绝。议商租借地段，翁同龢允许或南或北一面，德使必欲全澳在内。关于年限，德国要求九十九年，翁氏力谋改为五十年，亦不可得。二、筑建铁路，翁氏不敢允许，请恭亲王奕劻决定。奕劻无奈何曰："只得允之，但须中德合办耳。"（见翁氏日记）奕劻亦言可行。海靖所求者，初为胶澳至济南路线，明年一月，忽称到济南三字不妥，改由济南至山东边境，又言铁路旁矿利漏未叙入。总署主张铁路到济南时，再与中国自办干路相接。海靖不许，转而要求两事，一由胶澳另造铁路达于沂州，二山东办路，中国先与德国商量，信如其请，则反宾为主矣。交涉未有进展，二月，海靖函申前请，必欲总署许之，否则立电提督照办。明日，会商大臣许其建筑沂州铁路；关于展接铁路，德使允许向其外部请训。英使窦纳乐、美使田贝闻知铁路交涉，来至总署，力言不可许之，并称向其政府报告，二国均无行动。海靖新奉训令，再与大臣会商，议定全省铁路，先尽德商购估，作一结束，三月六日，条约成立。

综观交涉之始末，德国决心租借军港，久不可得，不惜利用教案，造成严重之局势，总署应付之策略，先欲德兵撤去，海靖主张教案议成，方可撤兵。教案时为中国外交上重大之事件，外人多以中国官吏不肯切实保护，中日战后，英美公使曾向中国恫吓，四川总督刘秉璋因之革职，德国借口教案，原得一部分欧人之同情，山东官吏又多不明事理，曹案尚未结束，而各地反教之案迭起，海靖遂益专横。如曹州总兵驱逐教民，海靖要求将其革职，限定九点钟办理，声称中国不办，即电本国交海军大将办理，交涉因而大为棘手。教案解决之先，德兵固未撤退。关于租借军港，总署以体面之故，另案办理，交涉进行，德国方面由海靖负责，中国驻德使馆未有活动。总署大臣电令公使向其外部交涉，竟不可得，海靖态度坚决，言语狂横，与之交涉，实非得计，然竟无如之何。其时德国求得列强之谅解，反而增加要求之条件，交涉之进行困难极矣，详见于翁同龢日记。兹举一例。翁同龢、张荫桓同赴德馆，海靖起立不恭，面有悻悻之色，彼坐定，出其外部训令，读之，谓各国断不帮助中国，末云，"如此和平，若不允，即当用力，因问前议奏过否？"答云："尚未商妥，焉能入告？"海靖闻言起立，出语不逊，竟由后屋而出，译员邀之，不出，但云："明曰，到总署与两王晤面，若两王不来，吾亦不来。"翁氏怒曰："既如此无礼，余亦不能商"，遂拂衣而出。翁氏自受辱后，不肯再至德馆交涉，改由李鸿章等办理。于此恫吓屈辱之下，承认德国一切要求，成立中德条约。约文共分三端：第一端载明租借条件。中国许将胶州湾南北二面之岛屿及口外海面群岛租借于德，期为九十九年，德国得于租借区域建筑炮台等，倘于期限之内，归还中国，偿以用款，并以相当之地域让与德国。约文规定胶州湾海面潮平周围一百华里，准许德军自由通过，中国倘于界内驻兵，须先商于德国。第二端关于铁路矿务。中国许德于山东省内建筑铁路，其一自胶州湾经潍县、青州、博山等处，而往济南府，其一自胶州湾南至沂州，转往莱芜，直达济南府，凡沿铁路三十里之矿产，德国有开采之权。第三端关于山东全省，言明开办各项事务，或用外人，或借外债，或买外料，德国有尽先承办之权。约成，德国宣布青岛为自由商港。初交涉进行之际，海靖声称允许中国设关收税，而俄外部请德承认直隶为其势力范围，而德可于胶澳限制他国商业。德国认其交换条件，得不偿失，限制外商，且将引起英国之反响，至是，再与总署大臣会订设关征税办法。其要款如下：一、中国任命德人为税务司，更调洋员须先知照胶州巡抚。二、胶州湾内之土产，或制造之货，买卖于境内者，无庸纳税。三、土货洋货运入不再外运者，概不纳税。四、其余输入输出之货，均照中国海关税则纳税。一九〇五（光绪三十一）年，二国更订办法，中国按照税收实数，每年提拨二成，交与德国以为地租。德国设立无税区以便管理漏税。一九〇八（光绪三十四）年，德国又得建筑铁路达于直隶、河南之权，其预定之计划，可谓告成，而中国则屈辱之甚，损失之重，无以复加。翁同稣于胶澳条约签字之自责曰："以山东全省利权形势，拱手让之腥膻，负罪千古矣。"此就德国而言，其影响之所及，则列强起而争夺利权矣。

继德起而强租军港者，当推俄国。俄自还辽以来，自认满洲为其势力范围，反对日本不得割让辽东之要求，力拒中国应英开放大连湾之请，建筑东省铁路不遗余力。及德兵强据胶澳，俄国初有干涉之意，外相模拉维夫（Muravieff）忽欲乘机租借旅顺军港。据微德回想录，俄皇召集大臣会议，外相陈说俄国需要良港，旅顺地势险要，可即踞之，陆相助之。微德坚持异议，其主张则经济侵略之所得，胜于武力压迫之要求；实则经营铁路之结果，终将引起武力之威吓与干涉也。俄皇赞同其意，会外相轻信讹言，报告英国将据旅顺，始乃决定先行租借，命军舰驶往旅顺。外部照会英日，告以俄舰泊于旅顺过冬，英舰奉命驶往，俄国认为含有监视敌对之行动。英国知法助俄，而力不能独抗二国，且其非洲问题日形严重，迫而请助于德国、日本，无如德国以其占据胶州湾时，曾许助俄，威廉第二且欲利用俄国有事于东方，减少德国东境之防御，曾劝俄皇经营亚洲，故不之许。日本归还辽东，原不欲其为俄占据，其驻华公使矢野文雄闻知俄舰驶抵旅顺，即至总署询问，是否中国约之？露有不满之意。其政府则以内政待理，海陆军之实力不敌俄国，虽不欲其租借旅顺，而势无可奈何，且俄业已向日表示好感，招回其在朝鲜之顾问，日本亦不助英。英国之外交孤立，俄国对之无所顾忌，外相模拉维夫对英驻俄大使曰："俄国租借旅顺，英国独持异议反对耳。"初一八九七（光绪二十三）年十二月中，俄舰驶抵旅顺，水兵登岸，放恣杀人。李鸿章尚信俄国"断不占我尺寸土"也。（见翁氏日记）及总署大臣议商对德让步，许筑铁路，李氏忽言俄恐援例。俄使巴布罗福时索松花江行船利益甚急。

明年一月七日，俄使来索黄海口岸屯煤，及造铁路之权，总署未有切实答复。二月，驻俄公使杨儒婉请俄舰退出旅顺，俄皇不许，反欲俄路达于黄海。三月二日，巴布罗福提出租借旅顺、大连，及延长铁路，限期五日答复。总署奏请许景澄自德赴俄交涉，光绪从之，英使闻而警告总署曰："各海口尽被外人所占，此即割裂也。"总署对于俄使不愿交涉，十二日，巴布罗福来署争闹。翁氏记之曰："巴使来大闹，谓旅大租地，开通铁路，断不能改，已奉训条在此议论，限一日复，至缓两日，与言专使在彼，何得限日？竟拂衣而去。"期日，许使与模拉维夫面谈，俄国毫不让步，回电报告，朝廷无奈，明日，旨派李鸿章、张荫桓赴俄馆交涉。而张氏适病，大臣会商，奕劻说明日本前有不准他国占租之言，若许租借，彼将为难，结果再电许使向俄皇面商，十七日，许使复称俄不让步，"三月六日（三月二十七）必须订约"。其时朝议庞杂，有持联结英日拒俄者，有言俄、法、德、中四国同盟拒抗他国者，空言究非紧切之办法。其考虑之困难，则许俄国，他国起而援例也。总署大臣迭次会商，迄无主意。二十日，俄使再至总署，提出租借条件，大连湾可如通商口岸，旅顺租地划至皮子窝等处，界内不许中国驻兵，铁路延长直达海口。光绪得报，心至焦闷，命传李鸿章、张荫桓入觐。总署开会筹商，翁氏记之曰："两公（李张二氏）皆无策，互相驳诘，空言而已，时事至此，吾其已矣！”明日，二臣人对，翁氏日记曰：“上亦不能断也，见起三刻，衡量时局，诸臣皆挥涕，是何气象？负罪深矣！退时，庆李张邀谈，大约除允行外，别无法，至英日法同时将起，更无法也。……连日不眠，夜寝亦不安枕。”悲哉！弱国之外交也！

交涉进行之际，湖广总督张之洞原主联俄，力颇活动。日本参谋部遣员谒之，声称愿助中国，来商联交之事，并劝中国联英，张氏电报总署。总署复称“英日政出议院，难订密约，俄前有功，今不应拒。”呜呼！其言何愚陋至此！人为刀俎，我则甘为鱼肉，尚何言哉！张之洞电请许景澄商于俄国外部大臣，一密许旅顺为俄军港，一延长铁路，说明改用窄轨，条约仍在北京磋商。张氏再以三事电告许氏：（一）宁割新疆，不舍旅顺、大连，（二）向俄声明不租其港于他国，（三）俟铁路筑成，许俄于旅大屯煤，但避租名。其主张极为危险，先未奏报朝廷，而竟通知许氏交涉，尤为外交上不可常有之事例。交涉未有进步，俄舰南下示威，三月二十三日，枢臣沥陈现在危迫情形，“请作各海口已失想，庶几厉力，图自立，旅大事无可回矣”。（引翁同稣语）光绪命派李鸿章、张荫桓画押。巴布罗福来商，除允金州不入租借区域外，余于主要条款，不稍让步，李鸿章许之，条款遂定。据微德回想录，称其命员馈送李鸿章礼物价五十万卢布，张荫桓二十五万，颇有力焉。微德所言夸张己功，所叙之情节，不同于中国史料，但其所言贿赂，盖非诬语，此岂总署仍主联俄原因之一乎？二十七日，条约成立，其要款如下：一、中国允将旅顺、大连湾及其附近水面租于俄国。二、租借期限二十五年，满期后，得由两国会商展期。三、俄国于所租之地，得设大吏，调度水陆各军，治理地方，并可建筑炮台，安设防军。四、旅顺作为军港，独准中俄船舶出入。大连湾除保留口内一港，专为中俄军舰而外，开为商港；各国商船皆得往来。五、中国允许东省铁路延长达大连湾，或由干路至营口鸭绿江中间沿海较便地方，筑一支路。条约中规定租借地界，由许使在俄京商订，支路亦由其与东省铁路公司商谈。许使方与外部磋商，金州驻兵，忽以误会，向俄营开枪，俄兵欲入城内，总署迭次说明始已。五月，租地续约成立，租地极为广大，连隙地计之，辽东半岛去半。租地界内，惟许金州城内自治，隙地独许俄人享受各种利益。支路规定通至旅顺、大连湾海口。七月，许景澄与公司经理订成合同，其要款有二：一、支路达于旅顺、大连，名曰东省铁路南满州支路。二、俄国得在辽东半岛租地，自行酌定税则，中国设关于大连湾，其开办经理之事，委托公司代办，直接归北京政府管辖，其用意一则削减英人势力，一则破坏海关制度也。

俄国租得旅顺、大连湾，其同盟国法兰西亦有要求，初法国以中国西南诸省邻近安南自行认为势力范围，会闻德国谋租海港于中国，虑其租借海南岛。其岛在广东之南，行政上属于广东，即时所称琼州岛也。法国以其在安南之东，德国苟租借于中国，则势逼近安南，非其所愿；一八九七（光绪二十三）年，其驻京公使奉命强请总署给予照会，声称中国不割让其岛及对岸之陆地于他国。三月，总署复文许之。及俄反对英国第三次借款，强借旅顺、大连，英国外相贝尔福（Arthur James Balfour）声称英国之在东方无求特殊权利之意，反对野心侵略之外交政策。法国政府向英尚言法无谋拓领土之意，一面则命其署使吕班（M.Dubail）提出要求。一八九八年三月，吕班要求四端：一、车里、云南、广东、广西照长江之例，不得让与他国。二、中国邮政局总办任用法人。三、铁路达于云南省会云南府，于路线勘定后，即兴工承办。四、法国于南海租借储煤之港。翁氏记吕班交涉之经过曰：“以为奉本国训条如此，语重而貌为和平，庆邸空言敷衍之而去。”总署无奈，训命驻法公使向法外交部婉拒，复电则称外部谓议院不平，请派舰重办，要求必须照准，否则另筹办法。吕班屡催不已，总署一一许之，文稿由其代定，竟不准动一字，其租借之港，则广州湾也。五月，租借条约议成，其主要之条款凡六：一、中国租借广州湾与法，为其海军储煤之港，期限九十九年。二、租借区域为广州湾内外之岛屿，及高州、雷州之一部分土地。三、法国治理租借区域，得筑炮台，置兵防守。四、各国往来广州湾之船舶，待遇与中国之商港无异。五、法国得自广州湾建筑铁路，达于雷州西岸之安铺附近。六、法国得于安铺建筑码头、货栈、医院等，其近于安铺之深水港，独准中法军舰停泊，约文载明华舰于中立时，始可出入。约成，法使要求租借之区域太广，总署不许，竟言自行办理，法兵自由上岸，营造兵房，广贴告示，谓地业已归法，其逞蛮无理，总署于奏文上亦明言之，终无办法，追而让步，派苏元春勘界。会土人与法兵开衅，互有死伤。法兵之死伤者，咎由自取，苏元春百方说之，未有效果，交涉趋于严重，一八九九（光绪二十五）年十一月，迫而订成界约，其事始已。明年一月，皇帝批准条约，广州湾之在广东，原无商业上之重要，法国之强租军港，经营铁路者，盖欲深入广东也。

英国以工商立国，其在华之商业，时推第一，其商人视中国为世界市场之一，将来尚有重要之发展，其对华之政策，主张维持中国领土之现状，得于平等待遇原则之下，自由竞争于国内。其谋特殊之权利势力者，多与英国外交政策相违。其外交家初以荣誉之孤立自负，不愿本国之外交，稍受条约上之束缚，而可酌斟情势，自由决定也。及中日战后，俄法以同盟国之关系，互相援助，争夺权利于中国，英国以其在华之地位大受影响，而势无可如何，求避孤立之危险，不敢反对德国之租借胶州湾。及德划定山东为其势力范围，不许别国商人自由竞争，英使虽向总署抗议，然无行动，英所顾虑者，则为俄国。俄国反对英国借款中国，强租旅顺、大连，英国外相表示坚决之态度，而俄淡然视之，乃谋采行妥协之策略。一八九八（光绪二十四）年一月，其驻俄大使向俄建议，成立二国之谅解，俄国许之，交涉于圣彼得堡，大使往见微德。微德告以天津、北京为俄势力范围，手指地图，划直隶、山西、陕西、甘肃而言曰："俄将并之，他日西伯利亚铁路，可以直达兰州"，言及路线甚详，若研究已久者然。微德之意，英国可据扬子江流域，大使报告外部，外相训令，略称"吾人之目的，非分占领土，乃互相承认优越势力地也"。其困虽则英国主张成立谅解，解决二国所有之争执，而俄不可，遂无结果。英国知其非以武力干涉，则终无济于事，竟以事实上不能对俄作战而罢。会总署取消前向英国借款之成议，英使窦纳乐要求总署承认三项，一开放南宁、湘潭，二开放内河，三扬子江流域不得割让于他国。总署以法反对，不肯开放南宁，请以岳州代替湘潭，余从其请。英使再请总税务司任用英人，三月末，英属地大臣张伯伦（Joseph Chamberlain）深以孤立之害，向德表示缔结同盟条约。德皇方以俄法经营东方，无暇顾及欧洲为得策，复称尚非其时。四月，张伯伦以恫吓之辞，第二次向德建议同盟，政府长官更于国内演说同盟国之需要，借以唤起舆论之赞同，德皇以其妨碍扩张海军之政策，对于俄国又不肯立于冲突之地位，仍持不可。英国转向美国驻英大使海约翰（John Hay）建议二国同盟，海氏表示同情，而以政府难得参院之同意，婉谢其请。

英国既不得干涉俄国租借旅顺、大连，转欲租借威海卫港，以作对抗之局势。其时日军尚驻其地，初马关条约规定赔款未清，商约未订之先，日军得驻于威海卫，以保条件之实行。一八九八年三月中，英国驻日公使奉命往商于外务省。外务卿约以次日答复，及期，复称日本于威海卫撤兵之后，并不反对表示同情于日本之国租借。其意殊为含混。英国政府为之不安，二十五日，外相训令驻华公使窦纳乐向总署要求，旋命驻日公使再商于外务卿，结果英国承认福建为日本之势力范围，日本允不反对英国租借威海卫。俄国闻知英国之要求，劝说日本踞之，外务卿以其已许英国，谢绝其请。英使至总署交涉，大臣未有切实之答复，朝廷训令驻英公使向英外部交涉。三十一日，窦纳乐至总署声称，“十二（四月二日）若不定，水师提督带兵到烟台，事且不谐”。翁同龢日记曰：“余力斥其不应如此，彼无词，推诸政府，诿诸议院，千万语不变。”四月二日，英使再来总署，谈论租借威海卫。恭亲王时病甚剧，奕劻许之，但言此约订后，不得更索利益。英使则谓威海卫抵俄，专为北方，若法占南海口岸，英亦须别索一处抵之，辩论良久，只许电报政府请训，而租借威海卫遂作定局。双方议妥之条件凡二，一、华舰仍得往来停泊于威海卫，二、租借之条件大体上与俄租旅顺条约相同。威海卫之租借既有成议，四日，英国通知德国谓其租借威海卫港专为抗衡俄国，以求德国之谅解，而俄劝说德国反对。英国最后表示威海卫不作商港，不与铁路联络，不与德人之利益有碍，二国始能成立谅解。于是英国改变其在华之政策，承认山东为德国之特殊范围，英商不得自由竞争于其地矣。日本、德国既无异议，七月一日，中英条约成立。其内容则英国租借威海卫湾内之群岛及全岛沿岸十英里以内之地，期限二十五年，华舰仍得使用租借之港，中国划定中立区域，许英建筑炮台，安置兵卒，后更许其征收土税。方交涉之进行也，法国提出四项要求，总署予以承认，租借广州湾于法。英使闻之，提出下列之要求：一、扩展九龙租地，二、铁路建筑权，三、保证未予法国开矿筑路之特权，四、开放南宁，五、不得割让云南、广东于他国。关于九龙租地，窦纳乐声称原议于浙闽图占口岸，以为威吓。总署允许其磋商之条件，中国租借九龙半岛附近之岛屿及大鹏湾、深州湾之一部分土地于英，共三百七十六方英里，期为九十九年。接收政权之时，居民起而反对，义气激昂，英兵开枪击之，始已，中国固无有力之表示也。关于铁路，总署许英建筑上海、南京铁路，余则顾虑法国反对，未有切实之表示。

英、俄、德、法各得利益权利于中国，而东邻日本尚无举动。日本自订马关条约，方信可于亚洲大陆得有根据之地，以备他日之发展，忽遭三国之干涉，战胜所得代价之一部分，复行丧失。日人大愤，攻击内阁外交之失败，不遗余力。总理大臣伊藤博文知其不协于国内之舆论，旋辞职去，政府遣林董为驻京公使，授为全权大臣。林董至京，先订还辽条约，后议通商章程，李鸿章等奉命与之磋商，日本希望甚奢。李鸿章奉旨挽回权利，多方辩论，不肯让步。其争执最烈者，一为中国请将领事保护在日华人载入约中；一为日本请将改造土货不完口岸正税，初马关条约准许日商设立工厂于口岸故也。明年春，李鸿章出国，交涉由张荫桓办理，七月，议成通商行船章程，凡列强在华所得商业上之权利，日本莫不享受。十月，外务省尚以租界制造等项一无议定，严责林董。林董催索甚急，竟至限期答复。总署对于日本要求，允许征收日商于口岸制造货物之税，不得多于本国臣民之所纳者，许其设立租界于天津、厦门、汉口等地。其政治家仍以所得不及丧失之重大，于此刺激之后，知非扩充军备，整理内政，则难雄立于东亚。方列强之互争权利于中国也，日本军阀颇谋活动，其外交家知其国力不能有为，坐视俄国将其归还之旅顺、大连租去，而无坚决反对之表示。会德英诸国向其磋商，外务省始乃提出福建为其势力范围。以作交换之条件。其时俄、德、法、英各有势力范围，而扬子江以北沿海之诸省，殆无日本插足之地，其南福建邻近澎湖列岛，日本认为关系密切，遂欲划为本国势力范围，先曾商于德英，未有异议。一八九八（光绪二十四）年四月中，日本政府训令公使矢野，要求中国承认不割让福建及其沿海一带于他国。二十一日，矢野至总署面索，明日，再致照会。照会中称“日本政府查明实在情形，反顾利害所及，未克置若罔闻，自宜设一妥法，以期未雨绸缪，则请清国政府声明不将福建省内之地让与或租与于别国矣”。照会措辞暗示瓜分之说，太不顾及中国政府之体面，事实则固如此，抑何可哀！总署大臣先曾筹及日本之要求，对之原无惊奇，开会讨论，以为不许其请，将必另有要挟。二十四日，照复许之，内云：“本衙门查福建省内及沿海一带，均属中国要地，无论何国，中国断不让与或租给也。”列强要求权利，往往如其所欲，独意大利失败。一八九九（光绪二十五）年二月，意大利政府宣布派遣舰队来华，多设领事。其驻京公使俄以恫吓之辞，要求租借浙江之三门湾。意大利于欧洲强国之中，统一最迟，工商业不甚发达，对于中国原无重要之关系。其政府鉴于分得土地之易，亦欲分得所谓一分瓜焉，通知其事于列强，英、德、法国未有异议，但言不可用兵，俄日则有反对之意。总署对其要求，坚持拒绝，皇帝下诏浙江巡抚以兵力防守，并谕闽浙两江总督出兵协助，全国清议莫不主战。意国以其公使办理不善，将其撤回，放弃要求。

列强于划定势力范围租借军港而外，争夺铁路之承办权，亦至激烈。其开始要求者，当推法国，俄国继之，其东省铁路计划之远大，规模之周密，法国尚非其比。其政策则以铁路经过之地，足以促进商业开矿移民事业之发达，而达其政治之目的。清廷大臣对于铁路之建筑，始则百方阻挠，中日战后，知其便于运输，而欲多所建筑，无如国内深受战事不良之影响，府库空虚，借款于外，赔偿军费，自无余力建筑大规模之铁路，上谕创立公司，召集商股，而应募者无几，遂予外国争夺之机会。一八九八年四月，英使窦纳乐要求建筑沪宁铁路，隐含政治作用，其计划则铁路自浦口延长达于信阳，再由信阳南往汉口，更自汉口，西达四川，以与缅甸之铁路联络，中国许之。六月，总署向汇丰银行磋商借款，建筑山海关、牛庄之铁路。初中日战时，天津、山海关之铁路功竣，其款一部分借自汇丰，至是尚无经费，延长路线，仍向汇丰商借。俄国闻之，严重抗议，时传其将占据伊犁以为恫吓。窦纳乐声称愿助中国，总署大臣以其实不可恃，婉辞谢之，拟定折中办法。俄国不受，乃与英国互相磋商，问题尚未解决，而比国承办卢汉铁路之正式合同签字。英国抗议称俄与闻其事，总署复称比国借款，倘与俄国有关，中国将不批准，英使言款存于道胜银行，即为俄国有关之明证。合同上载明如遇争执，铁路公司与借款团不能解决，交于总署及比使共同决定，倘或尚有问题，则请第三国公判。英人指第三国为法国，遂言俄法之势力侵入扬子江流域，实则铁路之建筑管理行政等权，概归公司也。借款期定三十年还清，八月，中国批准合同，英国外交家所谓俄法操纵铁路权者，不过忧虑太甚，神经过敏，而作牵强附会之说也。外相竟令公使窦纳乐要求下列铁路之承办权：一、天津至镇江，二、山西河南至扬子江，三、九龙至广州，四、浦口至信阳，五、苏州至杭州，更自杭州延长宁波。

英使提出要求，总署拒之，英使恫吓，压迫不已。九月六日，总署照复英使除保留第一项要求将来再议而外，概许其请。其保留者，以路线经过山东，侵入德国势力范围，而德国抗议也。其后英德银行团共同议定，德国借款建筑济南以北之铁道，其南段归英国借款承办，清廷更改路线，自天津直达浦口，是为津浦铁路。英国既得扬子江流域内铁路之承办权，而于山海关、牛庄之铁道仍不让步。英俄二国交涉经年，一八九九年四月，始行解决。其主要之条件，二国承认各不侵犯中国之主权，英国不求长城以北之铁路建筑权，而俄承认中英山海关、牛庄铁路之协定，并将路线延至新民屯。列强争夺路权不已，清廷深有觉悟，一八九八年十二月十三日，宣布铁路政策。明年，道胜银行要求自满洲建筑铁路，达于北京。英国要求苏州铁路延长至于江阴，外国银行团要求建筑铁路于山西、陕西、河南，英国云南公司要求建筑自大理达于云南扬子江之铁路，中国皆坚决不许。顾其觉悟已迟，其先损失之路线，长凡六千四百二十里。英国共得二千八百里，俄国一千五百三十里，德国七百二十里，比国六百五十里，法国四百二十里，美国三百里。

自一八九五迄于一八九八年，中国所受之损失，就其人口之众多，领土之广大，而固十九世纪未有之奇耻大辱也。综其损失可略分为二端，一关于领土者，北方沿海之良港，或租于英，或租于德，长江以南，则舟山群岛、福建海岸，总署对于要求国声明不得割让于他国，广东则九龙半岛之深港租借于英，西南广州湾一带租借于法，余港剩为我国海军用者，寥寥无几。租借虽有定期，而条约上多有续借之可能性，今虽形势变迁，然在当日固极可虞，海港而外，势力范围尤为危险。势力范围云者，强国于一国境内划定区域，暂时虽不直接管理，或干涉其内政外交，而别国则不得侵入或伸张其优越之势力，本国则可自由巩固其地位，或予以保护，而备他日之占据张本也。明显之恶例，则为列强之瓜分非洲。俄国财相微德曾言满洲、蒙古、新疆、直隶、山西、陕西、甘肃为其本国之势力范围。其言虽无根据，而山海关、牛庄铁路争执之解决，英国不啻承认长城以北为俄势力范围。山东自德租借胶州湾后，全省利益归其独占。扬子江流域，总署承认其为英国势力范围。其后英德商人磋商分段建筑天津、镇江间铁路，议定英国承认德在山东及黄河流域之优越地位，而德承认山西正定以南及扬子江流域为英势力范围。二国政府虽未接受其议，然可略见外商野心之一斑。其在南部，福建为日本势力范围，云南、广东、广西为法势力范围，英国亦得染指。其介于租借地势力范围之间者，尚有租界。租界为中国领土之一部分，外人之住于界内者，当归中国保护，不幸重要商埠之租界统治主权，反操于外人之手，华商听其处置。至是，列强益谋设立租界或扩展地址，德国先设租界于天津，俄国于牛庄要求，日本于厦门、福州，列强对于汉口谓其将为铁路之中心，多有要求。上海公共租界则于一八九九（光绪二十五）年，自九千亩扩至三万三千余亩，明年法租界亦有扩展。二关于利权者。铁路便于运输，为交通枢纽之一，说者喻为人身之经筋，列强在华或自建筑铁路，或有承办之权。或兼有二者。其路线纵横于国中，目的或为商业，或兼有政治领土之野心。凡借款承办者，其总工程师必其国人，材料购自其国也。英国更为便利商业之计，要求开放内河，由是便于船行之河，莫不开放，一八九九年，中国改订长江通商章程，益予外船便利。关于用人之权，各国争荐武员练兵。英国保障其国人为总税务司之职，初英使要求，总署复称英国商业维持其在华之第一地位，则用英人，借款之时进而扩张其职权。法国要求法人为邮政总办，总署答称将来邮政独立，可用法人。总之，于此三年之中，其先谋得权利者，虽为法、俄、德国，而英之所得者，反而多于他国。列强实无所谓仗义执言，而皆唯利是视，中国主权为之摧残殆尽，严格言之，几不能为完全独立自主之国家。瓜分之祸既开，其未造成列强之分据一隅而若其对非洲者，虽曰列强互相忌嫉，而美国宣布门户开放之政策，与夫中国激烈反对之表示，固其主要原因也。

列强于华各得权利，而美尚未得有重要之利益，其对华之商业岁有进步，可于下表见之。

年	船只	吨数	货值两
1893（光绪十九）年	63	78185	2123104
1894（光绪二十）年	107	129127	2889060
1898（光绪二十四）年	743	230152	4337530
1899（光绪二十五）年	716	310107	5756978

六年中，二国贸易年有增加，表中货价虽有沿海贸易在内，进步固得称为迅速，将来之发展，犹未可量。美国远见之政治家，以为中国万一瓜分，美商将失自由贸易之机会。其先以古巴问题与西班牙交战，战争延及菲律宾岛，一八九八年，二国议和，美国最后要求割让菲律宾岛，西班牙许之，岛中土人不服。初战事进行之时，美国舰队往攻吕宋，其土人先受西班牙之虐待，起应美军，信为可得自主，后美国参院批准和约，政府收岛为属地，土人始大失望，群起反抗，乃遣大军平之，屠杀极惨。总统麦金莱(McKinley)对于中国初欲效法俄德诸国之故智，同意于瓜分。国务卿海约翰主张不可，海氏初为驻英大使，亲善英国。英国以其外交孤立，向其表示二国缔结同盟条约，维持东方之现状及在华商业上之平等机会。海氏于精神上表示赞同，但以难得参院之意，谢绝其请。其任国务卿也，富有外交经验，对于东方之外交得有专家佐之，自其就职以来，英美邦交颇有进步。英国内阁主张中国门户开放，美国对于东方之政策亦然。一八九八年十二月，总统麦金莱报告国会书，以远东平等待遇为言。二国由是合作，英助美国谋得粤汉铁路之建筑权，美助英国得行广州、九龙铁路之承办权。明年，国务卿海氏接受本国商人及英人之建议，九月六日，训命美国驻英、驻德、驻俄大使，通知中国门户开放于三国政府，更于十一月十三日，照会日本，十七日，意大利，二十一日，法兰西，共守门户开放政策。

美国通知六国牒文，文句虽不尽同，而主要条件则未改变。内容可分为三：一、通商口岸及投资所得之权利，凡在势力范围或租借地者，列强不得干涉。二、货物输出输入之税则，除自由港外，概由中国政府根据条约上之规定，征收税银，各国商人一律待遇，不得稍异。三、各国在华之吨税，及其承办铁路对于货物之运费，一律待遇，不得予其本国商人特殊之利益。综之，门户开放之最初目的，仅限于商业，即所谓经济上之机会平等也。自条约而言，最惠国条款实为广义之门户开放，自中英虎门条约以来，凡与列强议订之主要条约，常有最惠国待遇之规定，范围至为广泛，兼政治而言，及中日战后，列强划定势力范围，租借军港，承办铁路，开采矿产，于是各国在华之地位，根本上迥异于前，列强于其新得政治上之势力或特种权利，而谋优待其国人矣，如大连海关许俄人代收税银之例。其承办之铁路，更得于可能范围之内，优待本国商人，而减少其运费以驱逐竞争国之货物于市场之外。最惠国条款规定之平等待遇，势将破坏无余。英国在华商业时称最盛，深以列强夺取权利之后，于其势力范围，妨碍英人之商业为虑，曾以其事商于俄国，俄国不许，德国对于山东亦然。英国外相转商于海氏，缔结同盟，其政策则所以维持其在华商业之地位也。要之，门户开放，原非海氏之所发明，海氏之功绩，则其斟酌中国国际上所处之地位，商于列强，而能有所成功也。其提出之条件，亦非机会之绝对平等，如牒文中对于列强之租借军港，划定势力范围，筑路开矿等，未曾加以限制。凡此权利，莫不破坏自由竞争之机会，海氏置而不言，其所注重者，乃狭义或变相之机会平等也。

六国接收通牒之后，英国首先承认，但称九龙除为例外。俄国复称本国未有为其人民求得特殊权利之意，中国当自管理关税，对于吨税铁路运费，则未提及，措辞可谓含混之至。德国于美西战争，袒护西班牙，战后，其政府以为对美商业输出超过输入，并于美洲新购海岛，不愿二国再有违言，闻知英俄业已接收通牒，势难独持异议，迟至明年二月复称赞同。法兰西、日本、意大利先后表示同意。六国既无异议，一九〇〇（光绪二十六）年三月二十日，国务卿海氏发表通牒内称列强赞同中国门户开放政策，论者比之门罗主义焉。二者实不相同，兹略说明其性质于下：（一）门户开放于华盛顿会议，始有关于中国领土之明文，初则专为商业而发。门罗主义保全南北美洲之弱国，不受欧洲强国之干涉，绝其扩张领土之机会，就土地而言者也。（二）中国于门户开放主义之下，不得自由与一国缔结商业上特殊关系之条约，其责任当使其机会平等。同时，美洲弱小国家于门罗主义之下，尚未丧失自主之权，对外仍得自由决定其与任何国家商业上之关系。（三）美国发表门罗主义之后，由其解释，负责维持，门户开放主义则异于此，凡与中国有关系之列强，皆得自由解释，此其不同之要点也。中国损失则为失去自主之权，而在当时固不以之为非。翁同龢先曾主张开放海口，召集国际会议，讨论列强不占中国土地，不侵中国政权，不坏各国商务。总署大臣不以为然，盖知其难于成功也。美国宣布门户开放政策，亦未保全中国主权，目的则维持其在中国之工商业。其能成功者，由于美国新败西班牙后，军势大振，而在东方驻有大军，英国、日本或以商业上之利害，或以地理之关系，皆表示赞助也。

中国近代史

下

陈恭禄◎著

煤炭工业出版社
·北　京·

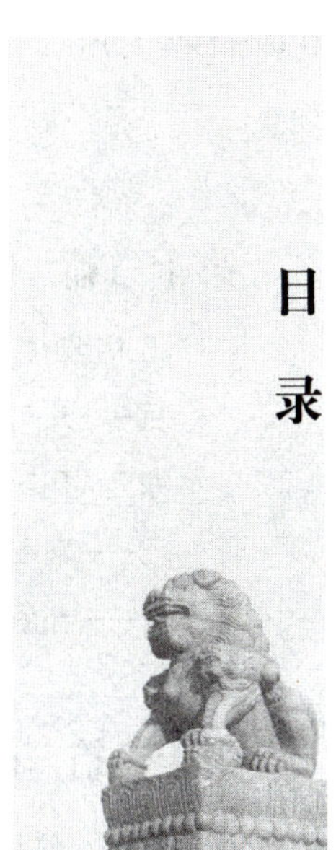
目
录

第十篇

变法运动

国内之积弊——变法之阻碍——教士之影响——士大夫之思想——变法者之辩护——变法之动机——康有为之活动——变法之鼓吹——政府之筹饷练兵——新事业之创办——慈禧、光绪之疑忌——康有为变法之计划——光绪诏定国是——新党之进用——新政——反对变法之主因——反对者之议论——新法推行之困难——变法志士之大无畏精神——太后之阻挠新政——袁世凯之变节——康梁之出险——变法志士之受祸——旧制之恢复——废立之隐谋——结论

中国自订南京条约以来，迭受强国之压迫，始则给予外商特殊之权利，继则丧失外藩，后则领土不能保全，几至爪分之祸一如非洲；其祸最盛于一八九七——八九八（光绪二十三、四）年间。于此五十余年之中，士大夫尚未彻底觉悟，多持夷夏之说，严防外人，从不虚心考究西方之政治制度、社会情形、经济状况，而比较其与中国异同之点，审察其利弊，以便施行改革，平日讲求八股小楷，茫然不知当时之务，仍信中国固有之政教，远非外国之所能及，胸中横有成见，自难明了国内政治上社会上之积弊，其昏庸傲慢，妨碍新事业之进行，乃为中国贫弱，外交失败之一主因。中国自太平天国，捻、苗、回乱以来，人民于大杀、疾疫、凶年流离之下，死亡者众，人口大减。其在户口繁密之区者，可得迁徙他乡，开垦荒土，安居耕种，衣食尚无困难，政府易于维持治安，有所建设。官制自受外人影响，稍有添设，从未考虑历史上遗留之弊政，现时之需要，能有重要之改革。各省于城邑收复之后，恢复原官，官吏人民之关系，一则维持治安，征收田税，一则安居乐业，交纳税银。人民对于国家别无义务，亦无参政权利。于是乱前政治上之痼疾，依然存在。其时属国次第丧失，朝廷尚不开放属地，设官治理，十八省内秘密会社活动甚力，长江一带哥老会时起作乱，捣毁教堂，山东曹州、单县大刀会起兵，皆其明显之例。其在西北，回乱之范围尤广，回人自左宗棠平定关陇以来，生者回归乡里。汉人于大劫之后，势力单薄，汉回杂处一地，各以褊狭之胸襟，不能谅解信仰习惯之不同，互相忌嫉。回人又自分派，易起争斗，而地方长官不善驭之，回人怀愤，会欲乘机起抗官吏。中日战争方将结束，而甘肃之回酋举兵，其党于河州、西宁、大通等城应之，声势张旺，官军畏之，不敢进剿，诈与之和，潜往袭之，回众应战，大败官军。事闻，光绪以总督杨昌濬不善处置，诏免其职，遣回将董福祥等将兵进剿。回众于举兵之后，青海回人有起而应之者，蔓延日广，幸而官军破之，未致大变，败回逃往青海，一八九六（光绪二十二）年冬，始平，斯役也，屠杀约五十万人，亦云惨矣。属地则吉林教匪孟幅山造言惑众，推朱承修为首，乘防兵空虚，设立元帅名目，约期举兵，声势颇振，官军力剿平之。其在西南，西藏喇嘛久不服从谕旨，朝廷无如之何，西康有土司名瞻对者，在里塘巴塘之旁，其酋恃喇嘛为援，不奉命令，其邻朱窝土司与之相结，扰及其他土司。一八九六年，川督鹿传霖遣兵剿之，取其土地，上奏改土归流，明年，全沙江上流之德尔格忒土司之酋长争位，委员设计囚其父子，亦请设官治理。达赖喇嘛以地归其管理，奏言更派番官接任，川督坚持原议，驻藏大臣言其恐有后患，朝廷诏免鹿传霖职，尽归其地于达赖，其事始已。凡此事变，不过证明国内情状之不安，处于列强竞争之新时代，对内则难维持治安，对外则将丧失权利，奈朝臣之不觉悟何！

变法久为中国之急切需要，曾国藩、左宗棠诸氏后皆惊奇外国枪炮之威力，轮船行驶之便利，以为我有轮船枪炮，即足以与列强抗衡。李鸿章久办外交，洞悉大势，主张变法。其官于直隶也，扩充机器局，购置军火兵舰，奖设轮船局，铺设电线，谋筑铁路等；其进行之计划常受阻挠，未有明显之成绩，新事业之创办，尚且不易，况变祖宗之法乎？宜朝廷多未采行也。其原因固由于士大夫之知识幼稚，政府之财政穷困，而言官妄发议论，百方谏阻，朝中无人主持，尤其困难症结之所在也。太后每于改革大计，辄交吏议，一无所成；疆吏之欲有为者又多阻于部议，刘铭传于台湾颇多建设，竟乃迭受旨责，终遂托病乞退。李鸿章复书慰之，中云："疆臣竭心力以为其难，文吏持刀笔而议其后，任事不易，思之慨然！"此中困难情状，固非为刘氏一人言也。郭嵩焘见解高于时人，主张改革，出使德国大臣刘锡鸿谓为"蔑视国家制度，而取笑洋人，是为无君"，宜其不容于清议，建议且为沈葆桢所笑，晚年废退家居。曾纪泽久任驻外公使，英人问其上海拆毁铁路之原因，则赧然无辞可对，回国在总署行走，原欲大有所为，不幸建议无一采行，中年病死。李鸿章述其晚境曰："年来亦颇不得意，既为同官所排，又不得当路之助，郁郁蹙蹙，赍志以终。"一二英哲明达之士，不能稍展其才，国内之环境，原难产生有为之士，夫复何望！中日战后，李鸿章复新疆巡抚陶模书曰："今之论者，皆知变法；但有治法，尤须有治人。……详察当路诸公，仍是从前拱让委蛇之习，万不亟改，恐一蹶不能复振也。兄抚膺衰疾，蒿目艰虞，独居深思，仰屋窃叹，亦思竭囊底之智，以助局外之谈。然覙缕指陈，亦何以易群贤之所云耶！"其言极有见解，及自欧美回国，见闻益广，以为外国之强，由于积富，上下合作，无事不举。中国则政杂言庞，而生财之法不如远甚，主张以育才为先务。其言曰：

> 自殿廷以至郡县之试，旁及书院之课，皆就其已成之业，而进退高下之。则有举而无教矣，而所学又非所用。论者咸知时文试帖之无用，又不敢倡言废科举，辄欲调停其间。于是艺科算学之说叠见条陈，或搁置不行，或轻行辄止。盖事无两胜，此优则彼绌，数百年积重之势，非偶然更置一二所能转移。今唯有尽罢各省提学之官，辍春秋两试，裁并天下之书院，悉改为学院，分门分年以课其功，学成即授以官，而暂停他途之入仕者。庶二十年间，风气变而人才出，但亦不过托之空言耳。

改革教育，不过变法之一端，而李鸿章失望至是，可见变法之难。顺天府尹胡燏棻曾奏请变法曰："微臣早夜焦思，今日即孔孟复生，舍富强外，亦无治国之道，而舍仿行西法一途，更无致富强之术。"盛宣怀亦言自强大计，朝廷均未采行。其先英使欧格纳迭向恭亲王奕劻陈说，而王事事推诿。英教士李提摩太（Timothy Richard）入京，往见翁同龢，陈说教民、养民、安民、新民四端。关于新民曰："新者，新法也。变法以兴铁路为第一义，练兵次之。中国须参用西员，并设西学科。"翁氏日记记其所言，而附注其驳斥用西员设西学之说。翁氏时倾向于变法，而犹如此，盖囿于环境知识也。恭亲王之推诿，一则年老多病，一则明了太后之性情，一则顾虑言官之议论。言官之害政，伊藤曾向李鸿章建议废之，欧格纳亦向恭亲王明言，王公大臣固不敢有此奏请也。枢臣疆吏莫不畏之，常为变法最大之阻碍。

中国政府之痼疾，既于中日战争之先后，暴露于世，外交更受列强之压迫，唯有变法自强而已。国内虚心学者，始与外国之传教士接触，教会创设之广学会颇有影响于时，其刊行之文字，传入科学知识，记载世界强国信息，建议中国改革事宜，由教士李提摩太主持。李提摩太久在华北传教，救济灾民，其主张则欲输入西方科学知识，得有士大夫之信仰，然后宣传福音，易于改进中国。其工作颇有效于山西，而其他教士反对，一八九二年，不能容于山西，值广学会需才，改就编辑之职。李提摩太精通华语，富于常识，长于评论，其所写之汉文足能发表其思想。美国教士林乐知（Young John Allen）亦有影响于时。林乐知曾就聘于上海机器局，翻译书籍，一八七五（光绪元）年，创行《万国公报》，中载世界之重要消息，以助华人明了国际上之大势，发行十五年后，由广学会续办。中日战后，林乐知编纂《中东战纪》，先后共成三编，风行一时。其内容则译录战争期内之公文，节录西报之记载，余为世界列国之消息与大事。其时《万国公报》之读者骤多，李提摩太之著作尤为时人所称，明达之士既与外人交接，渐悟华人之知识浅陋，其热心者采取外人言论及其个人感想，编著成书，以飨国人，郑观应之《盛世危言》，杞忧生之《盛世危言》等书，皆其明例。郑氏之书抄录李提摩太之时事论文多篇，教士之影响大著，张之洞于其所著之《劝学篇》，亦明承认。马关条约成立之年，李提摩太等入京，上奏民教相安之办法，谒见王公大臣陈说改革事宜，十月，负有盛名之学者康有为谒之，赠送其所编著之书，自称深信上帝之慈爱，世界之大同，请其与之合作，复兴中国。明日，康氏南下，其偬偬求见者，先读其文，而已受其影响也。李提摩太尽读康氏上奏朝廷之疏文，函告其妻曰："余甚惊异，凡余从前所有之建议几尽归纳晶结，若惊奇之小指南针焉。吾人之目的相同，宜其亲来访谈。其书缺少者，则大同主义也。"会李提摩太在京，需用临时书记，康氏弟子梁启超闻之，自请充任，李提摩太以其负有文名，欣然同意。文廷式等与之交游，讨论变法。翁同龢亦迭见之，工部尚书孙家鼐方奉朝旨创设京师大学堂，说其出任总教习。李提摩太不许，而孙家鼐坚请不已。

朝臣张荫桓、刚毅亦先后见之。明年二月，翁同稣亲来访谈，说其赞助强学书局。李提摩太出京，翁同稣、张荫桓各赠礼物。

朝臣学者之受教士影响，有倾向于改革者，其人多英哲有为之士，国内士大夫中之先知先觉也。而多数仍以中国政教之美，世无其匹，历史上唯有用夏变夷，未有用夷变夏者也。采用夷法，则非圣人之道，而变祖宗之法，非圣则为不道，变法则为不孝。其言原无历史上之根据，士大夫讲求功名，少读史籍，乃多不识汉后文化演进之陈迹，本于偏狭之情感，利用保守之心理，而以非圣不孝之大罪为前提，实则均为武断不合逻辑之推论。张之洞时倾向于改革，著成《劝学篇》申言其主张。其最初自序，中云："中国学术精微，纲常名教，以及经世大法，无不毕具，但取西人制造之长，补我不逮足矣。……其礼教政俗已不免于夷狄之陋，学术义理之微，则非彼所能梦见者矣。"其言全以中国固有之标准，评论外国政教之长短。关于外国知识，张氏原极浅陋，故有此说。其言足以代表时人之议论，唐才常痛论士大夫所受八股之害曰："其柔者戢抱兔园册子，私相授受，夜半无人，一灯如豆，引吭长鸣，悲声四壁。……或语以汉祖唐宗不知何代人，叩以四史十三经，不知何等物。……其悍者则纂取圣经一二门面语，以文其野僿芜陋之胸，有若十六字心传，五百年道统，及纲常名教，忠孝节廉，尊中国，攘夷狄，与夫尧、舜、禹、汤、文武、周公、孔子道脉，填胸溢臆，摇笔即来，且嚣嚣然曰：'圣人之道，不外乎是。'"此就极端顽固分子而言，其自好者则如《盛世危言》曰："今之自命正人者，动以不谈洋务为高，见有讲求西学者，则斥之曰，名教罪人，士林败类。"其迂陋荒谬之思想，一则由于不愿变法，士大夫所受之教育偏于极端保守，已如前言，而又鉴于古代变法之失败，以为利不十不变法。天下古今之新法，固无有利而无弊者，信如其说，变法绝不可能。一则生于夷夏之别，凡仿自外国者，无论若何制度，能否富强国家，皆痛心嫉之。对于主张变法者，全以情感用事，妄发议论，造谣诋毁，无所不用其极。其人自今观之，实为绝物，而在当时，则为清流，政治上之势力颇为强大，不易一日破除也，徐桐则其明例。徐桐以道学自命，奉倭仁为师，官至内阁大学士，疾恶外人，其住宅邻近公使馆，出门即见洋楼，心不愿见，而以住宅利于科名，不肯迁让，乃另辟新门出入，绕道而行。其亲信门生严修后奏开考经济特科，恩师闻之，即不与之往来，大臣中之轻外仇外者，固非徐桐一人，而皆痛恶变法。徐桐竟谓“宁可亡国，不可变法”矣。方李提摩太之在北京，主张变法之官绅，创设强学书局，讲求时务，御史杨崇伊上疏奏请封禁，朝旨许之，其女李鸿章之媳也。于此环境之中，凡主变法者，必先推翻顽固者所持之理由，康有为第一次上书论之曰：

今论治者皆知其弊（指旧法而言），然以祖宗之法，莫之敢言变，岂不诚恭顺哉？未深思国家治败之故也。今之法例虽云承祖宗之旧，实皆六朝唐宋元明之弊政也。我之先帝抚有天下，不用满洲之法典，而制前明之遗制，不过因其俗而已。……当今世而主守旧法者，不独不通古今之治法，亦失列圣治世之意也。

其第二三书亦以为言，及德强据胶州湾，康有为自广东北上，再论变法，其辩护之辞，较前尤为激昂。其言曰：

方今之病，在笃守旧法而不知变，处列国竞争之世，而行一统垂裳之法。此如已夏而衣重裘，涉水而乘高车，未有不病渴而沦胥者也。大学言日新又新，孟子称新子之国，论语孝子毋改父道不过三年，然则三年之后，必改可知。夫物新则壮，旧则老；新则鲜，旧则腐；新则活，旧则板；新则通，旧则滞，物之理也。法既积久，弊必丛生，故无百年不变之法。况今兹之法，皆汉、唐、元、明之弊政，何尝为祖宗之法度哉？又皆为胥吏舞文作弊之巢穴，何尝有丝毫祖宗之初意哉？今托于祖宗之法，固已诬祖宗矣！且法者所以守地者也，今祖宗之地既不守，何有于祖宗之法乎？夫使能守祖宗之法，而不能守祖宗之地，与稍变祖宗之法，而能守祖宗之地，孰得，孰失，孰轻，孰重，殆不待辩矣。

其言深切时人之痼疾，足称明透淋漓。但为辩护之计，引用之书，不免亦有牵强曲解之处，张之洞时亦主张变法，其《劝学篇》论之颇详。其言曰：

夫不可变者，伦纪也，非法制也；圣道也，非器械也；心术也，非工艺也。请征之于经，穷则变，变通尽利，变通趣时，损益之道，与时偕行，《易》义也。器非求旧唯新，《尚书》义也。学在四夷，《春秋》传义也。五帝不沿乐，三王不袭礼，礼时为大，礼义也。温故知新，三人必有我师，择善而从，《论语》义也。时措之宜，中庸义也。不耻不若人，何若人有？《孟子》义也。请征之于史，封建变郡县，辟举变科目，府兵变招募，车战变步骑，租庸调变两税，归余变活闰，篆籀变隶楷，竹帛变雕版，笾豆变陶器，粟布变银钱，何一是三代之旧乎？历朝变法最著者四事：赵武灵王变法习骑射，赵边以安。北魏孝文帝变法，尚文明，魏国以治，此变而得者也。商鞅变法，废孝弟仁义，秦先强而后促。王安石变法，专务剥民，宋因以致乱，此变而失者也。商王之失在残酷剥民，非不可变也，法非其法也。请征之本朝，关外用骑射，讨三藩用南怀仁大炮，乾隆中叶科场，表判改五策，岁贡以外，增优贡、拔贡。嘉庆以后，绿营之外，创募勇；咸丰军兴以后，关税之外抽厘金。同治以后，长江设水师，新疆、吉林改郡县，变者多矣！即如轮船、电线创设之始，訾议繁兴，此时欲废之，有不攘臂而争者乎？

张之洞等议论之激昂，可见守旧大臣之势力，其引用之经典，皆为偏于有利方面之证据。士大夫之倾向改革者，尚信外国政教，自中国传往者，如陈炽之徒。陈炽著有《庸书》。其言曰：“中国大乱（秦时），抱器者无所容，转徙而之西域，彼罗马列国，《汉书》之所谓大秦者，乃于秦汉之际，崛兴于葱岭之西，得先王之绪余，而已足纵横四海矣。”又曰：

摩西者，墨翟之转音也，出埃及者，避秦之事也。是知爱人如己，即尚同兼爱之心也；七日拜天，即天志法仪之论也；衣衾简略，即节用节葬之规也；壁垒精坚，即备突备梯之指也。经说上下，为光学重学之宗，句读旁行，乃西语西文之祖。其天堂

> 地狱一说，本于非命明鬼诸篇，乃窃释氏绪余，以震惊流俗，而充其无父之量，不惮自弃其宗亲。盖墨氏见距于圣门，转徙迁流而入西域，其抱器长往者，遂挟中国之典章文物以俱行也。

陈氏不可思议之妙论，直为痴人说梦。梁启超辩护之方法，则以十九世纪欧洲盛行之制度，牵强合于中国古代之政教。其言三代之庠序学校，近于近代之大学，太王之咨问耆老，在今则为议会。其解释由于缺乏正确之观念，精深之研究，且欲缓和反对者之言论。事实上则古今之社会不同，各国之环境殊异，往往难于比较其制度之同异，得有真确之了解。其方法虽或成功于一时，而流弊则颇繁多，况普通文人之读古书，多无批评疑问之能力耶？其不良之影响，则以儒家之理想为事实，古代为黄金时代，反足以坚其顽固复古之心理，拒绝研究西方之学术，创造牵强附会之怪论，如王闿运以耶稣教之十字架为矩，矩即墨家之巨子，断定墨子为耶稣。历史教科书之作者，以周代共和之名，遂谓共和政体先于中国之类，结果反为学术界之阻力。康有为尤敢于议论，其所著之《新学伪经考》则言刘歆作古文伪经，而欲破坏历代神圣不可侵犯之传统学术。其《孔子改制考》，则论孔子与周秦诸子相同，罔不托古改制，其所称尧舜之盛德，乃其理想中之人物，六经为其改制创作之书，其胪列之证据，杂引伪书，虽不免于牵强附会，而分类说明，尚有见地。康氏之见解，以为外人信奉宗教，而中国庶民不知孔子之道，其教散漫力薄，乃推崇孔子，谓其创教，比之耶稣，而欲国人信奉。其说原受耶稣教之影响，自时人观之，则为奇异之至，宜其反对也。

少数主张改革之志士，其志可嘉，其心良苦，其动机则鉴于外势之日逼，非变法无以立国于世界也。一八九五年，马关条约成立，康有为第三次上书，内称“经此创巨痛深之祸，必当为卧薪尝胆之谋，今朝野上下震动感愤。……今议成将弥月矣，进士从礼官来，窃见上下熙熙，苟幸无事，具文粉饰，复庆太平；又闻贵近之论，以为和议成后，可十数年无患，保持禄位，从容如故也”。又曰：“向者累经败创，而诸臣苟安目前，遂致战败之祸，而今民心解散，祸在旦夕，再借和款以求一时之安，则亡无日矣。”后德强据胶州湾，康有为上书，详论亡国之祸，言尤动人。其言曰：

“蚁穴溃堤，衅不在大。职恐自尔之后，皇上与诸臣求为长安布衣，而不可得矣。后此数年，中智以下，逆料而知，必无解免。然其他事，职犹可先言之，若变辱非常，则不惟辍简而不忍著诸篇，抑且泣血而不能出诸口，处小朝廷而求活，则胡铨所羞，待焚京邑而忧惶，则董遇所鄙。此则职中夜屑涕，仰天痛哭，而不能已于言者也。……亚洲旧国，近数年间岁有剪灭，近且殆尽，何不取鉴之？祸起旦夕，毕命尽丧，而谓可延年载，老人可免，此又掩耳盗铃，至愚自欺之术也。譬巨室失火，不操水呼救，而幸火未至，入室窃宝，屋烬身焚，同归于尽而已。故职窃谓诸臣即不为忠君爱国计，亦当自为身谋也。皇上远观晋宋，近考突厥（土耳其），上承宗庙，孝事皇太后，即不为天下计，独不计及宋世谢后签名降表，徽钦移徙五国之事耶？近者诸臣泄泄，言路钳口，且默窥朝旨，一切讳言。及事一来，相与惶恐，至于主辱臣死，虽粉身灰骨，天下去矣，何补于事？不早图内治，而十数王大臣俛首于外交，岂惟束手，徒增耻辱而已！不豫修于平时，一旦临警，张皇而求情，岂能弥缝，徒增赔割而已。故胶警之来，不在今日之难于对付，而在向者之不发愤自强也。”其言杂有牵强之推论，而在当时，读之足以令人心悸。康氏在京，创立保国会，其演说辞亦多类此。张之洞总括其《劝学篇》之大意曰五知：一知耻，耻不如日本，耻不如土耳其，耻不如暹罗，耻不如古巴。二知惧，惧为越南、缅甸、朝鲜，惧为埃及，惧为波兰。三知变，不变其法，不能变器。四知要，中学考古非要，致用为要，西学亦有别，西艺非要，西政为要。五知本，在海外不忘国，见异俗不忘亲，多智巧不忘圣。就上五知而言，一二言外患之逼，三四论变法之方针，五言不可忘本，保存旧有之道德；其欲变法者，亦为对外。其传诵于时之名言曰：“中学为体，西学为用”，可见其思想之一斑。综之主张变法之志士，皆偏于政治方面，意欲利用政法上之威权，改革一切之积弊，欲其计划之能行，则上有明君，下有贤臣，同心协力，勇猛进行，可于短促期内，大见功效。顾其根基浅薄，处于政治不安之时，偶一不慎，大祸即至。至于君主之大权，国会之召集，民权之保障，初未明白提及，其希望之政府，则开明专制也。

识者倡言变法，其尤坚持不挠而欲速成者，康有为也。康有为生于一八五八（咸丰八）年，世居广东之南海县，家为其地之名族；有弟一人，其父早世。康有为初受教于大父，天质聪明，善于属文，年长就学于粤中名儒朱次琦，一八七九（光绪五）年，以论学与之不合，独学于白云洞，读书颇勤。其门人梁启超称其尽读中国之书，其言浮夸失实，虽不足信，而康氏或已读尽县中能得之书。顾其读书较多，识见较广，志气激昂，议论纵横，不为八股所拘，应试不售。一八八二（光绪八）年，康氏入京赴顺天乡试，下第而归。其往游京师也，道出香港、上海，羡其市政之清明，建筑之宏美，街市之清洁，凡百事业，井井有条，而所谓首善之区，尚不如外国海外经营之地，乃信外人并非野蛮之国，购读广学会及上海机器局刊行之书，益知世界之大势。一八八八（光绪十二）年，再应顺天乡试，不售。会有皇陵山谷地坍之变，发愤上书，详论天灾示惊，国势危蹙，及时变法，建议三端曰："变成法，通下情，慎左右而已。"康氏时为生员，以诗文干谒大臣，陈说变法，大为同乡京官许应骙等所恶。其书呈于国子监，长官以其有谗言中于左右等语，恐获重罪，不肯代递，移至都察院，院亦不纳，实则书中所言者，均为老生常谈，无足称异，而国子监、都察院竟不敢递。康氏初以出门，途遇杀人不吉，徘徊不定，终则决定冒死上奏，于此可见朝廷忌讳之多，朝臣不足有为矣。书未上递，康氏大失所望，愤极无聊，作《广艺舟双楫》以自娱，序中尚有"似人而非"之句，后二年，漫游南归，讲学于广州长兴学舍，教授弟子，梁启超等从而游焉，明年，著成《新学伪经考》，俄往广西桂林讲学，颇负时望，一八九三（光绪十九）年，始领乡荐。梁启超先之考得举人。康氏名望日隆，而忌者益多，一八九四年，言官余联沅等劾其惑世诬民，非圣无法，同于少正卯，圣世不容，赖友营救，毁《新学伪经考》版，始已。其年，康氏著成《孔子改制考》，明年偕其弟子梁启超入京应试，会马关条约成立，闻而大愤，与梁启超等集合十八省之应试举人一千余人，拟上公呈，奏请拒和、迁都、练兵、变法，属稿已定，而和约批准，其先署名者感受朝臣之指示，惮于生事，遂谓成事不说，书未得递。康氏取其书中言变法者，加以引申，复成一书，五月，于都察院投递，院以上闻。书言富国、养民、教士、练兵。其富国之法凡六，曰钞法，曰铁路，曰机器轮舟，曰开矿，曰铸银，曰邮政。其养民之法，一曰务农，二曰劝工，三曰惠商，四曰恤穷。其论教士，则明理广智。其论练兵，则汰冗兵，合营勇，起民兵，练旗民，募新兵，设军校。所言多切当时之需要，吾人今日考其实际，仍有讨论之余地，例如钞法不善利用，将即病民，铸银为整理币制之要政，开矿殊难预料其成功，三者均不足以富民。铁路、轮船、邮局为交通之命脉，票价不宜昂贵，政府更不应作为国库之收入。其论养民诸端，不过抽象之文句，未有切实妥善之办法，而在当时已为不可多得之书。光绪得之，意初犹豫，后诏朝臣疆吏奏复。康有为自谓前书所陈未能详举节目，再行斟酌情势，草成一书，论其缓急先后之序，其时康氏应殿试后，官授工部主事。初康有为入京应顺天乡试，而以狂言落选。及至会试，文颇慎重。徐桐时任考官，恶其非圣变法，谋欲使之下第，而康氏之文大异于前，读之引为卫道之同志，封发，乃康有为也。其所摈弃之试卷，以为康有为所作者，实梁启超之文也。及至殿试，为李文田所抑，不得入翰林院，官授主事。康氏深为失望，至是，呈其书于工部堂官，请其转奏，堂官不许，移之他署，亦不递，遂欲返粤。其友陈炽、沈曾植阻之，陈炽曾著《庸书》，有名于时，沈曾植为浙江学者，久官于京，均主变法，表同情于康氏者也。翁同龢亦劝之留京，会徐桐党羽谋欲弹劾，乃劝之行。十月，康氏于见李提摩太之次日，即行南下。

中日战后，明达时务之学者倡言变法，翰林院侍读学士文廷式议创强学书局，鼓吹改革，激励士气。康有为、梁启超在京会试，加入活动，创行公报，分送贵人朝士，凡二千份，会员凡数十人，孙家鼐、袁世凯与焉。翁同稣亦表同情，英美人士有列名会员者。朝臣远鉴前代朋党之祸，近视秘密社会之扰乱，及政府严禁会党之法令，初欲避去会名，而以他字代之。梁启超则称其师康有为独持不可，意欲破除数百年之网罗，而开后世之途径，其言不免浮夸，官书固以强学书局称之。会员每十日开会一次，有人演说。据梁启超言，其拟办之事凡五：（一）译东西文书籍，（二）刊布新报，（三）开大图书馆，（四）设博物仪器院，（五）建立政治学校。疆吏张之洞闻而善之，捐款五千两作为会费，及康有为南下，谒见张之洞，商设强学分会于上海。张氏与之论学不合，又以门户之见，竟不欲助之，康氏仍力进行，分会终能成立。自今观之，强学书局之性质，同于政治学会，原无若何政治上之重要，而御史杨崇伊奏言私立会党，将开处士横议之风，请旨查封。光绪下诏查禁，其原因固由于守旧大臣之反对，而中国政治且为极端专制之表现也。大臣对于皇帝，士庶对于官吏，唯应服从，遵守其命。其上者向少考虑治于人者之意见，唯以威权恫吓而已。民间从无言论之自由，逐渐养成治人者之胸襟狭隘，对于批评建议，无论其性质若何，莫不为之不安，而以恶意相视。其造成者，一部分殆由于理学不良之影响，而患求全责备也。强学书局被封，其在北京距开办之时，只有四月，上海分会，仅有月余。翁同龢于其日记深表失望，会御史胡孚宸奏请解禁，朝命总署复奏。总署奏请官办书局，每月给银一千两。朝旨许之，派孙家鼐主持，其目的则欲翻译书籍也。其前会员乃别谋活动，上海分会初得张之洞捐款一千五百两，及其被封，尚余一千二百两。至是，黄遵宪以之创办时务报馆，捐款一千元，招梁启超主撰时论，进士汪康年经理。黄遵宪初为驻日使馆职员，改任领事，政府调为驻德公使，而德外部不肯接待，盖其久在外国，不易听命故也。黄氏在外深受刺激，久愿中国变法自强，又与康梁同乡，颇相接近。九月《时务报》出版，每旬一册，凡二十余页。梁氏善于属文，其文畅达明白，自为一体，内容虽少丰富之材料，精深之思想，然其善于张皇附会，极文字铺张之技能，普通读者往往为之神动，而最适宜于宣传。康有为之弟子更办《知新报》于澳门。一八九七年，黄遵宪授湘南按察使职，其巡抚陈宝箴热心于改革，创办时务学堂，招收学生一百二十人，延请梁启超为总教习。梁氏入湘讲学，倡言变法自由，湘绅大哗，而陈宝箴坚持如故，时当中国战败屈服之后，勇于进取之少年文人多有变法之倾向，又得康梁之鼓舞。政府自收办强学书局后，风气一变，四方文人组织会社，多如风起云涌，梁启超曰："一年之间设会百数。"据其所著之《戊戌政变记》，列举三年内设立之学会学堂报馆凡五十一所，吾人将其分析，学会凡二十有四，学堂共有十九，报馆凡八；就其所在之地而言，湖南十六，江苏十一，广东八，北京三，广西二，陕西、湖北、浙江、福建各一；其在国外者，澳门三，新加坡三，横滨一。学堂报馆范围殊小，学会之性质多不相同，如群学会、农学会、蒙学会、知耻会、测量会、不缠足会等，不相统一，各自为政。其盛起于江苏、广东者，理至明显，无待赘言。湖南则以贤良官长，绅士提倡，学会最多，势力较强；顾其实际亦有可议之点，如学生竟明称其无用，所讲者，"天文地理为俗儒常谈，闻之者昏昏欲睡，讲者徒费唇舌"。但其功用则为开通风气，湖南之风气固异于前矣。余若四川诸省多未受其影响，中国领土广大，文人守旧，康梁宣传之力，实难及于各地，梁启超所谓设会百数者，殆非事实。

识者倡言改革，朝臣疆吏中之识时务者亦论变法，而朝廷汲汲顾虑者则有二端，一曰财政，二曰军政。财政先已感受困难，中日战前，政府一年之收入凡八千余万两，较之清初二三千万两增加数倍，即比道光年间亦有进步，其原因则以关税、厘金、杂税之收入也。同时，国用大增，户部仍患拮据。关税于鸦片战前约百有余万，至是，增至二千余万，其税率受协定条款之束缚，不得提高。厘金收入约一千五百万两，病商害民，人所共知，势难增加，杂税更无论矣。政府则以赔偿日本军费，无法应付，光绪诏曰："户部奏偿款太巨，请饬通盘筹画一折。当此时事艰难，国用匮乏，中外臣工各宜合力同心，共图匡济。著户部咨行大学士，六部，九卿，暨各直省将军，督抚各抒所见，如有可兴之利，可裁之费，能集巨款，以应急需者，即行详晰明奏，用备朝廷采择。"言者均请开源节流，广西巡抚张联桂奏称开源之策有六，曰铸银圆，曰放银圆，曰行银票，曰核税契，曰加洋税，曰兴商务。其节流之策有四，曰裁冗官，曰裁冗兵，曰省局务，曰节縻费。其所筹之办法虽切时弊，而规模远大，一时殊难实现。尤有进者，铸圆废两（即放银圆），为整理财政之要务，固非有利可图，而得视为大宗收入也，银票更不足富国矣。顺天府尹胡燏棻条陈变法，请开铁路以利运输，铸钞币以裕财源，开民厂以造机器，开矿产以资利用，折南漕以节经费，减兵额以归实际，创邮政以删驿递，创练陆兵以资控驭，重整海军以图恢复，设立学堂以储人才。其计划可称详尽。皇帝诏各省督抚将其悉心筹划，酌定办法奏复，又饬云、贵、山西督抚开采境内矿产，迅速奏复筹办情形。御史陈其璋疏称镇江东南诸山皆有煤铁五金，均可采掘，实则先未调查矿产，而多本于猜度，官吏且不知开采之新方法也，其不能救穷事固明显。户部拟定筹饷办法，其主要者凡八，一曰裁减制兵，二曰考核钱粮，三曰整顿厘金，四曰核扣养廉，五曰盐斤加价，六曰茶糖加厘，七曰当商捐银，八曰土药行店捐银。其举办新税，足当苛捐恶税之名，其中办法，以裁兵、核粮、整厘盐价为最要，而各省多未举办。官吏之俸金已少，而今又扣养廉，廉吏将何以仰事俯蓄耶。户部奏请饬催各省速办。盛宣怀俄请仿行印花税，创立银行，朝臣后请发行自强股票（公债），印花税未能推行，股票由户部议定章程，改称昭信股票，发行之后，绅商不肯购买，地方官强之，山东、四川各有扰乱，乃奉旨取消。其时国内币制紊乱，朝臣迭请鼓铸银圆，有以银价低落，建议仿造金镑者，金币在今尚不易行，当时自难实行；铸造银币原为统一币制之要政，一八七七年，赫德已向总署建议，李鸿章书告友人，称其扫尽陋规，官吏将无以自立。政府不能别筹津贴，此数百年积弊不易一日更新者也。其言仍切时弊，朝廷固未切实整理财政。

政府筹款之名义曰筹饷，军队自中日战后，识者知其不能一战，各省所养兵勇八十余万，年费三千余万，长官尝以省库入不敷出，有按七八成，或五成核放者，每兵"每月仅领银数钱，平日不敷养赡，多以小买营生，巡缉俱属虚文"（胡燏棻奏语）。朝廷之政策则裁减绿营，招募新兵。新兵之器械多购自外国，饷糈优厚，非有经费不能办理。一八九五年，两江总督张之洞奏称营兵积弊深痼，非认真仿照西法，急练劲旅，不足以为御侮之资，请先练二千余人为一军，分为十三营，名曰自强军。营制仿照德国，半年以后即行扩广，加练一倍，以增至万人为止。如饷巨难筹则增至五千人，全军用德武员为统带，其下营官以洋将充之，副哨官（副排长）始用武备学堂之学生。未几，张之洞奏称创立陆军学堂于省城仪凤门内，聘请德员五人为教习，慎选学生一百五十人学习，以三年为期。明年，张氏奉旨调任湖广总督，设新军二营于湖北，雇用德员操练，又创武备学堂。自强军自张之洞去后，刘坤一称其雇用德员居于城内不便，将其调往吴淞，及至三年，德员解雇，竟无重要之影响于时。其他改习洋操之队伍，直隶有提督聂士成所部之武毅军，聂士成初为淮军战将，其编制仍照旧例，袁世凯亦练新军于天津。此固国内之少数军队也。海军自北洋舰队消灭后，朝廷有兴复之意，命福州将军裕禄兼船政大臣，但无经费，未有建设。

财政练兵为时要政，其他改革尚有数端，兹略言之于下。一、交通，初张之洞倡言自办铁路，开办大冶铁矿，创设铁厂于汉阳大别山，縻款甚巨，未有成绩。一八九六年，张氏与直督王文韶会奏，请设铁路公司，保盛宣怀为督办，办理卢汉铁路。盛宣怀入京，往谒总理衙门大臣，请筹四千万两，半数筹自本国，半数借自美国，后向比国借款，引起英国之争论。京奉铁路先已筑成一段，至是，兴筑北京、天津间之路线，而长城以北，受俄干涉，未能进行，朝廷固知铁路之重要矣。邮局亦于此时积极扩张，初驻京外使每于冬季将其递往本国公文，交华官转递上海，后由天津税务司办理。及烟台条约成立，赫德请设送信官局，后二年，总署与李鸿章商定开创北京、天津、烟台、牛庄、上海五处寄信局。其办法仿自外国，交海关管理，士大夫非之，民间信局以其妨碍生计，势难发展，而列强竟于通商口岸，次第创设邮局，总署乃饬赫德推广寄信局于各口。后总署大臣闻知英国将添设邮局于中国，饬令赫德详议邮政，是否确于小民生计无碍？赫德复称无害，拟定章程。张之洞亦以为言，乃改总税务司署中之寄信局为邮政总局，各口所设之寄信局为邮政局，并将于其附近设立分局。其征收信资，明信片每张一分，封口信每件计重二钱五分，收银三分，余以类推，挂号信另行纳资。邮局兼营汇兑，寄送包裹。其创办之始，经费由海关补助，兼顾及民信局之利益。御史徐道焜奏其章程未尽妥善，两广总督谭钟麟称其琐碎烦苛，众怨沸腾，无裨饷需，徒伤政体，请将其裁撤。闽浙总督边宝泉电称邮局不准信带银洋，有妨小民生计等情。总署将其驳斥，始免于事，新政推行，殊非易事。二、教育。旧教育不切于用，新教育前已失败，至是，朝臣欲有进行，政府改前强学书局为官学局，派工部尚书孙家鼐管理，孙家鼐请延教习译书，购置仪器。侍郎李端棻受其妹夫梁启超之影响，奏请自京师以及各省府州县皆设学堂，府县学堂教授中西学程，以三年为期。京师大学选贡监生入学，并设藏书楼、仪器院、译书局。朝旨交孙家鼐妥议办理，孙氏奏称设立分科大学。其思想则中学为主，西学为辅，中学为体，西学为用也。孙氏无法进行，迭次商请李提摩太出任总教习，李提摩太固辞，迟至一八九八年夏，始行开办，即景山下马神庙四公主府为校址。直省之办学堂者，天津、上海各有一所，均由盛宣怀主持，武备学堂则数较多。要之，学堂之创立，徒有空名而已。三、筹民生计，朝臣时知实业之重要，御史王鹏运奏请讲求商务，其主意欲官商一气，力顾利权也。皇帝交总署议复，总署奏称各省省会设立商务局，由商人公举绅商充任局董，讲求商业，再设通商公所于各府州县之水陆通衢，整顿招商局等。更有奏请抵制洋商，改造土货者，其办法则劝绅商开设纱厂、丝厂、工厂织造呢羽、毡毯。盛宣怀则请创设银行，以为通商惠工之助。其于农民，许其于北方开垦。初直隶、山西边民私入内蒙古耕种，次第改设州县。东北虽有俄国之逼，中日战前，尚未彻底开放，准许汉人移居，战后，始改政策。朝臣奏请开放内蒙古，称其土地肥沃，河套东西尤属膏腴，民多潜往私垦，不如官为经营。朝命大臣奏复，皆称其利，遂弛禁例。

以上新政，除邮政而外，多无实效，又非通盘计划，彻底改革，无足深论。一二枢臣虽欲变法，究无奈何！据翁同龢日记，一八九六年，太后命修颐和园，将土药厘金全数提归工程处，又将三十万两提归圆明园，明年，太后万寿节日，大事庆祝。朝臣欢乐之际，而德忽以教案强据胶州湾，多所要求，其武力压迫之甚，蔑以复加，朝野上下莫不愤怒，而国中军队不足一战，舰队不能防御海岸，终乃屈服，许之。俄、英、法国相继租借军港，划定势力范围，争夺特殊权利，日本亦得利益，中国任其宰割，而无如何，固国内之奇变大辱也！年富力强之光绪皇帝，适当其冲，对于列强无理之要求，屈服许之，其心中痛苦，何似如之。光绪初受师傅翁同龢之影响，以为对日一战而胜，可得发扬国威，跻大清于强国之列，不幸归诸泡影，而外侮反亟于前，知非变法，则无以图强，变法之心意日坚。其为人也，聪明好学，博闻强记，自幼养于宫中，宫中礼节琐繁，习之既久，失其勇敢果决之气，师傅平日讲说传统之道德，自不敢以下犯上，及其年长，唯有服从后命。慈禧自信力强，专断朝政凡三十余年，尝自诩其地位，远非英国女王维多利亚之所能及，其意以为英国采行之政策，编定之预算，必待内阁之决定，国会之通过，而己一人自由任用罢免或诛杀大臣，决定政策。所谓军机大臣，不过顾问，对于询问事件，陈述意见而已。其专横之甚，心目中固无光绪，机密大事往往独断。及光绪年长，懿旨竟谓归政后仍问朝政，中日战起，太后皇帝意见不协，明年，和约成立。十二月，光绪诏曰："朕敬奉皇太后，宫闱侍养，夙夜无违。仰蒙慈训殷拳，大而军国机宜，细而起居服御，凡所以裨益朕躬者，无微不至，此天下臣民所共知者也。"据此，光绪毫无自由，直为儿童耳。太后且欲使之孤立，帝于大婚之后，宠爱瑾妃、珍妃，珍妃颇有才能，偶因家庭琐事，不为太后所喜，积隙日深。中日战时，太后借端称其骄纵，肆无忌惮，降其姊妹为贵人，扑杀其亲信内监高万枝，惩罚其兄志锐，命撤汉满书房，而帝不欲辍讲，翁同龢又力争论，汉书房暂得不撤。皇后为太后侄女，据德龄女士所记，太后于颐和园计隔皇帝皇后卧室，二人不易相近，拳乱后犹然。中日战争期内，御史有以太后干涉朝政，无以对祖宗天下者，侍郎汪鸣銮、长麟于召对时，奏说皇帝振作独断。一八九五年十二月三日，帝忽宣谕“二人离间两宫，厥咎难逭，著革职，永不叙用”。翁同稣日记曰：“臣等固请所言何事，而天怒不可回，但云此系宽典，后有人敢尔，当严谴也。”枢臣拟定诏旨，措辞严峻，光绪之意如此，盖太后之影响而然。旨称二人罪状曰：“上年屡次召对，信口妄言，迹近离间。”二人所说，既为妄言，何必屡次召见？谕文之重要，则在钳制臣下之口，而唯皇太后之意志是从耳。二十七日，瑾、珍二妃奉太后之命复位，无奈嫌疑已成，太后仍欲去帝亲臣。明年二月，汉书房竟奉懿旨撤去，三月侍读学士文廷式又奉懿旨革职。文廷式曾为二妃之师，为太后所恶，托病家居，以求免祸。及强学书局成立，杨崇伊参其遇事生风，广集同类，议论时政，并交通内监文姓等情。太后得奏，命即严办，谕旨称其召见时语多狂妄，即行革职，永不叙用，驱逐回籍。太后又杀内监寇万才，其原因则不可知。六月，光绪生母醇亲王福晋（满语言妃）叶赫那拉氏病死，福晋者，慈禧之胞妹也，由是无人调停其间，而光绪之境遇愈苦。翁同稣于日记记之曰：“上戚容无语，大异十六年十一月（一八九〇年十二月）情形矣，退而感叹。”

在朝掌权之大臣，多慈禧之亲信，光绪之亲臣独其师傅翁同稣一人而已。翁氏小心谨慎，畏首畏尾，不敢有为，对于文学古董，颇有研究，但无建设改革之才能，居官深患御史之奏劾。李提摩太在京，翁氏亲至其寓所见之，请其赞助改革，其心实有变法之倾向，光绪信之极深，翁氏固欲富国强民，以报皇上也，满人嫉之，尤以太后之亲臣荣禄、刚毅等为甚。刚毅与李提摩太语，毁之甚力，朝廷上满汉大臣，既不同心合作，各立于仇视对敌之地位，而太后之性情偏于守旧，满族大臣之妻女得入宫中，太后与之亲近。皇帝则倾向于变法，知非重用汉人，终无改革之望，皇族亲王大臣皆助太后，而光绪孑然孤立，名义上虽曰亲政总揽万机，实际上用人行政之大权，仍握于太后之手。臣下奏疏，皇帝看后，移送颐和园，由太后决定。凡内政外交上之大事，莫不须得其同意。其干预政事者，一则好揽政权，一则不信皇帝也。光绪于胶变之后，深受刺激，一八九八（二十四）年一月十六日，询问枢臣变法事宜，翁同稣日记曰：“上颇诘问时事所宜先，并以变法为急，恭邸默然，臣颇有敷对，诸臣亦默然也。”翁氏于日记旁注明其敷对之主意曰：“谓从内政根本起。”旋许德国要求，枢臣奏请振作自强，而列强威逼愈甚，帝向翁同龢索阅黄遵宪所著之《日本国志》，欲许外使入觐，舆马直入禁门。二月，帝颇振作，明发谕旨，严责疆吏对于裁兵节饷，空言搪塞。三月，切责枢臣一事不办，恭亲王为之流汗。四月，俄使订期人觐，帝欲许其亲递国电，而枢臣谏阻，帝不谓然，又言德亲王进见，著在毓庆宫前殿赐宴，准其乘轿入东华门。翁同稣言有窒碍，其日记曰："上皆驳之，并盛怒责刚毅，谓尔总不以为然，试问尔条陈者，能行乎？否乎？因论赫德亦可见，从前汉纳根欲见，为恭亲王所阻，并传张荫桓将前日所开礼节照旧进上。……前后不能悉记，记之者知圣意焦劳，臣等因循一事不办，为可愧憾也。"及俄使入见，礼节大异于前，帝用汉语宣谕。翁同龢曰："此皆从前所未有也。"后德亲王入觐，待遇尤为优渥。帝既大改旧制，会恭亲王病殁，王自再出，身弱多病，小心谨慎，多所顾忌，毫无补于时艰，反为变法之阻碍。其时朝臣门户之见日深，新旧两派暗斗益烈。六月十一日，光绪诏定国是，十五日，翁同龢奉朱谕免职。文曰：

> 协办大学士翁同龢近来办事多不允协，以致众论不服，屡经有人参奏，且每于召对时咨询事件，任意可否，喜怒见于词色，渐露揽权狂悖情状，断难胜枢机之任，本应察明究办，予以重惩，姑念其毓庆宫行走有年，不忍遽加严谴。翁同龢著即开缺回籍，以示保全！

翁氏罪状究为莫须有之辞。其在朝也，帝极亲信，偶有疾病，询问者三，一旦忽而命其回籍，非帝之意，亦非翁氏之所预料者也。明日，驾出，翁氏趋宫门叩首，其日记曰："上回顾无言，臣亦黯然如梦，遂行。"其依依不舍之情状，见于言外。要之，翁氏之免职，为新旧二党暗斗之结果，帝奉懿旨无可奈何者也。翁氏友人张荫桓主张变法，亦几为旧党所陷，张氏面告翁氏，翁氏日记记之曰："樵野（张荫桓字）来告，初六日（六月二十四）与军机同见，上以胡孚宸参折示之，折仍斥得贿二百六十万，余平分，蒙温谕竭力当差。又云，是日，军机见东朝（太后）起，极严责，以为当办，廖公（廖寿恒）力求始罢。又云，先传英年将张某围拏，既而无事，皆初六日事也。"旧党陷害之计，不择手段，竟至于此，其视为奥援者，太后助之也，翁氏免职之日，诏令二品以上大臣授职者，京官谢恩陛见，并诣皇太后前谢恩，外官一体奏谢，又命直督王文韶、将军裕禄入京。裕禄为荣禄之党，直督之缺，改以荣禄充任。直隶驻有三军，一、董福祥之甘军，二、聂士成之武毅军，三、袁世凯之新建军。三军均归直督节制，军权归于荣禄，其党可得从容指挥，为所欲为，其深思远虑，计划之周到，光绪之危险，改革之失败，已定于此。而竟莫之奈何，光绪殆非慈禧之敌，抑其地位使之然耶？

光绪决心变法，其深予以刺激指导，而力促其进行者，康有为也。康有为迭次上书，奏请变法维新，名誉大噪，嫉之者亦众，自授主事以来，回粤讲学，及德强据胶州湾，自广东北上，上书极论国势之阽危，急宜及时发愤，革旧图新，以存国祚。其言耸警人心，语多透切，末后建议三策：一曰采法俄日以定国是，“愿皇上以俄国大彼得之心为心法，以日本明治之政为政法而已”；二曰大集群才而谋变政；三曰听任疆臣各自变法。其计划自今观之，势难实现，且多危险。至谓能行其上则可以强，能行其中则犹可以弱，仅行其下则不至于尽亡。其意以为不用其策，而仍因循守旧，唯有灭亡而已。其推论殆不免于武断，即使尽用其策，亦难尽如其希望也。书上，工部尚书淞淮恶其言直，不肯代递，而文传诵于时，康氏失望欲归，翁同稣留之，会得朝臣高燮曾之疏荐，光绪诏命总署大臣，问以大计，书始上达，共历二月之久，可谓难矣。其应召也，据翁同稣言，康氏高谈时局，以变法为主，立制度局，新政局，练民兵，开铁路，广借洋债数大端，此一八九八年一月二十四日事也。帝复命其具折上陈，宣取其所著《日本明治变政考》《俄大彼得变政记》二书。二十九日，康有为再行上疏，陈述效法日本维新，一曰大誓群臣以定国是，二曰立对策以征贤才，三曰开制度局以定宪法，其建议之制度局分立十二，一法律局，二度支局，三学校局，四农局，五工局，六商局，七铁路局，八邮政局，九矿务局，十游会局，十一陆军局，十二海军局。各省添设民政局，其督办准专折奏事与督抚平等，自辟属员。其奏陈办法，均仿自日本。日本明治即位，幕府归政，内而朝臣，外而藩侯，互相争权，藩侯治理属邑，朝廷空有治理全国之名，明治乃临南殿，率公卿藩侯祭天祀神，宣读誓文，示以用人改革之方针，而欲以之免除误会。中国之情状迥异于此，康氏之皇上御门誓众，殆表示其决心变法，不顾困难，势必勇猛前进，而守旧大巨不能阻挠也。顾其后变法之失败，非由于皇帝之不决心，乃其无权也。二国之环境不同，宜于日本，固不必能行于中国也。其倡设之各局，盖将中央地方政府之政事，交其办理，其原有官署将如何处置？时传其主废内阁六部，及各省巡抚藩臬司道，虽不足信，而康氏后应诏入见，据梁启超言，奏称新政责之小臣，许其奏事，旧衙门勿去。其后张元济请废翰林院、都察院，岑春萱请废卿寺，裁去局员，朝廷虽未尽采其议，而无事可办之官署固多废裁，此足以招引守旧大臣之反对矣，书上，康氏进呈《日本明治变政考》、《俄大彼得变政记》及李提摩太译编之《泰西新史揽要》、《时事新论》、《列国变通兴盛记》诸书。光绪将其奏疏交总署复议，读其进呈诸书，深有所感，变法之意益坚。

康有为在京活动，其弟子梁启超时亦在京，其年为会试之期，各省举人入京应试，四月，国难日急，康有为倡设保国会，谋集朝士举人，十七日，开第一次会于粤东会馆，到者约二百人，议定章程三十条，其宗旨则以国地日割，国权日削，国民日困，而图保国，保种，保教，对内讲求变法，对外讲求外交，设总会于北京、上海，立分会于各地。斯日，康有为等数人演讲，其说辞之主意，仍为外患日深，国势日急，士大夫将无死所，唯有人人发愤而已。礼部尚书许应骥粤人也，恶之，禁其再在会馆开会，第二次聚会于嵩云草堂，第三次开会于贵州会馆，据梁启超言，赴会者尚过百人。其反对之者，称其聚众收费，同于会匪，向途人即称亡国，著书驳之，印送贵人。据康氏弟子所言，其人以怨愤私利出此也。于是辗转传说，谤议大起，御史相继奏劾，会员李盛铎竟自劾会求免，刚毅因欲查究入会诸人，光绪不许，始免于祸。保国会之性质，不过集会演说，唤起时人之觉悟而已，而朝臣乃以洪水猛兽视之，其愚诚不可及。梁启超等联合举人百余人上书请废八股，书递都察院代奏，不得，转请总署代奏，亦不可得。其他举人闻之，据梁启超语，疾之如不共戴天之仇，遍播谣言，几被殴击。康有为之在京活动也，谒见达官，联络御史，许应骥奏称其至寓所干谒再三，概予谢绝。御史文悌称其踵门求见，多所干请，拟有底稿二件交之，一参广东督抚，请变更制科。其弟康有溥（字广仁）致书友人亦称其兄代草奏稿，鼓言路及能上折者上言，今刊行之康氏《戊戌奏稿》，尚保留其代草奏疏之一部分。言官与之亲近者，有宋伯鲁、杨深秀等，康氏之心，固为国事，吾人唯有叹其用心之苦。其时光绪以外交应付之困难，焦劳悲愤，易受康氏文字之影响。翁同龢复密荐之，梁启超称其言曰：“康有为之才过臣百倍，请皇上举国以听。”其言不免浮夸，要亦非尽子虚。翁氏主张变法，与之常有往来。及保国会被劾，康氏欲回籍养母。翁氏留之，其日记所言，殆为免祸之计，不无可疑之点，不足尽信。枢臣时相水火，翁同龢迭次被劾，康有为以为皇帝宣布政策，则变法之基础成立，草定国是奏疏，交言官上之。光绪得奏，六月十一日，毅然诏定国是曰：

> 数年以来，中外臣工讲求时务，多主变法自强。迩者诏书数下，如开特科，汰冗兵，改武科制度，立大小学堂，皆经一再审定，筹之至熟，妥议施行。唯是风气尚未大开，论说莫衷一是，或狃于老成忧国，以为旧章必应墨守，新法必当摈除，众喙哓哓，空言无补。试问时局如此，国势如此，若仍以不练之兵，有限之饷，士无实学，工无良师，强弱相形，贫富悬绝，岂真能制挺以挞坚甲利兵乎？朕维国是不定，则号令不行，极其流弊，必至门户纷争，互相水火，徒蹈宋、明积习，于国政毫无补益。即以中国大经大法而论，五帝三王不相沿袭，譬之冬裘夏葛，势不两存。用特明白宣示中外大小诸臣，自王公以及士庶，各宜努力向上，发愤为雄，以圣贤义理之学，植其根本，又须博采西学之切于时务者，实力讲求，以救空疏迂谬之弊，专心致志，精益求精，毋徒袭其皮毛，毋竞腾其口说，务求化无用为有用，以成通经济变之才。京师大学堂为各行省之倡，尤应首先举办，著军机大臣总理各国事务王大臣会同妥速议奏，所有翰林院编检，各部院司员，各门侍卫，候补候选道府州县以下各官，大员子弟，八旗世职，各武职后裔，其愿入学堂者，均准入学肄习，以期人才辈出，共济时艰，不得敷衍因循，徇私援引，致负朝廷谆谆告诫之至意，将此通谕知之！

诏文昭示朝廷之坚决变法，臣下当一致进行，其在先进国家，政策未定之前，有关系之各方面，得充分发表其意见，政策决定公布之后，其见解与之相反者，亦多放弃其主见。行政官吏唯有执行政府之命令不得论其是非，攻击其主持之敌党也，乃在中国，朝臣多所忌讳，对于国是，不愿公开讨论，而唯秘密活动，政策决定之后，心中虽极非之，而以利禄之故，一方面求固其位，一方面不择手段，阴谋破坏，无所不用其极。诏书欲去新旧门户之争，而实不易，一旦改革朝臣之心理，党祸反烈。吾人不得不叹千余年来政教之积弊，文人胸襟之狭隘，不顾理智，而唯意气用事也。诏中所言之特科，指经济特科而言，其议倡自贵州学政严修。其意专为耆儒宿学不在院堂肄业者，仿博学鸿词之例，分内政、外交、理财、经武、格物、考工，由三品以上京官，及督抚学政举送所知，入京试以策论。光绪交总署及礼部议复，复奏无所驳斥，奉旨遵行。特科每届十年或二十年一举，岁举则于乡试时，由学政调取高等生监分场专考，中式者名曰经济科贡士。朝臣之觉悟者，盖知八股之害，而欲因此拔用真才也。诏书催办京师大学堂，实为进一步之办法，大学成立，其教习将以何人充任，实一问题；虽然，政府之希望，固为造就人才，不可厚非。

康氏初以国是诏降后，大事已成，据其弟子张伯桢言，先原定期出京，而留之者情殷，会得翰林院侍读学士徐致靖之奏荐，徐氏与康氏接近，先曾上其代草请定国是之奏稿，至是，奏举康有为、张元济、黄遵宪、谭嗣同、梁启超五人，略称日本变法，拔用下僚及草茅之才入直宪法局，以备顾问。康有为等若蒙皇上召置左右，以备论思，与讲新政，或置诸大学堂令之课士，或开译书局令之译书，必能措思裕如，成效神速。十三日，光绪诏康有为、张元济于十六日预备召见，黄遵宪、谭嗣同、梁启超等着总理衙门查看具奏。十五日，翁同龢忽奉朱谕开缺回籍，大臣授职者，诣太后前或具折谢恩，授荣禄直隶总督。凡此数端，皆光绪对于太后之极大让步，太后已布置网罗矣。明日，康有为等召见于颐和园之仁寿殿，陈奏变法。张伯桢称其请废八股，梁启超言其建议增置新衙门，擢用小臣。对逾二时，康氏自称皆承嘉纳，天颜有喜，盖帝先读其书，慕之已久也。命其所著各书概行写进，随时上陈，帝欲重用康氏，而刚毅阻之，又碍于太后，诏其在总理衙门章京上行走，许其专折奏事。康氏政治主张，仍为“统筹全局以图变法，御门誓众以定国是，开局亲临以定制度三者而已”。自此而后，其精力多耗于著书，议论政事，其上奏者颇多：试士请废八股试帖楷法，改用策论；

武举请停马步弓刀石，改设军校；课士大设学堂，翻译日书，广派留学；政治则君臣合治，满汉不分，定立宪法，召开国会，改定法制；军制则裁汰绿营，改设巡警，仿照外制，大练新兵；交通则以漕款广筑铁路；实业则劝励工艺，奖募创新，提倡农商；宗教则尊孔圣为国教，废去淫祀；风俗则禁妇女缠足。其进呈之书有《突厥削弱记》、《波兰分灭记》等，均予光绪深切之刺激。朝臣之赞助变法者，有李端棻、徐致靖、张荫桓、孙家鼐等。李端蕖受梁启超之影响，关于变法事宜，多所建议，后授礼部尚书。徐致靖奏举人才，官授侍郎。张荫桓出使美英，久办外交，深知中国之积弊，极表同情于变法，又与康有为同乡，康氏曾馆于其家，往来甚密。孙家鼐为光绪师傅，奉旨办理译书局，及大学堂事宜，亦倾向于变法。其他康梁党人多为小臣。梁启超于七月三日奉旨赏给六品衔，办理译书局事务。九月五日，光绪进用杨锐、刘光第、林旭、谭嗣同。御史中之力赞助变法者，有宋伯鲁、杨深秀。初诏定国是，旧党先向新党挑衅，二人奏参礼部尚书许应骥守旧迂谬，阻挠新政，以为报复。上谕其明白回奏。许氏逐一陈明其无阻挠等情，反称康有为少即无行，意图幸进，联络台谏，夤缘要津，托词西学以耸观听，请将其罢斥，驱逐回籍，光绪不问。其党羽文悌时为御史，先曾诈与康氏交游，探其私事，至是，罗织其罪，称为轻浮巧猾之徒，证实许应骥回奏所言之罪状，疏文甚长，颇能动人，而上谕称其受人唆使，免去御史之职。文悌为人颇不可解，初于俄国强租旅顺、大连之时，自请赴俄辩论，将痛哭流涕，效法申包胥九日不食，倘俄固执，立即自尽，庶可感动英日出而助我，且曰："奴才无父母在堂，妻妾在室，以死报国，奴才蓄志已久，死得其所，可以感动地球万国"，自称其为奇策，而帝不许，否则将成外交上奇异之事。后湖南举人曾廉指摘梁启超所言之民权自由为大逆不道，上书请杀康梁，光绪反命谭嗣同将其逐条驳斥，然后进呈太后，以保全之。康有为之进呈书也，帝令太监赏银二千两，未曾下诏，盖免太后之疑忌，及旧党之诋毁也。康氏在京既为守旧大臣众矢之的，其弟有溥与梁启超谋欲其出使日本，而光绪别用黄遵宪、孙家鼐奏请康氏督办上海官报，光绪许之，而仍留其在京，及势危急，始促其行。

方康有为之见用也，信其能有所为，电商其事于李提摩太。李提摩太闻知伊藤博文来华游历，以其在日主持变法，多所成功，称其熟悉东方情状，建议聘为顾问，日本于地理上为中国近邻，二国之关系密切，其政府于列强在华争夺权利，无可奈何，其政治家固愿中国变法自强，而二国以种族、地理、文化、经济之关系，可能互助也。梁启超等已与日人相亲，士大夫有倡联日者。会康有为电召李提摩太入京，称将聘为顾问。李提摩太应召北上，九月中，抵京，而伊藤已至，同住于一旅舍，竟有上书请留伊藤为相者。二十日，光绪见之，待之优渥。康氏变法颇得英人、日人之同情与赞助，文悌奏参康氏，内称至其卧室，案有洋字信多件，不暇收拾，视为罪状之一，吾人则深佩其虚心。朝臣之进行康氏计划者，有谭嗣同、刘光第、杨锐、林旭、杨深秀等。谭嗣同为湖南浏阳县人，游历四方，负有大志，精通哲理，著有《仁学》，及康有为等倡立强学书局，值其来游北京，谒之不遇，乃与梁启超相见。梁氏称其师说，据其所作之《谭嗣同传》，谓其自称私淑弟子，后归湖南倡办新政，刊行《湘报》，集众演说。徐致靖荐之，被召入都。刘光第蜀人，初成进士，授官刑部主事，及闻康有为创设保国会，请为会员，遂与康氏相识，在官不事显贵。杨锐亦为蜀人，先见知于张之洞，官于京师，鉴于外患日逼，慷慨谈论时务，与康有为相善。强学书局之成立也，杨锐有力焉，杨崇伊上疏弹效，其会员上疏争之，杨锐争先署名，胶变起后，有为上书再谕变法，倡立保国会，杨锐加入，与康氏益密，刘杨二氏皆以湘抚陈宝箴之荐召见。林旭闽人，康有为之弟子，倡言变法，活动甚力；荣禄新任直督，召之入幕，会以朝臣之荐，被召。四人入觐后，奉旨赏加四品卿衔，在军机大臣章京上行走，参与新政事宜。章京云者，办理文书之职员，位在军机大臣之下。拜命之日，据梁启超言，皇上亲以黄匣缄一朱谕授之，命其竭力赞襄新政，无得瞻顾，“凡有奏折，皆经四卿阅视，凡有上谕，皆经四卿属草”。据此，则其职权出于军机大臣之上，皇帝时无大权，不能重用新进之士，又不能无故罢免守旧之大臣，岂用康有为之谋，擢用小臣办理新政耶？杨深秀，山西闻喜县人，博学强记，初成进士，时授御史，主张变法，与康有溥之交颇密，迭次上奏康有为代草之疏，请废八股，诏定国是，弹劾许应骙，辩护新政等。其他力助变法者，尚有康有溥等。有溥精明锐断，勇于任事，初为小吏，后从美人学医，梁启超于春间重病在京。康有为召之调护，有溥入京治病，并助其兄整理文稿，平日主张废八股为救中国之第一事，时约友人经元善创办女学于上海，知其在京之危险，而不肯去。其人要皆富有爱国思想之志士也。其在外省尚有陈宝箴等，陈宝箴为湖南巡抚，勇于任事，锐于改革，进行新政，不顾毁誉，政绩斐然。

六月十一日，光绪诏定国是，政变作于九月二十日，百有三日之中，改革之诏书迭下，兹列重要之改革于下。

六月十一日，诏军机大臣总署王大臣会同妥速议奏筹办京师大学堂。

六月十二日，诏选宗室王公游历各国。

六月二十日，总署奉旨妥议提倡学艺农业事宜。

同日，饬盛宣怀赶办卢汉铁路，并开办粤杭沪宁各路。

六月二十三日，诏自下科为始，乡会试及生童岁科各试，一律改试策论。

六月二十六日，谕各部院于奉旨交议事件，克期议复，逾期即严惩治。

七月四日，诏地方官振兴农业，着刘坤一咨送上海农学会章程于总署，并令各省学堂广译外洋农务诸书。

同日，创设京师大学堂，派孙家鼐管理，官书局及译书局均并入大学堂。

七月五日，奖赏士民著作新书及创行新法，制成新器，准其专利售卖。

七月九日，诏八旗改习洋枪。

七月十日，谕改各地书院为兼习中学西学之学校，省会之大书院为高等学堂，郡城之书院为中等学堂，州县之书院为小学。其地方捐办之义学社学亦令中西兼习，奖励绅民兴学。中学应读之书，由官书局颁发。民间祠庙之不在祠典者，即由地方官晓谕人民，一律改为学堂。

同日，严饬地方官保护教士教民。

七月十一日，诏举经济特科，命长官各举所知，于三月内送京，然后定期举行。

七月十四日，谕官奖进商业。

七月十六日，严谕各省将军督抚切实裁兵练军，力行保甲，整顿厘金。

七月十九日，公布科举章程，乡会试仍为三场，一试历史政治，二试时务，三试四书五经。岁科亦以此例推之。

七月二十六日，改《时务报》为官办，派康有为督办其事，并着督抚咨送各地报纸于都察院及大学堂，许其实言，不必忌讳。

七月二十九日，命各部院衙门删去旧例，另定简明则例。

同日，下诏改良司法。

八月六日，谕华侨创立学堂，着出使大臣劝办。

八月九日，京师大学堂成立。

八月十日，南北洋大臣及沿海各将军督抚奉旨妥议海军事宜。

同日，王文韶、张荫桓奉旨筹议铁路，开矿，增设学堂并切实举办事宜。

同日，宣示决心变法，有意阻挠，不顾大局者，必当严惩。大臣当认真考察真才，参劾不职，上下力除壅蔽。

八月十六日，译书局成立。

同日，诏于京师设立农工商总局，派直隶霸昌道端方等为督理，准其随时具奏，奖进绅富之有田业者，广开农会，购买农器。

八月二十六日，准梁启超设立编译学堂于上海，并予学生出身，其编译之书籍报纸一律免税。

同日，严旨切责两江总督刘坤一、两广总督谭钟麟因循玩懈，不肯力行新法。

八月二十八日，谕告诸臣除去蒙蔽锢习，不得无故请假，议奏事件不准延搁。

同日，诏刘坤一、张之洞试办商会于上海、汉口。

八月三十日，诏裁詹事府、通政司、光禄寺、鸿胪寺、太常寺、太仆寺、大理寺等衙门，外省裁撤湖北、广东、云南三省巡抚，东河总督。其不办运务之粮道，疏销之盐道，及佐二之无地方责者，均着裁汰。其余京外应裁文武各缺及归并事宜，大学士六部及各省将军督抚分别详议，切实办理。

九月一日，礼部尚书怀塔布、许应骙等奉旨交部议处，嗣后堂官代递条陈，将原封呈进，毋庸拆看。

九月五日，诏用西法练军，逐渐实行征兵，裁减绿营。

同日，工部统领衙门，五城御史，及街道厅奉旨挑挖京城内外河道，修理各街巷道路。

同日，诏委裕禄、李端棻为礼部尚书，徐致靖等四人为侍郎。

同日，赏谭嗣同等四人四品卿衔，在军机大臣章京上行走。

九月七日，诏各省督抚访查通达时务勤政爱民之能员，随时保送引见，以便录用。

九月九日，诏准孙家鼐另设医学堂，归大学堂兼辖，并着其详拟办法。

九月十一日，筹设茶丝学堂。

同日，诏准学士瑞洵于京城筹设报馆。

同日，再谕各衙门代奏事件，次日即当呈进，稍有抑格，立即严办，并将迭次朱谕谕旨录写一通，同此谕旨一并悬挂大堂，有所警触。

九月十二日，诏变武举。

九月十三日，官民一律得应诏言事，各省藩臬道府，凡有条陈，均得自行专折具奏，州县等官言事者，由督抚原封呈递，士民上书由本省道府随时代奏。

九月十四日，诏许满人经商营业，并查前移民开屯成案，以便办理。

九月十六日，诏编预算。

同日，命直隶按察使袁世凯开缺，以侍郎候补，专办练兵事务，并随时具奏。

凡上改革之大政，均切中国之积弊，顾其历时远久，人民于不知不觉之中，视为当然，其在社会上之势力至为强大，一旦忽而根本变更，人心往往不安。其愚蠢者原无判断之知识，比较之能力，而为风俗礼教所束缚。其读书者多囿于夷夏之别，从不肯虚心研究别国之政教，而自满自傲，尝以不可思议之思想，批评一切，其成见武断之甚，直与愚民无异，而痼病之深，不良之影响，祸害之烈，远过于愚民。其人非积极破坏变法，而即消极畏事不敢闻问。甘肃巡抚陶模曾论之曰：

> 大小臣工宜力戒自欺也，世变之奇，有先圣所不及料者，而士大夫犹以不谈洋务为高。夫不谈洋务可也，不知彼，并不知己，不可也。今我政事因循，上下粉饰，吏治营务久为邻国所窃笑，明明不如人，而论事者动发大言，自谓出于义愤，不知适以长庸臣之怠傲，蔽志士之聪明。一二有识者畏受訾警，或曲为附和，或甘为缄默，绝无古名臣交相警戒之风，平日视危为安，视弱为强；文武骄惰莫由觉悟，一旦有事，不肯平心体察，谬托正论，务虚名而贾实祸，诚可为痛哭流泪者也。事前既莫知其不如人，事后众论仍莫肯直认不如人，甘心自画，又安望有自强之一日？

其言发于中日战后，深切士大夫之痼疾，数十年来外交上所受之祸多由于此。康梁于斯环境之中，不顾清议，倡言变法，殊为不易。陶模建议之挽救方法，则选择办理洋务档案，翻译各国政书，将其刊印，俾士大夫洞悉中外情形。其建议自理论而言，无可非议，实际上则少效力，士大夫成见太深，对于西学深闭固拒，情感用事，毫不愿虚心受教也。康梁从事于宣传，口头上文字上均甚努力，一部分青年志士虽受其影响，而时甚暂，根基殊浅。顽固之士大夫反指摘其言为诋毁之口实。李提摩太等所编之书，所谓圣贤之徒更不之读，剧烈之改革实非其所了解，而康梁之采行者多为西法，乃斥其用夷变夏，非圣非道，而痛心疾首视之。文悌之劾康有为曰："听其谈治术，则专主西学，欲将中国数千年相承大经大法一扫刮绝，事事时时以师法日本为良策。……中国此日讲求西法，非欲将中国一切典章文物废弃摧烧，全变西法，使中国之人默化潜移尽为西洋之人，然后为强也。故其事必须修明孔孟程朱四书五经小学性理诸书，植为根柢，使人熟知孝弟，忠信，礼义，廉耻，纲常，伦纪，名教，气节以明体，然后再习学外国文字，言语，艺习以致用。"其言为常人说法，似有至理，而于康氏则为无的放矢，不过牵强罗织其罪。主西学不必扫绝本国之大经大法，而文悌牵合为一，更以私意推断其为康氏之意。变法期内，康梁固未摧烧典章文物，而其所改革者，要偏于政治民生，至谓以经书为根柢，康梁固已熟悉经史，推尊孔子矣。文悌之言，全出于意气用事，未尝平心考察康氏之主张也。守旧大臣莫不尽然，陈宝箴初欲调停其间，奏称康氏博学多才，盛名几遍天下，誉之者不无俯首服膺，毁之者甚至痛心切齿，其召毁之由，一则生平才性纵横，志气激烈，一则孔子改制一书，推崇孔子比之耶稣，而又主张民权平等。其嫉之者以为不知君臣父子之大防，乃为众矢之的，请销毁书版，以息纷争。陈氏所奏颇为公允，无奈视事太易，毁板息争，其何可能？况后变法于一部分人有不利之影响耶？其废八股，文人多或失其所长，改庙兴学，民众莫不痛恨，汰裁冗官，官吏大生恐惧，准许旗丁营生，旗民忧虑废其优待。夫变法者，原谋国家之富强，人民之幸福，少数人固有之特殊利益，终必摇动，而势之所趋，难于免除也。

上就反对变法者之心理及当时之背景而言，兹节引时人之言论与记录，以便有所证明。吴敬恒曰："忆戊戌（一八九八年）变法之际，朝旨欲即寺观为学校，与当时之舆论不相入。曾见一卖菜男子攘臂怒目抗论于市人曰，寺观为从古所有，乌可议废者？"从古所有，则习而安之，其果为从古所有与否？固非争论之点，卖菜男子颇能代表民众之心理。士大夫攻击变法之领袖尤力，许应骙奏曰："康有为与臣同乡，稔知其少即无行，迨通籍旋里，屡次构讼，为众论所不容，始行晋京，意图幸进。今康有为逞厥横议，广通声气，袭西报之陈说，轻中朝之典章，其建言既不可行，其居心尤不可测，若非罢斥驱逐回籍，将久居总署，必刺探机密，漏言生事，长住京邸必勾结朋党，快意排挤，摇惑人心，混淆国事，关系非浅。"许氏之奏文，前多诬毁之辞，后为无中生有之推论，其称康氏抄袭西报，士大夫时无新说新书，舍外人著作而外，其将何以明了外情？学术固无国界也。许氏昏庸殆不之知。文悌奏参康有为曰："近来《时务知新》等报所论尊侠力，伸民权，兴党会，改制度，甚则欲去跪拜之礼仪，满汉之文字，平君臣之尊卑，改男女之外内，似只须中国一变而为外洋政教风俗，即可立致富强，而不知其势，小则群起斗争，召乱无已，大则各便私利，卖国何难？奴才曾以此言戒劝康有为，而康有为不思省改，且更私聚数百人在辇毂之下，立为保国一会。……名为保国，势必乱国而后已焉。奴才于其立保国会后，曾又与面言，恐其实为乱阶，令其将忠君爱国合为一事，幸勿徒欲保中国四万万人，而置我大清国于度外。"其望文生义，吹毛求疵，至为可笑！康氏为清室忠臣，其保国会章程无不保大清之语，清帝统治中国，非先种族革命，固无所谓保中国不保大清也，乃竟以此罪之，后慈禧听政，果用其语。康氏自今观之，颇偏于保守，民国成立后回国，尚欲复辟，保存中国政教，文悌之言极牵强附会之技能矣。王先谦曰："康梁所用以惑世者，平权耳，平等耳，是率天下而为乱也。"甚者斥平等为无父无母之说，士民被其荼毒，陷为禽兽。张之洞曾论民权有四害而无一利，中国宜有官权。其结论曰："民权之说一倡，愚民必喜，乱民必作，纲纪不行，大乱四起。倡此议者岂得独安独活？且必将掠劫市镇，焚毁教堂，吾恐外洋各国必借保护为名，兵船陆军深入占据，全局拱手而让之他人。"其害如此，无怪曾廉斥康氏为大逆不道，而上书请杀之也。湘人叶德辉于政变之后，辑成一书，名曰《觉迷要录》，诋毁康梁。兹引用二例，以见顽固文人之意见，徐可大毁骂康氏好财贪利，挟诗文以干诸公，游平康菊部不名一钱，自称长素，借拟素王，将夺尼山一席等语。梁启超于长沙时务学堂批论课艺，叶德辉节录其言，而各加以案语。兹节引用于下：梁批曰：“今日欲求变法，必自天子降尊始，不先变去拜跪之礼，上下仍习虚文，所以动为外国所讪笑也。”叶曰：“案此言竟欲易中国拜跪之礼，为西人鞠躬，居然请天子降尊，悖妄已极。”梁云：“兴民权者，断无可亡之理。”叶于民权，先称“民有权，上无权矣”，于此则曰：“只速乱耳。”梁云：“二十四朝其足当孔子至号者无人焉，间有数霸生于其间，其余皆民贼。”叶云：“案二十四朝之君主谓之民贼，而独推崇一孔子，是孔子之受历代褒崇为从贼矣，狂吠可恨。”一则信笔怒骂，无异村妇之恶态；一则断章取义，附会而成案语，借以罗织其罪。学者论断方法岂如此乎？要之，凡力反对变法之文人，不知欧美强国之政教，自由，平等，民权之真谛，本于孤陋寡闻所生之成见，徒就名辞之文义，而即肆口诋毁，其昏庸有失常态，至堪痛恨。孙家鼐颇与康有为接近，曾奏称其《孔子改制考》将蛊惑民心，导乱天下，请旨将其削去；陈宝箴奏请毁版，可见反对者势力之强大矣。

于此环境之中，光绪变法诏书多如雪片，其所改革者，是否能实行乎？变法之时期短促，而其所变者多为数百年之积弊，新政又为大规模之建设，决非百日所能成功，如练新军，设学堂，非有相当之经费，领袖之人才，充分之时间，殆无实效。其奉行者，多为守旧之大臣与疆吏，其人心中反对变法，或有不知如何进行者，对于国事向多掩饰敷衍，乃托辞延宕。初，康有为奏请设十二局办理新政，光绪按照故事交总署议复，延至六月初，尚未复奏，其原折则于一月进呈也。光绪怒而促其即复，奏上，对于康氏计划尽行驳斥，光绪切责张荫桓，张荫桓叩头，奏称此事重大，请派枢臣会议。帝命军机大臣会同议复，竟再将其驳斥，帝朱谕责之，发令再议，议上：“不过择其细端末节准行而已，余仍驳斥。”（梁启超语）百日内，光绪迭次严谕复奏事件，不得迟延。其六月二十六日谕曰：“各部院衙门于奉旨交议事件，务当督饬司员克期议复，倘再玩忽，并不依限复定，即从严惩治不贷。”八月二十八日谕旨曰：“部院官本应常川进署，不得无故请假，议奏事件，不准延搁逾限，皆经再三训诫，而犹阳奉阴违，似此蒙蔽因循，国事何所倚赖？用特重加申儆。凡在廷大小臣工务当洗心革面，力任其艰，于应办各事，明定限期，不准稍涉迟玩。倘仍畏难苟且，自便身图，经朕觉察，定必严加惩处，毋谓宽典可屡邀也。”于此可见朝臣办事之怠缓，疆吏对于新政，亦多推诿。七月十六日，上谕切责之曰：“疆臣身膺重寄，具有天良，何至诰诫谆谆，仍复掩饰支吾苟且塞责耶？经此次谆谕之后，倘再有仍前敷衍，不肯实力奉行，经朕查出，或别经发觉，试问各该大臣能当此重咎否也，将此通谕知之！”其措辞之严峻若是，而疆吏仍多观望，如两江总督刘坤一、两广总督谭钟麟于奉旨筹办事件，无一字复奏。迨经电旨催问，刘坤一复称部文未到以塞责，谭钟麟且于电旨不复。八月二十六日，光绪严谕责之，并论其他督抚曰：“该督等皆受恩深重，久膺疆寄之人，泄沓如此，朕复何望！倘再借词宕延，定必予以惩处。直隶距京咫尺，荣禄于奉旨交办各件，尤当上紧赶办，陆续奏陈。其余各省督抚亦当振刷精神，一体从速筹办，毋得迟玩！致干咎戾！”国内推行新政，著有成效，唯有湖南一省。

湖南初为仇外之中心，长沙刊印仇教之文字，绅士反对轮船电报。一八九七年，德人至长沙游历，书院请官拦阻，愚民投石掷之，府县奉命阻其入城，而德人不允。会湖广总督张之洞严饬准其入城，始免于事。通事诈索银元、绸缎、珠石、古玩及婢女等于各城，竟有应之者。绅士知识殊为幼稚，识者乃渐改变态度，请设电报达于长沙，购买小轮船。其主持新政者，则巡抚陈宝箴也，黄遵宪等佐之，绅士谭嗣同、熊希龄助之，办时务学堂于长沙，刊行《湘报》，创设保卫局，及内河小轮船公司等。保卫局即后日之警察局，创办之初，无赖欲与为难，甫及一月，盘获拐匪窃盗多人，交于迁善所，于是城市肃清，商民称便。及太后诏废新政，陈宝箴电商于张之洞仍请续办，张氏不肯主持，终以绅士之力，独得不废。张之洞原倾向于变法，资助强学书局，著作《劝学篇》，奏请改正文体，谕饬属下购阅《湘报》，又曾与康梁往来。顾其为人也，私心太重，胸襟太狭，保全禄位，不顾其他。大臣时分南北二派，久相水火，康有为以翁同龢之力进用，即为张之洞所不喜，又以论学不合而去。容闳谋筑津镇铁路，报效百万，张氏以其与卢汉铁路竞争，力谋阻之不得，容闳固康梁党也，及闻德国反对而罢，心始安慰。康有为奉旨督办《时务报》，汪康年以为前与政府无关，改称《昌言报》，不肯移交，两派辩论，康氏请禁发行，张之洞致电孙家鼐称其强夺商报，不可禁发，孙家鼐复称此为康氏私意。据此，康氏实孤立无援；要之，张之洞虽未赞助康梁，而其亲信弟子杨锐则极力活动，亦未公然表示反对，盖专俟时机以为转移，及闻太后听政，乃落井下石，以保全其地位，转而深恨康梁。刘坤一久官于南京，对于地方除建一佛寺外，别无建设，谭钟麟请裁邮局，更毋望其实行新政。其时光绪迭诫各衙门革除壅蔽，对于代奏事件，不得阻格，而条陈尚有被阻者，于此可见新法之实行不易矣。其主因一由于时间太短，范围太广。一由于积弊太深，官吏敷衍因循，世人久视为当然，而今一旦令其尽改前非，实为重大之革命，并饬其推行新法，自多无从措手；且官署向偏于牵制，组织不备，指挥不灵，奉行新法，盖亦不易。一由于皇帝无权，而大臣疆吏初殆无所畏惧也。

新政不易实行，而诏书迭下者，一由于主持变法之人视事太易，康有为于德据胶州湾时，中称变法之效曰："新政诏书虽未推行，德人闻之便当退舍。"又曾奏曰："雷厉风行，力推新政，三月而政体略举，期年而规模有成，海内回首，外国耸听。"天下固无若是之易事。其一明知其不能行，而故多发诏书，使识者念光绪为圣主，以为后图。康有溥致书友人，而明以此为言，此固其兄之见解。其在京也，奏疏太多，言事太易，中有未曾审思而实无法推行者。八月末，康氏上奏统筹全局举办新政，内政须银一万万两，练兵百万一万万两，兴创海军一万万两，分筑三大干路三万万两，合计六万万两，主张大募公债。其先政府决定发行昭信股票一万万两，康氏谓其额数太少，力持不可，及后发行，竟无人愿买。六万万公债，募之国内外国，均非易事。万一募足，而政府一年收入不足一万万两，政费军费若此之巨，将何以持久？康氏殆未虑及中国情状固不同于外国。九月初，康氏奏请二事，一迁都上海。上海究为适宜之地与否，暂且不论，官吏将于何处办公，大兴土木，则以财政困难无法进行。一请易服。梁启超于湘先已言之，及康氏疏上，帝欲照行，而刚毅力争。康氏后自言其建议，实为巨谬，幸未遽行，以致摧残丝业也。凡此数端，均足以供反对者之口实与愤恨，殊为不智。所堪注意者，变法诸人处于逆境之中，非不知其地位危险，有置生命于度外者。兹引康有溥书为证。

伯兄规模太广，志气太锐，包揽太多，同志太孤，举行太大，当此，排者，忌者，挤者，谤者，盈衢塞巷，而上又无权，安能有成？弟窃私深忧之，故常谓但竭力废八股，俾民智能开，则危崖上转石，不患不能至地，今已如愿，八股已废，力劝伯兄宜速拂衣，虽多陈无益，且恐祸变生也。伯兄非不知之，惟常熟（翁同龢）告以上眷至笃，万不可行。伯兄遂以感激知遇，不忍言去，但大变法，一面为新图之基，一面令人民念圣主以为后图。弟旦夕力言新旧水火，大权在后，决无成功，何必冒祸？伯兄亦非不深知，以为死生有命，非所能避，因举华德里落砖为证。弟无如何，乃与卓如（梁启超）谋，令李菇老（李端棻）奏荐伯兄出使日本，以解此祸，乃皇上别放公度（黄遵宪）而留伯兄，真无如何也。伯兄思高而性执，拘文牵义，不能破绝藩篱，至于今实无他法，不独伯兄身任其难，不能行，即弟向自谓大刀阔斧荡夷薮泽者，今亦明知其危，不忍舍去，乃知古人所谓鞠躬尽瘁死而后已，固有无可如何者！兄在远不知情事，易于发论，倘在此岂能远遁？若能遁，则非人情，又何以为人，固知为志士仁人之不易也。……今婴国事，如陷阱罗。

今读遗文，深佩其光明磊落，欲与变法诸人共患难，同生死，殆所谓志士仁人非耶！原信见于张元济所辑之《戊戌六君子遗集》，未将月日注明，以愚观之，殆在八月。康有溥之在京，异于其兄，未受政府之委任，毫无职守，出京避祸，并不可非，而仍留京不去，死而后已，实非常人之所愿为。康有为久视生死非人所能为力，其所称华德里故事，则十五年前，康氏路经华德里，时方筑室，砖坠掠面流血，倘斜落半寸，则脑伤而死，故言生死有数。谭嗣同、杨深秀等莫不如是，祸变作后，其友劝说谭氏避祸于日本使馆，然后东游，强之者三，而谭氏坚决不从，必欲死难。杨深秀闻知政变，“抗疏诘问皇上被废之故，援引大义，切陈国难，请西后撤帘归政”（梁启超语）。二人久已视死如归矣。其死目今观之，固无结果，而在当时则不可非，其为国牺牲之精神，至堪钦佩，诚所谓志士仁人也！光绪于此期内，诏称宵旰焦劳，力图振作，其每日阅看之奏章视前大增，倍加勤劳，其心则为国民也，曾得请开国会之疏，即欲照行。孙家鼐谏曰："若开国会则民有权，而君无权矣。"帝曰，"朕但欲救中国耳，若能有益于国民，则无权何害？"（见《戊戌奏稿》）其言颇为诚实，变法欲有所为，非不知其危险也。

中国时为帝国，朝廷为专制独裁之中央政府，国内除叛乱或大规模暴动而外，殊难切实影响政府之政策。中主对于任何大臣均得自由处分，良懦之平民，议论无由上达，终难有所举动。皇帝对于变法苟有坚决之主张，具体之办法，次第进行，理论上实无重大之问题。而光绪变法失败者，其原因则政权不在皇帝，而在太后也。慈禧太后听政，大臣久立于朝者，非其亲臣，即不敢稍违其意。光绪孤立于上，亲政后，太后颐养于颐和园，臣下奏疏仍须封送园中由其决定。一八九七年，学士恽毓鼎奏参园中牛姓太监，帝阅疏后，谓翁同龢曰："此疏若为太后见，言官祸且不测，朕当保全之"，遂将其撤去。帝知言官之忠直，太监之乱政，而竟敷衍省事。变法之初，太后用其亲臣握兵，光绪迫而罢斥师傅，不敢重用康梁，而令康氏进书陈其意见，后用谭嗣同等四人，专办新政，位不过章京，品不过四品衔而已。妇女之性情，多偏于保守，慈禧幼读诗书，严于夷夏之别，拳乱后，尚信中国之政教高于各国，其听政也，对于军国大事，宫中礼节，莫不欲遵祖制，平日听信讹言，怀疑教士。自其性情及思想而言，对于变法，毫无了解同情之心，后告德龄女士，信帝将为教徒，故反对之。其时光绪进用之新臣，尽为汉人，其先汉人于政治上占有优势，光绪信用翁同稣已起刚毅等之怨望，而今重用汉人，改练旗丁，许其营生，益大启其恐惧之心。满臣之妻女得入颐和园中，向太后挑拨，其嫌疑之深，则以礼部堂官阻格王照条陈而尽落职也。王照官为礼部主事，上奏请帝游历日本，交礼部代奏，其尚书怀塔布、许应骙等将其阻格。康有溥闻之，请其草疏奏劾，王照从之，而堂官仍不肯递。王照以上谕废除壅蔽，力争不已，且谓将请都察院代奏，怀塔布等无奈，奏称日本向多刺客，王照妄言，而竟借端挟制。上谕斥其狃于积习，毫不体会谕旨，游日与否，无庸其过虑，将其交部议处。九月五日，改委礼部尚书侍郎六人，盖帝新读《波兰分灭记》诸书，深受感动，态度坚决，大非前比，又以谕旨不行，而礼部堂官最为守旧，借以振作，且使朝臣有所警畏也。斯日，诏用四卿办理新政，意将积极推行新法，遂触太后之忌。会曾廉上书请杀康梁，帝恐太后杀之，乃令谭嗣同将其条陈驳斥，以保全之。十二日，帝应宋伯鲁、王照等之奏请，欲开懋勤殿，选臣待制，燕见赐坐，讨论政事，命谭嗣同拟旨，遣内侍持列朝圣训授之，欲其引用故事也。明日，帝往颐和园请命，而太后不许，旨不得下，二人猜忌益甚。十四日，帝将手谕交与杨锐，文曰："朕惟时局难艰，非变法不得救中国，非去守旧衰谬之大臣，而用通达之士，不能变法，而皇太后不以为然，朕屡次几谏，而太后更怒。今朕位几不保，汝康有为、杨锐……可妥速密筹，设法相救"。危险至是，帝盖深受太后之申责，而以政变将起也。明发康有为即赴上海之诏，十八日，密谕促行，值李提摩太应召抵京，往谒康氏。康氏面称政局不安，将即赴沪，皇上召见之旨，将由孙家鼐或谭嗣同转交，二十日乘火车出京。

变法诸臣对于朕位不保之密谕，筹商救护之方法，康氏先已知其危险，非以兵力不能挽救，环顾国内统兵之将，能救其出险者，唯有袁世凯耳。袁世凯精刻机变，负有时望，初为吴长庆幕友，随之往韩，平定韩乱，擢至道员，干涉朝鲜外交，及中日战祸将启，狼狈回津，李鸿章用为粮道，知不能胜，主张和议，战后，练兵于直隶，对于变法之主张，表示同情，曾助强学书局，会为言官奏劾，帝命荣禄查办，荣禄知其练兵得法，昭雪其诬罔，至是，官至按察使职，兼领精兵七千。康有为先欲结之为援，暗使亲信徐仁录入其幕中，征其意见，而袁谬称倾向，康氏信以为真，上疏荐之，代徐致靖草疏荐之，又嘱谭嗣同密言于帝，帝遂召其入京引见。九月十四日，袁世凯抵京，十六日入觐，帝问军事颇详，午后诏命其以侍郎候补，专练军队，明日，谢恩，召见，十八日夕，谭嗣同谒之，说以皇上危险，荣禄密谋废立，十月九日（阴历九月五日），帝同太后幸津阅兵，请其以兵保护圣躬，复帝大权，清除君侧。袁世凯答称阅兵时，帝入其营，即传令诛贼，议至夜半后始散。此说见于梁启超所著之《谭嗣同传》。据《申报》发表袁世凯之《戊戌日记》，称十八日夜，谭嗣同来见，屏人密谈，称荣禄献策废立，因出草稿，略称荣禄大逆不道。袁世凯请训，将面付朱谕，令其赴津，即诛荣禄，代为直督，立时运兵入京，一半围颐和园，一半守宫。如不听吾策，即在公前自尽等语。袁问其围颐和园何为？谭称除此老朽，国始可保，已雇有好汉数十人，并电招湖南好将多人来京，唯请其办理诛荣禄围颐和园二事。袁称事关重大，不能今晚决定，上亦未必允准。谭称其有挟制之法，必能邀准，初五日（二十），定有朱谕面交。袁以其类疯狂，乃设词推宕，谓天津驻兵众多，新建军人少，子弹在天津营内，势不能动。谭称猝诛荣禄，分给诸军朱谕，驻军即不敢动。袁称事须缜密，切不可先交朱谕，后再商议办法。谭称上意甚急，且出朱谕示之，乃墨笔所书，略称老臣反对变法，太后不安，饬其另筹良法。袁谓此非朱谕，中无诛荣禄围颐和园之说。谭称朱谕在林旭手，杨锐抄写给之，谕内所谓良法，即指此事，遂强其照办，声色俱厉，腰间似有凶器。袁称待巡幸天津阅军，皇上下谕，谁敢不遵？谭称势甚迫急，袁称既有巡幸，必不遽有意外。谭谓如不出巡奈何？袁称其可请荣禄力求，保可不至中止。谭嗣同信之。起而为揖，夜深始去。

二说迥不相同，梁启超之文作于日本，梁氏于政变前在京参与机密大事，其所著之《戊戌政变纪》，原为一时之宣传，后亦自行承认。今自吾人观之，其文对于守旧及反对变法大臣多所诋毁，而于期内之大事，记录多未失实，其说明之处，虽不免于辩护浮夸之辞，然颇显而易见。袁氏日记据称得自张一麐，其果为袁氏亲笔与否，尚不可知，而固袁派辩护之文字也。原文注明作于八月十四日，其日为公历九月二十九日，谭嗣同等业已受刑。上谕公布康有为之罪名，则谋围颐和园也。十日之间，康氏之罪名三变，初谓其进红丸，酖弑皇上，继称其结党营私，终称其谋围颐和园，袁氏殆受其影响而厚诬之耶？其与谭嗣同会谈之际，别无他人，实状今不可知。自吾人观之，袁称谭谓太后为老朽，雇人杀之，直为大逆不道，颇可怀疑，运兵入京围颐和园之谋，亦有疑问。其时直隶驻军约有十万，杀荣禄后，事变将即电报北京，旗兵设防，七千人将何能围颐和园乎？其谋直视国事为儿戏，犯大不韪之名，智者断不肯为。据张伯桢言，谭氏说袁系奉康氏之嘱，其意欲杀荣禄，夺其兵权，太后失其所恃，无能废立矣，固无围颐和园之语。袁氏谓谭有挟制皇帝之法，类似疯狂，腰间疑有凶器，均不足信。皇帝饬其议商救护之法，何挟制之有？谭氏久历险境，负有奇才，称其疯狂，实无根据。其时适在仲秋之初，气候尚热，人穿单衣，腰间何能藏有凶器？至称朱谕为墨笔所书，盖指抄录之文而言，实则帝传密谕于杨锐。及载沣监国，杨锐之子将其呈上。袁氏所述谕旨之内容略与之同，其称交于林旭，由杨锐抄录，殆其记忆力弱，而更加以附会乎？总之，袁氏日记要多诬蔑之辞，不足尽信。梁氏所言间亦不免讳饰之处，未曾提及诛杀荣禄之谋则其明例。谭袁会商之结果，则于巡幸阅兵之时，诛杀后党也，双方所言均相符合，其谋苟守秘密，先有预备，殊不难于成功，乃袁世凯无勇敢之精神，犹豫不决，更念荣禄之厚谊，遂叛新党，而置国事不顾，二十日，请训回津，即往督署，以内情告于荣禄。旧党先已至津挑拨荣禄，及袁世凯抵京，荣禄声称英舰办弋渤海，促其回防，及闻其谋，电告慈禧。慈禧大怒，斯日，自颐和园回宫，矫诏称帝再三吁恳其训政，自今日即在便殿办事，置帝于南海瀛台。瀛台三面皆水，帝遂惨然如在笼中。

袁世凯变节之信息传布北京，伊藤博文叹称帝无兵力，何能有为？即命摒档行李出京，其先孙家鼐通知李提摩太谓二十三日，帝召其入见，及期，称帝囚于瀛台，生命危险。初二十一日，步军衙门奉旨密拿康有为及其弟有溥，北京闭城大索，步军统领捕获康有溥。谭嗣同、梁启超闻之，并知垂帘之诏，往见李提摩太共同商救皇帝及变法诸臣之策，议定李提摩太往见英使，梁启超往见日使，容闳往见美使。容闳者广东人也，为中国最初留美学生之一，回国后，说丁日昌转商于曾国藩、李鸿章奏请选派幼童赴美读书，对于变法深表同情，九月中，抵京，筹筑铁路，其夫人美妇也，容闳已入美籍，而于祖国仍欲有所赞助。三人奔走游说，未有圆满之结果，此固中国内政，而公使不应干涉也。谭梁处于窘极无可奈何之地位，不择手段，吾人当或谅之，幸主持变法之康有为、梁启超皆能出险。康氏于二十日抵津，乘英船南下，荣禄发兵捕之，不及，知船将泊烟台，电道台截搜密拿，会道台以事他往，康有为不知政变，及船入港，登岸游览，购物归舟而去。政府电上海道台搜捕，道台亲乘轮船守于吴淞，凡船自天津到者，上船搜查，始许搭客登岸。英使以康有为为变法之领袖，深表同情，不愿其于英船上捕获。上海英领白兰（Byron Brennan）奉命救之，康氏于吴淞口外改乘英船前往香港，梁启超避祸于日本使馆，得其援助出京，二十五日，偕同日人自塘沽登轮东往日本。

康梁得免于难，朝臣因变法受祸者颇多，二十四日，步军统领衙门奉旨拿张荫桓、徐致靖、杨深秀、杨锐、林旭、刘光第、谭嗣同，明日，解送刑部。刑部奏其案情重大，请派大臣会讯，俄谕张荫桓暂行看管，徐致靖交部研讯，谭嗣同等派大臣会审，且曰：“此外官绅中被其诱惑之人，朝廷政存宽大，概不深究株连。”会御史请即将六人正法，二十八日，杀之，明日，朱谕曰：

> 近因时事多艰，朝廷孜孜图治，方求变法自强，凡所设施，无非为宗社生民之计，朕忧勤宵旰，每切兢兢。乃不意主事康有为首倡邪说，惑世诬民，而宵小之徒群相附和，乘变法之际，隐行其乱法之谋，包藏祸心，潜图不轨，前日竟有纠约乱党谋围颐和园劫制皇太后，陷害朕躬之事，幸经觉察，立破奸谋，又闻该乱党私立保国会，言保中国不保大清，其悖逆情形，实堪发指。朕恭奉慈闱，力助孝治，此中外臣民之所共知。康有为学术乖僻，其所著述，无非离经叛道非圣变法之言，前因讲求时务，令在总理各国事务衙门章京上行走，旋令赴上海办理官报局，乃竟逗遛辇下，构煽阴谋，若非仰赖祖宗默佑，洞烛几先，其事何堪设想！康有为实为叛逆之首，现已在逃，著各省督抚一体严密查拿，极刑惩治。举人梁启超与康有为狼狈为奸，所著文字，语多狂谬，著一并严拿惩办。康有为之弟康广仁（有溥字）及御史杨深秀，军机章京谭嗣同、林旭、杨锐、刘光第等实系与康有为结党，阴图煽惑。杨锐等每于召见时，欺蒙狂悖，密保匪人，实属同恶相济，罪大恶极，前经将各该犯革职，拿交刑部讯究，旋有人奏，若稽时日，恐有中变。朕熟思审处，该犯等情节较重，难逃法网，倘语多牵涉，恐致株累，是以未俟复奏，于昨日谕令将该犯等即行正法。此事为非常之变，附从奸党，均已明正典刑。康有为首创逆谋，罪恶贯盈，谅亦难逃显戮。现在罪案已定，允宜宣示天下，俾众成知。我朝以礼法立国，如康有为之大逆不道，人神所共愤，即为覆载所不容。……嗣后大小臣工，务当以康有为为炯戒。

朱谕所称之罪状，语涉含混，多非事实。中国非法治之国，太后之盛怒，刑部作为定罪之标准，康有为之罪名，至是三变，不过对于太后亲臣有不利之行为，而此罗织其罪，加以抽象之恶名耳。权有力者，固能如此！其先一日，谭嗣同等六人被杀，后人呼为六君子。其中谭嗣同之学识才力，尤见称于时，政变后不肯出逃，语其友曰："中国数千年未闻有因变法而流血者，有之，请自嗣同始。"康有溥等亦无临难求免之心，其大无畏之精神，有足多者。六人死后，慈禧深以未得康有为为恨，悬赏捕之，诏火其书籍，收其财产，捕其家属，毁其祖墓。其家人以亲友之助，先已逃往澳门、香港矣。拳乱后，德龄女士入宫侍奉太后，其父裕庚久任驻外公使，女士从之住于外国，熟悉英语，及在宫中，曾译英文报纸上之消息，告于慈禧，偶尔言及康有为抵于新加坡。慈禧大惊失色，嘱其留意关于康有为之信息，其患之之甚，一若洪水猛兽。梁启超、王照、文廷式均奉旨缉拿，籍产掘墓，并捕其家属。其赞助变法之大臣张荫桓则旨称其居心巧诈，行为诡秘，趋炎附势，反复无常，发往新疆，交其地巡抚严加管束，沿途派员押解，并收没其家产。徐致靖交刑部永远监禁，其二子革职永不叙用。李端棻革职，发往新疆，交地方官严加管束。翁同稣前已回籍，后亦令地方官严加管束。黄遵宪、张元济、宋伯鲁等均先后革职，甚者永不叙用。大臣之罪名，或为声名恶劣，或为滥保匪人，或为招引奸邪等名。其在外省者，陈宝箴奉旨革职，永不叙用，其子三立亦罢官归。于是凡与变法有明显关系之臣工，诛逐殆尽，约四十人，皆国内有志之士，政治上之损失何如，刑罚之严酷，犹其余事。

慈禧第三次听政，即命荣禄入京，仍在军机大臣上行走，兼管北洋军队，改授裕禄为直督，其他顽固大臣多居要职，并次第罢免新政。中国之权有力者，对于反对党之所为，从不平心静气，考察其利害是否宜于国情，或能改去积弊，促进人民之幸福，及得政权，徒逞意气，不顾一切，而尽反其所为。历史上之明例，不胜枚举，殆如算盘打过再来，又如俗谓另起锅灶也。执政者固可抹杀政治上之经验，而人民苦矣。慈禧再行听政，诏复旧制，二十六日，谕曰：

> 朝廷振兴商务，筹办一切新政，原为当此时局，冀为国家图富强，为吾民筹生计，……乃体察近日民情颇觉惶惑，总缘有司奉行不善，未能仰体朕意。……即如裁并官缺一事，本为淘汰冗员，而外间不察，遂有以大更制度为请者，举此类推，将以讹传讹，伊于胡底。……詹事府、通政使、大理寺、光禄寺、太仆

> 寺、鸿胪寺等衙门照常设立，毋庸裁并。其各省应行裁并局所冗员，仍著各该督抚等认真裁汰。……凡有言责之员，自当各抒谠论，以达民隐，而宣国事。其余不应奏事人员，概不准擅递封章，以符定制。时务官报无裨治体，徒惑人心，并著即行裁撤。大学堂为培植人才之地，除京师及各省会业已次第兴办外，其各府州县议设之小学堂，著该地方官察酌情形，听民自便。其各省祠庙不在祀典者，苟非淫祀，著一仍其旧，毋庸改为学堂，致于民情不便。

光绪改革之要政于是停办。太后诏饬各省裁员，不过虚名，湖北、广东、云南巡抚等官且奉旨恢复矣。疆吏安于旧例，顾全情面，光绪严辞切责尚多不办裁员，而今能实行乎？其堪称怪者，太后诏令乡试及岁考科考等悉照旧制，仍以四书文试帖等项分别考试，停罢经济特科，武科复用马步箭刀弓石，裁撤农工商总局，饬各省督抚查禁报馆，拿办主笔，禁止立会，拿办会员。关于疆吏奏复新政事件，均敷衍了事。其诏办者，则为整理吏治练兵，筹饷，保甲等，严责疆吏切实办理，事实上多为具文。奖励保甲，反而造成拳乱之机会。

慈禧既得为所欲为，其尚不能自由处置者，光绪帝也。帝自囚于瀛台，太后盛怒未消，一方称其病重，一方阴谋废之，时人疑帝为其毒死，其电谕捕康有为也，称其酖弑皇帝，太后之心实不可知。驻京各国公使对于光绪之变法，深表同情，向总署王大臣声称其奉命来华，只认皇帝倘发生不祥事件，将即引起外交上严重之局势，以为警告，并常问帝病状。总署以脉案药方示之，公使不信，俄由英使提议，派法国使馆医生入宫诊视帝病，及往，始信其尚未死。太后痛恶公使，无如之何，荣禄亦以交涉困难，不欲贸然废立，引起事故。朝廷上主张废立者，仍占势力，乃征疆臣之意见，其中以两江总督刘坤一、湖广总督张之洞负有盛名。张之洞时已变节，未有异议。刘坤一初为湘军中之战将，颇有功绩，对于变法，虽无赞助，而于废立则持不可，朝议始挫。明年，候补知府经元善于上海联合绅商侨民公电北京保护圣躬，经元善时为电报局长，与康有溥、李提摩太友善，变法时与康有溥筹款，创办女学堂。慈禧得电，即命捕之，而经元善以李提摩太之助，逃往澳门。慈禧遂以种种关系，寝其废立之谋，然心尚不甘服，亲臣更怂恿之，一九〇〇（光绪二十六）年一月二十四日，召集王公大臣会议，谕立皇子。朱谕曰："朕冲龄入承大统，……自上年以来，气体违和，庶政殷繁，时虞丛脞，惟念宗社至重，前已吁恳皇太后训政，一年有余，朕躬总未康复，郊坛宗庙诸大祀不克亲行。……入继之初，曾奉皇太后懿旨，俟朕生有皇子，即承继穆宗毅皇帝（同治）为嗣。统系所关，至为重大，忧思及此，无地自容，诸病何能望愈？用再叩恳圣慈，就近于宗室中慎简贤良，为穆宗毅皇帝立嗣，以为将来大统之畀。再四恳求，始蒙俯允，以多罗端郡王载漪之子溥儁继承穆宗毅皇帝为子，钦承懿旨，欣幸莫名！仰遵慈训，封载漪之子溥儁为皇子"，诏中叙述恳立皇子之经过，全不可靠。帝以一国元首，处于若是凄惨悲苦之环境，殆亦可哀，立嗣之非祖制，太后固不之问。其年为帝三十寿辰，先诏停止典礼，各省长官不准奏请入京祝嘏，其免于死，岂非幸耶？

综观政变之始末，变法受外患之刺激而成，酝酿已久，其倡言者多为国内觉悟之优秀分子，而欲富强中国者也。光绪受其影响，下诏变法共逾百日，故有百日改革之称。康梁之徒，欲于最短期内铲除千余年之积弊，俾中国跃为强国。梁启超述其师语曰："守旧不可，必当变法；缓变不可，必当速变；小变不可，必当大变。"其视事也若此之易，实无政治上之经验，而其主张变更者，多为国内之急切需要，外人对之深表同情，或与以援助焉，通商口岸之中文报纸亦然。英使窦纳乐救康有为脱险，粤商发电道谢，经元善等谋救圣躬，皆足以代表觉悟绅商之意见。其变法失败者，则求治太急也。康梁诸人皆为文人，偏于理想，或不明了其时之政治实状，谭嗣同于拟开懋勤殿旨，始信帝无实权。及闻帝被囚，往见李提摩太，叹息其未肯从逐渐改革之忠告，至于失败。西方之名言曰："政治乃次好之学"（Politics is the science of the second best.），意谓政治非可依据理想之计划进行，必须兼顾环境，斟酌实况，采行折中调和之办法也。变法固不能免反对，政治家之责任，当视事之利害，审察民情，定其先后缓急之序，避免无谓之争执。迨其所办之事成效昭著，则自易于进行。康梁诸人不知环境之碍力，偏于理想，求效太急，多招忌嫉，终则一无所成，其人固无经验之书生也，对于李鸿章且不能容。李氏于太后听政后，不愿捕杀党人，对于变法，固表同情也。新党谋杀荣禄，出于阴险诡计，直以皇帝之安全，及变法诸臣之生命，为孤注之一掷。吾人今或因其形势之险恶，而稍谅之。其时帝以礼部堂官阻格王照条陈，革去满汉大臣六人之职，内臣大惧，向后纷进谗言危词，更有潜往天津与荣禄密谋者。双方之意见益深，妥协殆不可能，与其坐而失败，无宁侥幸于万一也。事后凡与变法有关系之朝臣，或死于难，或戍于边，或逃往外国，或隐于山林。其人类多忠勇才能之士，竟不能服务于本国，而实政治上重大之损失。太后恢复旧制，梁启超等肆力诋之，识者渐信清廷不足有为，而多趋于激烈，变法运动终非政治势力所能阻也！其一时之影响，则朝中昏庸大臣之势力大盛，仇视外国，酿成大祸。综之，变法乃清季之曙光，不幸摧残夭折，此清室所以覆亡也。

1. 诏文据张伯桢之《南海康先生传》。

第十一篇

义和团之扰乱

反对外人之心理——教案困难之分析——人民生计之困苦——财政之窘状——练兵——秘密会社之活动——国内之纷扰——义和拳之略史——山东拳乱之势炽——朝廷之态度——直隶拳乱之情状——外兵入京保卫使馆——主战派之气焰——拳民入京后之情状——塘沽炮台陷后之混战——御前会议——宣战诏书——宣战后之北京——北方之惨杀——教士

自中日战后，列强以索酬均势，相继要求承办铁路，租借军港，划定势力范围等，借以巩固其政治商业之地位，中国迫而一一许之，危急之势几至瓜分，士大夫留心国事者，始大恐惧。其洞悉世界大势之识者，谋取西方强国之所长，以补吾国之所短，主张变法，竟归失败。其顽固者抱有卫道之心，反对采行外国制度，及列强侵略日甚，而恶之益深，偏见之极，思想全为意气所支配。其下人民迷信痼深，或以闹教酿成暴动，或言外国将强信教，或信外人夺其生计，于此谣言四起之际，山东交涉遂起。山东为孔孟生长之地，先受德国之侵略，足以引起人民之愤怒矣；更就朝廷而言，慈禧于政变之后，总揽政权，诛逐变法诸臣，独于英日保护下之康梁无如之何。驻京公使迭问皇帝健康，阻碍其废立之谋。其时董福祥统率之甘军奉命驻京，兵士仇视外人，于卢沟桥殴伤工程师，地方官不敢闻问。公使抗议，欲调外兵入京保卫使馆，慈禧迫不得已，调之出京，更为缓和外使之意见，接见其夫人于宫中，赐以礼物，待之优渥。但据德龄女士之言，太后于拳乱后，尚无诚意待遇公使夫人，其违反心愿屈服至是，则徒增加其恨恶外人耳。其亲信大臣则为载漪、徐桐、荣禄等。载漪为道光之孙，爵为端郡王，平日深得太后之欢心，太后新立其子溥儁为皇子，满语所谓大阿哥也。徐桐年高望重，痛恨外人，其卫道之诚过于其师倭仁。荣禄为太后亲臣，反对变法，政变之后，掌管北洋精兵，大臣中以其尝与外人接触，较有常识，余多昏庸狂妄。其相同之见解，则反对外人，侈言复仇，义气情感之激昂，往往丧失理智，终乃不问是非，不择手段，不惜孤注一掷焉。

仇外之原因繁多，教案则其一也。教士自订约以来，前来中国者日多，总其派别为三，一曰天主教，二曰基督教，三曰正统派（即希腊教）。天主教之在中国历时最久，利玛窦、汤若望等属之，输入科学知识，康熙而后，教禁始严，热心传道之神父仍有潜往内地者。基督教来华，始于一八〇七（嘉庆十二）年英教士马礼逊之来粤。马礼逊以教禁之故，不得自由传教，学习华文，受雇于东印度公司，翻译《圣经》，美教士继之来华，初无重要之成绩。正统派教徒住于北京俄馆，学习华文，无传教机会之可言，此订约前之情形也。及中美望厦条约成立，美人得于五口建设教堂医院，朝廷更应法使之请，废弛教禁。时值十九世纪中叶工业革命之后，资本集中，富力大增，中级社会捐助教堂之款，为额颇巨。世界交通，以科学之进步日趋便利，教士之愿应募前往异国传教者，数乃大增。其人深信耶稣教高于一切宗教，而当广传福音拯济世人也。教士之派别不同，教义及传教之方法迥然有别，教会与政府之关系亦各有异。其在中国者，以法、英、美、俄人为多，法人多奉天主教，英美多信基督教，俄则信奉正统派。天主教、正统派原与政治不分，正统派之在中国尚无地位可言，未有政治野心，而天主教之神父则尝利用宗教势力，干涉政治，且有以权利扩张实力者，得有法国之保护。基督教尚无政治背景。一八五八（咸丰八）年，天津条约允许教士传教，一八六〇年，中文中法北京条约准许教会购置产业于内地，二国后虽否认其有效力，而神父固自由传教于内地，并置产业。总署俄应法使之请，议订章程，予以承认。基督教之教士不愿放弃机会，从而效之。教士之在内地也，不受中国官吏之管理，法律之裁制，其公使遇其财产损失，生命伤害，多所要求。自其政府而言，保护侨民乃其天职，教士为侨民之一，自当保护也。自华官观之，传教败坏人心风俗，不肯切实保护教士，问题遂多。

中国对于传教事业多怀疑虑，慈禧于拳乱后，尚信教士挖眼取心配成药剂之说。德龄女士言其不足凭信，举其父裕庚办理教案为证，因论教士救济穷苦之事业。太后转言教士果实悲天悯人，救济穷苦，收养孤儿，医治病人，何不在其本国而来中国？其言足以代表大多数人民之思想，今日之怀有此见者，数尚不少。其疑教士之取眼心者，本于国内方士炼丹采补、摄取人精之说，时人又信教士窃取婴儿脑髓室女红丸，其传说之由来，盖教会收养婴孩，男女信徒同在礼拜堂中祈祷，而中国礼教男女不相授受，以为伤风败俗，造谣毁之也。李鸿章以办理外交熟习洋务见称于时，其官于直隶也，李提摩太于其管辖境内救荒施赈，提倡科学，而李鸿章从未乐捐分文，或稍予以经济援助，李提摩太深以为憾，此固由于李氏吝于施舍，而其怀疑教士亦其原因之一也，后奉命赴俄致贺加冕，乘坐法轮西渡，李提摩太亦乘船回英。李鸿章于船上见之，惊曰："君在三等舱乎！余之侍从皆在头等舱也"，始知其非英国派来之奸细。其不能了解传教事业者，一则由于不知外国之情状，以及耶稣教之性质，教会在其本国，办设医院学校慈善事业，规模宏大，其经费出自教徒之乐捐，而多用于本国，海外事业不过其工作之一小部分，固与政治无关。其误会之由来，或起于天主教也。天主教之在东方，向归法国保护。法国利用其为侵略之工具，北堂教堂历久交涉，始肯迁让。一八八六（光绪十二）年，总署商请罗马教皇遣使驻京，管理神父，教皇许之，而法国多方恫吓，教皇竟不敢遣使来华。一八九一（光绪十七）年，德国始行保护本国神父，后以教案强据胶州湾，均其明显之例。虽然，此就一方面而言，教士远至一国，其国苟有强有力之政府，保护外侨，人民安居乐业，固无祸患，而在当时之中国，愚民易受煽惑，官吏不善劝导，遂致事变迭起，列强之不善于保护教士，亦有相当之责任焉。

教士之在华传教也，其教义本于《圣经》，而解释则多本于个人之信仰、教育与经验，其与中国原有之思想虽或求免冲突，而以环境之不同，冲突殆不可免。其反对之者常以文人为中坚，其人诵读诗书，高谈理学，胸襟狭隘，见闻浅陋，而又严于夷夏之别，恨恶教士传道。其主因一则教士反对祭祀，教民斧其神主，而中国为礼教之国，不能相容，一则文人轻信讹言，以其奸诱妇女挖眼取心也。最初教士所在之名城，每于生童应考之时，常有闹教之案，官吏原为知识界人，而文人居于领袖地位，自多与之合作。民间敬神拜佛，教士则往佛寺劝人不拜偶像，攻毁佛法，教民不肯出钱唱戏修庙，朝廷曾令其于文庙不得托故拒绝，而唱戏谢神含有娱乐之意，乡民视为大典，而独教民反对，乃相仇视，心中存有成见，自易轻信传说，而无聊之文人，又致力于宣传。长沙刊印之文字尤多，主其事者则信好扶乩兼有心病之周汉也，时人竟称其文为“乾坤正气”，曾绘图画，坐猪精于上，剖心挖眼于下，詈天主教曰“天猪叫”。外使抗议，李鸿章请湖广总督张之洞将其严办，张氏多所顾忌，复称“湖鄂两省无识士绅，多有称赞其歌谣各种者，此等谬见，猝难家喻户晓，若重办必激成事端”，置而不问。及胶澳变作，周汉刊印揭帖，劝人焚烧耶稣妖巢，违者合门屠之。陈宝箴下令捕之，周汉于候审所大闹，毁物欲死，忽索妓女及银，先曾自撰挽联，陈宝箴讯之，又自否认，固疯人也。而毁教闹教竟成风气，哥老会因之作乱。教士之远传道者，莫不欲其事业之发展，多得信徒，以便报告总会，内地人民之愿奉教者，多属愚民，不为乡里所齿，教士之能接触者，以其为多。教士享有领事裁判权，不免利用时机，干涉诉讼，诉讼费为官吏收入之一，其判定案件本可断于情感金钱，教士常谓官吏反对教民，判断不公，乃向上司陈说，初以婚姻为多，后则遍及他事。其弊之极，则对官吏毫不相信，而所根据者全为教徒一面之辞，先向县官交涉，县官不从，报于领事公使，终将迫而许之，结果增加双方之恶感。就人民而言，教徒之无理者，反而得直，良民受欺者反而败诉，无赖作恶于乡里，而为地方人士所不容者，尝或加入教会，教士予以保护可即无事，无赖有所恃而不恐，作恶愈甚。于是教民、平民之隙日深，互相仇视，其造成此种现象，多由于天主教徒。

中日战时，四川教案大起，总督刘秉璋于成都城内不肯缉凶归案严办，地方官亦置不问，教士惊恐，英美公使严重抗议，要求刘秉璋革职，总署不许。英国称将派军舰入川，朝廷始免其职，诏称永不叙用，查惩办理不善之道府县官。川案尚未解决，而福建古田之教案又起，死者十一人，伤者五人，基督教教士筹商办法，公推李提摩太等入京，上奏教民相安之策，其主意则谓书籍文字诬陷教士，愚民扰害教民，隐忧甚大，建议三策，一、诏去毁教之文，二、不歧待教民，三、官吏与教士往来。其言颇有见地，办法切实易行，其请与官吏往来者，则为免去隔阂不通之隐，且可询访教务，免除误会也。朝廷固未接受其议，教案仍时发生，其难解决者，当推山东兖州殴伤德国教士之案。德使原欲生事，要求四端，总署许之，而巡抚李秉衡电称不可曰："如必尽餍其欲，衡即受严谴，亦难遵办。……不如将衡奏请治罪，借以谢过。"一八九七（光绪二十三）年，巨野匪徒伤杀德教士二人，德兵强占胶澳，朝旨授张汝梅为巡抚，而地方官仍不允许保护教士，令其出境。张汝梅亦言教士不可前往曹州，光绪严辞责之，始免于事。巨野教案解决，四川、广西复有杀毙教民之事，帝于变法时诏饬地方官切实保护教士，不得有意拒其谒见，一面开导百姓，嗣后不准再有教案，倘仍防范不力，地方官即行严办，将军督抚一并惩处。九月，懿旨亦令直省大吏认真保护教士教堂。一八九九年，总署与北京天主教主教樊国梁（Pierre Marie Favier）商订官教往来事宜，三月，宣示主教或护理主教之品位与督抚相同，准其谒见。大司铎准见司道，其余司铎准见府县等官，其交换条件，则主教径与地方官商办教案，不得干涉诉讼也。法美赞同新章，英国反对，其理由则天津条约规定领事与道台平等往来，领事之权得审判其本国侨民，教士自在其内，而今品位高于领事故也。基督教传道方法与天主教不同，其教士若李提摩太、林乐知等介绍西方学识于中国，影响颇巨，而愚民不能认识，朝臣更有以李提摩太等赞助康梁变法而恶之者，祸根既伏，酝酿已久，终成大祸。

自社会情状而言，朝廷于大乱之后，对于人民之生计，未尝顾虑谋有建设，民众仍以耕种为职业，人口渐多，生计艰难，妇女向自纺织，足供一家需用之粗布，及国际贸易日盛，输入之布匹大增，其样色繁多，价值低廉，家庭工业遂受摧残，国中之棉花反而运往日本，农民出其田中所生之五谷，易其日用必需之品，往往处于不利之地位，且其耕地有限，其生产者只能免其一家食料之缺乏，生计遂益艰难。其向业船者，自内乱而后，船只或毁于兵匪，存者不能与轮船竞争，乃多失业。总之，一国之富力，常恃其生产事业之发展，其进步之程度，必超过于人口之增加，然后人民之生计始有裕乐之可言。中国之生产事业，不惟未有发展，反而大受摧残，其因天灾所受之痛苦，更不堪言。国中主要农业，夏季南方多植水稻，北方多为旱谷，其秋收之丰歉，常恃雨量之多寡，每遇大雨不时，或久旱无雨，或淫雨连绵，则收成减少，农民原无储粮，唯有迫而当其衣服用具，卖其耕牛子女。北方情形尤为恶劣，野无青草，稍遇大雨则水尽入于河，易致水灾旱灾。一八九八年，黄河大为害于山东，初黄河自河南铜瓦厢改道流入山东，时值内乱，未遑修治，一八七二（同治十一）年后，渐有溃溢，始筑上流南堤，一八八二（光绪八）年以还，溃溢屡见。其原因则两岸大堤初不高宽，河身逼仄，而水易于破堤氾滥也。一八九六（光绪二十二）年，巡抚李秉衡曰："近来几于无岁不决，无岁不数决，除额拨经费不计外，其另案之款，十年通算不下八百万两，而河工败坏日甚一日。"至是，漫溢多处，人民几不聊生。太后诏命李鸿章会同河道总督周历履勘，通筹全局，妥议办法。李鸿章偕同官员及比工程师往勘，李氏主张采用汉代贾让徙当水冲之民让地于水之策，其次唯有展宽河身，拟于南岸酌用迁民废埝办法，北岸则用分别现在守埝作堤及将来再议废埝守堤办法，估计需用经费九百万两以上。比工程师谓堤上无草，河身弯曲，宜种杨柳，河中泥沙由上流土山坍塌入水所致，宜种草木。其工程估银三千二百万两，四五年完工，朝廷无款兴办，黄河之害依然如故。明年，大旱，江苏北部农民无从得食，父母卖其子女，其买去者多为女子，价值视其容貌年龄而定，低者五十文，高者一千文，其价殆廉于猪。荒年人贱于畜，哀哉！江苏原为富庶之区，交通较便，尚且如是，社会上自感不安。

人民患贫，对于国家担负势难增加，而政府亦同患穷。清廷自中叶以来，财政拮据，鸦片战后，对外迭次赔款，内乱增多军费，乱平而元气大伤，更设机器局船厂，兼筹勇饷，国用益形不足。一八九九（光绪二十五）年，户部奏曰："近今大费有三，曰军饷，曰洋务，曰息债。息债岁约需两千余万，洋务亦约需两千余万，军饷约需三千余万，此三项已七千余万矣。此外，国用常经京饷旗兵饷需，及内务府经费，又各直省地方经费，亦几二千万。收入约八千万，短少一千数百万两。"其大宗财源，则为田赋、关税、盐课、厘金等项。田赋，初康熙鉴于明之灭亡，诏示后世子孙永不加赋，事实上官吏征收漕粮，常于正赋之外，别征手续运输耗费，其数多寡各地不同，多者数倍于正赋，户部所入并未因之增加，皇帝且不得酌加正赋也。关税自国际贸易发达以来，收入大增，按之各国财政原以海关为大宗收入之一，奈中国丧失自主之权不得自由提高税率，或切实值百抽五！其进款以担保外债之故，尽先偿还，余款始乃交于户部。常关之弊一如厘金。盐为人生必需食品，由票商贩运，其管理条例，如强划引地等，至为苛繁，政府从未考虑其为必需之品，贫富之担保相同，对于贫民极不利之课税也。

清代中叶，年收约银五百万两，至是，政府增加税厘，年收一千二三百万两，实则数不止此，其困难则官吏之中饱，缉私之经费，私枭之贩运，减其收入也。户部议定加价，直省多不奉行。厘金创于雷以诚，胡林翼、曾国藩等推行其法于他省，识者莫不知其扰商病民，曾国藩曾言乱平即行蠲除，及乱平定，督抚利其收入之丰，不肯废去。主其事者以多报少，积弊深痼。其时太后听政，罢去新法，但欲练兵以御外侮，及得户部奏疏，六月，诏谕大学士、军机大臣、六部、九卿查核各省关税、厘金、盐课，俾益饷项。大臣复奏常关税务、厘金、盐课以中饱为积弊，请饬督抚躬率属员裁革陋规，剔除中饱，认真整顿，化私为公。徐桐独请整顿轮船、电报、铁路、矿务等项，严提余利归公。光禄寺卿袁昶等亦有建议。太后再交大臣议复，奏上，严谕各省将军督抚切实整顿，并提招商局、电报局、开平矿务局盈余归公，诏派军机大臣刚毅前往江南筹饷。刚毅南下，清查关税、盐课盈余，查勘荒熟田亩，裁并局所，共得银一百二十万两；更奉后命南至广东，查筹饷银年得一百六十余万两。直督裕禄筹出三十七万两，其款有强令开平矿务局、天津关道交出者。李秉衡奉命往查奉天，亦有所得，其他直省奉旨照办，督抚交部之款颇有增加。其款名义上虽曰严提中饱，力杜虚糜，而多数官吏初非富厚之家，其财则取之于民者也。

朝廷积极筹饷，力谋练兵自强，以御外侮。列强侵略中国之甚，上自太后，下至胥吏，莫不恨恶，存有报复之心。太后于政变之后，诏谕各省统带兵勇大臣曰："督率将弁，汰弱留强，激励兵丁，认真训练。……一旦疆场有事，士卒用命，咸晓然以国耻为耻，同仇敌忾，成节制之师。"俄再诏曰："前因筹饷为练兵之本，迭经谕令各省裁汰营伍，腾出饷项，以便挑选精壮，认真训练。是加饷练兵为今日第一要政。……各直省将军督抚……选择老成宿将威望素著者，派充统领营官，……令其督饬兵弁，切实训练，务使一兵得一兵之用，庶几建威销萌，有备无患。各统领营官皆宜激发天良，力除应酬营谋等弊，奋志功名，勉图上进。倘再有缺额扣饷情事，一经发觉，定当以军法从事，决不姑宽也。"其言至为严峻，无如积弊太深，不求其本，空言固无实效。国内精兵时称北洋军队，奉旨归荣禄节制。荣禄分为四军。聂士成所部为前军，驻扎芦台，扼守北洋门户，董福祥所部为后军，驻扎蓟州，兼顾通州一带，宋庆所部为左军，驻扎山海关，专防东路，袁世凯所部为右军，驻扎小站，扼守津郡西南要道。荣禄另募亲兵万人为中军，中军新募成立，设备较全。宋庆、董福祥所部虽历战争，然非新法操练，军械恶劣，其能战者唯聂士成、袁世凯所部之兵耳，人数无几，固难对外作战。政府欲办保甲团练，以为之助。太后诏曰："保甲则常年认真，自堪弭盗；团练则更番训练，久之民尽知兵，自足为缓急之恃。"迭催督抚切实办理，无奈国人懦弱畏事，俗有好铁不打钉，好人不当兵之说，一旦兴办团练，以为征兵之初步，至为不易。况其又无操练之领袖人才，切实之经费，精锐之军械耶？徒足以病民扰民而已。

近代中国之内乱，曾以秘密社会之活动而起，其潜伏之势力至大，政府禁之，其徒因益严守秘密，待时而动。白莲教之乱，太平天国之起，拳乱之祸，清室之亡，莫不与之有关，或即由其造成，其影响之巨大，固吾人所承认者也。但其名目繁多，时常改变，而其材料且不易得，研究之者感受困难，故虽迄于今日关其会党之书籍，尚无可读之著作。所可知者，秘密社会之中，推哥老会、三合会为盛。哥老会于乾隆时（一七三六——七九四），时人称为啯匪。尚书周煌奏报四川状况曰："啯匪近年每邑俱多至八九十人，常川扰乱，并有名号，戴顶坐轿乘马，白昼抢夺淫凶，如入无人之境。通省官吏罔闻，兵民不问，甚至州县吏役身充啯匪"，后遂造成教匪之大乱。洪秀全起兵之先，哥老会、三合会之势极盛，其徒蠢蠢然欲动，未有事机，及太平军出自广西，入于长江流域，会党多入其中。平乱之湘军、淮军，中亦杂有会党焉。左宗棠平日留心社会情形、民间疾苦，其练兵之初，严禁会党加入其军，竟有投入者，几致酿成事变。其与子书数论及之，一八七〇（同治九）年，左氏远在西北，书告其子曰："湘军哥老无人料理，竟至猖獗，侧身南望，徒切焦烦。"其时太平军、捻军新平，而会党之势仍盛，可为深惧。一八七一年，王文韶上奏其事曰："自军兴以来，应募之兵湘勇居多，厥后遣散归湘，既不安于耕农，又素习于战斗，游手征逐，浸生事端，以故年来会匪充斥，伏莽遍地，宵小窃发，几于无岁无之。"此就湖南而言，他若湖北、河南、陕西、安徽诸省之边境，均有会党出没其间。其滋扰之甚，可略见于《清史稿·李瀚章传》，传中记会党勾结刀痞。总之，会党历时既久，根蒂益固，势力愈大；其作乱者官军虽力平之，然终不能铲除祸根，祸患尚可随时爆发也。

于斯不安情状之下，百姓起事自难幸免，一八九九年中，全国除湖南省外皆有扰乱，或因荒年歉收，饥民起而掠米暴动，或以反对外人之伸张势力而聚众滋事，或以迷信之深痼，偶因宗教上之误会，怀有仇恨之心，借端起事，或以党徒众多而欲推翻当时政府，起而代之。兹分言之，浙江绍兴、宁波、台州均遭荒年，饥民无食，迫而暴动掠米；福建亦有抢米风潮，其地秘密社会乘势活动，百姓公然加入，成立刀会枪会，官吏置之不问，可见民气之强悍与吏治之泄沓颓败矣。左宗棠曾将部兵剿贼入闽，其与子书曰："土匪伏莽行劫，结会从乱者，处处皆然，……聚则匪，而散则良，东捕而西窜者，不知凡几。高黄（高连升、黄少春）两军之进漳州由省会兴泉经过，处处皆须预为购办柴草米盐，临时无从买给，扎营盘亦须租价，否则聚众持械，不与贼斗，而先与官仇。呜虖！此独非三代之民欤！而乃至此，上失其道，民失其本心，匪朝夕矣。"左氏三十年前之言，尚且深切时病，此境内扰乱之所以多也。河南、山东则受黄河之害，一部分农民之生计为之大窘，其受天灾而致不安者尚多。就外国侵略而言，沿海诸省曾以意大利租借三门湾之要求，督抚奉命防守要害，浙江调兵尤形忙碌，人民颇形惶恐。上海反对租界之扩展，厦门反对日本要求租界，人心不安。其在云南，法人自安南扩张势力经营铁路，滇人大为不安，蒙自暴民聚众焚毁法国领事馆，波及关署，俄而省会云南府亦有反法之运动。其在山东，则有德人建筑胶济铁路，路工初与高密县之庄民口角，继而互殴，庄民拔去路桩，德军借名保路，击毙庄民二十余名。山东巡抚毓贤赔偿桩价兵费三千四百余两，而置华人之被杀者不问，始已。会袁世凯代为巡抚，上奏朝廷曰："其（德人）恃强逞凶，动因细故称兵压胁，久已成为惯技，而愚民仇外益甚，会以铁道阻水暴动，掠取粮物，德人允许造桥，而愚民不允，令乡绅往劝，亦不许，光绪二十六年正月初二日（一九〇〇年一月三十一日）围攻德局，德人允许改道，而暴民又攻其经理处，德谓保护不力，调兵将动，他处亦屡扰乱。"其困难之症结，则乡民于暴动之后，结成团体，失其遵守法律之习惯，而凶年饥岁更促成之也。其在满洲，俄国经营旅顺，征收其附近中立地之田税，乡民以其破坏中国之主权，多所恐惧，聚众反对。其人手无寸铁，而俄兵开枪击之，死者九十六人，伤者一百二十三人，中杂妇女儿童。其蛮横无理，无以复加，乃许少数恤金了事。英国于威海卫亦自收税。民众之恨恶外人，固有增无已也。

其因宗教上之恨恶而致事端者，可别为二。其一平民深受虚伪传说之影响，为人利用，反对教士，焚毁教堂，或以教民凭势欺人，鱼肉乡里，民众起而报复，贵州、江西等省均有其例。或以官吏不善处置，而事先未能劝导弹压，以致范围扩大者。其一则为回民仇视汉人，数起叛乱，新疆、甘肃之乱，均由于此。会众作乱之区域颇广，四川原为会众发达之省，一八九八（光绪二十四）年，其魁余蛮子起兵，捕得教士，以为要挟，官军初战不利，乃招降之，明年，再叛。其他骚扰尚有数起。湖北之会众起而应之，其中推哥老会之势力为最大，官吏杀其首要，平定其乱。同时，安徽北部及江苏徐州等县亦有大刀会之乱，居民惴惴然难于安居，其在西南者，则有会众扰于两广。其在东北者则为马贼，其祸颇烈，朝廷迭发大军讨之，杀其首要党徒，祸患尚未大定。其更造成大祸者，则山东、直隶之教众也。一八九八年，山东拳民暴动，蔓延于直隶南部，直督裕禄初遣军队弹压，擒其首要。明年，大刀会闯入开州滋扰，官兵杀其匪首，直隶稍靖，而山东之势大炽，后入直隶，造成拳乱。综就以上之扰乱而言，一省或有一乱，或兼有数乱。吾人读之，所得之印象，则为国内纷扰之甚也。但此印象殊不尽确，盖各省之州县数多，其有扰乱者往往数县，而祸乱之作，不久即平。国中除土地贫瘠、民俗强悍之地而外，大多数之州县，固安然无事，农民尚得安居乐业也。

山东为拳乱发难之地，其民迷信深痼，风气强悍，乐于战斗，会遇凶年，人民艰于得食。一方面感受德国侵略之刺激，蠢然思动，无如外人之枪炮锐利，而力不能胜之。其能胜之者，自群众心理而言，唯有神道，义和拳之说遂起。义和拳本为白莲教之支流，其党有祖师，招收徒弟，练习拳棍，其徒手常持刀，故亦称大刀会焉。十八世纪末叶，其势盛于山东、河南，乾隆严令禁之，官吏捕其首要杀之，其徒仍有四出传教者，一八〇八（嘉庆十三）年，安徽之颖州、亳州，江苏之徐州，河南之归德，山东之曹州、沂州、兖州，均有民众拽刀聚众，设立顺刀会、虎尾鞭、义和拳、八卦教。其名称虽异，而其性质则一。其首要平日招收徒弟，及其羽翼成后，乘时举兵，其口号则恢复明室，所可怪者，而明代亦有白莲教之乱也。其人实无高大之思想，不过借以号召，以达其推翻政府而代之之心耳。嘉庆感于教匪之乱，曾大杀之，然其党徒尚未能绝，一八九八年，江苏、山东之大刀会扰乱，明年，直隶亦有刀民滋扰。其徒称言神灵下附其身，咒语能御枪炮，更以“扶中朝灭洋教”为词，凡民有受不良教民之欺侮者，入其教中，即可抵制，并得报复。乡民未受教育信之者多，无赖且得乘机有所掠劫，莫不欣然加入，其分子益杂，而昏庸之朝臣，平日深畏外人，无如之何，心中存有恨恶之成见，而于不知不觉之中，袒护会众，甚者欲借其力，以杀外人汉奸，而雪国耻焉！其见识之浅陋，思想之笨拙，至为可笑。其心目中固信拳民为义民，而一些民众亦自称为义和拳，时方兴办团练，乃以义和团称之。其先耸动外人之视听者，则山东拳乱，及英教士卜克斯（S. M. Brooks）之被杀也。

一八九九（光绪二十五）年，山东义和拳大起，专以反对教士、教民为事，或强其烧香敬神，或掠夺其财物，教民不敢家居，官吏或置不问。说者谓其表同情于刀民，其中固有怠于职守，亦有无能为力者。平民始多加入，其势转盛。十月，曹州一武官及其卫兵六人被杀，武官曾捕大刀会众，而会众杀之以泄愤者也。事闻，府县官遣兵往剿，并有捕获。巡抚毓贤闻之，怒其捕杀义民，即免府县官职，而令囚送擅捕义民之胥吏于济南，按律治罪，其他类此之案尚多。毓贤身为满人，以能吏升授巡抚，颇与刚毅等相亲，素恶外人，对于山东刀民之欺压或滋扰教民，不肯办理，其派出保卫教士之兵丁，非其命令，不得开枪，故仍不能维持治安，其态度则表示并不反对刀民之活动也。刀民深有所恃，残害教民，蔓延于直隶边境，北洋军队曾越境剿之，杀伤一百余人，山东境内则扰乱如故。其影响之所及，英、美、德、意诸国之教士均为不安，各报告于其公使，美使以在山东之本国教士为最多，迭次警告总理衙门，最后要求毓贤免职。其时外国之报纸，教士之通信，皆言毓贤有意造成紊乱之现象，而使外人不能安居，华人亦有言其鼓励大刀会者。外人深信毓贤语其属员曰：“教士教民之禀帖请求，可视其为废纸。”美使之要求，虽为事实上之需要，其干涉内政，实不可讳。所可恨者，政府对于不能维持治安之长官，而不之问，乃听无辜之教民受害，教民固未失其国民之资格也。及美使提出要求，始许办理，其不善处置，有失政府之天职，竟至于斯。毓贤之敢如此者，明知太后、军机大臣之旨意，而不之责也。十二月六日，上谕召毓贤入京，命袁世凯代理巡抚，毓贤虽去，而乱不能即靖。三十一日，英教士卜克斯自泰安前往平原，会众六人得之，其领袖以家人为官军剿匪所杀，深恶外人，及得卜克斯，其中三人散去，对之初无举动，而卜克斯建议，将其送往邻村，其相熟悉之教民可即出款赎之。会众听从其言，途中卜克斯潜逃，为其追获，杀死。事闻，袁世凯救之，不及，捕获凶犯，朝廷表示歉意。明年春，山东按察使审问，并有英员观审，判定二犯死罪，三人徒刑，一人病死于狱，出事之乡村，村长亦有处分，政府给银九千五百两，建筑教堂纪念死者，其家族尚无恤金，教士之死，固无生命之赔偿也。今观卜克斯之死，原为偶尔发生之案，政府事后之处置，业已严厉，而英使尚嫌村长未严办罪，美使且以毓贤为主犯，以其未受处分为憾。一月十二日，上谕曰：

> 近来各省盗风日炽，教案叠出，言者多指为会匪，请严拿惩办等因。惟会亦有别，彼不逞之徒，结党联盟，恃众滋事，固属法所难宥，若安分良民或习技艺，以自卫身家，或联村众，以互保闾里，是乃守望相助之事。地方官遇事，若不加分别，误听谣言，概目为会匪，株连滥杀，以致良莠不分，民心惶惑，是直添薪止沸，为渊驱鱼，非民气之不靖，实办理之不善也。我朝深仁厚泽，涵濡二百余年，百姓食毛践土，具有天良，何致甘心盗弄，自取罪戾。全在各省督抚慎择贤吏，整顿地方，与民休息，遇有民教词讼，持平办理，不稍偏重。……地方官办理此等案件，只问其为匪与否，肇衅与否，不论其会不会教不教也！

诏文措辞，外人称为含混，旨意殊不易知。太后先谕各省督抚曰：“每遇中外交涉事件，往往预存一和字于胸，遂至临时毫无准备。……嗣后遇万不得已之事，非战不能结局者，如业经宣战，万无即行议和之理。各督抚必须同心协力，不分畛域，督饬将士，杀敌致果。和之一字，不但不可出诸口，并且不可存诸心。”其时列强侵略，政府原应力图自强，以御外侮，其途径唯有变法，而太后力阻遏之，乃欲奖办团练，以为缓急之恃，十二日之诏书，未提义和团、大刀会之名。其为不逞之徒，抑为自卫，则在疑可之间。朝廷上不知国际大势之权臣，固信团练乡兵足以防御外人。广东三元里之聚众，后经文人之浮夸，流传民间。朝臣想及往事，反而坚信义和团之可恃，否则公使殆不迭次要求也。公使对于诏书表示不满，俄得山东及直隶南部之报告，益信朝廷之意，实认义和团、大刀会为自卫团体也。美使报告国务卿书，中有拳民大刀会均信政府予以提倡，人数日增，祸患将致扩大。会京报登载毓贤抵京，太后召见，赏赐福字，以示优异。美使立时抗议，凡与教案有关之各国公使，亦颇惊异。总理衙门答称其为惯例，二十七日，英、美、法、德、意公使各致照会于总署，说明十二日诏文之含混，要求严禁大刀会、义和团。总署通知五国公使，内称朝廷已命直隶、山东督抚禁止仇教会团。直督裕禄出示，称奉谕旨严禁义和团，措辞颇为得体，而公使以其未及大刀会，要求再降谕旨不已。总署坚持前议，公使乃向本国政府建议海军示威于渤海。四月军舰示威，裕禄再行出示，公使认为满意。二十七日，太后降谕曰：

> 各省乡民设团自卫，保护身家，本古人守望相助之义，果能安分守法，原可听其自便，但其间良莠不齐，或借端与教民为难，不知朝廷一视同仁，不分畛域。该民人等所当仰体此意，毋得怀私逞忿，致启衅端，自干咎戾！着各该督抚严饬地方官随时剀切晓谕，务使各循本业，永久相安，庶无负谆谆告诫之意。

诏文禁止团练仇视教民，视前诏措辞明切，无如其非朝廷之本意何？内外各官莫不知之，驻京公使多所疑惧，对于朝臣毫无信心，朝臣对公使亦然。公使恫吓总署大臣，多所要求，其未成功者，则毓贤罢斥也。毓贤入京陛见，太后授为山西巡抚，英德公使提出抗议，而美使之警告尤为严重。政府以其属于内政，置而不理，对于迭次抗议，增加其恨恶外人而已。其时袁世凯官于山东，上以朝廷之旨意，下以绅士之表示，不能大有所为，外人初欲其遣兵剿杀义和团，乃深失望。袁氏于其境内，刊行反对义和团之文字，派兵保护教士，会众知有所惧，北逃直隶。

总署、公使以拳民之故，误会日多。其时大臣之掌权者，一为端王载漪，一为荣禄。载漪为皇室近支，思想昏庸，极恨外人，敢于行动，深得太后之欢，其子溥儁新立为大阿哥，太后之意，原欲废去光绪而即立之，但以公使反对及其他原因而止。载漪专思报复，且欲立有大功，后以庆亲王奕劻不能驾驭公使，太后诏其在总理衙门行走，其地位权力过于昔日之恭亲王奕訢。载漪对于外交，毫不明了世界之大势与国际公法，反而深信义和团之有神助，足以驱杀洋人，乃天授以扶清者也。其具有同样之见解者，皇族中尚有庄亲王载勋、辅国公载澜等，信奉拳民有若神明，曾亲将之。大臣之党亲载漪者，有徐桐、启秀、刚毅、赵舒翘等。徐桐自汉军旗出身，以道学自任，恨恶外人，有不与同立之势，大阿哥之立，太后特命徐桐照料弘德殿，为其师傅。徐桐适考校八旗官学，题为使之主祭而百神享之，使之主事而事治，百姓安之，表示推戴之意，而对光绪不满也。启秀时任军机大臣，载漪之死党也。刚毅素有能名，深恶汉人。翁同龢之罢免，康梁变法之失败，刚毅有力焉。赵舒翘为刑部尚书，兼任军机大臣，工于逢迎。其反对拳民者，则为荣禄。荣禄之地位，次于王公，但为太后亲臣，掌握北洋军权，其地位之巩固，殆非他人之所能及。军机大臣之袒护拳民者，占绝对多数，而荣禄于朝见之时，独言其不可用，公使馆之未得攻陷者，颇赖其力。顾时太后倾向拳民，一人之力不足挽回。他如袁昶等位卑言轻，无足轻重。大臣中之明知拳民不可恃而不敢言者，有庆亲王奕劻、军机大臣王文韶等，奕劻本为皇室疏支，办理外交，未有建树，顾其善于逢迎，对于拳民，语其亲信，则诋为儿戏，而于召见会议之时，默然无反对之语。王文韶之年龄已高，只欲保全妻子，未尝力争。载漪等之主张，遂占优势。

朝议倾向利用拳民，直隶之乱日盛。其境内初有大刀会之乱，余党尚存；会山东之众散入河间、深冀各属，势日鸱张。裕禄先以兵力平乱，后因朝旨中变，而以捕其首要胁从自易解散为言，不肯剿之，渐而信其可用，礼敬其师有若神明。直隶遂为义和团会集之所，以天津、保定府、通州为中心。其徒共分四派，曰坎字拳，曰乾字拳，曰坤字拳，曰震字拳。四派之中，以坎字、乾字之势力为最大，其异点则衣服之颜色不同，而授拳之方法互异也。坎字拳尚红，其传习时，习者焚香叩首，后直立而仆，仆而起，跳跃持械而舞。乾字拳尚黄，其师主令徒闭口伏地，少时白沫满口，则呼曰神降矣，亦起跃持械而舞。当其舞时，体力强于常人，是故愚民信为神附其体，不畏枪炮也。其符咒繁多，文义颇不可解，试举一例证之。咒曰：“左青龙，右白虎，云凉佛前心，玄火神后心，先请天王将，后请黑煞神。”

其徒自称口诵咒语者，则枪不燃。其信奉之神，多为民间流传之英雄，或小说中之神怪，如托塔天王、梨山老母、孙悟空、猪八戒、赵子龙之属。其主持之首领，时称老师祖、大师兄，天津则为张德成、曹福田等。张德成本操舟业，会其以术惊人，愚民无赖拜之为师，远近拳民争先来附，或遥受节制。曹福田初为游勇，嗜好鸦片，无以自存，乃入义和团以煽乱。其从之者杂有无赖愚民，据劳乃宣言，凡入其党者，即听其调度，传单到时，违者抄家灭门。官吏先不之禁，故其势益盛。义和团中更有所谓红灯照者，其人多妙龄女子，身着红衣，手持红灯，自言能于空中掷火以焚洋楼。此外尚有黑灯照、青灯照，前者以老妇成之，后者以孀妇为之，均尚黑色，但其势力不及红灯照之盛。离奇光怪之神剧，竟活现于人间。五月间，习者日多，社会上之秩序为之扰乱，谣言益盛。二十八日，拳民火焚车站，唐晏《庚子西行记事》记时谣言曰："火时并不见人，但铁路自生火耳。自此传闻日众，有谓义和拳当战时，人马高丈余，刀若门扇，绝无可敌之理；又谓不畏火器，衣服为炮子所击，斑如雨点，而身无少损。谈者津津，闻者栗栗。"时人对之固无请求试验者，考其原因，则当扰乱之时，政府失其维持治安之天职，人民无法律之保障，生命财产均在危险之中，一言出口而即身首异处。普通人民中之觉悟者，殆多不敢出此，其影响之所及，造成无理智表现之可能，成为一群狂癫之暴民，天下之危险殆莫过此，无法律保障与言语自由之国家，固易造成此种现象也。

方大刀会、义和团之活动也，居于山东、直隶内地之教士，留心民间之实状，莫不知其性质之严重，区域之广大，而将酿成大变。卫道之文人传印教士挖眼剖心收取红丸之文字，分散各地，愚民信之，拳民之势日炽。李提摩太知其危险；谋欲挽救，不幸失败；会往美国，闻知时局日形严重，力谋有所补救，演说其事于纽约，磋商于国务卿，皆无效果。拳乱之起，既以反对教士、教民为号召，时值大旱，百姓以为外人所致，为之语曰："杀了洋鬼头，猛雨往下流。"但自卜克斯死后，迄于一九〇〇年五月，教士未有被杀者。其精力聚而仇杀教民及外人仆役，称之曰二毛子，称外人曰大毛子。二毛子之用渐泛，凡商人贩卖洋货，学生家藏洋书，常人所用之洋货如戴眼镜之类，均为二毛子，其人亦或称为三毛子。拳民认之同为华人，不受外国保护，放胆杀之，其中曾有一二不良分子，平日依仗天主教神父之势，欺侮愚民，久为官吏所恨，乃竟不分良莠，目为汉奸，官吏于其所受之命运，自不之问，拳民遂得自由处置。其杀教民也，不分天主教徒、基督教徒之别，凡可得者，或强其出教，或即杀之，其家中之妇女老幼亦不能免。其见机先逃者，弃其家中所有之物，听其抢劫，所居之房屋，任其焚烧。其人数较多者，则踞寨自保，以求死中得生，其悲惨之状，吾人思之尤为心悸。其火焚洋楼之时，往往牵及居民住宅商店。唐晏记北京拳民火焚屈臣氏药房，其被焚者已千余家，而火未止。又曰："二十日（六月十六日），出正阳门，而城楼亦被火，东西荷包巷焚，尺椽不存，城墙皆作赭色。火且越城而入，焚及东交民巷口之敷文坊，正阳门外大街以西，全城焦土。……计所焚，盖不止两千家矣。"夫此无辜人民之房产，而于首善之区，竟被焚毁，失其棲所，其在他县或穷乡僻壤者更不足言，北京不过其中之一恶例耳。

长官不肯力剿拳众，其势日张，涿州、丰台等地之扰乱相继而起，涞水戕杀弹压之武官。五月，太后命刚毅、赵舒翘前往涿州宣慰，并查实状。会主教樊国梁详细报告内地教民所受之痛苦于法使，法使受其影响，召集公使会议，议决照会总署，要求严办拳民，而于外兵入卫使馆，则未决定。德使克林德（Von Ketteler）声称中国政府倘或不能弹压拳民，列强当集军舰于山海关以示威。顷之，英美二使往商于总署，其会商所得之印象，信其将有良好之结果。同时，官吏布告严拿拳民之首要，解散胁从，顾时亲贵大臣恨恶外人教民，尚无切实之表示，故未执行，拳民之势反盛。二十五日，公使又得焚毁教堂之报告。后三日，卢汉铁路车站、桥梁之被毁者各二。斯日，公使会议决定令兵入京保卫使馆，其时法使之训令已发出矣。使馆之设于北京也，一八九四（光绪二十一）及一八九八（二十四）年，曾有外兵入京保护使馆，均于次年撤退。至是，使团商于总署，总署拒之，最后始许其请，限制人数，在京不得干预他事。三十一日，外兵登车前往，英国七十九名，俄国七十九名，法国七十五名，美国五十三名，日本二十四名，意大利三十九名，后三日，德国五十一名，奥地利、匈牙利三十二名亦至，日兵二十名继之抵京，外有军官二十[illegible]名，共四百八十余人。方外兵自津入京也，刚毅、赵舒翘适自涿州回京复命，据景善日记，刚毅往见载漪，闻知其事，力请拒其入城，赖奕劻、荣禄之力，始得无事。外兵在京，"或时上城放枪，或有时四出巡街，以致屡有放枪伤人之事，甚或任意游行，几欲闯入东华门，被阻始止”（见六月廿九日上谕）。北京附近之外人，逃入城中，保定外人有往天津避难者，由兵护送，途中拳民击之，及抵天津，颇多死伤迷失。

拳乱之势日盛，焚毁电线，拆坏铁路，戕杀武官，乱象已成，朝廷又以公使之抗议，外兵将入北京，五月二十九日，诏曰：

> 迩来近畿一带，乡民练习拳勇，良莠混杂，深恐别滋事端，迭经谕令京外各衙门严行禁止。近闻多有游勇会匪溷迹其间，借端肆扰，甚至戕杀武员，烧毁电杆铁路，似此慾不畏法，实与乱民何异！着派出之统兵大员及地方文武迅即严拿匪首，解散胁从。倘敢列仗相抗，应即相几剿办，以昭炯戒，现在人心浮动，遇事生风，所有教堂教民，地方官均应切实保护，俾获安全而弭祸变！

诏书措辞无可评论，明日，上谕着步军统领衙门、顺天府、五城、直督捕拿滋扰地方之拳民，严行惩办。其时朝廷养痈成患，亲贵大臣反信拳民之神迹，以为盖天遣之扶清灭洋者也。刚毅报告又复坚其信心。初刚毅自涿州返京，景善称其往谒载漪，报告涿州民气激昂，万众一心，共御外侮，令官释放所捕之首要，开枪击之，弹不能伤，所谓弹不能伤者，乃附会之辞，实未当众试验也。六月一日，二人奏请太后召抚。景善又称大阿哥于宫中着拳民服装，指导太监习拳，太后闻之，即谕其师善加管理。据此，太后之意尚未决定，官吏承意不肯奉行，聂士成剿拳民，反受斥责，上谕乃为具文。四日，公使以为情势日危，急电本国乞援，称其现处之地位，无论何时皆可被攻，铁路电报并可断绝。公使与总署大臣相商，大臣有抱悲观者；公使以其不足代表朝廷，要求觐见太后增加卫兵，总署拒之。六日，上谕民教各安生业，不准匪徒滋事，其执迷不悟者，即行剿捕，八日，再降谕旨严办拳民，无如官吏不肯奉行，九日，英使窦纳乐急电大沽口海军大将西摩（Edward Seymour）略曰：“时局紧急万分，非即日筹备入京，则来迟矣！”太后以公使要求不已，十日，诏命载漪在总署行走。其党启秀时任军机大臣，景善称其主张对外宣战，草拟诏书，荣禄则始终反对。

西摩收得电后，统兵往津，索车入京，裕禄初持异议，后许其请。十日，各国混合援军二千余人自津出发，裕禄奏报朝廷，而电线已毁，改由驿递。十三日，太后谕其调回聂士成一军，实力禁阻外兵北上，如有外兵阑入畿辅，定惟裕禄、聂士成等是问。而西摩援军先已出发，及抵杨村，铁路之轨道桥梁被毁，车不能行，沿途修理而进，十二日，始抵廊坊，西摩以铁路之损坏愈甚，军力单薄，而拳民沿途扰乱，始则不敢再前，后则下令回津。其慎重过甚，北京之公使外人皆惊其久不至焉！

朝廷王公大臣养成拳乱之祸，南方疆吏知其危险，其中尤以李鸿章、刘坤一、张之洞负有盛名。李鸿章新授两广总督，以平定内乱，办理外交，主办铁路等事业，为国内声望最尊之大员，惟年已老，久于官途，遇事推诿，不肯负责。刘坤一时任两江总督，意志较为坚决。张之洞为湖广总督，亦颇明了大势。盛宣怀、袁世凯为之传递电报。盛氏久为李鸿章属员。督办电报，至是，办理卢汉铁路，留心国事，其建议常有考虑之价值。袁世凯新任山东巡抚，距直隶较近，故常转报信息。六月三日，盛宣怀电李鸿章曰："清议主抚，养痈成患，各国生心。宣已电奏，赶紧责成聂提（聂士成）肃清畿辅，并请岘帅（刘坤一）、香帅（张之洞）电奏请剿。师宜切实敷陈，荣相（荣禄）、王相（王文韶）甚明白，但须借疆吏多持正论，以破迂谈，九重乃可定见。"四日，李鸿章复称此非外臣所能匡救，而刘坤一、赫德及皖抚王之春等均请其迅速敷陈；李氏以为内意主抚，电奏无益。王之春仍称大局危急万分，"危言力谏，非公莫属！"李氏不肯进行，徒言焦急而已。刘坤一、张之洞电商裕禄会奏主剿，以谢各国，而支危急。裕禄固非其人，遂无挽救之机会，大沽陷后，李鸿章奉召入京，不幸事已迟矣。

拳民扰乱，其入京之期殊难确为指定，景善日记谓其于六月十日往载澜家中，贺其妻之寿辰，而拳民在其庭前院中者凡百余人。唐晏谓其于六月十一日，前往东城，途中始闻人言，义和团已入城中；其入城者止百余人，分为三队，"一队执刀，一队执矛，一队执铛，皆以红布裹头，年纪大都十二三岁，大者不及二十也"。袁昶奏疏称拳民十二三日入京。恽毓鼎于《崇陵传信录》曰："京师演拳始于三月间"（阴历三月约当阳历四月）。其所谓演拳者，殆难指为拳民。拳民入京之期，盖在六月初也。京中王公大臣待其领袖，一若大宾，敬之有如神明。景善虽力袒护义和团，而于日记中亦言其未受教育焉。其从之习学等，多肩挑负贩者流，迨后势盛，大臣家中之仆役，亦争加入。其人居于寺观，颇与僧道相亲。载漪等之护卫义和团也，无微不至，凡其罪恶若惨杀无辜，火烧商店，毁坏铁路之类，或匿而不报，或曲为解说。据景善日记，日本使馆书记生之死，由反对载漪之荣禄告于太后，德使之被杀，礼亲王世铎上奏太后，言其首先开枪，始乃为人所杀。其言虽或太甚，而慈禧对于义和团之实状，固多不能明了也。初，六月十一日，董福祥之甘军，杀日本使馆之书记生杉山彬于永定门外，上谕严拿凶犯，殆为掩耳盗铃之计。董福祥原为回酋，降于左宗棠，曾立战功。为人粗鄙无识，恨恶外人，主张宣战，景善记其军队入城，住民避而远之。拳民入城，十三日，火焚教堂商店，观者如堵，皆大呼以助火势。景善十四日日记，且谓北京除使馆而外，别无外人之房屋，斯言虽不尽确，而可见其所焚者多矣。其搜杀大毛子、二毛子也，不分妇幼老者。唐晏曰："余（十六日）在阜城门内米肆中，遇一妇人泣而言曰，'初云杀洋人，乃至今一洋人未损，而所杀者，皆中国人之为洋奴者！（殆指雇员）且男人亦一人未损，而但杀妇孺。……余闻其言，为之挢舌，盖数日来，闻士大夫所言，无及此妇人之明决者。……自此以后，市中亦有杀人者。夜间，则有人沿街传呼，或云向东烧香，或云供净水一盂，或云今夜勿睡，以防妖邪之入人家。由初更至天明止，卯辰以后，则声息不闻矣，及昏，又复如此，竟不知何人所为。"据此，可见人心惶恐之一斑，其所谓未损洋人男人者，殊不正确，女子孩童亦有被救者，火焚之际，无赖乘时抢劫，城中之损失虽无统计，其巨大可想。十五日，上谕曰：

> 昨因拳匪滋扰京城，曾谕令步军统领衙门严拿首要，认真梭巡，前拿获造言生事喧哗惑众之犯，业经交刑部正法。乃昨日夜间，城内各处焚烧如旧，且有奸宄从中煽惑，竟敢明目张胆，沿途喊杀，持械寻仇，致有杀害情事。官兵任其猖獗，城门由其出入，人心一夕数惊，居民不得安业，辇毂之下，扰乱至于此极！若再不严行惩办，为祸不堪设想，着步军统领分饬各地方官兵，并着神机营虎神营各派马步队伍，并添派武卫中军弁兵，会同弹压，加意梭巡，遇有持械喊杀之犯，立即拿获，送交提督衙门，

> 即行正法，勒限将首要各犯，迅即拿获，不准再事姑息。其仅止附和胁从等犯，应饬立刻解散。其城内设立坛棚应尽行拆去，并派载瀛，奕功，溥良，载卓巡查街巷，遇有队伍缉捕不力，随时稽查参办。至各城门启闭出入，尤宜加意慎重，……并着派庆亲王奕劻，端郡王载漪，贝勒载濂，大学士荣禄督饬派出各员，及马步各营，并地方文武，实力遵行，如有疏懈贻误，即行据实严参！

上谕之措辞及其列举之办法，颇为严密。盖于焚掠之后，官吏益将失其维持治安之责任，人心惶恐，而此所以安民心者也。其先诏书已迭下矣，无如太后之意，尚倾向于拳民，其剿之者均受处分。明日，御前会议，公然表示袒护之态度，其所派督率之大员，多为拳民首领，京中兵士且与拳民相通，太后又派王懿荣等为京师团练大臣。诏中所谓解散胁从，何能有效？荣禄在京主剿拳民，其复刘坤一电，详述朝中情状，中云："上至九重，下至臣庶，均以受外人欺凌至此极处。今既出此义团，皆以天之所使为词，区区力陈利害，竟不能挽回一二；后因病不能动转，假内上奏片数次，无已，勉强力疾出陈，势尤难挽。至诸王贝勒群臣入对，皆众口一词，谅亦有所闻，不敢赘述也。且两宫诸邸左右半系拳会中人，满汉各营卒中，亦皆大半。都中数万，来去如蝗，万难收拾！虽两宫圣明在上，亦难扭回，天实为之，谓之何哉！"电文于六月末发出，所言多为实情。二十六日，皇帝谕李鸿章等曰："此次义和团民之起，数月之间，京师蔓延已遍，其众不下十数万，自兵民以至王公府第，处处皆是，同声与洋教为仇，势不两立。剿之则即刻祸起肘腋，生灵涂炭。"诏文虽为辩护之辞，而事业已至此，颇难筹出办法，大臣煽助其势，何朝廷不先处置也？

北京城中之外人教民，日在恐惶之中，使馆之卫兵无几，公使盼援不至，心急如焚。其时西摩之援军次于廊坊，沿途拳民击之，其人持刀矛木棍，奋勇而前，多为枪炮所击而死，援军之死伤者则无多人，其愚蠢可悲。但其所毁之铁路，损失太大，修理不易。西摩不敢前进；其人为海军大将，其兵并非陆军，乃小心过甚，留于廊坊四日；其地适在北京、天津之间，十六日，始决退回天津。及大沽口陷，直督裕禄收抚拳民，奏称分队往御杨村之外兵，西摩统军且战且退，二十一日，攻陷天津城外之机器局，得大宗军火食料，其地距天津城九里，租界十五里。直军大队攻之，外兵据局死守，会得大军来援，始能出险，二十六日，尽毁机器局，退回天津租界。初天津租界自西摩出发后，有外兵二千四百人防守，多为俄国陆军，自旅顺来者。天津于十四日，义和团入城，裕禄信之，乃以总督衙门为其大本营焉！列强海军大将之在大沽口者视为口实，攻陷塘沽炮台。先是，大将访探北洋军队之调遣，信其将即破坏天津塘沽铁路，遣兵上岸保护，会得天津拳民焚烧教堂屠杀教民，而长官不问之消息。十六日，大将会议决定致哀的美敦书于炮台守将罗荣光，限其于十七日上午两点钟交出炮台，同时，军舰预备作战，令兵上岸。裕禄得知通牒，令罗荣光拒战，上午四时五分钟，炮台守兵开始发炮，外兵回击，天明六点半钟，夺据炮台。此役也，美将不肯参战，裕禄奏称洋人竟先开炮攻取，该提督竭力抵御，击坏洋人停泊轮船二只，而于炮台失守，则蒙蔽不报。朝臣闻之，多以外国挑战，主张宣战，阻击西摩援军。海军夺据炮台，究为当时之必需与否，言者纷纷，而其影响于清廷政策之决定，固断然无疑者也。炮台失守之日，裕禄自城上架炮轰击租界，其先并无挑衅之意。外军往援西摩者，中途败退，租界守兵日处于危险之中，援兵不至，将有退出天津之议。二十三日，塘沽援军冒险力战，抵于租界，更遣大军出援西摩。由是西摩出险，联军之地位大固。裕禄奏称，“二十二日（十八），紫竹林洋兵分路出战，我军随处截堵，义和团分起助战，合力痛击，焚毁租界洋屋不少”。

其在北京，太后以为外兵将至，六月十六日午后，召王大臣六部九卿入见于仪鸾殿，询问外兵入京，将何以处之之策。大臣百余人跪于殿中，其后至者，跪在槛外，奏对不一，或言宜剿拳民，或言宜抚，或言阻止外兵入京，或言调兵保护。太后乃谕总署大臣许景澄、那桐劝阻外兵入京，安抚拳民。会议时，光绪诘责诸臣不能弹压乱民，而太后意佑拳民，太常卿袁昶详论拳民毫不可恃，太后斥之，谓失人心，则更无以立国。会散，大理少卿张亨嘉等迟迟其行，复跪奏言拳民当剿，但诛数人，大事即定。侍读学士朱祖谋亦力言之，且述董福祥之不可恃。太后大怒。会议之时，载漪亦在殿中，厉声袒护拳民。太后之召见朝臣者，专筹阻止外兵入城也。太后受载漪、载澜等之说，载澜之妻常入宫中，告其家中拳民之神迹，而太后信之也。十七日午后，太后急诏大臣会议。其时大沽之炮台已失，裕禄下令发炮轰击租界，军事报告则驿递迟延，尚未到京，而载漪竟假造照会，怒激太后宣战。斯日四——六点钟会议于仪鸾殿，大臣跪于殿中，太后面含怒色，宣读公使要求。据景善日记，其内容则要求太后让位，光绪亲政，及废大阿哥也。据恽毓鼎记载，太后宣谕要求四条：一、指明一地令中国皇帝居住，二、代收各省钱粮，三、代掌天下兵权，其最后一条，则未宣布，乃勒令太后归政而讳之也。且曰："今日衅开自彼，国亡在目前，若竟拱手让之，我死无面目见列圣，等亡也，一战而亡，不犹愈乎！"顷又曰："诸大臣均闻之矣，我为江山社稷不得已而宣战，顾事未可知，有如战之后，江山社稷仍不保，诸公今日皆在此，当知我苦心，勿归咎予一人，谓皇太后送祖宗三百年天下。"载漪等力持战说，诸臣不敢复持异议。二氏之言相较，恽毓鼎参与会议，其言较确。太后命徐用仪等前往使馆，说其下旗归国，群臣遂退，太后之怒虽不可遏，而其主持宣战，尚未最后决定也。十八日，朝旨再传入见，仍议和战。十九日，裕禄奏疏业已到京，主战派之气焰益张，午后三点钟，太后再召大臣于仪鸾殿，决定宣战，命许景澄等通知公使，限其于二十四小时内出京，允许派兵护送。光绪不愿启衅，牵景澄手曰："更妥商量"，太后斥之，侍郎联元亦有谏言，顾不能回太后之意。诸臣退后，传旨明日清晨八九点钟入见。据景善日记，二十日上午天犹未明，太后召见军机大臣世铎、荣禄、刚毅、王文韶、启秀、赵舒翘，光绪则未临朝，荣禄哭说派兵保护公使出京，太后许之，荣禄叩首而退。启秀上其草成之宣战书，太后读而嘉之，更问大臣之意，均无异言，朝退，太后召见王大臣六部九卿，光绪时在殿上，慈禧宣谕对外用兵不得已之苦衷，辞毕，转问光绪。光绪逡巡少许，乃言不可攻击使馆，诏书遂下。

载漪等之劝太后宣战也，蓄谋已久，荣禄力言公使代表国家必不可攻，请兵将其护送出京，太后许之。十九日御前会议，许景澄等奉旨办理其事，午后五点钟，致同样照会于各国公使，告以外兵索取大沽口炮台，诸国已与中国绝交，公使同其家眷、职员、卫兵及所有外人，苟于二十四小时内离开北京，前往天津，中国将派军队护送。公使收读照会，莫不大惊；其时公使困在北京，不知天津、塘沽之情状，其望眼欲穿之援军久而不至，少数卫兵不足防御，欲离京去，则以非有训练服从之兵，途中难保安全，召集会议决定照会总署，声称可还炮台，要求于二十日上午九时会谒亲王于总署，磋商离京之办法。其大多数皆愿去京，独德使克林德不可。克林德体壮多力，勇敢好逞，曾于市中亲手捕得拳民一人，带入使馆。及至会谒之时，公使尚未收得总署复文，决定前议作为罢论，克林德独欲前往，谓其先曾函言单独往见，他使劝阻，皆不之听，贸然同其译员各坐一轿而往，途中旗兵开枪击之而死，译员带伤逃免，其击之者谓奉端王载漪之命，凡遇外人杀之，以求赏也。德使未死之先，天津、伦敦等地传其已死，乃竟不幸言中；袁昶闻之，命人以棺收殓其尸，刚毅、景善等恨之切骨。德使死后，各国公使均谓华兵不能护送，决定固守使馆，以待援兵，努力建筑防壕，买夺米粮。其在美以美会教堂中之美人及华人数百名亦入使馆，华人住于肃王府中。其在西什库教堂者以人数太多留而不去，及逾规定期限，拳民、甘军开始攻击使馆。上谕宣战，召回驻外公使，公使互相电商，认为乱命，置之不理。宣战谕文曰[1]：

> 我朝二百数十年，深仁厚泽，凡远人来中国者，列祖列宗罔不待以怀柔。迨道光咸丰年间，准彼等互市，并求在中国传教。朝廷以其劝人为善，勉允所请，初亦就我范围，讵三十年来，恃我国仁厚一意拊循，乃益肆其嚣张，欺凌我国家，侵犯我土地，蹂躏我人民，勒索我财物。朝廷稍加迁就，彼等负其凶横日甚一日，无所不至，小则欺压平民，大则侮慢神圣。我国赤子仇怒郁结，人人欲得而甘心，此则焚烧教堂屠杀教民所由来也。朝廷仍不开衅如前保护者，诚恐伤吾人民耳，故再降旨申禁，保卫使馆，加恤教民，解释夙嫌，故前日有拳民教民皆我赤子之谕；原为民教解释宿嫌，朝廷柔服远人，至矣尽矣。乃彼等不知感激，反肆要挟，昨日公然有杜士立照会[2]，令我退出大沽口炮台，归彼等看管，否则以力袭取，诡词恫吓，意在肆其猖獗，震动畿辅。平日交邻之道，我初未尝失礼于彼，彼自称教化之国，乃无礼横行，专恃兵坚器利，自取决裂如此乎？朕临御将三十年，待百姓如子孙，百姓亦戴朕如天地，况慈圣中兴，宇宙恩惠所被。浃髓沦肌，祖宗凭依，神祇感格，人人忠愤，旷代所无。朕今涕泣以告先庙，慷慨以誓师徒，与其苟且图存，贻羞万古，何若大张挞伐，一决

雌雄，连日召见大小臣工，询谋佥同。近畿及山东等省义兵，同日不期而集者，不下数十万人，至于五尺童子，亦能执干戈以卫社稷。彼尚诈谋，我恃天理，彼凭悍力，我恃人心。无论我国忠信甲胄，礼义干橹，人人敢死；即土地广有二十余省，人民多至四百余兆，何难摧彼凶焰，张国之威？其有同仇敌忾，陷阵冲锋，抑或仗义捐赀，助益镶项，朝廷不惜破格懋赏，奖励忠勋；苟其自外生成，临阵退缩，甘心从逆，竟作汉奸，朕即刻严诛，决无宽贷！尔普天臣庶，其各怀忠义之心，共泄神人之愤，朕有厚望焉。钦此！

诏文未提外使之要求，其叙列强之压迫，实为祸乱之主因，其困难之症结，多由于误会。外人欲以西方之制度习惯行于中国，而国内之士大夫墨守固有之思想，诏称交邻未曾失礼，驻京公使常谓中国不肯以礼相待，其争论由于标准及观念不同也。太后之所恃而作战者，一为神祇，一为义民，神祇虚渺，谚曰："天助自助者"，国家穷弱，知识浅陋，如当时之中国，而欲力战世界所有之强国，不待智者而已测其必败，乃求助于所谓义民。义民不过动于情感，或唯利是图之愚民耳，平日未受军事操练，手中所执之刀棍，万不能敌枪炮，一旦败后，散归家乡，国事究将若何？朝臣何不之思！后聂士成战死，上谕谓洋操不堪一试，其意岂信制梃可败列强之精兵耶！

北京城内自攻使馆以来，人于战时状态，枪声炮声，时作时息，人心大为惶恐，富贵缙绅之家，先多出京避难，中等之家力足以外出者，亦多逃出，景善记其轿夫后且出逃。其出京者以拳民散兵之扰乱，交通之阻碍，不敢多带珍物。上谕在京拳民归载勋等节制，其人原多市井之愚民，中有贪于货财乘机抢劫者，一部分住于官宦之家，与之共产，景善深表同情于拳民，而亦以之为言。城中入于混乱状况，乡人不敢入城，柴米蔬菜之价奇昂，生活大难，贫民投入拳民人数大增，太后于宣战后，抚之为兵，赏银赐粟，欲借其力以御外侮。载漪亲统拳民入宫，搜捕信奉耶稣教之太监，太后许其捕之而去。光绪曾力变法，至是，表示不愿对外宣战。大阿哥于宫中辱之，称为鬼子徒弟，太后责之。景善称六月二十五日清晨，载漪、载勋统帅拳民入宫，声称来捕鬼子徒弟，光绪惊惶，幸太后闻声怒出，严辞切责载漪，光绪始免于难。载漪之横至是，对于外入教民，自无怜恤之意。初公使外人聚集自守。载勋悬赏购杀外人之头，男子五十两，女子四十两，孩童三十两。赏令颁布之后，京中外人之被杀者，寥寥无几。夫力所有不及之地，而出命令行之，终亦未必能行，徒失政府之尊严与威信耳，按之国际公法，对于战争时之俘虏，尚有规定之待遇，固无悬赏购杀公使侨民之理。载漪等之行动，虽曰仇恨极端之表示，其野蛮无识，实可痛心！尤可悲者，一部分之忠实教民，多避难于使馆西什库教堂，余多逃亡，而拳民乃曰搜捕二毛子，或所谓白莲教徒。乡人入于城中，亦不能免，其中杂有妇女老幼，受审之时，并无教民之证据，而载漪即命杀之。其残酷有失人性，蔑有加矣。拳民对于官吏，囚翰林院侍读学士黄思永，杀京师大学教习刘可毅等，职官见其首领须即跪拜，乃纷纷南遁，曹部甚至无人。于此混乱情形之下，军队亦无纪律，荣禄所部之武卫军大掠于东城，甘军且于市中任意放枪。人民日在恐惧之中，不知死所；拳民迁怒于已死之外人，毁其坟墓，暴露尸骨。

北京而外，直隶全省之谣言孔多，人民日在惊惶之中，自相扰乱，其情况可略于《庚子西行记事》中见之。唐晏于拳民焚杀时出京，北往怀安县，六月十九日晚间，住于沙河旅社，“忽闻枪声大作，店主人夺门而入曰，‘有二毛子二百余来攻镇，镇人御之’。……时同行王君本营伍中人，谙兵事，升屋以观，呼余曰，‘枪皆直上，且系土枪，此镇人自惊耳，非有他寇也’。……卒不见一寇，镇人乃定。后来始知此夜中，贯什闻沙河枪声，逃者及妇女入井者极多，倘不早定之，则不知竟成何状。二十四日（二十日），出居庸关，……四十里至岔道，宿甫就枕，忽闻马铃声，有拍店门者大呼曰：‘有二毛子数百人已上山，去此不远，宜急为备！’店人惊起扰扰，余辈乃告以昨夕之事，令勿动，但安睡，无妨，店人始安。二十五日（二十一日），起行，则居民已十室九空矣。沿途觅晨餐无所得，或有人家门前鸡子壳满地，叩其户则空无人，遂至日晏不得餐。”唐晏记载其途中之经验，自极可信，直隶他县之类此者尚多，百姓之浮动无识，情极可悲，拳民教民相杀，状尤惨酷。诏书下后，北方长官多杀境内之外人，其时保定教士尚未肯去，二十八日，拳民游兵开始攻毁教堂，外人或被击死，或火焚死，或刺伤死，或斩首死，共十五人。余若永清县、顺德府、望都县、获鹿县、新安县、通州、武邑县、景州、滦平县等，均有拳民滋扰，攻杀教民。山西巡抚毓贤，亦乘时大杀外人。山西初无拳民，教士曾于境内救济灾民，著有成效，传教事业渐形发达，及毓贤就职，设法奖励拳民，二十七日，太原暴民攻击医院，放火烧之，死一英妇。教士请救于毓贤，毓贤患其不能尽杀之也，遣官二人说其住于指定之房屋，教士从之，教民且有从之避难者。其在寿阳之教士东逃被捕者，亦送入太原。七月九日，毓贤传讯外人于巡抚衙门，共四十六人，中有妇女二十，儿童十一，毓贤出视，命尽杀之，余如太谷县、大同府、汾州府、孝义县、曲沃县、大宁县、河津县、岳阳县、朔平县、文水县、寿阳县、平阳府、长子县、高平县、泽州府、隰州、蒲县、绛州、归化、绥远城皆有仇教之运动。少数教士西行逃入陕西，途中备受痛苦，死者亦有数人，生者由陕西署理巡抚端方派兵护送南往汉口；其北逃至蒙古者，皆罹于难，更有未及出逃而被杀者，数约一百七十八人。其在满洲，教士先期得有警告，多往海口，甲子厂、连山、余庆街、北林子、呼兰城均有毁坏教堂，或杀教士之举动。其时俄国方于满洲建筑铁路，工程大受阻碍，七月十七日，俄船行驶于黑龙江者，华军自瑷珲击之。俄军转采惨杀之行动，以作报复，大杀华人数千，中有妇女老幼，其尸浮蔽黑龙江。俄国闻报，称其长官未得政府训令，然终未有处分。其他惨杀教士之地，尚有河南之南阳府、光州，浙江之衢州府，陕西之宁羌州，湖南之衡州府等，范围幸未扩大。

1. 北京陷后，旨称诏书矫发，饬令销注，《光绪朝东华续录》故未载入。作者曾校所见诏文，措辞颇有出入，此据《六十年来中国与日本》第四册七、八两页所载，该书未注明其录自何书，然据作者观察，较为忠实。

2. 杜士立原名Du Chaylard，时为法国天津总领事。要求大沽口炮台交出，为列强海军大将采取之行动，直向守将提出，盖与之无关，朝廷似无正确报告，抑杜士立亦向直督要求耶尚待证明。

第十二篇

义和团之扰乱（续前）

五大臣之遇害——朝旨之中变——护送公使出京之平议——刘坤——之保境安民——天津之陷失——联军入京之经过——车驾出京之情状——北京之纷扰——京外人民所受痛苦之一斑——津都统衙门之威权——德俄之野心——下诏罪己——喇章之失策——惩办祸首之交涉——和议进行之困难——条约中之要款——结论——中国之屈服

于此残忍仇杀暴民专制之中，其勇敢直言置生死于度外者，尚有人焉。荣禄于军机大臣之中，反对拳民，称其无用，载漪等请攻使馆，荣禄独言不可，建议护送公使出京。迨后太后下诏宣战，荣禄无力挽回，迫于时势，函复董福祥竟言善抚义民建立不世之功。然此非其本心，遇有事机，莫不图谋补救，仍请停止攻击使馆，使馆之不得陷者，颇赖其力。董福祥之围攻使馆也，荣禄曾出令禁之，董氏不听，杀其差官二员。据景善日记，董氏久攻不下，请于荣禄借用武卫中军大炮，荣禄拒之，时人斥为汉奸；其所处之地位，善如刘坤一等之电曰："上有擅权之王公，下有跋扈之将领，同侪排挤，几蹈危机。荣相孤掌难鸣，苦心调护，始终以保使为要。"说者犹可言其地位高尊，立有功绩，久为太后所信，尚不致于危险也。其官位较低而言事激昂切实者，当推袁昶、许景澄。袁昶于御前会议，请剿拳民。据后传说，六月十八日，二人密奏局势阽危，拳民为白莲教之余孽，裕禄养痈贻患，以致杀人放火于京师，请求责成荣禄剿抚，予以便宜行事之权，收效必速。二十日德使被杀，载漪、徐桐拟斩其首，袁昶命人棺之，其自辩护曰："余于总署识之，不忍其尸之暴露于外也。"刚毅等恨之切齿。七月初，二人再奏祸乱日亟，速谋保护使馆，维持大局，恳请严旨责令甘军悉行退扎城外，并令荣禄克期驱逐拳民出城。二十二日，二人上书密陈徐桐等信崇邪术，误国殃民，请先治以重典[1]，景善称太后读其奏文，虽不能从，而亦赞称其勇敢。景善又称六月二十四日，上谕各省督抚尽杀外人，二人擅改“尽杀”为“保护”，山西、陕西、河南巡抚所收之电，则其所改者也。七月二十八日，刚毅知之，以之上奏，太后大怒，即命斩之，于其擅改上谕，则深讳之。景善所记不无可疑之点，朱谕称其罪状曰：“屡次被参奏，声名恶劣，平日办理洋务，均敢各存私心，每遇召见时，任意妄奏，莠言乱政，且语多离间，有不忍言者，实属大不敬”。后和议时，公使为之要求昭雪，上谕仍以其为祸首诸臣所陷。二人反对拳民，王公大臣自深嫉之，其称屡被参劾者，殆非虚语。聂士成先剿拳民，大臣恶而劾之，后诏称其有负委任，将其革职留任，以观后效，及其战死，上谕且曰：“各国开衅，京津各军尚皆可用，惟聂士成一军，……未战先溃。”三人之受诬陷如出一辙，其重视国事，不顾生死也久矣。其他受祸之朝臣，尚有立山、徐用仪、联元。立山为太后亲臣，时任户部尚书，旧与载漪有隙，而又反对拳民，为其所恨；其家近于西什库教堂，拳民称其家有地道接济教士，以致教堂久攻不下，往搜其家，未得证据，捕送神坛，谓其恐惧战栗，送往狱中。徐用仪办理洋务颇久，不直载漪之所为。联元为袁昶之友，初于御前会议，反对对外宣战，亦为载漪等所恨。八月十日，三人被斩于市，说者言载漪矫诏杀之。[2]

大臣之下，亦有平民或苦力之不顾生命而维持友谊者，方使馆之受围攻也，信息隔阻，公使数遣人往天津报告实状，催促援军早日来京，其为之传递信息者，往返京津，途中备受困难，万一发觉，人即正法，其无勇敢冒险之精神，必不敢往，其人固有非尽动于金钱之酬劳者，例如中有拒绝不受报酬者。其言略曰：“余之出此，全为信义，证明中国人非皆如拳民之行动，而所以维持友谊也。”其激昂慷慨足以愧风时人，使馆自围攻以来，奥兵先逃，大为人所批评。其时各国之卫兵保护本国之使馆，及此败后，英使窦纳乐虽曾被推为防守司令，但仍无节制所有卫兵之实权。其避难于使馆之外人而加入战争者，亦有数十人，教民或助防守，或强迫掘壕筑垒，外兵颇虐待之，有抵死不肯应募，或受重罚者，防守使馆亦赖其力焉。使馆设有委员会，多赖美教士主持，其人以服务见称于时，担任筑垒之干明威尔（E. D. Gamewell）尤有大功。防守使馆之外人，困于绝地，类多勇敢之士，其尤以能战见称者，则日本将校也。六月二十五日，景善称载漪等擅率拳民入宫，太后恶之，转欲议和，饬令荣禄保护使馆，其言别无证明；所可知者，李鸿章领衔奏言兵衅万不可开，团军急宜剿除之疏到京也。其言与宣战诏书相反，而二十五日上谕，则称事变之起，出于意料之外，衅非我开，现在兵民交愤，在京各使馆势甚危迫，我仍尽力保护等语。明日，再降旨曰：

> ……尔各督抚度势量力，不欲轻构外衅，诚老成谋国之道。无如此次义和团民之起，数月之间，京城蔓延已遍，其众不下十数万，自兵民以至王公府第，处处皆是，同声与洋教为仇，势不两立，剿之则即刻祸起肘腋，生灵涂炭，只可因而用之，徐图挽救。奏称信其邪术以保国，亦不谅朝廷万不得已之苦衷矣。……此乃天时人事相激相迫，遂成不能不战之势，尔各督抚勿再迟疑观望，迅速筹兵筹饷，力保疆土。

朝旨多为辩护之辞，会驻外公使会衔奏请保护使馆之电文到京，二十九日谕曰："此次中外开衅，其间事机纷凑，处处不顺，均非意计所及。……兵端已启，却非衅自我开，中国即不自量，亦何至与各国同时开衅？并何至恃乱民以与各国开衅？……现仍严饬带兵官照前保护使馆，惟力是视。"朝旨停止进攻使馆，原欲议和，无奈势成骑虎，载漪等复力坚持，裕禄更自天津掩败为胜，奏报军功。西摩之援军败退，和议停顿。其攻使馆者，初为拳民，甘军助之，荣禄禁之而不可得，朝廷对于李鸿章等均称保护使馆，事实上则又不然。李译楼于《义和团事实》曰："自五月（六月）以来，生杀予夺，皆在团。团曰可，不敢否，团曰否，不敢可。民权之说，吾于义和团见之矣。"民权之说，迥异于暴民专制，固非李氏所知，于此情状之下，朝廷诏令不行于京内。

使馆教堂久攻不下，太后至为焦急，再应疆吏之请，七月三日，颁发俄、英、日国书，饬公使转递，其内容则言匪乱肇祸，外衅相迫，以致纷扰，请其排难解纷，一面照会公使出馆，暂住总署。公使弗应，三国均以公使安全为言，无能力助，其议发于李鸿章，主张外兵来华前议和也。其时天津处于不利之形势，十四日，城竟失守。其先疆吏电奏四事：一、谕饬各省将军督抚保护外商教士，二、降谕惋惜德公使被戕，致国书于德皇，并致国书于美法，以示敦睦，三、饬查被害之外人及财产损失，以便抚恤，四、剿办拳民乱兵；另电奕劻、荣禄、王文韶请其婉为奏陈。奏上，荣禄又言使团要求之照会，乃载漪命人假造者也。太后之意转变，十六日，庆亲王致书美使，告其尽力保护，照会各国公使请其出馆，明日，谕曰：

此次中外肇衅，起于民教之相哄，嗣因大沽炮台被占，以致激成兵端，朝廷谊重邦交，仍不肯轻于决绝，迭经明降谕旨，保护使馆，并谕各直省保护教士。现在兵事未弭，各国商民在中国者甚多，均应一律保护，着该将军督抚查明各国洋商教士在通商各埠及各府州县者，按照条约一体认真保护，不得稍有疏虞。上月日本书记杉山彬被戕，正深骇异，乃未几复有德国公使被害之事。该公使驻京办理交涉，遽遭伤害，惋惜尤深，应定严饬勒拿凶手，务获究办。所有此次天津开战后，除因战事外，其因乱无故被害之洋入教士等及损失物产，着顺天府直隶总督饬属分别查明，听候汇案核办。至近日各处土匪乱民焚杀劫掠，扰害良民，尤属不成事体，着该督抚及各统兵大员查明实在情形，相机剿办，以靖乱源，将此通谕知之。

上谕根据疆吏奏请之四事而发，无可非议。明日，太后严饬义和团民恪守戒规，其寻衅焚杀者照土匪之例，即行严办，又降诏曰：“春秋之义不戮行人，朝廷办法，亦岂有纵令兵民迁怒公使之理。”十七日午后，停止攻击使馆，华兵高持白旗前往传信。据《庚子北京事变纪略》，华兵与洋兵以指交谈，甚相敦睦，洋人托其买瓜果食物，亦乐为役使。二十日，总署送来西瓜两车，二十七日，送白面二千斤，瓜果菜蔬数车，休战迄于二十八日。期内朝廷颁发法、美、德国书，再言和议。总署王大臣以太后之命，迭请公使外人出京赴津，由兵护送，且言保护教民。此种办法由疆吏迭次奏请，各国亦皆同意，而公使则不之信。《庚子北京事变纪略》之作者鹿完天时在围中，记其事曰：“总署催各钦使赴天津，俾教民出而各安其居。

呜呼！是信也真也，伪也！识者谓诓我也！各使馆纷纷传闻，有笑之者，有耻之者，甚至有哂之以鼻者，噫！人而无信，不知其可也，其谓是夫！”其言备极嘲骂，而实使馆中人之感想。总署力谋和议进行，为美使转递电信于本国，亦无效果。值李秉衡自南方入京，李氏负有清望，对外知识原极幼稚，召对之时，主持战议，载漪等气为之振。其时拳民之技已穷，久攻使馆教堂不下，诿为大数未到，其死于枪弹者，指为好色贪财所致。在京人数尚多，以之战争则力不足，以之扰民则绰然有余。王公大臣见兵败绩，颇有悔意，然以危局由其造成，多所顾忌，乃有“不战必亡，战未必速亡，及断不可束手受缚，拱手授人等语”。李鸿章时在上海，闻知外兵将至，一面电告驻外公使劝说列强勿添兵再进，一面再与刘坤一等会奏，请派队护送各使赴津，或准其自通函电于本国。措辞急切，无所瞻顾，而袁世凯不即缮发，催之始代缮递。奏上，三十一日，再行停攻使馆，奕劻迭次照会公使，请其出京，并许教民同行，由荣禄派兵护送。八月二日，上谕曰：

> 前因近畿民教滋事，激成中外兵端，各国使臣在京者，理应一律保护，迭经总理衙门王大臣致书慰问，并以京城人心未靖，防范难周，与各使臣商议派兵护送前往天津暂避，以免惊恐。即着大学士荣禄预行遴派妥实文武大员，带同得力兵队，俟该使臣定期何日出京，沿途妥为护送。倘有匪徒窥伺抢劫情事，即行剿击，不得稍有疏虞。各使臣未出京以前，如有通信本国之处，但系明电，即由总理各国事务衙门速为办理，毋稍延搁。用示朝廷怀柔远人，坦怀相与之至意。

诏文全应李鸿章等之奏请，同时降诏赦免教民之罪，不准妄杀。交涉进行之际，误会发生，枪声即起。八月七日，太后应刘坤一等之奏请，诏授李鸿章为全权大臣，先与各国外部议商停战，总署将其通知各国公使，十日，又致照会声称明日庆亲王来晤，及期，谓兵昨被杀者数十人，不能前来。外人出馆者，华兵未加伤害，总署将其送回，如英国学生、瑞典教士之例。其时外兵自天津前进十二日，进据通州。贵显大臣不知所为，乃以战败而亡，不战亦亡。徐桐诸人且以“甘心亡国而不恤”为言，甘军猛攻使馆，枪声不绝。使馆内之中外人员莫不惊惶，会联军至，始得无事。

综观围攻使馆之始末，多由于误会，荣禄于宣战诏将下之际，力谋保护公使，其致刘坤一电曰："嗣再竭力设法转圜，以图万一之计，始定在总署会晤，冀以稍有转机，而是日又为乱匪将德使臣击毙，从此事局又变。"荣禄事先反对绝交，未有效果，故有再设法之语。德使之被杀，实为极大之事变，误会由此益多。自公使方面而言，乱兵无故杀害德使，为中国政府不能保护公使之铁证，离开使馆，即无安全之理，况政府听任匪兵围攻之乎？对于总署之建议，莫不认为含有恶意。和议进行之际，枪声时起，总署则称外兵先行开枪，使馆则称华兵首先开枪，责任究不易明，两军相峙，原易生衅，况教民从中作祟，固不如先行撤退围兵也。朝廷初则限期外使出馆，继则限期出京，终则婉辞相商，许其在京商议，并保护教民，其逐渐让步者，一由于兵败，一由于疆吏之奏请也。其宣示之诏旨，均以保护使馆为言，李鸿章等关于公使之奏请，往往采行。总署奉命交涉，殆难认为缺少诚意，其请公使赴津，虽由李鸿章等奏请，而英日诸国均以其为先决之条件，乃公使始终拒绝。奕劻别无办法，而又胆小如鼠，不敢亲往使馆商议，刘坤一等之保境安民，请照旧还债，均奉旨允准，实欲议和。初事变之起，李鸿章迭奉谕旨催其北上，朋僚亦以为言，美舰允许将其送津，而竟不肯北上。其复刘坤一等曰，"荣庆尚不能挽回，鄙人何敢担此危局？各国兵日内当抵城下，想有一二恶战，乃见分晓"。其言虽愤极而发，固不应若此推诿，视国事若不相关也。会朝廷授为直隶总督，促其兼程北上，七月二十一日，始行抵沪，初欲自运河北上，继则托故不行，京中时无明了外交方法之大员，李氏在外虽有奏请，固不如应诏入京陈说一切，主持外交，而祸或可减轻也，乃为个人安全之计，不肯北上，吾人殊深惜之。至于使馆久攻不下，虽曰外兵守御之力，而荣禄之设法成全，李鸿章等之奏请，及和议之迭次磋商，因予外兵休息防守之机会，固亦不可抹杀。太后明知使馆之不可攻，而终未切实保护者，岂如时论所谓，此亡而彼亦亡，不如同归于尽耶？

外省反对拳民最力者，当推两江总督刘坤一等，刘氏为湘军名将，于拳民势炽之时，景善称其电奏剿办，太后读其电文，心甚烦恼。刘氏于其境内严禁大刀会之活动。其初持两端而态度不甚明显者，则为湖广总督张之洞，景善称其一面请禁拳民，一面表示忠于太后。汉口英国领事于乱初起之际，亲往谒之，陈说利害，张氏颇为所动。又按《李文忠公全集》，六月二十五日，盛宣怀致电李鸿章，李氏将其电告刘坤一。文曰："千万秘密，廿三（十九）署文勒限各使出京，至今无信。……以一敌众，理屈势穷……瓦解即在目前，已无挽救之法。今为疆臣计，各省集义团御侮，必同归于尽，欲全东南以保宗社，诸大帅须以权宜应之，以定各国之心，仍不背廿四（二十）旨，各督抚联络一气，以保疆土，乞裁示。"李氏又复盛宣怀电曰："廿五（二十一）矫诏，粤断不奉，希将此电密致岘（刘坤一）、香（张之洞）。"明日，刘坤一复称与张之洞保护长江一带之商教，严办匪徒。二人时已商定不欲挑衅，而督办水师之李秉衡留于江苏，闻知英舰驶入长江，亲往江阴阻之，刘坤一密电部将勿自我开衅。李秉衡电问水雷，并请拨款。刘坤一约其来宁，电告其事于张之洞，张氏电劝李氏勿动，长江始免于事。二督饬上海道台余联沅与各领妥议章程，更电驻外公使向其外部说明，领事奉命交涉，议定章程。其要款则上海租界归各国保护，长江内地归督抚保护，两不相扰，以保全中外人民之生命财产也。其他南方诸省亦多不肯奉行宣战诏书，两广则李鸿章首先不理朝廷之乱命，山东则袁世凯颇能维持境内之治安，袁氏主张慎重，不愿声张。其时德皇训令其东方海军司令强据烟台，司令以为无所借口，不肯执行。四川、闽、浙等省除一二例外，亦能保境安民，拳民蔓延之地乃限止于直隶，其杀害外人者，亦限于北方之长官，全国幸未大乱，颇赖李鸿章、刘坤一等之力焉。综观袁昶、刘坤一等之行动，其勇敢大无畏之精神，诚足令人生敬，其更足以诏示吾人者，一国之危险，莫过于理智之丧失，言论不得自由。感情用事之时，非有力者则无意见陈说之可能，而难有所补救，全体民众殆将成为疯人社会。政事之中对外问题，尤易激起情感。吾人所当留意者，对于政府之外交，不能囿于无根据之宣传，而必全国一致之说，终当审其是非利害，而为有条件之赞同也。

大沽炮台陷后，西摩援军值自廊坊退回，俄得军队来援，始能出险。其时清廷下诏宣战，而列强对于北京之情状尚未明了，中国驻外公使不愿回国，李鸿章电其对外说明大沽炮台向外舰发炮，先未得有朝廷之训令，列强苟不对华宣战，彼将北上解决其事。同时，列强多未留心于此，其海军大将视之无足轻重，亦无详细报告，乃均承认尚未入于战争状态。其公共之目的，则援救在难之外人，而往北京也。其在大沽，大将声明入京往援公使外人，凡于途中阻之者，则以武力应付，对于各省尚无挑衅之表示。其政府鉴于形势之危急，予以便宜行事之大权。外兵之自大沽往援天津者，约八千人，中有俄、美、英、德、日兵，合租界守兵，西摩退军，约一万二千人，清军与之相持，互相攻击。六月二十七日，联军攻取距租界十五里之东机器局，斯役也，以俄国陆军之力为最，会来援之清兵日众，大炮较多，混战不已。及外国援兵至津，改取攻势，七月九日，日本军队千名会同联军千名，取得海王寺之西机器局，守军乃益处于不利之地位。十三日，联军大举进攻，俄德军队五千人为第一队，日、美、英、法五千人为第二队。第一队奋勇前进，而第二队之力战尤烈，死伤之多，占其全军七分之一，日军终不肯退，逼近城下，明日，清晨炮毁南门而入。斯役也，共历一昼夜之恶战，而天津城下，日军之力为多，死伤者亦其最多。十四日，联军入城，大从事于劫掠，奸淫妇女，其惨状不堪设想。天津自拳民入城以来，业已入于混乱无政府之情状，及官兵战败，乘机抢劫，临去之际，更行放火，联军相继大掠，津民所受之痛苦，不堪言状，谋之不臧，祸至于斯，实可痛心，无辜之人民，诚不知其死所。列强军队中抢劫奸淫尤惨者，首推俄、法、德、印度军队，其行径直为穷凶极恶之强盗，长官不加约束，以为中国破坏国际公法，轻侮列强，而借之报复示警也。其根本错误，由于不知中国为专制政府，人民从无参政之机会，拳民之行为，虽为愚民之暴动，而少数昏庸之长官实造成之，长官逃去，而平民反受实祸，不亦悲乎！

津沽于六月十七日战作，七月十四日城陷，恶战凡二十七日，为中国自订约通商以来未有之力战，其作战者，全为北洋军队，时称武卫军数约三万余人，由聂士成、宋庆、马玉崐统率，三人久历戎行，负有盛名，尤以聂士成所部为能战，其兵新法操练，军械较良，及其战死，宋庆等仍力堵防应战。拳民则托辞推诿，反于“恶战之际，或掠良家财帛，或夺勇丁枪械，甚至抢劫衙署，焚烧街市，事后则解去红布，逍遥远避，其素称为团首者，迄今多日，终未来见，逃遁无踪，无从再为整顿”。（七月二十四日裕禄等奏语）而朝旨仍严责其招之助战，王公大臣固未觉悟也。天津既陷，北京之门户大开，朝廷诏催各省勤王之师，兼程入京急于星火，联军于恶战之后，占据天津，统将始信中国之兵尚可一战，不敢贸然进兵，听其军队嬉游于津沽，而置公使之生死于不顾。说者言其别有利用之野心，如德皇欲各国公使尽死，谋据烟台之例。其困难则列强互相忌嫉，不能合作也。其亟欲往援北京公使者，则为英、美、日本。英国时方从事于南非洲战争，除印军而外，别无可派之兵。法国于安南有少数军队可调而外，亦无大军。德皇闻其公使被杀，命兵七千东渡但非朝夕之所能来华。美国于菲律宾岛虽有驻军，然已派遣一部分来华。俄国方经营满洲，其来援北京之兵，数亦有限。意大利等更不足言。其与中国邻近，运输便利，军队可无限制来华者，唯有日本。英国首先商请日本出兵，其时日本之国际地位尚低，鉴于列强之野心，中日之关系，颇主慎重，乃以出兵后之结果为言。英外相沙侯（Salisbury）通知俄、德、法国，征其意见，三国各存私心，答辞不一，但无积极反对之表示。七月七日，沙侯再请日本出兵，其先日本已下一师动员之令，后且决定人数增至二万，其兵费由英国担保。七月下旬，日兵之来津者大增，初天津攻陷，外人多信北京之公使外人已死，会中国驻美公使伍廷芳请和于美，传递美使之乞援电文，始信其尚在人间，因欲立时出兵往援，英国助之。及日兵来津，其主将福岛即欲前进，各国统将会议，定于八月四日进攻。各国军队以其不受他国命令，议定每晚或必要时，统将出席会议，决定来日作战之计划。四日午后，联军开始出发，人数约一万八千。日本最多，俄国次之，英国又次之，美国又次之，法国又次之，奥意各有代表，独德国未有一人。其时德皇遣其大将瓦德西（Von Waldersee）来华，尚在途中，不欲联军进攻，及闻北京失守，至为失望，其用心之深毒，殆难推测。联军之进攻也，俄法为左翼，日、英、美为右翼，沿北河两岸而行，其作战之计划，先攻北仓。初裕禄、宋庆白天津败后，收聚余兵于北仓，朝旨倾向和议，会李秉衡奉召入京，李秉衡以清正自守，负有能名，曾以山东教案，奉诏落职，原非太后之意，因得起用，又与刘坤一意见不合，勤王赴京，途中攻杀河间府之教民，及其抵京，太后将以其言决定和议，而李氏知识浅陋，缺乏判断能力，对外原欲拒抗，又受徐桐、刚毅之说，竟于陛见之时，主持战议，后再言和。御史奏请简为统帅，节制大军，统率团民，同赴前敌。太后下诏命其帮办武卫军，又有奏请宜派董福祥所部及团民规复天津者。裕禄时守北仓，浮报战功。毓贤更自山西奏请决战，其言曰：

> 若一意决战，天下忠义之士，莫不为之投袂奋兴，况闻英国带兵夷酋为飞炮所毙，日本新丧其国主，英人又屡为意国所挫。此三者果属不虚，正斗伯比所谓敌有衅不可失之时也。

其言不知得之何方，而竟视为可战之原因，其主张则遣提督冯子材往攻缅甸，提督苏元春出兵攻越南，候补道林朝栋督带兵轮恫吓日本，更诏新疆、蒙古、黑龙江、吉林各路攻俄。其言直为梦呓，乃出于长官之奏疏，军国大事，竟为儿戏，夫复何言！

八月五日上午四时，日军右翼开始攻击，北仓守兵御之，激战颇烈，日中，联军战败守兵，夺据其地，裕禄退守杨村。此战也，日军之力为多，俄法军队则以泥行困难，未有战绩。六日，联军继续前进，英美及日本一部分军队渡河，全翼沿铁路而行，午后抵于杨村，攻击防守之清兵，一战败之，英、美、日军之力也，裕禄自杀，宋庆退守蔡村。七日，联军休息于杨村，各国统将会议进取通州，明日，全军出发，日军在前，俄、法、英、美诸军继之，晚间，集中于蔡村，九日，抵河西务，十日，次马头，十一日，驻张家湾，十二日清晨，进据通州，途中除与李秉衡之军队战于河西务外，毫无阻碍。先是，李秉衡奉旨帮办军务，及军事紧急始行出都，七日，抵于马头，闻知北仓、杨村相继失守，宋庆退于蔡村，乃于马头布防，八日，进驻河西务，明日，联军大至，所部败退，余兵不奉命令。其时各省勤王之师及新募之卒几十万人，无奈兵非素练，而能战之武卫军伤亡太重，士卒寒心，势如山颓，无能挽回。十一日，李秉衡奏言溃兵情状曰："臣刻自马头退抵张家湾，就连日目击情形，军队数万，充塞道途，闻敌辄溃，实未一战，所过村镇，则焚掠一空，以致臣军采买无物，人马饥困。臣自少至老，屡经兵火，实未所见。"李氏主张严申纪律，截杀逃兵溃将，招集散亡，而联军进逼不已，自尽而死。入京之路遂通，而日俄军官反信清军将力拒之于北京附近，俄将且言其军必须休息，统将会议采取妥协之办法，决定十三日侦探清军主力所在之地，不意俄军竟于晚间单独前进，九时开炮轰城，置其侦探之区域于不顾。十四日午时，俄军占据东便门，美兵则于城上先树国旗。日军闻知俄军先进，往攻朝阳门，其所遇之兵死力拒战，反而最后入城。英将闻其同盟军进攻，亦率军队前进，其公使先期告以路途，英军先至使馆，美兵次之，使馆之围始解。鹿完天记之曰：

> 二十日（十四），四外枪声不断，两点钟，仆正在室中饮水，忽闻人声沸腾。仆曰："此何声也？"或告之曰，"义和拳攻打之声也。"仆静听良久，出而视之，见一人从南御河桥飞奔而西，大声言曰："救兵来也"；又见各国人纷纷从美署后东马道直上，皆摘帽狂呼。仆即往南御河桥，见英兵从水沟拥进，两岸人皆手舞足蹈，口唱阿利路亚，相与握手欢呼，交相庆曰："我辈九死一生，数月之苦毒，一旦尽释矣。"仆亦欢喜非常，移时回寓少息，忽闻大炮声，出而窃望，见前门、崇文门两边守城中兵，皆弃戈脱甲争相败北，美兵拥大炮升城，对内廷直打。仆此时不觉凄然，变喜为忧，郁郁而归，至院内掩面涕泣。……此次祸起都门，内外教民骨积如山，血流成渠，闻者伤心，见者酸鼻。嗟乎！教民何罪，当此万难之际，欲死不得，欲生无门，不得已乃与各国官民筑垒共守百余日，昼夜环伺，精神疲倦，肠胃饥渴，死者白骨暴露，生者黄颜疲瘠。……仆等不过相与同心努力，冀免一死而已。

鹿氏之文不无夸张失检之处，遭难之人皆庆再生，其中心之喜悦，手之舞之，盖非文字所能形容，其悲伤者殆唯鹿氏一人。使馆内之卫兵凡四百余人，死伤过于半数；其尤难者，则西什库教堂之未攻陷也，教堂有法意水兵四十人驻守，教民三千余人避难于中。拳民、官军攻之颇力，教堂上有飞弹，下有地雷，危险过于使馆，教民之助水兵防守者，约有千人。其所有之器械，则为鸟枪刀矛之属，而竟未得攻破，闻者莫不惊为神迹。

初联军迫近北京，都中之人恐惧日甚，朝廷奏言外人赶制中国号衣，意欲混入京城，太后饬令守城大臣严稽出入，而实自相扰乱也。十二日，通州失守，李秉衡兵败自尽之报传至。据景善日记，太后、军机大臣相视而哭，太后言将殉国，并令皇帝自尽；荣禄说其留京，诏杀祸首大臣，太后心中尚信拳民或能挽救京师，犹豫不定，一日之中诏见荣禄八次，载漪五次，其余军机大臣，皆垂首丧气，默无建议。十四日，外兵逼临城下，开炮攻城，太后召见军机大臣五次，心中慌乱，竟无主张矣。景善又称午后四点钟，载澜直入宫中，高呼佛爷，声称夷兵入城。其言方毕，刚毅亦至，报告大批头有缠布之兵驻于天坛，太后犹言其为甘肃之回勇。刚毅坚称其为洋鬼子，且曰："陛下必须立时出京"，夜半，太后召见军机大臣，其入值者，只有刚毅、赵舒翘、王文韶。太后曰："余人何往？朕想其各自回家，置朕母子于不顾矣！无论如何，汝三人必须随驾。"更谕王文韶曰，"汝年太高，朕不想令汝受此辛苦，随后赶来随驾"，转谕刚毅、赵舒翘曰，"汝等善骑，现时随驾，不能远去"。语毕，王文韶奏曰："臣当尽力追从陛下。"光绪谕曰："汝言甚是，自以迅速为宜。"朝会遂终，太后休息片时，十五日上午三时起身，吩咐一切，将行之际，召见宫中妃嫔。光绪宠爱之珍妃忽然入见，请帝留京，太后怒而即命太监推之入井，光绪跪下，为之乞恩，竟不可得。妃嫔除皇后而外，无一从者。据景善日记，太后着蓝色夏衣，头挽便髻，一如汉人，其状近于乡间之妇女；光绪则衣长衫，登车向德胜门而行，八点钟抵于颐和园。守园之卫兵不识其为太后，入园片刻，登车北行。人民出城避难者，景善记之曰："圣驾至德胜门，人山人海，致城门口几拥挤不能行矣。"

太后出京，派荣禄、徐桐、崇绮留京办事，城中人民对于联军莫不失望，荣禄、崇绮不敢留京，其他长官或随驾外出，或出城避难，或困守家中，其出城者则以车轿全无，至为不易，妇女尤为困难。初俄日军队攻入城中，遇有抗拒，即怒而纵火，其先黑烟上升，来势凶猛，俄而火光蔽天，外人乘势抢杀，奸淫妇女。顽固仇外之朝臣自知不免于辱者，乃多自尽，其死或以免辱，或以免罪，或求恩恤。徐桐谓遭国难当死，结绳于梁，以颈承之而死，其家中妇女之自尽者凡十八人。崇绮为同治皇后之父，时为大阿哥师傅，于城破后，只身往走保定，其子于家中作坑，并将老母幼子妻妾葬于土中，崇绮闻而自缢。景善于外兵掠劫奸淫之际，记其家中所有之女子，欲吞鸦片，止之，不得，口记尚讥其愚，心中不愿自杀。其长子竟于十五日杀之，妇女均先服毒而死。醇亲王载澧之未婚妻居于家中，惧辱自杀，家人尽死。其他自杀者不知凡几，尤以妇女为甚。其人要多富贵缙绅之家，平日以贞节为重，其死固有出于自愿，亦有以死求名，更有深受家庭环境之支配者，其主因则社会上轻视女子，而于失节之妇女，予以难堪也。殊不知处于武力情状之下，失身非其所愿，实不足羞，其强奸之兵士，则野蛮无理耳，而于女子之人格，固无所损。所可悲者，拳乱造成于无理智之朝臣，彼等之死未足以蔽其辜，而正当营业之平民，备受痛苦，生命危险，财产损失，无辜之妇女反而自杀，可不悲乎！其造成祸乱而留于京师者，尚有启秀、徐承煜等。启秀党于载漪，前已言之，承煜为徐桐之子，见解无异其父，二人俱为联军所捕。

联军入城无恶不作，其初导之者多为被救之教民，教民志在报复，利用外兵，而亦乘机劫掠焉。外兵之抢劫也，可称净尽，其人无论何区，随其意之所向，掳取一切，对于男子则强令工作，不给酬报，对于妇女则奸淫纵欲，全城入于混乱之中。十六日，列强主将会议决定划地分防，多数防地仍在纷扰之中。总税务司赫德在京，目观其状，书告其友，八月三十日曰："各事颠倒，全城均在不安扰乱之中"，三十一日曰："余从未住于若是纷扰混乱之城"，九月六日曰："吾人逐渐恢复秩序，但其进行极为迟慢，余对于现代军队战争之方法至为失望。"朴笛南（Putnam Weale）于《庚子使馆被围记》中记载一家中妇女多名，欢迎外兵一名，为其临时丈夫，以保护之，他兵尚有敲门而欲闯入者。军队中之最野蛮者，首推俄、德、法，印军次之，其军律最优而首先恢复其防地之秩序者，则为日军，次为美军。九月十一日，英将于会议席上谓各国防地均有许多华人，而俄国独为例外，其所有者唯狗而已。英国时患俄国乘机侵略，其将独以之为言耳。美国十月二十日之陆军报告，中言美军防地于一月以来，华人争至，营业如常。德军防地与之相隔一街，几无人民，华人声称德军抢劫财物也。德兵于其防地，无物不取，及瓦德西至，分取中国钦天监之仪器运回柏林，法国亦分得其小部分。日军纪律之佳，为时人公认，前已言之。其兵首往户部衙门，运去存银于日本使馆兼取太仓之米。日将报告其政府曰："迄于十月第一星期，日军共得米二十五万石，银二百六十三万七千七百两。"要之，列强之于北京，盖认人民财产为其战胜之奖品，可得自由处置。其心理以为中国破坏国际公法，而公法亦不适用于中国，乃造成无人道之惨史。谋之不臧，祸至于此，能不哀乎！北京城中之未抢劫者，只有禁城。

列强对之，意见不一，大将公使之见解又不相同，最后议决不据禁城，由公使同其属员及少数兵士入内巡行一周，以示屈服中国之意，十月，德将瓦德西入京，驻于仪鸾殿，俄而殿罹于火，宫内珍物遂有散失。

官军、拳民自战败后，溃散乡间，四出抢劫，村民亦多逃难。太后、皇帝之出京也，尚有王公大臣太监侍卫同行，沿途供养困难，兵士抢劫民物，不可理喻，且有殴及县官之事，太监尤为蛮横。车驾之行程，北出长城，而往宣化，西入山西境内，南行而至太原，途中幸得岑春煊之兵护卫。初岑春煊为甘肃布政使，率兵勤王，及抵昌平，值太后出京，奉谕扈从，八月二十六日，驾抵怀安。唐晏记曰："太后及御舆皆用蓝色轿，从有驮轿二乘，以载物，闻系贯什（地名）李光裕所献，盖出京时本乘骡车，贯什光裕乃进驮轿，至宣化，道府各以轿进，驾始御轿。……至晚，御膳甫上，厨房即为众太监抢劫一空，诸王大臣至于竟夜不得食，闻因索费不遂之故。国势至此，此辈尚敢如此横行，无怪其不可为矣。……时岑西林（春煊）方伯已授行营大臣，兼内务府大臣，便服手马鞭，立行宫外，而诸大臣亦皆便服顶帽，行李萧条。……初五日（二十九日），齐某兵至，队伍尤不整齐，军士亦不靖。此数日间城中虽安堵，而城外被劫者极多，各军止于不杀人而已，而横加掳掠，有甚于贼。其住宿多在人家，且有淫及妇女者，民之畏兵如盗贼也！驾去后，怀安遂闭城不开者半月，日见逃军掠城而过，……来者均捆载充盈，无空手者，亦有以车载妇女者。"十一月，德军将出关报复，唐晏闻之，西入山西，其纪事曰："此次乱事，惟晋人深受蹂躏，驾过时，宦寺兵士往扰人家，上等之户不免，故神机营斩兵二人，翼长忠某革职，又闻有太监某宿民家，而辱其妇女者，更奇！其后逃军纷至，晋民夙怯，村民逃避一空，兵辄搜妇女使炊食，且不给衣，恐其逃去也。"太后驻于太原半月，深惧外兵攻入山西，更往陕西西安。岑春煊致各省将军督抚电曰："此次宫车外驾，倍极艰劳，溯忆初出国门，以黄屋尊严，且饥寒不免，其余辛苦可想而知！春煊每于召对时，语及时危，窃见两宫泪随声下，复闻罢朝之后，往往无端吁叹，涕泗弥襟，或中夜彷徨，宵深起立。"光绪在西安诏曰："乘舆出走，风鹤惊心，昌平、宣化间，朕侍皇太后素衣将敝，豆粥难求，困苦饥寒，不如氓庶。"其言多为实录，人民更因而受祸。唐晏时游陕西，其在潼关记曰："当大乱之际，又关中饥馑，道瑾相望，食物昂贵。”其时大旱，而官吏入关需要者殷也。粥厂放粥，饥民坐待，有饥而大哭者。于斯凶年出狩，侍卫无道情状之下，太后、皇帝虽感不安，而朝臣所受之痛苦尤甚。太后于太原时谕京官每日给银三两，以示鼓励，而来者甚少，其原因一由于畏难，一由于无力外出。张之洞等怜其苦状，汇款入京赈之，及抵西安，下诏官吏由行在京官委任，来者始多，改令日给一两。其尤苦者，则被难之平民也，家中原无多粮而又不得宁居，终日惶惶，生命财产均在危险之中。其在京师通州间之人民逃避一空，村中阒然无人，避难于高粱之中。周馥奉旨入京，记其见闻曰：“自山海关至京师沿途民人稀少，洋兵处处设卡，京中各街闭户，瓦砾荆棘，触目伤心，间有骡车过路，皆插外国旗，以为保护，各国只认全权住处为中国境，余地皆为外国辖境。”其言多为亲身所见之事实。八月二十二日，李鸿章得保定来电，中云：“近日败兵纷纷南下，沿途抢掠不堪，路无行人，食水皆无。”其他诸省于联军进攻之际，亦颇感受不安。印军奉命调至上海保护租界，刘坤一表示反对，终无效果。他国军队继之而至，日军奉命驻于厦门，德兵进驻高密，俄兵占据满洲。于此纷扰之中，其谋趁时起兵者，有唐才常等，唐才常属于康有为党，结合哥老会，议定起兵，谋泄，被捕于汉口，死者二十余人。其党起兵于安徽之大通，湖北之新堤者，先后败死，余党之活动于湖南者，亦为巡抚俞廉三捕斩，人民固已饱受惊惶矣。

联军之入京也，虽曰共同作战，而实互相嫉忌，各争功利。其在北京除日美军队而外，不能维持治安，恢复原状。天津则由列强统将所设暂理地方之都统衙门管治。其委员初有三人，由俄、英、日将校充任，后瓦德西要求添派德人，美、法、意国先后提出同样要求，人数遂增。其管辖之区域，包有天津全县，东至北河入海之口，原有租界及联军所占之铁路机器局等，不得过问；对于华人行使无限制之威权，征收捐税，保护治安，审判犯人。其助拳民者，由其审判斩杀，联军捕获俘虏，判决罪后，亦转交其斩杀。其对华官之态度尤为强硬，天津道台布告就职，委员召之来见，令其更改布告，申明都统衙门管辖之地，不属于其范围，限其于二十四小时内离津，并转告李鸿章嗣后任何治理该区之官，均将驱逐出境。李鸿章之就直督也，委员奉瓦德西之命，认为私人；衙门对于外人，则无权过问。委员中有转递德军惨杀之报告者，备受瓦德西之申斥，其可议之点，固属甚多，然于短促期内，颇有所为。津民于抢劫之后，食料可虑，都统衙门给以所获之漕米，建筑大桥，拆去城墙，改造马路，浚治食水河道。其尤见称者，则修理北河，减少路程以便航行也。及后交还政权，尚余大宗现款归于中国，联军既得控制京津，对于李鸿章之请求议和，置之不理。其本国政策尚未决定，或假托亲善而别有所图，或希望太奢难于提出也。于此期内，其最引人注意者，则德军之报复，及俄国之经营满洲也。

初德皇威廉第二于七月一日闻知其驻华公使确死，次日，即令组织海外远征军，共七千人，欲以瓦德西为联军统帅，征求同意于列强，俄国首先赞同，法国无所表示，余以德使遇害，复称同意。瓦德西于普法战争立有功绩，为欧洲名将，九月末，乘轮抵津，住留一月，始往北京，住于宫中。其名虽曰统帅，而各国军队，实不受其指挥，且时北京已陷，无战可言，乃遣兵四出，专谋报复，凡直隶仇杀教士围攻教民之地，多令兵往，捕杀官绅乱民，火焚佛寺官署，抢劫财货，奸淫妇女。人民恐惧之甚，可于《拳祸记》所言宣化人防祸事见之。其言曰："有送米粮者，有送银钱者，有欲奉教者，一寸许之十字像，可卖纹银十两，教外人佩于胸上，以为护符，但教友无有卖者，匪徒自教友家抢去之早晚课一本，可售银百两，教友知之，向外人索回。"人民愿出重大代价，以求免祸，可见其野蛮残杀之一斑。他国军队初曾加入者，后渐知其罪恶，脱离关系，德军独前进行。其表面上表示好感，而首先侵夺土地者，则为俄国，俄军自大杀华人而后，侵入北满，九月中积极活动，向南进兵，占据牛庄，乘势进取辽阳、奉天府、铁岭等地，势力达于直隶省界，时间不足半月，可谓速矣。其兵依然前进不已，山海关之守兵奉命退出让之，英舰泊近海岸者，闻知清兵退出，遣兵树立英旗，及俄兵至，已无及矣。瓦德西遂命联军北上，驻于山海关，以防俄人南下，俄军虽未能得山海关，然于直隶之势力，亦不可侮。其兵驻于天津者颇多，夺取天津、北京间之铁路，列强反对，始肯交出，作为国际公共用物，又夺唐山煤矿，幸以德璀琳之力，交还原主，其仍欲据为己有者，则天津、山海关间之铁路也，对于他国抗议，初置不理，明年，始肯交出。其在天津，又先宣布白河东岸为俄租界，其所持之理由，则俄兵流血得之，当属于俄也。其地长凡六里，天津之车站在焉，美使提出抗议，未有效力。初天津有英、法、美租界，其后德、日亦有所得，至是，比、意、奥国各有要求，法日更请扩展地界，美使抗议，无理之者，英德亦有要求，美国独无所得，乃订章程，归并地于英国租界。俄国先开租界之争端，对于满洲亦有占据不退之意。初黑龙江将军寿山奉宣战之诏，不自量力，向俄挑衅，攻击哈尔滨车站，拆毁铁路，俄军乘势侵入，占据城邑，进至吉林。其将军长庆自知不敌，以白旗迎降，俄军未曾肆虐，更另派兵进攻奉天，守兵败溃，不可遏止。将军增祺派员周冕与俄官言和，于是俄国尽占满洲城邑，营口海关初挂俄海军旗，旋改挂其海关旗，殆视为俄国海关矣。英国鉴于俄国之野心，大生恐惧，又以非洲之战事，对俄抗议难有效力，乃向德国磋商，十月十六日，议定协约，申明其不利用现时中国之事变，而仍维持其领土之安全，凡开放之商埠均得自由贸易，在华各种正当经济之活动，待遇上不得稍有歧视。其有利用中国之事变，而获得领土者，二国得协商应付之策略。不幸德国无遵守之诚意，反谓协约不适用于长城以北之地。美国政策则与英国相同，其国务卿海约翰先曾照会列强，依据门户开放政策，不得占据土地。

先是，联军逼近通州，总署照会各国统将停战，李鸿章亦力阻其前进，均不可得，张之洞以其将攻东直门，势必震惊宫禁，电请李鸿章领衔致电上海领事，望其飞电联军各长官，予以万万不至震惊皇太后皇上之实据，使南方各督抚各省民心不致激成大变，务望二十四点钟内复电。其性质近于哀的美敦书，张氏不知外交上之形势，宜后李鸿章斥为书生也。李氏复电婉谢。其时南方与京中消息隔绝，十八日，李鸿章等始知北京失守，车驾西行，疆吏颇为忧惶，刘坤一电李鸿章曰：“洋兵入京，宗社震惊，生灵涂炭，痛澈五内。西狩已确，无人主持，望公航海北上，设法议款，挽救危局，迟恐焚烧追及，大清存亡，惟公是赖，临电万叩。”李氏婉称事局略定，即航海而北，九月三日，各省将军督抚始由袁世凯电知八月二十日之罪己诏书。文曰：

> 我朝以忠厚开基，二百数十年，厚泽深仁，沦浃宇内。……不谓近日衅启，团教不和，变生仓猝，竟至震惊九庙，慈舆播迁，自顾藐躬，负罪实甚！……知人不明，皆朕一人之罪，小民何辜，遭此涂炭，朕尚何所施其责备耶！朕为天下之主，不能为民捍患，

即身殉社稷，亦复何所顾惜！敬念圣母春秋已高，岂敢有亏孝养？是以恭奉銮舆，暂行巡幸太原。……自今以往，斡旋危局，我君臣责无旁贷。……要之，国家设官各有职守，不论大小京外文武，咸宜上念祖宗养士之恩，深维君辱臣死之义，卧薪尝胆，勿托空言，于一切用人行政筹饷练兵，在在出以精心，视国事如家事。毋怙非而贻误公家，毋专己而轻排群议，涤虑洗心，匡予不逮，朕虽不德，庶几不远而复，天心之悔祸可期矣。将此通谕知之。

诏文多责臣下之语，而于此次祸变，淡然叙述，且有自护之处，据《鲍心增行状录》，谕旨由其拟成，中多沉痛之语，亲贵将其删去。鲍氏为吾邑长者，时任军机章京，从驾西行，故得拟旨。诏文今自吾人观之，非太后承认责任，无论若何，均不忠实；光绪于拳乱始末，从未主张对外宣战，大祸成后，空诏究有何用？二十二日，诏求直言，惜其为时已迟。为朝廷之计，对内当即严办袒护拳民之王公大臣，以谢国人，向外则说诚心议和。其时和议尚无眉目，初八月七日旨授李鸿章为和议全权大臣，促其入京，而李氏留沪不行。及北京失守，刘坤一促其北上，不得，再致电曰：“宗社安危，全在中堂一人。中堂不到京，不能会议，事局非惟难定，且虑各国改易初心。千里蒙尘，是何景象！各省无所适从，是何危急！惟公念四朝恩遇之隆，两宫倚畀之重，同僚推许之切，天下仰望之殷，迅速北发，拯溺援焚，不胜泣祷！”李氏仍不即行，上谕迭催北上，九月八日，且曰：“该大学士此行不特安危系之，抑且存亡系之，旋乾转坤，匪异人任！勉为其难，所厚望焉！”李氏久滞于沪也，一则畏难，一则别谋挽救，对内迭请保护公使，对外进行和议。驻美公使伍廷芳时颇努力，初七月中，伍氏对于美国政府报界，力言驻华公使除德使遇害而外，皆安然无事。现时中国政府予以切实保护，列强不应以拳民之罪恶，迁怒于中国。国务卿海约翰允许赞助中国，但以先用密码致电美使，得其回电，方足证明。伍廷芳为之转递，美使回电言其被围于使馆，日受清兵之攻击，速行来援，始能免于全体之被杀。由是真状渐明，公使难于进言。八月初，李鸿章再以上谕言和，并将遣兵护送公使至津通知列强外部，不幸送使出京，迄未办到，列强多置不理。及李鸿章奉旨为全权大臣，十二日，再向各国请和，欲止联军于通州，终不可得。十四日，北京城陷。十九日，李鸿章再电各国申明联军抵京，保使之目的已达，请求停战；二十一日，再请议和。列强之怀有野心者，不惟不理其请，反欲捕之，德国则其明例，其事见于瓦德西之笔记，盖以李鸿章之活动，妨碍其政府之侵略也。和议未有把握，赫德说大学士昆冈等请饬庆亲王回京，李鸿章吁请加派亲信晓事之王大臣会议，且于未得朝旨之先，不肯北上。太后于途中得奏，诏派奕劻充任。奕劻为总理衙门大臣，初于拳民之暴动，不敢公然表示反对，使馆被围之际，数次休战议和，由其主持，顾其胆怯，约定亲往使馆面商一切，而竟不敢前往，至是从驾，太后命其回京。其入京也，由英日兵保护，带来之卫兵，联军将其缴械，心中恐惧，赫德慰之，九月六日，往谒各国公使，商请议和，而各国公使未得训令，不能开会。李鸿章时在上海，坐失较有利于中国之机会，十六日，始行北上，十八日，船抵大沽口。列强海军大将有欲断绝其与华官互通信息者，以美国等反对而罢。瓦德西拒之不见，饬令都统衙门认为私人，十月，李氏入京，无款可支，同其幕友三人，寄身萧寺，状至凄惨。

和议久不能开，列强之意有不可知者，初联军攻陷北京，其政府得有公使之报告，明了清廷之责任，各以利害关系，一时难得共同之政策，于是不理中国方面之请求。李鸿章立意联俄，由来已久，至是，密电驻俄公使杨儒与俄外财两部大臣会商，力言中俄亲善，中国不信华洋各报所言俄心叵测之说，请俄先行撤兵，以作各国榜样。财相微德许之，面奏俄皇，俄皇允许即日将兵队公使人民一并撤至天津，以示真心见好。双方既有谅解，八月末，俄国致通牒于列强，建议公使退住天津，撤回北京之兵，列强信其另有作用，多置不理。俄使独奉命出京，后见其无影响，始再回京。九月，俄国再致通牒于列强，询问对于和议之意见，亦无效果。其主张严厉者，首推德国，次为英国。先是德皇闻知事变，训令其东方舰队强据烟台，司令以其无隙可乘，倘或无故挑衅，既属破坏宣言，而又引起列强之反感，未肯执行。德皇深以为恨，及瓦德西东渡，谆谆然以此嘱之，且欲多得赔款，以备其扩张海军之助。九月十八日，德国致通牒于各国，申明中国先办祸首，始可言和。其时载漪、载勋、载澜、刚毅等从驾西行，途中由甘肃之兵侍卫，时传太后仍深受其影响。李鸿章乃以惩治祸首为言，二十五日，上谕庄亲王载勋，怡亲王溥静，贝勒载濂、载滢均革去爵职，端郡王载漪撤去一切差使，交宗人府严议，并着停俸；载澜、英年交都察院严议，刚毅、赵舒翘交都察院吏部议处。公使以为大臣革职复用，例不鲜见，而惨杀教士之毓贤，及围攻使馆之董福祥，罪尤重大，竟置不问，表示惩罚太轻。十月，驻外公使奏称各国非开议不停兵，非惩恶不开议，请严惩罪首，且曰："否则无以明中朝悔祸之心，无以谢数万生灵之命，且无以禁诸强有挟之求，安危存亡，在此一举。祸魁就罪，和议可成，宗社幸甚，天下幸甚！"会李鸿章入京会同奕劻再行电请。十九日，太后诏禁革职之大臣随侍行在，罢免毓贤，外使仍不满意，举行会议，一致议决要求中国将载漪、载勋、溥静、载濂、载滢、载澜、董福祥、毓贤、刚毅、赵舒翘、英年正法。李鸿章为之解说，而使团不理，瓦德西派兵赴保定捕杀布政使廷雍等，声称西行。李鸿章与奕劻切实电奏祸首难减，西行难阻。十一月，上谕革去载漪爵职，与载勋、溥静、载滢同交宗人府圈禁，载濂革爵，闭门思过，载澜、英年降级调用，赵舒翘革职留任，毓贤革职，发往极边充当苦差，董福祥独未提及。其时董福祥统率回兵尚在西安，朝廷以其为陕甘汉回所信服，将其严办，恐致事变，后始命其回籍。刚毅时已病死。使团仍不满意，说者谓其困难之症结，由于朝廷远在西安，回兵保护，而势不能有为。初联军逼近北京，李鸿章等会衔电奏车驾不可出京，张之洞不肯列名，电至，而北京已陷。及车驾抵于太原，列强欲其返京，而太后闻知外兵西行，反往西安。奕劻、刘坤一等先后奏请回銮，皆不之许，外使迭以为言，太后保护祸首，可谓无微不至。今自吾人观之，拳乱之祸，造成于载漪等之保护与奖励，其惨杀外人，攻击使馆，违背国际公法，固无论矣。其影响之所及，而使无辜之人民，或丧生命，或失财产，或受污辱，祸及数省，其罪状之重大，一死不足以蔽其辜。及外使迭次要求，始乃从轻发落，朝廷不先将其惩办，必待屈服，方肯办理，一方面表示其无正确之见解，一方面徒失政府之尊严，思之未尝不为之痛恨也！

惩办罪魁交涉之际，列强之意见纷杂，尚无具体之条件。十月四日，法国致通牒于各国，提出六点，作为和议之根据。一、中国惩办北京使团提出之罪魁，二、禁止军火运华，三、赔偿国家团体个人之损失，四、驻兵保卫北京使馆，五、毁大沽口炮台，六、占据北京至大沽间之要区二三，以便使馆人员或军队之往来。列强对于通牒中之建议，虽未一一同意，而大体上则无争执。十五日，中国全权大臣提出和议之条件凡五：一、中国承认围攻使馆违反国联公法，深以为歉，担保以后不再发生此事。二、赔偿损失。三、列强可得修正商约，或另订新约。四、联军交还总理衙门及其档案于中国。五、休战。使团认其擅自草定条件，避重就轻，其中且有未得本国政府训令，而无权磋商者，将其驳回。其时中国代表急望早订条约，虽以法国建议为磋商之基，亦愿接受。公使迭次讨论法国之建议，对于罪魁，主张斩杀董福祥、毓贤等，并请上谕宣布凡仇教之府县官立即革职。当其会商之时，对于罪魁争论颇烈，一派陈说载漪、载澜为皇族近支，董福祥统有军队，朝廷势难处以死罪，一派仍请处以死刑。其余五条亦稍修正。会议中另有建议凡三：一、上谕颁贴各地，严禁仇外之会社，其入会者处以死刑。二、中国取消总理衙门，另设外务部，委任总理一人。三、使团与朝廷之关系，须以明达妥善待遇为基础。其讨论之结果，通过第一建议，第二、三于原则上同意，其采行待后决定。十一月，德国、日本被杀人员之案解决。十二月二十四日，使团始以和议总纲交于中国全权大臣，内称不容改修一字，奕劻、李鸿章即以原文电告西安，二十六日，上谕允许。和议开始进行，公使谓中国全权大臣证书，未用国宝，改用始已。

和议进行极为迟缓，先以惩办祸首之争执，毫无进步，明年二月，太后许办赵舒翘罪，方始解决，中俄交涉更增加其困难。初俄军占据满洲，有兼并之心，李鸿章反欲联俄，其在津也，出入有哥萨克兵护卫。盛京将军增祺擅派委员周冕订成丧失主权之章程，一九〇一（光绪二十七）年一月，朝廷将其交部议处，诏其回京，而俄反对，乃得暂行留任。公使杨儒与微德密谈，微德拟订之条款十二：（一）军费在京核定，另算铁路赔款。（二）东省简放将军及常设兵警，须先与俄商明。（三）每将军处，俄派文武二员，一稽兵数，一办铁路。（四）满蒙及北省各项利益，不得让与他国。（五）中国不得造铁路于满蒙等处。（六）金州归人租借地。（七）俄国代办满洲税关。（八）陆路进口货纳税后，不再收税。（九）中俄借款应改每年付息。（十）军费未清，中国无权赎回东省铁路。（十一）俄国收购山海关至营口铁路，其价在军费赔款内扣算，下欠之款，即在满洲税关进款内扣算。（十二）俄国保路之兵分期撤退。其条款严酷过于周冕所订之章程，诚出世人意料之外，而杨儒、李鸿章见事不明，竟视俄国为友。刘坤一闻知增祺所订章程，称其关系中国安危大计，电奏朝廷曰："各国眈眈虎视，此次允和而不占疆土，彼此猜忌，互相牵制。若允俄独得东三省政权兵权，无异地为彼有，各国必将效尤，分裂之祸立见。……与其允而失中国，何如坚持勿允？虽弱犹可图存！"刘氏之言可谓扼要，其建议之办法，奏请将其作废，更密商于各国公使以为钳制。二月，朝廷寄国书于杨儒，派为全权大臣。列强颇以中俄交涉为虑，尤以日英为甚。日本外务省迭劝中国议款，万不可割地，如允一国，他国必群起效尤。俄国竟强杨儒承认革约十二条，其内容与微德前言稍有出入，而满蒙划为俄国特殊势力范围，迄未稍改。中国不能自由派官遣兵及行使主权于满洲，其不同于前者，中国反而承认新疆为俄势力范围，许其向北京筑一铁路，先达长城。损失视前尤甚矣。

日、英、德、美、意、奥闻之，先后抗议，李鸿章说其径与俄国商办，俄使见之，谓为二国之事，可置不理。杨儒来电竟以危辞要挟，其心殆不可知，关系若此重大之条款，何不早先请训也。李鸿章为之多方解说，引用俄使恫吓之言，谓中国听信谗言，不愿立约，东三省必永为俄有。朝廷则患不许俄请，俄将阻挠和议。日本多方说明非俄所能阻挠，准许俄约，他国将有同样之要求，造成瓜分之祸，俄不过虚声恫吓，并不敢于启衅。英美诸国亦劝拒俄，以保大局。日本驻沪领事小田切迭向刘坤一劝说，刘氏先后电告西安、北京。张之洞则以英领之陈说，亦以为言，且请外国援助。驻日公使李盛铎、会办商务大臣盛宣怀、山东巡抚袁世凯等均言俄约不可允准，朝廷遂诏奕劻、李鸿章妥议，更命杨儒向俄商减条款，期保自主之权。驻京俄使负气向李鸿章恫吓，杨儒向俄外部磋商，外部反催定议，最后复称不能再易一字，限期画押，危辞威逼，退回公文，拒之不见，但于驻俄英国大使之询问，则称新约无碍中外条款，仍可商改等语。李鸿章不信俄有此言，三月十六日，电复杨儒竟说其电催画押，以破刘坤一等之迷惑。日本外部再进强有力之忠告并向俄国询问，俄称新约无碍中外条约。李鸿章仍称俄必决裂，祸即在目前，电请画押，朝廷又以英国严重警告，主张缓议，且以各国驻使向我声明，公约未定以前，不得与他国议立专约，及期，条约未曾签字，杨儒适得重病，俄国亦无异举。四月三日，俄向各国说明满洲仍照旧例。其堪称异者，李鸿章以法为俄同盟国，四日，电告驻法公使裕庚嘱其向法外部，声称公约成后，再行画押俄约，请其转告俄国。李氏时以中俄交涉与刘坤一等不协，又先以会衔奏请与张之洞不和，张氏谋固禄位，对于重大事件，拒绝列名，关于电请回銮，竟谓如列其名，将即电奏声明，其卑劣至是，古人所谓鄙夫也；又好发言，不为李鸿章所喜，亦力反对中俄交涉。综之，关于中俄交涉，刘张二氏之主张，固胜于李鸿章也。

和议前后，其亲善中国者，首为日本。初当使馆围攻之际，其外务省多所忠告，及后出兵，称其专为救使。李鸿章谋阻外兵入京，日本亦愿讨论。及联军逼近北京，日本通知东南督抚，申言日兵将力保护太后、皇帝。及北京失守，禁门由日兵保护，其外务省对和会建议曰："宁偿费，勿割地"，并派兵士保护庆亲王奕劻入京。瓦德西遣兵往攻保定，日本先期通知，并述应付之策。德兵进至沧州，亦先电告清廷。会闻中俄新约将成，百方劝阻，其政策则以中日地理相近，种族文化相同，日本工商业益形发达，中国土地保安，日商可得经济上平等之待遇，万一俄得满洲之主权，列强效尤，则将妨碍日本经济上之发达。尤有进者，俄国干涉还辽，经营朝鲜、满洲，与日立于冲突之地位。其政治家故力反对中俄条约，其助中国，而实自谋也。朝臣疆吏多以日本"真心助我"，二国邦交颇为亲善。

列强之目的不同，是以和议进行颇形迟缓，瓦德西笔记，称英俄利害冲突，而德与英缔订协约，英使故意拖延，而欲德军久住中国，于其对俄较为有利。其言虽不尽确，而英实有相当之责任。一九〇一年八月，李鸿章电报和议情状，称英使萨道义（Ernest Mason Satow）曰："坚执外省获咎人员及停止考试二事，未经办完，断难有全数撤兵之望，而获咎人员，散在各省，查复需时，军机处及各督抚来电常有应商减免之员。各使甚为厌烦，又不肯以时答复，遂至旷延时日。"其他争执之焦点，则为赔款，其数颇难决定，担保品限于关税、盐课，乃议办进口货收足值百抽五，及前免税货征税，迟之又久而后定。瓦德西反欲遣兵报复，屈服中国，屡次扬言将攻山东，并遣法军往攻山西，下令联军预备作战。美使抗议其破坏和议，他国亦有力持不可者。瓦德西进攻陕西之计划，不能实现。八月，和约议成，公使必欲朝廷明降谕旨，停止仇教各地之考试，严办仇外之附从官吏，及禁军火入境，方可签字。李鸿章等迭电催办。九月七日，双方签字，是为辛丑公约。中国代表为奕劻、李鸿章，外国方面有英、美、日、德、奥、比、西、俄、法、意、荷十一国公使，其中比、西、荷三国，未有军队加入作战，余如丹麦等国未与和议，条约共十二款。兹分言其要者于下。

一、道歉。中国政府对于德国驻京公使克林德之被害，特命醇亲王载沣赴德表示惋惜，于其遇害之处，竖立铭碑，列叙皇帝惋惜之意，并建牌坊一座。其于日本使馆书记生杉山彬之被害，朝旨简派侍郎那桐为专使，赴日表示惋惜，凡拳民污掘之外国坟茔，中国允许出款建立涤垢雪侮之碑。载沣、那桐均于条约议定之先出国。

二、惩办祸首。载漪、载澜均定斩监候罪名，由皇上加恩，贷其一死，发往新疆永远监禁。载勋、英年、赵舒翘皆令自尽。毓贤、启秀、徐承煜均即正法。董福祥革职回籍。载勋等之惩罚，于条约成立之先，业已分别执行。刚毅、徐桐、李秉衡时已身死，追夺原官。毓贤自尽。徐用仪、立山、许景澄、联元、袁昶奉旨开复原官，以示昭雪。其杀害外人之城镇，官长革职，地方停止文武各等考试五年。其地共四十五城，山西二十二，直隶十二，满洲六，河南二，湖南、陕西、浙江各一。

三、禁止军火。中国允许禁止军火及制造军火之材料入境，期为二年。自一九〇一年八月二十五日起，嗣后诸国仍得续请，得再展期二年，顾以张之洞等之反对，续禁之请，双方谅解不再提出。

四、赔款。赔款之争执最为激烈，美俄力说北京之形势难得公平之解决，主张交于海牙和平会办理。他国则以驻华公使熟悉中国情形，均言不可。其尤争执不下者，则为额数。英、美、日本皆言赔款不能超过中国财力所能担负，最高之额数须在三万万两以内，而德皇久已决定索取大宗赔款，以为扩张海军之补助，主张额数二十万万马克（约银七万万两），其于瓦德西之东渡，明白告之。其公使于和议席上，坚持不能减少，德皇更派殖民监督司徒来尔（Von Stuebel）赴英磋商，提高中国海关之税率，以供大宗赔款之用。英国以其商业在华最为发达，加税则其本国商人首受影响，拒绝其请。交涉既无进步，一九〇一年三月，列强组织委员会，调查中国财政，以德、法、英、日公使充任，其所得之结果，则为中国全年收入共银一万万两，而支出一万一千万两。委员会召询专家如赫德等之意见，赫德始终坚持中国方面之支付或缴利能力，万不能超过银币三万万两。委员会乃筹增加收入之计划，信其可得四万五千万两。赔款之额数遂定，通知中国代表，奕劻等奏报朝廷，五月二十九日，上谕准可。赔款或主现款，或言借债，多数则主限期还清，年限初为三十年，附加利息，最后定为三十九年还清，年息四厘，赔款虽为银币，以两计算，而于条约上载明分按各国金币之汇兑率付出，自一九〇一年七月一日起息，一九〇二年一月付款，迄于一九四〇年清讫。自一九〇二至一九一〇年，每年所付之款，平均计算，凡一千八百八十二万九千五百两。自一九一一年至一九一四年，年付一千九百八十九万九千三百两。一九一五年，二千三百三十万三千三百两。自一九一六年至一九三一年，年付二千四百四十八万三千八百两。自一九三二年至一九四〇年，年付三千五百三十五万一百五十两，共计九万八千二百二十三万八千一百五十两。此就银币而言，迨后银价低落，各国以恫吓之辞，要求赔款改作金币计算，中国之损失更巨。其分配也，各国之多寡不同，可于下表见之。

国别	额数	百分
俄	130371120	29
德	90070515	20
法	70878240	15.75
英	50620545	11.25
日	34792100	7.7
美	32939055	7.3
意	26617005	5.9
比	8484345	1.9
奥	4003920	0.9
其他国	1222155	0.3

列强提出之赔款，不许考核减少，美国所得之款，只百分之七．三，就德、俄、法三国之比例而言，不能谓大，而上海道所欠常胜军主将华尔之款，

乃亦并入计算。俄德之要求，殆难以情理论之，徒增无辜平民之担负而已。呜呼！处于衰弱腐败之国，人民所受之痛苦固多也。赔款之担保，共分三项。一、海关之收入，二、常关之进款，其在通商口岸者，改归海关管理，三、盐税。其后美国对华表示好感，一九〇八（光绪三十四）年，退还其一部分剩余之款，专作教育之用。欧战之时，中国对德奥宣战，列强允许中国延期付款，战后德、奥、俄款之处置，均有变更。美国退还余款，英日等国亦将其另作他用。

五、使馆。中国允许扩展各国使馆，重行划定地界，地基分送各国，民房由中国收买。界内归使团管理，并得自由防守；各国得住兵队保护，华人不准居住界内，使馆区域扩大约达一千二百亩，列强各有所得，留京之兵，各国不同，其最多者数为四百，少者一百。

六、交通。中国拆毁大沽及有碍北京至海口之炮台，并许各国酌定数处留兵，以免交通断绝之虞。其许外国驻守之处，条约上指明黄村、廊坊、杨村、天津、军粮城、塘沽、芦台、唐山、滦州、昌黎、秦皇岛、山海关。

七、禁令。清廷允许张贴严禁仇外之上谕于各府厅州县，其设立或加入仇外之会党者，即行正法。布告惩办仇外之官吏，停止害虐外人城镇之考试。其发贴各省上谕中之扼要语曰："各直省文武大吏通饬所属，遇有各国官民入境，务须切实照料保护，倘有不逞之徒，凌虐戕害各国人民，立即驰往弹压，获犯惩办，不得稍涉玩延，如或漫无觉察，甚至有意纵容，酿成巨案，或另有违约之行，不即立时弹压，犯事之人，不立时惩办，各该管督抚文武大吏及地方有司各官一概革职，永不叙用，不准投效他省，希图开复，亦不得别给奖叙。"

八、订约。中国允许各国商改通商行船条约，并襄办改良北河、黄浦水道。北河由外人修治者，于天津政权交还之后，由中国派员与诸国所派之员会办，每年出银六万两。黄浦另设专局整理水道，其每年费用，占算四十六万两，期为二十年，中国与列强各出其半。其详细进行之章程，另有附文，刘坤一反对，各国不允考虑。

九、设官待遇。中国允许各国之要求，废除总理各国事务衙门，改设外务部，班列六部之前；使团之意欲去旧时习惯，另换外交上之气象也。太后简派奕劻总理外务部事务，授王文韶、瞿鸿机为会办大臣，徐寿朋、联芳为左右侍郎，外使觐见礼节，另有附件。觐见之所，定为大内之乾清宫正殿。

十、撤兵。条约末后申明字句及往来文牍均以法文为凭。联军之在北京者除防守使馆兵队而外，于本年九月十七日撤退，直隶之外兵亦于二十二日开始回国。赔偿军费则以七月一日为截止之期，各国军队有先撤退一部分回国者。

和约成立，中国对外关系恢复常态，其未完之问题，仍在交涉之中。方议和之际，大臣奏请圣驾回京，太后不许，迨外兵撤退，车驾始自西安出发，东往河南，留于开封多日，始自郑州北上。途中铁路筑成者，即乘坐火车，一九〇二年一月七日，抵于北京。方太后、皇帝之在河南也，上谕称奉懿旨撤去溥俊大阿哥名号，令其出宫，车驾抵京之后，光绪御乾清宫接见驻京公使，待遇颇为优渥，太后亦于宫中撤帘与公使言语。顷之，公使夫人入宫觐见，其曾受惊于使馆者，太后慰之，亦颇自悔焉。其时外兵陆续回国，直督袁世凯商请各国统将交还天津政权，统将初持异议，幸赖公使之指导，迫而于四月议定交还章程，关于中国驻兵，尚有限制，八月归还政权，凡其行政税收等，均有详细报告，剩余之款十八万两，交于直督。直隶而外，上海、厦门、高密、满洲尚有外兵。先是，上海印兵先至，法、德、日军继之而至，实则长江下流并无问题，而各国互相监视也。至是，中国请其撤兵，四国提出一国派兵上海，本国仍可驻兵。德法进而要求于扬子江流域，享受机会平等之待遇，始肯撤兵。英国闻而抗议，中国言其并未予以承认。明年，外军始乃撤退。厦门日军亦回本国，其驻山东者则为德军，德国借口护路防御拳民，驻兵胶州、高密，建筑营房。事平，中国迭次请其撤兵，均置不理。一九〇五（光绪三十一）年，德国始允撤退胶州之兵，高密仍须分期撤退，其营防建筑物售于中国，价银四十万两。满洲俄军始终无撤退之意，造成日俄战争之祸。

撤兵为中国之请求，其为外国所注意者，则为实收值百抽五之关税与改订商约也。税率根据于一八九七、八、九，三年之货价而定，一九〇二（光绪二十八）年九月，始行告成，十月三十一日实行，期效十年。其先适用之税则，订于一八五八（咸丰八）年，中国虽据条约要求改定切实值百抽五之税，列强竟不之许，四十年后，始得改定税率，未定以前，则自一九一〇年十一月十一日，海关照按估价百分之五征收。列强之先订商约者，则为英国，一九〇二年九月，中英商约成立于上海。明年，中美、中日商约成立，大体上多仿英约而成者也。商约而外，其载明于辛丑公约而后改变性质者，尚有黄浦河道局焉。其经费半出于中国，而大权反归于外人，德国因有扩张势力之计划。两江总督认为有碍主权，不肯派员。会海关建议中国出款自办，一九〇五年，改订章程，后二年，荷兰之工程师承揽浚浦工程，颇著成效。

综观拳乱，始于民众感受荒年衣食之困难，被惑于白莲教之神奇传说，深惧外国势力之侵入，刺激于少数教民之专横，造成于顽固雪耻之大臣。其人不知国际上之形势，缺少辨别是非利害之能力，恨恶外人，而力无如之何，仇视外人之心理，蕴郁日深，其报复之心愈毒。同时，外国专于中国图谋权利，不顾信义，其所威胁而成之条约，关于中国之利益，且多漠然视之，关税尤其明显之例；一八九七—一八九八年中，倡言瓜分，或租军港，或筑铁路，或划定势力范围，或巩固其地位。中国形势之危险，汲汲然不可以终日，共御外侮，遂成普遍之需要。其所难者，则外国之军火远非中国之所能御，拳民因而利用其不畏枪炮，及扶清灭洋之说，大臣信之，载漪假造照会，竟无一人疑之。其愚陋可想，外兵乘之，攻取炮台，大乱遂起。拳民外兵各以残杀焚抢报复为事，其悲惨之情状，吾人思之，尚为心悸，其身受其影响而入于痛苦之境遇者，更不知若何矣！迨及联军攻陷北京，列强对华之政策不一，尚有主持瓜分之议，幸其利害冲突，互相忌嫉，而无满意解决之办法。更就中国之国际地位而言，其屈服可谓至矣，北洋精军悉数败溃，太后皇帝狼狈出逃，联军统帅住于宫中，条约中之要款，尚有毁炮台，出赔款，外兵驻防使馆等。其堪称异者，中国于兵败屈服之际，而朝廷尚未彻底觉悟，对于天津失守，则信“倭人装扮拳民模样，夜赚城门”所致。关于议和，则不知适当处置之方法，国中所谓清议，亦未能辨别是非也。祸首之惩办，徐用仪等之开复，必待外国之要求，其诏复徐用仪等之原官，则曰“经朕再垂询，词意均涉两可，而首祸诸臣遂乘机诬陷，交章参劾，以致身罹重辟。”其后更应英美公使之请求，诏复张荫桓官，张氏于拳乱时被害于新疆故也。上谕之措辞，竟谓由于外使之要求焉。舆论之足称异者，广州报纸于联军攻陷北京，尚捏造其败溃不堪之情状。及车驾在陕，瓦德西遣兵挑衅，朝廷迭以严防应战为言，乃战无不败退，冯子材等亦持力战转弱为强之说，天下之事，固不若此之易！幸赖李鸿章等之力，始免于事。张之洞据人报告，致电刘坤一论随驾人员曰：“其议论皆是一派旧话，于时局一切茫然，忧焦万分。”又曰：“今日见自陕来人言，西安京外官绅士，多言敌不能深入，若添足一百营，必能破敌。京津破败，皆汉奸为之等语。今日又见自湘来人言，湘绅多言必须战胜，方可和。由鄂省昌言保护，两湖平安无战事，以致湘人勇猛无从施展；电报局于洋胜则报，华胜则讳，皆是汉奸等语。”其言不知何所根据，竟出于士大夫之口。陕西人士闻知赵舒翘之斩罪，表示不服，朝廷改而令其自尽。甘肃文人于毓贤之正法，群谋救之，毓贤自知不免，止之，自杀。于此可见自南京条约以来，缔结天津条约、马关条约、辛丑公约，其一次损失过于前一次者，未始不由于知识之浅陋，以及执政者无适当之处置也。外人利用时机，更何足责。

1. 奏疏或称袁昶、许景澄合递，《清季外交史料》则谓袁昶所递，太后于西安称无其事。朝臣后有遍求档案者，亦不可得，章梫为其师袁昶立传，摈而不录。景善为人轻信传说，所称亦与疏文不尽符合。今按奏疏月日及先后史迹，又有可疑之点，十七日，御前会议，太后宣读假造照会，一意主战，明日，二人尚有请剿拳民之疏，殆不可能。其第二、三疏，月日各书尝不符合，疏中所言之事亦有疑问。奏疏果为袁昶等所为，苟无新证，盖难凭信。景善退休家居，日记杂有传闻之辞，其称二十四日上谕尽杀外人，而二十七日，徐桐等尚奏请饬各省歼除洋人以伸积忿（原折见故宫博物院所辑清光绪朝<中日交涉史料>五三卷二四页），实不足信。外人所言亦多附会之辞，缺乏明证。景善称改电辞，电线时已焚毁，亦有疑问，最后决定，将赖新史料之证明，附识于此。

2. 景善日记记袁昶、许景澄之被杀在七月二十八日，立山等之被杀在八月十日。恽毓鼎之《崇陵传信录）于袁昶之死，则曰七月二十九日，立山之死则言八月十一日。日记势必作于死者之后，其子亲见袁昶等之死，袁世凯电称其于二十八日处斩。又据诏杀袁许之朱谕期为二十九日，岂杀后而始公布其罪状耶！兹据日记，而并附说于此。

第十三篇

改革与革命附外交

变法之倾向与主张——改革之困难——预备立宪——朋党之排挤——言官之地位——人民觉悟之表现——政治改革——官制军政法律——新教育之创办——盲然奖学之流弊——实业之奖进——废八股——满汉平等——谕放脚——严禁鸦片——帝及太后之病死——亲贵大臣之重用——咨议局与资政院——秘密会社之活动——兴中会及同盟会——光复会等——会党活动之方法——国有铁路政策之决定——川路争议之严重

慈禧挈光绪自京出逃，初驻太原，后至西安，时值大旱，供养困难，途中所受之痛苦，起居饮食之不便，光绪身体之衰弱，莫不深予太后以刺激。太后初尚切责臣工，继则转念政治上之积弊，军队远非列强之比，后以列强肯开和议，屈服承认苛刻之大纲，知非表示变法，则将大失人心，一九〇一年一月朱谕曰：

世有万祀不易之常经，无一成不变之治法。穷变通久，见于大《易》；损益可知，著于《论语》。盖不易者，三纲五帝昭然如日星之照世，而可变者令甲令乙，不妨如琴瑟之改弦。伊古以来，代有兴革，当我朝列祖列宗，因时立制，屡有异同，入关以后，已殊沈阳之时，嘉庆、道光以来，渐变雍正、乾隆之旧。大抵法积则敝，法敝则更，惟归于强国利民而已。自播迁以来，皇太后宵旰焦劳，朕尤痛自刻责，深念近数十年积敝相仍，因循粉饰，以致酿成大衅。现在议和，一切政事尤须切实整顿，以期渐致富强。……今者恭承慈命一意振兴，严祛新旧之名，浑融中外之迹。中国之弱，在于习气太深，文法太密，庸俗之吏多，豪杰之士少。文法者，庸人藉为藏身之固，而胥吏恃为牟利之符，公私以文牍相往来，而毫无实际，人才以资格相限制，而日见消磨。误国家者在一私字，祸天下者在一例字。晚近之学西法者，语言文字制造器械而已，此西艺之皮毛，而非西学之本源也。居上宽，临下简，言必信，行必果，服往圣之遗训，即西人富强之始基，中国不此之务，徒学其一言一话一技一能，而佐以瞻徇情面，肥利身家之积习，舍其本源而不学，学其皮毛而又不精，安得富强耶？总之，法令不更，痼习不破，欲求振作，须议更张。着军机大臣、大学士、六部、九卿、出使各国大臣、各省督抚，各就现在情弊，参酌中西政治，举凡朝章、国政、吏治、民生、学校、科举、军制、财政，当因当革，当省当并，如何而国势始兴，如何而人才始盛，如何而度支始裕，如何而武备始精？各举所知，各抒所见，通限两个月内，悉条议以闻，再行上禀慈谟，斟酌尽善，切实施行。

诏旨深切时弊，主张多同于百日变法之新政，重大损失屈服之后，始乃改变态度，诏中辩护则斥康有为之讲新法为乱法，而并称其潜谋不轨。二月，帝再降旨，说明拳祸之始末，保护使馆之苦心，末后申言变法之意。其言曰：

……近二十年来，每有一次衅端，必申一番告诫，卧薪尝胆，徒托空言，理财自强，几成习套，事过之后，循情面如故，用私人如故，敷衍公事如故，欺饰朝廷如故，……无事且难支持，今又构此奇变，益贫益弱，不待智者而知。尔诸臣受国厚恩，当于屯险之中，竭其忠贞之力。……朕受皇太后鞠劳训养垂三十年；一旦颠危至此，仰思宗庙之震惊，北望京师之残毁，士大夫之流离者数千家，兵民之死伤者数十万，自责不暇，何忍责人，所以谆谆诰谕者，则以振作之与因循，为兴衰所由判，切实之与敷衍，即强弱所由分。固邦交，保疆土，举贤才，开言路，已屡次剀切申谕，中外各大臣其各怿遵训诰，激发忠忱，深念殷忧启圣之言，勿忘尽瘁鞠躬之谊，朕与皇太后有厚望焉。

诏书切责臣下，欲于二月之内，令其条议变法事宜，时间既已匆促，又值和议进行之际，实不可能。三月，谕设督办政务处，议商变法条陈，派奕劻、李鸿章、荣禄、昆冈、王文韶、鹿传霖为督办政务大臣，刘坤一、张之洞遥为参与大臣。政务大臣三人在京，三人随驾，变法大计，何能会商？朝廷盖无诚意，所欲进行者，一则删去旧例，一则教养真才，内外大臣应诏条陈。其言扼要盛称于时者，首为刘坤一、张之洞之会衔奏疏，七月，二人上奏三疏。第一疏论育才兴学，主张参考古今，会通文武。其拟定之办法凡四：（一）设文武学堂，州县各设小学，童子八岁以上入蒙学习，十二岁以上可入小学，十五岁以上得入高等小学。府设中学，其学生年龄十八而于高等小学毕业者，始得肄业，三年后卒业，再入高等学校，其学程分为七门，卒业后再入京师大学。（二）酌改文科，其所指者则变通科举也。头场考试以政治史书为限，名曰博学。二场兼考政治、地理、算学，名曰通文。三场注重四书五经道学之书，名曰归纯正。（三）停罢武举，其原因则武举无用于国，而武生反为害于乡。（四）奖励游学，日本文字近于中国，学生宜往游学。第二疏论立国之道凡三，曰治富强。中国之必应整顿变通者，共十二端：（一）崇节俭，国内饥馑凋残，内外臣工宜禁奢华。（二）破常格，朝廷变通繁文缛节，官吏可得直言正谏，庶免官气太重之积习，用人宜取少壮，而不可以常格限之。（三）停纳捐，纳捐之收入，年虽三百万两，而于民生则有不良之影响，须当禁绝。（四）课官重禄，朝廷设仕学院，各省设校吏馆，以养成有用之官吏；其俸禄更宜增厚，就今州县官言，位卑事繁，尚有科场考棚之摊捐，解役缉捕之费用，驿路大差之供亿，委员例差之应酬，宜当改革，而令其办公有资。（五）去书吏，书吏专查旧案，因得索赂舞弊，而催征田税之底册且在其手，积弊日深，势当废去，改用委员。（六）去差役，差役为害于乡里，人民视之如虎，应汰另募，推行警察。（七）恤刑狱，折狱宜迅速公平，而去敲扑之罚，向者相验之费取于被告，今当减恤，监狱势应改良，并当派官监视。（八）改选法，凡正途保举捐纳之官，皆到省补用试用。（九）筹八旗生计，政府宽其约束，听其侨居乡试，而其所得之钱粮，缺额不必另补。（十）裁屯卫，屯兵不如田在何处，无益于国，反而有害。（十一）裁绿营，绿营不堪战争，而所耗之饷额尚巨。（十二）简文法，政府省去虚文无用之册籍而宽其例。第三疏陈说采行西法，建议凡十一端：一曰广派游历，二曰练外国操，三曰广军实，四曰修农政，五曰劝工艺，六曰定矿律、路律、商律、交涉刑律，七曰用银元，八曰行印花税，九曰推行邮政，十曰官收洋药，十一曰多译东西各国书。综观三疏之内容，不无可议之点，大体上则深切中国之积弊，迎合时人之希望，疏上，太后诏命督办政务处核议施行，顾其范围广大，决非空言所能推行见效也。

拳乱，太后原有重大之责任。其时年龄已高，性情偏于守旧，思想趋于固定，诏言变法不过迫于环境，而为笼络人心之计。光绪先以变法丧失政权，处于忧伤悲苦之境，拳乱时，信其无用，终亦无所挽回，至是仍无实权。香港总督曾向李鸿章言，请帝亲政，李氏电告张之洞，而全国大小臣工中无一人奏请太后归政者。张之洞反先进贡，太后心甚感之。张氏又于和议进行之际，力持保全太后之说，朝臣疆吏各图富贵，国中之无人也久矣。太后仍握大权，和约成后，车驾始出陕西，东至河南，折转而北，自正定乘坐火车达于保定。一九〇二年一月至京。宫殿一部分已毁于火，收藏之内帑虽无损失，而珍宝则不免于散亡，观景生情，原有不胜今昔之感，而太后则以安然返京为幸事，每晨临朝坐于殿上，旁设椅棹，作为皇帝座位。军机大臣入值，议商国政，光绪坐于位上，默然无语，面带忧容，一若木偶。德龄女士随父自欧洲归京，奉命入宫，侍奉太后，留住宫中二年，著有《清宫二年记》，据其所言，光绪从之学习英文，知识广博，顾其深畏太后，见之默无一语。太后尚信中国之政教优于欧美各国，疆吏公使之亟欲变法自强者，争求西方新发明之机物进贡宫中，以冀太后觉悟，太后则淡然视之。女士初入宫中，抱有促进改革之希望，后则竟无所成，光绪曾讥笑之。德龄所记情节，多属信而有征，太后下诏变法，实无坚决进行之意。初变法诏下，张之洞电复枢臣鹿传霖曰："嗣闻人言，内意不愿多言西法，尊电亦言勿袭皮毛，免贻口实"，鹿氏先以此言告之故也。张氏则信整顿旧政，难望自强，其警要之语曰："欲救中国残局，唯有变西法一策，"力说鹿氏主持。鹿氏何人，岂有补救？张氏电商于各省督抚会衔奏请，不得，乃与刘坤一合辞上奏，终无实效。

改革初无成效，虽曰太后专政，其佐之治理国政之大臣，亦有相当之责任，其人明了各国政治实状，而欲切实改革，并有具体办法者，实不易得，乃多囿于环境，无所主持，一无建设。张之洞曾说鹿传霖主持变法曰：“各国谓中国人昏陋懒弱，诈滑无用，而又顽固虚骄，狂妄自大，华已夷人，嫉视各国如醉如梦，其无用既可欺，其骄妄更可恶，故视中华为另一种讨人嫌之异物，不以同类相待。”其言有为而发，既不能谓外人尽信此说，又不能言中国人卑劣至此，盖以刺激鹿氏主持变法也。其言虽不免于附会，朝臣中之顽固者，间亦类之。一九〇一（光绪二十七）年政务处大臣均信书吏差役病民害政，上谕裁之，尚有视为具文者。八月张氏电告鹿传霖，称部仍袒蠹吏，吏兵各部来文可见，望其主持，俄而再据报告，电称“京城仍被书吏把持，外省观望，官多谬论，此不能办，变法无望”，请其力言。其困难一则司员不习公事，奉之为师，一则互相勾结，分财舞弊也。区区一端，犹不易办，他复何言！朝廷上时无指导领袖之人才，枢臣又相水火，张氏初闻李鸿章荐之入枢，心烦意乱，迭论不可，曾曰：“京朝门户已成悍戾不改，洞命坐磨蝎，最好招谤，必受此辈之害。”周馥奉命自川入京，述川督奎俊之言，张氏将其电告刘坤一曰：“总之，不化新旧之见，顽固如故，虚骄如故，老团不出之说如故，和局断不能和，贪昏如故，废弛如故，蒙蔽如故，康党断不能绝，官派如故，兵派如故，秀才派如故，书吏派如故。穷益加穷，弱益加弱，饷竭营裁，则兵愈少，债重征苛，则民愈怨。游勇叛匪康党合而为一，中国断不能支矣，枢纽只在化新旧之见五字。”其言杂有附会推论，而固娓娓动人，枢臣情状一如旧日，可于张氏致鹿传霖书见之。其言曰：“时局艰难到此地步，而滔滔不返，依然袭故蹈常，惟公正色在朝，以庄见惮，孑然独立。”独立无援，固无所成。

朝廷之情状若此，采用西法，实不可能，其力进行者，可分为三端。（一）摊派款项。赔款巨大，帝饬各省摊派，多者数逾百数十万两；创办烟酒税，直隶奉天年摊八十万两，江苏、广东、四川各五十万，余或三十万，或十万，或六万不等；办理京师大学堂，各省亦有摊款，大省二万，中省一万，小省五千，并未指定税项，究将若何增加？朝廷则不之问尚以恤民为言，矛盾何不之思。（二）教养人才。太后诏令整顿翰林院，编修检讨以上各官，课以政书法令，奖励游学，改设学堂，科举改试策论，武举废去弓刀石等，举办经济特科。顾时教育尚无基础，人才盖非一二年内即可养成，况朝廷未有诚意耶？其办特科也，严防新党被荐应试，一九〇三（光绪二十九）年考试，应试者凡一百二十二人，一等考取袁嘉穀等九人，二等冯善征等十八人，均未大用。（三）提倡实业。朝廷渐知列强之富强，由于工商业之发达，亲臣载泽奏请创设商部，太后许之，饬其议订商律，办矿奖农，顾其范围广大，绝非空言所能成功。总之，国内之急切需要，无过于明达远见之政治家，社会上之领袖人才，而时未有其人，不能应付环境，反受环境之支配，兼以时势为推移，全无事先适当处置之办法。其较有声望者，内则李鸿章、荣禄，外则刘坤一，相继病死。荣禄死后，奕劻继为军机大臣，奕劻原为皇室远支，久任总署大臣。其为人也，机巧贪婪，与世浮沉，毫无建树，及改总署为外务部，太后授为总理大臣，一九〇三年，兼任军机大臣，其女在宫侍奉太后，其子在朝居于要职。其势焰之高大，炙手可热，卖官受赂无所不为，御史称其门庭如市，固卑鄙无耻之小人也。朝中无人，先无改革，土地不能自保，酿成日俄之战。二国战于满洲，中国为势所追，反守局外中立，固奇耻也。太后始肯积极整理内政，战争既启，日本陆军舰队战无不胜。日本以岛立国，土地褊狭，人民短小，曾为中国所轻，而俄为欧洲强国，地跨欧亚，其哥萨克兵以能战称著于世，而竟败于日兵。其昭著之明证，则亚州人民之才力，与欧人相较，实无轩轾。日本先亦屈服于欧人，明治维新，四十年中跃为东方强国。中国明达爱国之士，受其影响，其心理以为日本立宪，上下一心，俄国专制，内乱时起，日本变法前之政教学术传自中国，其人口领土远不能及中国，乃能变法自强，战败领土广大人口繁殖之强俄，屈服之中国果能效法日本，将亦跃为强国。向者屈服失望自怜之心理，全然消灭，精神为之一振，爱国之心油然而生。于是内外臣工争言立宪，学生则倡言革命，绅商亦请改革，太后心为之动，诏设考察政治馆，派五大臣出洋考察宪政，裁汰冗官，归并衙门。一九〇六（光绪三十二）年九月一日，谕称预备立宪，先从官制人手曰：

> 廓清积弊，明定责成，必从官制入手，亟应先将官制分别议定，次第更张，并将各项法律详慎厘订，而又广兴教育，清理财政，整顿武备，普设巡警，使绅民明悉国政，以预备立宪基础，着内外臣工切实振兴，力求成效，俟数年后规模粗具，查看情形，

参用各国成法，妥议立宪实行期限，再行宣布天下。视进步之迟速，定期限之远近。

谕旨承认上下相睽，内外隔阂，为中国不振之原因，立宪虽未确定时期，而固宣示仿行宪政之政策，太后之观念盖异于前，明日，诏内外大臣议订官制，十一月，据其复奏，诏定官制，改督办政务处为会议政务处。明年，臣下奏请颁布宪法者益多，太后诏派汪大燮出使英国，于式枚出使德国，达寿出使日本，考察宪政，并谕筹设资政院于京中，咨议局于省会。一九〇八（光绪三十四）年，咨议局章程议妥，即令各省督抚设立。八月，王大臣议定预备立宪，限定九年，及期，召集国会，并拟定宪法。其原则则大权归于皇帝，司法独立。议会不得干涉行政，唯有协赞预算弹劾建议之权而已。人民权利义务，则于宪法载明，预备立宪期内，逐年均有筹备事宜。其办法自国内情状而言，原不可非，而士大夫之希望太奢，或以国会万能，一旦召集，即可富强。或不满于亲贵大臣之揽权，而别有所冀图，其中要多激进之士。二十七日，上谕宣示九年作为预备立宪，务将各项筹备事宜一律办齐，“届时即行颁布钦定宪法，并颁布召集议员之诏”，九年立宪之诏，与时论相违，太后非不之知，谕中明言如有不靖之徒，附会名义，借端构煽，或躁妄生事，紊乱秩序，朝廷唯有执法惩儆，断不能任其妨害治安也。无如人心所欲，大势所趋，固非空文所能阻止，问题并未解决。及冬，两宫病死，醇亲王子溥仪奉旨嗣位，其父载沣摄政，明年改元宣统。咨议局议员等要求速开国会不已，一九一〇（宣统二）年，诏命改于宣统五年（一九一三），召集议院，颁布宪法。明年革命军起，清廷公布宪法，而时事已变，无能挽救矣。

清廷迫于时议，改革官制，预备立宪，大臣则党争愈烈，水火益甚，一九〇七（光绪三十三）年，都御史陆宝忠奏曰：“臣观去年自改定官制以来，大臣不和之事，时有所闻，其几实起于细微，而其害驯至倾轧。……台谏为耳目之官，……倘一有弹劾，辄有猜忌，将使戆直者寒心，庸懦者结舌。”其言多有所本，瞿鸿禨等竟受排挤落职矣。初弈劻授军机大臣，地位之高，无人及之，朝臣疆吏多其党羽，独瞿鸿禨、岑春煊不服。瞿氏久官于翰林院，从驾西狩，荣禄荐之，日见信任，初在军机大臣上学习行走，寻授督办政务大臣，兼任外务部会办大臣。瞿氏学识才力虽不足称，然颇小心自守，负有清望，自以深得太后信任，不附于奕劻。岑春煊于西狩颠沛之际，督兵护驾不辞劳苦，太后德之，自布政使迁为巡抚总督，时任两广总督。岑氏督兵剿平广西匪乱，声望昭著。奕劻外有直督袁世凯。袁氏机谋奸诈，饱历时变，善于练兵，戊戌政变负有重大之责任，甘为欺君卖友之小人。其在山东也颇能维持境内治安，李鸿章死，奉旨代为直督，兼北洋大臣，为官精核，不私财货，知人善用，设办警察，兴立学校，整理税收，颇称于时。袁氏谄事奕劻，交结疆吏，固当时较有胆量才力之政客也。说者言其先曾请为瞿鸿禨门生，而瞿氏拒之，遂为奕劻死党。岑春煊则与瞿鸿禨较为接近。由是二党峙立，各不相下，就其地位声势党羽而言，奕劻实占优势，瞿氏则与都察院御史接近，御史迭次弹劾奕劻，奕劻疑为瞿氏主使，终乃出于诡计排挤之途。其手段卑鄙秽劣，无以复加，政治道德扫地以尽，自不能顾及国家大事，人民生计也。

奕劻贪婪，迭为言官所参，一九〇四（光绪三十）年四月，御史蒋式理奏劾其未改受赂常态，父子起居饮食车马衣服，异常挥霍不计外，尚有一百二十万两存于日俄银行，及闻二国宣战，将款改存汇丰银行，汇丰明其来意，多方刁难，数四返往，始允收存，月息仅给二厘，鬼鬼祟祟，情殊可悯等语。上谕派员带同蒋式理往查，而汇丰拒绝，案终未明，蒋氏反而落职。一九〇七（光绪三十三）年，御史赵启霖奏劾段芝贵于上年充当贝子载振随员，前往东三省，购女伶杨翠喜献之，又以十万金为奕劻寿礼，乃自道员擢至黑龙江巡抚。且曰："奕劻、载振父子以亲贵之位，蒙倚畀之专，唯知广收赂遗，置时艰于不问，置大计于不顾，尤可谓无心肝，不思东三省为何等重要之地，为何等危迫之时，改设巡抚，为何等关系之事。此而交通贿赂，期罔朝廷，明目张胆，无复顾忌，真孔子所谓是可忍孰不可忍者矣。旬日以来，京师士大夫晤谈，未有不首先及段芝贵而交口鄙之者，若任其滥绾疆符，诚恐增大局之阽危，贻外人之讪笑。"疏上，太后诏免段芝贵职，命醇亲王载沣、大学士孙家鼐彻查。奕助谋得掩饰之方，直督袁世凯又其心腹，访查未有所得，复奏称王益孙买杨翠喜为使女，礼金亦无所据。太后遂以污蔑亲贵重臣名节，将赵启霖革职，载振请开去各项差使，优诏许之。综观事之原委，段芝贵究以何功何能，擢至巡抚？其媚事奕劻父子以求高官，盖为事实。奕劻贪婪，“细大不捐”，时人已有公论，送收礼金，双方将有处分，原不易查。关于买献女伶，亦易装点掩饰，况有直督力为之助耶？要之，人言凿凿，殆非虚构。太后曾问奕劻于瞿鸿禨，瞿氏乘机下石，太后有欲罢之之意，瞿氏竟将机密泄漏于外，反而先受祸焉。其经过今有二说，一谓瞿氏门生汪康年于京办报，诋毁奕劻，瞿氏以此告之，宣传于外。一说瞿鸿禨归语于其妻，其妻偶于宴会席上，无意中对公使夫人言之，及其进觐，有以之为问者，太后信为瞿鸿禨所泄，心中大怒，以为机密大事，军机大臣不能严守秘密，何能信用？又疑奕劻得有公使之助。次日，军机大臣入值，太后对于瞿鸿禨异于常态，怒气见于辞色，朝退，奕劻访知始末，认为排去政敌之时机至矣，商于其党，谋得奏参之言官。按之故事，御史均能奏劾大臣，无如御史数参奕劻，无人肯为之助，余则翰林院侍读学士亦得发言。其党利诱学士恽毓鼎奏参瞿鸿禨，其罪状则为暗通报馆，授意言官，阴结外援，分布党羽。奏文措辞含混，影射前事，并未详列事实，有所证明，借以触动太后之机。奏入，太后派员彻查，俄而改谕瞿鸿禨开缺回籍。奕劻之计既售，方信可得为所欲为，而太后遽命醇亲王载沣为军机大臣，载沣为光绪之弟，其妻荣禄之女也。奕劻心无奈何，意不自安，托病奏请开去差事，得有温谕慰留，载沣仅得在军机大臣上学习行走之旨。

瞿鸿禨去后，奕劻少一政敌，而岑春煊在京，勇敢任事，不顾一切，尤足以寒其胆。初一九〇六（光绪三十二）年，岑春煊奉旨调授云贵总督，意不欲往，奏请入觐，朝旨授为四川总督，而仍电请陛见，一九〇七年春，入京，太后授为邮传部尚书。岑氏面奏左侍郎朱宝奎声名狼藉，操守平常，太后即诏朱宝奎革职。朱氏为奕劻之党，官至邮传部侍郎，乃以一参而革职，朝臣莫不惊异岑春煊之得太后信任。奕劻大惧，深患岑氏重用，在京挑衅，亟谋出之，相传商于袁世凯等以倾之。其时周馥方任两广总督，周馥初为李鸿章属员，倾向予改革，负有能名，袁世凯与之结为儿女亲家，说者言其谋去政敌，不惜卖其老友，而向奕劻建议焉。时值广东会党起事，奕劻奏言周馥年老不能平乱，两广总督非威望素著如岑春煊者任之，势将蔓延。岑氏适在病中，太后信以为真，诏命周馥开缺，而授岑春煊两广总督。周馥于自订年谱言其经过曰：“朝臣党争互相水火，枢臣疆吏有因之去位者，遂波及于余。传闻某枢奏广东匪多，周某年衰，恐筋力不及，可以某某代之，实挤某某出京也。”岑春煊奉旨意殊怏怏，其视广东之乱原不足平，其所患者，朝中无人相助，一人孤立于外，而与奕劻结仇已深，彼将借端报复也，出京后称病留于上海。相传两江总督端方党于奕劻、袁世凯，取得岑春煊、梁启超之相片，密奏岑春煊心怀怨望，滞留上海，而与逆党梁启超相结，附其假造二人合摄之照片为证。疏入，太后大怒，盖自政变以来，欲得康梁而甘心焉，迄未稍改，迭命各省捕缉，及拳乱后，仍不之赦。端方借以引起太后之怒而去之也。其说现无可信之史料证明，不无可议之处。所可知者，太后果诏岑春煊开缺；其措辞则病假已满，尚未起程也。大臣因病请假，得再续给，向少开缺之例，亲信如岑春煊竟以“病尚未痊”开缺，必有毁之者矣。奕劻党羽不择手段，排去敌党，更谋应付御史之策。其时徐世昌方任东三省总督，调用御史，徐氏党于袁世凯，盖欲利诱言官借以缓和反对奕劻者也。都御史陆宝忠疏言督抚奏调言官，保留原职，不合祖制，应请申明旧章，维持纲纪。上谕允之。陆氏于赵启霖之革职，上疏争论，其所言者，要皆分内之事，竟为奕助等所恨。会朝廷严禁鸦片，陆氏久有烟瘾，说者谓奕劻曾面奏太后，太后问之，陆氏据实以对，乃谕其戒烟，瘾断后再任原官，于此可见假公济私图谋报复之一斑。

朋党排挤，极奸诈阴险之技，张之洞入京，太后授为军机大臣，自京电鄂曰：“到京十余日，喘息甫定，时局日艰，积习如故，毫无补救，唯有俟冬春间乞骸骨耳。”盖当入京之初不满于奕劻之专横，而势无可奈何也。袁世凯亦奉旨入京，在军机大臣上行走。及两宫病死，宣统嗣位，其生父摄政王载沣监国，载沣原不协于奕劻，奖用言官。一九一〇年（宣统二）年，御史江春霖奏参奕劻，而又多所顾虑，无法处置，乃斥其莠言乱政，奕劻心不自安，遇事推诿，不敢负责。载泽等则与载沣相亲，各立门户。及四川国有铁路案起，奕劻先后主张起用其党端方、袁世凯，载泽则请用岑春煊。载沣皆许其请，卒至互相观望，事权不一，造成土崩瓦解之势，清廷遂与朋党俱亡矣。综之，专制政府之下，朋党之争，常为大患，清帝鉴于唐、宋、明末之故辙，严禁朋党，及至末叶，党禁破坏无余。其结党为援者，全无高尚之思想，而只唯利是视，不顾道德，不择手段，以泄一时之愤。其能胜者常为阴险毒狠之小人，小人得志，政治愈不堪问。其补救之方法，常赖上下之情相通，上之旨意无不可告下，下之隐情，无不可达上，则无壅隔之虞，而蒙混之阴谋不售矣。更可于此证明者，政治上之建设，必赖道德，公开正直之竞争，实有利于国也。专制帝王视御史为耳目之官，弹劾敢言，不避亲贵，为古代台谏之美谈。今自吾人观之，所贵乎御史者，不在其有参劾大臣之权，而在其辨别是非，权其轻重，言有根据，且能发生相当效力也；否则逞于意气，高倡不负责任之空谈，颠倒是非，反足以使当局者进退困难，政治将陷于停顿，或维持现状之中。古今形势不同，政治非为防弊，政治家苟无权力，终难有所作为。清末军机大臣常处于窘迫之苦境，多由于言官之妄言，结果则建设之新事业无法进行，徒供党争之工具。其人知识浅陋，胸襟狭隘，多不肯于大处着想，而断断然以琐事为言，如一九〇四（光绪三十）年外洋马戏入京，太后召之宫中，御史争言不可，对于大臣亦时毛举细事，作为弹劾之根据。

国内政治虽多失望，而一部分人民业已觉悟，其心理以为中国深受列强之侵略，因循苟安，不知振作，将有亡国灭种之祸。其人多居于通商大埠，时与外人接触，渐知其国中工商业之发达，人民生活之安适，而中国远非其比；更受日俄战争之影响，人心奋发，争言效法日本维新自强。疆臣于时亦多改变观念，李鸿章于拳乱时，闻知闽浙总督许应骙捕杀党人，致电劝阻，张之洞于鄂，惨杀康党，两广总督陶模电劝之曰：“南方会党宗旨不一，亦有欲解散流血之谋者，湘楚少年托名保皇会出洋，讹索巨款。……今少年不尽信康，而信革命党之说。我不变法，若辈日多，非杀戮所能止，请吾师勿再提挈，……恐为丛驱爵。”陶模所言颇有根据，人心趋势，迥异于前矣。日俄战后，内外臣工争论立宪，留学生应时需要，政治上社会上之地位日高。其人游历外国，本其所得之印象，比较中国之情状，颇有觉悟，其中虽有中西知识皆极肤浅之人，但于中国之弱衰力谋补救，以抗外国之侵略，固一心一德也。少年之士从而和之，如俄强迫中国签定满洲条约，志士于上海新园集会，到者数百人，满口皆流血、自主、自由、仇俄等说，官吏闻而大惧。其时国内报纸之需要日殷，消息之传递迅速，其功效尝能唤起读者之注意，鼓舞时人之兴奋。于是绅商少年志士焕然振作，而以改良中国自励。其视事也虽属太易，然其不甘暴弃，自居于落伍之地位，而有奋斗向上之精神，打破人民、政府无关系之观念，有足多者。试举二事证明于下：

一、排斥美货 初美人排斥华工，虐待惨杀，时有所闻。其中央政府束缚于宪法之规定，不得负责处置，华侨遂无切实之保护。一八八〇（光绪六）年，中美订约，其要款凡二：（一）美国得整理或限制华工入境，（二）其已入境之华工，美国设法保护，一律优待。约成，仍未减少排斥华工运动之势力，华人所受之虐待如故。一八九四（光绪二十）年，二国再订保工协定，其要款则中国允许美国自互换协定日起，十年之内，禁止华工入境。及期美国政府不待中国之同意，自由禁止华工入境。华人之在美国者，仍有无故被击，或受虐待者，领事馆之职员且不免焉。其排斥华侨之原因，虽曰其生活简陋，工价低廉，而白人不能与之竞争，必将低其生活程度。按之事实，华工之数极少，殆无若大影响之可能性，且其侨居异国，感受环境之变迁，将于短促期内，亦渐提高其生活程度也。其根本之困难，则以种族之不同，美工存有仇恶之心，动于情感，惑于宣传，而致暴动也。华人既遭歧视，又不得入境。一九〇五（光绪三十一）年，通商口岸之商人，议定共同不买美货，作为报复，抵制美货遂实现于广州、厦门、福州、上海、汉口、天津、牛庄，其最有效力者，首推广州、上海。美国政府严重抗议，将以舰队示威，清廷谕劝停止排货，各地长官亦出示劝阻，排货运动逐渐失其效力。其所难者，运动倡于商人，而政府阻之，此可表现商人之爱国心矣。顾此实非根本之大计，反而引起二国之恶感，且终难于持久，盖国际贸易，乃应两国之需要，双方均受其利，市场上之买卖，物品之优劣，货价之高低，尝非一时意气之所能胜。国人苟有不买之决心，胜于商人之言抵制矣。

二、私人兴学 学校之设立关系于教养人才，时人渐知其重要。中日战后，盛宣怀集资创办天津头等二等学堂，又于上海创设南洋公学上院中院。其尤难得者，则由船贩出身之叶成忠，瓦匠出身之杨斯盛，均能出资兴学也。叶成忠初以小船于黄浦江中贩运零星物品，外船泊于江中，售于水手，日久稍有积蓄，改营他业，遂致富厚，一八九九（光绪二十五）年，捐出公共租界内虹口之私产二十五亩为澄衷学校之校址，以银六万两建筑校舍，十四万两作为基金。杨斯盛由瓦匠为工头，营造房屋，渐有资产，一九〇四年，创设广明小学于公共租界，明年，创立广明师范讲习所，又明年，出款十数万建设浦东中学，复捐十万作为永久基金。其他私人兴学者，时有所闻。其慷慨为公之精神，诚令吾人钦服。人民既有觉悟，政府亦谋变法自强，兹略言之于下：

一、政治改革　中国政体自秦统一以来，相沿二千余年，未有剧烈之变更，历朝官制虽有损益，或名称不同，而实质上并无根本重要之改革。及至近代，国际上之关系日密，政府办理之事业增多，先进国家为谋公共利益之计，而大扩张政府之职权。中国处于十九世纪，环境虽异于前，而中央官制仍本于前代之组织，其职权之分配，多由于遗传与习惯，常无理智之根据，官吏之责任，尝不专一。其仿自外国者，概归总理衙门办理，衙门兼管海关电报等事业，朝臣多不明了世界之趋势，不能比较列国之制度，辨别利弊，有所采用。郭嵩焘出使英国，记言途中情状，有所主张，书竟毁版，返国后废而家居。曾国藩、左宗棠等以为仿造外国之机炮轮船，训练军队，力即足以自强。慈禧太后则持中国政教远非外国所及之说。更自地方政府而言，制度复杂，阶级繁多，官官相管，而亲民之官常少，效率减低，行政上徒多困难。其当根本改组，实无疑义。一八九八年，光绪变法，整顿官制，裁汰冗官，不幸政变，太后诏复旧状。拳乱后，太后诏言变法。及日俄战争，士大夫皆信日本之所以战胜，而俄国之所以败者，一有宪法，一无宪法，一有国会，一无国会，一举国一致，而一内乱时起也；主张改革官制，要求立宪。其所持之理由，则受欧美政治哲学影响，国家由人民组织而成，人民有纳税服务之义务，当有参政权利，选举国会议员，表示政见，而冀有所施行。内外臣工亦有奏请，朝廷始肯变法。兹为便利读者起见，分言政治改革于下。

甲、官制　拳乱后，太后整顿吏治，诏停捐输，筹议变法事宜，创设督办政务处，后改为会议政务处，和议废去总理衙门，改称外务部，班在六部之上。太后应载泽之请，创设商部，又设学部、巡警部，合前六部，共有十部。其重要非多设官署，安置闲员，乃认古今之环境不同，政治制度，有因时制宜之必要也。日俄战时，朝廷整顿官制，上自内务府，下至通判官同知，均有裁缺，总督、巡抚同在一城者，则裁巡抚，东三省则废将军，裁去五部府尹。一九〇五（光绪三十一）年九月，大臣载泽、戴鸿慈、端方、徐世昌、绍英奉旨分赴东西各国考察政治，出发之日，突遇炸弹，遂改行期。

太后改诏尚其亨、李盛铎会同载泽、戴鸿慈、端方前往。明年夏，五大臣回国，奏请仿行宪政，其警要之语曰："国势不振，实由于上下相睽，内外隔阂，官不知所以保民，民不知所以卫国；而各国之所以富强者，实由于实行宪法，取决公论，军民一体，呼吸相通，博采众长，明定政体，以及筹备财政，经画政务，无不公之于黎庶；又在各国相师，变通尽利，政通民和，有由来矣。时处今日，唯有及时详晰甄核，仿行宪政，大权统于朝廷，庶政公诸舆论，以立国家万年有道之基"（见九月一日上谕）。谕旨则称民智未开，立宪须从官制人手，预备时期，将视成效情状而定。王大臣奉旨拟定改革计划。十月，王大臣奏言政治积弊盖有三端：一则权限之不分，如行政官兼有司法权之例。一则职任之不明，例如一堂共有六官。一则名实之不副，"名为吏部，但司载掣之事，并无铨衡之权。名为户部，但司出纳之事，并无统计之权。名为礼部，但司典礼之事，并无礼教之权。名为兵部，但司绿营兵籍，武职升转之事，并无统御之权。"其建议则三权分立，行政归于内阁，分设十一部。说者谓其成功，袁世凯颇有力焉。上谕称军机处由内阁分设，无庸更改。外务部、吏部、学部照旧。改巡警部为民政部。户部为度支部，以财政处、税务处并入。礼部以太常、光禄、鸿胪三寺并入。兵部改为陆军部，以练兵处、太仆寺并入。海军部及军咨府暂归其办理。刑部为法部。工部并入商部，改为农工商部。轮船、铁路、电线、邮政设部专司，名曰邮传部。理藩院改为理藩部。各部堂官，除外务部外，均设尚书一员，侍郎二员，不分满汉。尚书并充参与政务大臣，轮班值日，听候召对。后改考察政治馆为宪政编查馆，归并会议政务处于内阁。其余衙门，多无改变，缺额照旧。综观此次改革，远胜于旧制，所可惜者，设部太多，旧署仍多存在，徒糜国帑耳。尚书十一人，满人七名，汉人四名，汉人之地位势力，均不之及。各部经费视前大增，书吏亦有裁去者。其时风气已开，臣工绅耆迭请立宪不已。太后诏命各省筹设咨议局，并拟创设资政院，宣示预备立宪之期。王公大臣拟订宪法大纲二十二条，内容仿自日本钦定宪法，大权仍独归于皇帝。地方官制亦有改革，朝廷谕裁官署冗员，东三省则以日俄之逼，开放荒地，许民移居耕种，改设总督巡抚。直省废撤学政，改置提学使，添设交涉使。更据王大臣之奏请，改按察使为提法使，增设巡警劝业道缺，由东三省先行试办，直隶、江苏择地试办，其余分省分年分地请旨办理，统限于十五年后一律通行。顾此实非根本大计，其积弊则为制度复杂，官官牵制，改革固未将其改正，其比较重要者，当为咨议局之创设也。

乙、军政　军队自太平天国平定以来，可分为三：一曰八旗，二曰绿营，三曰兵勇。旗兵久受豢养，人不习战，营勇则缺额甚多，将弁冒饷，积弊深重，无从整理。其称精锐者，当为淮军，淮军于中日战时，一败涂地。识者始言西法练兵，南方张之洞雇用德员，创练自强军，北方聂士成教练淮军旧部，袁世凯亦于新丰镇练兵，其地距天津七十里，即俗所谓小站也，其兵约有七千，训练编制采用德法。政变后，荣禄奉旨统练北洋军队，小站之兵属之，统称武卫军。及拳乱起，武卫军之大部分对外作战，消灭殆尽，独袁世凯统其所部于山东，未受损失。和议告成，李鸿章病死，袁世凯奉命代为直隶总督。袁氏于新败之后，创设行营将弁学堂，裁撤营兵，改良新兵待遇，募选颇严，扩充新军，不遗余力。一九〇三（光绪二十九）年，朝廷设立练兵处，任命奕劻为管理大臣，袁世凯之部将佐之，厘订军制。日俄战后，朝廷益知练兵之重要，下令操练旗兵，派员南下观操，分全国为三十六镇，镇有步队两协（后改称旅），马队、炮队各一标（后改称团），工程辎重队各一营，军乐一队。协有步兵两标，标分三营，营分四队，队有三排，排有三棚，棚凡十四人，共一万余人。军士有常备、续备、后备之分，常备军训练三年，各回原籍，续备由常备军出伍之兵充之，政府酌予津贴，而仍听其谋生，每年会操一次，遇有战事征调入营，三年递退。后备军由续备军退伍之兵士充之，仍须会操候征，四年退休。其制杂采欧洲征兵及唐代府兵之制折中而成，政府诏令推行新军于各省，其兵士自土著壮丁选募，而良民以轻武之习俗，入伍者仍少，其中杂有市井之游民，各省长官且言财政困难，主张逐渐招募，或设二镇，或设一镇，或设一混成协，独袁世凯以全国之财力，练成六镇，其设备军威远在他军之上。政府令其会操，外人亦颇赞之。载沣监国更谋扩张兵额。新军之将校多曾受过教育，而倾向于革命，尤以南方为甚，其后革命之成功，深赖其力。新军既成，政府酌改营兵为警察，或选为巡防队，巡防队之统将，仍为提督，其战斗力较弱。旗兵除新法操练者外，无足轻重。

丙、法律　中国人民之法律观念，与欧美先进国人根本不同，对于司法制度之恶劣，监狱之黑暗，胥吏之恶狠，无权改革，置而不问，乃以息讼为事。领事裁判权成立而后，识者知其损失之重大，而谋将其取消。一九〇二（光绪二十八）年，中英商约载明中国改良律例，英国允许协助，并可放弃治外法权，中美、中日商约有同样之规定。其取消之条件，乃视中国法律之改良而定，当时明显之弱点，则地方尚无独立之法庭，审理诉讼之法官，行政官兼理司法也。就理论而言，其威权之大，无论何项事故，均得自由捕人，而久置诸狱中，人民殆无法律上之切实保障，刑罚之酷，犹其余事。至是，朝命出使大臣查取各国通行律例，饬令袁世凯等慎选熟悉中西律例者保送来京，听候简派，编纂律例，诏派沈家本、伍廷芳为修订法律大臣，将国内现行律例，按照交涉情形，参酌各国法律，悉心考订。沈家本曾任按察使，精通历朝律例，伍廷芳留学于英，曾为律师，说者言其得人。其工作可别为三：一曰修改旧律，二曰更改刑名，三曰另编新律，其重要则采取西方制度，而减轻重刑也。一九〇五年，沈家本等奏请永远删除凌迟、枭首、戮尸三项，死刑至斩决而止，三者残酷不仁，而皆古代之产物也。凌迟创于辽人。枭首始于秦，汉用诸夷族之诛，南朝梁时始立枭名，隋唐去之，清则沿用明制。戮尸见于《始皇本纪》，明末定为杀父母者之刑，清则兼及强盗。奏上，帝谕从之。商部会同法律大臣纂订商律，破产律首先告成。关于民事刑事诉讼法，聘用日人为顾问，颇多改革，及成，张之洞斥其乖违中国情形，发生激烈之争论，未及实行而清亡矣。关于司法行政，由法部主持，一九〇七（光绪三十三）年，创设审判厅于东三省，并试办于直隶、江苏，是为中国行政司法分立之始，而开法官独立之先声。

二、建设　变法中之进行速而易者，首推教育。士大夫初则专心诵读经史，学习八股，县学府学国子监莫不以此为重，无今日分科之大学。及中英、中法、中俄北京条约成立，总理衙门大臣文祥具有外交常识，深以华人不通外国语言，而交涉困难为病，商于恭亲王奕劻，一八六二（同治元）年，创设同文馆，教授外国语言，后则聘用外人，教授天文数学等，其性质颇近于文理学院。总署交其事于总税务司赫德办理。一八六九（同治八）年，赫德聘用美传教士丁韪良为总教习（教务长），丁韪良在华年久，精通华语，对于校务颇有整顿，同文馆之设备日臻完备，其课程有英、法、俄、德语言，国际公法，化学，数学，天文学，生物学等，其学生均为八旗子弟，官气颇重，无法改良。总署曾招士子入馆习学，而倭仁斥其奉夷人为师，坏人心术，士子固不屑就学，广州、上海各设广方言馆，湖北后创自强学堂，学生均不甚多，无足轻重。此外尚有武备学堂等，亦无成绩。其要因则主其事者，多为政客，未有办学之经验，自无美满之效果也。外人在华创办之学校为时颇早，尤以美国教士为热心，其人多卒业于大学，富有常识，乐于教导学生，借以增进传教之机会，并愿灌输新知识于中国。其创办之学校，规模初甚简陋，逐渐充实内容，成为著名大学之一。约翰大学成立五十余年，金陵大学则有四十余年。其兴学负有盛名者，尚有玛提尔（C.W.Mateer）、林乐知等，玛提尔于山东登州传教，善说华语，其创立之大学校，后为齐鲁大学之基础。林乐知于上海教育，大有赞助。其在内地办学者尚多，女子学校先由教会创设，其所受之困难，则时人不知学堂之地位，而学生不易多得也。中日战后，识者始知新教育之重要，盛宣怀创办天津头等二等学堂，更于上海创办南洋公学上院中院。一八九六（光绪二十二）年，朝臣李端菜受其妹夫梁启超之影响，奏请创设京师大学堂。朝命孙家鼐为管学大臣，即景山下马神庙四公主府为大学堂，其教职员多为翰林，茫然不知办学之方法，总教习则以丁韪良充任，专办西学。大学堂开办未久，即遭政变，幸其筹办颇早，得不停办。其入学者，有膏火之助，学生人数不多，斋中时闻诵读八股之声，及拳乱起，教职员或死或逃，学生尽散，校室残毁不堪。

车驾出京，太后始知人才之缺乏，而变教育之方针，一九〇一年，诏办经济特科，废去八股，整顿翰林院，饬编检以上各官课政治学，复办京师大学堂，令张百熙为管学大臣，谕改各省省城书院为大学堂，各府及直隶州书院改设中学堂。州县改设小学堂，奖励学生出洋，诏办留学生考试，予以进士举人贡生出身。顾其范围广大，何人将为教习？盖非一时所能解决，将赖主持者得人，决定大计，而张百熙既不明了世界教育之趋势，又无办学之经验，徒以空言虚声，而任管学大臣。及车驾回京，张百熙筹得大学堂经费，而以校址残废，就虎坊桥之前强学书局旧址为筹备所，附设编译所。所可异者，张百熙办理大学，首先谢去丁韪良，坚请桐城派之古文家吴汝纶为总教习。吴汝纶久为保定莲池书院山长，负有重望，对于办理学堂，固无经验，乃以学务重大，当效日本，请于张百熙，因得东渡考察学务，天下殆少先任总教习，而始出国调查，方有计划也。耗费既多，而亦不过走马看花，所得几何。日本学制岂尽宜于中国乎？更就大学堂之教习而言，多为不知科学之文人，张百熙盖将造成学生尽成文人也。其于全国教育，除奖励游学及拟订章程而外，另无可言之成绩。其根本错误，在其不肯利用外人在华办学之经验，而与同文馆之教员或著名之私立学校当局磋商，酌定适当之办法，以收事半功倍之效。所当知者，外人之建议，仅供比较参考之用，取决采行之权，仍在管学大臣也。张百熙不肯虚心，不知出此，靡费公款，而作无意识之试验，殊深可惜。政府奖励游学，亦无切实具体妥善之办法，对于学生之学识人选，未有若何有效力之限制与规定，终无良好之结果，盖留学于外国者，必有相当之预备，始能有所得也。会朝臣不慊于张百熙，请设满员，朝旨添派荣庆为管学大臣。二人之意见不协，时起争执，太后复命孙家鼐为学务大臣，名曰集思广益，而其组织上之明显弱点，则责任不专，互相牵制也。一九〇五（光绪三十一）年，朝廷始设学部，以国子监并入，诏授荣庆为尚书，熙瑛、严修为侍郎。荣庆、熙瑛均非办学之人，严修初为徐桐之门生，曾以外侮日迫，奏请开考经济特科，竟为其师所恶，退而家居，创立学堂于天津，声誉日隆。及袁世凯为直隶总督，请其出而办理教育，于是直隶境内之学堂，颇著成效，以袁世凯之疏荐，故有此命。学部奏定教育宗旨，略称中国政教之所固有而亟宜发明以距异说者有二，曰忠君，曰尊孔，又宜箴砭以图振起者有三，曰尚公，曰尚武，曰尚实。朝廷许而从之，宣示国中。顾此不过空言，办学成绩，非决定于宗旨，惟视办理如何，及造就何等人才耳。学部整顿教育，设置专官，管办京师大学堂，学部、京师大学堂始行分立。学部奏请裁去各省学政，改设提学使司，其长官日提学使，主持一省学务，太后许之，又分学堂为二，高等专门学堂，归部办理，其下各学堂归提学使司监督。学部之职权既清，规模粗定，各省先后创设师范学堂。其困难则设备不全，课程不全，良师难得，故斐然有成效者，殊不多见。学校之中办理入于正轨者，有北洋大学，南洋公学，及山西大学。

初，朝旨饬各省会书院改设大学堂，督抚有创大学堂者，北洋大臣改设盛宣怀所创之天津学堂为北洋大学，聘美教士坦来（Charles D. Tenney）为校长。上海南洋公学聘美教士福开森（John D. Ferguson）为监院，迭次改隶商部及邮传部。山西太原大学，亦有外人办理西学。三校办理得法，以其主持者较有经验也，余则徒拥虚名。及学部改订学制，改各省省垣所设之大学堂为高等专门学堂，江督张之洞创设之两江优级师范，管理得人，聘日人为教习，颇负时望。南北洋大学均得不废。太原大学则因教案关系，亦得不改。先是，毓贤惨杀教士，瓦德西来华，欲遣军队报复，李鸿章电召李提摩太磋商解决之办法，李提摩太曾在山西传教，救济灾民，至是，代表基督教各教会应召抵京，以为人民知识浅陋，造成此祸，建议创办学堂，开通风气，由山西出银五十万两，创立大学堂一所于太原，初归教士办理，十年后交还山西长官。李鸿章赞成其计划。同时，教会不愿以其被杀之教士，换取金钱，表示同意。各国公使亦无异议。及议细则，李提摩太要求十年之内，学堂课程，延聘教习，及考选学生，归其主政，而巡抚岑春煊言其侵犯中国教育之权，主持不可，后以前已议定，始肯让步。会山西筹办大学堂，李提摩太言其竞争，不如合并为一，经费既得稍裕，设备亦得较全，磋商者三，始许其请。岑春煊之奏报朝廷，屡以“无主权旁落之嫌”为言，盖朝臣疆吏不辨合作雇用之性质，而于办学之效率，固不问也。李提摩太所聘之教习敦崇礼，专管西学，颇有成效，山西大学堂最初翻译之西书，尚有用于今日者。

学堂次第设立之后，招考学生，给与膏火，待遇颇优。无如风气不开，入学人数不多，其主要之原因，则读书之文人，方以科举为正途，学堂之课程无关于考试之科目也。一九〇三（光绪二十九）年，张之洞等奏请递减科举，而以所减之额，酌量移作学堂取中之额。其言曰：“俾天下士子，舍学堂一途，别无进身之阶，则学堂指顾可以普矣。”袁世凯竟称科举为学堂之敌，奏曰：“科举一日不废，即学校一日不能大兴，学校不能大兴，即士子永远无实在之学问，国家永远无救时之人才，中国永远不能进于富强，即永远不能争衡于各国。”科举之害，何至于此，极牵强附会之技矣。朝旨饬递减科举中额，三科减尽，而袁世凯等以为不可，一九〇五年，会奏科举有妨学堂出身之路，且无以范向学之心，应请自本年始，即停止乡会及各省岁科考试。奏上，太后谕停科举，以广学校。政府之政策，全以利禄诱致学生，学生自以读书求官为目的，其结果则徒造就近于流氓之政客，而为害于国内。其妄谬之主张，多由于不知大学堂之功用，大学原为研究高深之学识，发展个人之才力，而造成社会上各种事业需要之相当人才也。学生即多以求官而入学堂，对于课程原无兴趣，其不肖者敷衍至于卒业之年，得有文凭而已，知识肤浅可想而知。更就教习人选而言，国内学者除于国故学尚有研究而外，别无深造，势不得不以留学生充之。其人限于时间，对于东西学识多无所长，而徒傲然自大，暴躁浮狂，不负责任。于此现状之下，学堂实难造就切实有用之人才，而政府盲然奖励游学，一九〇五年末，留日学生增至八千余人。公使杨枢密奏学生情状，略称普通学堂专为中国学生而设，有以三个月毕业者，有以六个月毕业者，甚至学科有学生自定者。其入尚称完备之学堂习普通科者，以两年半毕业，“此两年半内，仅习日本语文，犹虑不足，其他学科往往有名无实，近并两年半毕业者，亦寥寥其人”。其在大学及高等毕业者，为时三年，甚或国文尚未尽晓，强不知以为知，贻害将不胜言。其结论曰：“所入之校屡迁，所习之业无定，争学费则一省以一省为例，补学额则一府与一府为仇，甚至奸窃之案，亦不一见，贻笑外人，莫此为甚。”

其年，日本文部整顿中国留学生教育，学生罢课，大闹使馆，杨枢深受激刺，乃以实情密奏朝廷，不无愤激之语。游学生返国者，朝廷许其应考，赏以进士举人，乡者童生应考终身，尚多求一秀才而不可得，今则东渡留学，竟于短促期内可得进士举人，官狂之青年莫不视为富贵之捷径，此固不能例推所有之留学生，其中卑劣投机分子，盖不免于如此，遗祸之深迄于今日，高等教育可谓失败。关于中等以下学校，学制学龄课程迭有改变，主其事者盖无定见，而又重视法令，以为订有详细章程，则事成矣。张之洞入京，亦曾奉命妥议，实则天下之事，固无若此之易，学校缺乏课本，教习缺乏人才，讲授英文西学者，待遇独优，则其明例。教习上课，或分发抄袭之讲义，逐字讲说，或为报告演讲，学生除听讲而外，多无所事。其人或为成年生员，或为无知儿童，程度不一，风潮迭起。张之洞原主创办学堂，深为失望，曾曰：“近数年来，各省学堂，建设日多，风气嚣张日甚，大率以不守圣教礼法为通才，以不遵朝廷制度为志士。”朝廷制度如于开学之时，师生拜孔尊君，行三跪九叩礼，固非通才志士所愿。时人仍多遣其子弟入学塾读书。各省报告，一九〇八（光绪三十四）年共有学生一百五十万人，官场报告多不确实，舍此亦无其他统计。要之，中等以下教育，限于人才经费时间，多无成绩可言。

政府谋兴教育，对于实业亦欲发展，其主因则逐渐改变传统思想，而认实业之盛衰，关系于国家之富强衰弱，以及人民之生计也。中国原以农业立国，而农民中之妇女，多能纺织捻麻，足以供给一家之需要，工业于此现状之下，无需巨额资本，生产之器械少有进步，大规模之工厂难于成立。其开采矿物也，仍为千百年前之旧法，及大宗外货输入，中国遂处于不利之地位，家庭工业逐渐破坏，人民之生计大为困难，朝臣疆吏初本于传统之政策，或言通商不便，或漠然置之，唯欲仿造外国枪炮轮船，设立机器局船厂而已。一八八二（光绪八）年，李鸿章以洋布销路日广，奏言试办机器织布局，以谋补救，八年后，始力进行，而一八九三（光绪十九）年，全局罹于火灾，前功尽弃，实业仍少发展之机会。其时外商谋于通商口岸，建设工厂，总理衙门以其将夺贫民生计，并无条约上之根据，力持异议。马关条约始许日商设工厂于商埠，外人乃得经营工业。拳乱后，国人觉悟，筹资创设工厂，朝廷诏命亲贵大臣出国考察各国实业，又以载泽之奏请，创设商部，奖励或保护农工商业。及日俄战起，国人深受激刺，争言变法，树立富强之基，官吏颇力提倡，如直督袁世凯创立工艺总局于天津，商部设置劝工陈列所，并奏创立工业学堂，一九〇六（光绪三十二）年，太后诏改商部为农工商部，以工部并人。部订奖励工商章程，奉旨遵行，凡办理一千万元以上之实业者，赏以男爵，二千万元以上者子爵。夫清末立有大功如曾国藩、李鸿章者，一则赏以侯爵，一则赏以伯爵，而今经营工商之资本家，竟有赏给子男之希望，不可谓非根本观念之改变也。地方政府，则南洋大臣兼两江总督端方筹备南洋劝业会于南京，搜集国内之出产品，陈列于会所，一九一〇（宣统二）年开会。其规模之宏大，搜集物品之繁多，盛称于国内，政府振兴实业之计划若此，信如杨俭所谓“黄金时代”也。所可惜者，朝廷顾虑外交财政之困难，未能断然废除厘金，厘金有害于农工商业，国人莫不知之，于其存在之日，实业殆难得有重要之进步也。国际贸易视前大为发达，乃以人民嗜好之改变，输入远超过于输出。

风气既开，清廷益知铁路开矿之重要，其先俄筑中东铁路，德筑胶济铁路，法筑滇越铁路，中国借款筑有京奉铁路，新民屯奉天一段尚未筑成，至是，大借外债，先后建筑京汉、津浦、正太、道清、汴洛、沪宁、沪杭甬、广九铁路，东北则以日俄战争之结果，日本经营长春、旅顺间铁路，是为南满铁路，建筑安奉，承办吉长等铁路。南方则四国银行团承办川汉、粤汉铁路（其详见后）。本国自行建筑之路，首推北京、张家口铁路，其地形势险要，工程困难，能以本国之力筑成，其工程师则詹天佑也。绅商视为有利可图，争言集资筑路，要为空言，反而阻碍铁路之发展，国内现有之铁路，多筑于清季。关于开矿，一九〇五（光绪三十一）年，矿政调查局成立，绅商争言开矿，山西、陕西、江西、湖南、广西等省，次第兴办，或为煤矿，或为油矿，或为铁矿，或为铜矿等，后多失败。其原因则矿苗先未切实调查，公司资本短少，经营不得其法也。其创办早而成绩昭著者，首为开平矿务局，初由唐廷枢主持，深得李鸿章之赞助，颇形发达。拳乱后，矿为俄军所据，改为中外合办，向俄收回，资本六十二万五千镑，矿坑作股三十七万五千万镑，票由英人收买，注册于香港，改称开平矿务公司。公司越界开采滦州之矿，官方诉之于英，公司败诉。一九〇六（光绪三十二）年，天津官银号于滦州买地开矿，乃以资本短少，革命军起，与之合并，改称开滦矿务公司。英商福公司于山西南部、河南北部，亦得开矿之权。德人于临城开矿，日人经营抚顺煤矿，进步颇速。张之洞办理之汉冶萍矿，经营不得其法，负债颇巨。政府其他主要改革，尚有整顿币制，惜为空名耳。

三、禁令　中国政治上社会上之积弊，造成衰弱之现象，由来已久。识者曾谋自强，而欲有所矫正补救，无奈人民之知识浅陋，对于固有之恶习，视为当然，恬不为怪，其潜伏势力之雄厚，竟使健全有势力之舆论，难于产生，官吏往往谋用政治手段，解决一切。不知法令原应社会上之需要，或代表一部分人民之意见，其效力曾恃舆论之督促与援助，是故组织严密效率昭著之政府，执行禁令犹多困难，而腐败如清季政府，管理广大之领土，自理论而言，执行禁令颇难有效，乃竟多无阻碍，不可谓非人民之觉悟也。其有一二难于实行者，多由于民间缺少有势力之援助。其明显之主因，一则专制之遗毒，一则人民知识之浅陋也。兹就清末主要之禁令，分言之于下。

（甲）废八股　八股为明清考试之文体，历时约五百年，其题目多选自四书，作者须设身处于圣贤之地位，发挥题中之微言大义，文体整齐，有一定之程式，束缚个人思想之发展，耗其精力于无用之地，盖八股为文，朝廷之诏谕，臣下之奏疏，民间之应用文，均不与之相合，除应考而外，别无他用。识者以其深痼士人之思想，言为中国穷弱之主因。斯言也，虽或过于夸张，然可略见识者恶之深矣。及百日变法，光绪下诏废之，慈禧听政恢复旧制，但时识者反对八股之潜伏势力尚盛。一九〇一（光绪二十七）年，太后下谕自明年为始，乡会试等均试策论，不准再用八股文程式，八股文遂于一九〇二年废去。士人之习学者，原为冀入仕途之用，考试既改策论，自无学习之需要，由是八股失其存在之势力，文人得一解放。其当附带说明者，武举考试弓刀石等，始于唐代，古今兵器利钝不同，清季沿用旧制，毫无实用，光绪初诏废之，不得，亦于此时废止。

（乙）汉满平等　满人自入关以来，驻防于全国之要害大邑，八旗之住居于北京者尤多，其人备受清室之优待与豢养，安坐而食，多无向上奋斗之精神，造成不能自立自养之阶级。及清中叶而后，人口增加，限于旧例，不能谋生，生计遂日困难。其不肖者凭依权势，欺侮汉人，其人居于优胜之地位，汉人处于被征服之阶级。不通婚姻，不遵汉人法律，不归汉官审判，朝廷更谋保全其固有之习惯，无如满人数少，居于汉人社会，而于不知不觉之中受其影响，旧例迄未废除。至是，汉人之种族思想日渐发达，一九〇二年二月，太后诏许满汉通婚。其言曰：“满汉臣民，朝廷从无歧视，惟旧例不通婚姻，原因入关之初，风俗语言或多未喻，是以着为禁令。今则风同道一，已历二百余年，自应俯顺人情，开除此禁。所有满汉官兵人等，着准其彼此结婚，毋庸拘泥。……如遇选秀女年分，由八旗挑取，不得采及汉人，免蹈前明弊政，以示限制而恤下情。”互通婚姻，要多本于习惯，实非一诏所能促成，其重要则开平等待遇之渐耳。其时革命之宣传，利用种族之恨恶，势力日盛。一九〇四（光绪三十）年，张之洞陛见后出京，其弟子称其陛辞，请去满汉畛域，将军都统等官兼用汉人，驻防旗人犯罪，用法一如汉人。太后从之。其言虽有所本，修订法律大臣沈家本亦以为言。盖势之所趋，非一人之力也，种族革命之宣传，并不为之稍减。一九〇七年，上谕化除满汉之见，并令各衙门妥议办法，所可异者，太后任用之尚书，满人仍多于汉人也。

（丙）谕放脚　弓足之起始，现殆不可指定何时，说者疑古舞女缠足，而唐代诗人歌咏女子之足并不甚小，钱载十国词笺，称南唐后主（十世纪下叶）宫中，窗娘纤丽善舞，后主作金莲高六尺，饰以宝物，命窗娘以帛缠足，使其纤小屈上作新月状，素袜舞莲花中，由是人争效之。宋时渐普遍于民间，垂有千年，其原因则人民之心理，对于女子恒以纤柔为美，习俗乃以“三寸金莲”相尚。清初康熙诏禁缠足，未有效力，将其取消，至是，国内大多数女子均自年幼缠足，父母于其痛苦置而不问。《湘报》引俚语曰：“小脚一双，眼泪一缸。小脚遍邑，眼泪四溢。”呜呼痛哉！其在南方，穷苦工作之妇女，则多天足，八旗妇女则以禁令不敢缠足，顾就全国而言，其数无几。恶习相沿既久，人民视为当然，在华教士言其违背生理。其夫人说其接近之女子放足，一八九五（光绪二十一）年，创设天足会，上奏太后请禁缠足，康有为等后亦组织不缠足会，但无重大之影响。其困难则中级社会对于弓足之美观，虽渐改变，而社会上之不缠脚者，多为娼妓仆妇或穷苦女子，一部分妇女因其地位关系，不肯贸然放脚。其在乡村者，知识浅陋，安于习俗，更不肯为。一九〇二年，太后始谕妇女放脚，城市有设天足会宣传者。一九〇六年，外人创设之天足会交于华人续办，乡村则少改变，尤以北方为甚，然而缠足观念，固根本动摇矣。

（丁）严禁鸦片　鸦片自十八世纪末叶以来，畅销于中国，其主因则抽吸之发明，而社会上之弱点，并有以促成之也。鸦片战争前后，自印度输入者，年约二三万石，一八七九（光绪五）年，增至八万二千余石，漏税偷入者估计约二万石，产自本国者，数亦渐多，其地初以西北为最广。斯年，左宗棠与友人书曰：“弟自入关度陇以来。目见鸦片流毒之甚，甲于各行省，心窃伤之”，其地唯有汉人种烟吸烟而已，普遍至此。一八八一年，张之洞授山西巡抚，其与友人书曰：“晋患不在灾而在烟，有嗜好者四乡十人而六，城市十人而九，吏役兵三种几乎十人而十矣。人人枯瘠，家家晏起，晋阳一派阴惨败落气象有如鬼国，何论振作有为！循此不已，殆将不可为国矣！如何如何？”今读其书，悲伤不已，迄无挽救办法。山西之灾，多由于此。一九〇〇年，唐晏避难入晋，记曰：“大抵晋人吸阿芙蓉者多，富家咸困于此，无暇出游，贫至车夫亦日耽此。自大同南行，每投店，则车夫先卧地吸烟，不遑饭也，明晨虽五更启行，亦必先过瘾，而后执辔，且沿途卖烟酒者，如他省之茶肆。”此就一地而言，他省之吸烟者，数亦不少。外土输入自一八八八（光绪十四）年以来，数反减少，其原因则中国种植之地益广也。四川、云南、西北、满洲均有大宗产额。一八八一年，宜昌英领事估计中国西部产额，岁有十万石。一九〇六年，识者估计全国产额约三十七万六千石，数量巨大令人心悸，国内有为之士，久认鸦片为贫弱之主因，时值变法自强，大臣主张不宜再有鸦片之毒害——弱国病民，教士亦有奏请严禁之者。斯年，太后决心禁烟，限期十年革除净尽，会议政务拟定禁烟章程十条。

一、限种罂粟，以绝根株。

二、分给牌照，以杜新吸。

三、勒限戒瘾，以苏痼疾。

四、禁止烟馆，以清渊薮。

五、清查烟店，以资稽察。

六、官制方药，以便医治。

七、准设戒烟会，以宏善举。

八、责成地方官督率绅董，以期实行。

九、严禁官员吸食，以端表率。

十、商禁洋药进口，以遏来源。

十条办法各有详细说明，吾人读之，颇见思虑之缜密，办法之周到，切实且易于行，十年之限原为人民。官员则限时断瘾，其因多病畏难不能戒断者，准其陈明，世爵则照例另袭，官员则原品休致，倘阳奉隐违，阴匿不报，一经发觉者，立予褫革。教习学生军弁统限于六月内断瘾。凡年在六十以上，患瘾已深，不能戒断者，从宽免议。章程限种罂粟，商禁洋药进口，实为根本要法。其管理售卖烟土，查禁烟馆，分给牌照，均为切实有效之办法。前此放任，漫无限制，每年出产量数，销售之烟究有若干，吸者究有多少，皆不可知，而今迥异于前，易于管理矣。官制方药，准设戒烟会，亦为重要之补救方法。总之，章程虽无可议，要亦有能自行。禁烟成绩，非视章程，乃定于实行之成效。其时太后决心禁烟，大臣有烟瘾者，奉旨戒断，一九〇八（光绪三十四）年，认为仍有掩饰，诏派恭亲王溥伟协办大学士鹿傅霖等为禁烟大臣，精选良医，设立戒烟所，查验各衙门烟瘾未断之官员，并得指名奏请查验大员。谕旨饬其破除情面，不避嫌怨，实力奉行，勿得顾忌因循，致负重任。“倘嗣后办理禁烟仍无起色，该大臣等亦不能辞其责也”。溥伟等奏请言官留意访察，随时参奏，太后许而从之。于是官有戒心，多自戒烟，其畏难发觉者，即行革职。各省奉旨之后，设立戒烟所，售卖戒烟药品，查封烟馆，捕捉烟犯，带枷游街，以警其余，亦间有敷衍塞责者。种植罂粟之区，谕民改种嘉谷，山西长官雷厉风行，民有起而暴动者，以力平之。鸦片之产额既减，洋药进口亦受限制，政府更课以重税，向時每两售银一二角者，增至数倍，贫民无力吸食，势多迫而戒烟。官员绅富虽有吸食，而人数视前则大减少。

外务部为禁洋烟进口，商于英国外部，其政府初以教士及慈善家之宣传，国会对于烟禁已有决定，而又鉴于印烟销路之减少，允许其请。一九〇七年，二国议定办法。自一九〇八年起，三年之内，中国果将土药减种减销，英国允将印药每年减运一成，如是十年，迄于一九一七年终止，议定三年为试验之期，期内中国苟无禁烟之成绩，英国于三年后，仍得不受限制运入鸦片。其时朝廷禁种禁吸颇著成效，一九一一（宣统三）年五月，英国根据前订之办法，特派代表缔结条约，其要款凡四：（一）七年之内，土药概行绝种，印烟亦同时停止入华。（二）何省土烟绝种绝禁，印烟即不运入，唯广州、上海应为最后输入之地。（三）烟税每百斤箱，征银三百五十两。（四）英国报告印烟输入之号数于中国，以便稽查。约成，英商贩烟大受限制，别国商人之享有领事裁判权者，仍易偷运。一九〇九年，美总统罗斯福建议召集国际禁烟会议于上海，会议召集，以美主教白兰德（C. H. Brent）为主席，议定承认中国实行禁烟之成绩，并由各国代表请其政府予以赞助，禁烟入口。明年，美国商请荷兰召集禁烟公会，一九一二年一月，开会于海牙和平会，出席之代表有中国、英、法、德、意、日、俄、荷、葡、波斯、暹罗诸国，仍由白兰德主席，议决各国禁运鸦片、吗啡、高根入境。清帝逊位以后，禁令尚能维持，烟价视前昂贵。民国六（一九一七）年，英国遵照条约，禁运鸦片入口，鸦片遂为中国内政问题之一。所可痛哭者，军阀各据一地，战争不已，为其增加税收养兵之计，强种罂粟，或变相公卖，或课重税，许民吸取，鸦片之害，迄未铲除。

于此期内，政府采行改革之计划，虽或令人失望，而固视前大有进步，改革范围，且太广大，决非一二年内所能成功，惜其为时太晚，觉悟太迟。青年之士希望太大，失望益甚，以为中国于数败之后，国势危急，而政府之腐败如故，尚无领袖指导之人才，又不肯于根本着手，切实改革，政治上之积弊祸根酝酿已久，光绪、慈禧死后不及三年，革命起而清室亡矣。初光绪自政变以来，日在悲愁忧患之中，其宠妃不礼于太监，而听其受祸，拳乱后，待遇视前稍优，大阿哥废黜，奉旨出宫，则其明例，然仍不得听政。识者谅其境遇之苦，颇表同情于其变法。康梁之徒更于海外鼓吹，高倡保皇之说，但终无济于事。光绪乃以多愁多病之身日益羸弱，一九〇八（光绪三十四）年十一月十五日病死，太后于次日亦死。据《慈禧外纪》，光绪自夏季患病，日久不愈，征医于外，仍无进步。十一月三日，值慈禧七十三岁寿辰，光绪病甚，得奉懿旨免率百官行礼，病忽转剧，太后急诏庆亲王奕劻回京，其时奕劻奉旨巡陵也。十三日，军机大臣入值，太后宣示皇帝病危，宜立嗣君，询问谁可入承大统，大臣有奕劻、载沣、袁世凯、张之洞、鹿传霖、世续等。奕劻、袁世凯请立溥伦或恭亲王奕劻之孙溥伟，余请太后决定。太后宣示载沣之子溥仪当立，载沣者光绪同母弟也。太后谕为摄政王，载沣叩头奏辞，而袁世凯尚言溥伦年长当立，太后怒而斥之，即命军机大臣拟旨，并谕溥仪入宫教养，可在上书房读书。方光绪之病卧也，自知将不能起，于其手中自书十年困辱，由二人所致，其一为袁世凯，其一则字体不清，无从明了。恽毓鼎则信光绪死于非命，吾人今按光绪之病，传于当时已久，上谕称自去年入秋以来，“朕躬不豫，征求良医，仍无起色”，自本年入夏以来，祭祀谢神乞雨，均命亲王代行。亲王代其行礼，《东华续录》迭有记载，实属信而有征，死于非命，近于无证据之推测。《慈禧外纪》所言溥仪入承大统之争论，光绪手中之墨迹，不无可疑之点。一说光绪病剧之际，交留密谕于皇后，言其末年痛苦，造成于袁世凯一人。二说各不相同，宫中之事，殆难深知，其共同之点，则光绪痛恨袁世凯已久，而于太后在日，无如之何。明日慈禧亦死，其病已有时日，而死只距光绪后一日耳，说者之推论，盖起于此。光绪遗诏溥仪嗣位，兼祧同治，任命载沣为摄政王监国，上皇后徽号曰隆裕皇太后。载沣摄政，拟将袁世凯正法，军机大臣张之洞等婉言不可，载沣为其所动，诏称袁世凯近患足疾，步履维艰，难胜职任，命其开缺回籍养疴。袁氏先未上疏辞职，而今言其有病，其免于死亦云幸矣！袁氏为人，狡诈奸滑，卖主求荣，原不足取，然于大臣之中，较有才能，精明练达，称于当时。

溥仪入承大统，年方三岁，明年，改元宣统，由其生父载沣摄理政事。其奉遗诏监国也，凡遇国家大事，须请训于隆裕太后。隆裕性情和平，无慈禧果决之才，载沣年轻，生长于贵族环境，视事太易，既无特殊之才能，又少政治上之经验。大臣之中，奕劻较有机变，为人贪财好货，喧传已久，摄政王心亦疑之，御史江春霖承旨奏劾奕劻，载沣意欲罢之，而势有所不能，乃斥江春霖莠言乱政，着回原衙门行走，一面谕饬亲贵内外大臣，敦品励行，整躬率属以讽之，言官弹劾奕劻者，仍有所闻。奕助心不自安，迭次奏恳开去要差，摄政王均下温谕慰留。其影响之所及，大臣难于负责，积极办理事务，盖用其人，对之必有信心，尤须互相谅解，而并予以实权，始得有所进行，否则互存猜忌之心，监视掣肘，在其下者，唯求免过，万无负责进行之理。内情若此，官制改革，不过其名，所谓皮之不存，毛将焉附？行政上遂无效率可言。一九一一（宣统三）年，朝廷颁布官制，裁去内阁军机处、会议政务处，改设内阁总理大臣一人，协理大臣二人，其下分置外务、民政、度支、学务、陆军、海军、司法、农工商、邮传、理藩十部，各有大臣一名，均为国务大臣，尚书、侍郎之名由是废去。就新官制而言，吏部、礼部之废除，合于以事设官之原则，添设海军一部，究为事实所需，实一疑问。就大体而言，官制仿自外国，变复杂为简单，尚少可议之点。其诏委之大臣，多不符于时望，而总理大臣仍属奕劻，协理大臣则满汉各一，十部大臣满人占七，汉人占三。其时汉人之种族思想日形发达，革命党人方以排满为号召，慈禧曾谕化除满汉畛域，而今内阁大臣满人超过汉人二倍以上，能不引起种族之恨恶乎？

满人政治上之势力优于汉人，而其所有人数不及汉人百分之一，自人才而论，满人无一伟大之领袖，建设之政治家。机变如奕助，及革命军起，黄远庸请愿见之，奕劻自言求免一死足矣。总理大臣乞怜至此，如何有为？端方精明有才，为满人中不可多得之大员，曾言旗人无一可用。朝廷对于地方长官，迫而任用汉人，其季年新设之衙门，用者尤多。载沣乃于汉人种族思想发达之际，多用亲贵，以长部务。其人幼时多未曾受良好之教育，而于十五六岁，即备拱卫扈从之役，出入宫中，暇则射猎驰马以自娱乐，一旦身居要职，自为时论所不满。侍郎徐致祥曾语恽毓鼎曰：“吾立朝近四十年，识近属亲贵殆遍，异日御区宇握大权者，皆出其中，察其器识，无一足当军国之重者，吾是知皇灵之不永也。”夷考清代祖制，自雍正帝后，亲贵大臣鲜得与闻政事，及咸丰嗣位，内乱正炽，任用其弟恭亲王奕劻等为军机大臣，咸丰死后，太后授奕劻议政王大臣，醇亲王奕譞等继之执政，祖制遂坏。及是，载沣重用亲贵，致失人心，亲贵中既少才能英哲之士，而驻防各地之旗兵，亦无战斗力可言。旗兵自入关以来，深受汉人社会之影响，其人虽以战争为职业，而直省防地多无广大之牧地，供其驰骋，锻炼武艺，后渐安居而食，习于奢侈，懒于工作，久而失其勇敢之气。及外患内乱交至，旗人或死或逃，无足轻重，其多数在京者，尚以劲旅见称，及英法联军进逼北京，八旗禁兵奉命拒战，遂受重大之损失，战败而后，军器仍无改革。后光绪变法，诏谕旗兵改习洋操，练用枪炮，未及认真实行，而政变已作，遂无效果。拳乱后，诏废武举，而八旗人员尚有持弓者，一九〇五（光绪三十一）年，上谕废去弓箭，凡出入扈从宫禁之官兵，所备军械，亦应变通尽善，不准虚应故事。其时政府方练新兵，旗兵之切实改习洋操者，数实无几，朝廷给予粮饷，担负已重，而八旗生计，仍极困难。大臣筹其生计，终无进步，旗兵不足一用，此革命成功迅速原因之一也。

通达时务之士，深信立宪、召集国会，中国可得富强。国会之于欧美先进国多有悠久之历史，其人民生于自治之区域，富有参政之经验，二十世纪，国民未受教育者为数日少。其人多能看报，留心政事，选举之先，政党互相竞争，利用各种有效力之宣传，使其对于政治上之问题，能有相当之了解与认识，故其投票常能表示其赞成或反对政府之政策。中国则异于此，其政治哲学向分治人、治于人者之阶级，人民于地方或中央政府，均无参政之机会。一旦采用代议士制，如选举资格规定太严，则由少数包办，规定太宽，则人民不知应用。政府当斟酌情形，规定选民之资格，早日宣示国会召集之期，议员由选民选举，庶使人民得有政治上之经验。经验云者，非亲历其境，则势难有所得，例如习学游泳，日读指南，而不切实练习，则终不能成功，清廷宣示九年预备立宪，何以异此！载沣监国申明实行，罢免各省玩误宪政之官吏，颁行地方自治章程，其程序不可谓非，办法究与时论不合。一九〇九（宣统元）年，各省咨议局成立，其议员人数多者一百四十名，少者三十名，定额原以一省进学总额百分之五为标准，而江宁、江苏则参酌漕粮增加额数，吉林、黑龙江、新疆则除为例外，各定三十名。

凡年满二十五岁以上，而有下列资格之一者，方得投票：

一、曾在本省地方办理学务，及其他公益事务，满三年以上，著有成绩者。

二、曾在中学堂及与中学同等或中学以上之学堂毕业得有文凭者。

三、有举贡生员以上之出身者。

四、曾任实缺职官，文七品，武五品以上未被参革者。

五、在本省地方有五千元之营业资本，或不动产者。

六、凡非本省籍贯之男子，寄居本省满十年以上，而有一万元之营业资本或不动产者。

其犯下列情事之一，则丧失其选举权及被选举权：（一）品行悖谬，营私武断。（二）曾处监禁以上之刑。（三）营业不正。（四）失财产之信用，被人控实，尚未清结。（五）吸食鸦片。（六）有心病。（七）身家不清白。（八）不识文义。其因职业关系，停止选举权及被选举权之规定凡六：（一）本省官吏及幕友。（二）常备军人，及征调期内之续备、后备军人。（三）巡警官吏。（四）僧道及其他宗教教师。（五）各学堂肄业生。（六）现充小学教员。综观选举资格之规定，可谓严矣。士商立于优利之地位，商人不知使用新得之权，乃由士绅包办，一省选举人往往不足十万，其被选者尚有年龄三十岁之规定。选举方法采用复选制，政府分厅州县为初选区，府州直隶厅为复选区，选举人于初选区选出代表，由其集于复选区选出议员，每三年改选一次。

咨议局议员选出，由本省督抚召集会议于省会，其会期分常年、临时二种，常年集会四十日，临时以紧要事件，召集会期二十日。局有正议长一，副议长二，会同选出十分之二之议员，常驻省会，办理事宜。咨议局之主要职权凡六：（一）本省应兴应革之事，凡义务之增加，权利之存废，由其议决。（二）决定本省岁出岁入之预算决算，及税法公债。（三）修正单行之章程规则。（四）选举资政院之议员。（五）申复资政院或督抚之咨询事件。（六）公断和解本省自治会之争议，及受自治会或人民之陈请建议。其于督抚之关系，则督抚召集会议，提出议案，并得出席或派代表陈述意见；咨议局之议决案，呈候督抚公布施行，倘或认为不合，得交令复议。会议事件，如遇疑问，得呈督抚批答，对于官绅舞弊案，亦须呈候查办。督抚对于咨议局选举开会，均有监督之权，会期之中，得提出劝告，或令其停会，或奏请解散。咨议局于解散之后，重行选举，须于两月内召集开会。要之，咨议局近于督抚顾问之机关，而非人民代表之会议也。明年，朝廷召集资政院于北京，其议员凡二百人，皇帝派定半数，中有满蒙王公，富有经验之官吏，著名绩学之士，及纳大宗税金之人民。其余半数，由各省之咨议局选出后，经督抚挑选，各省定额，占其议员十分之一。资政院之主要职权，则为审查预算，改订法律，弹劾内阁等，其最后决定仍在皇帝。乃事出于意料之外，咨议局、资政院自成立以来，皆能行使职权，而有良好之印象。各省咨议局议员，联合推举代表，迭次入京请愿速开国会，罢免亲贵大臣。资政院亦请召集国会，督抚亦有奏请，摄政王始许改于宣统五（一九一三）年召集国会，而请愿代表仍不满意，在京奔走，载沣恶之，下令送回原籍，并谕各省督抚开导弹压，如有违抗者准其查拿严办。会温世霖于天津组织第四次国会请愿团，朝命将其发遣新疆，于是人心大愤。

请愿早开国会之运动，原多绅士，或信立宪为万能，召集国会，中国即可富强，或恶亲贵大臣专权，而欲以国会之力削减其势，或借国会活动，冀得高官。国会议员将由何人选出？是否足以代表民意？未曾加以考虑，咨议局本身是否为民意机关？亦未顾及。其人先不谋立自治基础，而徒好高骛远，不切实际。民国成立以来，中有变为政客，从未谋及人民幸福者，说者谓其利用革命党人造成之势力，谋得政权。此虽不能例推所有之代表，而固有所根据。其人谋得政权，对于清廷实有妥协之意。其谋倾覆清室另设政府者，则为革命党人。初国内自大乱定后，秘密会社之势力仍盛，哥老会之党徒蔓延于长江流域，而以湖南等省为根据地。其人分青帮红帮，红帮之红，或为洪字之转音，其徒视为会之正统。青帮则多盐枭，散处江苏北部，私贩淮盐，拒抗缉私巡船。二派各有首领，招练徒党，互相协助，有共生同死之气。其人多无知识，党羽曾为乡里之强豪，及其势成，起而为乱，例不胜举。其在南方者，则以天地会（三合会）之势为盛，党徒分散于广东、广西、福建。一八九八（光绪二十四）年，其头目李立亭举兵于广西东南部，众至数万，扰及广东，官军大举会剿，始能定之，余党败散，官兵未曾认真搜捕，听其为祸于民间。广西之土地原瘠，居民贫苦，风气强悍，而嗜赌博，其统兵大员苏元春克扣军饷，兵士贩私纵赌，出售枪弹，乡里中无赖之赌博倾家者，多试为盗，良民报之于官，而官不问，势乃迫而附盗以自救。孟森《广西边事旁记》称一九〇〇年，全省匪多于民数倍，专事剽夺，广西不足容之。侵入他省。朝臣疆吏亦以为言，桂霖言尤扼要。其言曰："粤匪羽翼日广，有会而匪者，兵而匪者，官而匪者，与黔滇接壤各地，几于无人不匪。"朝廷诏两广总督岑春煊督兵剿之，一九〇四年，广西始得粗定。其在东北骚扰者尚有马贼，马贼猖獗一时，久始定之。凡此扰乱，人心为之不安，国内之积弊，昭然暴露于世，青年之士更为失望，力谋推翻政府。其人可别为二，兹分言之于下：

一、兴中会　兴中会创于孙文，孙文生于一八六六年，父为基督教徒，兄营业于檀香山，及长曾往游焉，肄业于广州教会设立之博济医学校，后闻香港新立医学专科，设备完备，渡港就学，一八九二年卒业，为该校第一届毕业生，初悬壶于澳门、广州，葡官以其未得葡萄牙医科证书，阻其营业，广州愚民不信西医，营业不甚发达。孙文自卒业以来，留心国事，曾上书于李鸿章有所建议，李氏未能实行，遂益努力从事于革命运动。其动机则鉴于清廷之腐败，不能有为，苟非种族革命，则中国无以自强也。中日战起，孙文召其同志组织兴中会，谋袭广州，作为根据地，明年，运械事泄，脱险而往日本，始与其赞助中国革命之人士相交，自日往游美国。凡其所过之地，遇有华侨，皆说祖国危亡，"非从民族根本改革，无以救亡，……然而劝者谆谆，听者藐藐"。又明年，抵英伦敦，使馆人员知而拘之，将送回国，幸赖其师康德黎（Cantlie）之营救，始免于祸，因而暂留于欧洲，考察政治。其所得者，据其自言，采取民生主义，以与民族民权问题同时解决，此三民主义之主张所由完成也，俄再游历各地，对于华侨劝说革命。无奈信者极少，康梁向之进攻，其自言曰："当此之时，革命前途黑暗无似，希望几绝"，乃命同志史坚如入长江联络会党，郑士良于香港招待其徒，由是长江、两广、福建之秘密会社有听令于兴中会者。义和团之乱，郑士良奉命袭取惠州，史坚如谋入广州应之，皆归于失败。顾自拳乱后，人心一变，华侨转而深表同情于革命，各省派遣东渡之留学生，踊跃加入，日本遂为排满总机关所在之地。张之洞等深以为忧，迭商于日使，请其政府取缔，均不可得。后黄兴、宋教仁等东渡日本，二人于湘南组织华兴会，纠合同志，谋于长沙举兵，事泄东渡。各派领袖以为合则力聚，分则势散，一九〇五年，成立革命同盟会于东京，声势大盛。会文部订立新例，限制滥收学生，住宿不准移转，退学不得再入他校，留学生以其阻碍政治活动，拒抗命令，起而罢课。此可见其热心之甚，同盟会会员日多，华侨出款助之，大活动于中国。

二、光复会等 光复会创于浙人徐锡麟等，由复古会改组者也。其会员有陈伯平、章炳麟、秋瑾等，宗旨则推翻满清，创立汉人政府，所谓种族革命也。其口号曰："黄河源溯浙江潮，卫我中华汉族豪，莫使满胡留片甲，轩辕神胄是天骄。"徐锡麟颇有才能，深为达官所重，曾赴日本学习警政，为学校所拒，回国创设大通学堂于绍兴，纳资得候补道，安徽巡抚恩铭命其办理巡警学校于安庆，隐谋举兵，而恩铭严防党人，乃欲先期一击。一九〇七年，学校举行卒业典礼，恩铭莅会，徐氏突以手枪击之，并伤多人，率其同志闯入军械所，乃为清兵所捕，惨杀而死，陈伯平等与焉。其会员得免于难者，仍谋活动。其在长江上流力谋革命者，尚有日知会，会为圣公会牧师所设，武昌、长沙各有会所，备有书籍报章，供人阅览，主其事者乘机宣传革命，官吏初不敢问，黄兴之脱险，深赖其力，武昌军人加入会中，更与同盟会相结，后为清吏所知，捕去领袖。三会而外，贵州哥老会时亦受外影响，利用人民心理，改称光复公会，由黄泽霖主持，此可略见人心之所向矣。

以上主张革命之会社，多创于知识界人，当时共同之要点，则种族革命也。吾人于此，亦当明了保皇党之活动，其领袖康有为逃往英国属地，梁启超住于日本，发行杂志，鼓吹拥护光绪，对于慈禧及其党羽，肆力攻击，其见解与兴中会之思想根本不同，常相攻击。日人之同情于中国改革者，力谋促进二党领袖之合作。康有为听信讹言，不肯与孙文相见，卒致无从调停。康党得有华侨之捐助，唐才常联结哥老会，谋于拳乱时举兵，事泄被杀，其党遂无活动。自此而后，风气大开，东渡之留学生，勇于动作，争言革命，保皇党之势力大衰。顾其刊行之文字，多为梁启超之作品，流利动人，目的虽非种族革命，然于清廷秕政指摘无遗，对于太后主持之新政，莫不以恶意解释，谓为多无诚意。读者常于不知不觉之中，发生清廷毫无复兴之希望，而有革命之倾向，其在中国知识界中，固有一部分之势力。同盟会之势日盛，其活动之根据地则在外国，经费募自华侨。华侨散居各地，勤俭耐劳，渐有积蓄，深愿中国富强，力能予以保护，并将提高其地位，对于保皇党、同盟会先后均予以经济援助。兹为便利起见，总论会党活动之方法，简单言之，可别为三，一宣传，二举兵，三暗杀，分别言之于下：

一、宣传　初兴中会创办《中国日报》于香港，倡言排满，及同盟会成立，刊行《民报》，作为宣传之机关，由汪兆铭、胡汉民主持，其揭载之大纲凡六：（一）颠覆现今之恶劣政府。（二）建设共和政体。（三）维持世界真正之和平。（四）土地国有。（五）主张中日两国之国民联合。（六）要求世界列国赞成中国之革命事业，海外信者日多。梁启超初于日本发行《清议报》，后改为《新民丛报》，主张君主立宪，开明专制，其在国内，鼓吹革命者，则以上海租界为中心。一九〇三年六月，《苏报》案起，《苏报》由章炳麟等主办，川人邹容曾著《革命军》一书，发表排满之激烈思想，章炳麟为之作序，至是，报中登载反对政府之言论，沪官交涉，封闭报馆，捕办主笔，工部局许之。邹容、章炳麟被捕，终以外国观审员之干涉，从轻发落，邹容死于狱中，章炳麟出狱后，逃往日本，其他相类之报尚多，撰著文字者，均为青年，虽曰秘密传递，销数有限，读者无几，然足代表激进学生之思想，革命之趋势矣。

二、举兵　保皇党募得巨款，唐才常因而联结长江会党，发给富有票，利用拳乱，划分长江为五军区，将作大规模之行动，谋泄，唐氏被杀。其党先后举兵于湖北、安徽者，清兵平之，保皇党遂无生气。同盟会则力活动，初兴中会于拳乱前，两次举兵于广东，皆未成功。自同盟会成立以来，举兵九次。一九〇七年，会员联合会党起兵于萍乡、醴陵，清兵败之，党人又于广东起兵六次，广西、云南各一，无不失败。其起兵之方法，或先联络秘密会社，或运动新军，其失败者，多以人数太少，子弹缺乏，而清兵较众也。同盟会之最大牺牲，则在一九一一年四月二十七日（阴历三月二十九），攻袭广州之役，死者七十二人（或言八十余人），皆党中之精英也。方其先后举兵之际，得有日人、法人之援助，日人多其民党，与同盟会领袖为友，表同情于中国革命者也。法人则为武官，奉其政府之命赞助中国革命之事业。其受革命宣传之影响起而举兵者，安庆尚有熊成基，亦未成功。

三、暗杀　暗杀为恫吓清吏手段之一，效力尝能动人视听，其盛传于当时者有三：（一）吴樾谋炸考察各国宪政之五大臣，吴樾身死，而五人未有死者。（二）汪兆铭谋刺摄政王载沣。汪兆铭于革命迭次失败，心极失望，一九一〇年，约合同志数人入京，谋刺载沣，不幸事败，反而被捕，囚于狱中。（三）温生才刺死孚琦。初同盟会迭于广东举兵失败，以水师提督李准屡次摧残革命，认为劲敌，谋刺杀之，一九一一年，访知其观习飞艇之日，温生才俟之于途，见有官轿入城，侍从甚多，以为李准至矣，投炸弹击之，死者乃将军孚琦也。党人心终不甘，复炸伤李准。综其影响之所及，则朝臣疆吏囿于见闻，惊惶失措，而以党人有神出鬼没之技焉。

国内纷扰，人心不安，革命之酝酿已久，其引之爆发者，则四川铁路之争也。初朝廷改变政策，筹筑铁路，盛宣怀奉旨办理，先筑卢汉铁路，后向美商借款，建筑粤汉铁路，湖广总督张之洞听信湘绅王先谦等之言，奏请废去合同，自行筑路，瞿鸿禨助之，历久交涉，始得收回。川绅要求自筑川汉铁路，亦得朝廷之准可，但于实际问题，若款从何来？工程困难若何解决？何时完工？则皆未曾顾及。初张之洞批示绅商筑路曰：“自中国兴办铁路以来，谬妄不安分之绅商，纷纷谋办铁路，动云已筹有巨款，实则未筹分文，希图侥幸蒙混，名为借用洋债，实则全是洋东，不过欲借经手承理之名，以冀立致巨富，专意营私，不顾国家利害，最为近日大患。”其言发于拳乱前，此时情状，略不相同，绅士认为有利可图，不愿外商投资也。后摄政王诏曰：“从前规划未善，并无一定办法，以致全国铁路，错乱纷歧，不分枝干，不量民力，一纸呈请，辄行批准。”诚商办铁路之实状也。绅商设立公司，招股兴办，而入股者不多，湖南筹筑粤汉铁路，带征田赋，兴办出境米捐、淮盐溢引捐、食盐加价之口捐，及供差员之薪派捐，款尚不足，再办房捐，贫民之负担骤增，正程估计需款六千万元，而杂捐苛税之收入，只有五百余万。广东收股及半，董事起而争权，造路无多。其情状尤为恶劣者，当推川汉铁路，董事施典章侵蚀股款二百余万两，追交无着，于是铁路完成，遥遥无期。一九〇九（宣统元）年，张之洞始知前议之非，更向德、英、法美银行团磋商借款，建筑粤汉、川汉铁路，绅士闻而反对，清廷犹豫不决。会张之洞病死，四国公使迭次催商开议，请照原议办理，一九一一年五月，邮传部迫而与银行团订立借款合同，粤汉路线照旧，川汉路线起自广水，经过襄阳、荆门，直达四川夔州，期限三年竣工。政府借得外债，给事中石长信承旨奏称铁路关系国防，亟应兴办，宜分干路支路，干路应归国有，支路可许商办。朝命邮传部核议，邮传大臣盛宣怀向持借款筑路之议，主张国有铁路，复奏称便。上谕宣示政策。识者方冀干路可告速成，交通趋于便利。其不审查事理，激于情感，攻击盛宣怀借债卖路者亦众，御史赵熙等首先劾之，民间张皇附会，有路亡地亡之说，把持铁路公司之绅商，则以利害切己，反对尤力。政府之筹还路股也，粤路股票市价，不及五成，每股从优发给六成，亏耗之四成，发给无利公债。湘鄂二省照本发还。川路实用工料之款四百余万，发给公债，其现款七百余万，听其入股或兴办实业。观其发还商股，湘鄂最优，广东次之，四川最下，其原因则川路董事侵蚀太甚，政府苟或增加国人之负担以偿还之，固非事理之平，湘鄂之风潮渐息，粤商亦无重大之争执，独川绅谓商办铁路为先皇所许，不应以外资收回，“实行卖国”，处分商股又分厚薄，非议沸腾，方谋共同应付，而李稷勋破坏其团体。李氏原为川路驻宜总理，至是，与邮传部密议，仍得主办宜昌、秭归路工，川人请求将其黜退，而盛宣怀奏请改为钦派，朝旨从之，川人之忿益不可遏。

方川人反对铁路之收为国有也，朝命赵尔丰为四川总督。赵尔丰时任川滇边务大臣，剿平西康之番乱，敢于杀戮，负有声望，命下，不能即至成都就职，布政使王人文奉旨暂权督篆，不肯负责得罪川绅，敷衍委蛇，代之奏请，及赵尔丰至，势成骑虎。八月二十四日，成都罢市罢课，凡与铁路有关系之人民，载光绪灵主，焚香游行街市，前往督辕请愿。其铁路股东会长，请赵尔丰代奏铁路暂归商办，俟资政院开会，由政府提交议决。赵尔丰会同将军等转奏，朝廷不许，其主持于内者，载泽、盛宣怀也。载泽官任度支大臣，深为摄政王所信，与盛宣怀之政见相同，以为川事之起，由于诸绅主动，主张将其严惩；内阁总理大臣奕劻、协理徐世昌意不谓然，而奕劻数受言官之弹劾，意不自安，不欲坚持异议，徐世昌亦以载泽等之主持，不肯力争。其时朝廷已授端方督办川汉、粤汉铁路大臣，命其率兵一协入川戡乱，会四川保路会代表入京上书请愿，哭诉于庆王府，皆无效果，乃于摄政王载沣入朝拦舆哀诉，载沣大怒，下命递解回籍。政府之表示益明，川人怒而罢市，风潮日形扩大。及铁路公司开股东会于成都，赵尔丰列席，有学生分散煽惑暴动之自保商榷书，赵氏初闻端方奉命入蜀，以为将或代己，心不自安，至是，得书，遂欲重惩首要，以见好于朝廷，捕而讯之，将军等合力营救，始免。由是川局趋于恶化，游民乘机暴动，斩割电线，断绝往来官报，成都闭门数日。赵尔丰上奏川绅为逆，徐世昌辨其为诬，载泽等以前督岑春煊著有威信，请起用之，摄政王诏起岑春煊入川办理剿抚事宜。岑氏与奕劻有隙，九月，抵鄂，而奕劻遇事沮之，端方亦恶岑春煊入川，观望不前，留于川东，赵尔丰心不自安，造作蜚语。岑春煊因而托病不行，川人更形不安，会党乘之扰乱，民团官军时相混战，载泽、盛宣怀始准四省路股均按十成偿还，虚縻倒亏由部担任，顾其为时太迟，无济于事，武昌之革命遂起。

综观四川铁路之争，干路收为国有，就已往事迹证明而言，实为国内要政之一，无可非议。其为时人所反对者，固由于绅士之把持煽惑，而朝臣之处置失当，亦为明显之事。借款筑路，见逼于四国，又合于盛宣怀之主张，收为国办之先，当即征求绅商之意见，及如何处置之方法，绅商之招股筑路，原得光绪之诏许，其视铁路为其财产，实为自然之理论，当有法律上之保障。政府为公众利益之计，虽得将其收买，而原主固有表示意见之机会，双方共谋适当之解决。万一行政官处置失当，人民尚可诉诸法庭，以求法律上之救济，固不应以谕旨强收商办之铁路。铁路之经营，政府虽可指导监督，然无据为己有之理，恃强夺之，则无异于抢掠之行径，人民之财产，将无法律上之保障，对于社会，将有不良之影响。清末中央政府软弱已久，一旦忽而振作，不顾一切之反对，专断独行，结果原难逆料，而况朋党峙立，互相牵制，终乃造成革命成功之机会，清亡至今，铁路尚未续造，彼绅商耗费民财，岂有心肝哉？

第十四篇
改革与革命附外交（续前）

武昌革命之经过——清廷应付之策略——各地之响应——革命之势办——建设之精神——清廷惊惶失措之窘状——鄂宁两军之战——临时政府成立之经过——和议之进行——袁世凯之阴谋——清帝之逊位——国内之政治问题——清季外交之趋势——乱后之善后问题——三国商约——英日同盟——满洲问题之严重——日俄战争——中日会议东三省事宜条约——中日交涉之困难——悬案之解决——中美德同盟之议——国际铁路计划之失败——中俄交涉——领荒移民之开始——借款筑路——列强对于革命之态度——外蒙独立——英谋西藏——经营西藏之失败——外交损失之总论

方川变之起也，人心惶恐，疆吏感觉党人之活动，互相警戒。先是，同盟会员屡次起兵失败，转向新军运动，新军之在长江流域者，将校兵士多曾受过教育，其一部分受其运动，加入会党。端方之率兵入川也，说者谓湖广总督瑞澂以倾向革命之兵一协归其调遣，冀得无事。信如其言，军队不稳，先竟无所处置，可见清官之因循昏庸。据尚秉和之《辛壬春秋》，九月二十二日，武昌炮兵有退伍者，营兵饯之，排长不许，众怒驱之，起而开枪，遂逃出营。及捕获变兵六人，协统黎元洪恐其激成事变，请轻罚之，并黜排长。军律之废弛，外人亦以为言。至是瑞澂得有密报，谓党人于中秋节日举兵，下令戒严。[1]十月九日，俄国租界内党人所设之机关，炸弹爆发，俄捕往搜，获得炸弹手枪等物。及夜，统制张彪根据密报，围捕三十一人，并得军械及党人名册，明日，狱定，先斩首要三人，余均囚于狱中，供辞连及军人甚多。瑞澂责令张彪按供一一逮捕，新军闻之，惴惴然不安，乃为自卫之计，附和革命之炮兵及工程队于夜间开枪发难，戕杀营官，掠取子弹。瑞澂先已自惊自扰，闻知兵变，惊惶无策，首先逃出武昌。张彪亦遁，军队遂无主帅，先后加入，天尚未明，即行占据武昌。孙文言其经过曰："总督一逃，而张彪亦走，清朝方面已失其统驭之权，秩序大乱矣。然革命党方面，孙武以造炸药误伤未愈，刘公谦让未遑，上海人员又不能到。于是同盟会会员蔡济民、张振武等乃迫黎元洪出而担任湖北都督，然后秩序渐复，厥后黄克强（黄兴）等乃到，……按武昌之成功，乃成于意外。其主因则在瑞澂一逃，倘瑞澂不逃，则张彪断不走，而彼之统驭必不失，秩序必不乱也，以当时武昌之新军，其赞成革命者之大部分，已由端方调往四川。其尚留武昌者，只炮兵及工程营之小部分耳，其他留武昌之新军，尚属毫无成见者也。乃此小部分以机关破坏而自危，决冒险以图功，成败在所不计，初不意一击而中也。此殆天心助汉而亡胡者欤？”黎元洪于迫就都督之后，书招其师萨镇冰降，中言其出就都督曰：“洪当武昌变起之时，所部各军，均已出防，空营独守，束手无策。党军驱逐瑞督出城后，即率队来洪营，合围搜索，洪换便衣避匿室后，当被索执，责以大义。其时枪炮环列，万一不从，立即身首异处，洪只得权为应允。”总之，武昌成功之易，要由于瑞澂、张彪之无能。瑞澂以旗员擢至总督，空有能名，实无经验，胆小如鼠。张彪初为张之洞之弁员，而以善于逢迎，擢居要职。二人皆不胜任，临事慌张，要亦由于革命党之先声夺人也。

十一日，革命军渡江，未遇拒抗，占据汉阳兵工厂，其地官吏先逃一空，汉口清官亦然，陷于无政府之情状。十二日晚，土匪抢劫纵火，黎元洪始派兵士前往弹压，民军遂有三镇。顾其力兵犹弱，范围尚小，信如孙文后论武汉危急曰：“欲救武汉而促革命之成功者，不在武汉之一著，而在各省之响应也。”各省响应，乃清廷之所以覆亡也。朝廷闻报，十二日，诏命陆军大臣荫昌率陆军两镇援鄂，并饬海军提督萨镇冰统率舰队助战。肩昌所部时有铁路运输，而迟迟不来，民军从容布置，扼据要害，分派信使四出活动。十六日，民军攻击少数北军于汉口附近，北军以大军未至，兵力不敌，败而退守滠口，是为南北二军第一次战争，距起义多日矣。民军进攻，亦不能胜。摄政王既命荫昌援鄂，十三日，诏起袁世凯为湖广总督，岑春煊为四川总督，二人立有功绩，负有能名，均以事故落职，深在失望之中。袁世凯原为总理大臣奕劻之党，川变之起，说者言奕劻拟起用之，而摄政王载沣不可，改用岑春煊。奕劻以非其党，又因私怨嫉之，遇事留难。岑春煊之入川也，初无名义与实权，滞留武昌，托病不行，及武昌变起，逃往上海。袁氏初练北洋新军六镇，将校多其手拔，办理新政盛称于时，太后招之入京，改授军机大臣，及宣统嗣位，几遭不测之祸，时方家居，朝廷迫于情势，诏起用之。袁氏追念其昔日之待遇，心中自不慊于清廷也，奉命而出，湖北一地，乃有二帅，军权反不专一。朝廷上有二党争权，载沣素不慊于奕劻，偏信载泽，奕劻心不自安，竟于川路争议之际，托疾不肯视事，及时局严重，上奏载泽、盛宣怀乱国，自请辞职。摄政王下诏慰留。二党意见日深，载沣诏革盛宣怀职，以慰人心。顾武昌之举兵，初与川路无关，举兵之后，已由铁路问题，变为政治种族问题。苟无根本适当解决之办法，兵祸终不能止，盛宣怀之去留，固非问题之焦点，徒见朝臣认识时局不清耳。举义后七日始有战事，又值北军败退，革命军之声势张旺，起兵之原动力酝酿已久，直省多闻风响应。其主动者可别为四，曰哥老会，曰同盟会，曰新军，曰清吏。兹分言之于下：

一、哥老会　湖南为哥老会势力发达之区域，党徒先后举兵者，不知凡几，其首领焦达峰自称部下一万余人，曾与同盟会合作，至是联合新军，十月二十二日，闯入长沙，巡抚逃去。焦氏立有大功，以都督为望，及咨议局开会，据尚秉和记载，其徒以红纸大书黏壁曰，“正都督焦达峰”，议员未有异议，焦氏被举就职，时间匆促，尚无印信，而即委任官吏，广招新兵，尚氏言其招兵曰：“凡城内庙宇公廨旅邸，皆高悬旗帜招兵，流氓乞丐车轿担役均入伍，无军械戎装，胸前拖长带，高髻绒球，谓是汉官威仪。”其言不免形容过甚，新兵入伍者，原多平民，非独长沙为然；乃遭新军之忌，又与咨议局不协。三十一日，新军为变，枪杀焦达峰，推前咨议局长谭延闿为都督，长沙始稍安定。贵州亦以哥老会首先举兵，其省秘密会社之势颇盛，尤以光复公会为最大。公会虽与同盟会发生关系，然实哥老会之变名，黄泽霖为其首领，及闻武昌兵起，湖南等省响应，召其党徒，更说新军将校光复，十一月四日，贵州宣布独立。黄泽霖招募其徒，编之为兵，说者称其公然开山堂于省会，自称巡防大总统，其兵不守纪律，动辄拔刃仇杀，人民深受其害。云南都督蔡锷闻之，遣唐继尧率兵援黔，贵州始得粗安。综之，旧有秘密会社之首领，多无建设才力，而又仓猝起兵，为时甚短，嫉之者众，约束党羽，原或不易。其人于失败之后，尝为论者所指摘。方其起兵之初，耸动时人之视听，增加革命之力量，固不可抹杀也。

二、同盟会　同盟会自成立以来，会员多为文人学生，一面从事于宣传，一面联结会党。迭次起兵，或谋暗杀，声振于时，而活动大本营则在外国。

及武昌兵起，黄兴等应召赴鄂，陈其美无兵无械，竟能冒险取得上海。初陈其美久居上海，及响应革命者日多，运动巡警商团等独立，独制造局不应，十月二十四日，率兵往攻，不胜，乃往说守兵，伶人王钟声、夏月润与焉，拥入厂内，局员捕之，以绳系其手足，置于马厩。明日，民兵再攻，由匠人导往厂后，逾垣而入，灌油纵火，制造局遂下。陈其美始得放出，沪兵不战而降。绅商开会，议设军政府，陈氏在场，述其被囚情形，王钟声称其功绩，力请举为都督，陈其美乃为都督。上海地居长江下流，为通商要埠，全国金融视为转移，且有制造局供给军火，军政府成立，影响于江苏、浙江者至巨。陈其美于上海招兵筹饷，接济他省军火，说海军反正，同盟会员集于其地，义气激昂之甚，过于各地。其组织者，有光复团、规复团、光复军、国民军、学生军、敢死队、决死队、北伐先锋队、北伐独立队、北伐预备队、北伐女国民军、女子军事团，名号之繁，设立之多，一如风起云涌。其中杂有名实不符，受人指摘者，然其勇敢之气足称，先声且能夺人也。

三、新军　新军将校多曾受过教育，各省响应武汉革命者，往往由其主持，或赖其援助，革命期内，其势最大。十月二十三日，江西九江新军独立，标统马毓宝自为都督，陕西、山西、云南、浙江、福建、四川均于十月末至十一月中先后举兵。南方独立诸省，北军无如之何，陕西、山西之革命军，则受清兵之攻击，颇濒于危。山西都督阎锡山兵败北逃，陕西于独立后，发生纷扰，清将姜桂题奉命援陕，攻破潼关，朝廷更诏陕甘总督出兵援陕，而以前陕西巡抚为帅，进逼西安。其顿兵于直隶而威胁朝廷者，尚有张绍曾、吴禄贞，张绍曾为第二十镇统制，以秋操之故，将兵驻于滦州，至是，联合将校电奏改革政治，朝廷设计罢免其职，部兵为变，不久即平。吴禄贞为第六镇统制，及山西兵变，朝廷命之将兵赴援，吴禄贞顿兵于石家庄，单骑入晋，招抚山西都督，扣留运鄂军火，奏劾荫昌督师无状，并电张绍曾会师北京，不幸被刺而死，直隶始乃转危为安。

四、清吏　自武昌举义以来，各省多起响应，清廷有土崩瓦解之势，疆吏中知其不可挽回颓势有独立以图自保者，成功失败各有其例。广东、广西、安徽、江苏、山东先后宣布独立。初广东绅士，以为革命之势日盛，祸患将至，商请总督张鸣岐独立。张鸣岐无奈，奏称停解京款，宣布自保，撤下署内龙旗，后闻清兵胜于汉口，取消自保，上奏请罪。同盟会员以其久为政敌，尚无独立之诚意，散资召集三合会党徒，戕官据城，张鸣岐见势已成，不可为力，改言服从民意，十一月九日，咨议局宣布独立，举张鸣岐为都督，递进印信，张鸣岐收之，乘间遁去。广西、安徽、江苏巡抚均称都督。苏抚程德全受军民之拥护，独立于苏州，鸡犬不惊，而上海、松江、无锡、常州、扬州、清江浦先后举兵，各有都督，不相统属，其受兵祸最深者，当推江北，南京尚有张勋据守。广西、安徽都督均不能久于其位，安徽巡抚朱家宝初平新军之变，后受咨议局之推举，得为都督，党人王天培副之，王氏不服，索取印急，朱家宝与之，将即去皖，值巡防营鸣枪，商民大恐，求其勿去，拥之复至军政府索取都督印，咨议局长取之以还朱家宝，会九江之兵来皖，朱家宝始行逃去。山东巡抚孙宝琦亦于十一月十三日独立，孙宝琦自为都督，顷之，将士要求取消独立，孙氏迫而去职，党人蓝天蔚占据烟台，然无重大影响。其他诸省，奉天则以张作霖之主持，官绅设会推东三省总督赵尔巽为会长，而仍捕杀境内之活动党人，固变相之独立自保也。甘肃曾有扰乱，新疆则二党相攻，直隶、河南、吉林、黑龙江之疆吏则未独立。至于藩属，则外蒙古、西藏次第独立，其目的则脱离中国也。

各省响应革命，多仓猝而起，不相联络，其中多为爱国志士，深信革命成功之后，人民可得安居乐业，而国势趋于富强。少年勇敢之士，激于时愤，慷慨从军，多置其生死于不顾，更无富贵之思想，其志可嘉，其心可佩。兵起之后，社会上之秩序不免扰乱，而急事好功者，不择手段，不问利害，徒求逞于一时，不惜利用卑劣分子，土匪因而为害，其狡黠者且盗革命之名，实行抢劫滋扰。起兵首领本多武人，其中不免一二杂有囿于传统思想谋欲夺取地盘者，于斯人心不安期内，革命二字，常有不可思议之权力，盖中国深受外国之影响与压迫，知识界人谓非政体上极大之改革，则难图存，国人久闻同盟会员之宣传，官吏怵于手枪炸弹之袭击，恐慌之极，无法应付，唯有屈服服从或逃遁而已。试就上海而论，清吏逃避，革命成功之易，有如反掌，全国城邑类近此者，不知凡几，先声夺人竟有若此之效力，更就扬州、南昌事变而言，尤足以有所证明。初，江苏要城如上海、松江、无锡、镇江次第宣告独立，扬州尚无举动，人心日冀党人来扬，而党人不至。有名孙天生者同其党羽数十人入城，膊缠白布，大呼革命军至，好事者从而观之，拥挤塞途，闯入盐运使衙门，运使不知虚实，仓皇遁走，防兵亦多逃去。其党乘机掠取税金，饱而散去，孙天生放出狱中罪犯，城中纷扰，人心不安。防军统领徐宝山于镇江闻变，即回扬州，捕获孙天生于娼家，扬州始安。绅商公举徐宝山为都督。南昌于九江独立后，宣布自主，公举协统吴介璋为都督，相处尚安。一日，南昌军政府忽得飞函，略言孙文、黄兴在海外开会，公举彭程万为都督，遣敢死队百人持炸弹入城。事闻，官员恐惶，警兵逃匿，突有一人自称孙文代表，诣军政府召集会议，宣读彭程万委任状。其时孙文尚未归国，而众相顾愕然，莫敢究诘，吴介璋对众辞职而去，彭程万就职，仿尚书诰体，称予一人。九江都督来电严诘，彭程万惊惶无措，其事原委，皆其造成，直类于儿戏。湖北则鄂人之地方观念极强，后黄兴来鄂，鄂人不附。朱通孺于民军败后来鄂，其《五十日见闻录》，记言武昌政治情状曰："都督府直隶之政事堂，内分五局，一、财政局，二、交涉局，三、统计局，四、民政局，五、法制局。各员无论大小，皆称大人，人声庞杂，喧腾于耳，虐待差役。"一部分人士，未祛官场之恶习，朱氏言下颇有失望之意，顾此久为习惯，决非一旦所能改革，何能独责鄂人？

吾人对于以上事迹，所当明知者，革命战争期内，情感用事，发噱之事，常不能免，此固不独中国为然，而法国革命中之趣事尤多。其明显之原因，则事起仓猝，参加之分子复杂，人各为谋，不相统属，事多出于个人行动。其代表者非一阶级，于此可见民众之心理，革命之势力，一二事迹对于革命精神毫无妨碍，况一地偶尔之例，不能适用于全国也。其几近于普遍者，则仇杀旗人也。旗人入关之先，历史上之名称，原作东胡，其一部分久与汉人通婚，同为蒙古族。二族之头颅容貌发肤，实无主要不同之点，顾时以政治关系，立于反对之地位，而宣传者利用种族上、政治上之恨恶，刺激时人，旗人又不善于自处，傲然自尊，轻侮汉人，调戏妇女，汉人报复之心日强，革命之际，旗人被杀时有所闻。其最惨者首推陕西，次为南京。初西安新军独立，旗兵据满城力守，新军力攻破之，纵火焚屋，将军及副都统尽室自戕，旗人中妇孺号哭，麇集北门城楼上焚死，新军仍与旗兵巷战一夜，乃尽杀之。南京旗兵于张勋败后，无足轻重，及民军入城，火药库炸毁，其声之大，殆如天崩地裂，声闻百余里。民军指谓旗民反抗，缴其枪械，允许保护其生命财产，将校中有不服从命令者，劫其财物，火其住宅，而杀其人。其堪告慰者，事出之后，主动者得有相当惩罚也。其他各地亦有惨杀旗兵之案，所幸者未致扩大范围耳。独四川保护旗人，未有滥杀，其原因则驻防将军，初力保护绅士，而绅士不肯仇杀也。旗人而外，死于兵者以官吏为多，独立诸省，例不胜举。此殆一时难于避免，无足深论。

上就一方面而言，其除弊刻苦，建设精神，足令吾人钦佩而可奉为圭臬者，尚有三种。一、豁免恶税——中国税额远少于世界先进国家，若就人民富力及政府所办事业而言，其担负之税，实已重大，政府不图发展生产事业，反以财政窘迫，另立新税，专谋增加收入，不顾民生大计。其政策所谓干泽而渔也。武昌革命，都督府成立，下令废除恶税：（一）除盐烟酒糖土膏各税捐外，所有统捐局卡，一律永远裁撤。（二）除海关外，所有关局一律永远裁撤。（三）本年下忙丁漕概行蠲免。（四）本年以前积欠丁漕概行蠲免。（五）各属杂捐除为地方所用外，概行豁免。浙江等地亦去恶税，江苏临时省议会通过苏、松、常、镇、太五属之粮减少，征收八成。所可惜者，苛捐恶税不久即得恢复原状，甚者且加重焉。二、俸金——官吏之俸金至微，常难维持其一家之生活，其弊则易启其营私舞弊之心，廉洁政府事实上盖不可能。就理论而言，俸金既不可太低，又不可过高，高则人民视为有利可图之职业，百方钻营，既得之后，则设法保全其地位，毫无牺牲服务之精神，徒为害于民间，最善之方法，莫如斟酌社会上之生活费用，及专家与普通职业所得之酬报，而定其数也。其时南方诸省独立，除去恶税，商业则受兵事影响，多行停顿，省政府收入大减。官吏俸金，浙江高级长官月得二十元，低级十元。南京临时政府成立，高级官六十元，低级三十元，俸金与今相较，低微无以复加，说者言时生活费用较低，金钱购买力较强，固为事实，然不足以解释一切。更就清官俸给而言，月得六十元或三十元，已大增加，顾清官除正俸养廉而外，尚有陋规，与之相较，难有正确之观念。综之革命之初，服务精神，有足称者。三、民治——中国人民向无直接间接参政之权利，日俄战后，识者倡言立宪，召集国会，朝廷下诏预备立宪，各省奉命召集咨议局，朝廷召集资政院。其性质职权类近顾问机关，自其召集以来，咨议局对于督抚，资政院对于内阁，均能加以监督，行使职权，见称于时。及武昌革命，响应诸省多以武人为主动，名义尝由咨议局、商会、绅士给予，如都督由议员公推之类，其中杂有假托民意，自尊自称，或强迫推选之例，而代表民意机关，尚为武人所重视，固明显之事实也。湖南初奉焦达峰为都督，咨议局以其举措乖谬，谋削其权，公举谭延闿为军政部长，继设参议院，凡募兵、给饷、任免官吏，概须经其议决，方得施行，而焦达峰无如之何。此种精神惜未充分发展，政府后亦不肯奖进，以致今日人民尚无切实参政之机会，惜哉！

清廷应付武昌举兵之方法，初遣北军会同海军进攻，而北军迟迟始至，先战不利。十月二十二日，陕西、湖南独立，明日，九江独立后二日，广州将军凤山为党人炸死。警报迭至北京，朝廷始以大乱开始发动，免盛宣怀官，诏肩昌回京，而命袁世凯为钦差大臣，节制陆海军。二十九日，山西兵变，人心益为动摇，明日，下诏罪己，其警要之言曰："朕……用人无方，施治寡术，政地多用亲贵，路事朦于佥壬，驯致怨积于下而朕不知，祸迫于前而朕不觉……兹特布告天下，誓与我国军民维新更始，实行宪政，凡旧法制有不合于宪政者，皆罢除……此次湘鄂乱事虽涉军队，实由瑞澂等乖于抚驭，激变弃军，与无端构乱者不同。朕维自咎用瑞澂之不宜，军民何罪，果能翻然改正，决不追咎既往。"其时资政院在京开会，多所奏请，至是，请罢亲贵内阁，实行责任内阁。三十一日，张绍曾顿兵滦州，要挟朝廷改革政治。十一月一日，内阁总理大臣奕劻等辞职，上谕许之，诏授袁世凯内阁总理大臣，湖北陆海军仍归其节制调遣。明日，吴禄贞顿兵石家庄，扣留运鄂军火，奏劾肩昌纵兵为虐于汉口。事闻，京师大震，人心惶恐，资政院拟具宪法信条十九条，奏请宣誓太庙，立即颁行，信条载明皇统万世不废，皇帝神圣不可侵犯，但未予以实权，其位等于虚设。宪法由资政院起草，政权归于国会及内阁总理。总理大臣由国会公选，对之负责。关于宪法起草议决修正，均非皇帝所能干预。今就信条内容而言，国会将为政治中枢，近于英国制度，惜其为时太晚，而终不能挽回颓势，上海、苏州、浙江、贵州、广西、安徽、福建且相继独立矣。八日，资政院奏称遵照信条，公举袁世凯为内阁总理大臣，朝廷依据信条，下诏委任。十一日，袁世凯至京，奏言责任内阁业经成立，总理大臣不必每日入对，凡内外章奏均宜送至内阁，由阁代递，召见官员及奏事处传旨，应即停止免与宪法抵触。朝廷许之，亲贵大臣时亦相继罢免，政权落于汉人之手。袁世凯利用责任内阁之名，掌握军权政权，无异于皇帝矣。十二月二日，南京失守，摄政王载沣俄而引咎辞职，隆裕太后许之。方各省之响应独立也，资政院请释党人，朝廷许之，释放汪兆铭等。综观清廷之应付革命，盖无一定坚决之方略，其逐渐让步，全受环境之支配，可见其张皇失据，毫无主张之窘状。及北军攻陷汉阳，袁世凯按兵不进，清廷许其委托代表赴南方议和，问题乃由会议解决。

自武昌举义以来，独立之区域日广，而大规模之战争殊少，其比较激烈者首推湖北、南京之战，次为陕西、山西之役。山西新军势力薄弱，独立后，清兵败之于娘子关，余兵向北奔逃，无足轻重。陕军于清军攻下潼关之后，更受甘军之围攻，颇濒于危。其转移大局者，殆汉阳、南京之战乎？先是，民军、北军冲突于汉口，北军不敌，退于滠口，民军进攻亦不能胜，相持不下。会北方援兵大增，十月二十七日，反攻刘家庙，海军助之，民军败守汉口，避匿尘市，狙击北军，北军纵火焚毁房屋，民军死伤颇重，人心丧沮，退守汉阳，北军遂得汉口。其地居民避祸先逃，兵士买物不得，转而抢劫。此役也，由于荫昌主持，而朝廷以其望轻，已诏袁世凯代之，袁世凯停战息兵，遣人说黎元洪降，黎氏弗应，湘兵来援者日多。会黄兴来鄂，有欲推为都督者，鄂将不可，乃由黎元洪推为总司令，湘鄂之隙遂成。黄兴招编湘人为敢死队，十一月中，反攻汉口，不胜，改自襄河上流袭击，复又败退，汉阳、汉口发炮互击，海军时已独立，炮击北军，两方相持不决。二十三日，北军战将冯国璋分遣部将李纯渡襄河反攻，迭占要塞，乘胜而前，民军谋袭北军后路，以冀有所挽回，终不可得。其来自襄河之清兵，攻陷大别山炮台，控制汉阳，汉口之兵乘机渡河往援，汉阳民军迫而溃逃。二十七日，北军占据汉阳，遂得俯瞰武昌，声势颇振。黄兴东往上海，武昌当局日捕汉奸，而人心惶恐如故，会都督府起火，黎元洪于东门外洪山设立行台，人民争先出城，形势险恶。其电各省乞援，有“事关大局危急异常”之语，而各省竟多推诿（见《黎副总统政书》），乃通电全国主张与政府暂时议和。斯役也，冯国璋指挥北军，朝旨授为二等男爵，三十日，内阁忽电冯国璋停攻武昌。湖北民军虽败，而南京之得，足以偿失。初江苏要城相继独立，独南京守将忠于清室。其地有新军第九镇及江防营十二营新防营十营驻守，十一月九日，第九镇统制徐绍桢独立，江防营统制张勋，新防营统领王有宏败之，会浙苏诸省出兵来援，公推徐绍桢为总司令，张勋电京告急，而援兵不至。二十五日，苏州都督程德全等督师进攻，分兵绕道，进扑雨花台，南京要塞次第失守。张勋知不可为，由领事协商条件于徐绍桢，十二月二日，率其残卒渡江，退至浦口，民军遂得南京。党人时以湖北新败，集于长江下流，民军主力乃移于宁沪。

南方诸省响应革命，各自为谋，不相统属，形势涣散，实力薄弱，识者忧其拒抗北洋精兵，难于取胜，苏浙都督电请各省代表赴沪，议设临时政府。黎元洪则电代表莅武昌开会。十一月十六日，代表于上海开第一次会议，定名曰各省代表联合会，其会员为资政院议员，其人于革命军起，散归原籍，或不肯北上者也。会议席上，湖北代表力持武昌首先起义，宜为首都，并推黎元洪为大都督，他省代表无以难之，通过武昌为中央政府所在之地，黎元洪为大都督，由沪赴鄂，酌留代表于沪以便通讯。其出席总数共二十三人，及抵湖北，汉阳形势危急，十一月二十七日，开会于汉口租界，议决临时政府组织大纲二十一条。大纲共分三章，第一章规定临时大总统，由各省都督府代表选举之，每省一票。总统统治全国，统率陆海军；宣战媾和缔约，遣派外交专使，任用各部长，设立临时中央审判所，须得参议院之同意。第二章载明参议院之组织与职权，其议员由各省都督府遣派，方法由其自定，每省额定三人，职权颇为广大。第三章关于行政事务，共设外交、内务、财政、军务、交通五部，部有部长一人。末后附则言明大纲施行期限，以宪法成立之日为止。综就条款而言，政治大权操于参院，其议员既非人民代表，又非资政院或咨议局议员，乃由都督府遣派，其性质近于都督之私人代表。纷扰之际，政治尚未入于常轨，武人最有势力，选举又不可能，迫而承认其政治势力，民治遂受重大摧残。尤有进者，一省都督，有于一月之内多至五六人者，有先独立而后取消名义者，大纲均未有所规定，其出席参议院者，究为何人代表？临时政府成立，代表团自为参议院，立法机关固未遵照大纲。综之，大纲成立，为时短促，实无充分之考虑与讨论，后以解决困难，添设副总统，改五部为九部，亦可见其疏忽不切于用。要之，民意不可假造，究不如直认事实，尚较易于改革。方代表之会议于汉口也，黄兴赴沪，陈其美劝说留沪代表举为大元帅，代表从之，并推黎元洪为副元帅。事闻，湖北代表倡言留沪代表无权选举，黎元洪电称情节支离，请其取消，以免淆乱耳目。南京克复，代表团议决建设政府于南京，赴宁议员增至四十四人，通过缓举临时大总统案，追认上海代表所举之大元帅、副元帅，修改组织大纲。总统未举以前，其职权暂由大元帅代行。会黄兴辞职，代表改选黎元洪为大元帅，黄兴为副元帅，同盟会会员不平，黄兴辞谢，黎元洪亦不肯至宁就职，后以代表之劝，电称承受大元帅名义，镇守武昌，委任副元帅代行职权，黄兴不肯就职，临时政府无人负责。十二月二十九日，代表团公举孙文为临时大总统，俄选黎元洪为副总统。初孙文游历美国，黄兴电告武昌新军将动，请其汇款接济，孙文无款应之，拟电嘱其勿动，电尚未发，而报已载革命党占领武昌，乃赴美东，觅船渡英，托人向英政府有所请求，取道于法国东归，至是，被选，一九一二年一月一日于南京就职，是为中华民国元年。临时大总统提出陆军、海军、外交、司法、财政、内务、教育、实业、交通九部总长，参议院予以同意，临时政府成立。南京于湘军焚劫之后，迄未恢复原状，城中未有伟大建筑，政府办公房屋不敷分配，各部长官，乃自寻觅，教育总长蔡元培于友人处，分借余屋办公，蒋维乔佐之。二人亲理各事。幸其事务尚少。教育部成立之后，人员谋差者日众，职员始乃增多。临时政府则以政费军费浩繁，款无所出，谋借日款，不得，三部总长不肯就职，黎元洪仍称海陆军大元帅，中央号令，颇难行于各省。

临时政府之将组织于南京也，袁世凯按兵不进，主张议和，初袁氏起用，即言此次事变，非兵力所能平定，及汉口收复，遣道员刘承恩等往说黎元洪罢兵，其理由则朝廷下诏罪己，宣誓太庙，与民更始也。黎元洪不从，顷之，袁世凯再遣人议和于汉口俄租界，仍无结果。迨北军攻下汉阳，湘鄂之见益深，黄兴东下，黎元洪通电全国主张议和。十二月八日，朝廷以英使朱尔典（Sir John Jordon）之劝说，诏准袁世凯委托代表唐绍仪等南下，讨论大局。同时，袁世凯电招冯国璋回京，而以段祺瑞代之，段祺瑞明识袁世凯之深意，主张和议，其部下隐通民军，谋奉袁世凯为总统，黄兴、程德全许之。及唐绍仪南下议和，与民军代表伍廷芳会议于上海，伍廷芳要求清帝退位，改建共和。唐绍仪电陈和议艰难，盛称南军声势浩大，北军难于取胜。袁世凯会同国务大臣奏言武昌事起，势成燎原，奉旨以唐绍仪往南讨论大局，各国均冀和平解决，而伍廷芳力言共和，主张速开国民大会，公决君主、共和，拒之则和议决裂，饷械两绌，难于取胜，恳求太后召集近支王公速行会议，早定大计。奏文危辞哀诉，极恫吓劝说之技能，而在当时则严守秘密。隆裕太后心无主张，召集王公御前会议，无所决定，乃慰袁世凯勉为其难。《辛壬春秋》称其言时泪下，与皇帝相抱而泣，孤儿寡妇之境遇，诚亦可哀，大臣涕不可抑。太后迫而诏谕内阁总理大臣召集临时国会，公决国体。唐绍仪遂与伍廷芳磋商召集代表之办法，会其属员许鼎霖北归，报告民军乌合，饷械困难，易于平定，而唐绍仪至沪馈献江山。亲贵大臣闻之，劝说张怀芝通电各镇联名请战，冯国璋亦以未得乘势进攻武昌为恨，力主战议。资政院之一部分议员，又持战说。袁世凯迫不得已，撤唐绍仪职，和议暂时停顿。

方和议之进行也，参议院举孙文为临时大总统，段祺瑞疑事中变，遣人往谒黄兴，答言如约，临时大总统亦言辞职让贤，其主要条件则袁世凯赞成共和也。袁氏为清室大臣，究将如何强逼清帝逊位？乃利用部将，胁迫亲贵，而并恫吓太后。初冯国璋奉命回京，段祺瑞代为第一军军统，段氏为袁世凯亲信，主持袁为总统为和议之条件，其子袁克定从而助之，密商于段祺瑞，遣人往说各镇将校，独冯国璋不可，乃日使人说之，冯国璋后亦迫于大势，屈从众议，不再言战。朝中反对和议者，多为亲贵大臣，尤以宗社党首领良弼为甚，袁世凯先言筹得军费一千二百万两，大局可以粗定。其时南方独立各省扣留款项，外使干涉海关，税银暂由外人保存，不肯交给南北政府。清廷军饷政费多无所出，发行短期公债，令亲贵大臣捐输，而应者无几，统兵大员姜桂题等致书王公大臣，责其存款外国银行，若不尽买公债，将有杀身之祸。内阁指挥下之督抚，亦以为言。亲贵大惧，争上财产簿籍。袁世凯面奏太后，兵饥虞其哗变，太后发内帑黄金八万两，并合亲贵捐款充作军饷，而袁世凯仍不下令进攻。其党赵秉钧联结太监张德，构造谣言，恫吓妃嫔，亲贵大臣疑之益甚。元年（一九一二）一月，袁世凯对于和议，渐有把握。十六日，会同国务大臣奏言形势危险，饷源困难，而民军万众一心，莫之能御。民主如尧舜禅让，非亡国之可比，合于圣贤民重君轻之说，久持争议，则将难免友邦之干涉。民军对于朝廷之感情，将益恶劣，法国革命，其王“如能早顺舆情，何至路易之子孙靡有孑遗也？……我皇太后皇上，何忍九庙之震惊，何忍乘舆之出狩？必能俯鉴大事，以顺民心”。事关重大，请皇太后皇上召集皇族会议解决，以顺民心。奏文严守秘密，民间鲜有知者。隆裕太后即召王公御前会议，溥伦、奕劻主张让位，溥伟、载泽争论不可，相持不决。值袁世凯遇刺未伤，太后以其忠于清室为党人恨恶所致，二十一日，召集会议，宗室王公国务大臣与焉。其时奕劻、溥伦已为宗社党所吓，溥伟仍力反对共和，无所决定。良弼密说由旗民改练之第一镇禁卫军，合谋暴动，以倾覆袁世凯。二十二日，太后复召亲贵御前会议，奕劻托病不往，溥伟力谏太后，勿惑流言，勿堕奸计，并奏参奕劻。载泽则劾袁世凯尚不开战。

袁世凯之计不售，反受宗社党之危词恫吓，地位日危，密召亲兵入援。一月二十七日，军咨使良弼遇刺，良弼曾学陆军于日本，果决敢为，主持战议，被刺重伤而死，亲贵大臣之气大沮。段祺瑞下令北军退至孝感，闻知袁世凯所谋不遂，几遭不测，联合将士二十八人，致电北京政府，要求共和，略称和议已有要领，宫廷允许改建共和政体，乃为载泽、溥伟等所尼，而今势屈力单，势成坐亡，人心趋向共和，不如早日裁决，恳求宣示立定政体，以现内阁及国务大臣等暂时代表政府，担任条约国债及交涉未完各事，再行召集国会，组织共和政府。电至，闻者惊愕，三十一日，袁世凯据以上奏，太后召示亲贵大臣，莫不悲哀。二月一日，太后复召王公大臣开御前会议，最后决定逊位，四日，诏饬袁世凯与民军磋商优待条件，实则据《黎副总统政书》，一月二十日南京来电，条件已商妥矣。其困难则袁世凯为临时大总统，南方要求黄兴为陆军总长，北方坚持段祺瑞。北军较强于南军，段祺瑞掌握军权，武人易于操纵政治，政体改更，不过空有虚名，关系至为重大。双方各以利害切己，不肯让步，磋商多日，均无办法。临时政府连日开会讨论，蔡元培以为妨碍统一，怒而将往上海，宣布内幕，会闻兵变将作，始止，临时政府乃以内部意见不一，变兵焚劫，莫可奈何，处于不利之地位，迫而让步，袁世凯遂处优势，嗣后得而为所欲为矣。优待条件八款，兹分三端言之。一、关于清帝——清帝之尊号不废，民国待以外国君主之礼，岁拨经费新币四百万元，许其暂居宫禁，日后移居颐和园。其宗庙陵寝，由民国设兵保护，其原有私产，亦由民国特别保护。二、关于皇族——其世爵仍照其旧，私产一体保护，除免其当兵外，享受之公权、私权与国民同等。三、关于满、蒙、回、藏——其王公世爵及固有宗教，概仍其旧，并代筹王公及八旗生计。四族概与汉族平等。条件由参议院通过，双方通知各国政府。逊位之旨将下也，隆裕太后率皇帝召集近支王公内阁大臣开御前会议，尚秉和记之曰："太后哽咽流涕，各王公大臣亦皆哭失声，久之，太后谓皇帝曰：'尔之所以得有今日者，皆袁大臣之力'，即敕皇帝降御座致谢袁大臣，袁大臣惶恐顿首辞谢，伏地泣不能仰视。"斯言也，极文人形容之笔，或不免于失实。二月十二日，下诏凡三，一逊位，二公布优待条件，三饬长官维持治安。其逊位诏曰：

> 朕钦奉隆裕皇太后懿旨，前因民军起事，各省响应，九夏沸腾，生灵涂炭，特命袁世凯遣员与民军代表讨论大局，议开国会，公决政体，两月以来，尚无确当办法。南方暌隔，彼此相持，商辍于途，士露于野，徒以国体一日不决，故民生一日不安。今全国人民心理，多倾向共和，南中各省既倡议于前，北方诸将亦主张于后，人心所向，天命可知。予亦何忍因一姓之尊荣，拂兆民之好恶，是用外观大势，内审舆情，特率皇帝将统治权公诸全国，定为共和立宪国体，近慰海内厌乱望治之心，远播古圣天下为公之义。袁世凯前经资政院选举为总理大臣，当兹新旧代谢之际，宜有南北统一之方，即由袁世凯以全权组织共和政府，与民军协商统一办法，总期人民安堵，海内乂安，仍合满、汉、蒙、回、藏五族完全领土为一大中华民国。予与皇帝得以退处宽闲，优游岁月，长受国民之优礼，亲见郅治之告成，岂不懿欤！

革命成功之速，由于酝酿已久，清廷不能及早改革，以餍士大夫望治之心，一旦爆发，所谓应天顺人也。中国自鸦片战争以来，外交上仍存闭关之思想，英法联军祸后，边地藩属丧失滋多，继而屈服于日本，引起列强之侵略，几至不国。志士愤而变法，归于失败，朝臣思想反而顽固，养成拳乱。六十年中，对外知识肤浅空疏，迭于祸患屈辱之后，士大夫毫不觉悟，愚陋顽固类近未受教育之愚民，所贵乎政治家或外交家者，非其见解同于愚民，乃其考虑事实，权衡利害，辨别是非，其先见之明，足以指导国人，而采用之方法，且为适当之途径也。国家所以治者，常由于少数英杰才能之士，专制政府之下，大权集中，自上而下，改革较易。朝臣之思想行动，反而阻挠改革，直为愚民中之愚人。拳乱之祸，屈辱无以复加，士大夫之观念遂大改变，以为内政不修，贫弱如故，希望太大，失望亦其最甚。其先人民非无痛苦，特以不肯虚心观察，诚意讲求，视若未睹，听若未闻。及至此时，始奖学生出洋，派员考察宪政，觉悟之后，改革已迟。通达时务之士鉴于日本取法欧美，跃为强国，深信中国召集国会，公布宪法，即可富强，大从事于政治活动，一九一一——一九一二年之革命应时产生，以改革政治为目的者也。所可惜者，重要问题之解决，本于妥协调停免事之思想，袁世凯之赞同革命，动于权利自私之心理，其北洋军队依然存在，段祺瑞掌握军权，承奉其意，是虎而翼也。封建思想迄未铲除，袁氏成功，出于诡谋阴计，政治道德之卑劣，影响于国家者至巨，民国以来，国内仍少光明正大之政治家，此纷扰尚未终止原因之一也。尤有进者，革命共和本为政治上之名词，其真价值在其以人民所享之幸福为断，就名称而论，革命则言政治上或社会上之激烈巨大改变，共和则指一国元首，由人民直接或间接选举而言。革命成功，改专制为共和，名称改变，为事至易，求其实现，往往困难。主张改革者，多为知识界人，百姓虽表同情，固无深切之了解。战争期内反受损失。要之，破坏原为革命过程中不易避免之事，其价值则在事后之建设，否则可谓失败。欧洲法国革命虽曾经过长期之纷扰，重大之代价，而吾国革命在后，若得其试验中之教训，则事易功倍，迄今尚未卓有成效者，主要之原因有二：（一）专制之毒太深，国人初未努力利用事机，监督政府。（二）共和仿自外国，人民多不了解，不知切实运用之方法，政客军阀反而借以号召。总之，清帝逊位而后，政治上之问题益多，迄今盖在试验期内也。

一国国际地位，常以内政实力为表征，清季外交失败，暴露积弊，终以改革迟缓，大失人心，致于倾覆。其末年之外交，就时人心理而言，于屈辱刺激之后，始知列强不可轻侮，向时自大之气，恨恶之心，变为恐惧，遇事辄以列强干涉为言，试引革命起后时人言论为证。袁世凯第一次密奏隆裕太后，召集国会，解决政体，其所举之原由，牵入外交。其言曰："勉从英使朱尔典之介绍，奉旨以唐绍仪为总理大臣代表，……讨论大局。……

其时英使倡议，日、美、法、俄、德等国亦均赞成。……唐绍仪又电称各国政府投书劝和，双方并题，彼党认为已以政府见待，其气愈增。……万一挫衄，敌临城下，君位贵族岂能保全？外人生命财产，岂能保护？”后讽清帝逊位，其言外交情状曰：“东西友邦，因此次战祸，贸易之损失，已非浅鲜，而尚从事调停者，以我只政治之改革而已。若其久事争持，则难免不无干涉。”武昌独立，时人盛夸交涉员能得领事谅解，严守中立。民军对外，首以保护外人遵守前约为言，孙文在美，闻知革命，乘轮渡英，请求外相三事。其言曰：“一、止绝清廷一切借款，二、制止日本援助清廷，三、取消各处英属政府之放逐令，以便予取道回国。”可见国人之重视外交，清季办理外交之机关，北京新设外务部，各省后设交涉使，公使觐见待遇优渥，各省官吏，莫不切实保护外人，甚者执礼太恭。其时教案大减，未尝造成严重之局势。意大利政府于一九〇二（光绪二十八）年，开始保护本国神父，一九〇六（光绪三十二）年，法国政教分离，放弃保护东方他国之神父，教士平民相处甚善。其时外交上之问题有二：一、公约成立后之善后事宜，二、日俄战后之形势。就各国在华势力而言，俄德初则各抱野心，日俄战后，日本跃为强国，并于大陆上得有根据之地，形势一变。英美诸国联合分离，或视本国之利益，或视同盟国之关系。清廷时方放弃传统思想，猛力经营属地，不及成功，而革命军起，于是蒙古、西藏欲行自治迄今尚未取消，兹略分言清季外交于下。

一、公约成立后之善后事宜。条约中要款，业已列举于前，其因形势之转移较为重要者，尚有四点，兹作简单之说明。（一）赔款款额四万五千万两，原就银币而言，条约成立后之次年，金价昂贵，列强要求照金币核算，朝廷疆吏莫不视为意外之重大损失。张之洞等力持不可，胪举理由，电请商于各国，美表同意，英许暂可还银，后还金币，日本坚持拒绝。斯三国者，较与中国邦交亲善，意见竟不一致，德俄诸国更无磋商接受之可能性。中国乃欲改收海关税银为金币，列强未曾加以考虑，不肯同意，对于到期之款，必欲改银两为金币，多方恫吓。外务部不敢坚持，承认金币，嗣后银价益落，中国之担负益重。（二）整理北河、黄浦河道。天津、上海均为国内重要之商港，各有河道通于海口，顾其淤泥积多，巨大轮船不能出入，货物运输颇为不便，外商久谋修浚不得。拳乱时，联军占据天津，创设都统衙门，衙门设立委员会整理北河。及公约成立，关于二河，均有整理之规定，予外人干涉之机会。天津政权交还之后，河局初仍由外人主持，上海先未设局，刘坤一认为条约有碍主权，不肯派员，及浚浦局成立，职员以英人为最多，德法诸国颇为不平，张之洞请其赞助中国出款收回，作为自办，历久交涉，一九〇五（光绪三十一）年改订条款，后二年，浚浦工程由荷商承揽，成绩昭著。（三）撤兵。拳乱之时，联军作战于直隶，占据大城要塞铁路，俄兵借保路保民为由，次第占据东三省各地，收缴华兵器械，德则驻兵于胶州、高密，建筑营防，上海租界言明由各国保护，但未许其出兵，乃英首先出兵，德、法、日继之，南方日本出兵厦门。列强出兵之意，各不相同，其中固有视为最好之机会，便于经略者也。及公约成立，使馆要塞允许外兵驻守，作战之兵开始撤退，中国要求各地之外兵撤退，上海英兵回国，德法要求照复长江一带，所有政治、兵权、海政、工程、商务权利等，及要隘不得给予一国，始肯撤兵。外务部复称其为中国自主之权利，断不让与他国。上海德总领事亦向两江总督张之洞提出同样要求，张氏复称中国决不放弃，主张如他国来夺，则请德等国禁阻，德兵始乃归国。日本亦撤上海、厦门驻兵。独满洲俄兵、山东德兵不肯撤退，满洲撤兵等问题，造成严重局势。日俄战争之后，列强在华之军队，除有条约根据而外，尽行撤归。（四）商约。列强久欲扩张在华商业上之机会，公约许其改订商约。其时中国国际贸易仍以英国最为发达，二国商约首先成立，中美、中日商约继之，关系颇为重要，试分言其成立之经过，及主要之条款。

初公约成立，英国利用时机，派遣久在印度之长官马凯（Mackay）来华议订商约，马凯未有在华公使领事之恶习，对于中国主权，不愿有所损坏，朝廷诏授前驻德公使吕海寰及盛宣怀为办理商约大臣，并饬刘坤一、张之洞遥领会议。马凯与中国代表会议于上海，而朝臣及两督意见尝不一致，电商稽延。马凯自沪乘轮上驶，先与刘坤一面谈，再至武昌与张之洞会商，争执之问题，次第解决。及返上海，以英商工部局之反对，推翻议定之条件凡二，交涉进行颇为迟缓。马凯声称将欲回国，张之洞迭电军机大臣请许商约大臣划押，朝旨许之。一九〇二（光绪二十八）年九月，签字。期约也，磋商十月之久，始乃成立。中美商约由美使康格（Conger）等三人与商约大臣会商，其中虽有争执，而条约大体上则与英约相同。中日商约，初由日方提出，后以英约尚未成立，暂置不议，及英约签字，始再磋商，日方多所要求，而于加税免厘，只许合税率增至值百抽十，英美业已承认百分之一二·五税率，商约大臣力持不可，交涉未有进展。会张之洞入京，与日使内田康哉磋商，张氏多所让步，议成草约，寄至上海，再由二国代表划押，是为中日商约。兹综言其要款于下。

一、免厘加税。厘金病商扰民，久为世所诟病，顾为地方政府主要收入，时方患贫，非得补救方法，去之殆不可能。马凯要求免厘，中国则请加税，初和约允许加税一倍半之数，至是，要求增至百分之十五，历久磋商，双方议定进口税增至百分之一二·五，出口税改为百分之七。张之洞仍谓不足补偿所失，欲抽产地税，马凯坚决不可，改许中国不撤常关，照旧征收土药厘金、盐厘（改称盐税），及向不出洋之土货，征抽一销场税于销售之处。美使坚欲裁去内地常关，始肯加税，美约仅许新关存在，沿海沿陆得设新关。日约则言按照中国与有约各国共同商定加税之率，一律照输无异，所有中国征收出产销场出厂以及土药盐斤等税，亦悉照各国与中国商定办法无稍歧异。其含混之原因，则日本始终不同意于英美所许之税率，知其又非德、俄、法国之所愿，乃以一律办理为推托。盛宣怀等对之不满，张氏虽力辩护，固不免让步太甚。加税免厘之期，英约载明为一九〇四（光绪三十）年一月一日。其条件为各国同意，陆路商业亦须征收同样之加税。美约、日约未有时期之规定。二、商业权利。英约载明中国开放江门，许轮船于西江停泊处凡三，上下搭客处凡十。加税实行之后，中国开放长沙、万县、安庆、惠州，并征收帆船往来通商口岸之货税，不得较轮船为低。美约则言开放奉天府、安东，日约又言开放北京、长沙、奉天府、大东沟。俄国闻知开放东三省，力谋阻止不得。关于航行。中国允许除去珠江有碍行船之物件，民船自香港载货往来广东通商口岸者，所纳货税不得视轮船减少，并许外轮设置拖拉，上驶四川；开放内河，改订内港行船章程，外商得租设码头于内河沿岸。关于发展商业，海关发给存票，商人用以抵纳税银，洋货入口后三年内再运出洋者，得领取现银。中国允设关栈及准商栈为官栈，以便货物囤积，拆包改装转运，并许华洋合股经营商业，妥订矿务章程，保护商标版权。关于中国责任，条约中载明二端，（一）设法立定国币，（二）统一度量权衡。顾此属于内政，相沿已久，积弊太深，固非一旦所能划一也。三、中国要求载入英约者条款凡三：（一）中国允许整顿律例，英国予以协助，将来司法情形妥善，即允弃其治外法权，美约、日约均有同样之规定。（二）英美允禁吗啡（原译莫啡鸦）自由运输来华，非医生、医院、药铺切实有领事馆具结者，不得进口，中国允禁国内制造。（三）英约允许派员妥议教案，美约则言教民、平民一律待遇。教民犯法仍须追究，平民缴纳之税捐，不得免去，唯不得向其索取酬神赛会之费。教士不得干预官员治理之权，教会得租赁或购置地产，作为传教之用。

综观条约之内容，关系至为重大。张之洞于英约议妥时电告枢臣鹿传霖曰："此约中国毫不吃亏，实为意料所不及，不惟抵补必敷，其间维国体，杜流弊者甚多。……将来议他国之约，断断不能如此。"后又电述会议情状曰："马使每议定一条，辄笑曰，'此事又让与阁下了'，又对人云，'非因本国素仰江鄂声望，彼亦不敢事事如此相让，尚不知将来本国有无闲言，即本国照允，恐各国亦断不能如此和平'，实系肺腑之言。彼已让到极处，鄙人亦不能再与之争。"张氏所述各节，传译或不免于失检，要有所本，马凯之言竟不幸而中。中国与列强所订条约，莫不载有无所不包之最惠国条款，加税非各国同意，势不能行，常关之存在，产地税之兴办，加税之税率，三国较与中国亲善，而已意见分歧，况德俄诸国乎？谚所谓筑室路旁三年不成，列强中有野心侵略之国，杂有利害权利之冲突，其在华商人，专求厚利，从不顾及中国之主权。马凯与张之洞会商，认口岸洋人遵守华章，租界许收华税，竟以上海外商反对作罢。其许提高税率至百分之一二·五，亦非其愿也，故加税之不易于成功，远过于路旁筑室。条约成立二十余年之后，以始国际上之形势改变，方能加税。领事裁判权之废除，更遥遥无期。马凯要求之内地制造贸易侨居等权利，于领事裁判权尚未废除之先，毫无考虑之价值，宜张之洞等坚决拒之；乃于美约承认"洋商在通商口岸，或系华商在中国各处，纺织所应抽税项，均须一律无异"。华商纱厂遂难与外厂竞争。禁止吗啡入境，原为中国内政，自今观之，殊不必列入约中，而在当时，事事竟须商于外国，约中且言中国禁制吗啡，吗啡为药剂中需用之品，岂必来自外国乎？主权反受损失，张氏固不之知。商约给予一国权利，列强莫不争先享受，未有让步，先得权利，片面最惠国待遇之为害中国，竟至于此，他国无须改订商约矣。德国后曾提出要求，即行放弃，固其例也。

初拳民之乱，俄国出兵占据东三省，奉天将军增祺迫而派革员周冕与俄将议订章程九款，擅自划押，其交涉始末先未禀报。伦敦《泰晤士报》记者首先访知，日英公使提出警告，朝廷诏罢增祺，命驻俄公使杨儒向俄交涉废约，另订新约，历久交涉，俄国始许其请，而并干涉内政，其新提出之条件，严酷过于周冕所订之章程。列强闻而抗议，尤以日英最为关切，江鄂二督力持反对，俄国修改条款，多方恫吓李鸿章，逼诱杨儒划押。李氏主张签定，而朝旨不可，及逾限期，俄国未有异举，反而宣言交还满洲，李氏竟向俄国声称公约成立之后，即将签定俄约。会因交涉棘手，电商微德，请在北京商议，微德许之，派员入京，会同俄使与李鸿章、奕劻议定政治经济二约，将签字矣，而李鸿章病死。一九〇二年一月，英日以其利害相同，缔结同盟条约。初中国自订约通商以来，英国之商业最为发达，其政策则欲促进二国之邦交，谋得商业上之权利也。中日战后，俄法政治势力日盛于中国，英国政治家以为本国外交孤立，无所挽回，先后商于德美，议订同盟条约，一无所成，会非洲属地战起，不能多派军队来华，与德缔结维持中国领土之协定，而德毫无遵守之诚意。俄国占据满洲，强逼中国承认丧失主权之条约，英国迭次表示反对，严重警告。中国与日本地理相近，张伯伦曾向驻英日使建议同盟。先是，日本战败中国，缔结马关条约，三国出而干涉归还辽东，日人视为大恨，其外交家深觉孤立之危险。一八九七——一八九八年，列强对华肆其野心，争租军港，划定势力范围，要求权利。其时日本国际地位尚低，内政亟待整理，对于列强之侵略，虽以二国地理相近，商业之密切关系，外交官迄无明显之表示，不过乘机要求福建为其势力范围。民间谋与中国士大夫接近，派员来华，谭嗣同、梁启超皆深受其影响。日本在韩势力虽曾盛极一时，会大院君作乱，戕杀闵妃，日使三浦参与其事，备受各国之非议，韩王李熙乘机逃入俄国使馆，诏杀亲日大臣，俄国地位遂益巩固。及俄租借旅顺、大连，对日让步，互相承认在韩利益，而俄未有遵守之诚意。及俄据满洲，强逼中国签约，日本视为将开瓜分之端，而并妨碍其商业机会，阻挠破坏，不遗余力。其国内政治家时分两派，其一主张亲俄避免战争，其一主持联英。英日邦交日益亲善，最后联英派胜利，驻英日使林董奉命与英外相磋商条款，至是，同盟条约成立。

盟约内容，二国承认朝鲜独立，及其在华利益，英国并认日本在韩有政治经济上之利益，若其利益因他国侵略，或中韩发生扰乱而受侵害，得采取必要之措置。一国因其利益与他国交战，其同盟国应守中立，力防他国出兵援助敌国；如有一国或数国加入敌国者，其同盟国应予以援助，共同作战，协商和议，时期定为五年。其目的则为维持远东之现状，中国与朝鲜之独立及领土完整，及保证在两国中工商业之机会平等，专以对俄者也。二月，英日公布条约，俄法既宣言维持其在远东利益，二国保留会商及采行必要之手段。中国初以英日同盟为慰，张之洞电问中国发生扰乱之意，日本指谓如拳乱。俄国颇受英日同盟影响，其驻京公使雷萨尔（Paul Lessar）奉命与奕劻等议商归还东三省条件。四月，约成，其要款则东三省地方仍归中国版图，由华官治理，中国赔偿修路各费，认真保护东省铁路及所有俄人，俄国交还山海关、营口、新民厅铁路。俄兵分三期撤退，条约划押后六月内，撤退盛京西南段至辽河所驻俄军，交还其地铁路。再六月内，撤退盛京其余各段，及吉林俄军。再六月内，撤退黑龙江俄军。中国驻兵于东三省数目及日后出兵添兵，须知照俄国。综观条约之内容，不无可议之点，视前要求，俄国已大让步。顾无遵守条约之意，第一期内，尚肯撤去规定地段之驻军，及至第二期，闻知中国开放满洲商埠，不唯不撤军队，反向中国提出要求七款，其用意则欲封锁满洲，专为俄国特殊势力范围也。牛庄、营口原为商埠，俄军驻于其地，到期不肯撤退，其海关税务司本为英人，而俄强用俄人，中国迫而许之。一九〇三（光绪二十九）年四月，外务部收得俄国照会，无法应付，日使内田访知其事，外报将其刊布，美、英、日使警告中国，袁世凯、张之洞均言不可允许，外务部从之。俄国对外否认其事，不肯撤兵。日本政党倡言对俄作战。

七月，日外务卿小村寿太郎谋欲解决二国关于满洲、朝鲜之争执，训令驻俄公使进行交涉，而俄意轻日本，于其提议多所拒绝，对于中国请其撤兵之要求，坚决不可。交涉移之东京，仍无进步，一九〇四年，形势严重。二月，俄国对日尚无满意答复，日皇开御前会议，决定招回公使，六日，致最后通牒于俄，公使撤旗回国。明日，舰队开始活动，袭击俄舰于旅顺，运输陆军直达朝鲜。十日，两国宣战，国人颇表同情于日本，但时国内军力财力不足一战，而中俄边界连接长逾万里，防守尤为困难。列强均言中国应守中立，美国国务卿海约翰建议交战国，尊重中国之中立，英、法、德、意表示同意，五国电告日俄勿遣兵入直隶，两国许之。中国时已宣布局外中立，划辽河以东为交战区，其西为中立地，俄国则以辽河以西之地并入战区。清廷之如此者，辽河以东之地，俄军尚未撤退，中国徒有领土之名，事实上无如之何，追而划为战区也。四月，日军自朝鲜渡鸭绿江进攻，陷九连城，遣军自皮子窝上岸，下金州，另派二军往援，连战皆捷，九月，攻下辽阳，俄军反攻，力不能胜。明年一月，日军攻下旅顺，四月，占据奉天，双方作战兵力约一百万人，其激战之烈，牺牲之大，固二十世纪初叶大战之一。五月，俄国波罗的海舰队驶抵黄海，将归海参崴，日本舰队俟之于朝鲜海峡，激战之后，俄舰几尽覆没，中国于交战期内，虽守局外中立，而官吏对于中立国之责任、义务，初不明了。交战国人在中国境内，享受领事裁判权，政府难于执行国际公法上之义务。二国均知中国势弱，于其执行公法之时，往往予以妨碍。其尤感觉困难者，二国战于满洲，均欲购买粮食于其地，朝廷颇难切实禁止人民出售军粮于交战国也。于此期内，人民初感不安，宫中太监且有信如联军入京潜行逃避者。

俄军战不能胜，国内纷扰迭起，及旅顺陷后，微德向日驻英公使林董建议言和，德皇威廉第二初曾鼓激俄皇积极对日，至此，以为俄国陆军势难取胜，主张早日议和，电问俄皇议和条件之大纲。同时法国感受德国之威吓，亟望战事结束，表示借款与俄以和，将不借款以战，俄国通知其议和条件于法。四月，法外交总长达嘉谢（Delcassé）告知驻法日使，俄国愿和，日使电告本国，其外务省复称可由二国直接磋商，其原因则患欧洲强国之干涉，将不利于日本也。其政府以为日美邦交亲善，谋于美国议和，海军战后，日皇正式函请美总统罗斯福调停。德皇先曾电告俄皇，称述罗斯福之力，足可影响日本，而减轻其议和条件。罗斯福因命驻俄大使谒见俄皇，得其议和之同意，六月，电请日俄议和，二国接受其请，其原意则免俄国再败，大受损失，而势力将见逐于东亚也。日皇委任小村等为和议大臣，并欲先知俄国代表，俄皇诏委微德。日本拒绝会议于欧洲，乃定会场于美国朴茨茅斯，八月十日开会。微德明了日本财政之困难，要求与先主张之矛盾，原欲以友谊之态度对日交涉，但未能得政府之同意，遂采坚决不屈之方针，明言日本要求赔款，则和议即告决裂，罗斯福更动日本代表避免赔款名称。会议场中，二国代表对于赔款及库页岛之割让，各不相让，势将停顿，罗斯福召见驻美俄国大使劝说，电令驻俄美使觐见俄皇，说其让步，俄皇面许给款日本。罗斯福又劝日皇让步，而会议仍以赔款为争论之焦点，前途至为险恶。二十九日，微德声称俄国不赔军费，愿以库页岛南半与日，言毕，会场席中默无一语，数分钟后，小村始言接受俄国条件，困难遂告解决。据罗斯福之感想，日本代表让步太甚，苟再坚持，可得库页全岛。九月五日，条约成立，是为朴茨茅斯和约。

二、日俄战后之形势。朴茨茅斯和约关系于中国者颇为重要，就其条款而言，可别为五：（一）满洲驻兵，除辽东半岛租借地外，二国同时撤退。（二）二国交还满洲之行政权于中国。（三）二国维持满洲之门户开放。（四）俄国让与旅顺、大连及其附近租借权，以及一切公共营造物财产于日本。（五）俄国让与长春、旅顺间之铁路于日本。关于让与，条约载明二国协商于中国，须得其同意。初日俄议和，外务部照会二国，声明牵涉中国事件，未经其商定者，概不承认。日本议员来游中国，竟向张之洞等声称，东三省战事耗财伤命，日本舆论拟暂代统治，并有议占福建者。此固野心政客之幻想，利用时机，谋得权利也。小村归国，明治授为全权大臣，西渡入京，会同日使内田协商满洲善后事宜，奕劻、瞿鸿禨、袁世凯奉命与之交涉，十一月开会，十二月约成，开会二十二次。奕劻因病常不出席，交涉由瞿鸿禨等办理。中国方面，对于朴茨茅斯条约中之让与权利概行承认，要求日兵早日撤退，交还占地之主权，并由华兵保护铁路。日方拒绝华兵护路，提出之主要条件，则为开放满洲，扩张日人利益。争执最烈者，一为建筑铁路，一为撤退护路兵队，历久交涉，始能解决，中有未入条约者，二十二日签定条约，名曰《中日会议东三省事宜正约》。中国承认日俄和约，俄国让与日本租借地及铁路权利，日本允许遵守中俄所订借地及造路原约，嗣后遇事随时与中国协商。二国订有附约凡十二条，其要款凡七：（一）中国俟日俄军队撤退后，开放奉天省内之凰凰城、辽阳、新民屯、铁岭、通江子、法库门，吉林省内之长春、吉林省城、哈尔滨、宁古塔、珲春、三姓，黑龙江省内之齐齐哈尔、海拉尔、爱珲、满洲里。（二）日本于安东、奉天省城间所造之军用铁路，中国许其改筑营管，自竣工日起，以十五年为限，届期估价售于中国。（三）二国从速议订南满铁路连运营业章程。（四）中国豁免南满铁路所需各项材料之税捐厘金。（五）营口、安东及奉天府划定日本租界，由二国官员另行妥商。（六）二国合资设木植公司，采伐鸭绿江右岸木植，其详细章程，另行议定。（七）满韩交界陆路通商，彼此按照最优国待遇之例办理。

附约中所言另行妥商诸款，多为双方力争之问题，搁置日后再议者也。条约而外，尚有会议节录，双方声明存记凡十七款。其主要者共六：（一）奉省附属铁路之矿产，无论已开未开，均应妥议章程。（二）中国于收回南满铁路之前，允不于其附近建筑并行干路，及有损该路利益之支路。（三）二国议商奉天省陆线，及旅顺、烟台海线交接办法。（四）长春至吉林省城铁路，中国自行筹款筑造，不敷之数，向日贷借，以半数为度，二十五年还清。（五）日本声明南满护路兵队不得干预华官治管之权，亦不擅至铁路区域以外。（六）奉天省城至新民府，日本所筑军用铁路，售与中国，由其改为自造铁路。其在辽河以东所需款项，向日公司贷借半数，分十八年还清。节录记存各款，关系重要，未曾列入约中，当时亦无说明，近日论者不一，要为事后之推论，其性质迥异于条约，日人牵强称为秘密议定书，二国问题反而增多。主持侵略之政客，以为满洲于日本重大牺牲之后，俄国始肯撤兵归还中国，死伤者尽为日兵，军费出自日人，中国不能驱逐俄兵出境，坐享其利。此种推论，实不合于史迹，西园寺与盛京将军赵尔巽论之曰："论其实，日本实为自救起见"（见《清光绪中日交涉史料》卷六九页二八）。其牺牲固自谋也。战胜之结果，得有立足之地于满洲，其国内人口激增，工商发达，而可耕之地有限，食料、原料渐为严重之问题，而满洲地广人稀，矿产丰富，遂欲乘其战胜之威，经营南满，不顾一切。一九〇六（光绪三十二）年六月，日本组织南满铁路公司，资本日金二万万元，政府以俄国让与之财产充作股本之半数，余款募自民间。铁路于战争期内，桥梁多毁，损失重大。公司改筑路为日本狭轨，再改为新式宽度，同于中国铁路，后于长春、大连间改造双轨，安东、奉天铁路归其经营。公司受关东都督之监督，都督府于斯年九月成立，管辖旅顺、大连租借地及铁路区域，日人称其地为关东州故也。其经营大连，整理海港，建筑屋舍，修理道路，规模颇为远大，大连遂为北方要港。又于铁路区域，设立市镇学校医院，开采矿产。

方朴茨茅斯和议之进行也，英日再订同盟条约，其范围扩至印度，英国承认日本在韩特殊利益及保护之权，一国若因条约上之利益，受他国或数国攻击，其同盟国应即加入作战，期效十年，余则同于前约。日本国际地位于战争之后，颇为提高，英日同盟又巩固之。一九〇七（光绪三十三）年六月，日法协约成立，七月，日俄协约成立，日本外交遂无顾忌，步趋俄国后尘，经营南满，不遗余力，中日邦交，遂多困难，其症结可别为三：（一）战后日人留于奉天者颇多，杂有不肖分子，以为日人铁血所得之地，专横为恶，干涉行政，贩运枪械接济马贼，强开矿产，引起官吏人民之恨恶。（二）满洲地广人稀，韩人深感生计之压迫，自图们江入境，垦种于延吉一带，人数众多。日俄战后，日本保护朝鲜，称其地为间岛，后因韩人李范允之乱，及华官强韩人入籍，遣宪兵驻于六道沟等处，保护或监督韩民，造成严重之局势。（三）满洲善后会议未曾议定之问题尚多，朝臣疆吏力谋挽回权利，明知日本逞强，非有让步不能解决，乃以延宕为得计。对日交涉，事先遂无远见一定之政策，徒为事后之补救，终则迫而让步。其先解决者：（一）大连设关。日本宣布大连为自由商港，货物偷税运入者为数颇巨，英美抗议，一九〇七年，中日议订章程，中国设关征税办法，与胶州湾相同。（二）植木公司。善后条约载明二国合资创设公司，日使林权助拟订章程，包括浑江流域，与袁世凯交涉，久无进步。日人自往伐木，拦截木筏，几致事端，一九〇八（光绪三十四）年，由唐绍仪让步解决，中日各出一百五十万元，合组植木公司，营业期限二十五年，得再商请展期，公司以纯利百分之五报效中国，江浙铁路携带执照，得向山家径行购买。（三）南满电线。会议节录载明奉天陆线及旅烟海线接线，中国拟收南满电线，不得，一九〇八年，日本始肯让步解决，中国出日币五万元，收买铁路区域外之日本电线，议定接线办法，并许日本建筑旅烟海线。

双方争论久始解决者，一为铁路问题。中国于会议节录，承认建筑吉林长春铁路，改筑奉天新民铁路，向日借款。及日俄撤兵，外务部照会日使林权助，新奉军用铁路，估价售与中国，初则不复，后则请与吉长铁路同议。一九〇七年四月，双方议定中国出日币一百六十六万元收回军用铁路，将其改筑，辽河以东所需款项，向南满铁路公司商借。吉长铁路亦向公司筹借半数，还清时限仍如节录所载，期内工程司任用日人。明年，勘定吉长路线。十一月，二国议定续约，京奉铁路辽河以东一段，再借日币三十二万元，吉长铁路二百一十五万元，又明年，议订借款合同。方交涉之进行也，清廷欲向英商借款，建筑新民屯、法库门铁路，借以减少日本势力，日本则据会议节录，以为中国不得筑路，与南满铁路竞争，或损其利益。外务部据理辩论，而日坚持如故，英以同盟国故，放弃前议。京奉铁路，奉天车站距城八里，交通不便，中国移站。日本谓其越过南满路线，出而抗议，要求与彼合站，或允南满铁路通至城根，相持不下。日本要求吉长铁路达于延吉厅与韩路连接，外务部拒之，又请日本拆去大石桥、营口支路。支路初为俄国便利运输东省铁路之材料而设，议定竣工即行拆去，善后会议日方要求归其续办，清廷不许，置而弗论，至是，外务部要求支路交还中国，日本拒绝，请其拆去，亦不可得。二为矿产。会议节录载明嗣后妥议章程，日商擅自开矿，华官禁之。争执最烈者，为抚顺、烟台煤矿。抚顺距奉天约五十里，产额逾一万亿吨以上，为商人王承尧私产。烟台在奉天、辽阳之间，产额亦富。日本视为战胜品，要求开采，中国主张二国合办，相持不下。三为延吉韩人保护权。其交涉之由来，及应付之困难，略见于前。二国磋商二年有余，日本必欲与铁路煤矿同时解决，相持不下，误会滋多。其在南方，则日船第二辰丸私载军火案，招引粤人之恨恶。该船舶近澳门，方将起运军火，广东炮舰捕之，卸下日旗，意欲将其充公，日使得报，要求释放道歉，海关报告颇与双方不同，葡萄牙又助日本，外务部迫而让步解决，粤商愤怒，停运日货，顾终未能持久。会两宫病死，日本谋见好于清廷，照会称禁党人在日活动，然仍不能解决悬案。一九〇九（宣统元）年，安东奉天铁路勘定路线，东三省总督锡良与日领交涉，不许另设护兵，日领推宕，中国自办警察。其他争执，尚有轨道必须与京奉路相同，日本不得任意更动路线也。交涉未有进步，日本忽谓中国延宕，自行开工，并通告外国。外交部亦将始末电告驻外公使。延吉问题，时亦严重，日兵数与华官冲突，将添兵寻衅，中国始肯让步。九月二国解决悬案，关于延吉，中韩仍以图们江为界，中国开放龙井村、局子街、头道沟、百草沟，韩民住于其地者，按照中国法律，归华官治理，但许日员观审，吉长铁路展至延吉，直达会宁。关于其他问题，双方议定五案修款。（一）中国建筑新民屯、法库门铁路，须先商于日本。（二）中国承认大石桥至营口铁路为南满铁路公司支路，将来到期，一同交还，并许其末端展至营口。（三）中国许日开采抚顺、烟台煤矿，出口之煤，按照最低税则收税。（四）安奉及南满铁路沿路之矿产，除抚顺而外，定为中日合办。（五）日本对于京奉铁路，展至奉天城根，允无异议。

日本经营南满，得有英、法、俄之谅解。英为日本同盟国，已无待言。一九〇七年，日法缔结协约，其目的称为巩固两国之友谊，免除将来之误会，协约载明尊重中国之独立与完整，门户之开放，维持缔约国在亚洲大陆之地位及权利，另有换文迄未公布。据法使施阿兰日记，日本承认广东、广西、云南为法势力范围，法国承认南满、福建之日本特殊权利。二国公布协约之后，清廷深为疑惧，外务部向二国抗议，未有效果。德皇闻之，尤为惊惶，其时英、法、意、西、葡联合，反对德国伸长势力，德国国际上之地位孤立。德皇深信黄祸，以为日法协约将驱逐德国势力出于东方。日法协约既成，日俄政治家均欲二国妥协，七月，协约成立，条款凡二。（一）互相尊重缔约国之领土完整，及中国条约上日俄条约上之一切权利。（二）承认中国之独立与领土完整，及工商业之平等机会。协约维持现状，而同时商订之密约，则划分满洲势力范围，避免竞争；日本承认俄在外蒙之特殊利益，俄国承认日韩之政治关系。于是二国开始合作，谋得权利于中国矣。其时英法已有协定，英国朝野防俄之思想改变，乃以法国之调解，共同防德，八月英俄协约成立。德国鉴于外交之孤立，远东形势之不利，转向美总统罗斯福协商，美国原与日本邦交亲善，及朴茨茅斯和议，舆论倾向亲俄，小村等深受不良印象而归，会沿太平洋岸各州排斥日人，旧金山教育会禁止日童入其公学。日本舆论视为大辱，政府提出抗议，困难遂生。美国对于中国坚持门户开放政策，日本伸张势力于南满，引启美人之疑忌。罗斯福曾以远东形势为虑，九月，召见驻美德国大使询问，大使奉其政府训命，建议美、德、中国同盟，共防日本。罗斯福表示同情，驻京德使腊格斯（Yon Rex）时向外务部建议，中、德、美、俄四国缔结协约，军机大臣袁世凯主张中、美、德三国同盟。十二月，罗斯福尚谓二国合作有可能性，德皇亦信同盟条约可成。腊格斯向本国建议具体之主张：（一）中、德、美缔结同盟条约，保全中国领土，中国以商业权利酬之。（二）德美与俄合作，反对日本，若俄对日战胜，许其占据满洲，自由处置，但于土货输出，外货输入，不得征收较高之关税。

德使第二建议危险之甚，无以复加。中国前与俄订同盟密约，俄无遵守之诚意，反而乘机要求权利，引起重大之事变，无穷之纷扰。日俄已有谅解密约，德皇竟欲联俄反日，成功殊不可知，万一日俄再战于满洲，中国之损失将甚于前，固可断言，无论若何，德国将得商业利益，其计狡矣，无怪德皇欣然赞同其主张也。清廷颇多顾虑，尚未最后决定，一九〇八（光绪三十四）年四月，驻美公使伍廷芳就职，未向国务卿提及同盟，而袁世凯则向德使声称三国同盟势在必行，盖于朝中仍主此说也。会美国退还拳乱赔款一部分，作为教育用费，袁世凯奏请太后遣专使赴美道谢，而并磋商同盟条约。八月，唐绍仪奉旨渡美，说者称其磋商借款，无论若何，所奉之使命固极重要。唐绍仪尚未抵美，而两宫病死，醇亲王载沣摄政，袁世凯罢归项城，日本对于清室表示好感，三国同盟之说，载沣不愿讨论，电召唐绍仪回国，借款亦未成功。清廷不愿缔结同盟条约，日美邦交亦有进步。初日俄战后，日本向美声明其无侵略菲律宾岛之意，驻美日使高平小五郎主张亲善美国，美舰队东游日本，寓有示威之意，反受日人之欢迎，识者固信日美战争为不可能。一九〇八年五月，二国签定仲裁条约，亦为邦交进步之征。十一月，高平与国务卿鲁德（Root）互换照会，二国声明维持太平洋之现状，及中国之门户开放，其欲缔结同盟条约者独为德国，终乃归于失败。罗斯福致书德皇以自解说，中云："华人无论对内对外，从无实行一定政策之希望。"斯言也，备极讥诮，固非同盟失败之原因。罗斯福对于中国亦无好感也。德国谋订同盟条约，对于日本既抱仇视，对于中国亦非善意，不过唯利是视，借以巩固其地位，多得权利而已。袁世凯贸然许之，盖为失策。

一九〇九年，中日解决悬案，日本于南满之势力大张，清廷恶之，外人忌之。十月，总督锡良向英工程公司及美银行团磋商借款，建筑锦州、瑷珲铁路，路线所过之区域，均在日俄所谓其势力范围。合同成立，二国提出抗议，条款迄未履行。美国以其违反门户开放之旨，十二月，国务卿罗克斯（Knox）致通牒于中、日、英、俄、法、德，建议共同借款中国，收买满洲日俄铁路，并筑新路，暂由国际委员会管理。其计划创自美铁路商人赫叶门（Harriman）。初日俄战后，赫叶门意欲经营满洲及西伯利亚铁路，而以轮船运输，促进太平洋、大西洋之交通，商于日本，收买南满铁路，总理大臣桂太郎许之。会小村自美归国，力持异议，遂作罢论。赫叶门后往俄国协商，计划未成而死。至是，六国收得通牒，中国以其减少日俄侵略之危险，表示同意。德皇认为德商可得自由竞争市场于满洲，望其早日实现。英国虽同情于建议，然视其同盟国之态度为转移。法国亦以俄国之意见为决定。日本舆论对于美国通牒之内容，莫不攻击，政府复文婉言谢绝。俄国则力反对，措辞强硬。英法不肯赞同，计划归于失败。说者讥言美国先未商于列强，遽尔提出，以致毫无结果，缺少外交上之经验，反而促进日俄之邦交，二国致美复文，同日送出，说者称其先已磋商。明年七月，日俄签定新约，其条款凡三：（一）二国协力改善满洲铁路，并促其联络，避免竞争。（二）二国互相尊重其所订之条约，及与中国所缔之条约，以维持满洲之现状。（三）满洲现状若遇危险，二国随时协商必要之办法。其性质颇同于同盟条约。正约而外，尚有密约，其内容则维持两国擅自划定之势力范围，各不相害也。

俄国败于日本，撤兵归国，其在北满势力仍不可侮，久始交还电报，中国许其于黑龙江、吉林伐木，开采铁路两旁各三十里之矿产。俄人利用其政治势力，勾结汉奸，鱼肉人民。其政府与日本妥协，划分势力范围，议订铁路联运章程，各谋巩固其地位。铁路公司管有广大区域，哈尔滨市政府擅行课税，外务部以其侵犯主权，向俄抗议，一九〇九（宣统元年）五月，二国议订大纲，铁路界内之要市，得设自治会（旧作公议会），住民不分国籍，选举权及被选权，概以纳税不动产为标准。凡地方公益事项，由其决定，呈报交涉局总办铁路总办核夺，由会公布施行。倘或总办否决议案，再由出席议员四分之三通过，即为决定，仍可执行。华人商会得举额定代表于办事处，参理事务。关于关税，边境初不收税，自松花江开放及铁路成后，贸易日形发达，中国尚不能设关收税。一九〇七年，二国议定北满及绥芬河试行关税章程，边境百里仍不收税，货物由铁路运入输出者，仍照陆路通商章程，减税三分之一。关于松花江航行，清廷拟定行船章程，俄国坚不承认，乃由道员施肇基与俄员商改，常以地名不一，发生争论，一九一〇（宣统二）年，始行议定设关收税，货税多按税则折半征收。北满次第设关收税，而蒙古、新疆尚未收税，外务部谋欲收回主权，与俄使修约，二国立场不同，久无成议。一九一一年二月，俄国以恫吓之辞，提出要求，其要款凡四：（一）边界一百华里内之贸易概不收税。（二）俄人得自由移居于蒙古及天山南北路。（三）中国许俄添设领事于科布多哈密等处。（四）华官审理关于二国人民之诉讼，不得拒绝俄官观审。三月，清廷迫而许之，俄人更诱蒙古脱离中国，其事详后。

日俄经营满洲，压迫中国，已如上述，其所以造成者，初由于清廷视为发祥之地，八旗旧居，除特别情形及放逐罪人而外，不许汉人出关垦种，吉林、黑龙江人口不足数十万人，黑龙江北岸及乌苏里河以东，尝或千里无人。十九世纪，俄国经营远东，不遗余力，瑷珲条约，中国丧失黑龙江北岸及其下流，北京条约再失乌苏里江以东之地。于是二省逼处强邻，俄人乘机杂居，经营商业，势力日盛。清廷从未于根本上着想，筹谋补救之策略。旗人居于二省者，清廷禁其远出，不得谋生，而马甲有限，所领之饷不足以供一家衣食之费用，其人惯从事于射猎，不愿耕种，生计大为困难。奉天户口较多，宜于耕种，汉人每于春季自山东渡海，冒禁而往，及冬多回家乡。其在奉天也，为人佣作，耕种田地，颇有所得，其后日俄经营朝鲜，朝廷于奉天兵练，仍未开弛禁令。一八九〇（光绪十六）年，黑龙江将军感受俄人之逼，致书李鸿章建议开垦。李氏复书论之曰："垦荒一条，碍于旧制"，其意不必改变旧章也。事实上汉人出关者，视前便利，为数大增，禁令已为具文矣。中日战争，清廷败而议和，爱惜台湾远过于辽东半岛，俄国利用干涉还辽之机会，骗诱中国许其建筑中东铁路，强租军港，要求利益。拳民之乱，满员挑衅，俄国视为口实，出兵占据东三省，强迫承认丧失主权之条约。将军无款可筹，开放官地，许民交款领耕，办法各地不同，膏腴平原领耕者众，收费较多，硗瘠者免费，每垧（约地三十至数亩不等）收银数两至一两数钱不等，加收用费。领者初限旗人，所谓旗招民垦也。旗人不交荒价，乃由汉人承领。日俄战后，三省设有垦务局，招民开垦，旗员奉旨不得干预，垦地多者，设官治之。据程中丞（德全）奏稿，黑龙江一省于二年内（一九〇四——一九〇六）应收领荒正款四百二万两，收齐三百八十七万两。顾时“江省地旷人稀，年来所放之荒，其实行垦辟者，不过十之二三”，此固不独江省为然，其他二省亦不能免。其原因一则由于人稀，二则富人视为有利可图，出款多领也。荒地领垦之后，徙居者日多，地为吾地，人为吾人，满洲永为中国土地之一部分，实无疑问。尤有进者，清廷对于日俄，虽多让步，然据事实平心而论，清吏力谋收回主权，交涉非不得已，不愿解决困难，问题之多，常由于此。且东三省自与俄国通商以来，未曾切实征税，今能设关收税，交涉视前盖有进步，当为吾人所知者也。

日俄各以地理位置，对于中国关系密切，其余列强对华政策，类多维持现状，英国在华之商业，额数仍占第一，与日结为同盟。日本经营南满与美时有违言，一九一一（宣统三）年，英日改订条款，减少英国责任。英国对华投资，经营铁路，协助禁烟，其最引人注意者，则出兵西藏，占据片马也。西藏交涉详言于后，片马在云南西部，怒江之西，腾越之北，军事重镇也。二国疆界初未划清，英国曾欲中国让与片马，不得，一九一一年，英军据之。外务部提出抗议，交涉未有进步，会革命军起，清廷不遑之问，变为悬案。法国与俄同盟，与日妥协，赞助党人起兵，对于清廷未有好感。德国初极暴横，不肯撤兵，及三国同盟失败，鲜有单独积极之行动。美国排斥华工，引起抵货，诒罗克斯计划失败之后，对于中国别谋活动，其地位使之然也。初美并夏威夷、菲律宾群岛，大伸势力于太平洋中，对华贸易岁有增加，识者以为中国地广人众，二国国际贸易，尚有极大发展之机会，不愿其受列强在华势力之妨碍，国际铁路计划之提出，原谋各国工商业之机会平等于满洲，不幸失败。美国银行乃与英、法、德银行合作，议订章程，成立四国银行团，在华投资，建筑铁路。一九一一年，银行团代表与度支部大臣载泽磋商借款，专为改革币制及发达东三省之事业，四月，合同成立，中国借款一千万镑，四十五年还清，年息五厘，担保品以东三省之税收及各省新增之盐税充之，借款兴办之事业，如款不敷，再借外债，银行团有优先应募之权利。今观条件之内容，用意则防日俄势力之发展也。乃因日俄之反对，款未交清。五月，中国更于公使威逼之下，与银行团签定川汉、粤汉铁路借款契约。

日俄经营满洲，英德诸国则谋巩固其经济势力于本部，中国自英、美、日商约成后，给予外商特殊权利，开放内河，外商贩运货物便易远过于华商。列强以为中国尚无保护商标版权之规定，外商享有领事裁判权，乃相订约，保护本国之商标版权及专利权。朝廷自车驾返京后，筹筑铁路，各国争先承借款项。朝廷筹筑天津、镇江铁路，向德英借款，分段建筑，久未成功，一九〇七年，改为津浦铁路，仍向二国借款，前后九百八十万镑，开工后四年造成，三十年还清。英国先得承办沪宁铁路，一九〇三年，议订合同，借款三百二十万镑，五十年还清。后五年，双方议定沪杭甬铁路合同，中国借款一百五十万镑，三十年还清，路线由上海至杭州，更往宁波。其在南方，一九〇九年，广州九龙铁路合同成立，中国借款一百五十万镑，三十年还清。卢汉铁路前借比款建筑，至是，改称京汉铁路，借英款五百万镑收回，三十年还清。河南道口镇、清化镇铁路，初许英商福公司建筑，以其开矿故也，一九〇五年，议订合同，借款七十万镑建筑，计卖股票之第十年起，分二十年归还。其在北方，京奉铁路多借英款筑成。法国先得建筑龙州铁路之权，次筑滇越铁路、正定太原铁路。正太原向道胜银行借款二千五百万法郎建筑，拳乱后，改为卢汉支路，再行借款四千万法郎，计卖股票之第十年起，分二十年匀还。银行则向法商借贷，后以路权归之。河南汴洛铁路，一九〇三年，中国向比商议订合同，借款一百万镑，作为卢汉支路，后将路线延长，续借款项，亦与法商有关。川汉、粤汉铁路由四国银行团承借。南满新筑铁路，则借日款，已见于上。其时绅商视筑铁路有利可图，争言筹款兴筑。自办成功者，独一京张铁路，余或路线太短，无足轻重，或经费困难，久未兴工，或经理无人，虚縻款项。就人力财力而言，建筑大规模之铁路，非借外债盖不可能，美国铁路多借英款筑成，借债筑路，原为生产事业，利害则在合同之如何规定耳！列强争欲投资者，或有政治作用，或谋权利，借款多有抵押，投资稳妥；尤有进者，凡向一国借款，必用其国人为总工程师，材料向其本国购买，无往不处于有利之方面也。合同或契约成立后，有以政治转移，迄今尚未竣工者，有因无利可图，或世事变更，不能建筑者，建筑铁路尚为中国今日之急切需要。更为便利读者起见，附言电报于此。边境与强邻接壤者，互相接线。水线有丹麦大北公司、英商大东公司营业。拳乱时，联军占据津沽，盛宣怀与二公司商定，安设吴淞、烟台、大沽水线，更自大沽重造陆线，直达北京，及联军退出，交还中国，清廷又许美、德、日本安置水线。

列强在华谋得政治上经济上之权利，清廷不善应付，造成事机，往往迫而许之。及革命军起，列强对于双方表示严守中立，外商则唯利是视，贩运军火。《五十日见闻录》之作者朱通孺，自上海登轮，前往武昌，船中有洋行买办招揽军械生意，德日诸国商人均有出售。其时响应革命之地日广，英使朱尔典建议和议，驻京公使借口海关盐税之收入担保外债，若为南北军所提用，则将延长战祸，危险及于债权，议决各国有关系之银行，组织委员会，保管关税盐税，双方不得提用。明年一月，外兵奉命占据北京、大沽间铁路，其种种行动，类多不利于北京政府，外人之观察中国者，多以清廷之腐败造成无数之纷扰，对于主持革命之领袖，往往同情。外交官竟乃利用事变，别怀野心，扩张权利，谋得领土，其明显之例，则上海会审公廨组织之剧变，及赔偿乱时商人间接损失之要求也。赔偿要求不合于理，无待说明。租界为中国领土之一部分，华人为中国人民，当受华官之管理，毫无疑义，上海租界乃以特殊之环境，一八六三（同治二）年，设立会审公廨，上海县官或其属员出席审理华人民事诉讼，刑事则由英美或德领事出席陪审，陈说意见。及上海独立，县官携款逃匿，公廨停顿，领事决定时局未定之先，免致公廨牵入政治，自行派员审理诉讼，陪审员之意见，乃为最后之决定，中国数谋收回，初不可得。蒙古、西藏独立之经过，略分言之于下。

蒙古旧分内外，其民同为黄种，内蒙古于清季开放，汉人之移居者渐多，外蒙古则无汉人影响之可言。其人以游牧为生，知识简陋，信奉喇嘛教，群奉库伦活佛为主，其下尚有王公、贝勒、盟长，各治一部，俨然古代酋长式之政治。清廷向不问其内政，尊崇喇嘛，王公按时朝贡，赏赐甚厚，互通婚姻。蒙古官制，乌里雅苏台设有将军，库伦有办事大臣，科布多有参赞大臣，阿尔泰添设办事大臣。俄国自经营东方以来，二国关于外蒙古之交涉遂多。一八六九（同治八）年，中俄商约规定百里内之边界贸易，概不征税。凡持有执照之俄商，得往蒙古设官或未设官之地方贸易。一八八一（光绪七）年陆路通商章程，亦有同样规定。蒙古属于中国，华人入境者反受阻碍，俄国派员调查矿产，联络活佛王公。日俄战后，中国筹办新政，对于蒙古根本改变政策，奉天巡抚唐绍仪拟定移民计划，发展商业，建筑铁路。汉人先曾犯禁入境，开垦土地，及政府奖之，往者益多，一九〇九（宣统元）年，约十万人。其往外蒙古经商者亦多，其人资本短少，善于取巧，利用蒙人之短，重利盘剥，取其牲畜，蒙人忧惧。政府诏许汉蒙通婚，定汉文为公文。将军办事大臣向不干涉蒙古内政，办事经费专恃陋规为挹主，至是，库伦办事大臣三多，不知蒙人之需要，财政之困难，王公之倾向，推行新政，创设审判厅、兵备处、交涉局等，所在需款，乃量地课税，兴创木炭销场诸税。蒙人未得新政之利益，反而增加负担，心怀怨望。三多减削活佛权力，遇事抑之，对于王公亦少考虑其意见。一九一一年，营造兵房于库伦，筹谋练兵，喇嘛王公秘密会议，向俄乞援，七月遣员往俄。俄国已得蒙古贸易之权利，进而乘机干涉，八月，驻京俄使照会外务部，内称蒙古情状之恶劣，将影响于边境之安宁，要求免去练兵等。外务部复称蒙古之兴办新政，乃谋蒙人之利益。会武昌独立，各地响应，报于库伦，活佛与王公秘密会议，决定独立，俄国助之。三多迭次告急，而政府势难兼顾。十二月二日，活佛宣布独立，三多遁归，华兵退出。活佛传檄内外蒙古王公举兵响应，乌里雅苏台将军、科布多办事大臣，均被逐去。活佛自号皇帝，创设内阁，向俄借债，俄国政策可于外相沙农诺夫（M. Sazonov）之演说辞见之。次年四月，外相于国会声称蒙古缺乏领袖、金钱、军队，毫无独立之预备，而今脱离中国，俄国须据其地，否则华军将其战败再行入境矣。其外交策略则向中国蒙古调停，中国应付遂处于困难地位，其详见后。

蒙古独立，西藏继之，西藏在中国西南部，南接印度，唐初通于中国，太宗以女妻其国王，其人勇敢善战，为唐边患。其后信奉喇嘛教，达赖喇嘛管理前藏，班禅管理后藏，其下僧侣繁多，人民多以游牧为业，生活困苦，一妇多夫，妇女操作，男子反而懒惰。满洲初起，即与西藏发生关系，入关后，出兵援助喇嘛，驻兵为之防守，设办事参赞大臣各一。大臣于其内政，向不干涉。西藏地势险要，外人鲜入其境，喇嘛反对开关，不奉朝旨，为印军所败。中英订约，哲孟雄归英保护，喇嘛仍力反对通商，商约久始议成，开放亚东，喇嘛怀疑英人，不肯开放，其理由则谓英国兼并小国，抱有野心，将强藏人改奉耶稣教也。驻藏大臣无如之何，英人借口中国不能统治西藏，徒有空名。达赖则以中国不能予以保护，误以俄国信奉佛教，转而与之相善，俄国迭次遣员入藏，喇嘛有与之相结者。一九〇一（光绪二十七）年，达赖遣员赴俄，英人宣传中俄订有西藏密约，实则毫无根据。印度总督歌伦（Curzon）以为久与中国交涉未有效果，向英政府建议，遣兵保护使者前往拉萨，直与达赖喇嘛交涉。内阁知遣兵往，直为挑衅，俄又向英声明未订密约，一九〇三年，歌伦迭请不已，英国许之。七月，使者同护兵前进，历久交涉，未有进步，明年，英军前进，藏兵御之，力战而败，死伤颇多。英军逼近拉萨，达赖出逃，寺长主持交涉，九月订成条约，是为英藏拉萨条约。要款凡五：（一）西藏开放江孜、噶大克、亚东为商埠，许英派员监管商埠之商务。（二）赔款五十万镑，三年还清。（三）担保条件之实行，英军得暂驻于春丕。（四）西藏削平自印度边界至江孜、拉萨之炮台山寨。（五）西藏非得英国政府同意，不能割让或租借土地与任何外国，内政不受外国干涉，不许其派员入境，外人不得建筑铁路，安设电线，开采矿产；西藏不得向外借款，以其收入抵押于外国或其人民。

综观英藏交涉之始末，英国野心侵略殊甚明显，其理由谓防俄国，不足一辨，何竟破坏中国宗权？清廷不善处理藩属，造成若此之结果，亦不可讳。达赖之愚陋，更不足责。朝廷得知报告，始谋挽救，一九〇五年，诏派唐绍仪赴印废去新约，久无所成，奉旨返京，留其参赞张荫棠交涉。会英国内阁更变，明年四月中英条约成于北京。其要款凡二：（一）英国允不占并藏地，及不干涉其政治，中国不许他国侵蚀藏地及干涉内政。（二）英藏条约规定外国不能享受之权利，中国独能享受。清廷于此变后，始乃根本更改治藏政策。西藏距离北京太远，交通不便，往来之路一由西北前往青海，然后折转而南，其一行自四川，西经西康，直达拉萨。二路以后者较便，政府遂先经营西康，西康在四川之西，青海之南，西藏之东，南接云南及英属领土。其地山势雄峻，土壤确薄，其人民宗教风俗文字均与藏同，喇嘛占有势力，大寺负有盛名，人民部落而居，清廷向不干涉，土司骄横不服命令，川督鹿传霖曾以兵力平其抗命者，改土归流，朝旨不许，将其免职，地还酋长。土司无所畏惧，一九〇五年，戕杀官吏。建昌道赵尔丰奉命督兵往征，士兵未有训练，军器恶劣，战斗则颇勇敢，死伤甚众。赵尔丰乘其战胜之威，次第征服巴塘、里塘，明年，光绪授为督办川滇边务大臣。赵尔丰改土归流，招民开垦，奏办学务，由部拨开办费一百万两，用兵经营东北诸部，西康始定。其经营也，规模远大，迄今川人尚称道之。

赵尔丰之用兵也，曾毁佛寺，纵兵残杀，大为喇嘛所恨，言其将改西康为省，藏人对之尤为疑惧。朝廷任命张荫棠为驻藏大臣，代其赔偿军费，张氏善于经营，伸张中国权力，与英代表议成印藏通商章程，朝廷后以满员联豫代之。联豫遇事干涉，达赖回藏，问题遂起。初达赖于英军逼近拉萨，逃往库伦，后还西宁，朝廷召之，一九〇八年抵京，皇帝加封其为顺诚赞化西天大善自在佛，而以臣属视之。两宫死后，达赖回藏，途中发出乞援各国电文，攻击赵尔丰之残酷，及抵拉萨，以为驻藏大臣多所干涉，疑其将改西藏之宗教，益仇视之，转与英国接近。英自派员驻藏以来，指导藏人，免除误会，渐而得其信心，朝廷闻报，认为危险，命川兵一协入藏。一九一〇年二月，前锋抵于拉萨，鸣枪示威，达赖大恐，偕其亲臣逃往印度。印度政府颇厚待之，迭向外国乞援，朝廷革其尊号，而藏人仍遥奉之。达赖既逃，联豫之权势大张，奉班禅喇嘛为主，班禅协筹军费，多所赞助。华官更召不丹入朝，英人颇以为患。驻藏之兵原为营兵五百，其人“皆娶有藏妇，人月给青稞一斗，年给米一石，米自食，青稞养妇，再以余资使妇牧羊豕，以故安分不为非”（见《辛壬春秋》）。及新军至，兵多哥老会徒党，不守纪律，欺侮藏人，及革命报至，会首煽兵为乱，抢劫拉萨官署、佛寺、商店，更相残杀，祸乱延及他地。达赖乘时传檄藏人起兵，藏兵围攻川军于江孜，英领出而调停，许其自印度回国。其在拉萨者，亦缴械归。川兵之去江孜也，藏妇视之为鬼，于后撒泥拍手送之。达赖回藏，传檄西康，驱逐汉官，赵尔丰新设之州县大半陷没，六年经营之力，毁于一旦，徒招藏人之仇恨。其失败者，放任既久，忽而改用政治手腕解决一切，主其事者，不能了解藏人之心理，实行亲善，予以指导，达于共存共荣之合作也。况其为时太暂，改革太迟，国内尚有纷扰乎？乃为英人造成时机。

综观清季国内之情状，政治组织，则沿唐、宋、元、明之旧，领土广大，交通不便，地方长官常有大权。清廷名为中央集权政府，乃以组织不密，官员人少，法令常难切实行于国中。官吏俸金低微，常恃陋规为衣食办公之费，京官则多穷乏，胥吏且无薪给。其入仕者，正途出身，则多不知事理之文人，捐输武功则流品益杂，胥吏则多世袭，长官赖之办理公事，军队徒有虚名。人民族居，宗法常能辅助法律之不足，维持乡镇之安宁，伦理观念则以有子为孝，而耕种之土地有限，人口大增之后，生计困难，祸乱之起，多由于此。回人、苗人，或以宗教之不同，或以政治之压迫，或以利害之冲突，亦常引起纷扰。直省而外，满洲人稀，蒙古、新疆、西藏未能切实治理，幸而蒙古、西藏尚能相安。当斯时也，士大夫之胸襟褊狭，对外知识幼稚，而古今形式不同，环境大异，非其所能了解，遇有中外交涉，本于攘斥夷狄之思想，从不访知敌国之实力，高倡战议，失败屈辱之后，仍不觉悟，虚骄如前。列强乘其战胜之威，多所要求，中国损失，一次过于一次，七十年内，损失可别为三。

一、关于土地。中国向不干涉属国政治，乃为外国所夺。本国土地，割让香港于英，黑龙江北岸、乌苏里江以东、伊犁、塔城西部、帕米尔高原于俄，台湾、澎湖列岛于日。海港则旅顺、大连转而租借于日，威海卫、深州湾于英，胶州湾于德，广州湾于法。主要通商口岸，划有租界，其管理行政，及与华官关系，多不相同。上海租界损失主权最大，汉口、天津等地次之。势力范围尤为危险，俄国有北满、蒙古、新疆，德有山东，英有长江流域及西南部，法有云南、两广，日有福建、南满。其中中国有予以承认者，列强有自行划定，得有一国或数国承认者。

二、主权之丧失。海关税则不得自主，雇用英人为总税务司，邮政局雇用法人为会办。列强军舰、商轮均得行驶内河，驻兵使馆区域、直隶指定城镇，及满洲日俄铁路区域，租借军港及沿海商埠。外人不遵中国法律，不受华官审判。关于交通，列强干预疏浚北河、黄浦江，创设邮局于商埠，安设水线，争先承办铁路，开采矿产，经营伐木，借款投资往往有政治条件。

三、商业。外商在华，条约予以特殊权利，运货入口，纳正税、子口半税，得免厘金。陆路通商或暂免厘，或减税银。中国关税乃以协定税率，最惠国条款待遇，不得自主。外商住于商埠，其性质可分为二，一条约规定开放者，二中国自行开放者。自行开放之商埠，始于中日战后，借以避免列强要求租界创设工部局者也。外商贩运土货出口，亦得免厘，设立工厂，纳税同于华人。各国互订保护商标专利版权之协约，洋行在其本国注册，不理中国法令，不肯缴交税银。教士传教，创设学校医院，赞助华人，盖非损失，故未并入。

综之，中国土地之广，人口之众，实为世界大国之一，屈辱至此，主权损失，无以复加。列强侵略之罪，至为明显。而吾人于列国中深受此祸者，亦由于国内无人，士大夫之主张，多为愚人中之愚人，误国之罪，实不可逭，及后觉悟，为时晚矣。

1. 中秋节在公元十月六日。

第十五篇
政治社会情状

君权之发达——宫廷生活之情状——大臣之无权——疆吏之恭顺——州县官之困难地位——贪墨之一斑——刑罚之严酷——官仪之盛——学塾之生活——童试——生员考试——乡会试等——闱中情状之一斑——中试者之地位——八股文之说明——文学之趋势——思想与学艺——土地之分配——田税——农民生活之情状——工人——商人——家庭生活——宗教思想——经济状况——自治组织——结论

清帝逊位，自秦以来之专制政体告一结束，其间二千余年，君权逐渐发达，至清无以复加，一旦推翻，其变化演进之迹，固吾人所当知者也。初秦始皇统一中国，改称皇帝，威临臣下，君权始大进步。刘邦（汉高祖）起自平民，诸将多其故人，统一之后，会宴群臣，酒酣失礼，曾至狂呼争功，叔孙通改取秦制，作为朝仪，帝命朝臣习之，始知皇帝之贵。三公入朝，犹得坐而议论政事，切谏争辩，直陈是非，君臣时以诙谐之辞，互相谈笑，东方朔醉入殿中，小遗殿上，被劾不敬，武帝免为庶人。东方朔口谐辞给，近于弄臣，然曾官至太中大夫，此风相沿，迄于唐代，兹举二例为证。梁武帝设御筵，萧琛醉伏，帝投以枣，萧琛取栗掷帝，中面，御史在坐，帝动色曰："此中有人，不得如此，岂有说耶？"对曰："陛下投臣以赤心，臣敢不报以战栗。"帝笑而止。唐代君臣以打油诗相戏。及赵匡胤（宋太祖）以部将之拥护，得为天子，颇自尊重，初用之宰相，原仕于后周，惮其威严，请免入奏，改用劄子，太祖许而从之。三公坐而论政之制遂废，君臣之分益严，宋代理学发达，士大夫倡言忠君。其后宋为蒙古所灭，汉族深受异族之凌虐，朱元璋（明太祖）以盗魁起兵，统一中国，奴视臣下，以跪拜为朝仪，朝臣以受廷杖为荣。及清礼益隆重，三跪九叩首，成为仪注，外官奉有恩旨，则"恭设香案，望阙叩首"，凡遇赐赏均须行礼，驻外公使谢恩奏疏，莫不以之为言。军机大臣每日入值，天尚不明，皇帝坐于殿上，大臣跪于殿下，应对询问事件，其年高者，帝或施恩赐给垫毯，或自以软物裹腿，初觉甚苦，习而安之。皇帝发言，大臣例不敢问，贿赂太监，置其垫毯近于御座。君臣问答为时甚短，大臣非待询问，不敢陈说，有所建议，君权发达至此极矣。其弊则繁文缛节，变为形式，恐惧之中，殆无自由发表意见之机会，久乃视为固然。外使入觐，不肯跪拜，编修吴大澂称我国定制，从无不跪之臣，朝廷之礼，为祖宗所遗，不跪则普天臣民必愤满不平。清亡主张复辟之遗老，称道“今上”，则群起站立，其人多为礼教所拘，见解迥异于吾人，虽不能以新标准作为评论之根据，而固少数顽固守旧分子，忠君内安之代价，亦云重矣。

皇帝为一国元首，敕封鬼神，陟黜官吏，诛罚有罪，发号施令，统治全国，臣下不敢仰视，尊严俨如天神。其敬拜者，一为天神，二为祖宗，三为太后。祭天祀神，礼颇隆重，遇有水旱星变非常之灾，往往入庙拈香。祭祖含有报恩追远之义，古人以为人死之后，魂魄尚存，故有血食之说，历代视为重典。孝为美德，帝王以孝治天下，每逢佳节寿辰，亲至太后前行礼。光绪长于宫中，太后听政，见之即须跪迎，德龄女士在宫二年，渐与光绪习近，曾相戏谑，口称太后至矣，帝立跪下。朝臣于三节万寿日等，盛服入朝，行礼庆祝。平日帝出临朝，高坐殿上。太后听政，则用帘或幔隔遮，及光绪变法失败，慈禧复出听政，其年已老，坐于殿上，拳乱后，旁置棹椅，作为皇帝坐位。朝中各衙门堂官，及各旗侍卫，轮流值日。兹录《谕折汇存》中一例，以便有所证明。

光绪二十八年六月初四日

刑部都察院大理寺正蓝旗值日吏部引　见八十名　河南知府刘更寿谢　恩　道府张九章洪怿孙谢　恩　普龄假满请　安高熙喆武瀛孙崇纬谢化南预备　召见

召见军机　高熙喆　刘更寿

上文依照原文抄录，引见人员太多，不能一一详察矣；太后听政，曾命枢臣接见，盖应故事而已。而引见人员则縻款甚巨，周馥于一八七五（光绪元）年引见，其《自订年谱》记之曰："赴吏部引见，时上冲龄践阼，引见人员，皆派大臣验放。先一年，李相国（李鸿章）给余引见费五百两，周薪如提军盛传又增五百两，而部吏驳阻，索费太巨，遂出京未办。至是，有友人为之斡旋，乃得了引见案。"其所称之先一年，同治尚犹临朝，而已成为惯例，馈银一千两外，周氏当自筹款，竟不能应部吏之需索，索费究有若干，视人而定，今不可知。谢恩请安预备召见而外，尚有请训，请训多为实缺官员，往往锡以训辞。军机大臣则每日入值，余官得见者甚少。

朝礼尊严，而大内建筑则不甚高，书斋若上书房南书房，屋殊隘小，设备不全，皇子幼时均习满语汉文。郊外建筑具有美术价值者，前有圆明园，英法联军之役，英兵奉命毁之，后有颐和园，竭两朝财力经营修筑而成。宫中侍卫多由皇族及八旗大员子弟充任，门禁森严，大臣不得游览禁地，李鸿章擅游颐和园，部议革职，则其明证。御史尚谓杂人出入宫门，奏请整肃。帝于宫中，接近妃嫔宫女太监之机会较多。清制挑选秀女，八旗妙龄女子，不得先行订婚，其被选者，命运多不相同，或为后妃，或为嫔贵人，或为侍者，宫女于壮年放出，不准再入宫中。八旗大臣家中妇女，亦尝入宫侍奉太后、皇后。太监来自直隶河间县，愚蠢无识，位地低者工作如奴。宫中礼节琐繁，上下之别尤严。妃嫔等人遇见太后、皇帝，则双膝长跪。据德龄女士记载，每饭太后、皇帝先行同吃，食毕，皇后、贵妃始食，不敢坐下。慈禧于外宾入宫，以其讥笑站立而食为陋习，则命之坐，宾去，仍照旧例，太后称为祖法，不欲改变。食分尊卑先后，原为北方习尚，站食则宫中礼也。娱乐有听戏、游船、赏花等，然此非少数高贵妇女不能享受，宫中生活，衣食住固无问题，而人为社会动物，全为礼教习惯所拘，毫无家庭之乐，精神上之痛苦，殆不堪言。宫女不堪痛苦自经死者，弃尸于野，罪及父母。所幸者，其人多未曾受教育，惯居家中，积久安于此种环境。嗟夫！我国所为幸福，岂豢养之谓乎？抑由于人民生活之困苦而然耶？皇帝居于宫中，其出也，或乘辂，或坐舆，抬者或三十六人，或二十八人，或十六人，前有仪卫卤簿，侍从众多，路上散有黄沙，断绝行人，威仪之尊，礼节之盛，尝非吾人所能了解。谒陵则畿辅州县，或出夫修道，或出费，或出马，谓之大差，贪官劣绅借以敛钱。拳民之乱，车驾西出，和议将成，预备回京。直督李鸿章以为兵燹之后，费无所出，电请各省督抚接济，得款甚巨，及驾北上，旨命从俭，不准铺张，王公大臣颇改恶习。太后欲于直南多住一日，入庙拈香，竟以地方给养困难而去。周馥时办大差，其年谱记之曰：“沿途仅备太后皇上皇后妃四处供奉，包与御厨，尚无挑剔，王公枢部大臣亦无需索，惟小官及差役人等肆扰不休。午饭备一千二百桌，实食九百桌，余私折钱去，晚餐实备一千一百桌，天寒搭棚设灶，厨役用至千人，又官内听差，沿途车马抬扛夫一千数百人。”夫役如此之多，侍从之臣可想，其弊则费用太巨，出巡困难，虚文浮礼，果何益哉？

朝臣得见帝者，多为军机大臣，俗所谓相国也。丞相始于秦代，汉承其旧，历代名称不同，要与皇帝接近者为事实上之宰相，职权颇重。明太祖疑忌臣下，乃因胡惟庸之狱，罢去丞相。中庸之主，机要政事商于内阁大学士，内阁之权渐重，大学士无异于宰相矣。清沿明制，大学士佐理朝政，雍正与其兄弟不协，不欲亲王与闻政事，另设军机处，司掌枢要，内阁始无实权。疆臣立有功绩者，亦授大学士，内阁大学士乃为虚荣，时人仍以相国称之。军机大臣每晨入值，跪对询问事件，其人多为大学士尚书，既不能自由发表意见，而又人数太多，责任不专。其重要则与皇帝接近，乘机进言，拟定诏旨耳，实际上诏旨多由军机章京拟定，大臣不过传述审定而已。六部堂官多不在部，与司员恒不相习。据曾国藩言，司员自掌印主稿数人而外，大半不能识面。其言于咸丰即位应求直言诏而发，道光末年业已如此，固非一朝一夕之故。六部约千余人，多无所事，曾国藩称其或二十年不得补缺，或终身不得主稿，其补缺主稿者，不过依据则例，核议案件，理办公事，舞弄文墨而已。各部书役多者竟至数千，司员奉之为师，或与之相结。大臣在朝，每逢佳节国庆，均往宫中行礼。枢臣入值，帝怜其老者，恩许骑马，或准坐轿，其得之者，视为殊典，御赏之物，或为寿字福字，或为荷包，或为如意，或为黄马褂，或为诗文，或为绸缎，或为食物，或赏在宫中吃肉，均须谢恩。受官晋爵，宽免处分，子弟中试，蠲免故乡钱粮，增广进学额数，亦莫不然。大臣尚有进贡之例，朝廷上之失仪违例者，御史即行弹劾，都察院之御史，可别为二，一曰六科给事中，查核六部违例事宜，二曰十五道监察御史，分察直省钱粮刑名弹劾事宜，朝会朝考会试军机处等，皆有御史监督。御史实为皇帝耳目，以敢言弹劾为能，皇帝偏重防弊，对于大臣殆无信心，大臣于监视之中，多所顾忌，苟安因循备员而已。

外官地位较优，将军总督巡抚及统兵大将得专折奏事，旗人自称奴才，盖清始祖原为部落酋长，臣下概为世仆，故有此称，提督奏疏亦称奴才。汉人之任督抚者沿用旧制，概自称臣，宣统嗣位，摄政王诏去奴才，满人始得称臣。奏疏或为报告，或为奏请，或为议论，均有一定格式，一字违例者，将致处分，类多避免违悖之事，杂有冒功粉饰之辞，引用谕旨，无论其内容若何，多加赞语。兹引常见之例数则证明：（一）“仰见圣谟广远，思患预防，至周且密，钦佩莫名”。（二）“仰见圣主仅念时艰，力图振作，周咨博访，不厌精详，曷胜钦服”。（三）“跪诵之余，敬悉我皇上轸念边陲，勤求驭远方略，圣谟广运，明照无遗，曷胜钦服”。（四）“跪聆之下，仰见圣明崇实黜浮至意，下怀钦感，莫可名言”。诸凡此类，例不胜举。其进用也，非为人民，乃所谓出于皇恩；其不称职者，上谕辄责以丧尽天良，辜负国恩。大臣谢恩疏中，尝以世受国恩为言，每年派员入京，赍送贡物，遇有万寿节日，争罗珍品异物，或报效款项，或入京祝嘏。中日战争之年，慈禧六十年寿辰，方欲大举庆祝，而军队迭败，乃诏停办，枢臣仍承意旨进献贡物，宫中演戏如常，地方官则于万寿宫行礼。贡物本为呈贡方物之例，载于《大清会典》，或为食物，或为用物，官吏或以官价买之于民，或强人民报效，固恶税之一也。据德龄女士所记，慈禧亲自检点贡物，其不称意者，心尝记之。御赐之物同于朝臣，由送贡之员带回，督抚例须“恭设香案，望阙叩首”，表示祇领，并专折称谢。大员官外三年者，例须入京陛见，跪听圣训，出京先又请训，所谓训者，不过问答之辞，附带勉励之语，而縻款多矣。其下则有送部引见之例，困难已见于上。遇有国丧，官吏须素服行礼，民间例不嫁娶演戏，新年门联冠缨，一概免去，宴会奏乐爆竹均须停止，素服百日，并不薙发。顾皇帝与民多无直接关系，哀从何生？人民往往视为具文。淮军能将周盛传小心畏谗，书谕其子，并劝族人遵守丧礼，固其明证。其遵守者多为官绅，要有所惧，或别有所图，不过虚文形式而已。每遇忌辰，各衙门须将仪门暂闭，中设牌案，素服办事，鼓吹停奏，呵导禁声。裕谦官于苏州，以为日期未过，而各衙门即已撤牌，乃申禁令，顾此亦为具文。忌辰日多，官吏有不之知，而于斯日嫁娶宴会，为言官所弹致受处分者，用刑维持礼教，礼教之精神全失，其遵守者全为形式，其心动于祸福，固无悲哀之意也。

督抚为直省长官，据嘉庆十七（一八一二）年《大清会典》，全国总督八人，巡抚十五，其下属官承宣布政使十九，提刑按察使十八，道八十二，知府一百八十二，京畿四路厅同知四，直隶厅同知十八，直隶州知州六十七，厅同知四十七，通判三十一，知州一百四十七，知县一千二百九十三。清季添设行省，道府州县稍有增加，其下有佐贰佐之，人数不一。督抚管理省内各官，年有考语，朝廷据以陟黜，清制三年考绩，京官曰京察，外官曰大计，优者交部议叙，劣者罢斥致休。督抚对于州县官尚可随时将其摘顶撤差，其革职者，不必尽为贪污人员，中有谋欲改革积弊为绅士所恶而落职者。丁宝桢、郭嵩焘曾以整顿税银，公平分配，竟为言官所劾，二人官至督抚，犹有谤议，争论于朝，在其下者难安于位矣。劳乃宣官于畿辅州县，办差节省民财，劣绅无以自肥，反而控之。湘抚陈宝箴力欲整顿吏治，其属员黄鍪上书论之曰："每莅一处，一切陋习不堪过问，即不为成法所系，亦为世俗所牵，一经整顿，即塞口碑，每闻操持过严。设有事变，先行撤委，不必问其是非曲直，徒得办理不善之名，此常例也。当事者各有身家，岂肯轻入棘途，自甘取戾。是以尔虞我诈，各蹈尸位素餐之诮，虽有披肚沥胆之血衷，无处施其用，虽有出类拔萃之贤能，莫能展其才，积重难返，理固然也。"其言深有所见，造成之原因，固如黄氏所言。其他主因，一则人无信心，且为防弊之自然结果，一则绅士之权太重，官宦权势之家，门丁犹斥县官为"芝麻豆子官"，捕人扑责，俨然同于官署，曾左李诸家均得如此。此种习气，非独湘皖为然，他省亦不能免。失意之劣绅，则将奔走控告，长官存有免事见好之心，县官颇处于不利之地位。朝廷则视督抚参奏为整理吏治之要政，实际上希望或与结果相反。官场名言，"无例不兴，有例不灭"，善于保持禄位之官吏，势乃迫而如此。

外官之缺优于京官，清季补缺者，纷至沓来，各省皆有人满之虞，循资按格，亦非十数年不得一缺。其出身可别为三：（一）正途，经考试出身者也。考有正科恩科，会试录取二三百人，仕途冗滞，道光时已然，乱后尤甚，六部候补人员，或十余年叙补，御史彭世昌奏言曰："壮年通籍，则白首为郎，暮齿分曹，则半途求去"，京官之情状实苦。（二）军功，内乱历久平定，保举之员繁众。（三）捐班，军费困难，户部广开捐输，减价招之。于是各省候补人员无缺安插，其捷足先登者，非善于钻营，即有所系援，余则留于省会，类多穷困不堪。向例同知、通判、州县官以及佐贰杂职，皆有月课，准其报名投考，优给花红，以资津贴。江苏时称富庶，待遇较优，后以经费困难，改变章程，不分班次，并期合考，只予二十九名花红，余不给奖，佐杂概停月考。月课原为候补人员而设，武功捐班类多不能应试，请人代作，后乃改章，正途出身颇处于有利之地位。州县遇有事故，督抚派员往查，常以候补人员充任，亦调济之一法也。咸丰嗣位，侍郎赵元奏言官吏曰："罔识民事之艰难，但较缺分之肥瘠，幕友家丁招摇滋事，书差胥吏又复从中舞弊，联络把持，贿嘱情托，无所不至。委靡者怠玩因循，不知振作，贪酷者恣睢暴戾，惟事诛求；钱粮则任意侵亏，词讼则株连积压。"其言固为恶劣官员之写真，其所顾虑者，一则求免长官之参劾，一则避免绅士之反对，一则畏惧乡民之聚众闹事也。其所诛求者，或为相沿既久之规礼，或为钱粮之浮收，或为经手事业之花红，或为属员绅士之馈遗，或为词讼之请托贿赂。其数各地不同，官吏非此决不能赡养一家，或敷足办公之费，州县官之正俸养廉为数无几，而办公从无的款，长官出巡之招待，一窗一壶无不取给，节礼门包按例馈送，长官安然受之，恬不为耻，兹举一二明例于下。

周馥为李鸿章亲信，久官于直隶，一八八九（光绪十五）年，奉命署布政使职，其年谱记库吏送银五百两之经过曰："余却之，吏曰，'实任藩司向受一千两，署任则受五百两，此例规也。'余复却之，后数年，有以此被参者，账呈大府，大府认为故事，而以他事劾之去职。"其所称之大府，盖指直督李鸿章而言，此固不独直隶为然也。浮收钱粮，多寡各地不同，其最甚者殆为四川。据张之洞奏疏，每地丁一两，合之捐派，大县完多将近十两，中县完少亦须五六两，粮民先交捐款，然后许完正赋，否则不给串票。县官有再加费者，农民聚众闹粮，成为大案。官吏解款，尚得从中取利，所谓耗羡解费也。户部出纳，亦有私费，自十数至数百金不等，一八八六（光绪十一）年，山东河工需款百万，户部先拨五十万，《光绪朝东华续录》记言官奏劾书吏索款巨万，其劾之者，以其多也。馈送则视缺分之肥瘠，地位之高低，事件之大小而定。绅士之贿赂，官吏之馈送，皆不易知。据朝臣周德润奏疏，广东官场最坏，自将军迄道府县官，应送规礼七分，连寿节合计，共三十五分，每分如金玉珠宝缎绸钟表，价凡七八千金，门包数百金，以尊卑为等，如广州府属之六州，每年进款在十万内外，尚不敷出。他省馈送，固无若此之巨。凡欲钻营买缺者，则辇金入京，贿赂当局，尤以奕劻执政时为甚。长官携带家眷上任，其在省城者，所有用具零星琐物，均由首县办置，州县官则由胥吏购办，去任或携之去，或出卖之，长官以其敝旧多弃之去。首县胥吏则发官价强买，谓之办差。此外，尚有当事人之讼费，遇有命案，无谕死者自经，或由误杀，当事者财产将多用尽，故谚有之曰："家私多大，人命多大。"其弊之极，路中有尸，邻家亦蒙损失。裕谦官于苏州，留心民事，严禁此风。据《裕靖节公遗书》，地保遇有命案路尸，即同差役勒索邻家，名曰"尸场东道"，又常串通尸亲，将四邻开出，有隔二三里者，其罪列帮凶者动辄数十，其畏事者出钱给之，始除其名，名曰"拔名东道"，此种恶习固不限于一地，官出验尸，供给需索类多出自邻家。关于财产婚姻等之诉讼，所在需款，禀帖递后，候待批示，久始开庭，及期，忽又延期，所用之费已多，而判决犹不可知，民间故以息讼为言。

以上所叙情节，引用之例，多为极端之表现，不能一一例推所有之官，其中固有洁身自好之士也。其困难则胥吏无俸，多所勒索耳。官吏办案亦有赔贴之时，余家居高资，清末设有高家司，专治匪盗斗殴等案，乡间遇有失窃，报告至官，数日不获，事主即至衙门吵闹，官出好言安之，一面期限差役破获人赃，案情重者将受处分。邑中遇有抢劫命案，知县闻报，即亲往勘，事主一无供给，回衙，皂隶以帚扫地，藉去晦气。州县官对于劫案，负有重大责任，缉凶不力，致受处分者，时有所闻，维持治安乃官吏主要职守之一。张之洞巡抚山西，奏请捕盗就地正法，其理由则"光绪五年（一八七九），通省劫案凡四十九起，六年（一八八〇），劫案二十九起，七年（一八八一），劫案凡五十七起，本年（一八八二）十月以前，劫案凡二十九起"。四年平均之数，自今观之，并不为高，而张之洞竟请严刑诛之，以警其余。清代重视人命，非犯判定死罪，报告刑部审核，部文批准，始得执行；各县死犯照例解至省城，秋后处决。复审勾名，犯人呼冤者例须再审，长官胥吏不胜其苦，多用严刑审问，狱定以木塞口，绑至法场，用令旗斩之。就地正刑免去解费，手续较简，且足警戒地方余匪。清季匪患较多，疆吏多请行之。官吏问供，不得，常用非刑，有以木棒或锤敲伤脚踝者，有提两耳令其植立逾时气脱者，有摩其腹使气上涌一扑而亡者，有用布纸粘贴人身，向日晒干，带肉揭起，片片血淋，名曰剥皮者，有以棒荆缚置人背，使芒钻刺，然后拔出，至于透骨，名曰抽筋者，尚有猫笼、天秤架、棍架、铁链、站笼等名目，皆见于官书，读后思之，心为之悸，何不仁之甚耶？凭供定谳之初意，原为免去死于非命，夫于非法淫威之下，隐受胥吏之指示，何供不可得耶？身遭非刑痛苦而死，远不如一刀杀之，较为人道也。清帝禁用非刑，迄未有效，死者诿为死于狱中。其所以然者，多由于官吏为责任之计，深恶匪盗，匪盗非自招供，则无以定谳，案非有人供认，则无以卸责。其时未有警察，防范不严，非严刑立威，则不足以示戒，冤狱自不能免。时人恨恶匪盗，亦少同情心理，谋害亲夫逆伦等案，刑亦严酷。犯人之在狱中也，带有手梏脚镣，行动毫无自由，饮食恶劣，盖所谓人间地狱也，因案作证之人，时无赡养明文，“一入班房（待问所），生死即在胥吏之手”，况狱中乎？此就一方面而言，实际上劫案与今相较尚不为多，讼狱非刑多与良民无关，而大盗会党羽徒众多，官吏无如之何，往往讳饰太平。要之，人民生活问题不能解决，地方官署组织又不严密，徒以严刑立威，固非办法也。

征收钱粮，维持治安，为地方官之主要职守，其贤而自好者，则无需索，对于人民，劝其息讼，遇有水旱饥馑，募款拯济，一面呈报长官，请免田赋，或筹款开塘浚河以工代赈，平日提倡教育，捐款兴学，即为好官。其邻县免减田赋而本县照旧完纳者，则乡民恶之，甚者聚众入城闹事。平民官吏向少接近之机会，然遇冤抑，尚可拦舆申诉，拦舆多为穷苦之良民，身受强有力者之压迫，告诉无门，始乃为之。故事州县官出衙，拦舆触其忌讳，公毕，呼冤，回衙将即审理。官位高者，侍从众多，拦舆不易，乃以新奇方法诉冤，如镇江赴水冤呼之案。初镇江于大乱之后，城外房屋尽毁，地无主人，及后商业发达，建筑市房，旧主出而争地，涉讼败诉。会两江总督来镇阅兵，船抵江边，地主缮写禀帖，以油纸包好，置于发中，于官绅迎接之际，忽于其旁高呼“大老爷审冤”，纵身跃入水中，总督即命侍从救之，受理其案。其在本省不得直者，尚得入京叩阍，顾此种种补救方法，究越出于常轨，且非多数人所能为也。官吏地位尊严，出入均有侍从，由来已久，韩愈送《李愿归盘谷序》曰："其（大丈夫）在外则树旗旄，罗弓矢，武夫前呵，从者塞途，供给之人各执其物，夹道而疾驰。"此就唐代而言，清制略不相同，其精神则一也。督抚出衙鸣锣开道，执事侍官列队而前，骑马者谓之顶马，多者三人，持伞者一人，奏乐者一队，余多执牌，上书官衔，同于出会。轿前尚有戈士哈，满语侍卫之意，督抚坐于轿中，四人抬之，左右有戈士哈卫之，轿后置有一箱，中有衣服，乡人称为罪箱，不过仪式而已。后有骑马者随之，侍从凡百余人，威严无以复加，出入固多不便，幸其出衙者少耳。清季受外影响，疆吏中之识大体者，认为毫无意义，大减侍从，端方则其明例。其下各官视其品级，侍从递减，州县官出衙，亦得鸣锣开道，持肃静回避牌者在前，皂隶头戴竹编高帽，颜分红黑，俗有红黑高帽之称，手持长板，官则坐于轿中，人民闻锣让道，得于路旁观之。州县为亲民之官，有功德于民者，农民于其去时，或送万民衣，或送万民伞，或立去思牌，或脱换其靴置于城上，官得万民衣者，视为最大之荣誉，民间郑重其事，以为官有之者，将来因案参革，得免于死。

官吏鲜与人民接近，绅士出入衙门，颇有政治上之势力，其卑劣者凭借官势，欺压告诉无门之平民，其人或为世代书香大族之子弟，或为官宦之家，或为告退在籍之官吏，或为考试出身之文人，所谓士大夫之阶级也。其人社会上之地位颇高，俗称读书明理之人，实际上殊不尽然。其时读书入学之情状，与今学堂不同。儿童五六岁入学，塾中先生有进学与未进学之分，遂有经馆蒙馆之别，社会上之地位，所得之酬报，亦因之大异。缙绅殷实之家，礼请之先生，多为知名之士，待遇颇为优渥，教授之学生，约十数人，功课最为认真。城中大率先生设馆，邻近儿童欲上学者，家长托人说定学费，然后入学。乡村则有团馆之习惯，团馆于正月或六月举行。吾乡习惯，先由首东召集本村入学儿童之家长，议定学费，然后向先生说明学生若干名，束修多少，先生同意，是为团馆。东家设席宴请先生，三餐由其供给，一年所得二三十千文，其待遇优者被褥等物，多由首东供给。一年之中，夏季间或放芒，年终始有年假。先生返家，首东赠送之礼物甚多，间有一无赠送者，要由于各地之情形不一，首东之家境，及为人如何耳。明年正月，先生回馆，东家次第宴之，谓之春卮，投其所好，或偕之出游，或陪其博弈，约于灯节后开馆。浙江乡村待遇较劣，东家送米，先生自炊，类由年长之学生次第为之，馆或设于庙中，或在宗祠。儿童上学之日，家长亲送之往，携带礼物香烛，礼物则赠送先生，名曰贽敬，香烛则于孔子神主前燃烧，学生先向孔子行礼，后向先生叩头，每年新正开学，亦须行礼，学生约二三十人，年龄不齐，所读之书，亦不一律。先生终日坐于馆内，稽查功课，管理学生，颇为忙碌，桌上置有板二，长曰戒尺，短曰戒方，为打学生之用。入学儿童先认字块，后念三字经、百家姓、千字文，始读四书五经，学习写字，所读之书，必须朗诵，字句分明，一一熟记，然后于先生前背诵。学生背诵生书熟书，历时颇久，字句错误多者，或受呵斥，或罚令重读，或令跪读，或打手心，或打屁股，写字粗心者，亦受罚责，每日时间多耗于念书、背书、写字。先生坐于凳上，时以戒方拍桌，促其读书，一面教其立品敦行，学生坐于位上，必正必端，其出外也，不疾走，不跳跑，其在家也，顺从父母，恭敬长上。每晨入学，黄昏散学，均向孔子神主作揖，再向先生作揖，散学回家，又向父母长辈作揖。乡村儿童入学多为识字，粗通文义，能写书信；城市多求应考，尤以殷实之家为甚，教授方法亦稍不同。乡间先生对学生讲说经书，教其作对写信，城中固重讲解，又因得书较易，学生常或圈点史籍，试作八股，每逢二八或三六九等日，各作一课，名曰窗课，先生修改指导，迄其出学。今观学塾读书方法，课程迥异于今日之学校，缺点自不能免，先生不能明了儿童之心理，尤其明显之例，然其终日在馆，教授学生兼欲养成其良好习惯，人格教育之价值，固吾人所当知者也。

读书应考为士子出身之正途，儿童入学，其家人以此望之，考试制度正式成立于隋。（七世纪初叶），盖鉴于选举及九品中正之弊，应时之改革也。唐宋因之，科目略有改变，时人详论其弊，然无较善之方法，终不得废。应试者无贫富之分，士庶之别，朝廷视为抡才大典，慎选考官，严防弊端，考生之取舍，则以文为标准，会试中选者得入仕途，寒士亦得仕至卿相，谚所谓平地一声雷也。其明显之影响，则士之进用。以才能为主，扫除贵族门阀之阶级，其用以选士者，或为诗文，或为经义，古代交通不便，各地方言繁杂。士大夫乃以考试之故，所读之书，所作之诗文，所有思想，往往相类。考生必书三代贯籍，冒籍中选者，刑至严峻，边省人士亦得仕至高官。凡此种种，皆足以促进中国文化政治之统一。清代考试沿用明制，重视八股，童生第一试为县试，应试者不问年龄，概称童生，或曰文童，前后共分五场，第一场为正场，试八股文两篇，诗一首，余为复试，初复试四书五经文及诗各一篇，二复试四书文策论诗各一篇，三复试四书文一篇诗数首，四复又称终复，再试八股作法。故事凡前场落第者，不得再入下场，中者登榜公布，造册送府，以备府试。府试科目与之相同，发榜后造册送院，中选者再应院考。县考例照学额录取两倍，府考一倍，院考由学政主持，学政亦称提督学院，皆京官之翰林出身者任之，为钦命之官，体制崇贵，职务清高，与督抚平行，寓有右文尊儒之意。

童生院试入场，搜查颇严，其怀挟带被搜获者，将其怀挟掷入巨篓，叱令入场而已，县考、府考并无搜检。院考规则颇严，入场发卷，按签归于坐号，并于卷面写明号数，然后关锁大门，堂上击云板一声，众皆肃静，吏执题目牌，教官诵题二三遍，兵快登案嘹望，遇有犯规者，鸣金一声，高呼某生犯某事，本生持卷赴堂印记，拒者重究。巳时，门击鼓三声，方许饮茶出恭，饮者走至茶桌，自击云板一声，放卷桌上，印饮茶二字，饮毕，击云板二声。出恭者击木梆，仪亦如之，例许一次，有交卷者即撤桌去。未时，大门外击鼓三声，堂官击云板三下，呼快誊真。申时，大门击鼓四下，堂官拍云板四声，呼快交卷。申末，大门五鼓，堂上云板五声，各生交卷净场。院考规则见于《学政全书》，通行全国，较之县府考严厉多矣。县府考于饮茶出恭，考生均得自由，俗谓日落净场，而场中不但燃烛，且有迟至午夜以后者。其原因可于王念祖君之言见之。其言曰："县府系守宰之官，不愿过事严厉，以招恶感，且知学宪按临，必然雷厉风行，我辈地方官，何苦做杀风景事，最初不过是照例之人情，日久成为沿习之风气，在清季时，虽有风厉之县府官，亦不能违反习惯矣。"王君先后应试六次，乡试中选，会试不第，熟悉掌故，其言颇有根据。学政照额录取，发榜有名者谓之秀才，亦称附生，大率应试者数十人录一人，限于学额，有应试终身不得一衿者。绅富欲其子弟进学，唯有出于舞弊，县府试为之甚易，院试较难，乃勾通兵快，代考则因面目易于辨识，童生聚集一场，习气嚣张，最喜攻讦生事，倘被发觉，将有性命之忧，枪手不敢为之，乃多于场外代作，由挑水夫传递，场中检对手笔，原为杜弊，实际上仍为具文，清末考官亦有认真办理者。考试之日，饮食皆考生自备，唯县府考终复，由官给以膳食。亦尚丰腆，食者诩为幸运，夸示于乡里焉，榜发之后，秀才例须入学，字政按照报考籍贯归入县学，酌定十分之二拨入府学，谓之入泮，或曰游庠，其意义则入学宫从师肄业，身份与平民有别也。每一府学有教授一，州学有学正一，县学有教谕一，各有训导佐之，所谓诸生之师表也。王念祖曰：“学官教学，徒有其名，江浙文风素盛，无不自出束修，受业于邑中名宿者。”学政照例每三年按临各府二次，考试已经入学之生员，第一次谓之岁考。王念祖曰：

> 各生员逢岁试，无不栗栗畏惧，俗所谓秀才怕岁考也。每试得一等者，其前茅给与糜膳（其数甚微），谓之廪生，得二等者无功无过，得三等者谓之落海，照章发学戒饬，命门斗持戒尺责诸生手心十下，以示惩儆。但前清乾嘉以后，此事向不实行，虚应故事而已。究竟同学之嘲笑难堪，此秀才所以怕岁考也。至四等为劣，五等出学为民，久已不见于事实，学政多尚宽厚，实际上惩创之制，至戒饬为达极点，所以留寒士之颜面，俾可教书以糊口，但卧碑之上，则三、四、五等如何惩儆，赫然揭载，奉为定制焉（每一府县必有学宫，每一学宫必有卧碑，亦至今有未被毁弃者，可资考核也）。且岁试必须应考，亦有因事不与试者谓之欠考，下届逢岁考，须先补考一次，谓之补还欠考，非若科考之可以规避不到，在乡试前可以录遗入场也。学政按临各府第二次考试，谓之科试，名曰录科，即录其名以入科场也。考试制度与岁试相同，取一等者，前茅亦得补糜，取二等者一体乡试，取三等者谓之落海，即录科无名，次年乡试时仍须考取录遗，方得入乡场应试也。

王君所言，系应作者之问题笔答者也，括弧内之说明，皆其自注。三年两考固为定规，亦有并而为一者，恩科又将改变成规。学政按临各府，先期通知知县知府，由其出示分别考试，以备院考，故学政按临，一则考试旧生，一则考取新生。秀才学额有定，而岁科两试一二等名额则无定限，故少惩儆之例。《学政全书》所列之降青降社，已为一般人士所不明了，实则不过岁考四五等之处分，扑责降而为民耳。生员、童生均须自谋生计，寒士或教书，或兼行医，或考书院。书院多设于省会大城，由达官绅商创设者，或有学田，或有基金生利，或有捐款。山长常为知名之士，学生通常百余人，有月给银数两者，谓之膏火。其讲习之功课，或为经学，或为八股，或为史地等，要视主持者之决定。书院又常课文，或月举二次，或月举一次，或二月一举，生童均可与试，其列一二等者，多有膏火之助，应试者尝达数千，扬州梅花书院月课，镇江生童亦往应试，则其例也。生员进身之路，一曰贡举，二曰乡试。贡举则府县州学贡秀俊于天子也。一曰岁贡，府学每年例贡一人，州学三年二人，县学三年一人，而入监读书，路途遥远，往返不便，又以年壮者为限，渐而变为名目，改由学政考验。二曰恩贡，贡生以国家庆典恩科年录取者充之。三曰优贡，三年一考，学政会同督抚选拔，一省数人而已。四曰拔贡，十二年一举，学政选拔，督抚复试。五曰副贡，乡试中副榜者，亦称半边举人，准其入监。六曰例贡，府县学生员或俊秀监生援例报捐贡生者。凡由前五贡出身者，亦称正途，贡生入京，或有入监读书，然后以知县或教谕或训导选用；亦有不必入京，由学政考后咨部选授本省训导，得缺由巡抚考验者，岁贡则其明证。

乡试例逢子午卯酉年举行，尚有恩科，应试者有秀才、贡生、监生，秀才、贡生已言于前，监生则以贡生不愿坐监，乃以纳资入监者为多。考所曰贡院，均在省城，内有士子席舍，俗称号房，考时拨军守之，名曰号军；全国初设贡院十六，清季甘肃增设一所，江苏、安徽仍共一院。考官有主考官、副考官、同考官等名目，主副考官由旨钦派，同考官俗称房师，自十八人至八人不等，以本省科甲出身之官员充任，其下有提调、收掌官、誊录、对读、号军，多者二三千人。场中事务，概归监临总理，顺天以府尹充任，各省则以巡抚或总督为之。考官入闱，即与外间隔绝，不得接收函件，各部用笔颜料不同。考生先至省垣，夏历八月八日晚间，携带衣褥等物进场，先受严密之搜查，然后入场，完毕，封门，考生接卷归号休息。初九日，天尚未明，发表试题，第一场四书制义题三，五言八韵诗一，初十日傍晚净场，士子概用墨笔，故称墨卷。号房简陋，人于劳碌烦焦之中，居于斗室之内，遇雨尤感不便，神经错乱不能为文者，尝不能免，死于场中者，时有所闻，说者指为作恶之报应。考生交卷，受卷官一手接卷，一手发笺，并查违例应贴之卷，呈明贴出，余则每十份用纸固封后，送至弥封所，所官戳印红号，对编墨朱卷号，朱卷者誊录用朱笔抄写墨卷，送官评阅，防其观看笔迹，或致舞弊也。十一日，考生进二场，点名、发卷、发题如前，试题五经制义各一，十三日交卷，日落净场。十四日，再进三场，各事如前，题为策问，共有五篇，十六日出场。各省试题，除顺天试外，均由考官拟定，顺天试首场题由皇帝选定，其应试者有奉天、直隶、承德之生员，及坐监之学生。三场完毕，弥封所检对卷号簿号，送至誊录所，由其酌派书手用朱笔誊录，然后送往对读所校对，校后收掌官将朱卷移送考房，墨卷则标笺收存。房官选荐佳卷，呈送主副考官，由其品定取舍，小省人少，九月初发榜，大省考生万人以上，迟至十五。中选者各省例有定额，自四十至百余人不等，第一名为解元，余称举人，或称孝廉。举人进身之路有二，一应大挑，旧例每阅六年举行一次，嘉庆改为每四科大挑一次，一等以知县用，二等以教职铨补。顾以容貌为取舍，无足轻重。一应会试，会试以辰戌丑未年三月在京学行，亦分三场，规模略同于乡试，中式者为进士，第一名曰会元，榜发后在保和殿复试，名曰殿试，考列一甲者三名，称状元、榜眼、探花，赐进士及第。传胪之日，礼至隆重。其谢恩题名等礼，殆无叙述之必要，状元授修撰，余授编修。二甲若干名，赐进士出身，三甲若干名，赐同进士出身。进士或入翰林院肄业或授小官，例不一律。其肄业三年者，例有考试，清自中叶而后，重尚楷诗，考列高等者，留于翰林院，为编修检讨，迁调较易，时人以预选为荣。后则人数增多，调迁不易，乃求外官。

上言之考试制度，系清代普通士子进身之阶，达官子弟处于优胜地位，尝碍寒士进身之路，乃定官卷。其子弟及同胞兄弟等之应乡试者，编入官卷，大省二十取一，中省十五取一，边省十取一，就人数比例而言，取额较宽，仍有优待朝臣疆吏之意。旗人初考翻译，乡试另行编号，录取较易，舞弊尤甚。武举于文试后举行，亦分秀才、举人、进士，武官多由行伍出身。其社会上之地位，远不能及文官。此外尚有博学鸿词科，经济特科。博学鸿词科无定额，于清初举行，应试士子由大员保荐，试以诗文；经济特科于一九〇三年举行一次，录取者未曾重用，无关得失。清季奖进新学，其自外国留学归者，许其考试，予以进士出身，更以倡办学堂，疆吏请废科举，朝旨许之，于是国家抡才大典之考试，暂作结束。考试为士子人仕正途，显亲扬名，光荣乡里，政府民间莫不视为大事，拥有资财者，谋求得之，不择手段，寒士则尝卖文自养，其情状固吾人所当知也。童生聚于一处，往往生事，府县类多徇其所欲，闹场之事，时有所闻，其原因或攻讦舞弊，或为讥嘲不自科第出身之县府官，或因题目困难，或以琐事要挟州县官。生员赴省乡试者，船上书旗，途中税卡不敢稽查，船户乘机挟私。其进场也，考官严禁代考怀挟，而弊仍不能免。一八七九年，江南乡试冒名枪替者，竟至十数人之多；场中且有临时觅得枪替者，同在一号之中，仍由本人誊写，谓之临时卖稿。据王君言，大抵先取笔资一二百金，获隽后则照笔资若干倍，又有早先议妥，临时换卷者。场中生活，可于下引之文见之。

试士之区，围之以棘。矮屋鳞次，百间一式，其名曰号。两廊翼翼，有神尸之，敢告余臆。余入此舍，凡二十四，偏袒徒跣，担囊贮糒，闻呼唱诺，受卷就位。方是之时，或喜或戚。其喜惟何？爽垲正直，坐肱可横，立颈不侧，名曰老号。人失我得，如宦善地，欣动颜色。其戚惟何？厥途孔多。一曰底号，粪溷之窝，过犹唾之，寝处则那，呕泄昏忳，是为大瘥，谁能逐臭？摇笔而哦。一曰小号，广不容席，檐齐于眉，墙迫于跖，庶为僬侥，不局不脊。一曰席号，上雨旁风，架构绵络，樊篱其中，不戒于火，延烧一空。凡此三号，魑魅所守，余在举场十遇八九。黑鬓为白，韶颜为丑，逝将去汝，湖山左右，抗手告别，毋制余肘！

文见于陈康祺之《郎潜纪闻》，为常熟陈祖范所作，困于场屋，自言其经过，且作告别也。所言偏于居处。关于饮食，王念祖曰：

入闱后之生活，虽有官厅供给饭食，考生仍喜自备，铜罐杭箸炭米肴馔，皆考生自携入场，命号军供炊煮之役，饮料则号前有大缸，满储清水，亦颇清洁，烹水瀹茗，亦号军之事也。饮茶向无规例，任考生自由。

此就考生而言，第三场适逢中秋，例有月饼火腿钱文，江南乡试每名给二百文，光绪八（一八八二）年，皖灾以款助赈，左宗棠特捐养廉发给。四川积弊深痼，据《益闻录》载登川督丁宝桢之奏疏，场内前有酒饭烟馆，官不敢问，点名时拥塞喧哗，混领考卷。“本年（光绪八）严照条例办理，头场戒斥窜号数人，二场竟有斥生周冕蒙混入场，将其看管，又有士子拉坏号棚木签十数根，以便出入，不服官劝归号，反而胁众数百，打毁考棚，拥入公堂，毁坏什物，抛掷砖石，饬役拿获三人，余多归号，尚有数十人逼索周冕等，闹至四更，公堂分派题纸，竟将其抢去，掷入水缸。”此种不法行动，虽为四川独有之例，然可略见考场情形之一斑。孝廉入京会试者，例给川资，各省不同，自银数两至数十两不等。贵州、云南、新疆士子入京，赏给驿马骑坐。场中秩序就大体而言，较为严肃，然有吸烟者。朝廷重视科举，考费作正开支，颁布条例，严禁舞弊，而弊反生于其所防，童生应试例须廪生具保，苟非士族常多勒索。张謇改姓应试引起烦恼，则其明例。学政原为清高之官，按巡各府，尚有规礼。办差器物之需索，酒筵之供给，常苦府县官，王念祖曰：

> 学台来自京师，仆从无有不凶狠者，其主人能约束之，则此辈亦不敢作恶，倘学台自身不能廉洁，则此辈无所忌惮，而州县官苦矣。先君子宰同安时，福建学政檀玑颇不能自洁其身，仆从之凶逾于狼虎，路经厦门，照例燕烤两席，鱼翅六席，谕令一律抬还，速令粤厨精制粤席。……仓猝不能应命，赂仆满欲，仍以前席进用，始无闲言；次日，过境赴泉州，则行馆以内之红缎绣花披垫，杳无踪迹矣。物为假自绅士者，乃照价赔还之，但有清一代，贪污若檀氏者，亦不多见焉。

贪污至此，县官无法应付，唯有贿赂忍受赔偿而已。官无保障，学政固能借端需索，秀才进见例有贽敬，入学亦有规礼。乡试考官，朝臣奉旨派出，其在顺天者，迅速人闱，他省则限五日内起程，途中不得通柬拜谒，所以杜夤缘请托之弊也。闱中考官不得携带违例物品，考卷之弥封誊录，皆为防弊，墨卷尚须送京磨勘，倘或发现文理不通之句，例有处分。会试条例大率同于乡试，而关节之弊，仍不能免。清代数因考试兴起大狱，则其明显之例。尤有进者，朝廷重视科举，民间视之尤甚。余家世居乡间，宗祠并无多产，族谱中云："有应童子试者，给盘费银二钱，如人泮者，给花红银二两；应乡试者给银二两，应会试者给银十两。"款数虽少，然可见其奖励之一斑。罗泽南七应童子试，不售，及入县学，年谱称其泫然泣下曰："吾大父及吾母勤苦资读，期望有年，今不及见之以稍慰也。痛哉！"一衿之荣，竟至于此！入场之先，亲友送礼预祝，尤以乡试、会试为甚。其中试者传报至家，亲友视为人间至荣，造门庆贺。《益闻录》记状元黄思永于南京受贺，官绅往贺，状元头插金花，身穿蟒袍，坐轿至朝天宫行礼，前有衔牌数十对，魁星亭一座，大红旗四柄，上绣状元及第金字，观者拥挤不堪。说者称其祖上积德所致。昔为寒士，一旦跃而至此，足以惊骇时俗矣！举人进士于榜发之后，即拜考官为师，恭送贽敬，对于房考官亦极亲近，并谒见其夫人，行弟子之礼，以为非其所荐，则无由上达主考也。其亲昵过于业师，盖考官之地位优于业师，含有势利交结达官，为将来党援之计。同科中试者，无论年龄高下，行辈尊卑，地方远近，概称同年，亦相交结。科举所试科目，童试各场均有八股，乡会试各有三场，而考官则重首场八股，对策不过就题敷衍成篇而已。八股为多数士子专心习学之文，于历史上盖有说明其内容之价值，兹选一篇于下。

殷有三仁焉　　　　蒋龙光

（破题）以存心者存商、尚论之而乃定已、（承题）夫志欲存殷者三仁也殷实有之、而殷至今不亡矣、（起讲）今夫国运之兴废。虽曰人事。岂非天命哉。然天能亡一代之国。而必不能亡一代之人。即能亡一代之人而必不能亡一代人之心则其心在也。即其人在也。即其国亦在也。（入手）如微箕比干之行事如此，（起股）此犹可日周得而有之乎。亳社可移，九鼎可迁。独至百折不回之意。必不可改。是盖从亿万众之离心离德而姑存其不臣不叛之身。则固新主所不得而夺也。此犹可日纣得而有之乎。播弃如故。杀戮如故。究之自靖自献之衷，亦复如故，是盖聚数百年之祖功宗德以全收。夫尊贤养士之报。则亦非独夫所得私也。

(出题)吾因而断之曰:殷有三仁焉。(中股)讫命之罚。知之素矣。岂三仁而可与天抗乎。而仁至乃可以违天。使当日者。稍有依回帝命之思。则挟其才智。而与宁王之四友。穆考之五人比肩。择主。安见其扶景运之易。为力不胜于振坠。绪之难为功乎。而三仁不愿也。唯是天欲亡之。必欲存之。斯赖兹硕果之仅存。已可抗衡乎十乱耳。孔迩之兴。计之熟矣。岂三仁而可与人异乎。而仁至。自不忍附人。使当日者。稍有观望舆情之想。则留为有余而俟。西山之义士。洛邑之顽民。扶义而起。何至若抱器陈畴之不可以复还。剖心泣血之不可以复生乎。而三仁不计也。唯是人欲亡之。必欲存之。故即此一家之同德。已足鼎峙千秋耳。(后股)今而知殷之亡。远于夏之亡也。南巢放桀之日。尝不闻有。一人一士上酬七庙之灵。而何幸。忠良焚炙之余。犹见累朝培植之厚。商先王有知。应亦无憾焉。已今而知殷之亡。不减于周之兴也。筐篚玄黄之会。孰不谓乘时景运。居然俊杰之名。而何意忽焉没矣。之后。犹足动人凭吊之怀。我文考有知应亦甚慰焉已。(束股)嗟乎自有此三人。状山河而重社稷。当无忝莘野之元臣。告后土而对皇天。实足愧孟津之百国。(落下)殷虽不欲有之。三仁忍不为殷有哉。此孔子所以废书三叹也。

八股为文体之统名,内容亦有变化,有少至两大股者,有多至十余股者,有在起讲下用三段散文者,然以八股为常格,故以为名,又称八比,以其两两相比偶也。其原起盖始于北宋之以经义取士,初唐沿隋制,以科举取士,科目繁多,而进士成为常科,偏重诗文,言者论其轻薄,谋欲废之,终不可得,宋初欧阳修利用科举,改正文体,论者仍称其空虚无用。王安石建议经义取士,注重解说经文义旨,逐层阐发,原用散文,后乃渐归整齐,至明遂成八股,清初一度废之,旋再恢复,相沿迄于光绪朝止。其题初限于四书五经,后则出自四书,论语尤为重要,历时既久,几无新题可出,童试乃断剪经文,割裁语句,据康有为《戊戌奏稿》,其小题有枯困缩脚之异,搭题有截上截下之奇,行文有钓伏渡挽之法,譬如《中庸》“及其广大,草木生之”,则上去“及其广”三字,下去“木生之”三字,但以“大草”二字为题，以难诸生。康氏才气纵横，困于小题，凡六应童试而不售，乡会试例禁裁截经文。士子得题之后，聚精会神，设身想象二千余年前之环境，模拟时人之口吻，阐明题中之精义，三代以下之典林，不得用于文中。其浅陋者，“非三代之书不读，非诸经之说不览。乃以八股精通，楷法圆美，幸而成进士矣”。八股作法，有破题起讲诸名目，已见于引用文中之旁注，兹再略加说明。开首两句谓之破题，盖以作者认定题旨，而以两语喝破，立定全篇主意也。破题之下，或三句，或四句，谓之承题，乃承上破题之意，而解释之。其下为起讲，起讲为一篇之纲领，如散文中之总冒，应将全题意义，笼罩无遗。起讲之下为入手，从题之上文叙入，以为来龙。其下为起股，乃从题前虚按领起，或逼入本题。起股之下，以一二语点出题目，出题之后为中股，无论从何面发挥，总为文之重心所在，中股之下为后股，再将题义透发无遗，后股之下为束股，将余意结束。全文不用束股者，六股亦可完篇，本题有下文者，束股后还须一二语点出，谓之落下，即题无下文，亦须以一二语点醒主意。此种简单说明及上八股文之选录，颇赖陈虞孙君之助，至于此篇之主意，作者运用方法之巧妙，则无说明之必要，此不过举一例，以见大概耳。

八股文字之整齐，方法之固定，作者无自由发展思想，及运用文字技能之机会，毫无文学上之价值；其为文也，既非研究高深之学理，又非社会之实用文字，从以应试为其存在唯一之原因，士子终身习之，有不得秀才者，耗费时间精力，究有何用？说者言题出自四书，阐明微言大义，便于寒士，含有机会平等之深义，顾其不良之影响，浅陋士子，除四书五经而外，别无所知，举人有不知《公羊传》为何书者。据康有为言，翰林亦有不知司马迁、范仲淹为何代人，汉高祖、唐太宗为何朝帝者。其言不知何所根据，明知数人之名，固无实用，教育之真价值，常在发展个人之天才，环境之认识，判断之能力，而专习八股之士子，缺乏常识，脑海中想象上古之黄金时代，本于褊狭之胸襟，成为顽固不化之陋儒。清季朝臣尝有其人，此政治未有进步，外交趋于失败之一主要原因也。其中一二英哲才能之士，虽由八股出身，然非其能造成，英杰盖非八股所能束缚也。屡试不售之童生，终身练习，死而后已，其精神与毅力，足以启迪吾人，其所以然者，一则官迷太热，一则出路太少，一则考试大体尚称公平，别无怨尤也。八股考试，吾人非之者，非为考试制度，乃其科目耳。学术之进步，尝赖国家之提倡，此为中国奖进之一方法，国家需用人才，此为登用才能之一方法，其他原因已见于前，兹不复赘。

士大夫以八股应试，八股非应用文字，识者非之，由来已久。其时应用文字，一为骈文，二为古文，三为白话文，韵文则有诗词。骈文于南北朝成立，唐犹盛行，及至中叶，古文运动颇有势力，唐末骈文复盛，宋以科举之力，提倡古文，骈文终未能废，馆阁台省之文，仍多用之，说者且谓事关尊严，非四六之诏不足相称也，清末骈文作家，要不过模仿古人而已。古文原为散文，司马迁用之著成《史记》，编史者从而效之，唐宋以后势力大盛，清之作家向分两派，尤以桐城派势力为大。及其季年，曾国藩、吴汝纶、严复、林纾、章炳麟等均称能手，清季以环境变迁，一派趋于通俗如梁启超之文，一派用以译书如严复、林纾。二人译书皆有相当成绩，林纾虽不能读英文，然颇富有天才，翻译小说百有余种，胡适曾称古文应用，司马迁以来，未有如是之成绩，固信而有征也。章炳麟文理尚优，可称名家，白话文发达颇早，名家用以著成小说，为社会上流行最广之文字。清代曹雪芹之《红楼梦》尤负盛名，其价值常在描写深刻细微，而言语尖俏诙谐，充分表现作者之能力。北方官话流利，作者或以言语消遣，著成评话小说，如文康之《儿女英雄传》。民间之风气强悍，俗有剑侠之说，作者或不明了世界大势，鉴于外患之逼，著有武侠小说，如《七侠五义》之类。南方作者知识较广，或谋改革，而力不得，乃以讽刺文字，描写时事，李宝嘉之《官场现形记》，吴沃尧之《二十年目睹之怪现状》、《九命奇冤》，刘鹗之《老残游记》，皆其例也。其另以方言著成小说者，首推韩邦庆之《海上花列传》，其书为吴语第一名著。诗则多仿古人，王闿运、张之洞、陈三立、郑孝胥等均负盛名。据胡适之见解，贵州诗人郑珍，上元诗人金和，感受乱离之痛苦。歌咏时事，颇能见其个性。周馥之史诗，亦常为人称道。康梁诸人，则欲创作新诗，黄遵宪、康有为较有成绩，黄诗另辟新境，负有盛名。词则未有重要之成绩。以上所言，不过近代文学之趋势，注重文学之读者，可看胡适所著《五十年中国之文学》等书。

士大夫顽固墨守，不知所处之环境，时有重大之刺激，比较借鉴之机会，不肯利用，清末之思想学艺，盖无特殊之成绩贡献于世。清初士大夫鉴于王学之空疏，八股之无用，又以耶稣会之影响，研究数学；其时文字之狱迭兴，学者多所忌讳，乃以科学方法考证古书。其人博览群书，一字不肯放松，精神至堪称述；顾此所谓搜集材料，鉴别真伪，不过为研究学术之初步，尚须综合所得之结果，作为有系统之叙述，其困难则为止于初步，过于琐屑。乾嘉之后风气转变，学者倾向于研究圣贤之微言大义，间不免于张皇附会，未有重要之成绩。综之，二千年来中国之思想束缚太甚，其间虽受印度哲学影响，英哲深思之士另辟新境，终然不能减少传统思想之势力。文人精力多耗于熟读四书五经，例如勇于疑古之崔述，其《考信录》之标准，则以儒书为根据也。清末朝臣疆吏以道学自任者，有倭仁、曾国藩等，其人律己颇严，勤俭刻苦，以君子自期，自私人道德而言，固不失为君子，就思想学术而言，不过模仿前人，拾其唾余耳。文人若章炳麟、康有为、梁启超等，亦无学术上永久之贡献。章氏门户之见太深，虽有独见独到之处，要无重要之创作。康氏主张变法，著作牵及政论，《孔子改制考》则其明例。其主意则尊崇孔子，以耶稣受人崇拜，而孔子与平民无关，乃欲仿其组织，倡言孔子改制，实为教主。《伪经考》杂引伪书，《大同书》则未公布，要亦不过个人理想社会，所谓乌托邦耳。梁启超文字宣传，厥功甚伟，然于西方学术认识不清，纰缪杂出，其著作殆无永久之价值。以上所言，偏于价值之估计，标准人各不同，此就研究学术之方法，所得之新贡献及影响而言，学术为终身事业，绝无速成之方法，彼视学术为从政之副业，何能成功？此非轻视吾国之学术，乃欲知其弱点，改变吾人之观念，纸堆中之探求，或不如观察调查之所得也。更当附言于此者，近代机械学发达，印刷术进步，美人威灵斯（S. Wells Williams）于广州创设印刷所，教练工人，中国始有机器印书新法，印书较之镌刻木板，大有进步，书价既较低廉，文化传播更为便利矣。

清季学术虽无特殊之贡献，然堪注意者尚有二点，其一则新材料之发见，其一则译书事业之开始。材料可别为三：一曰鼎彝，初乾隆搜集鼎彝，陈列宫中，丰富过于前代，臣下化之，相沿成风，金石考古家争出重价收买，于是重器次第发见。学者研究其文字，始知古代文字演进之迹，许慎之说不足深信。其制造之花纹文字，及所用之材料，均有助于历史，遂开学者研究考证之途径。二曰甲骨文，河南安阳为殷故墟，光绪末年，洹水发见契文甲骨，人不之识，商人运京售于达官。拳乱，散失殆尽，大部分归于刘鹗。识者论为殷物，采收者渐多，或流入外国。罗振玉见而宝之，遣人掘发，获三万余片，得古器物多种，其收藏之富，推海内第一。罗氏所著之《殷商贞卜文字考》，为其研究之第一作品，其后王国维等继续研究，迭有重要之发见。三曰西北古物，国内好古之士收藏古物者，以端方等为最丰富。外人亦谋搜集古物于中国，其重视者则为新疆，其地为古代中西交通之要路，印度、波斯、希腊、中国文化接触之所，地有沙漠，气候干燥，一二千年前之遗物，尚得不坏。考古家斯坦因前往新疆，发掘遗址，获有汉人坠简及唐代美术品甚多，及抵敦煌，访知古寺藏有唐时抄本典籍绢画及吐蕃文字，诱说道士，取运一部分送归伦敦，法汉学家伯希和（Paul Pelliot）继之，取归一部分回法，清廷得报，命送余物入京，其经中外学者研究者，已有重要之结论。关于译书事业，其初也进行迟缓，其困难一由于轻视列强，不信其有高深之学术思想，一由于中外文字之迥异，全国无一精通外国语言之人，俄国于鸦片战前，赠送科学书籍，朝中无人知其内容。及同文馆、广方言馆成立，教习聘用外人，学生不肯专心学习，糜款虽巨，迄未造成有用之人才。其翻译外国书者，多为外人，顾其偏于机械学，文字晦涩，未有若何之影响。国内识者受外刺激，研究西学，用力颇勤，惜其从未实地考察，全为书本知识，仍不免于错谬耳，渐而变为风尚，殿试对策，大臣以之为题。其始利用外国材料考证者，首为驻外公使洪钧。中日战后，风气改变，翻译应时需要，严复乃以译书盛称于时，雅信达之标准，迄今尚为一般人所称道，其所译之《天演论》、《群学肄言》、《原富》等书，均负盛名。林纾则以译小说见称，林氏精通古文，富有天才，故能遣辞创语，决非无根基者所能及也。

美术为一国文化代表之一，其范围有金石、字画、瓷器、雕刻、建筑物等。其性质可分为二，一为创作，创作非有天才之作家，殆无重要之成绩，旷世或无其人。一为保管，国内向无公共保存机关，宫中收藏向不公诸所好，私人非强有力者则不能安全，收藏家往往珍而藏之，不轻示人，每逢一乱，尝多散失。清代彝器出土者，多于前古，已言于上，碑石亦为专家所重视，魏碑尤其所好，重价收集拓本，成为专门之学。其用途自吾人观之，则文为古人传纪，历史上之重要材料也，时人观念则不相同，其重之者，一为鉴赏，一为练习字体。字为国内美术之一，士大夫有终身习之者，名家要多由于天才。清末善书者，有何绍基、张裕剑、翁同龢、康有为等，康氏论书之《广艺舟双楫》，颇有见地。画则国内作家兼重山水花卉人物，独立自能一派，山水偏重意境，与西洋画迥异，花卉人物简单而能动人，为世界著名美术之一。清季名家甚多，任伯年尤负盛名。徐悲鸿称为近代伟大作家，任氏天才极高，笔法自清初名家陈老莲化出，家境穷困，染习鸦片，侨居上海，以卖画为生，非受生活之压迫，则不愿有所绘画。余于章诚忘君书室，见其名作多种，尤以《清荫草堂图》（山水），《唐太宗评字图》（人物），《双鸡图》（花鸟），《翎毛五伦图》（花鸟），为其生平杰作。章君先君敬夫公爱好名画，与之交游，多其赠送者也。任伯年死后，其女善画，仍用旧章出售；其个人作品今流行于外者，杂有赝物。瓷器雕刻衰微已甚，建筑之有历史价值者，东南多毁于兵燹，清季唯有北京，尚能代表中国建筑而已。

人民职业，士为最贵，其次曰农，中国以农立国，出产之食料，政府严禁出口，其思想则维持民食也。以农立国，时以民食不足为患，所谓农者虚名而已。其困难则人口于大乱之后，耕地有余，产生之五谷，供给过于需要，价钱低落，农民地税并未稍减，多田反而为累。太平天国灭亡之后，人民未死于兵燹饥荒流亡者，回归家乡；余家居乡间，族中有田，近于江边，一年收入不足完粮，愿写送契，无愿受者。王邦玺奏言田赋，称其家乡曰：“瘠薄之田，竟至白送与人承粮而不肯受。”所称情节，指江西而言。国内荒地无人耕种，所在不免。及后人烟稠密，需要之食料增加，始乃开垦荒地，维持需要供给之平衡。此种简单经济程序，要由于剩余之食料，无法运出也。人口增加，终至无可再加之时，可耕之地始尽开辟，食料不足，反向外国购运，此近百年来本部十八省之现状也。农民从不能改良其生活，不过于前现状之下，家有余粮耳。人民以耕种者为最多，朝廷收入初几全赖田赋，四民之中农民负担独重，以农立国者，岂此之谓乎？其时工业未脱家庭工艺之情状，商业则为小资本家之贩运，富豪尤所投资，往往兼并土地，跃为地主。平民无恒产者，降为佃户。地主田地多寡不同，有自耕其田自食其力者，有耕种一部分田地，余由佃户承种者，有地归佃户耕种收租者，各地情状不同，大率北方大地主较多，其人或为仕宦之家，或为地方名族，南方亦有其例。湖南大族如曾左诸氏田地之广，步行十数里，尚或未出其疆界，不过人数较少耳。地主田少者仅及数亩。贫民承种之田，出租多寡，视田肥瘠田赋轻重及需要供给而定，地主多为绅富。常与官吏相结，佃户类多处于威吓压迫之下，其恶劣者，每年交给地租，约当耕地收入三分之二，地主家中有事，苟有呼唤，须即前往，凶年欠租，承认丰年归还，其所以然者，承耕田地，终身劳碌，尚不至于冻馁，地主一旦怒而夺之，将即无以为生，迫而处此，盖与农奴相去无几矣！其最优者，岁交地主约其田中收入三分之一，别无其他义务；更有说定田租，佃户于承种之时，即行交纳者；地主有供给种子肥料，及农家用具者；各地待遇不同。地主须完田税，所得之纯利，往往不足百分之二十，富豪之置田产者，视之较为安全，为其子孙永久计也。政治哲学及民间议论莫不反对兼并，其因正用无出售卖田地者，须得亲族同意，出售之后，生计困难，尚得找价，买主尝或予以助金，乃于写契之时，兼写叹找纸一张，内称业已找价，年月空不填写，将来发生争执，买主自由填写，诉之于官，较为有利也。叹找原为救济贫民，防免绅富之兼并，保护贫民之田产，结果不过如此，可为一叹。

政府收入以田赋为大宗，由来已久，清代田税沿用明制，各省不同，省内各县不同，其原因或由于宋之公田，或由于明初之苛政，或由于田之肥瘠，或由于县之大小用费不一，一县之内，田有山田、圩田（或称沙田）、芦田、房基、山地等名目，税额不同，税分两期交纳，盖本于唐杨炎两税制也。完纳之期例为二月开征上忙，八月开征下忙，实际上则颇迟延。康熙归并丁税于田税，亦异于旧制。上忙一称钱粮，于夏历九、十月开征，下忙江浙称为漕米，于腊月开征，逾限未完者，加息十分之二，明春尚有找征，其数无几，补交不足而已。上忙交钱，下忙完米，亦有交钱者，完米共有八省，尤以江浙为重，运漕入京谓之本色，改收钱文谓之折色。清季漕米减少，州县官不愿收米，开仓之日无几，两税相较漕米颇重，其征收之手续，粮户各有税单，载明各田每亩征收实数，一县分镇若干，下为图甲，设有册书地保里运，册书为世袭之粮吏，卖买田地后之过户转册，归其办理，旧时交通不便，农民入城完纳钱粮，一日不能回归者，歇于其家，册书在乡收歇脚麦歇脚米各半升，迨后交通便利，旧制始废。册书催征钱粮，地保佐之，所谓粮差也。里运或称现年，不知始于何时，原由一甲或一村田多之农民轮流充任，相沿既久，贫无立锥者亦须承当。其主要之职务有二，一、田禾歉收，禀报县官，将来委员入乡勘察，由其引带。二、粮吏送交税单于里运，由其分发花户。粮户得单之后，数家或十数家联合或推一人入城，赴钱柜交税，领取收条，谓之串单；或运米入仓，数十车同行，街中横行无敢撞碰之者，名曰送皇粮，亦领取收条而归。农民田少，或一时无款，或入城不便者，则托册书代完，册书从不给予临时收据，向其索取串单，往往托辞延宕，弊端遂生。田税限期到后，里运向各花户索取串票。择日携往公所，交给册书查验，验票之日，里运冠带盛服而往，其催征不力者，将受惩罚，礼极隆重，宴会而散，说者谓其存有古代乡饮酒之遗风焉。验票之后，图下花户尚有未完纳者，粮吏先向里运力催，然后提人，事实上里运负有催督之责任，验票之先，类多强催粮户完纳，其不遵行者将即罚之，甚者携其锅去，皇粮国课，非赤穷者何敢迟延！验票后提人，恫吓而已。粮吏送票催征，例有规费，甲中有公款者应付裕如，其无公产者，或由里运赔贴，或由花户分担。大乱之后，人口锐减，图中未能恢复里运者，谓之烂图，烂图于限期到后，粮吏即得入乡提人，不若前者之较有保障，免其滋扰也。里运之制现尚存于吾乡，不过徒有虚名，无关轻重耳。

中国土地广大，南北气候不同，地受山脉河流气候雨量之影响，耕种之植物亦异，淮水为其天然分界，其南植稻，长江流域，水田夏季植稻，山地播种杂粮，秋多种麦，其近南方气候温和者，一年栽秧两次，西南诸省亦然，广东有栽秧至三次者。淮水以北之地，夏或种豆，或种高粱、小米、芝麻、棉花，秋则种麦，长城以北冬季严寒，冰至三四月融化，收成年仅一次，或栽秧或种麦，或种高粱、黄豆、小米。各地情形虽不相同，而农民生活情状之苦，则多相似。江浙一带，夏季农民最为辛苦，尤以栽秧之田为甚。稻田产量较高，凡有水者莫不设法栽秧，其工作有下种、耕田、车水、栽秧、去草等，车水多立于暴日之下，天旱塘渠见底，多用水车两道灌溉，工人尝至十名以上。其工作也，天尚未明，起吃早饭，饭后入田，日食四餐，午时休息片刻，黄昏始归，时间常在十四小时以上。工人或为田主佃户，或为长工雇工，或为换工之邻人，换工者主人供给饮食，不另给钱，妇女亦常入田播种锄草，其勤苦者，无异于男子。儿童则送茶饭，秋收种麦亦颇忙碌，其副业有养蚕、养猪、养鸡、养鱼、植果、取石、织席等。凡有一技之长者，农隙出外营生，借以补助一家费用。其近山者，伐草充作燃料，多则担入市中售卖；购买日用必需品回家，宅旁余地，辟为菜园，四时种植蔬菜非有亲友远至，无须入市购菜。凡此轻便工作，类多妇女为之，妇女除烹饪女工而外，尚有捻麻纺织等，迨后商埠增多，布匹输入年有增加，其价低廉，花样繁多，于是家庭工业遂告破产。吾人平日想其生活情状，似近于自耕自给之理想社会，实则穷困不堪，终身勤劳，仅能维持一家数口之布衣粗食之生活。居住北方多为草房，甚者如吾人习见之草棚，南方瓦房较多，亦不免卑陋污秽，子弟无力读书，愚蠢无识，盖少人生之乐趣，而乃习以为常，安于命运。及遇水旱之灾，家无储粮，典当衣物之后，迫而卖其耕牛，借贷利债，月利约二三分，家人或饮麦粉稀粥，或吃山芋番瓜，或食野菜矿泥（俗称观音粉），甚者典尽当绝，无人借贷，卖其亲女，易子而食，此近百年常有之事，言之悲伤，政府之救济，究不能免其死亡也。其原因一曰天灾，一曰人祸，天灾无须赘言，人祸虽曰河渠不修，交通不便，而最大原因，则农民耕地太少，而人口有增无已也。江浙农民有田十数亩者，即为中等之家，其田稻麦二季，收成较多，北方种植旱谷杂粮，三十亩田，或不之及，一生尚可暖饱，家有二子，子有二孙，固不为多，及至二代每人所得不足三亩，乐岁终身苦，凶年乃不免于死亡矣。其困难之症结，则一地人口增加之速，远过于耕种土地之开辟，生产事业苟无极大之进步，则农民生活无从改良也。

农下为工，工人种类繁多，乡村忙时农家雇用工人，助其耕种，日给钱数十文，其田多者雇用长工，年给一二十元，谓之伙计。其人以力自食，住于乡间，无须投师学习，所谓农工也。其有一技之长，用手工作者，时称手艺，如瓦、木、铁、铜、锡工匠，补锅、剃头、裁缝、纺织工人之类，其人多生长于乡村，家无多田，父母欲其学习手艺，将来馏口也。从师学习之年龄，往往视其工作之性质，及身体之发育而定，以十三至十六为多。师父多为铺作之主人，供给饭食，待之俨如奴隶，徒称女主人曰师娘，待之尤为恶劣，大率早起迟睡，洒扫煮饭，及料理一切粗笨工作，稍不如意，师父即诃责挞楚，暇时授以工作方法，予以练习机会，及有相当成绩，随师工作于外，工资归于其师，普通学习三年为满师，满师云者，徒弟可离其师父，单独工作，社会认为工匠也，届期尚有谢师酒。匠人工作可别为二：其一，工作于作厂或做包工者，为师父或店主利益之计，上工早而歇工迟，饮食非逢犒期，不得吃肉。其二，受雇于人家工作者，时间短而待遇优，更有挑担于外寻觅工作者，工作时间各不相同，自六七小时至十二小时，每日工价最多不足一百文，其挑担者须自吃饭，得钱亦不能多。工匠来自乡间，家有田地，每于夏季农忙回家，协同耕种，盖为半工半农，新年之先十日，回家休息，正月落灯节后方始上工，马关条约之前，外商不准创设工厂，国内除机器局及船厂而外，亦无新式工厂，战后情状大异，机器马力远强于人力，竞争无不失败，失业者转多。工厂或用妇女、儿童，工价、卫生诸问题相继发生，工业革命过去之黑暗生活，复现于中国。事先无所预防补救，固政府之失职也。

工下为商，商人地位，自传统思想而言，则为末业，实际上纳直接税轻，居于城中，操纵金融，影响势力至为重要。凡经商者，幼时入塾上学，诵读四书，练习写字写信算盘，及至十四五岁，由其亲友荐入商店，名曰学生意，店中称为相公（南方尊称）。时人视商所得工价，多于农工，苟有能力，遇有机缘，可以致富，乡人莫不为其子弟求之。商店种类繁多，资本不一，要视荐者营业，经济地位，及所交游之友而定。相公荐人中等商店，学习三年，期内迟睡早起，侍奉店主管事（管事今称经理），礼敬同事，客至送茶敬烟，庶务如清洁水烟袋，搓吸烟纸卷，三餐添饭；琐事如上街奔走，洗涤管事夜壶，类多归其管理。凡此洒扫应对日常之事，近于仆役。谚嘲其生活情状曰："二十四晕三大醉，七百二十顿萝卜干子。""二十四晕"，指初二十六犒期，"三大醉"则言三节酒席，"七百二十顿"则就早晚饭而言，此则不过形容一二恶劣商店，固非多数商人生活之实况也。及后风气改变，店中雇用仆役，相公之庶务减轻，生活较为安适，中等以上之商店，暇时可得练习写字算盘。其文理通顺，字体清楚，忠实勤劳者，管事往往另眼相待，或稍予以津贴，为其零用之费，或给予薪俸，故事三年升为同事，始有薪俸也。店中称同事曰某大爷，等级不一，视其在店时期，能力高下，工作勤惰，定其月薪，自钱一千至五六千不等，正薪而外，尚得酌量情形透支，店中营业发达获利多者，尚可提出一部分红利，分给伙友，其饮食寝所由店供给，待遇之优，远非农工所及。管事或为店主，或由店主雇用，总管全店事务，兼得利用店中资本，贩卖货物，谓之小货，店主负有无限责任，资本大率短少，职员多寡，视其营业事务而定，自数十人至数人不等。伙友年可请假数次回家，但以二月为限，店中除正月外，别无休业之例假，结账共分三期，一曰端午，在冬麦登场之后。二曰中秋，多数地方稻已登场，农民于此雨季，经济较为宽裕，社会上金融流通故也。年节为一年总结账之时期，尤为重要，店中进用或歇退职员，多于此时决定。各业中推钱业为首，本地银价钱价之涨落，视市场中之需要供给，由各钱店代表在公所决定，汇兑则北方多操于山西商人，商店进出款项，以账簿折子为凭，言诺向少失约，信用至堪称述。及商埠增加，国际贸易发达，轻商之心理逐渐改变，进而奖励商业，商人知识优于农工，财力宽裕，朝廷例许买官，其殷实者，纳款求官，子弟亦得捐监，其政治上社会上之势力颇盛。

以上所言之四民，原为古代之分类，就职业而言者也，以之强分近代之社会，则颇不适于用，盖社会组织视前发达，人民职业决非四民所能包括，正当职业，尚有船户渔夫，卑贱不齿于平民者，尚有倡优隶卒，子孙不得与考，堕民亦操贱业，朝廷虽诏为齐民，而社会仍轻视之，不相往来，边僻之地，尚为游牧生活。凡此人民例不胜举，颇难分人四民之列，尤有进者，国内人口众多，生产事业落后，父兄为其子弟谋一职业，往往不易，中等之家有失业者，有从无业者，人数今不可考。据吾人访问之所及，数亦不少，其人亦难以四民称之。更就四民而言，其分类实就现时之职业而言，书香世族之子弟有业商者，商人子弟亦得为士，农工子弟亦得为商，民间职业之选择，多由于亲友之力，由穷而富，则多由于个人之能力，及其所遇之机会。唯有农工限于知识环境，改良生活，殆非易事耳。吾人今欲明了当时之社会，时人职业之分配，而清末未有精确人口调查，私家记载之材料又少，无已，据作者个人所得之印象而估计之，士人不足人口总数百分之一，商人约百分之十，工人约百人之五六，农民约百分之八十，船户渔民约百分之二三。从事于其他职业者，盖有百分之二三。此就职业分配而言，其无业或失业者，尚未计入；此种估计，稍与世俗所称之数不同，其根据之理由，殆无于此说明之必要，然亦不过一种推测而已。就其居处而言，士商集中于城市，工匠亦以城市为多，农民耕种于乡村，船户往来于江河，大城商埠，比户为邻，人众事繁，邻家少有往来，或不相识，日常需用物品买自商店，乡村农民忙时互助，邻里之人莫不相识，家用物品多出于土。此种现象，迄今犹然，其不同之点，则城市益趋于发达，性质益为明显，农人购买物品视前为多。

人民职业不同，其生活情状，以贫富贵贱之悬殊，安乐困苦，远不相同，家庭生活亦各迥异。家庭为社会之基本组织，孝友为主要之伦常观念，父母爱其所生之子女，普通理论，孝子当以父母之心为心，而善事之，倾向于大家庭生活，自理论而言，优点甚多，其困难则依赖心太强，一二人之担负太重，仆婢之挑拨，妯娌之疑忌，实际上难于持久，朝廷旌表五世同堂，为其少也。历代户丁之统计，每户人丁不足五口，其中虽有讳饰，而固分居之明例。清末富贵殷实或读书之家，父母在日，尚能同居，迨其死后，则多分产，各立门户。贫苦之家，父母年老，子女婚嫁完毕，而人丁众多者，诸子分炊，或分养父母，或另提养老田产，在其亲爱儿媳家中过活，其境遇远不如其希望。生子一为传种接代，一为防老，语曰："积谷防饥，养儿防老"，又曰："有子不久穷"，皆其明证。生子之目的如此，为父母者，莫不欲其早日抱子，顾其非人所能为力，进而求神问卜，生女则多非其所愿，穷苦之家，儿女担负重者，往往将其溺死。儿女年长，儿多上学，女则在家裹脚，习学女工，其思想则女子无才便是德也。女子识字读书者，为数无几，要为富贵或读书之家。家政除农民而外，多由女子主持，其夫多出外谋生也。儿女成人，父母为之婚嫁，时人视为终身大事，各地婚嫁年龄仪注习惯，多不相同，中等之家，大率男子不足二十，女子较早，穷苦之男子，尝至三十，男女定婚，无需当事人之同意，全由家长作主，甚者指腹为婚，其择配之标准，所谓门当户对，合二姓之好，承先继后也。成婚之先，有问名、纳采等礼，女家则索财礼，男家重视嫁妆，财礼仍归男家，女家则多耗费，故女有赔钱货之称。其所以然者，成婚年龄，男子多未经济独立，三五年内将无余资，供给其妻购置用物衣服也。成婚之日，亲友送礼道贺，主人设宴宴之，礼颇隆重，婚后夫妇亲睦者多，亦有终身抱恨者，男或嫌女，女或怨男，烦恼痛苦无异于地狱。理想中之家庭，则夫妇相敬如宾，湖北臬台某氏与妻分房，入其房中，先送片往，妻则盛服出迎，正襟危坐，如待大宾，闻者贤之，家庭有何乐趣，男则纳妾，女则不准离异。乡村婆媳小姑相处，猜忌挑拨，往往造成悲惨之境遇。士大夫家中男女之界限至严，公媳叔嫂相处，多所顾忌，尤以北方为甚，吃饭公或公婆先吃，或儿陪吃，媳妇后吃，南方则家人往往同在一桌，固不得自由笑语也。婆死则公之环境颇苦，老人纳妾者，含有侍奉为伴之意，礼教之代价大矣！其他纳妾之原因，或为求子，或为色欲，其为人妾者，或为小家女，或为大家婢，或为从良之妓女，初皆出价购买者也，男子常能自由选定，妾之地位颇低。贫穷之家，多为童养媳，待遇无异于奴隶，成年后成亲，夫死妇以不嫁为贵，拥有资产好名之家，未婚夫死，未婚妻先未之见，但以传统思想之鼓励，父母之指示，或抱灵成婚，过门守节，或自杀求名，固非人道也。寡妇类多为人怜悯，乡间生活困难，再嫁者多，子女同往者谓之拖油瓶，其人要非得已，俗有嫁饭不嫁汉之说，其娶之者，类多中年未有家室之男子。民间男女之比例，以溺婴之故，常不平衡，男子无妻者众，尤以贫穷者为甚，江浙有押妻之恶习，康藏且有一妇多夫之制度。家中兄弟妯娌多者，子女繁多，哭闹之声，令人难安，精神上实少安慰。父母老者，预备棺材寿衣，一旦病死，亲友吊丧，各给白布。媳妇病死，则娘家谓其受屈所致，争论厚葬，吵闹不已。乡间恶风，丧主供给饮食，迄于出葬之日，其原意本为互助，今则偏重吃喝，家境穷苦者，卖产筹款，或借利债。吊丧入门，例须妇人哭泣，无则视为不祥，不善哭者，亦须勉强为之，城中乃有以哭为业者，丧家常雇用之。综之，古代礼教，历时既久，精神丧失，徒存皮毛，反而增加贫民之终身担负，阻碍社会上之进步。

以上所述之家庭，偏重红白大事，其日常生活，亦吾人所当知者也。女子料理家务，烹饪，女工，乡间佐夫耘草，男子在外奔走工作，城中界限尤严。妇女往庵烧香，入市吃茶，悬为禁令，光绪迭次申禁，官吏见而捕之，其心理以为伤风败俗也。教堂礼拜男女同在一室，士大夫故深恶之，及外国思想逐渐有力，男女之防始日破坏，此禁令迭颁之一主因。男女固无所谓社交，俚语曰："稀奇事儿见了千千万，没有看过男女做朋友"，则其明证。关于饮食，大率三餐，北方拥有资财者吃面，贫民则吃小米高粱，南方吃米，菜则多为蔬菜，贫民能有豆腐百页，即为幸事。父母教其子女，日以爱惜食物为言，抛弃即为作孽，盖人口众多，一遇凶年，即有死亡流离之苦，而水旱之灾，几于无年无之，爱惜食物，无过于吾国人矣。亲友远至，祭日忙时，良辰佳节，始有荤菜。服饰，官吏视其品级不得僭越，帽有顶戴，顶有金属、水晶，蓝、红之分。翎有蓝、花、单眼、双眼，及三眼之别，官位高者，始有红顶花翎，三眼花翎为亲王顶戴，赏得双眼花翎者，视为异典。服有朝服、礼服、便服之不同，朝服内为花衣，外加套子，礼服内袍外套，套前有补，中绣花纹，样式视品而定。头戴顶戴大帽，颈挂朝珠，脚穿厚底靴，吉凶礼服，则颜色之不同耳。便服则为小帽、长袍、马褂、薄底靴。士服明代衣如道士，头戴方巾，同于香火戏（亦称庙戏）中之装饰。清则士大夫唯着长袍马褂而已，商人多与之同。农工则衣短褐，新年加一蓝布大褂，江浙富庶之区，几莫不然。衣料除官吏绅富而外，多为棉织品。男子无论上下尊卑，均须剃头结辫。妇女服装则上着短衣，四旁及袖绣花，下穿裙子，小脚穿高底花鞋，乡村妇女家居穿裙子花鞋者较少。旗人重视服装，妇女多着长袍。每逢朔望节期喜庆等日，妇女头均戴花，耳于幼时穿眼，悬挂金银珠玉饰品，犹未能脱去古代之遗风。儿童帽鞋亦多有花，余多同于今日，无待赘言。更就居处而言，仕官绅富之家房间极多，其建筑样式，多为吾人习见之屋，后附花园。平民则屋少人多，饮食工作会客于一室之中，父母儿女三四人共睡一床，贫者家人共卧一室，狭隘污秽，殆非言语所能形容。简单言之，民众生活情形颇为穷苦，时人心目中之家庭幸福，则以丰衣足食为标准。谚曰：“吃的一荤一素，穿的一绸一布，住的一厅一住，老婆一正一副”，此所谓人间神仙也。晚间睡觉较早，尤以农家为甚，士子读书，妇女女工，白日时间不足，则于灯下为之，其灯状如釜形，中置灯草菜油或豆油，或可悬挂，或以灯盘托之，点火则以火石燃纸卷为之。工作时点灯草三四根，无事一二根，火光淡弱，颇伤眼力。富者家点蜡烛，清季火柴、洋烛、煤油相继输入，人民用为燃料，通商大埠装设电灯，较之于前，便利多矣。

家族为社会基本组织，中国为礼教之国，家中之礼节，固吾人所当知者也。礼教历时已久，民众视为习惯，遵守之程度，各地不同，士大夫则重视之，父母在者，早晚问安，外出必告之类，尽人所知，无待赘言。每逢佳节，子弟例须叩首贺节，并往亲戚家中道贺，年节尤为重要。官吏于腊月下旬封印，明年正月中旬开印，民间索欠还账，预备过年，亲友互赠礼物。除夕之日，门贴对字，上贴天钱，晚间拜神，睡觉之前，须向尊长辞年；尊长对于青年之子孙，给以压岁钱，及橘枣等物，明日元旦，再向尊长叩首，谓之拜年。亲友见面互相恭贺，后辈须至前辈家中拜年，乡间主人留宾，出肴酒宴之，农家终年劳苦，年终始买鱼肉酒菜，一以自劳，一以宴客，意至善也，往来贺年，约有十日。综之，城中之礼节烦琐，乡中较为简单，贺年多不叩首，则其明例，而留饭情殷，远非城市徒尚具文之所能及。其他行礼之日，尚有尊者寿辰，自己生日。余生长乡间，乡人除大寿而外，生日多无举动，城中则不相同。关于嗜好娱乐，民间吸烟者众，烟有旱烟、水烟、鸦片，清末卷烟开始传入，吸者日多，酒为应酬物品，嗜者亦众。娱乐则人民终年劳碌，正月为其休息之期，妇女于火旁吃剥瓜子花生，或料理饭菜，或从事赌博，赌博固以男子为多。儿童或放爆竹，或打钱果，或出外游戏，商店有锣鼓者，伙友击之，震耳喧天，市镇尚有麒麟花鼓。十三上灯，十五元宵，十八落灯。玩灯者结队外出，敲打锣鼓，灯类不一，有灯笼、龙灯、花篮等，路旁观者拥挤塞途。节令则端午最为热闹，以有龙船竞渡也。相传龙船起于渔夫拯救屈原，南方多水，于此日举行。船上扎有彩布，旁有水手划桨竞渡，船后泅水者，常能于水中求得锦标，岸上游人争集，南京以看龙船，桥上人众，力不能支，造成大祸，秦淮河遂永禁龙船。余于幼时自乡入城一看龙船，印象之深，今犹未忘。中秋节供月，冬至祭祖，清明扫墓，均无叙述之必要。佳节而外，娱乐尚有戏剧、书场、茶坊、妓寮，或为消遣之地，或为应酬之场。戏剧种类不一，演者方言不同，其主要者，可别为庙戏、昆曲、京戏等，昆曲盛行于清初，辞句美丽，音调抑扬，非群众所能了解。十九世纪，秦腔渐盛，二黄、西陂继之兴起，二黄盖指黄冈、黄陂之音，西陂则谓黄陂西偏之调。皖人习之，是为徽班，演于北京，名伶入宫唱演，久而演进成为京戏。其开山祖师之程长庚，则主持四大徽班中之三庆班也。剧中角色尽人所知，情节取自故事传说，辞句俚陋，以唱、做、白、武功为要。同治而后，通商大埠亦有京戏，租界且有女伶，乡间则有徽班唱演，其与京班不同，一则行头旧劣，一则唱功欠佳，而所演之戏，情节则有始终。乡村无戏台者，搭台唱演，先期邀请亲友看戏，演戏及半，村人入场查看，遇有亲友，强之至家吃饭，其同来者亦将前往，情谊之殷，犹有古风。及后生活困难，渐而改变矣，庙戏较为简单。演者说白，全为俚语，他如，绍兴戏、粤戏、川戏、汉剧等，多限于一区。书场则卖茶说书，茶坊卖茶兼售点心，拥有资产闲居无事者，起身即入茶坊，茗茶闲谈，饿吃点心，幽闲之情，无以复加，尤以苏州、扬州为甚。妓女成立已久，禁例难于实行，徒供无赖之敲诈，官吏之勒索而已。其存在之主因，一为生活问题，一为家庭制度，孤客远行，且有不甘寂寞者。妓女类多善于交际，寓所常为商人应酬之地。

以上所言，关于人民衣食住之实况，吾人深切之印象，则多数人民限于财力，生活困难，自无余力顾及卫生。其明显之原因，已见于上，更有受支配于环境者，如乡民远去河泊，吃水或汲之于浅井，或取之于池塘，洗菜、淘米、洗衣、涤秽均在塘中，天旱水涸，塘水色绿，中杂细泥，尚有取作饮料者。城市之民居近河者，一面洗涤秽器，一面取为饮料。此则不过贪图便利，积久变为习惯，视为固然，又如沐浴，夏季炎热，男女可于家中为之；气候转冷，则不可能，男子尚有浴堂，女子则为礼教所缚，家中又无设备，沐浴之机会遂少；又如农民以尿粪肥田，卧室旁置粪桶，屋前或后设有粪缸，夏间恶气逼人，城镇男子常于庭前阴沟溲溺，婴儿可于堂中出恭，又如农家养鸡，鸡矢遗于地上。一则知识浅陋，父母喂子，常先于嘴中嚼之，茶馆浴堂共用手巾等物，仕宦之家，三十年前，尚有斥其子弟刷牙，谓其效仿妓女，免其嘴臭，便于接吻者。乡间夏季蚊虫繁多，屋中苍蝇集于灶上桌凳，千百成群，有落下锅中者，妇女从不设法除杀，他例不胜枚举。于斯恶劣情状之下，所幸者食料煮熟，饮料煮沸，微生菌已多杀死；乡民又以交通不便，老死于家乡，易于传染之恶疾，或不易于传入。其生存者，或因抵抗力强，多能安然处之。大乱之时，情状不同，人民死于疾疫者颇多，此殆出于常例之外。平日死亡率今不可考，据吾人之观察，儿童死者最多，每至炎夏，头生结子，身满痱子，视为常事。父母爱子心切，遇其疾病，求神问卜，或就医诊治，其自身疾病则多忍耐，非至严重殆不就医。医师或从名医学习，或自读医书，其药本于古代试验之良方，视病状态增减药之分量，多无所谓秘密，内症服药常有奇效，外症则难收功。北方村镇无挂牌医生，药铺伙友代人配药，或有郎中携药出售。其无经验者，危险殊甚。乡间缺少良医，农民多信巫觋，其幸而病愈者，谢神酬鬼，所费不赀。当其卧病之时，家人捧进茶水汤药，照料周到，此则家庭之优点也。综之，人民缺乏医学常识，不知卫生，常为疾病所困，又以饮食恶劣，工作勤劳，男子五六十岁，类多衰弱不堪，此固社会上之重大损失也。

家庭伦理观念基于孝道，孝之意义，生则奉养，死者祭祀。古人以为人死之后，魂魄存在，行止无异于常人，殉葬器物至为丰富，祭祀亦极隆重，殷人用牲之多，殆其明证，周人亦极重视祭祀，《论语》有慎终追远之说，历代相沿，每逢节期，例须备菜祭祖，忌日冥寿亦然，清明乡民扫墓，冬至男子入祠祭祖，分尊卑长幼之序，族长得罚不肖子弟。祠有田产、坟山，以其租息，借贷或抚恤族中之穷苦，坟山供其安葬。余族世居乡间，清明旧例，宗祠送饭入山，供给族人扫墓之用，冬至办酒，男子均得入食。其祭祖先也，焚烧纸钱，其制盖本于古之瘗钱，钱少不敷流通，南北朝始用纸钱，渐而变为习惯。人死雇用和尚、道士念经拜忏，拥有资产者每逢七日念经，至七七而止。凡此种种，足以增加鬼之势力。儿童习闻关于鬼之故事，及长信以为真，尤以妇女为甚。其信奉之神，有观音、大士等。大率每年二月、六月吃素各二十日，谓之观音斋，十数家组织观音会，轮流办斋。其他相似之会甚多，要无叙述之必要。其此较重要者，则为出会，各地名目不一，都天会、东狱会盛行于江南一带，出会之日，雇人持旗，或牌，或金瓜，或月斧，或香炉，或花伞，儿童装饰民间传说之英雄，更有抬香亭菩萨者，中杂音乐，锣鼓喧天，晚间提灯，看者远道而来，人山人海，城市由各业分别筹办，乡镇由村庄联合举行。其性质初则谢神求福免灾，后则兼有振兴市面，及民众娱乐之意。此外，尚有朝山进香之香会，乡村入会者，每于春秋二季，收麦及稻各一斗，三年进香一次，其数无几，路程自不能远，其路远费多者，收款较多。进香之动机，或由于信神拜佛，或久仰名山大寺之神灵，或于病中许愿，而今还愿者，目的不同，要多求福。本城尚有寺庙，村庄亦有土地祠，家中供奉最殷者，则为灶神。除夕俗传诸神下界，敬拜之神颇多，元旦乡民吃素一日，初五为财神日，供奉亦勤。朝廷亦视祭天谢神为大典，皇帝亲自拈香行礼，如遇水旱星变则减膳修政。以应天变。地方所祭之鬼神亦多，文官祭孔子，武官祭关岳，礼尤隆重，天旱求雨，禁止屠宰。凡此思想，一则追功报德，一则近于迷信，其伦理上之价值，则为鬼神监临，不能自欺，得福与否，将视个人之功过，乃于不知不觉之中，约束人心，此固偏于消极，佛教道教于时微矣。回民不拜别神，除遵守礼节而外，对于教义，亦不明了，耶稣教新至中国，与社会思想相左，造成严重之局势，前途犹不可知。国人深受生计之压迫，切身问题无过于衣食住，宗教盖犹其次。吾国民族，岂所谓非宗教民族耶！

人民生计困难，由于生产之事业太少，初则过剩之食料无法运出，后则耕地之增加，远不能及人口激进之速，已如上述。其他主因尚有交通不便，钱币不敷流通，其影响之所及，实有说明之必要。清代领土大于汉唐，谕旨奏疏之传递，旧赖驿站，一八七六（光绪二）年，创设文报局，递送总署及驻外公使往来之文件，后渐扩大范围。通商大埠，商民则赖信局递送函件。旅客往来，货物运输，多赖舟车，南方多水，舟行较便，北方多车，骡车较便于行旅。骑马坐轿小车亦有助于交通，其困难则为多耗时日金钱，陆路运输货物，尤为不易。高资距镇江三十里，在镇经商之商人，每年回家不过一二次，山西汇兑庄商人出省营业，常数年或数十年不归。山西大旱，食料自直隶运往者，价值超过谷价数倍以上，尚无法运往，时传家有黄金坐而待毙，江南诸省非无余谷，竟乃限于交通之阻碍，而无奈何。于此情状之下，商人不能以有易无，调济社会上之需要供给，互相立于有利之地位，促进经济之发展。关于货币之缺乏，国内旧用纹银、制钱两种，纹银以两为单位，而两各地不同，制钱以铜制造，而滇铜出产减少，不敷鼓铸。二者兑换时有变迁，清初纹银一两换钱七八百文，咸丰中叶将至二千，清季减至八九百文，士大夫初以鸦片漏卮，纹银输出为银贵唯一之原因，实则小钱充斥，铜质太轻，不无影响也。其后世界产银日多，价格大跌，外商收买铜钱，运之出国。换钱因而减少。钱银价格发生剧烈之变动，增加商人意外之危险与损失，识者倡言整顿币制，迄无根本办法，乃枝叶进行，一面鼓铸银元，成色则各省不同，一面救济钱荒，鼓铸铜币，地方长官视为收入，自由鼓铸铜币，币制因益紊乱，中国又非产银及铜之国，仍不足供流通。货币集中于城市，乡民受其影响。出米之区限于交通阻力，每石售价二三千文，内乱方亟，无人耕种之际，涨至七千，三四十年前，江南一带，斤盐二三十文，豆油六十文一斤，肉价每斤五十余文，鸡蛋两个值钱三文，百页一斤值钱二十八文，豆腐一块二文，青菜三四文一斤，生活代价可谓低廉，而农民苦矣。其困苦之症结，农家生产之食料，无处出售，即使出售，而亦所得无几，其买进之用品，则以厘金杂税之故，价值常昂。农作用具则多于会期剧场购买。农民终年勤劳，只能免于冻馁，遇有事故，或以衣物或借亲友衣物入城押当，月利二分，或一分八厘，十八月满期，吾乡急典月利二分五厘。其亲友较有资产者，则请会助之，款额会期各会不同，要由请会者决定，其情状与今殆无不同。其无衣物出典，力又不能请会者，唯有迫而借债，利息低微之借款，常不易得，乡间从无放款之适当机关，乃听强暴不仁者之剥削。普通借款名目，一曰阴鸥钱（俗写引子钱），月利四五分，时人以为太高，有损阴德也。二曰飘儿钱，赌场中之利债也，月利尝至十分。三曰麦青稻青，当青黄不接之时，农民借债，债主指麦或稻作抵，作时价计算，待其成熟归还麦稻，再照时价计算，清债本息，物价前后不同，农民处于不利地位。清季轮船、火车、马车、东洋车、电车、电报相继传入，通商要城之交通，视前大便。物价稍增，而内地交通情状，仍如往日。

交通不便，农民居于乡里，足迹所到不出数十里外，其日常生活，对于政治从无密切之关系，终身或未一见州县官，其视之也，如狼似虎，长官虽或廉洁，而胥吏无不借端勒索，诉讼无论原告被告，于审问应答之时，多须跪下，口中常呼大老爷青天，一言不合，皂隶即诃斥之，其胆小者，先已心悸身抖矣，陈说其辞，殆非易事。费用则胥吏量其家之有无，以为出入，当事者常至破家，事非万不得已，殆不诉之于官。民间道德观念，反对诉讼，其健讼者，目为讼师恶棍。乡村农民间之争执，或由董事调处，或双方邀请公正人员至茶坊评理，曲者付账，让步解决，族中恶劣子弟，族长得严罚之，甚者处以死刑，养其子女。此盖由宗法演进而成，一则免其犯罪牵连族人，一则维持族中之荣誉也。其威权无异于官吏，私刑杀人，不足为训，然其决定多本于事实，聚族而居，朝夕相处，人之臧否，固其熟知，地方治安往往赖以维持，就时代而言，殆不可非。清末政治上、社会上、经济上、思想上发生重要之变迁，宗法势力日就衰微，顾其影响之所及，造成强有力之地方思想，客居外省者，多有会馆，照料其同乡。大臣疆吏乃常迫于环境，进用或安插其亲友，增加政治改革之碍力。城市以商业为中心，商人以其职业之不同，组织公所，如钱业公所、糖业公所之类，其会员以店铺为单位，专谋同行之利益，业中争执问题，由董事调解，关于公共利益如加价之类，亦在公所议定，同行均须遵行，违者罚之。工人亦有会所行章。凡此组织，皆可谓之自治团体，颇有助于官吏。其堪注意之点，则家族裁制之力，远过于政治权力，幼年时期，无论何事决于父母，中年分家自立门户，负有家室子女之累，扶助族人亲友之谊，人生一世，不受家族影响，自由决定取舍者，为事无几。自由人之在中国，盖不甚多。其在政治上不良之影响，则家族之观念太重，国家之观念太轻，得意之时，不问是非，专为一家一族一地设想也。

近代政治腐败，民生痛苦，盖非偶尔遽然之事，多本于历史上之遗传，社会之势力，由来久矣，人民于不知不觉之中，视为固然，自怨命运而已。其主因则无刺激与比较，倾向于极端保守，而不明了社会上之病态，其所以造成者，则中国地理上之位置不与文化发达之国相近，或往来，其邻近之部落，未脱野蛮人之状态，邻国如日本、安南之类，莫不深受我国思想学术之影响，野蛮人之侵入者，多同化于汉人，轻视夷狄之心益强。古代哲人托古改制，思想倾向于保守，孝道进而巩固之，士大夫诵读诗书，不知古今之变，胸襟褊狭，不能容物。人民多以耕种为业，居于乡村，知识浅陋，商人足迹较广，原足以介绍知识，促进思想，无如轻商之观念太深，法令阻挠其出国，遂无轻重于时。于此现象之下，朝野上下傲慢如故，而世界则受科学发达之影响，交通大便，形势随之转移，朝廷本于固有之思想方法，应付新时代之问题。败辱屈服之后，识时务者以其所强，不过枪炮轮船之坚利而已，仿之足以强国，国内仍为自给之社会。中日战后，识者倡言变法，康梁变法虽归失败，而改革潜伏之势力日盛，拳民之乱，日俄之战，莫不予以重大之刺激与鼓舞。朝廷迫而改变观念，政治上整顿官制，预备立宪，财政上整理税收，军政则改练新兵，法律则修订新律，交通则建筑铁路，教育则废去考试，奖办学堂，实业则奖进工商，力谋挽回权利，各省则添设官署。凡此新政无不深受外国之影响，士大夫尚以其未积极进行，奔走运动，其中一部分人士，前固阻挠变法者也，投机善变，无过于无耻之文人。社会上受外之影响，如家庭工业之破坏，船户之失业，妇女地位之提高，工价之激进，皆其明显之例。清亡历史上遗传之积弊，不能一旦廓清，外来之势力，引起严重之问题，今日尚在试验程中，结果究竟若何，无人知之，痛苦之代价，更何言哉！

第十六篇

民国以来之内政外交

善后问题——首都之争执——临时约法——政党之纷扰——责任内阁之失败——政治实状——国会之召集——地方政府之情状——武人之跋扈——第二次革命——革命后之政治问题——官制之迭更——帝制运动之始末——割据之形势——政治失败之主因——外交问题——外蒙西藏之交涉——中日交涉——府院之争——复辟之失败

清季外交失败，改革稽延，朝廷不能应付环境，酿成革命，而革命进行之速，响应区域之广，历时百有余日，清帝迫而逊位，其成功之速，实破中国有史以来之先例。其主要之原因，一则久受外国之政治学说影响，青年之希望甚奢，活动甚力；革命起后，国内工商停顿，税收减少，海关独立，双方财政均极困难，南方借款支付政费，清廷则以外国停付借款，无法筹饷。就战斗力而言，北军强于民军，袁世凯利用时机，别有所图，南方领袖多欲避免战争，让步解决。一则列强以为战事延长，妨碍其国人商业，南北和议之际，上海领事奉命提出劝告，意存干涉。于此情状之下，南北和议成立，孙文辞职，让推袁世凯为临时总统，军权归于其党，南方谋用政治方法，削减其权。名称上中国统一，实际上困难繁多，其症结则清廷政治腐败，地方长官权重，交通不便，财政困难等之根本问题，依然存在，甚者且或过于往日，如独立各省都督，募兵扩张实力，用人行政，往往自主，蒙古、西藏各得外援，脱离中国。北方诸将既无为国思想，又无确定政见，而唯拥护袁世凯个人，初则电称“若以少数意见，采用共和，必誓死反对”，及和议将成，忽而发电恫吓亲贵大臣，强逼清帝逊位。南方临时政府内部意见亦不一致，同盟会员增达三十万人，杂有跨党投机分子，组织不严，意见不一。参议院原非民选机关，不能辨别轻重利弊，本于一时防弊之思想，从未根据事实环境，决定大计。采用之制度，先未行于中国。人民初无运用之机会与经验，乃为土豪劣绅政客所利用，成一“游民政治”，平民反为“奴隶”，“呻吟憔悴，困苦颠连，于莫敢谁何之下，而供租税服劳役者也”（引号内皆黄远庸语）。凡此问题，非各派各党之领袖觉悟，本于为国服务之思想与精神，开诚布公，妥商善后办法，议定根本大计，则祸患将即复起，不幸各不相容，游民趋附势利，入主出奴，丧绝廉耻，卑劣放纵，置民生国计于不顾，而中国纷扰至今，未始不由于官迷不知实际，或无耻钻营之士大夫也。

民国元年（一九一二）二月十二日，清帝逊位，明日，袁世凯电达南京，称其赞成共和，一方则以清帝诏旨，组织临时共和政府。孙文咨达参议院，称其当践誓言辞职，推荐袁世凯继任，末附条件凡三：（一）政府设于南京，（二）新总统亲到南京就职，临时总统及国务员始行解职，（三）新总统必须遵守临时约法及颁布之一切法律章程。就三条款而言，多为严防袁世凯之活动，北京为势力所在之地，难于革新。一月和议进行之际，南京政府即谓清帝退位，北方政权消灭，不得改设临时政府。而袁置之不理，竟认受命于清，组织政府，孙文去电陈说不可，此固足以削减袁氏势力。关于政府组织，《临时政府组织大纲》采用美国制度，一面授总统以大权，一面参议院事事均得干涉，实际上颇难运用，后虽略有修改，而根本弱点依然存在。《大纲》由议会通过，不肯削减自身权力，非常期内，对于总统提出之国务员，尚有加以否决者。总统为行政长官，新为参议院所选举，而竟干涉其用人，一则证明其对行政长官太无信心，一则见其前后矛盾，思想幼稚，总统实难应付非常事变。和议将成之际，参议院另议约法，改采法国责任内阁制，其所持之理由，颇为幼稚，实则对人立法，以为议会通过之法，即有无上之权力，实则不宜于国情环境之法律，不唯不能实行，反而早日破坏政治制度耳。十四日，参议院开会，出席者凡十七省代表，事实上独立者共十四省，每省得投一票，袁世凯共得十七票，当选。黎元洪辞职，仍被选为副总统。关于政府地点，议员不理临时总统之建议，议决改设北京，总统再咨参议院复议，十五日，议决政府仍设南京。其改变意见之迅速，言者议论不一，议员草草议成，先后反复，近于儿戏，授人口实，固有相当责任。袁氏于表示政见之通电，以北方形势为言，不能南下，及参议院决定都城，通电陈说南下之窒碍，而以退居为要挟。报纸议论多受党派之支配，互相辩论，而中国政治问题，非决于舆论，或多数人民之意见，乃尝定于长官之诡计阴谋。孙文不为所慑，派蔡元培、汪兆铭等为专使，北上迎袁南下就职。专使先后入京，袁氏初无拒绝之表示，待之优渥，各团体虽向专使表示反对，而专使不为所动。二十九日夜，北京驻兵第三镇变乱，纵火劫掠，商民受祸者数千家，专使几及于难，天津、保定驻兵相继叛乱，人心大惊，外人议论激昂，公使调兵入京保护，将或造成严重局势。三月二日，专使电请南京政府迁就，以定大局。临时政府电请黎元洪入京，谋移政府于武昌，不得。六日，参议院通过议案，允许袁世凯于北京就职，都城问题，始以兵变作一结束。说者谓袁授意造成。

袁氏被选，为解决内战之一办法，反对之者，独海外之华侨，三月十日，在北京宣誓就职，誓文电达参议院。明日，孙总统公布临时约法。约法凡五十六条，共分七章，规定人民享受之权利义务，参议院之组织职权，临时大总统之职权，国务员之责任，法院独立等。约法施行后十月内，召集国会。约法采用内阁制，国务总理及各部总长均称国务员，凡总统提出法律案，公布之法律命令，均须由其副署。国务员之人选，须得参议院之同意，其受弹劾者，总统应免其职；但得交参议院复议一次。据此，总统将无实权，内阁总理亦不能指挥阁员，参议院跃为太上政府。其议员各省五人，选派方法，由各地方自定，其前自动出席有未改派者，湖北曾通电指摘，而参议院则以遁辞辩答。按照先进国之责任内阁，多由国会中之大党领袖组织而成，共同对于国会负责，而中国内阁人选，多非议员，各个副署命令，并对参议院负责，委任之先，又须得其同意。其种种防弊之规定，将徒增加行政之困难，而政治易陷于停顿。袁氏既就新职，提出唐绍仪为内阁总理，参议院通过。唐氏至宁，疏通议员，请改九部为十二部，借以安插南北政府人员。参议院不可，改为十部。二十九日，唐绍仪出席，宣布政见，提出阁员十人，中杂袁派，同盟会及超然派等，一人未得通过，原无异于不信任案，而在当时已有成案，无足轻重。三十日，新总统下令委任，袁派掌握陆军海军内务实权。四月一日，孙文解职，明日，参议院决定临时政府迁往北京，六日，黎元洪解大元帅职，南北始称统一。南京尚有留守府，陈其美等反对裁撤，南方各省都督，各自为政，中央则各部司员半经伟人荐拔，滥竽者多。财政则都督多扣中央税收，其收入只恃奉、直、齐、晋等省之盐税，及部辖之常税杂款，至为窘急。

北京既为首都，国会定期召集，各党谋夺政权，活动甚力。政党原为民主政治下之产物，其功用则草订党纲，提出选举人员，奔走演说，教育公民，促进其留心政治，奖助其投票。苟无政党活动，广土民众之国家，民治殆不可能。党人各为利益之计，尝或出于舞弊，要视政府之管理监督，方始入于正轨。先进国家之政党，往往由无数公民组织而成，议订党纲，谋得多数投票人之赞同，冀于选举之后，掌握政权，施行党纲，其价值常在公开之竞争。中国政党初无异于政治学会，党纲空泛笼统，而以人为中心，党员多无一定之主见，而以利害权利为转移，或脱离甲党，或加入乙党，或另组党，极变化之神技。人民先无参政之机会，未有政治经验，宪政之初，弊端原不易免，赖有远见之领袖，本于光明正大之心地，为国为民，出而奋斗，逐渐入于政治常轨。所可惜者，政客唯利是视，不顾利害，不知轻重，不择手段，破坏叫嚣，大为识者良民所恶。其争权之影响，造成畸形恶劣之政局，无怪黄远庸之大声疾呼，斥为游民政治也。其言曰："国体既定，则争功攘利者盈途，窃位素餐者载道，而议论风起，作党会者亦得游手而饱食，独吾伤痍满目困苦无告之国民，惨为天僇之奴才。临时政府成立以来，政府之教令，议会之法律，报馆之呼号而不平，或为大总统之私，或为政府之私，或为官僚之私，或为党会之私，或为豪强雄杰奸商著猾之私，固有丝毫分厘为民生社会请命者乎？"其言见于《少年中国周刊》，沉痛之至，奈官僚之不觉悟何！其时政党，一为同盟会，由秘密会演进而成。二共和党，联合数小会党而成。两党对峙，但于参议院均不能及半数，第三大党则为统一共和党，其他小党名目尚多，论者以为小党林立，不宜于责任内阁。同盟会理事宋教仁初欲改组同盟会，不得，及小党争夺权利，为时人诟病，乃于八月与统一共和党等合并，改称国民党。同盟会之改组，初非孙文、汪兆铭等之意，宋教仁原与统一共和党人士融洽，跃为领袖。统一党亦曾吸收小党，顾其所得无几，势力单弱。其他小党多合并为民主党，会梁启超归国，加入其党。明年四月，国会召集，各党别有分化合化（其详见后）。

三月末，唐绍仪组阁，其思想倾向于责任内阁，加入同盟会，其与袁世凯之关系，曾为其属员，至是，各争职权，渐生疑忌。参议院之移京开会也，袁氏拟成演说辞，出席诵读，唐氏将其修改，其尤难于应付者，则为财政。政府方议裁兵，而善后款项以及政费军费，无法筹出，各省请款不已，北京军警借债发饷。唐氏南下之前，借得比款，其先商于四国银行团，大借外债，银行团请其勿向他国借贷，至是日俄加入银行团，银行团闻借比款，出而抗议，对于借款之条件益严，双方决裂。说者谓唐绍仪不为银行团信任所致，财政总长熊希龄主张迁就，与总理不协，内阁会议席上，国务员竟致口角，内务总长赵秉钧从不出席会议，乃于五月率同国务员辞职，总统指令慰留，而固一筹莫展。同时袁唐之间意见日深，六月，唐氏以不副署王芝祥委任状案出京。初王芝祥附于革命党，党人运动直隶省议会，举为都督，借以监视袁氏。唐请于袁，任为都督，而五路军通电反对，袁命王赴南京，遣散军队，唐则拒绝副署委任状，总统不待副署，径以命令交之，唐于次日不告出京。自临时约法而言，总统命令必须国务员副署，方为有效，袁氏行径目无法纪，固当以去就力争。顾时已有恶例，而唐何竟不问也。先是，借款决裂，黄兴主张发起国民捐，电请政府发行不兑现纸币，总统交与参议院审议，唐氏拒绝副署，而咨文竟送达参议院，至是，出京，议员不之重视，责任内阁根本破坏矣。总理走后，阁员多数辞职，同盟会倡言政党内阁，共和党则主超然内阁。总统提出久办外交之陆征祥为总理，征求同意，参议院通过。阁员六人前去职者，久始提出名单，征求同意，陆氏到院宣布政见，议员以其不善辞令，将其提出之国务员概行否决。时值中俄交涉趋于严重，而中央陷于无政府之情状，论者深责议员，斥参议院为“奸府”。章炳麟等电达黎元洪，建议“请大总统暂以便宜行事，勿容拘牵约法，以待危亡”。北京军警特别联合会，通电指摘议员，鄂将邓玉麟等言之尤激，称其“视国事如儿戏，觍然縻月薪二百元，真全无心肝，不知人世何者为耻辱”。其他恶骂议员者尚多，有函请总统解散参议院者。据黄远庸言，议员亦有洒涕陈辞者，报章议论多不满于参议院。于是议员迫而让步，第二次投票通过五人，心中不服，弹劾陆征祥失职。陆氏称病请假，改由赵秉钧代理。会孙文、黄兴相继入京，袁氏颇厚待之，黄兴调停议员，九月，赵氏实授总理。党争之结果，参议院之尊严丧失，总统之地位反而巩固，议员之滥用职权，幼稚嚣张，盖有以促成之也。至政治实况，可于黄远庸之《国税厅报告》见之，其结论曰：

> 自临时政府成立以来，日日言统一，其实皆纸片口头上的说话。各部只有形式之公事，无一命令能行者，即以纸片论，如财政部之盐务处，除芦盐外，无一盐务公事到部者。交通部则一年以来，并电报报销月册，亦不可得而见。财政部之为财政部，以其为讨账衙门耳，不然，则已倒矣。大抵旧人物之所谓统一，与世间之所谓统一者大异，彼等以为中央与地方有文报之往返，能派遣种种官吏到地方去，令中央有面子者，即有统一。至国家权力之能否达到？则非所顾问。大抵中央求有面子不难，而国权之能实行则大难。国权之能实行也，必先中央条理一贯，政令清肃，又能坚固不挠而后可。

黄氏久在北京，访求新闻，对于政府各部情状至与熟悉，其言发于民国二年（一九一三），实有所本。各部事务清淡，冗员繁多，政府借以官位安插闲员。其时财政窘迫，恃小借款渡去难关，借款由政府出面，将来则归人民担负摊还，乃于困苦平民，榨取血汗所得之酬报，养此无用之废员，事理之不平，无以逾此。其安然受之，奔走求之者，不唯无耻，且实罪恶也。其人虽或由于谋生之困难，而多数则为官迷之游民。黄远庸于时论之曰：“农工商困苦无辜，供租税以养国家者，所谓真平民也，则奴隶而已矣。盖恣睢无道，惨酷不仁，至于中国今日之平民政治为已极矣。大总统革命元勋，官僚政客，新闻记者，奸商著猾，豪强雄杰，此其品类不同、阶级亦异。然其享全国最高之俸，极其饮食男女之乐，则一也。此等极乐世界中人，统计全国最多，不过百万，而三万万九千九百万之国民，则皆呻吟憔悴，困苦颠连于莫敢谁何之下，而供租税服劳役者也。”其言感慨时事，不无一二愤激之语，自大体而言，则为实情。士大夫阶级原多游民，谚所谓成事不足，败事有余也。竭国中脂膏，养此自私自利之游民，能不谓之罪恶，可乎？据黄氏发表之调查，荐书多由副总统及各都督而至，更有以手枪炸弹之胁迫，或以参与革命“自媒”求官者。总长大裁旧员，调用新员，致起纷扰。运动攻讦腐败奢华之风，实无异于往日。总统后下令曰：

> 夫用人为行政之本，而国务院为大政所从出。本大总统为国择才，尤深兢业，遵据约法，必须求同意于议院，乃提出否认，至再至三。夫贤才之士，孰不爱惜羽毛，未受任而已见摈，则延揽益难，降格以来，实势所逼，踌躇满志，事安可期，且施政成功，在明黜陟。一度政府成立，疏通动需数月，求才则几如觉穴，共事则若抚骄儿，稍相责难，动言引退，别提以图补缺，通过艰于登天。挽留且难，遑论罢黜。至各部司员，半经伟人荐拔，弹冠相踵，滥竽日多。

令于第二次革命时颁发，所述情节，多为事实。袁氏借官安插闲员，亦有相当之责任焉！综之，政治纷扰，多由于自私自利之心理，从无光明正大之态度，大刀阔斧之手段，解决一切困难，树立远大巩固之基础也。其补救方法，自理论希望而言，将恃国会之召集矣。国会限于约法公布后十月内召集，民国二年（一九一三）一月，值当召集之期，而参议院方从事于党争，元年（一九一二）八月十日，国会组织法、议员选举法，始行公布，选举施行细则十二月公布，国会竟不能如期召集。按据国会组织法，中国采用二院制，二院本为英制，偶尔产生者也。政治学者认为利益较多，美法诸国从而效之，近时英上院之地位降低，无异于一院制矣。中国两院名称，一曰参议院，一曰众议院。参议院议员，每省由省议会选出十人，蒙古二十七人，西藏十人，青海三人，中央学会八人，华侨六人，议员任期六年，每二年改选三分之一。被选之资格，定为凡有众议院议员被选之资格，年满三十岁以上者；华侨、蒙人、藏人限以通晓汉语。众议院名额，定为“每人口满八十万选出议员一名，但人口不满八百万之省，亦得选出议员十名”。蒙古选出二十七名，西藏十名，青海三名，总数五百余人，选举人之资格，限于年满二十一岁以上之男子，居住选举区内二年以上，有下列资格之一者，始得投票：（一）年纳直接税二元以上者。（二）有价五百元以上不动产者。（三）在小学校以上毕业，或有相当学力者。议员被选尚有年满二十五岁以上之规定，蒙藏、青海又有通晓汉语之资格。凡有下列情事之一者，不得有选举及被选权：（一）被夺公权者。（二）

受破产之宣告者。（三）有精神病者。（四）吸食鸦片烟者。（五）不识文字者。军人、官吏、僧道、教士不得投票，小学教员及各学校学生不得被选。其选举方法，采用复选制。就选举资格而言，大体无足深论，如何实行？则吾人所当知者也。妇女及未成年之男子，不得投票，其人超过国内人口总数之半，男子之识文字者，数殆无几，尚有其他限制，选民究占人口百分之几，无人知之。国中人口尚无正确之调查与统计，人民之有选举资格者，限于时间，更无从考察。各县长官类多凭空报告选举人数，各区由绅士或乡董包办，雇用人员填写选票，当事人反不之知，甚者捏造选举人名，此固不限于一地。据吾人访问之乡村，几莫不然，农民固占绝对多数也。城市弃选者多，劣绅亦能包办。初选于十二月举行，其被选者于明年一月至选举区复选，一票售价自百元至千余元不等，所谓代表民意者，直梦呓耳！其造成之原因，选举争求胜利，原易舞弊，参议院定议员岁费五千元，另给旅费，政客视为名利双收，莫不争求得之。国人先无政治经验，土豪劣绅之势力强大，易于利用农民之弱点，操纵选举也。适当之办法，不如暂时提高选举人之教育，或其他资格，切实执行法令，凡有选举权者，庶能自由决定其所愿选之人，然后适应社会要求，减低资格，达于普选也。选举之结果，国民党于众议院占绝对多数，民主党、共和党、统一党谋与之抗，合并改称进步党，参议院改选，国民党之议员，亦多于他党。四月八日，国会正式开会。

中央政府情状恶劣，地方政府亦呈纷扰不安之状态。革命之初，群雄举兵，各管一隅，各自为政，省内民军政权，均不统一，甚者如山西军官，拘禁筹饷局长，不理都督电令，派兵图犯省垣，总统据报，派兵惩办，方始解决。及后军权统一，省议会与行政官立于反对地位，唯事抵瑕蹈隙，发为议论，行政官则在忧谗畏讥之中。元年七月，总统令曰："数月以来，各省行政长官，与该省议会，或因权限而启纷争，或因意气而生冲突，始由误会，继走极端，既无曲谅之诚，复鲜交让之美。……若彼此抨击，暗斗弗休，何异言居而毁其室家，言行而弃其輗軏。特此布告，各省行政长官及省议会，务宜共体时艰，勿胶成见，勿挟私图，庶几开诚布公，以渐臻于大同之治。"令文剀切之至，无如各争权利，嫌疑已成，如河南省议会开会，匪徒阑入，枪伤数人之例，暗斗之甚，乃竟施用阴谋耶！省政府组织法参议院初未议订，或言都督民选，或主中央委任，或言军民分治。清制官级繁多，责任不专，省制将采几级，论者不一。政府提交参议院之法令，时而撤回，后始采用军民分治，都督管理军政，民政长管理政务，如财政、教育、实业、警察等，其后省下设道，官称道尹（先称观察使），其下为县，办理自治，改废府直隶州及州厅名目，视前大为简单。省议会议员选举法几全同于众议院议员，投票之实际状况，亦与之同。各省与中央之关系，可于孙文、黄远庸之谈话见之。孙文入京，黄氏见之，询问省治，孙谓五六年内，军民分治不能办到。黄以期内中国必无统一之望为问，答称“五六年不统一，有甚么要紧？何必如此心急，美国到如今，还没有统一”（见《远生遗著》卷二页一二八）。其言不过证明中国尚未统一，上海都督府之裁撤，戴传贤等表示反对，南京留守府以军饷无着，始乃裁撤，其争执之症结，则不信任中央政府也。第二次革命将起，总统下令曰：“都督总领军民，率以光复元勋，遂乃真除，受事等汉牧之就拜，跋扈类唐藩之留后，威令本自不行，功绩安能责课？厥后急筹分治，民政则置长官，而乃简命朝颁，拒电夕至，一方擅命，诸方效尤，谁生厉阶？至今为梗。”其言虽为求获舆论之同情，而固多为事实。

响应革命区域之广大，多由于兵变。清季新军纪律殊不甚严，南方军官多同情于革命，及武昌举兵，各地新军先后驱迫或杀害长官，宣布独立，因而自称或被推为都督。武官升级之易，无过于此，逐渐变为风气，军纪益弛，故自元年以来，兵变时起，临时政府所在之南京，北洋军阀所在之北京均不能免，通商大邑则更时有所闻。其造成之原因，则南北和议未成之先，都督倡言北伐，或自扩张军力，招募土匪流民，编入队伍。人民则以战祸避难，商业停顿，税收大减，军饷无出，兵士常以欠饷哗变。客军过境者，尤易生事，更有受人利用，反对革命者，如宗社党之活动，前陕甘总督升允之传檄举兵，又如北军守旧有反对剪辫叛变者，袁世凯更利用兵变以达其政治目的。凡此种种，一则证明政府尚未巩固，一则人民多受祸害，财政损失，工商停顿耳。变兵散而为匪，携有枪械，大为害于乡里，酿成白狼之祸。白狼以河南嵩山一带为巢穴，避实攻虚，东西奔走，西至关陇，南至湖北，东至安徽，北则限于黄河，劫掠数千里，民国三年（一九一四）七月始平，人民所受之痛苦深矣。其尤恶劣而遗祸无穷者，无过武人目无法纪，干涉政治也。北京军警长官不满于记者之诋毁，怒而捕之，王芝祥以驻军反对，不得官于直隶，参议院否决陆征祥提出之阁员，军警出而恫吓，章太炎等电请黎元洪建议总统总揽政务，并与各都督协商，军人果有发电痛骂参议院者。军人以服从为天职，乃有所谓国民之一分子，轻举发言。此风盛于南方宣告独立之时，清帝逊位之速，未始不由于北方将领之通电，原为非常期内不得已之举动，竟于统一之后，不稍改变，政治入于常轨，殆不可能。尤堪称异者，湖北军官张振武入京活动，黎元洪以其煽惑兵心，再谋革命，密电总统捕之，袁氏即令军警往捕，不待审判，而以军令杀之，其处置之速，所谓迅雷不及掩耳，盖防鄂人及同盟会救之也。事后，总统以大将礼葬之，并以三千元赙丧，而违法之责任问题，迄未辨明，当事者亦未稍受惩罚。孙文、黄兴入京，对于黎氏深表不满，然无如何，掌握军权之都督，高于一切，他何可言，误国之罪大矣！

国会选举进行之际，总统明令召集国会，二年（一九一三）四月八日，国会成立。国民党占有优势，其领袖宋教仁为人刺死。宋氏倡言选袁世凯为总统，采用政党内阁，其主张果能实行，总统将无实权，三月，自沪乘车北上，突为人开枪所击，伤重旋死。捕房捕获凶犯，搜得电文，发现内务部职员洪述祖之密电，时人以为赵秉钧所为，案归审判厅审理，赵氏迄未到案。北方亦有暗杀，指为黄兴所为以相抗。暗杀时成风气，当局借以除去政党，固野蛮卑劣之手段也。领袖人才如宋教仁不得其死，实国家之重大损失，悲哉！孙文即欲起兵讨袁。而国民党之都督持重不发，报章发表传说，时局渐形紧张。两派立于反对监视地位，国民党谋以国会制袁，而袁则恃兵力，其感觉困难者则军饷无出也。四月二十六日，善后大借款契约成立，镇定内乱，遂有余力。初六国银行团借款，欲以盐税为担保，坚持监督用途，聘用洋员稽察盐税，政府以其干涉内政，不肯让步，乃向英商借款，而银行团出而阻挠，大借款之议复活，议商条件，复归停顿。美国以其妨害中国政治独立，退出银行团，声明嗣后借款限于经济投资。五国银行团态度稍变，中国则以时局紧张，需款孔亟，签定契约。其要款凡五：（一）中国借款二千五百万金镑，（二）用途指定清还到期借款，赔偿革命期内外人损失，及裁兵行政经费，（三）四十七年还清，（四）以盐税关余为担保品，（五）中国整顿盐税，设立稽核所，雇用外人襄助，非其会同签字，不得将盐放行，或提用款项。借款进行之际，政府未曾报告国会，孙文等致电列强反对，都督亦有慷慨陈辞者，顾未有效。政府交国会备案，称得临时参议院之同意，进步党拥护政府，国民党斥为违法，争执不下，辍议者累日。而国民党势盛，参众两院先后议决契约无效，然无补救。会议员发现奥国借款，再三质问，国务员始行承认，众议院提出弹劾。赵秉钧及财政总长周学熙因而去官，袁世凯之目的已达，固其胜利也。

国民党于宋案之后，倾向举兵，法律系不敢异议，二次革命之风声喧传于时，江西都督李烈钧尤为激烈。及大借款成立，南方都督通电反对，其非国民党员，则仍拥护总统，或为之辩护，袁氏则以款已筹得，跋扈之都督在所必除，岑春煊遣员入京调停，袁氏答称："问题……乃系地方不服从中央，中央宜如何统一问题。宋案自有法院，借款自有议会，我与岑君等皆不能说话。……至李烈钧等为地方长官，于行政之系统上，中央不能不求统一之法。"此据黄远庸之通信，黄氏在京，颇能探得正确消息，又谓袁氏语其属员，明斥"孙黄等无非意在捣乱，我决不能以受四万万人财产生命付托之重，而听人捣乱者。……彼等若有能力另组政府者，我即有能力毁除之"。其言坚决至此，用兵之意已定。就形势而言，黎元洪与国民党不协，党人先后来鄂运动军队者，或为其捕杀，或事败潜逃，党人于上海活动，劝说商家捐助军饷，总商会竟发公电，称未参加全国公民大会，且曰："上海市商界人民各团体实未敢随声附和，自取危亡，特此声明。"国会中之国民党议员，谋与袁氏妥协，避免战争，独李烈钧改编师团，调兵遣将，管理九江炮台，镇守使戈克安迫而离职。六月九日，总统令称李烈钧措置乖方，免去江西都督，以黎元洪兼领。国民党颇处于不利地位。黄远庸报告曰："江西则通电退兵；广东则以文电自明无二意，宋案借款之争，谓仅一种建言作用，并不敢出法律范围；湖南则以军官多明大义，谭延闿渐渐恢复其自由；安徽之柏文蔚则情见势绌，其辞呈将不日到京。"黄氏不满意于国民党，不无附会之辞。而广东诸省之实状，则内部不能一致，将启纷争也。袁氏不稍让步。先后下令免去广东都督胡汉民、安徽部督柏文蔚职。遣李纯统军入鄂，东向九江进兵，镇守其地。七月八日，李烈钧回赣，运动军队占据炮台，十二日，宣布独立。省议会推为江西讨袁军总司令，传檄远近，攻击北军。黄兴闻知江西举兵，即至南京，召集军官会议，强都督程德全独立，派兵北守徐州。安徽、广东、湖南、福建及重庆先后应之，其都督有为军官所胁，有受人包围者，内部意见不一，军心涣散，大势以去，即行取消独立，无异于昙花一现。其较持久，两军相战者，唯有江西、南京，故称赣宁之役。二次革命原在袁氏意料之中，进步党议员提出征讨案，非难国民党，中立议员有组织弭祸公会，主张袁氏辞职者，汪兆铭、蔡元培发表宣言，从而助之。国人方于兵燹之后，厌恶战争，上海商会闻知革命军将攻制造局，致公函于二军，称其全体议决，“无论何方面先启衅端，是与人民为敌，人民即视为乱党”。报章社论亦有反对武力讨袁者。顾此种种多非双方之所顾虑，成败决于兵力。九江方面，赣军进攻，不胜，袁世凯调兵往援，北军会同舰队克复湖口，八月，进据南昌，李烈钧复逃。江苏则张勋统兵进据徐州，上海制造局时在北军之手，革命军迭次进攻，均归失败，追而退于宝山、吴淞。北军又沿津浦路南下，七月末，黄兴去宁，柏文蔚亦于安徽为军队所逐，而北军尚未人宁，何海鸣复宣布独立，终为张勋所败，九月一日，北军入城。福建、湖南见势不利，先后撤销独立，据有重庆之熊克武亦兵溃出逃，广东方面情状复杂。自起内讧，广西副军使龙济光乘机东下，岑春煊谋据两广，亦归失败。

二次革命失败之迅速，一则国民党人数骤增，分子复杂，不从领袖之指挥，投机政客本于自私自利之心理，争夺权利，渐为温和派所恶。汪兆铭曾曰：“一年以来，国民有一致普通之口头禅曰，非袁不可”，未始不造成于政客也。袁氏误国殃民之劣迹未彰，非去袁不可，尚非人民之心理；袁有强有力之军队，供其调遣，剪除异己。国民党领袖于兵败后，逃亡外国，袁用其亲信为长江一带长官，西南诸省不能抗衡，中央权力遂得达于各省。内阁则总理赵秉钧以宋案借款托病告假，总统命段祺瑞暂代，七月提出熊希龄为国务总理，征求国会同意。熊氏为进步党所拥戴，更受友人之敦促，组织“第一流入才内阁”，国会议员，国民党原占优势，二次革命将起，多数不肯南下，有欲炸毁国会者，政府保护国会，迫令国民党开除李烈钧等党籍。国会自召集以来，除党争而外，未有成绩，宪法之制定，初未积极进行，战事胜利之后，袁氏之威望地位视前为优，乃有先选总统，后议宪法之说，其理由则正式政府成立，内政外交均较便利也。十月四日，公布大总统选举法，总统由国会选出，任期五年，得再被选连任一次，六日，选举总统，有自称公民团者约数千人，包围示威，声言今日非选出公民属望之总统，则议员不得出场，议员三次投票，袁世凯始以票过半数当选为总统。明日，黎元洪当选为副总统。十日，袁世凯宣誓就职，于是正式政府成立，日奥诸国次第正式承认民国，其先已有四国于国会成立后承认政府矣。袁氏当选就职，对于国会又一胜利，咨宪法会议，争宪法公布权，国会则持异议。会天坛宪法草成，宪法共一百十三条，采用内阁制，国务员对众议院负责，大权实操于国会。议员之心理，殆以宪法万能，削减总统之权，袁世凯即可听命，天下之事固无若此之简单，反而证明议员偏于理想，认识不足，且时政治情状迥异于前，双方各不相让，袁世凯反得为所欲为矣。袁以宪法不利于己，派委员八人出席，陈述意见，为宪法起草委员会所拒。总统通电各省军民长官，反对宪法草案，略称起草委员会，国民党居多，草拟宪法妨害国家，比较临时约法弊害尤甚。且曰："层层束缚，以掣政府之肘，综其流弊，将使行政一部仅为国会附属品，直是消灭行政独立之权。……值此建设时代，内乱外患险象环生，各行政官力负责任，急起直追，犹虞不及，若反消灭行政一部独立之权，势非亡国灭种不止。"其言杂有张皇附会之辞，议员于国势民情既不之知，而于自身所处地位，亦不明了也。都督、民政长、镇守使等果应袁电，攘臂嗔目，诋议宪法，建议解散国民党，解散国会。十一月四日，总统下令解散国民党，撤销国民党议员，军警追缴证书徽章。被追缴者凡四百三十八人，即江西独立前脱党者，亦无幸免，国会议员共八百二十名。明日，两院开会不足法定人数，提出质问，内阁复称，"事关国家治乱，何能执常例以相绳？"省议会亦缴国民党议员证章。

国会不能开会，政府组织政治会议，原名行政会议，由各省行政长官所派之委员组织而成。十一月，总统令称各省所派人员，不日齐集，应由内阁总理等举派人员，总统特派八人，合组政治会议，十二月开会。熊氏提出改革省制，扩张中央权力，未得通过。其时政治问题，一为遣散残余议员，一为修改约法。黎元洪等首以为言，总统交政治会议复议，明年（一九一四）一月，复称原电所请为正当办法，总统下令遣散议员，二月，停办地方自治。其理由则自治会议员把持财政，抵抗税捐，干预诉讼，妨碍行政也。三月，更据政治会议议决案，解散各省省议会。凡此种种，莫不动摇民国之根本基础。劣绅把持，议员贿选固为事实。其造成之主因，绅士乡董原于社会上强有势力，民众先无参政之机会，运用投票之经验，设法导之，终将入于常轨。今以一时之弊端，废除自治团体，土豪劣绅，仍得为害于民间，且无改良之希望。公共事业之成功，常赖妥协与合作，独裁之行政官员，未曾养成谅解同情信任合作之精神，乃又顾忌议员之监视，断然停办地方自治，自永久大计而言，实百思不得其解者也。关于修改约法，政治会议议决组织约法会议。其组织条例，规定选举及被选人之资格，既高且严；选举区域限于都城省会，被选者复选审查后，方始合格。二月十八日约法会议开会，议员凡五十七人，开始议修约法，四月完成，五月一日公布，名曰《中华民国约法》，凡十章六十八条。依据约法，总统对国民全体负责，有无限制之威权，制定官制，任免文武职官，统帅陆海军，宣战媾和，接待大使公使，召集立法院，提出法律及预算案。行政置国务卿一人，赞襄总统，事务分设九部掌管，国务卿及各部总长如有违法行为，则受肃政厅之纠弹，平政院之审理。立法院未成立以前，以参政院代行职权，其组织法尚未议成。综观新约法之内容，总统之职权，远过于美总统，视前天坛宪法修正案亦远过之，环境迥异于前，事实业已如此。固无奈何。约法会议议定参政院参政，由总统简任，修改总统选举法，改为任期十年，连任或无须改选，并得推举继任人。六月，参政院成立，中多知名之士，袁氏用以号召者也。

熊希龄以其政策不行，财政困难，辞职而去。及新约法公布，总统下令废去国务院，改设政事堂于总统府，向呈国务总理事件，改呈总统，命徐世昌为国务卿，加任各部总长，政事堂分设六局，仿清都察院设立肃政厅，采欧洲大陆法创设平政院。各省官制亦有变更，改民政长为巡按使，已设之观察使为道尹，裁撤内务教育实业各司长，组织政务厅，改国税厅筹备处及财政司为财政厅，都督改称将军。其时中央权力，直达各省，财政军政可称统一。而袁机巧成性，惯用诈谋，对于异己之都督，设法去之。黎元洪统军驻于武汉，声望素著，袁氏迭次遣使持书请其入京，共商大政，黎初婉言辞谢，而袁疑忌日深，驻大军于湖北，黎始应召，二年（一九一三）十二月入京。袁氏遣员欢迎，礼遇优渥，选定前光绪被囚之瀛台为其公馆，不愿其与公使往来。蔡锷于云南宣布独立，赞助革命颇有功绩，袁氏忌之，不肯授为湖南都督，召之入京，废居于将军府，府之设立，盖所谓安置闲员及失意军人也。北军将领冯国璋、张勋原为袁氏作战，立有勋劳，袁氏忌之，密令二人互相监视。徐世昌、段祺瑞久为袁氏属下，而亦与之不协。其心以为天下之人，无有不可以官或钱收买者，对之毫无信心，遣人秘密侦探其行止，监视其活动。政治安定，尝赖拔用真才，推诚相待，袁氏未曾树立永久巩固之基础，一旦祸乱爆发，将至不可收拾。夫有改革之机会，不知利用，有所建设，外而屈服于日本，不知奋发，造成种种祸根。盖袁狡诈成性，自营务出身，叛君卖友，跃为高官，以为人多类之，而又久官于直隶、北京，洞悉官吏之排挤，运用之阴谋，习而安之，神乎其技，徒以兵力，一旦为共和国之领袖，固难明了新时代之环境与需要，心中未脱帝王之思想，自误误国，负罪深矣！其剿平匪乱，维持国内之治安，严惩贪污官员，功亦不可抹杀。

二次革命失败之年，总统下令恢复春秋祭孔，冬至祭天，祭孔祭天原为中国大典，一旦效仿欧美制度，断然废之，识者非之，至是恢复，外人颇疑袁世凯称帝。三年（一九一四），欧战爆发，日本出兵山东，明年，提出二十一条，中国迫而承认其多数条款，屈辱无以复加，而袁不肯振作，反而进行帝制。总统久为清臣，民国以来，仍与遗老往来，据劳乃宣言，袁氏自认为宗社党领袖。劳氏主张复辟，迭作《共和解》献之，有欲呈请复辟者，为肃政使所劾，解送回籍。袁氏之意，则削灭旗兵势力，称帝自为耳。其子克定尤为活动，时人疑之，冯国璋表示拥戴，探问意志，袁则坚决否认，不受拥戴，一面征求顾问古德诺（Frank J.Goodnow）对于中国政体之意见。古德诺原为美国政治学之权威学者，曾为新约法辩护，至是，不知袁之用意，考察中国之历史政治民情，依据南美共和国之经验，以为中国宜于君主。原文用英文写成，译成中文，原稿后不可得，译文不无修改之处，八月于《亚细亚日报》发表。其文虽有慎重考虑之价值，要为个人意见，并无若何之重要；袁党视为帝制运动之根据，愚陋可耻。据驻华美使芮恩思（Paul S.Reinsch）所记，斯年七月，美国已得帝制运动之报告，顾维钧奉命至美，其使命则于欧美为袁氏宣传，古德诺之论文，又为对外宣传之好资料矣。杨度等六人据其论说，成立筹安会，发表君主立宪论，通电各省长官，请求赞助。袁氏表示“该会为积学之士所以研究国体者，苟不扰乱治安，政府未便干涉”。肃政使呈请取消，不得，各省长官纷纷赞同，派遣代表赴京。其积极进行之原因，据美使记载，初起于二党争权，皖系以段祺瑞为首，掌握军权。交通系以梁士诒为首，操纵政务。夏间，皖系与交通系不协，交通系以舞弊案受劾，牵及多人，皖系原助总统帝制，梁士诒患其失势，转而献计于袁，积极筹备帝制，计划多其拟定。京中长官知明袁氏意旨所在，各为利禄之计，多数赞同，黎元洪初持异议，后亦让步，段祺瑞、梁启超托故辞职，徐世昌则以前为清臣，不愿拥戴袁氏为帝。

少数达官反对帝制运动，而袁氏兵力控制北方有余，原欲勇猛进行，乃以列强承认问题，采用假造民意之策略。筹安会自成立以来，未曾公开开会。九月一日，参政院开会，而各省代表未即到京，乃利用旅京人士，组织公民请愿团纷扰奔走，总统派员出席，请参政审慎，征求民意。参政院议决年内召集国民会议决定政体，而梁士诒等以为不便，再向参政院请愿，结果议决国民代表大会组织法，各县一人，属地、商会、华侨、官吏、通儒各有代表，选举法亦各不同。实际上或由军民长官指定，或受监督操纵，费用出自政府，往来多为密电。其拟定之步骤办法，切实确定，由袁亲信朱启钤主持，费用若干，今不可知，榨取于民之金钱，用之假造民意，固罪恶也。各区投票推袁世凯为皇帝，委托参政院为总代表。十二月十一日，参政院开会，审查代表一千九百九十三人，而竟全数赞成帝制，立即恭上推戴书，并呈上各省推戴电文。袁氏故作逊让，令其另行推戴，参政院呈递第二次推戴书，盛称袁氏功德，并谓誓词随国体变迁，民意已改，当然无效。明日，袁氏申令接受皇帝推戴书。凡此种种，不过粉饰遮掩，识者深以为耻，士大夫何竟忍心为之。十三日，袁氏册封黎元洪为武义亲王，派兵监视其行动，大封劝进功臣为五等爵，各省将军与焉，设立大典筹备处，朱启钤奉令购办龙衣朝服，修理宫殿，织置新毯，改明年为洪宪元年，将于一月一日登极。袁党假造民意，国人多所顾忌，反对之者颇赖租界中之报纸，梁启超发表《异哉所谓国体问题》，一文传诵于时。顾此议论绝不能改变袁氏意旨，其所顾虑者，仅为外交。袁氏初信日本将不反对，日本竟以袁氏不听指挥，于帝制进行之际，力谋阻挠，商请英、美、俄、法共同劝告，其理由则将引起扰乱，影响外人利益也。美国认为属于内政，拒绝干涉，余则许而从之。四国公使先后劝告停止帝制，未有效果。及袁被推为皇帝，据美使芮恩思记录，俄法公使私人谈话，赞成承认新政府，德奥公使向袁表示承认皇帝，多数倾向于明年新政府成立，予以承认。外人已有电贺大皇帝者，总统顾问拟进颂辞，各事筹备就绪，而云南起兵讨袁矣。

帝制运动，袁氏恃其兵力不顾一切，其先孙文在日改组国民党为中华革命党，重视服从，黄兴等不肯加入，募款无几，且前根据地丧失已尽，成功不易。党人刺杀郑汝成，袭取肇和军舰，迄未减削袁氏势力。其重要者，首推蔡锷之举兵。蔡锷为梁启超弟子，先于云南独立，出兵援贵，二省军官多其旧部，袁氏忌之，召之入京。蔡氏纵于声色，与世浮沉，及筹安会成立，梁氏出京。初光绪变法失败，袁世凯负有重大责任，民国成立，康梁回国，袁氏谋以官爵收为己用，康则鄙其为人，不相往来，梁氏历居要职，乃于帝制运动之始，托病辞职，至津后，发表反对之言论，密与蔡锷等筹定起兵计划。十二月，蔡锷入滇，云南将军唐继尧先亦拥戴袁氏，其部将有慷慨欲举兵者，李烈钧亦派人入滇。唐继尧之意尚未决定，及蔡锷抵滇，始乃决定讨袁，二十三日，电京请袁取消帝制，惩办祸首，限于二十五日答复，及期，宣布独立，恢复都督府制，称其兵曰护国军。云南地处边陲，兵仅万余，分三路出兵，一至四川，一往贵州，一出滇南。明年一月，袁氏下令讨伐，调兵分道入滇，护国军之设备实力不敌北军，其成功非其战绩，乃其首先举兵，响应之区域广大，袁氏迫而取消帝制也。袁以云南举兵，延期登极。据芮恩思所记，外人初认云南为边省，蔡锷举兵无足轻重，袁氏果正式称帝，列强亦有承认新政府者。一月，滇军入黔，贵州独立，入川之兵，则遇劲敌，战不能胜。三月中，广西独立，袁氏益处于不利地位。初岑春煊久官于两广，与袁氏结仇，广西将军陆荣廷、广东将军龙济光均曾为其属下，龙氏忠于袁氏，奉命遣兵会同桂军入滇，陆氏受人游说，爱子暴死于外，不肯助袁，迭请饷械，隐与梁启超信使往来。袁氏疑之，派为贵州宣抚使，利用其部将制之，不得，至是宣布独立，缴粤兵械。于是范围扩大，他省尚有酝酿响应者。政府遣使赴日，先亦为日所拒，迫而让步，二十二日，下令撤销帝制，起用徐世昌、段祺瑞，发电西南要求停战，议商善后办法，而护国军领袖坚持袁氏退位。其时川黔方面护国军不能战败北军，北军旅长冯玉祥原不慊于袁氏，不愿再战，入于停战状态。四川将军陈宧听信游客之言，预备独立。广东则旧国民党员纷纷举兵，外而见迫于滇军、桂军，龙济光宣布独立以自保。陆氏为其亲戚，不愿逐之，梁启超出而调停，而龙部计杀代表于海珠，始肯让步解决，公推岑春煊为两广护国军都司令，五月组织军务院，为西南统筹军务机关。同时，浙江宣布独立。

袁于广东、浙江独立之后，力谋团结北洋军力，巩固总统地位，任命段祺瑞为国务卿，总理国务，改组政府，树立责任内阁。其时冯国璋为袁所忌，郁郁不平，张勋统兵驻于徐州，亦为袁氏所疑，令其互相监视，二人知而恶之，各拥重兵，不为之用。袁欲冯氏通电拥护，初不可得，五月中，冯氏召集南京会议，讨论善后办法，出席代表来自未独立诸省。总统去留问题，为会中讨论之焦点。张勋、倪嗣冲反对总统退位，未有结果。冯国璋电称“能力只可维持江苏秩序。其他未能兼顾”。袁自三月而后，深为烦恼，失去常态，向时见机立断，忽而变为再三考虑，犹豫不决，其亲信人员颇以为异。美使见之，言欲辞职游美，部将尚欲继续用兵。其困难一则无法筹款，袁氏浪费金钱办理帝制，国库已无余款，用兵出征，饷糈大增，而收入反少，前向美商借款，美使以为战争扩大，主张慎重，商人不肯付款。交通中国银行深受时局之影响，奉命停止兑现，纸币之价值大跌，物价提高，而人民进款并未增加，生计困难，人心大为不安。一则军队能否作战？尚不可知。袁氏惯用阴谋手段，渐失将领之信心，雄据一方之将军，不为之用，下级军官有倾向于共和者；且自形势剧变之后，响应之区域日广，军心亦不固也。其在西南，滇黔军之入川湘者，未有补充，势难再战，广东内部复杂，互相猜忌，李烈钧统率之滇军，竟与龙部相战于韶州。南北实已入于停战状态，而陕西、四川、湖南则次第独立，山东诸省亦有起兵者。袁氏于失望悲哀之中，六月六日，病死，辞职问题始告解决，遗令副总统代行职权。袁氏既死，北洋军阀分裂割据之形势渐成。张作霖于奉天领得饷械，逼走段芝贵，政府追而授为将军，兼署巡按使。许兰州亦以兵力取得黑龙江将军。陈树藩于三原独立，占据西安，后亦奉命督陕。四川于独立后，镇守使周骏攻据成都，唐继尧先不接济蔡锷，于袁氏死后，出兵入川，扩据地盘，在贵滇军亦不肯撤回。广东龙济光不为粤人所容，陆荣廷奉命督粤，桂系势力达于广东。

帝制之役，中央统一根本破坏。起兵者之原意，出于爱国，蔡锷致唐继尧电曰："我辈应始终抱定为国家不为权利之初心，贯彻一致，不为外界所摇惑，不为左右私匿所劫持，实为公私两济。"不幸希望竟与事实相反，政治革命乃为武人造成事机。其主因则政治问题之解决，决定于军力之强弱，战争之胜败，民意舆论，从不能充分表现，作为有效力之裁制。其症结固由于民众未受教育，知识浅陋，历史上未有参政之经验，新得之权利徒为土豪劣绅所利用，而士大夫之官迷无耻，不肯直说实话，从无坚决主张，亦有相当之责任焉。黄远庸观察民国初年之政局，于《论衡》杂志发表其真相曰：

> 吾国之所谓舆论，唯是各据一方，代表其黑幕之势力乎？抑真有发挥其所主张之真义公理，以求国民最后之判断者乎？今以大借款为例，甲党之报，今赞成而前反对；乙党之报，则今反对而前实赞成。甚至同在一时，赞成唐绍仪之借款者，而不赞成熊希龄之借款，赞成熊希龄之借款者，而不赞成唐绍仪之借款。又试以对于政府之态度而论，于其未入国民党之先，则甲党赞成，而乙党思推倒之；于其既入国民党之后，则乙党赞成，而甲党思推倒之。同此一人，而前后有尧桀之别，同此一事，而出入有霄壤之分；大略览尽古今，横尽万国，所谓政治家者，未有如吾国今日之政客之无节操之无主张，唯是一以便宜及感情用事，推其原因所由来，不外所争在两派势力之消长，绝无与于国事之张弛而已。……真正平民则木然受其荼毒蹂躏，而无所控诉，则所谓政党与议会者，亦仅两派之角距冲突，并无舆论之后援。故其结果必仍以两派势力中之最强者胜，此最强者其力盖能于政治上无所不可为，特彼或将有所不为耳。此因两派势力之角逐，而断绝民意之生存者也。

黄氏痛恨政客，言之不胜感慨，而言固有所本，观察至为深刻。其所谓强有力者无所不可为，袁氏后果帝制矣。政客唯利是视，袁氏知其弱点，或以金钱官爵縻之，或以兵力逐之，其安心受之而甘为之用者，乃后恭戴其为大皇帝之人也。上下相蒙莫不假造民意。自欺欺人。黎元洪电请解散国会，中云：“元洪等承乏地方，深知人民心理，痛恶暴乱之议员，各国论调亦极公允。我大总统何所顾忌，而不为之所？”政府追缴国民党议员证书，议员提出质问，国务院复称其不能执常例以相绳，且曰：“令下之日，据东南各省都督民政长来电，均谓市民欢呼，额手相庆。议员张其密等所称举国惶骇，人心骚动，系属危言耸听，殊乖情实。”双方无不托之民意，所言皆为推度之辞。帝制进行之始，蔡锷曾领衔拥戴，国民代表之投票决定国体，地方长官原可力防选举之舞弊，而均置之不问，虽曰迫于环境，而言行相违，虚伪欺人，固非光明有勇气之大丈夫也。袁世凯于宣布帝制始末时曰：“今之反对帝制者，当日亦多在赞成之列。”袁氏死后，西南要求惩办祸首，北京政府下令通缉朱启钤等八人，八人先已出逃，不过具文而已。据美使记载，段祺瑞于内阁会议，对于惩办祸首，笑而言称，果真惩办，公务人员将无几人，得免于罪。士大夫误国之罪深矣！袁氏武人更何足责，梁启超后述蔡锷之言，谓其举兵，“非敢云必能救亡，庶几为我国民争回一人格而已”。此言颇有忏悔之意。共和政体之下，政客毒害人民，反而假托民意，行之毫无顾忌，所谓民治共和，虚名而已。试验归于失败，政治家当于根本着手，另辟途径；乃以恢复原状为言，循复故辙，置经验于不顾，戕害国本，哀哉！

政治改革归于失败，外交尤令人失望。革命兵起，蒙古、西藏，一得俄援，一得英助，意欲独立。南北相持，列强以其商业损失，出而调停，德国较与清廷接近，余多同情于革命。英国建议停付借款，颇与北方不利，南方借得日款，日本人士久与同盟会往来，其政府先与清廷发生争执，后欲干涉革命，固唯利是视也。南北统一，各国尚未正式承认新政府，而外商迭次借款于中国，银行团磋商借款，公使亦曾出而干涉，事实上固已承认政府。中国自拳乱后，不敢开罪外人，思想上心理上屈服无异于奴隶，深以列强不肯承认为顾虑，对于外国声称遵守条约。革命期内外商间接所受之损失，如数赔偿，而中国请照条约上之规定修改税则，则不为其所理，收回上海租界内之会审公廨，亦不可得。二年（一九一三）四月，国会召集，巴西、美国等首先承认民国。十月，国会选出总统，外国次第承认政府。说者谓俄、英、日尚有附带条件，俄为外蒙自治，英为西藏自治，日为满蒙五铁路之建筑权：（一）开原至海龙城，（二）四平街至洮南府，（三）长春至洮南府，（四）洮南府至承德，（五）海龙城至吉林。袁氏对日让步之其他原因，则谋得日本谅解，不助革命党人，且为解决张勋军队入宁杀害日人之案也。承认中国之代价，可谓大矣。民国成立以来，中美邦交最为亲善，政府向美借款导淮，工程师着手调查，筹筑商船，建设福建船坞，并许美孚洋行调查北方油矿，专利提炼，大启日本之疑。日报故肆夸张，言过其实，其公使出而干涉福建船坞。会欧战爆发，欧洲强国无暇外顾，日与英国同盟，与俄订有密约，美国孤立，莫之奈何，乃向中国提出二十一条，中国屈服承认其最后通牒。日本势力独盛，而二国人士之感情日劣矣。兹分言交涉上之大事如下。

外蒙于清季办理新政，添设官署，创办新税，俄以活佛王公求援，出而干涉，外务部复称改革为发展工商业之计，并将考虑蒙人之意见。俄人时在蒙古者数约五千，华商商业则较发达，俄人渐而夺其额数三分之一。武昌革命之次月，活佛独立，驱逐库伦大臣三多及所部卫军，俄人尽夺华商市场，活佛煽惑各部，响应之者，有乌里雅苏台、呼伦贝尔等。绥远将军张绍曾召集西盟会议，各部拥护中央，其他各旗亦未助逆；内蒙于清季开放，汉人移居者多，尤以直隶、山西、陕西边界为甚。政府鉴于事变，设置热河、察哈尔、绥远特别区域，任命都统治之，西套一带划归宁夏护军使管辖，蒙兵进犯内蒙、满洲者，先后败退。总统电劝活佛取消独立，不得，又以俄国干涉，难于用兵，向俄交涉，而俄则请勿于外蒙设官驻兵移民，并与外蒙议成协定，承认其自主，扶助其练兵，不准华兵入境，华人移殖蒙地，俄人独得享受特殊权利。二年（一九一三）一月，蒙藏议定同盟条约。政府颇处于困难地位，外交部向俄声明，凡蒙古与俄所订条款，中国概不承认，双方辩论，俄国不肯让步，其先与日缔结密约，划分外蒙、北满为其势力范围。陆征祥乃与俄使协商，五月，议定协定草案，参议院不慊于政府，将其否决，俄使取消前议，交涉停顿，九月再行开议，十一月，双方互换声明文件，中国得有宗主权之虚名，而许外蒙古自治，不驻兵，不设官，不移民。俄于外蒙之地位益固，三年（一九一四），议定蒙古敷设电线，兴筑铁路，与之协议。其时中俄蒙代表方会议于恰克图，历久会商，始于明年六月成立《恰克图条约》。中国承认外蒙自治，外蒙承认中国宗主权。约成，俄无遵守之诚意，隐而操纵其政治，西伯利亚商业银行，设分行于库伦，改称蒙古国民银行，活佛雇用俄员为财政顾问，固其证也。十一月，中国再应俄国要求，缔结条约，承认呼伦贝尔为特别区域。

西藏于清初为中国领土之一部分，设官驻兵，顾其政治组织，宗教风俗，迥与中国内部不同，驻藏大臣向不问其内政外交。英人经营印度，与藏属国接壤，近而谋与藏人通商，喇嘛百方反对，又以边境争执，不服中国指导，造成衅端，兵败之后，仍不觉悟，拒绝遵守条约，反与俄国往来，大启英人之疑。印度总督借端出兵，进逼拉萨，达赖出逃，藏人迫为城下之盟。中国始知失策，一面向英交涉收回权利，一九〇六（光绪三十二）年，缔结条约，英俄旋亦成立谅解，一面用兵剿平西康拒命之土司，改设县邑，遣兵入藏。达赖惧而逃印，向英求援，清廷将其名号革去。康藏经营，规模粗具，而革命军起。驻藏新军闻报，起而劫掠，藏人恨之，阻塞归川之路，断其接济，以兵围之，终乃缴械自印归国，其由西康归者，为数无几。藏兵东下，攻取巴塘、里塘，四川都督尹昌衡奉命率兵进剿，云南出兵助之，藏兵始退。英使朱尔典忽而干涉进兵，政府迫而让步，恢复达赖封号。达赖于二年（一九一三）宣布自主，遣员赴蒙，缔结条约，总统乃应英请，委派陈贻范为代表入印，英藏各有代表，会议于西摩拉（Simla），十月开会。西藏要求自主，陈贻范将其驳斥，力言维持一九〇六年中英藏约，双方意见相去太远。英使调停，建议划分内藏、外藏区域，盖仿自内外蒙古也。外藏自治，承认中国宗主权之虚名，内藏归中国管治，达赖仍为藏民宗教领袖。中国接受原则，划界遂为争论之焦点，历久交涉，陈贻范迫而让步，三年（一九一四）四月，签定草约。政府得报，视划界让步太甚，不肯承认，并向英使声称草约虽可同意，而界线万难承认，遂无结果。七月，英藏缔结商约，英国承认西藏自治，中国向英建议解决方法，未有所成。

日俄战前，中日邦交颇称亲善，战后，日本经营南满，浪人活动，引起华官之恶感，其时风气已开，青年视留学为进身捷径，东渡留学者日多，倡言革命，清廷要求日本取缔，而日本民党往往助之，二国之困难益多。中日地理相近，经济文化之关系密切，实有树立大计，促进邦交，维持东亚和平之需要，不幸日本政客眼孔如豆，一面利用中国之弱点，步趋欧洲强国之后尘，争夺权利之专横，压迫威胁无所不用其极。中国于败辱之后，大臣疆吏图谋有所补救，收回主权，固爱国心之表现也。而日本竟视仇为友，与俄妥协，一九〇七（光绪三十三）年，二国缔结条约凡二，一为公布之条约维持现状，一为密约，划分满洲势力范围。美国提出国际共管铁路之建议，反而促进日俄之邦交，缔结新约密约，维持其所得之利益，并商防卫利益之办法，民国元年（一九一二），二国缔结密约，划分蒙古势力范围，五年（一九一六）又订密约，各不相害，共同阻止第三国于中国占有优势，并力助其同盟国。日本外交家之心理，至不可解，一则不顾国际信义，违反英日同盟条约，门户开放之精神；一则无故鱼肉邻国，岂将树立中日不并存之势耶？革命军起，南京政府颇得日人经济之援助，同盟会员较于日本接近也。第二次革命军起，日人有助之者，张勋率兵攻陷南京，兵士大掠，杀害日商三人。日本闻报，要求道歉，赔偿损失、恤金，外交部许之。日方谓其迁延不办，遣舰队驶入长江示威，张勋亲往领事馆道歉，外交部并许其建筑满蒙五铁路权，其事始已。中国又应日本要求，许其依照陆路通商之例，朝鲜、南满运货减税三分之一，以鸭绿江铁桥工竣也。明年八月，欧战爆发，中国宣告中立，日以英日同盟，致哀的美敦书于德，要求其舰队退出中国海面，否则解除武装，交给胶州湾于日，由其归还中国，德国不复，对之宣战，出兵二万余人，来攻胶州湾，英军助之。日兵自龙口登岸，中国划定交战区域，声明区域以外严守中立，日军借口军事需要及德人财产，占据胶济铁路。中国患日肆其野心，袁世凯请美总统商于英国专攻青岛，勿使日本牵及其他问题，顾未有效，中国迭次向日抗议，亦无结果。英日联军进攻，守军屈服，中国以为战事结束，英兵撤退，请日撤退青岛以外之军队，日本弗应。四年（一九一五）一月七日，外交部照会英日公使，声明取消战区，请其撤兵。日报认为侮辱，十日，日使日置益复称先未征得同意，日本军队之行动施设，不受通告何等影响，亦不受此拘束，外交部将其驳斥，日军固不撤退。其政府反而提出严酷要求矣。

当斯时也，欧战正烈，列强以其全力应付战事，无暇顾及远东，美国虽守中立，而陆军海军未必胜日，日本得此千载一时之机会，政客军阀原欲鱼肉邻国，固不愿将其失去也。中国自革命后，内争未息，贫弱如故，总统袁世凯初在朝鲜，后在清廷，主持外交大计，均不利于日本，久为日人所忌。斯年一月十八日午后，日置益以回任觐见为由，不顾外交常例，径向总统提出二十一条要求。说者言其隐寓挟制袁氏个人之意，实则以其关系重大，非其决定，无所成功，而并恫吓总统严守秘密也。日方以为总统反日，亲善远国，许其要求，则将视之为友，而愿予以援助也。原文共分五号，第一号四条，全为山东权利。第二号七条，要求南满及东蒙古之优越地位。第三号二条，要求合办汉冶萍公司。第四号一条，中国承认不让与或租借沿海港湾岛屿于他国。第五号七条，关于聘用日人为顾问，病院等购置土地权，合办警察军械厂，建筑华南铁路，福建借用日款，及传教权。中国许其要求，将为朝鲜之续，可谓严酷之至。袁氏接阅条文，答称容细考虑，再由外交部答复，晚间召集会议，并将条款逐条批注，预定交涉策略；专员顾问亦上说帖。二十日，日置益向外交部询问，次长曹汝霖诿为不知，始送条文于外交部，总长孙宝琦率尔发言，总统将其免职，任命陆征祥为总长。政府方面故将信息泄漏于外，引起国际上之注意，遣员赴日，并派顾问有贺长雄东渡，游说元老。交涉方针，初则多方辩论，不轻让步，第五号条款拒绝议商。日方则欲早日解决，不惜压迫恫吓。美使芮恩思以得阁员之密告，一月二十二日，已知内容，英美记者访知条件，电报报馆，而编辑部认为谣言，不肯发表，日本驻美大使，且力否认。二月二日，中日会议于外交部，中国代表为陆征祥、曹汝霖，日本则为公使日置益、参赞小幡酉吉等。于是言者益多，无可讳饰，日本答复英美诸国之询问，未曾列入第五号之条款，美国务卿以为日本将其放弃，其外相加藤高明亦与公使陆宗舆密谈，言下有不坚持第五号之意，乃后日置益恫吓承认，固所谓得寸进尺也。会议先商第一、二号，外交部对于条款，提出修正案，日方不肯接受，乃许酌议第三号。双方以山东权利及满蒙优越地位之争论，未有明显之进步。三月初，日使出言恫吓，日舰奉命来华，南满、山东以换防为名，添派军队，中国以力不敌，颇有让步，然于东蒙则不肯与南满并论，二地杂居问题，尤难于解决，四月中，会议停顿。其时有贺长雄在日活动，较有利于中国，陆宗舆亦有赞助。

四月二十六日，日使再请会议，提出条款，谓为最后修正案，凡二十四款，内容视前稍为让步，而实质并无变更，第五号各款仍多列入。袁世凯再用朱笔批注意见，令外交部遵办，凡属第五号者，令其毋庸议商。五月一日，中国代表提出修正案，文分三号：第一号为山东问题，大体上承认日本要求，但请将来参加日德会议，无条件交还胶州湾，赔偿战事损失。第二号关于南满、东蒙利益，二地虽未并论，然已多许日本要求。第三号则为换文，一许汉冶萍公司中日合办，一声明在福建沿海地方，中国不许外国或借外资，建造船厂及其他一切军务施设。会议之时，中国代表面述理由，并谓此为最后修正案。日本外务省接收报告，决定根据四月修正案，提出最后通牒，内阁会议采取其建议，乃以英使之劝告，及元老之意见，将第五号中之条款再行让步，六日，御前会议，决定最后通牒。中国政府迭接陆宗舆之报告，知其危险。据美使记载，总统府迭开会议，言者意见分歧，莫衷一是。袁世凯拟请美国联合英法出而干涉，而欧战方殷，其何可能？六日，决定让步。曹汝霖往谒日使，对于第五号亦有让步之意，会得日本撤回第五号之报告，诿为个人私见。七日下午三点钟，日置益面送最后通牒及解释七条于外交部，其要求则第五条除福建业经代表协定外，其他五项（日使先曾撤回合办警察条款，故余五项），可日后协商。第一、二、三、四号各条及关于福建之换文，则照四月二十六日之修正案，不得更改，劝告应诺，以五月九日下午六时为满足答复之期，否则采取必要手段。其时日本驻有重军于南满、山东，军舰泊于要港，中国兵力固非其敌，又无列强之援助，万一战祸启后，前途不堪设想；唯有忍辱承认，徐图补救而已。中国之大患，在其不能振作有为，发愤自强耳！八日，总统召集会议，英使朱尔典谒见陆征祥，劝说承认日本要求，阐论利害，声泪俱下。陆氏为其所动，出席报告会晤情形，讨论应付方略，最后总统致辞，承认哀的美敦书中之条款，并言自强雪耻。外交部初拟长文答复，会得日方劝告，改易简单之辞。日员请观稿文，必欲将第五号日后协商添入，不得已而从之，复文送致日使，已十一时矣。会议再开，二十五日，缔结条约。

关于山东，中国承认日后德国让与日本山东权利利益，自行建筑自烟台或龙口直达胶济路线之铁路，向日商借款，开放山东合宜地方为商埠。换文承认不租让山东省内或沿海一带岛屿于他国。关于南满、东蒙权利，其主要条约凡四：（一）旅顺、大连及南满、安奉铁路期限展至九十九年。（二）日本臣民得于南满商租需用地亩，自由居住往来，并得经营工商业等。华人日人得于东部内蒙古合办农业工业，但向地方官注册，服从中国法令。（三）中国开放东部内蒙古合宜地方为商埠。（四）中国允许改订吉长铁路借款合同。余则尽为换文，其较重要者：（一）中国允许日人于南满、本溪等地开采矿产。（二）中国自行筹款，建筑满蒙铁路，如需外资，先向日商商借，嗣后以地方税作抵向外借款，日商亦有优先权。（三）南满洲聘用政治、财政、军事、警察外国顾问教官，优先聘用日人。（四）日本交还胶州湾。（五）中日合办汉冶萍公司，中国允许不将公司收为国有，不使公司借用日本国外之外资。（六）中国声明福建沿海地方，不许外国设造船所，军用贮煤所，海军根据地，并无借外资实现前项计划之意。综观主要条款，日本提出之一、二、三、四号原文，多已承认，其未列入约中者。尚有二端。一、总统下令沿海港湾岛屿概不租让于他国。二、会议记录保留第五号条件日后协商。损失之重大，无以复加，中国民智已开，风气大变，对于若此丧权辱国之条款，莫不愤慨，组织团体，劝用国货。外交部公布交涉始末，说明迫于武力，接受最后通牒之经过。总统密谕官员忍辱负重，发愤图强，后更下令全国，宣布不得已之情状曰：

……中国自甲午(一八九四年)庚子(一九〇〇年)两启兵端，皆因不量己力，不审外情，上下嚣张，轻于发难，卒至赔偿巨款，各数万万，丧失国权，尤难枚举。……欧战发生，波及东亚，而中日交涉随之以起。外交部与日本驻京公使磋商累月，昨经签约，和平解决，所有经过困难情形，已由外交部详细宣布。双方和好，东亚之福，两祸取轻，当能共喻。虽胶州湾可望规复，主权亦得保全，然南满权利损失已多。创巨病深，引为惭憾，己则不竞，何尤于人。我之积弱召侮，事非旦夕，亦由予德薄能鲜有以致之。顾谋国之道，当出万全，而不当掷孤注，贵蓄实力，而不贵骛虚声。……自强之道，求其在我，祸福无门，唯人自召，群策群力，庶有成功，仍望京外各官，痛定思痛，力除积习，奋发进行。我国民务扩新知，各尽义务，对于内则父诏兄勉，对于外则讲信修睦。但能惩前毖后，上下交儆，勿再因循，自可转弱为强，权利日臻巩固。切不可徒逞血气，任意浮嚣。甲午庚子覆辙不远，凡我国民，其共戒之！

今观交涉之始末，主持外交人员之活动，会商之步骤，无可非议。信如王芸生言，“袁世凯之果决，陆征祥之磋磨，曹汝霖、陆宗舆之机变，蔡廷斡、顾维钧等之活动，皆前此历次对外交涉所少见者”。盖就国际形势而言，中日强弱悬殊，和战均不利于中国，衡其轻重利害，决定大计，终乃迫而忍辱签定条约，何可厚非？说者谓袁世凯让步，谋求日本赞助帝制，据吾人所知，证以美使所言，盖无根据。事后，政府召集会议，筹谋补救方案，日本对袁仍不满意，固为事实。自日方而言，中国为日重要市场之一，供给其一部分需用之原料，固所谓共存共荣之邻国也。邦交之促进，合作之精神，全赖信义亲善，及民间之友谊谅解耳！日本政客军阀将其摧残净尽，一时虽谓成功，而华人恨恶之心理日深，将来之危险堪虞。政友会总理原敬于国会反对，曾得议员一百三十余人之赞助，其扼要之语曰：“现内阁之对华交涉，始终认为不合机宜，既伤两国亲善，复招各国疑虑，有失帝国威信，不但不能确立东亚和平之基础，且反贻祸于将来。”其言警切之至。就国际关系而言，美国已先声明中日条约，如危害美国在华条约上之权利，中国政治领土之保全，及门户开放等，概不承认。英法诸国亦深疑虑。日本于欧战后，立于孤立地位，亦多造成于此。华盛顿会议，日代表币原声明三事：（一）南满东蒙铁路借款，以及该地方税款之担保借款，可为国际财团之共同事业。（二）中国聘用南满洲之顾问教官，日本并无主张日人有优先权之意。（三）日本撤回第五号保留再议之之条件。关于山东，其条款以问题解决作废。一九二三年，政府根据国会议决案，照会日本废止该约换文，日本复称不可。自实际状况而言，日本除租借地铁路展期及开采矿产而外，余无所得，徒伤二国人士之情感，为邦交亲善之碍力，固不如妥商善后办法，根本取消也。

讨袁之役，武人利用事机，造成割据形势。六月六日，袁氏病死，明日，黎元洪就总统之职。南方主张恢复元年约法，召集解散之国会，北方则主维持民三之新约法，互相辩论。二十五日，上海海军宣言加入护国军。明日，美使芮恩思往谒总统，黎氏颇为乐观，声称筹得各方合作之方法，宣布临时约法有效，召集国会，议员减至半数，专议宪法。美使疑其能否实现，而总统则称国会听其指导。就约法而言，其何可能？段祺瑞时任内阁总理，反对国会约法，岂姑为此说而欲妥协各方耶？就南北形势而言，陕西、四川、广东业已取消独立，蔡锷、梁启超与前国民党意见不合，梁氏主张从速撤销军务院，北方武人初亦不能合作，段氏迫而让步。二十九日，总统下令恢复约法，召集国会，并裁撤参政院、肃政厅等，旋令各省将军改称督军，巡按使改称省长，缉办祸首杨度等八人；军务院于是通电取消，统一之形式完成。八月一日，国会再于北京开会，追认段祺瑞为总理，总长杂有南北新旧人物，原欲调和各方者也，无如意见不一。国会议员自祸变之后，毫无觉悟，就时间而言，议员距其被选之时将约五年，参议院每二年改选三分之一，众议院三年一选，将其召集，谓之代表民意，不亦诬乎？所谓合法非法，多为咬文嚼字之解说，对于国家大计，民生痛苦，固无与焉。凡前党派现皆分化，或改易名称，其组织以人或情感为依据，以争夺权利为目的，无所谓确定之政纲，坚决不挠之志愿，其在各省且无分会接近民众，直可谓为个人活动，其无耻劣迹之多，宜后孙文斥为猪仔议员也。所不可解者，主持大计之达官名人，从不根据事实，讨论利害，为人民幸福之计，而作适当根本之解决，言论思想，尝相矛盾，谋之不臧，贻祸无穷，误国殃民之罪，其何能辞？内阁则两派争权，总统亦与总理不协，终乃酝酿政潮。总统为人庸厚，总理久握兵权，为人安闲，政事交给属下办理。据美使记载，当其弈兴正浓之际，属员询问某事若何决定？段氏嘱其自行办理，迨后发生困难事变，追忆前言，遂自负责，左右亲信往往利用其弱点为非，造贻祸患。黎氏恶其专横。内务总长孙洪伊为国会党魁之一，门庭如市，美使见之，声称国会不能限于制宪，必须监管行政，亦与总理不合，数以事端与徐树铮柢牾，奉命免职。议员大哗，否决政府提出继任人选，且以宪法问题发生斗殴，互相诋毁。西南诸省各自为政。北方督军迭遣代表会议于徐州，长江巡阅使张勋所在地也，谋巩固其地位，警告国会，拥护总理。中央情状恶劣，财政亦不统一，军饷浩繁，财政总长唯以借款为事。

暗潮误会潜伏已久，乃以对德参战，造成严重之事变。六年（一九一七）一月，德国宣布无限制使用潜水艇。二月，美国对德绝交，参加欧战。其驻京公使芮恩思奉命通知中国，往见总统总理，劝说向德抗议，英美人士活动颇力。内阁会议以协约国经济援助中国，而中国仍保自主之权为交换条件，并欲美国担保，外交总长伍廷芳适病，其子朝枢通知美使，美使复文许之，并向要人劝说，政府始倾向于对德抗议。二月九日，中国向德抗议，明日，阁员出席国会秘密会议，会中未有反对之表示。督军则冯国璋初持异议，英美人士前往游说，入京又受美使之影响，亦不反对。其时黎段之意见益深，美使谒见总统，总统不唯赞成对德绝交，且将与段决裂，其言曰：“余不之信，彼谋夺去余权。”三月初，二人冲突，段氏怒而出京，冯国璋出而调停，总统让步始已。十日，国会通过对德绝交案，而德仍不取消封锁政策，十三日，中国正式公布断绝中德外交关系，训令公使回国，送德公使出境。方中德绝交进行之际，在野名人孙文、唐绍仪等通电反对，独梁启超赞成参战。自时人议论而言，颇表同情于德国，又以欧战无关于中国，不必冒犯危险卷入漩涡也。国会议员受其影响，态度稍变，督军亦有反对者。总统之意，参战必待国会通过，段氏则向美使声称，国会反对，则将其解散。其坚决若此之原因，殆不可知，而财政之困难，参战后将得协约国经济之援助，固其原因之一。段氏乃借督军之力，压迫总统国会，召集督军会议，四月末，在京开会，决定参战。五月初，内阁向国会提出，众议院开会，忽有三千余人，自称公民请愿团、军政商界请愿团，将其包围，殴辱议员，言者称为陆军部所指使，国务员相继辞职。段氏咨催国会议决宣战，国会复称内阁仅余总理一人，俟改组后再议。督军团则请总统解散国会，时局颇形紧张。美使往见总统，总统表示乐观，其言曰：“危险已过，余将免段祺瑞职，国会决定参战，无须武力强之。”美使进而问其方法，总统则称各事商定，且曰：“张勋助我。”美使面现惊疑之色。黎曰：“君可勿疑，余信任张勋。”张勋握有重兵，时与段氏不协，总统恃之为援，先盖议定办法矣。二十三日，段祺瑞奉命免职，发出通电，谓总统命令，未经总理副署，将来发生何等影响，概不负责，无异于指使督军反对。皖督倪嗣冲独立，总统遣使持信说之，不听，奉、鲁、闽、豫、浙、陕、直继之，设立各省军务总参谋处于天津，遣兵进逼北京，禁阻运输粮食，并得日本援助。总统电召张勋入京调处，美使应伍廷芳之请，提出劝告，日本向美抗议。六月，张勋所部抵京，请黎解散国会，伍廷芳不肯副署命令，总统准其辞职，下令解散国会。国会自再召集以来，争夺权利，徒事党争，开会十月，宪法草案二读尚未完成，久为时论指摘，复遭解散，悲哉！

张勋入京之后，预备复辟。初张勋自兵卒出身，爱惜兵士，得其死力，尚称能战，曾守南京力战民军，南北和成，仍忠于清室，袁世凯死后，迭于徐州召集会议，为北洋军阀盟主。督军先多表示赞同复辟，康有为亦与之合谋。康氏忠于清室始终不变，曾于护国军之役，劝说西南主将拥护清帝，不得，及国会内阁不协，游说冯国璋，至是，秘密北上。六月三十日夜，张勋等入宫，奏请复辟。明晨，清帝谕称张勋、冯国璋、陆荣廷等合词奏请复辟，瞿鸿禨等奏请御极听政，黎元洪奏请奉还大政，允如所奏，宣示革新大政九条，任命张勋等七人为内阁议政大臣，徐世昌、王士珍等均授要职，段祺瑞独未授官，恢复各省总督巡抚名称。都人于临朝之后，方始知之，莫不惊奇，商店悬挂龙旗，余亦无异于前。黎元洪逃往日本使馆，通电否认归还政权，任命段祺瑞为内阁总理，电请冯国璋代理总统。段氏原与张勋不协，对于复辟初无反对之表示。直督曹锟不慊于张勋之专横，夺去直隶总督之职。梁启超与段往来甚密，与师意见不合，据美使记载，称其借得日款一百万元，作为起兵军饷。七月初，段氏亲赴马厂调遣旧部，发电致讨，曹锟等应之，分兵两路进攻。张勋所部，多驻于徐州，兵力有限，毁坏铁路，退守北京。八日，张勋遣员往见法使，建议商请徐世昌入京调停，法使许之，而美使不可，遂无所成，形势危急，康有为避入使馆，载泽谒见美使，筹商善后方法，亦无结果，徐世昌在津，向段协商，电告清臣世续："幼君安住宫中，则优待一事，必可继续有效。"又电张勋，即将军队交于王士珍解除武装，移驻城外，且曰："执事既不操兵柄，自可不负责任，至于家室财产，已与段总理商明，亦不为已甚，昌当力为保证。"十日，步军统领江朝宗遣人往见美使，谓将强送张勋避居使馆，使团讨论谓可接待。明日，段氏通告公使，谓将于夜间进兵攻城，十二日黎明战起，以十一时最为激烈，飞机至禁城掷弹，人心惊惶。清帝初欲移居使馆，外人谋入宫中救其出险。会张勋为其部将送往荷兰使馆，尚信调停可得无事，荷使言其不能，乃欲出馆再战，但终为人所阻。下午四时，战事停止。美使外出参观战迹，天坛辫兵尚未缴械，吃饮谈笑如常，声称死者只有五人，据其访查所得，枪炮多向天空施放，死者二十六名，伤者七十六名，大半反为平民。后始议定天坛之兵，每名给洋六十元缴械遣散，十四日，尚有武装辫兵在京，明日，商妥每名八十元，始全缴械。

复辟运动酝酿已久，北方武人早先赞同，尽人所知，张勋于段声罪致讨时通电驳之，中云："勋知国情只宜君主，即公等卓见，亦早诋共和。兹方拥戴冲人，辄即反对复辟，或实行攻战，或电文诮骂。……若谓拥护共和，何以摧残国会？……如以王公之位未获宠封，……故不甘于为从驱爵，而为逐鹿中原，则并不为大局绸缪，纯为利权起见，徒说伸张大义，岂为好汉英雄？……若必激浪扬沙，翻云覆雨，深恐九州鼎沸，无以奠宁。”后于失败时电称“已获巨罪，人庆大勋，恨当世无直道，怨民国渺公刑”。其言愤慨感伤之至，后电盖指段氏而言。张氏先有电云：“芝老（段祺瑞）虽面未表示，亦未拒绝。勋到京后，复派代表来商，芝老仍谓解散国会，推倒总统后，复辟一事，自可商量。”其奏请复辟曰：“臣等反复密商，公共盟誓，谨代表二十二省军民真意，恭请我皇上收回政权。”其言是否尽确？吾人无从知之，张勋于事败之后，原欲公布复辟文电，竟以督军反对疏通而罢。文电亦有不足信者，如清帝谕称黎元洪归还大政，而黎氏逃往使馆，通电否认之例，岂先在总统府受逼而然耶？责任问题，张勋固为祸首，而北方武人要有相当责任。前后言行判若两人，督军之人格久已破产，诡计阴谋相尚，争夺政权，从无公开光明正大之举动，而唯贻祸于国。所可怪者，段氏起兵平乱，黎元洪则未复位，国会亦未恢复，不过假借张勋之手，实行前定之计划。所谓再造民国，事实上则为恢复皖系权力，用共和国之名，实现土皇帝之政府。帝制运动两次失败之后，政治问题益多，南北意见益杂，国内遂成割据之形势。武人政客利用政治名辞，扩充权力，争夺权利，荼毒人民而已。于是土皇帝益多，而人民之担负愈重，所受之痛苦日深，共和国乃为虚名。

第十七篇

民国以来之内政外交（续前）

南北战争——北方情形——南方党争——和议之失败——国内之扰乱——省宪运动——古奉战争——广东政变——法统下之纷扰——国会之劣迹——反直战争——欧战之影响——中俄问题——中俄条约成立之经过——华盛顿会议——北方之混战——中国之新觉悟——国民党之改组——广东之统一——北伐军之胜利——宁汉分裂——北方情状——北伐完成——统一代价之一斑——五院之创设——战争之迭起——最近政治状况——外交之新趋势——最近外交问题

复辟之役，副总统冯国璋于南京代行大总统职权，乱定，黎元洪知其无权无兵，不为段祺瑞所容，不肯再出。段氏入京复任国务总理，阁员有梁启超、曹汝霖等。梁为研究系首领，赞助段氏，复辟之役，为之活动，草文声讨张勋，出任财政总长，顾其为人偏于理论，未有建设，曾在日本，颇与日人相亲。曹曾东渡留学，为新交通系要人，喜与日人往来。妻为日妇。据美使芮恩思言，曹氏精明练达，讥嘲本国制度，北京政府倾向亲日。冯国璋应段氏之请，于八月一日进京，先遣亲兵一师北上，湖北、江西、江苏督军仍为其亲信，盖患段氏之逼，惧为黎氏之续，树立外援也。政府不肯召集国会，谓照革命先例，召集临时参议院。南方通电反对，上海海军独立，孙文及一部分议员至粤组织军政府。段氏主张用兵，对外则对德奥宣战，顾未遣兵参战，练兵仍为内争。初，五年（一九一六），北方灾荒，无以为生之贫民应募赴法，至是，需用之华工增加，实际上废去年龄限制，中国有助于协约国者，仅此而已。美使往见段祺瑞，述其扼要之语，略曰："吾人必先巩固中央权力，其方法则用兵平乱，余之目的在使军队统一，直隶中央，地方军官不得起而为乱，夫然，军队脱离党争，专为国防等用，而今徒供党派之争，将来达到改革，政治人员可以自由决定宪法，及政治诸问题矣。"其决定参战者，一谋增加中央权力，政府假参战之名，希冀统一军队财政。一则将得外国之经济援助，协约国有以之为言者，中国取消德奥庚款，协约国除俄而外，允许停付庚款五年，修正海关税则，切实值百抽五。政府迭向美使商请借款，不得，转借日款，以供政费饷糈。一则参战将来可于和会得有相当权利，并提高中国国际上之地位也。其他动机，殆不可知。

八月十四日，中国对德奥宣战，九月南北战起，南方倡言护法，组织军政府，其区域限于两广、云贵。四川、湖南则态度不甚明显，独立诸省不相统一，唐继尧、陆荣廷各霸一方，孙文徒拥大元帅之名，不能行使职权。就南北军队而言，北方兵数较多，设备较优，其区域之广大，列强之承认，均处于优越地位。顾元首、总理暗斗甚烈，督军自主省内之军政，干涉民政，不听调遣指挥，所谓土皇帝也，乃相牵制，造成南北相峙之局势。军人各谋扩张实力，榨取于民，全国收入尽耗于军费政费，不足，举借外债，云南等地且种鸦片，转运他省，以供军费，并扣中央税收，巧立名目，增加厘金、杂税、田亩附税。纳税之贫民一无权利可得。当其出兵之际，抓拿夫役，扣留车马，阻碍交通，妨害人民正当职业，战事区域骚扰尤甚，人民逃亡，田地荒芜，败兵溃卒，掠劫淫杀，状尤悲惨。就兵士而言，入伍之先，多为苦力，感受生计逼迫，乃以一月数元之饷，易其生命，固无目的之牺牲也。南北纷争，政府用兵，然非总统冯国璋之意，调北军两师入湘，命傅良佐为湖南督军，派吴光新统兵入川，调冯玉祥入闽。湘将不服，宣告独立，北军进攻败之，会桂兵来援，北军主将不睦，通电停战，退至岳州。四川则滇、黔、川兵混战不已，吴光新逗留鄂西，久始入川，熊克武诈为恭顺，出其不意，将驻重庆北军缴械，吴氏东逃。福建粤兵侵入，冯玉祥所部止于浦口，奉命移驻武穴，长江三督请作调人。十一月，段氏愤而辞职，梁启超亦去，皖系督军尚持战议。冯国璋特任段祺瑞督办参战事务，作为调停，仍主和议，命谭延闿为湘督，下令弭战。南方则谋利用事机，攻据湖北，值黎天才等于荆襄一带，宣布独立，明年（一九一八）一月，桂湘军攻据岳州。皖系再倡战议，总统进退失据，拟至南京，中途折回，命曹锟、张怀芝督兵分路南下，逼而复任段祺瑞为国务总理，入鄂之北军，次第攻取岳州、长沙、衡州，以师长吴佩孚之力为最。政府任命张敬尧为湘督，直系不平，曹锟回直，北军止于衡州，张怀芝未有功绩。

国会第二次解散之后，冯总统下令各省依据约法，选派参议员，组织参议院，护法诸省固无代表，其职务限于改议国会组织法、议员选举法，七年二月完成，国会仍用两院制，减少议员额数，众议员各由各地人民选举，参议员由各地方选举会选举，投票人之资格颇高。顾其困难，先无精确之户口调查，仓猝选举，多由绅士把持，凡前所有之弊端，无不存在，段氏党羽组织安福俱乐部，活动尤力。八月，新国会开会，安福系议员占绝对多数，西南亦无代表，国会召集之日，总统冯国璋通电声明任期将届，冀望议员公举德望兼备之总统。其时冯段不协，暗斗日甚，军事计划无法进行，北方督军多为皖系，冯氏感受压迫，深为不安，不愿再任总统，事实上安福系亦不愿选之也。九月，国会组织选举会，徐世昌当选为总统，徐氏久为清臣，与袁世凯相善，亦为段氏之友，声望较高故也。皖系一方操纵国会，把持政权，一面利用参战名义，向日借款，扩充军队。初财政困难，政府迭向美使商请借款，不得，转向日本借款，美使往见总理，段氏态度迥异于前，业已变而亲日矣。其时欧战正亟，英法诸国竭其全力从事战争，日货因而销畅，工商业发达迅速，国内资本过剩，乃谋投资于外，自四年（一九一五）起，迄八年（一九一九）止，中国共借日款三万八千四百余万元，中央借得一万七千四百万元，省政府六千万元，私人营业一万五千万元，借款多在寺内、正毅任内。寺内久为陆军大臣，朝鲜总督，负有能名，时任总理大臣，所借之款，多无担保品，徒供中国内乱，所谓西原借款也。段氏向日购买军械，组织参战军。会俄国革命爆发，苏维埃夺取政权，协约国恶之，七年（一九一八），出兵西伯利亚。日本力说中国缔结共同防俄协约，中国初多顾虑，后应日请，五月，先后议订陆军海军共同防敌协约，予日方军事便利，顾后西伯利亚未有战事，协约亦无重要影响，政府将其取消。皖系则赖日本财力，维持现状，扩充军力，剪除异己，故应日方请求也。十月，冯国璋任满，徐世昌就职，段祺瑞亦辞职去，而政府政策迄未改变，乃以欧战告终，改参战军为边防军。

北方情状恶劣，西南党争亦烈，初段祺瑞不肯召集国会，孙文于上海通电斥之，七月，南至广州，第一舰队独立南下，宣言护法。国会议员来粤者一百五十余人，不足法定人数，八月，开非常会议，讨论组织政府，通过军政府组织大纲，设大元帅一人，元帅二人，分设六部，举孙文为大元帅，陆荣廷、唐继尧为元帅。九月十日，孙文就职，任命六部长官，而元帅则未就职，反欲承认冯国璋为继任总统，转圜解决。议员亦分派别，政学系人数虽少，其领袖李根源活动甚力，与陆荣廷相亲。大元帅则无实权，桂系遣陈炯明率粤军援闽，枪毙大元帅卫兵，听其指挥者只有海军，部长且为人暗杀，地位益孤。议员遂与政学系联合，有改组军政府之意，其计划则取消大元帅，改为总裁合议制。七年（一九一八）五月，孙文辞职，并发通电，中称护法诸省曰："其时滇桂之师皆由地方问题而起，而所以宣告自主者，其态度犹属暗昧，似尚置根本大法于不问。……虽号称护法之省，亦莫肯俯首于法律及民意之下，故军政府虽成立，而被举之人多不就职，即对于非常会议，亦莫肯明示其尊重之意。"武人争权自私自利心强，南北如一丘之貉！非常会议选举孙文等七人为总裁，陆荣廷、唐继尧通告军政府成立，推岑春煊为主席总裁，孙文赴沪，南北倾向和议。徐世昌就职之后，促进和平，美使见之，自称谋与南方磋商和议，但无一人足以代表南方政府，拟裁冗兵，但以筹款为苦。总统以为南方军队欠饷，金钱当能移动其心。国人久恶战祸，名流通电请和，报章夸张美英劝告之说：总统府顾问莫礼逊（Morrison）新自南方回京，上书陈说，中国宜和平统一，恢复民治，西南领袖均愿美国调停，协约国进而提出劝告。十一月，北南政府下令停战，事实上双方已无大规模之战事，各遣代表于上海会议，徐世昌仍谓和平成立，无款解散军队，商请美国借款，或与列强共同借款，美使则称中国统一之后，始可借款。停战令下，南北内部意见纷歧，迟至八年（一九一九）二月开会，北方以朱启钤为总代表，南方则为唐绍仪。唐氏为军政府总裁之一，但以意见不合，留于上海，所谓代表者，不过代表一部分人士，或个人之意见耳。会议中之争执，初以陕西尚未停战，停止和议，江苏督军李纯等调停，始乃停战。四月，会议续开，南方提出取消军事协定，裁撤国防军队，国会行使职权，分用善后借款等提案。北方提出裁减军队，军民分治等议案。双方提案或偏于理论，或削减对方实力，笼统不切于实际，多未顾及人民利益，盖无和议之诚意。会巴黎和会不利于中国，学生起而攻击政府，唐绍仪乃于和议席上，提出北方绝难接受之条件八款，先未商于南方各代表，于是和会决裂。徐世昌迫而对于皖系让步，命徐树铮为西北筹边使，兼西北边防总司令，改前参战军为边防军，任命段祺瑞为边防督办，改派众议院议长王揖唐为和议总代表，和议遂无所成。

和议决裂之主因，一为南北之意见相去太远，一则南方各党不和，北方亦有党争也。唐继尧、陆荣廷各据一方，军政府总裁或在上海，或在云南，至是，孙文、唐绍仪辞职，岑春煊等较与北方接近，议定提拨广东海关盈余百分之十三归于军政府，总裁伍延芳后携款南下，章行严谓款为西南大学经费，控之于上海法院，可见其意见之深。北方直皖两系争权已久，段以部下不听指挥，自练新兵，购置日械，一部分为张作霖所夺，又为直系所恶，武人合纵连横，唯利是视而已。九年（一九二〇），直系鉴于徐树铮之专横与活动，联合奉张，冀谋巩固其地位。五月，吴佩孚自衡州撤防，湘军战败张敬尧所部，收复湖南，直皖之嫌疑益深，奉张助直，徐树铮奉命免职，边防军改归陆军部直辖，段祺瑞怒而入京，改边防军为定国军，自为总司令，胁迫总统处分曹锟、吴佩孚，总统许而从之。七月，两军作战，一为西路，一为东路，西路激战于涿州、高碑店一带，定国军完全败溃，东路亦不能胜。段氏呈请夺职，总统许之，撤销曹吴处分，通缉徐树铮等，解散安福俱乐部，吴光新在鄂被捕，北京政府遂处于直奉势力之下。直系免去皖系之逼，尚未得有地盘，浙闽督军原与皖系接近，段密遣人与孙文释隙相结，直奉相处各谋扩张势力，北方问题尚多。西南情状亦极恶劣，军政府总裁不满于桂系之横暴，有辞职去者，在粤滇军以统率问题，发生内战，总裁伍廷芳亦同议员去粤。孙文等宣言在粤总裁不足法定人数，军政府之政令行动无效。在闽粤军，新得闽督接济，陈炯明率之回粤，战败桂兵，占领要城，桂将退出广州通电取消自立，时已迟矣。川、滇、黔方面，唐继尧之兵力较强，川黔为其外府，至是，川军、滇军冲突，滇军由顾品珍统率回滇，唐继尧为其所逐，贵州亦有叛乱，长官出逃。国内之纷扰益多，始则起于所谓护法也，实则议员并非民众代表，从未顾及人民利益，奔走活动，各谋利益，自第二次解散以来，开非常会议于广东，一无所成，其后不为桂系所容，入滇、入川仰武人之鼻息以生存，亦不可得，自时效而言，久当改选，其存在与否，固非民众所愿过问。护法诸省亦无重视之意，不过利用其名，以供党争，扩张势力而已。其人言行不一，反复无常，政治道德之低，行为之劣，无以复加，人而无信，其何能有建设，纷扰三年，人民痛苦不堪言状，国内盖少明了实状之政治家也。

军阀割据，统一不可骤期，论者指谓中国土地广大，交通不便，并由于历史上之遗传，倡言联省自治。其说始于民国初年，士大夫多谓中国向为统一国家，视为不祥之言，实则中央威权，尝难直达边省，地方长官操有大权。顾此主张发于政治论者，其人外受美国制度影响，内防袁世凯专横，欲以矫正时弊，至是，国内纷扰益甚，言者日多。湖南首先制定省宪，浙江诸省从而效之，制宪各省均由武人主持，含有政治作用，不过利用民意自治之名，避免中央干涉，巩固其地位而已。湖南地当南北之冲，迭受兵祸，及北军败退，湘人主张超出南北政争之外，总司令谭延闿宣布自治宗旨，旅外湘人应之，谭因部将不附而去，赵恒惕继之制宪，聘请具有专门学识及经验者十三人起草省宪，交审查委员会审查修正，委员为各县人民所选之代表，凡一百五十余人，草案修正后由公民投票复决。然后公布施行。十年（一九二一）三月，起草委员于岳麓书院开会，四月草案完成，而审查委员多为政客，意见分歧，久始修正通过，再经公民表决，明年一月公布施行。省宪凡十三章，一百四十一条，省议会采用一院制，省长由公民投票选任，并可将其罢免，省务院分设七司，司长对省议会负责，采用强迫教育义务兵制。省宪注重全民政治，凡选举创制复决罢免诸权，仿自外国者，莫不应有尽有。顾其限于地小人稀人民知识较高及有组织之社会，湖南民众未受教育，从未参政，不知政治问题，将何以表示意见？徒供贪官劣绅舞弊而已。制宪者不知中国情状，不切实际，所贵乎政治学者，非抄袭之谓，乃视国内之实况，酌量制度之利弊，权其轻重缓急之程序，然后始能采行，切实运用，非公布之后，束之高阁，以待子孙施行者也。省宪不合于用，迄未实行，后曾修正，省长之权，视前扩大，所谓全民政治一仍旧观，实际上则以武力维持政权。浙江继起制宪，其督军卢永祥原为皖系，借之自保者也，十年（一九二一）六月，通电各省制宪，召集会议，起草省宪，通过后公布，内容多同于湘宪，组织近于五权，省政府于国宪未成立以前，不受中央命令，无异于独立国矣，顾未实行。明年，省议会议决将其交省民复决，兼及省政府组织法、俄改省宪为自治法，均未施行。他省受其影响者，江苏省议会提出省宪规程，陕西、江西、四川、广东、福建先后倡言制宪，皆无所成。综之，联省自治，乃省依据省宪，组织政府，统治本省地方政务，然后选派代表，组织联省会议，制定宪法，完成统一，中央不得干涉宪法所予地方政权。其在外国多有历史上之背景，固非武人割据之谓，而在我国原无所谓民意，立基础于沙土之上，为人利用，宜其失败也。

武人专横，国内纷扰，北方于直皖战后，直奉分赃，靳云鹏组织内阁维持其间。其困难一为筹款，外国银行团非南北统一，不肯借款，乃向国内银行出重利息，借小借款。一则阁员不和，奉直各欲扩张权力。十年（一九二一）四月，北洋军阀领袖于天津会议，结果反对广州另设政府。靳云鹏改组内阁，直系统治陕西，张作霖授蒙疆经略使，节制热、察、绥特区都统，其分配仍为维持双方利益之平衡。湖北督军王占元参加会议，自津归鄂，宜昌、沙市等地先后兵变，大肆劫掠，鄂人恨之，乞援于湘。湖南多兵，收入不足供给，将士原欲向外发展，皖系予以经济援助，七月，出兵进攻，鄂兵拒战不胜，武昌危急，王占元辞职而逃。吴佩孚奉命代为两湖巡阅使，部将萧耀南为湖北督军，调军入鄂，军舰助战，湘军拒战不胜，北军攻占岳州，九月，和议成立，乘机人鄂之川兵俄亦败退。战事结果，直系之势力大张，张作霖益忌吴佩孚，政客乘机挑拨，乃欲梁士诒组阁，梁氏久官于京，精明强悍，有财神之名，十二月，新阁成立，时传与安福系连结，谋于军饷上抑制吴氏，十一年（一九二二）一月，下令特赦皖系祸首，不肯交足吴氏兵饷。会华盛顿会议召集，梁阁倾向直接交涉山东。吴氏利用卖国之名，迭次通电诋之，直系督军发电响应，张作霖为之辩护，吴氏一并斥之，含有挑战之意，进而限期梁氏去职，并电总统将其罢免，所谓外交联合会等宣布其罪状。梁氏托病请假，奉张态度强硬，仍力拥护梁氏，其应付之策略，则遣代表赴粤与孙文合作，隐结豫督赵倜及张勋旧部，遣兵入关共制直系。吴佩孚调遣所部预备战争，曹锟先与张作霖结为亲家，初守中立，遣弟出关商洽和平，尽许奉张之请，直系军官不服，主张拒抗。曹锟电召吴佩孚北上，指挥军队，冯玉祥奉命统兵自陕入豫，战机日迫，徐世昌遣人调停，不得。四月末，战起，东路直军败退，西路战尤激烈，奉军大败，撤退出关。梁士诒奉命查办，张作霖免职。张氏出关，自为东三省保安总司令，宣言自治。方两军之激战于京畿也，赵倜部将进攻冯玉祥兵，会援军至，败之，冯氏遂为豫督，战争结果，直系之势大张，支配政府，其将领多不相能，各自为派，北京政府统治区域有三特区，黄河流域，长江一部分土地，实际上山西、山东诸省不过貌合神离，长江则苏督齐燮元颇有势力，浙江则属皖系，后命孙传芳援闽，兵力方始达于福建，乃谋恢复法统，完成统一，亦无所成。

南方亦有战事，初九年（一九二〇）年秋，陈炯明所部占领广州，孙文南下，重行组织军政府，前七总裁实际任职者只有两人，非常国会议员一部分散去，留者以新补议员为多，其统治区域限于广东。其时刘湘主持四川宣布自治，滇贵长官先后为部将所逐，均与军政府无关，广西业已取消自主。孙文则欲另行组织政府，陈炯明倾向联省自治，双方意见不协，明年四月，非常国会通过政府组织大纲，选举孙文为大总统，五月就职，任命部长。六月，粤桂战起，桂将有通款者，粤军乘胜直达南宁，陆荣廷出逃。孙文谋欲北伐，乃于桂林组织大本营，任命司令，将取道入湘，湘人拒之，陈炯明不肯予以接济，筹饷委员遇刺而死，明年，潜师回粤，陈炯明奉命免去粤军总司令、广东省长兼职。陈以所部分散，退至惠州。北方直奉将战，孙文原许助奉，以为陈炯明不致异举，改道江西北伐，设大本营于韶州，及北伐军深入江西，驻桂粤军乘机回粤，要求陈炯明复职，孙文命其办理两广军务，节制军队，而粤军留驻不去，孙文回归广州。六月十六日，粤将叶举围攻总统府，通电请其实践与徐世昌同退之宣言，初孙文就职，曾有徐世昌放弃非法总统，亦愿同时下野，及徐为直系逼而辞职，北方在野名流多人请孙去位，至是，粤军视为口实。总统蒙难避居军舰，欲待北伐军回援，而北伐军战不能胜，始于八月北至上海。陈炯明出任粤军总司令，诿称事为部将所为，孙文深为失望，自谓奋斗三十年失败之惨，未有甚于此役。其斥陈炯明曰：“阴毒凶狠，凡敌人所不忍为者，皆为之而不惜，此不但民国之不幸，抑亦人心世道之忧也。”以下犯上，原为不忠不信，国中祸乱之多，常由于此，岂为陈氏一人而发？政治道德卑劣，实无法进行改革与建设也。

内乱迭起，人民之担负有增无已，政府收入全耗于政费兵饷，不足，则高出代价，百方募债，其恶劣之影响，则政府收入愈少，财政更为困难，而当事者存有五日京兆之心，从不于根本着想，只为目前一时之计，人民愈苦，国事益乱。督军出身行伍，或愚陋无识，或营私殖党，或拥兵自雄，合纵连横，唯利是视，翻云覆雨，不可究诘，假托民意爱国之名，无往而不病民害国，政治之基础薄弱至此，其维持地位权力之方法，则恃兵力。其兵多为生计困难之苦力，无法谋生，迫而当兵者也，战争御侮则力不足，为害于民则力有余，一战败溃，流而为匪，枪械遗留民间，大为良民之害，国人厌恶军阀，亟望统一。十一年（一九二二）直系战败奉兵，谋欲利用法统，统一中国，其理由如孙传芳之通电曰："……南北统一之破裂，既以法律问题为厉阶，统一之归束，即当以恢复法统为捷径，应请黎黄陂（元洪）复位，召集六年旧国会，速制宪法，共选副座。非常政府原由护法而兴，法统既复，异帜可销。"其说自理论而言，原不可非，自复杂之事实而论，则不切于实际，直系军阀通电应之，议员于天津开会，宣称另组合法政府，六月，徐世昌去职。黎元洪受武人名流之敦请，以废督裁军为条件，入京就职，凡恶直系者反对复职，浙江宣布独立，孙文亦不放弃非常总统，宣言兵工计划，主张直系应将军队半数改为工兵，作为停战条件，会为陈炯明所逼去粤。国会筹备开会，其先议员在粤开会，不足法定人数。乃于八年（一九一九），采用非常方法，补足一部分议员，至是，民六、民八议员，争先出席，闹至不能开会，政府设法安插民八议员，始已。综之，总统任期五年，袁世凯未完之任期，黎元洪、冯国璋次第接任，业已满期，国会于二年（一九一三）开会，参议院议员，每二年改选三分之一，众议院三年一选，岂有历时十年，尚未改选，仍为国民代表之理？法统之说，徒供内争，自私自利之心理，拥兵割据之观念，不稍改变，统一殆不可能，识者故劝黎氏自认为事实上之总统，国会努力制宪，不幸非其所愿，无济于事。

南方则孙文于十一年（一九二二）八月去粤，北伐军回粤被阻，许崇智所部粤军退至闽边，闽督李厚基忽而附于直系，部将不服，与许部联合，进攻福州，徐树铮出而活动，李厚基出逃。孙文命编入闽各军为东路讨贼军，预备回粤，陈炯明遣兵防之。广西则情状复杂，滇军有自江西败归者，有新入桂境者，桂军有前降服者，有转徙湘赣再入本省者，尚有粤军驻防，收入不足，乃谋向外发展。国民党乃遣人商于岑春煊，与桂将合作，于是各军联合，十二月出发，进据梧州，沿江而下。粤军不胜，退往惠州，陈炯明通电下野，滇桂军入据广州，许部亦自闽归。斯役也，以滇桂军之力为最，其将领杨希闵、刘震寰、沈鸿英各欲分据防地，多得款项。沈鸿英初为岑春煊部将，隐受北京政府命令，别有怀抱，诸将互相监视，不敢先发。

明年，许部粤兵抵粤，二月，孙文再入广州，发表裁兵宣言，诸将固未裁兵，组织大本营，自任大元帅，指定各军防区，不得擅自移动。直系谋用力兵削平西南，孙传芳奉命督闽，沈鸿英督粤，孙氏逐渐统一福建，沈氏举兵失败。其时广东东江一带为陈炯明旧部所据，滇桂各军争夺利益，独许部粤军忠于大元帅耳。政权亦不统一，孙文曾发宣言，中云："军事既殷，军需自繁，罗掘多方，犹不能给，于是病民之诸捐杂税繁然并起，其结果人民生活受其牵制，物价日腾，生事日艰。……间有骄兵悍将，不修军纪，为暴于民，贪官污吏托名筹饷，因缘为利，驯致人民之生命自由财产，无所保障，交通为之断绝，尘市为之凋败，此尤足令人民叹息痛恨，而革命政府所由彷徨夙夜莫知所措者。"粤人身受痛苦，对于革命政府，渐形失望，尤以商民为甚。宣言发于反直战争之际，沉痛剀切之至，其解决方法，则遣军北伐也，无如滇桂杂军不受调遣，北伐未能进行，而广东事变迭起（其详见后）。

直系拥护黎元洪复职，召集国会，统一希望仍归泡影。曹锟于战胜后，地位益高，政客奔走其门，直系分为天津、保定、洛阳三派。津保政客眼光短小，洛派以吴佩孚为首，拥护总统，暗斗甚烈。王宠惠时为国务总理，阁员多知名之士，国会议长初以疏通组阁，为吴佩孚所斥，电云："内幕私图者，均非有心肝之人。""好人内阁"，上不容于曹锟，下见嫉于议员。众议院议长借口财政总长罗文干纳贿，亲往总统府告密，总统下谕捕罗，明日府院会议，阁谓总统违法，罗案拟送法院办理，而议长出而阻挠。吴佩孚初欲维持"好人内阁"，电称捕罗之非，曹锟意欲见好于国会，竟为议员张目，吴氏让步不再过问，王阁辞职。政治全为私人利用，固无是非曲直，立法院自身首先破坏约法，法统之说根本扫地矣。内阁改组，张绍曾后得有津保派及国会同意，出而组阁，张之为人，好骛虚名，贪恋权势，敷衍各方，以和平统一为号召，实则一筹莫展，反与议员勾结。曹锟谋为总统，赠送议员津贴，谓系仿前送冰敬炭之意，联络感情者也。洛系督军主张慎重，然无效果，选举总统变为暗斗之问题。黎于复职之初，电称任期听候国会解决，言者多有背景，议论纷歧，国会暂置不问，主张制宪选举同时并进，而宪法会议不足法定人数，乃定出席费及缺席扣费章程，商请总统筹款。总统谕令海关总税务司拨款，曹锟以为总统见好于议员，阴谋连任，授意阁员辞职，其理由则制宪经费，未交国务院主办，违反责任内阁制，张阁辞职，此十二年（一九二三）六月六日事也。明日，军警代表直向总统索饷，公民团（？）执驱黎旗帜，至其私宅喧闹，军警不肯弹压，且以饷项无着，全体罢岗。黎宅电话自来水均停供给，而黎尚不肯去，维持治安之王怀庆、冯玉祥呈请辞职，黎氏退回辞呈，二人不收，另谋组阁，又不可能，商于曹吴，亦无效果，始乃出京。心中愤恨，收藏印信于使馆区域，任命新国务总理，裁撤巡阅使、督军等官，十三日，乘车赴津。直系官员检查印信，不得，竟在车站勒索，并出电稿强其签名，黎氏从之，始得自由。武人政客前后行径，直为儿戏，往日敦请而来，今则逼之使去，反复无常，唯求权力而已。

黎氏在津，发表不利于直系之命令通电，国会认为无效，阁员宣告复职，摄行总统职务，冯玉祥等亦自复职。奉曹锟电令维持秩序，议员不慊于逼宫者南下，亦有为利所动再回北京者。曹锟欲为总统，贿赂议员，每人给予五千元，亦有公布证据向法院控告者，议员益为国人所恶，向之主张护法者，亦深痛心。十月十日，曹锟就总统之职，国会公布宪法。宪法共十三章，一百四十一条，大部分同于天坛宪法草案，其不同之要点，一则列举中央各省权限，一则地方分省县二级，各省得制省宪，此盖由于联省之政论宣传已久，士大夫渐而改变观念也。关于省之组织，旧分三级，就古今形势交通及行政便利而言，无此需要，改革不可谓非进步。国会组织仍分二院，议员任期如前，国务员对众议院负责，总统命令除任免国务总理外，非经国务员之副署，不生效力，仍为内阁制也。自理论大体而言，宪法条款多不可非，其困难则在实行。第三十二条，规定军费不得逾岁出四分之一，就条文而言，原近于理想之政策，就环境事实而论，决不能行，载入宪法，不过证明条文不适于用，而尊重宪法之心理，反而降低，草议宪法，必须顾及国情时事，非为子孙后世也。条文之冗繁，前后偶尔之矛盾，犹其余事。明年，直系失败，宪法随之推翻。曹锟当选，贿声彰闻，孙文通电声罪致讨，并请张作霖等举兵，卢永祥宣布独立，未与贿选之议员，谋欲另组政府，上海等地市民亦愤慨者。对于战事双方均无充分准备，商民更不欲其实现，暂时相安。明年，江浙战起，奉张出兵，大规模之战争复起。

淞沪属于江苏，卢永祥自淞沪护军使升任浙督，部将继任，苏督命令不行于境内，曾欲收回政权，不得，会淞沪警察厅长遇刺而死，双方委人接任，各不相让，几致战祸。江浙绅民奔走运动，两省签定和平公约，皖赣相继加入，独孙传芳不可，孙氏用兵平定异己之诸将，统一福建。十三年（一九二四）夏，闽将有率部属入浙者，卢永祥收之，以厚兵力，苏督齐燮元认为违反公约，而卢态度强硬，不受调停，双方备战。九月初，两军激战于泸宁路安亭一带，战线延长，区域扩大，江苏方面军队较多，而战斗力弱，相持不决，孙传芳统兵入浙，占领要城，逼近杭州。卢氏放弃浙江，十月初，沪战亦败，逃往日本。人民逃亡失所，田舍为墟，苏人所受之痛苦，固多于浙人也。战祸既起，孙文宣言北伐，亲往韶关，预备攻赣，而滇桂诸军不受调遣，商团之变将起，未能进行。奉张自前败后，选用将校，积极练兵，购置新式军械，战斗力颇强，至是分路出兵，自任总司令。吴佩孚自豫入京，曹锟任为讨逆军总司令，分三军应战，下令讨伐张作霖。吴氏军令森严，奉调各军，即日出发，饷糈缺乏亦不敢争，就军队而言，人数多于奉军，战斗力亦不甚弱，江浙战事已告结果，尚可调遣大军北上。顾直系自战胜以来，派别渐多，吴氏刚愎自信，对于同起之诸将，颐指气使，从不予以发表意见之机会，其尤不满于吴氏者，无过于冯玉祥矣。冯氏与吴佩孚等同为曹锟部下之将校，从曹锟攻四川护国军，后驻常德，誉望日隆，旋移军西入陕，为陕督。迨直奉战争，出兵讨奉，平定豫乱，升为豫督，扩充军队，为吴佩孚所不容，奉命入京，仅得陆军检阅使之虚名，所部名为一师，实数在三万人以上，饷糈困难，心怀怨望，至是奉命担任热河方面军事，不肯作战，遣密使往奉议定协妥。十月中，长城一带两军于激战之后，各无进展，而冯玉祥率兵秘密开拔，兼程回京，二十三日夜间，未遇抵抗，占领北京要区，包围总统府，通电停战。事变之起，迅速异常，出人意料之外，曹锟不得自由，下令前敌停战，免去吴佩孚本兼各职。吴氏分兵防御奉军，一面命兵防守天津一带，调兵北上，而山西、山东督军忽而阻断交通，吴氏前后受敌，军心丧沮，乃率残部自大沽浮海南下，直军多为奉军改编，战事暂告结束。

国人久恶皖系之专横误国，直皖战起，多同情于吴佩孚，直奉战争亦同情于直系。直系自战胜以来，倡言恢复法统，统一中国，士大夫为国事设想者，深以为然，北方名流电请孙文下野，固其明证。黎氏就职以来，一无所成，统一希望归诸泡影，反为直系所逐，狐埋而狐搰之，反复无常，大为国人所恶，所谓国人者，指士大夫或有闲阶级而言，大多数平民知识浅陋，生计困难，纳税奇重，一遇水旱之灾，救死未暇，遑问他事。士大夫处于优利之地位，享受最高之奉养，除文字表示意见而外，多无建设之事业。其不肖者，奔走权贵之门，供人利用，口称爱国，而实病民。军阀之反复无耻，更何足责！曹锟驱黎而后，靡款千万，办理贿选，就职以来一无建设，覆亡原不足惜，所可悲者，政治道德之低落，国内之纷扰益多，而人民所受之痛苦愈深。北方初用总统名义，任命黄郛为国务总理，俄而曹锟宣布退职，仍未恢复自由。冯氏既得处分总统，又逼清帝溥仪出宫，废除帝号，修正优待条件。关于政府组织，张冯协商之结果，力请段祺瑞入京，推为中华民国临时执政。十一月二十四日，段氏就职，组织政府，其公布之条例，执政为国内最高长官，总揽军民政务，统率海陆军，下置国务员，分长各部，盖合总统国务总理之职权为一，成立非有法律之根据，乃应南北将领之拥护电请，且知国人厌恶国会，无须监督机关，其徒固以革命政府自称。政府制度剧变至是，可见人民之心理，唯望政府力能维持治安，人民安居乐业，法统违法之争，非其所过问也，于斯重大代价之下，法统始作结束，能不悲乎？段氏跃为执政者，一则身为北洋军阀先辈，资望颇高，一则时无适当人选。长江各督谋求一时之安，通电推戴，孙文亦与段氏合作。顾自皖系败后，根据地尽失，并无强有力之军队可供调遣，终不免为人所逐。其时奉系强盛，次第取得直隶、山东、安徽、江苏政权，冯氏据有北京一带，新得察哈尔、绥远，陕军则向河南发展，长江一带直系仍有相当势力，西南则纷扰如故，国民党虽已改组，而广东政权尚未统一。

政府自袁世凯死后，威权减削，造成割据之形势，纷扰不已，言之痛心。外交原为内政之表现，亦难有所成功。顾自欧战以来，国际间之形势迥异于前，深谋远虑之政治家，感受战争之摧灭文化，谋欲废除战争，树立永久和平之基础。一则士大夫深受外国之政治影响，鉴于不平等条约之缚束，力谋恢复主权，爱国思想造成强有力之表示。一则俄国革命成功，共产党掌握政权，对于中国放弃权利，一面利用事机，谋欲驱逐资本主义强国之在华势力，国人久受列强之凌虐，知识界人主张联俄，列强对华不得不稍改变政策矣。此种动力，非一人一党所能造成，盖所谓大势所趋，莫之能御也。于此期内,中日交涉最为重要,日本利用战争之机会,一面借款卖械于北京政府,巩固亲日派之势力,一面要挟协约国承认其在山东权利。战后乃处于孤立地位,其在华盛顿会议之让步,自然之结果也。兹略叙外交上之大事如下:

欧战起后,日本出兵山东,威胁中国,缔结丧失权利之条约。协约国大使奉命往见其外务卿,建议日本劝说中国加入战团,外务卿反对。日报诋毁英国不遗余力,及其在华地位巩固,与俄再订密约,始渐改变态度。战争延长,协约国颇处于危险地位。德国宣布无限制使用潜水艇,尤使之不安。英国商请日本海军出援地中海,日本则以山东权利之让与,及得赤道北德岛为交换条件。山东已言于前,赤道北德属岛屿于宣战后,即为日本舰队占据,英国允许于和会援助日本,二国互相换文。法意对日亦有同样之允许,中国政府初向德国抗议,未有满意之答复,断绝二国之关系,日本以为中国外交政策之决定,先未受其影响,劝说中国参战甚力,而国内纷扰迭起,久始下令对德奥宣战,南方政府亦作同样之表示。中国所得利益,一为取消德奥庚子赔款,收回租界,一为停付协约国庚款五年,俄国另有规定,自六年(一九一七)年十二月起始,年逾二千万元,一为修改税则,按照时价实收值百抽五。总之,中国参战,盖为经济政治原因,协约国对于中国实无诚挚友谊之表现,日本利用美国加入战团之时机,遣大员石井赴美,协商海军事宜,及在华权利。美国务卿蓝辛(Lansing)与之交涉,二国换文,一面维持在华门户开放政策,一面美以中日地理关系密切,承认日本在华特殊利益。特殊利益,作何解释,言者不同,日美意见亦不一致,日本视为胜利,先期告知英法等国大使,驻京日使通知外交部,美使后亦奉命通知中国。外交部复称换文关于中国,未得其同意者,一概无效。其时共产党于俄夺取政权,其领袖深知人民心理反对战争,主张和议,资本主义国家恶之之甚,无异于洪水猛兽,日本进与中国议定陆海军协定,出兵西伯利亚援助白俄,凡此事变,皆受欧战之影响而生。

一九一八(民七)年冬,德国乞和,欧战终止,明年一月,巴黎和会开会,南北政府各派代表,其共同策略,则挽回权利,废除不平等条约也。初美国参战,总统威尔逊(Wilson)宣言和平原则,中国人士抱有极大之希望,出席代表之具体要求,则德国归还山东一切权利,列强取消势力范围,废除领事裁判权，及其他侵犯主权之条约。日本代表则欲维持其已得之权利，和会最高会议，初由美、英、法、意、日五国组织而成，各有代表二人，继由前四国行政长官出席，后意退出，变为三巨头会议。中日代表迭以山东问题，发生严重之争执，日本提出人种平等待遇案，未为各国所接受，不欲再违其意，英法又受密约之束缚，援助日本，意国业已出会，威尔逊鉴于日方代表态度之强硬，患其出会，转而让步。四月末，三巨头会议决定日本享受德国前在山东之权利。和约关于中国者，德国放弃庚款，归还天津、汉口租界，送还前自中国运德之天文仪器，及不请求因战事处分而生之一切损失赔款。山东交涉归于失败，我国代表称其原因，一为日本与英法诸国订有密约，一为七年（一九一八）中日济顺高徐铁路借款之照会，关于山东有欣然同意之语。主持铁路借款者，交通总长曹汝霖、驻日公使章宗祥、币制局总裁陆宗舆也，三人有亲日派之称，言者斥为“卖国”。五月初，北京学生开会，议决请愿，四日，三千余人赴总统府请愿，不得，往见美使，适其他去，拥至曹汝霖宅，夺门而入，毁坏玻璃什物，曹汝霖、章宗祥值在宅中，曹自窗出逃，章被殴几死，纵火焚屋，而大批警察赶至，扑火，捕去学生七名。政府力欲维持威信，学生乃为意气所动，其思想虽全出于爱国，而究偏于简单，此固何能独责血气方刚之学子？执政者不为国家设想，贪图一时之利，卖国或非本心，误国之罪，其何能辞！

风潮既起，通商大城之学生，闻风起应，或集队游行，或四出演讲，或检查日货，而皆废学。政府或捕囚首要，兵警或与之冲突，北京、南京各有其例，商人迫于大义，表同情于学生，起而罢市，抵制日货，工人罢工。日货之价值大落，奸商不免偷运，不肖学生亦有助之者。顾此为极少数，或因意志薄弱，或为金钱所诱，或借以糊口，就整个运动而言，固无重要。就运动本身而言，知识界人对于国家之观念根本改变，认识国内之积弊，社会上之问题，介绍西方之学术制度，文体趋于简易，盖有相当之成绩与影响。学生运动遍于各省，一致要求罢斥曹陆，政府许其辞职，始已。关于山东，各地团体争电代表拒绝签字，代表提出保留条件，不为列强所接受，势将决裂，总统徐世昌以为无法应付，忽向国会辞职，议长谓为内阁负责，退还咨文，政府地位颇陷于困难。六月，对德和约签字，我国代表未赴会场，九月，签字奥约，得为国际联盟会员之一。国际联盟于明年成立，其职志则消弭战争，保障和平，兼谋发展国际间物质及文化事业之合作也。其组织可别为三：（一）理事会，初设九席，永久会员占五，余由大会选出，美国不肯批准和约，未入联盟，永久会员只有英、法、意、日，后许德国加入，仍为五国，日德现已退出。其非永久会员被选为理事者，初只四国，后增至九国，三年一选。（二）大会，凡加入联盟者，均有代表，一国只投一票。（三）秘书厅，其职员由理事会委任，为执行议决案之机关。成立之年，加入者四十五国，逐渐增至五十六国，而美俄尚未加入，不无减少联盟之权力，增加其应付时局之困难（俄国现将加入）。其组织及用人行政，虽常不免受人批评，而固人类自有史以来谋求和平之有价值之机关也。奥约签字后五日，总统布告中国对德战争终止。十年（一九二一），中德订成条约，恢复邦交，德国放弃旧日享受之权利。日本依据和约，承受山东权利，对美声明交还山东主权，保留经济利益，并于青岛设立租界，迭向外交部建议协商，而政府鉴于国人反对直接交涉，托辞推诿，迨华盛顿会议，仍由二国协商解决。

中日地理相近，关系密切，而中俄接壤者长逾万里，帝俄侵略中国同于日本。及十月革命后，列强援助白俄，牵及中东铁路及外蒙古。日本深患共产主义之传播，首言出兵西伯利亚，美国患其别有所图，坚持反对，法英则主干涉，会德俄和议成立，盛传德奥俘虏活动，捷克军受俄攻击，协约国主张出兵往援。日本借口商人被杀，日兵英兵自海参崴登岸，法美亦遣兵往，列强议定兵数，而日美均不遵守。捷克军退至西伯利亚者，占据要城，夺取海参崴政权，援助海军大将霍尔瓦特（Kolchak）创设政府，协约国亦力予以援助。其后日美忌嫉日甚，捷克军急于撤回，霍尔瓦特乃为协约国所卖，美英法兵归国，独日借口庙案不肯撤兵，库页北半亦为日兵占据。其先俄国于西伯利亚活动甚力，并谋扰乱中东铁路，华兵奉命干涉，日本诱说北京当局缔结陆军海军共同防敌协约，冀谋伸长势力于北满，欲代华兵保护中东铁路，铁路乃由国际委员会管理，以美人为长，日本反对。其时帝俄业已覆亡，而前公使领事尚在中国办理交涉，经费自庚款提拨，九年（一九二〇），政府撤销承认，而中东铁路仍在白俄之手，提用路款，作为政治活动，奉张接收铁路区域行政，总统下令管理俄人，接收租界。十月，道胜银行与中国代表议订共同管理铁路章程，苏俄称其无效。外蒙古亦受革命影响，白俄日人均有活动，都护使陈毅颇与王公相亲，说其取消自治，双方议定优待条件。会欧战结束，参战军改称边防军，徐树铮奉命为筹边使，遣兵进驻库伦，八年（一九一九）十月，亲赴库伦阅兵，威胁活佛王公取消自主，捕囚陈毅，凶横鸱张，不知蒙人心理，徒贻无穷之祸。总统加封活佛，取消中俄蒙协约，命徐树铮督办外蒙，善后事宜，呼伦贝尔特区亦奉令取消。明年，直皖战起，边防军遣散，经营计划全归失败。白党恩琴（Ungern）统率败兵，逃至外蒙进攻库伦，蒙人助之，守兵力单，求援不得，外蒙遂失，恩琴建国，大事屠杀，政府置而不问。红军入蒙战败白党，驻兵其地，改组政府，双方订结条约。

苏俄自成立以来，深信工业发达之国，将起革命，第三国际活动甚力，益专力于亚洲，援助弱小民族，反对资本主义国家。中国久受不平等条约之束缚，感受内乱之迭起，生计之困难，视其宣传之主义，为解决社会问题之要径，深表同情于苏俄。八年（一九一九）七月，苏俄代理外交总长发表宣言，明年三月，外交部方始收到，原文先后歧异。外交部收到之电文，有“苏维埃政府愿将中国东部铁路，及租让之一切矿产森林金产，及他种产业，……一概无条件归还中国，毫不索偿”，而俄公报发表之文，关于此点，独无只字。说者谓宣言为宣传文字，其主要意旨，则各国内部完全自主，苏俄废去前俄所订密约，及侵犯中国主权之条约，现愿放弃前在满洲夺取之侵略品，拳乱之赔款，及各种特别权利。二国从速恢复邦交。北京政府多所顾忌，帝俄公使尚在北京，乃派军事外交代表团赴俄。九年（一九二〇）年九月，苏俄再发宣言，声称归还租界，恢复商务，放弃庚款，取消领事裁判权，二国各不容留背叛政府之个人及团体于境内，中国驱逐前俄外交人员出境，双方速订专约恢复邦交。中国仍无举动。其时红军进至西伯利亚，其地独日兵尚未撤退，俄人组织远东共和国，并得苏俄承认，遣代表优林（Yourin）来京。政府不顾日法之干涉，予以非正式之款待，进而撤销帝俄外交人员之承认，封闭俄邮，交涉未有进步。明年，苏俄派员来华亦无所成，十一年（一九二二），始遣要员越飞（M. Joffe）来华，八月抵京，活动甚力，应北京大学之请，作公开讲演，教育界人之同情于俄者日多，交涉则以外蒙问题，毫无进展，明年一月，南至上海，谒见孙文。孙文前在广东，外不见助于列强，内见逼于陈炯明，深为失望。二人迭次会商，发表共同宣言，说明解决中俄问题之原则。越飞俄往东京会议，未有所成，病重回国。外交委员加拉罕（M. Karakhan）奉命来华，苏俄两次宣言，皆其草成也，颇受中国人士之欢迎。

十二年（一九二三）九月，加拉罕入京，列强方以临城劫车案多所要求，俄使抨击资本主义国家，王正廷奉命与之交涉，俄使要求正式承认苏俄政府，不得，交涉以中东铁路、外蒙驻兵为焦点，未有进展。明年春，英意先后承认俄国，北大教授函请外交当局速议条约，交涉始有转机，三月中，议定大纲，解决悬案。俄国放弃租界、庚款、领事裁判权，及其他特殊利益。草约签字之先，王正廷未向外交部报告请训，总长顾维钧乃于内阁会议提出修改外蒙撤兵等款，令其照办。俄使照会外交部限期正式签字，王亦不愿再议，政府将其免职，交涉停顿。论者谓俄放弃特殊权利，大纲为中外平等条约之一，而顾维钧挟私争功，将其推翻。会日俄交涉已有端倪，顾维钧知其失策，设法再与加拉罕磋商，五月，成立中俄解决悬案大纲协定，暂行管理中东铁路协定，末附声明书七。其要款共五：（一）二国恢复邦交，中国移交使馆、领事馆及教产于俄。（二）俄交还租界，取消领事裁判权，放弃庚款作为教育基金，二国共同管理。（三）苏俄申明凡前帝俄所订条约有碍中国主权利益者，一概无效，两国嗣后不得订立损害缔约国主权利益之条约协定。（四）协定签字后一个月内，两国举行会议，商订解决悬案办法。约中列举五端，一、外蒙撤兵，二、议订边界及航行章程，三、中东铁路问题，四、讨论赔偿损失，五、教堂交还俄国。（五）中东铁路纯为商业性质，凡关于主权之各项事务，概归华官办理，苏俄许赎铁路，于未解决以前，两国共同管理，用人各占半数。综观条约内容，苏俄放弃之权利，业已不能享受，而两国间之主要问题，并无具体解决之方案，苏俄声称本据宣言之精神解决悬案，而竟一无解决。会议迟至年余方始举行，未有结果，其困难之症结，则北京政府之权力，不能达于国内，奉张于兵败后，亟欲报复，自行办理东北外交，教育界人或同情于苏俄。苏俄遣员至奉，九月议成协定，改铁路无条件归还之期八十年为六十年，并修改前铁路条约。外蒙方面，俄人操纵贸易，并占一部分土地，活佛病死，废而不置，青年党人掌握政权，苏俄信其地位巩固，方肯撤兵。新疆方面，于九年（一九二〇）即与俄订商约，双方相处尚安。要而言之，俄国对华之外交，倾向于利用时机，对于北方议定协定，对于南方予以援助。对于列强，则本于打倒帝国主义之思理，力谋驱逐其势力出于中国。法日不欲中俄恢复邦交，协定成后，出而干涉。

日俄而外，美国对于中国亦深关切，其教士创办之学校医院，颇有影响于时，商业自巴拿马运河成后，亦有进步，疑忌日本扩张势力于中国西伯利亚，不顾英日续订同盟条约，商得英国同意，十年（一九二一），其总统哈定（Harding）召集华盛顿会议，限制海军，而并解决日美间之问题，十一月开会，与会者有美、英、中、日、法、意、葡、荷、比九国代表。日本处于孤立地位，让步最大，说者比之受审判焉。其关系中国者，一为九国公约尊重中国之主权独立及领土行政之完整，各国在华工商业之机会平等，不为本国人民谋得特殊利益，于是门户开放变为国际条约之一。二为交还山东，初日本迭请中国协商交还条件，政府鉴于舆论反对直接交涉，拒绝其请，至是仍由二国于会外交涉，英美各有代表出席旁听，交还胶州湾，双方未有争论。其详细办法，由二国委员会商定，六个月内实行。其较困难解决者，一为胶济铁路，历久交涉，日本始许中国出款四千万日元，于五至十五年内赎回，期内任用日人为铁路总管。二处分公产，日本放弃大部分公共建筑物，其商人仍得维持商业上之势力，中日合办矿产。俄而日派代表会议于北京议商细则，日军撤退，十二年（一九二三）十二月交还青岛。三满洲问题，日本不肯放弃旅顺、大连及其他权利。中国要求废去四年（一九一五）中日条约，日方反对，最后声称南满、东蒙铁路可由新银行团借款承办，得以其地税收为担保，日本放弃南满，雇用日人为顾问之优先权，及第五号将来再议之权利。说者谓日于南满之地位业已巩固，而此于其大计固无所碍。明年，国会议决四年（一九一五）中日条约无效，外交部照会日本，亦为其所拒绝。四收回主权，中国提出之要求甚多，列强让步者，亦有数端。（一）列强承认海关税率于厘金取消之前，寻常货品增收百分之二．五，奢侈物品百分之五，合前税计之，前者征收百分之七．五，后者百分之十。厘金废除之后，税率可增至百分之十二．五，水陆贸易一律相同。（二）领事裁判权，中国代表要求定期废除，不为列强所接受，会议决定列强设立委员会，调查中国司法状况。（三）英国表示愿还威海卫，但于九龙及势力范围不肯放弃，日法亦然。（四）列强允许撤废客邮，及停止无线电营业。凡此种种，多有利于中国，会议之先，国人希望太奢，自不免于失望。多所诋毁，要非平心之议。所可惜者，俄为世界大国之一，未被邀请出席，会议结束之后，法以解决金法郎案为要挟，迟至十四年（一九二五）始肯批准。其当附言于此者，西藏问题迄未解决，藏兵深入西康，班禅喇嘛不为达赖所容，逃至内地。

综观以上史迹而论，内政外交均不免于失望，国内党派分歧，外交常供党争之用，其一二成功者，要由于时事之转移，环境之变迁，国际上之新形势，而非一二人之力也。中国苟为统一国家，维持境内之治安，人民安居乐业，外交上之胜利，殆不止此。北方自直系败后，段祺瑞应武人之请，出任执政，顾其部属之地盘丧失已尽，奉系、国民军（冯部改名）峙立。奉张乘其战胜之威，遣兵南下，夺取直隶、山东、安徽军权，江苏督军齐燮元奉命免职，部下不愿再战，有起而叛乱者，迫而去宁，张宗昌仍率奉军南下，齐氏煽诱上海驻兵，联合孙传芳所部，解决杂军。奉军南至南京。十四年(一九二五)一月，苏军奉军战于镇江重镇高资，张宗昌所部杂有白俄，利用铁轨行驶铁甲车，中装大炮，战斗力强，苏军败溃。齐燮元扼守无锡，亦为奉军所败，淞沪不战而下。陆军总长吴光新来沪，二月，江浙和约成立，双方撤兵，上海兵工厂由总商会保管。孙传芳遂处于优势，其兵虽较苏军能战，而人数无几，浙将先有勾结旧部叛去者，孙氏以兵平之，双方决无合作之可能性，奉军力能取浙，反而撤兵，宜奉张不慊于吴光新，而言者论其别有怀抱也。奉军兵力直达长江下流，而江皖先未裁兵，于是军饷大增，筹款困难，主客相处，积嫌日深。北方则国民军见逼于奉张，冯玉祥宣称辞职出洋，部将向西北发展，胡景翼统兵入豫，河南尚有吴佩孚旧部，吴氏且回洛阳，执政令陕军东下会同作战，吴氏迫而南下，辗转走至岳州。陕豫两军各争地盘，发生激烈之战斗，胡景翼战胜，统治河南。长江中部直系尚有一部分势力。军阀各谋发展，暗中活动，及上海五卅惨案起，奉军以维持秩序为名，进驻上海，奉系健将杨宇霆、姜登选新授苏皖督办，反奉各系预备再战矣。

段氏出任临时执政，原无法律之根据，其政府所谓事实政府也。军阀怀抱不同，齐燮元等亦请其早日出山，初反直战争酝酿之际，孙文与段氏、奉张合作，遣兵北伐，然无效果。十三年（一九二四）冬，直系失败，冯玉祥等电请孙氏北上。孙氏发表宣言，申述国民革命之目的，主张召集国民会议，十一月北上，自沪取道日本，由日赴津。其时段氏业已入京，组织临时政府，通过善后会议条例，征求孙氏同意，孙氏主张公民组织之团体派出代表，而政治机关居于次要，对于条例表示不可，而执政径自公布条例，通电于十四年（一九二五）二月以前开会。国民党反对，及孙氏扶病入京，建议解决方法，而执政采用敷衍手段，国民党拒绝参加善后会议。会议如期召集，议定数种条例，别无结果，政府创设临时参政院，筹办国民代表会议，设立国宪起草委员会。顾此多不切合当时之需要，议定之宪法草案，无法实现，时人亦不之重。于此各派暗斗情状之下，奉系最强，变为众矢之的。俄大使加拉罕活动甚力，国民党顾问鲍罗廷（Borodin）谒见冯玉祥说其讨奉，冯氏感受地位之危险，军械之缺乏，愿与苏俄合作，请其接济。第三国际领袖乃信国民党反英，国民军反日，将驱逐帝国主义之势力出于中国，后知其不可能，改而专反英国矣。奉张部将郭松龄为后起之杰，与同事者不和，奉命渡日观操，与冯所派人员相识，共谋倒张，其妻亦与冯妻相善，谋成而事未举。十四年（一九二五）十月，孙传芳感受奉兵之逼，调军分路攻苏，驻沪奉军奉命撤退，孙传芳占据上海，通电讨奉，苏将谋欲应之。杨宇霆仓猝北上，奉军未及渡江者尽行缴械，损失颇重。江北驻军起而响应，奉军退出蚌埠、徐州，止于山东。方奉军自江苏撤退也，吴佩孚回鄂，称受十四省之推戴，就讨贼联军总司令职。奉军之北退者，非其兵力弱于孙传芳所部，乃视冯玉祥为心腹之病，必欲其表示态度也。冯则托辞推诿，奉军调动，采取包围北京之计，国民军则欲夺取保定，段祺瑞调停其间，划分二军防区，以为华北战争可得幸免，而郭松龄忽于十一月二十二日倒戈。郭氏统率精兵驻于滦州一带，原与冯氏勾结，至是诱捕奉将之异己者，通电请张作霖下野，统兵向关外出动，进展颇速，而奉天兵力单薄，热河复为冯兵所据，黑龙江援军则以中东铁路不肯运输，军行稽延。会日本干涉郭军前进，郭军迂道而行，黑龙江之援军已至，时机遂失，郭松龄一战而败，夫妇被杀。方郭松龄之出关也，直隶督办李景林宣布保境安民，与奉脱离关系，而冯必欲夺取天津，出军激战，牺牲重大，及得天津而郭松龄之兵已败，乃处于不利之地位。直军退入山东，河南国民军进攻济南者，时亦败退。靳云鹗奉命入鲁，收编旧部豫军，奉直复相联合。十五年（一九二六）一月，奉张遣兵入关，直鲁联军北攻直隶，吴佩孚自鄂遣兵北上，久顿于信阳城下，靳云鹗则自山东回攻河南。冯玉祥先已知其无法应付，电称辞职出洋游历，所部交部将统率，取消国民军名义，而奉直军之进攻者不为终止。河南国民军全归失败，北上阻于晋军，西逃亦不可得。直隶方面，奉军占据山海关，直鲁联军进逼天津，直军则自河南遣兵入直，进至石家庄。国民军自天津撤退，其将领鹿钟麟等尚欲固守北京，四月，包围执政府，宣布段祺瑞罪状，而段闻风逃匿，恢复曹锟自由，电请吴佩孚入京主持。吴氏知其伎俩，不为所动，国民军迫而北退，固守南口，俄为奉直军所攻，败而西逃，大部分为晋军收编。冯军败后，段氏不为奉直所容，退居天津，其领袖相见不肯坦白议商大计，北京政府维持形式而已。战后，南方孙传芳统治五省，自称五省联军总司令。奉张失去苏皖及直隶一部分土地，新得察哈尔，兵力尚强。吴氏据有湖北、河南及京汉路一带城邑，而饷糈困难，分子复杂，势力涣散。阎锡山颇能维持境内治安，乘此变化多端，编收冯军，扩充实力。于是群酋峙立，隐忧堪虑，其造成此种恶劣现象者，多由于军阀武人之无耻，其人多无主张，翻云覆雨，极变化之神技，唯利是视耳。人无信心，任何计划均可恶意推测，建设事业往往无法进行。中国缺乏之领袖，无过于了解环境，认清事实，并能以诚挚之态度，光明之手段，解决政治问题之人才也。无论何党何派皆以至诚至公之精神遇之，期其相信相谅，方可合作建设也。阴谋相尚，狡诈之小人，虽或一时成功，而贻祸之深，戕害国本之甚，无以复加，此政治未入常轨之一要因。战争之纷扰，兵士之死亡，人民之流离，财产之损失，土匪之势炽，皆其结果也。此岂所谓为国为民乎？

内乱不已，人民之痛苦增加，对外心理则以知识界人之觉悟，根本改变，民气之激昂，无过于十四年（一九二五）之五卅惨案。工人起而罢工，反对帝国主义之思想，深入人心。会上海工部局征收新税，各团体反对，日厂主击毙工人，而工部局阻碍工会活动，学生于公共租界讲演示威，巡捕将其逮捕，学生民众尾随而行，聚集于巡捕房前，义气激昂，形势严重，捕头下令开枪，当场死者四人，伤而死者八人，伤者十七人。租界戒严，调兵防范，学生仍有示威死伤者，于是组织团体。其领袖多为激烈分子，学生罢学，工人罢工，商人抵制英货，镇江、汉口、广州等地闻风起应，而沙面之死亡尤多。六月二十三日，广州各界集会示威，英法诸国水手闻而于沙面租界警备，游行之际，外兵忽向群众开枪，其所持之理由，则中国首先开枪，事无佐证，言者不一，结果中国方面死者五十，伤者数逾百人，外人死者一名，伤者二名。粤人闻报，莫不愤恨，工人罢工，自香港回归广州者约十万人，组织督察队，严禁贩运英货，干涉运输，香港商业一落千丈，沙面交涉断绝，食料须向香港运往，明年十月，方始恢复原状，英商之损失颇为重大。万县英舰以船只之争，开炮轰城，并及平民，徒供反英之资料而已，英国始乃改变政策。方反英运动势炽之际，英、美、日派员来沪调查惨案，政府拒绝参加，其报告书除认捕头下令开枪无罪外，别无共同之点，亦有言其处置失当者，捕头辞职，工部局出款七万余元作恤金，对于主要条件，如收回会审公廨，及越界筑路，则置而不理，最后款项增至十五万元，始已。外人以反英为仇外运动，与苏俄及第三国际欲驱逐英国势力出于中国有关，此乃就一方面而言。中国久受列强之凌轹，中外待遇之不同，屈辱已久，爱国思想油然而生，亦其根本原因也。

于斯情状之下，列强谋与北京政府妥协，实现华盛顿会议有利中国之议决案，法国以金法郎案，先未批准也。初中国商得列强同意，停付庚款五年，后中法实业银行倒闭，法国拟以庚款充作复业经费，剩余作为辅助文化事业，乃自欧战而后，法郎之价格大跌，汇兑较有利于中国，而法忽欲按照战前之兑换率计算，偿还金法郎，意、比以其利害相关，从而助之。政府鉴于国人之反对，损失之重大，拒绝其请，而法不肯批准九国公约，作为要挟，迟至十四年（一九二五）四月方始解决。其主要条件，则改法郎为美金，付款延期二年，款之用途仍如前议，美金价值昂贵，中国之损失颇巨，论者非之。会五卅案起，爱国运动盛行一时，列强鉴于环境之变迁，改变政策，八月，九国公约方始有效。政府照会签约国及丹麦等十二国，派员参与关税特别会议，各国复文允许。初中国自参战后，两次修正税率，均不足百分之五。十月，关税会议在京开会，中国请求自十八年（一九二九）一月一日，关税自主，期内废除厘金，拟定暂行税则，普通货物增收百分之五，奢侈品百分之二十，烟酒百分之三十。各国代表于原则上承认中国关税自主，华盛顿会议决定之二．五附加税，立即实行，其具体方案，交委员会审查。方会议之将召集也，苏俄以为列强对华让步，缓和反外心理，隐与冯玉祥连结，欲其举兵，华北成为战区，会议不能举行，而孙传芳首先发难，郭松龄继而倒戈，直军、冯军激战于天津一带。会国民军处于不利地位，放弃京津，中国代表先后逃散，会议停顿。反奉直军入京，政府要求续开会议，而广东国民政府宣言反对，十五年（一九二六）七月，各国代表宣称停止会议。其议决之二．五附加税，先在广东实行，北京俄亦下令征收。法权调查同为华会议决案，政府初以准备未周，请求委员会展期来华，再以金法郎案延期，十五年一月，十三国委员在京开会，分组出发，视察通商大城之法庭监狱等之实状。广东宣称领事裁判权应即取消，拒绝委员前往，十一月报告书草成，对于中国司法颇有建议，而领事裁判权迄未取消。日本、暹罗、土耳其均已废去，外人唯在中国享受此种权利耳。其借口则政治未入于常轨，法律及司法行政尚有待于改革也。吾人于此，他无所言，唯有愧恨自责而已。上海自五卅案后，中国要求收回会审公廨，十五年，孙传芳派员与外领协商，省政府收回法院用人主权，其协定虽为时人指摘，视前固收回一部分主权矣。

外交形势转变，国民党固有唤起国人之努力，其党自改组以来，成为中国之新势力。初兴中会起兵失败，不能容于国内，结合留日学生，成立同盟会，民国成立，党员增至三十万人，分子复杂，不听指挥。第二次革命失败，孙文力谋改组，未有重要之成绩，袁世凯死后，始能回国，奔走护法，竟不见容于桂系，逼于党中叛徒，欺于猪仔议员，外不见助于列强，两次离粤。广东自护国军之役，桂军、滇军、湘军、豫军先后入境，粤军自闽南回归，主客各军，划分防地，军权财政均不统一，常为一时利害之计，互相勾结，暂相利用，内战迭起。党员多为中级社会，杂有富商政客，常为自身活动之计，对于民生痛苦，国家大计，往往漠视，党人常以意气为重，组织不备，纪律不严。及俄共产党掌握政权，其思想制度原得一部分知识界人之同情，其对华宣言又足以引起好感，孙文先与苏俄电信来往，并接待其专使，十二年（一九二三），与越飞相见，会商之结果，发表共同宣言，并遣廖仲恺随同越飞往日，八月，遣蒋中正往俄考察军事。中国共产党于十一年正式成立，其领袖陈独秀、李大钊得有第三国际之援助，至是国民党联俄，俄派鲍罗廷来华。十月，抵粤。广东时有军队二十万人，而陈炯明所部粤兵负固不服，每月收入仅得三十万元。鲍罗廷以为革命成功，须得农工之拥护，建议平分土地，改良工人生活，协商之结果，改为减轻田租四分之一，农民得设协会。孙文为推行便易之计，召集国民党第一次代表大会，十三年（一九二四）一月二十日开会，出席代表一百六十五人，指派者较多，会列宁病逝，发电哀悼，并停会三日。关于李大钊声明共产党加入国民党，乃其个人行动，服从主义，遵守党章，非将国民党化为共产党也，会中未有异议，共产党遂得保持其党籍。大会对于政纲党章均有重要之决定，政纲树立对外对内根本大计，党章规定党之组织。总理为全国代表大会及中央执行委员会之主席，对于大会有交议复议之权，对于委员会有最后决定之权。党之最高机关为全国代表大会，每年举行一次，其下全省代表大会，每六月举行一次。其下级代表大会，每三月举行一次，又其下区党员大会，每月举行一次，基本组织为区分部，五人以上可得设立，其党员大会至少每两星期开会一次。闭会期内，各级党部设有执行委员会，中央省县各选常务委员，并有监察委员，其组织职权详载于第一次全国代表大会宣言。

鲍罗廷在粤，以为革命基础尚未巩固，主张设立强有力之政府，然后进行北伐。国民党为组织党军之计，六月，创立黄埔军官学校，蒋中正奉命为校长。成立教导团二团，以毕业生为军官。军中设置党代表，监督军政。国民党改组之初，各军割据形势依然如故，商人谋与政府相抗，办设商团，购运大批军械。政府将其扣留，商人称先得护照，宣布如不发还，将即罢市，历久调停，议定商人出款，政府发还一部分枪械，问题仍未解决，形势趋于严重。英舰出而干涉，援助商人，亦无效果。政府采用严厉方略，先得滇桂将领中立之同意，十月中，教导团奉命缴商团军械，广州战起，工人援助政府，商团死者估计自四千八百至六千人，被焚者二十三街，毁坏之商店一千六百至二千家，损失二千五百万元。孙文俄应段祺瑞等之请北上，陈炯明乘机回粤，欲取广州，十四年（一九二五）一月，滇桂各军协同东征，陈部败退。其时孙文病逝于北京，唐继尧忽就副元帅职，出兵广西。据汤良礼所著之《中国革命秘史》（The Inner History of the Chinese Revolution）及《汪精卫传》，广东内部情状不安，胡汉民于孙文北上，奉命代为大元帅，蒋中正新立战功，原为许崇智属下，而威望日高，为其所忌，杨希闵、刘震寰所部之滇桂军凡五六万人，占据广州，为心腹之疾。

政府决计讨之，蒋中正自东江回师，协同湘军作战，六月战起，滇桂军败溃，唐继尧侵桂之兵，亦失败回滇。

国民党于广东之地位巩固，召集中央执行委员会，废去总理制，而以执行委员会代之，通过戴传贤恭读总理遗嘱之建议，取消大元帅制，设立政治会议、军事委员会、政治委员会。七月一日，国民政府成立。八月，廖仲恺被刺，政治会议、军事政治委员会联席会议，推汪兆铭、蒋中正、许崇智组织特别委员会，全权办理，调查廖案之结果，认胡汉民犯有嫌疑，许崇智与之不协主张捕之。广州戒严，下令缉捕其兄弟，搜查胡宅，鲍罗廷建议遣之赴俄。汪以许部粤军难于合作，商得湘滇各军之同意，九月将其缴械改编。许崇智去粤，北至上海，居正、邹鲁、张继等亦去，十一月，于北京西山开会，议决开除共产党员党籍，反汪联蒋。国民政府斥其联段，否认其议决案有效，定期召集全国代表大会，蒋中正督师东江，肃清陈炯明残部，其在南路之敌亦败，克复琼州，于是广东统一。十五年（一九二六）一月，全国代表大会开会于广州，出席代表，据《汪精卫传》，只有八省，盖国内尚未统一，组织党部困难也。大会改选中央执行委员三十六人，监察委员十二人，接受总理遗嘱，续聘鲍罗廷为顾问，开除居正等党籍，警告其附和之党员，仍主容共联俄之政策。改选之结果，西山会议派落选，而左派之政治上势力视前益强。广东自统一以后，政府整理财政，每月收入自二百万元，增至六百万元，全省军队不足十万人，收入几尽用于军费政资，军事期内，固无奈何。第三国际鲍罗廷乃力主张北伐，北上谒见冯玉祥说其合作。而三月二十日蒋中正忽信报告，以为共产党将有异举，不待主席汪兆铭之同意，下令戒严，拘捕政治人员，事后，向汪解释，而汪认为违反党纪，以病辞职出国，蒋氏患其孤立，请鲍罗廷回粤，而西山派则欲因此另召第二次代表大会于上海，蒋氏声明反对，四月末，忽而处分右派领袖。鲍罗廷偕同胡汉民抵粤，蒋称前事起于共产党于己不利之行为，二人以见解不同，深相恨恶，但以应付时局之需要，暂时合作耳。五月，中央执行委员大会通过整理党务案，共产党处于不利之地位，及至北伐，形势全变矣。

国民政府筹备北伐，俄人颇多赞助，其困难则为经费，外交部长陈友仁与英员协商，欲得赔款，解决沙基惨案，不得，征收二．五税，言者谓俄协助一部分军费，北伐军约十万人，蒋中正之亲信军队约二万人，俄将加伦（Galen）及军官十五人佐之。各军设有政治部，发贴标语，联合工农，铲除土豪劣绅，由邓演达主持，其工作人员多为共产党员。就国内情状而言，内乱时起，军阀争夺权利，久为国人所恶，国民党自改组以来，党员大活动于学校，普通学生对于自治会多不过问，其参加者多血气方刚，知识经验虽或缺乏，而固勇气有余，常能扰乱敌人军心，工人及贫苦之平民又为之助。其时张作霖、吴佩孚、孙传芳各据一方，不能合作，国民军依然存在，山西长官虚与委蛇。就战斗力而言，奉军设备较优，指挥统一，尚能一战。吴佩孚所部分子复杂，孙传芳所部固能作战，而所统之联军亦颇复杂，迎降倒戈遂不能免，其影响则摇动军心，破坏防线，作战致果盖不可能。革命军乃处于优胜地位，其北伐之路则出湖南。湖南自赵恒惕主政以来，借自治之名，并无改革，军权尚不统一，遑言其他。军队以唐生智所部为最强，其防地为湘西，西南烟土必经之地也，收入颇旺，故兵多于他师，唐氏富有雄心，隐与广东连结，修筑道路，以便军输，十五年（一九二六）春，逼走省长赵恒惕。赵氏乞援于吴佩孚，直军奉命援湘，进据长沙，唐部退守衡州，向广东乞援。六月五日，国民政府任蒋中正为国民革命军总司令，统师北伐，共分七军，改湘军为第八军，唐生智奉命为前敌总指挥，总参谋长李济琛留守广州，第一军军长何应钦镇守潮梅。北伐军出发，第四、第七军首先入湘，会同第八军反攻，七月中，攻下长沙，八月初，各军均达集中地点，决定战策，分途前进，迭陷要城。吴佩孚南至汉口，调集大军，亲自督战，亦不能胜，九月，退至武昌，刘玉春等奉命守城，北伐军进攻汉阳，鄂将响应。直军北退信阳，鄂西援军战亦不胜，吴佩孚之威望丧失，部将不服指挥，直隶防地为奉军所夺，独刘玉春督兵困守武昌，革命军攻城损失重大，乃采围困之策，城中粮尽援绝，十月始下。

方北伐军之进攻湖北也，分兵警戒湘赣边界，江西时归孙传芳统治，孙先拒绝中立之请，又不先期备战，及直军退溃，始遣军队往赣，战事开始进行，而武胜关值为北伐军所据，吴佩孚无力反攻。蒋中正自鄂调军入赣，其计划则于联军集中之先，将其各个击破也，联军应战不利。孙传芳调遣大军西上，命皖军入鄂，会同军舰作战，闽军进攻潮梅，亲往九江指挥，大军沿南浔，铁路集中，运输便利，双方攻守，互有胜负。十月末，北伐军奉命自鄂增援，十一月二日，开始总攻击，占领要塞，五日，进陷九江。孙传芳东下，所部军心摇动，归路断绝，多被缴械。北伐军入驻南昌，收复江西全境，皖军退归。闽军由周荫人统率，分三路窥粤，何应钦知其兵力雄厚，乃先发制人，猛攻周荫人之大本营于永定，据之，回师攻击入粤之北兵，并得参加革命者回戈攻击，闽军败溃，占据闽南。十二月，北伐军进至福州，浙江为蒋中正家乡，原多同情于革命军者，一度独立，为孙部所败，及江西、福建失守，浙将起而应之。孙传芳于兵败后，微服北上，求援于张作霖，联名通电拥为安国军总司令。十二月，张氏就职，通电"灭绝赤化"，援军则以意见分歧，不能即日南上。十六年（一九二七）二月，蒋中正决定攻取东南，何应钦等自闽赣入浙，第六军长程潜、第七军长李宗仁东下入皖。初浙江形势混沌，两军迭有进退，及北伐军援至，联军战不能胜，撤至长江北岸，一部分固守宜兴，三月初，陈调元等响应革命军，安庆、芜湖不战而下。直鲁军南下之接防上海、南京者，欠饷太久，兵无纪律，人无斗志，战于南京、芜湖之间，不胜。何应钦亲往浙边督战，进攻宜兴，联军北退，革命军占领常州，分途前进，收复无锡、苏州、镇江。上海守将隐怀二志，周荫人残部弃险而走，海军独立，沪宁路上之联络业已截断，军心惶恐，工人起而暴动，向直鲁军进攻。革命军于混乱之中，进至上海。南京方面，直鲁军奉命北退，二十四日，革命军入城。

革命军胜利，党务则益纷扰，北伐之先，蒋中正为国民政府主席，兼中央常务委员会主席，及统军北伐，前职谭延闿代理，后职张人杰代理。谭为长者，对于政治问题，多无主见；张与蒋颇接近，《中国革命秘史》称广州三月二十日之变，由其促成，其经过非吾人所知，左派固不肯与之合作。十五年（一九二六）冬，政治会议决定迁都武昌，政治人员分批北上，而国民政府业已组织完成。张人杰见不容于左派，不敢前往武汉，执行职权，蒋中正派员疏通，未有效果。据密溪记载，明年一月，蒋请中央委员于南昌开会，不得，亲往汉口，知其地位危险，即返南昌；实则仍为调停，其建议不为政府接受耳，其时鲍罗廷之威权日隆，左派以为武汉为工商业发达之区域，组织工会，改良商店雇工及工厂工人之待遇，更从事于农民运动。十六年（一九二七）三月，三中全会隐受鲍罗廷之指挥，提高党权，削减总司令职权，改主席为主席团，左派人士申言军事、政治、党务集中个人之弊害，影射蒋之专政独裁。顾自克复东南，形势转变，武汉政府统有两湖、江西，而福建、浙江及安徽、江苏大部分则归总司令管辖，两广亦与之接近。事变酝酿之际，武汉方面遣何香凝说蒋，未有所成。至是，汪兆铭自海外抵申。《中国革命秘史》称蒋中正、吴敬恒等见之，蒋主鲍罗廷解职，改变容共政策。吴氏建议推行之步骤，中央监察委员会提出检举，由军事领袖执行，汪氏坚持异议，转而询问陈独秀，共产党是否有消灭国民党之意？陈氏否认，二人共同发表两党之合作宣言，问题固未解决，最后决定召集四中全会于南京。四月初，汪乘轮船西上，十二日，蒋氏电汪，称上海形势严重，请汪及执行委员即日东下，一面令兵解除总工会纠察队武装，实行清党，十五日，偕同胡汉民等至宁，谋组政府。十七日，武汉中央执行委员会议决开除蒋等党籍，免去各职。明日，南京国民政府成立，改组各军政治部，扩大清党，宁汉逐成相峙之局势。

北方自张作霖就安国军总司令职后，宣言讨赤，任命副司令官，改组内阁，顾维钧奉命为外交部长，兼署国务总理。张宗昌遣直鲁军南下援苏，战不能胜，河南则军队庞杂，饷糈困难，奉张遣员入豫，向吴佩孚疏通奉军援鄂，而部将反对奉军南下，形势混沌，冯玉祥新自俄归，得其接济，自绥远督军入陇，东至陕西，未遇强力之抗拒，进至豫西。十六年（一九二七）二月，张作霖鉴于形势之不利，通电进兵河南，另电吴佩孚等望其合作，而吴部将仍持异议，调兵防守黄河南岸，奉军进抵北岸。三月，两军隔河而战，豫军败退，奉军乘胜，次第攻取许昌、郾城，进至驻马店。河南自驻大军以来，人民不堪负担，而败兵溃卒所在为乱，愚民得有枪械者，聚而为匪，迎降之将士时而复叛，奉军之地位颇为困难。其在东南方面，南京政府初患武汉军队东下，扼守江岸，北军据有江北。武汉政府原欲遣兵东下，而奉军进至豫南，鲍罗廷以为宁方兵力薄弱，战败奉军之后，回师攻取南京，易如反掌，希望乃与事实相反。武汉政府任命唐生智为总司令，调精兵七万人北上，张发奎所部铁军与焉，其计划则联合阎锡山、冯玉祥共同作战也，阎氏未有举动，冯氏出兵稽延。两军激战于驻马店一带，奉军炮火猛烈，北伐军战斗勇敢，牺牲重大，死伤一万四千人，奉军力不能胜，而冯玉祥进取洛阳，乘机东下，奉军撤至黄河北岸。方豫南之激战也，杨森自川出兵，夏斗寅应之，逼近武汉，政府自豫调兵回援，败之。其境内情状日形恶劣，绅商逃往上海，现款日少，不敷流通，而乃集中现洋，滥发不兑现之纸币，强迫行使，物价昂贵，饷粮困难，军火缺乏，工人失业者增多，农民亦感不安。第三国际委员印人饶益（Roy）出其所奉之密电示汪，以为汪派须与共产党合作，方能维持政权也。顾时形势全非，南京方面已将直鲁军战败，进据徐州。宁汉兵力殆相平衡，双方欲得冯玉祥之协助，而郑州、徐州会议，冯氏仅欲作调人耳，共产党于湘收没土地，湘中军官多为中级社会，反对其行动，长沙驻军起而暴动。独张发奎部下共产党员较多，势力强大，驻于江西。七月十五日，武汉政治会议通过分共议案，准鲍罗廷辞职，鲍罗廷先受第三国际之非议，迭请辞职，至是许之。其回国也，备受武汉政府之优待。三十日，张发奎部将贺龙、叶挺率兵一万五千人宣布独立，起义于南昌，南至广东。于是武汉东下计划一时停顿，宁汉进而合作矣。

南方反共，北方张作霖以讨赤为号召，初郭松龄倒戈，中东铁路拒绝无款运输军队，奉张下命拘捕俄人总办，苏俄严重抗议，限期释放，迫而许之，双方之疑忌日深。十六年（一九二七）春，直鲁军南下，检查输船，捕获鲍罗廷夫人等，送往北京，苏俄再提抗议，后由法庭释放。张作霖自就安国军总司令，严禁共产党活动，其领袖李大钊避居于俄大使馆，军警访知，四月，商得使团之同意，往查俄馆，捕获李大钊等。俄员放火图灭文件，其救而存者，证明苏俄援助国民党及国民军，驻京俄代办及其政府均有抗议，外交部则以利用使馆宣传赤化，不理代办。苏俄将其召回，并提出要求，外交部将其驳斥。所捕人员由特别法庭审判，李大钊等二十人被判死刑。六月，张作霖受部将之拥戴，就海陆军大元帅之职，组织军政府。其时武汉军向下游移动，冯玉祥防范河南杂军，蒋中正分调军队南下，张宗昌下令反攻，进据徐州，孙传芳亦统所部南下，锐气正盛。蒋中正亲赴蚌埠督战，力不能胜，放弃江北，桂系忽有不奉命令之表示。宁汉由冯玉祥之调停，开始通电，武汉主张召集四中全会，取消南京中央党部及国民政府。蒋中正去宁通电辞职，胡汉民等亦至上海。李宗仁深患唐生智东下，其兵已达安庆矣，亲往九江，商请汪兆铭等往宁组织政府，停止军事行动。武汉乃派谭延闿、孙科赴宁调查实状，宁汉合作方有端倪，而八月二十五日，孙传芳部下忽自龙潭、栖霞山一带渡江，截断铁路，破坏电线，分路前进，谋攻南京、镇江，战斗之勇，形势之急，将即决定全局之胜负。白崇禧、何应钦各将精兵东西夹击，海军助战，孙部军火粮食均有困难，激战至三十一日，退至江岸，北渡为海军所阻，败兵多为俘虏，革命军死伤一万余人，终能挽回全局。方两军之激战也，李宗仁乞援于武汉，唐生智所部开抵芜湖。战后形势又转移矣。据《中国革命秘史》，谭延闿不协于唐生智，而与桂系合作，孙科与许崇智往来甚密，二人电请武汉执行委员东下，汪抵南京，李宗仁顿改前言，胡汉民等仍在上海。宁方欲其出席，汪等赴沪见之，有不肯见者。九月会议，宁方委员不肯出席四中全会，孙科提出沪、宁、汉合作办法，组织特别委员会，沪宁委员表示同意，汪以其无根据，怒而退席，潜回九江。十五日，南京会议决定设立特别委员会，行使中央党部职权，党务纷纠固未已也。

特别委员会成立，武汉、广东等地发电反对，宁汉又有安徽之争，唐生智于武汉掌握军权，湘人之任军职者恶之者众，隐谋报复。南京遣孙科等往九江请汪入京，汪说其至武汉会商，从之，协商之办法，召集四全会议，恢复中央执行委员会等，南京复电赞同。湘将程潜则同桂系将领遣军西上，十八日，突攻芜湖唐生智部，后二日，南京政府下令讨伐。唐生智发电诋毁特委会，汪氏以其见欺，痛诋军阀，东至上海，迭电蒋中正回国，蒋辞职渡日，至是，表示赞同召集四中全会也。两广为桂系势力之地，原欲出兵湖南，李济琛鉴于张发奎之反对，张自江西追逐共产党入粤，所部驻于广州，未能调遣大军出境。汪应粤请南下，倡言召集四中全会于广州，蒋自日归，而唐生智已败逃矣，议定于上海开预备会。汪兆铭、李济琛赴沪，而张发奎忽自香港回粤，收缴桂系兵械，桂系出兵，全会委员亦相辩论，十二月二日，预备会开会，监察委员援助桂系，汪兆铭处于不利地位，十日，会议通过蒋中正复任总司令，由其筹备四中全会，汪则宣言出国。明日，广州起义发生，事变之后，汪不容于上海，乘船赴法。张发奎所部交部将统率，辗转应战，退至江西，奉命北伐。十七年（一九二八）二月，四中全会开会于南京，议决改组中央党部，整理各地党务，通过国民政府组织法，广州、武汉、开封、太原政府分会仍可存在，推定委员。闭会后，军队北上，期于最短时间，完成北伐。

方党务之纷纠也，战事依然进行，孙传芳自龙潭败后，整顿残部，固守蚌埠一带，何应钦督师攻陷蚌埠，孙部退守徐州。河南自奉军退至黄河北岸，靳云鹗所部尚在豫南，冯玉祥视为心腹之疾，分兵布置，将其消灭。而豫东之恶战又起，张宗昌聚兵十数万于徐州一带，沿陇海路而西，两军于兰封一带。迭有进退，牺牲重大，直鲁军败退。十二月，国民军进攻徐州不胜，何应钦会师陷城。其在北方，阎锡山乘奉军激战于河南之际，出兵石家庄，奉军全师后退，九月两军开始战斗，十月，奉军反攻，其沿京汉路南下者，进至石家庄，独涿州固守不下。京绥路奉军复据察哈尔，进至包头，晋军败守长城，涿州守兵亦缴械改编，遂成相峙之势。于是张作霖之敌益多，战区日广，应付困难。十七年（一九二八）春，蒋中正复任总司令，亲将第一集团军北伐，冯玉祥为第二集团军总司令，阎锡山为第三集团军总司令，各当一面，四月开始作战。第一集团军进攻鲁南，鲁西由孙传芳部防守，战事激烈，第二集团军往援败之，迭陷要邑，五月一日，克复济南，而惨案起矣。初十六年，日本出兵山东，会孙传芳反攻胜利，撤兵回国，及北伐军大举北上，第二次出兵。三日，日兵借口日商被抢，攻击华兵，勒令缴械，惨杀交涉员，断绝交通，并由青岛调兵增援，七日，日将提出苛酷条件，不待答复，轰击济南城，破坏兵工厂，占据营房，十日，城陷，阻挠北伐军沿铁路北上，军队迫而绕道渡河。第二集团军主力与奉军作战于彰德、大名一带，颇有伤亡，奉军以东路不利，向北撤退，第三集团军进至石家庄。奉张知力不敌，利用济案，通电息争，一致对外。南方则不之理，白崇禧更率第四集团军北上。张作霖又受日本警告，六月二日，通电出关，六日，专车遇炸，重伤而死，日人负有相当责任焉。阎锡山接受京津，并收编败兵，张宗昌部退守滦东，后向奉军攻击，战败遣散。张学良继父统治东北，原欲于七月易帜，服从国民政府，而日本两次干涉，迫而缓期举办。十月，张学良奉命为国府委员，放还所扣车辆，十二月易帜，于是统一完成。政府改直隶为河北，北京为北平，奉天为辽宁。

北伐历时二年，方革命军之出发也，不足十万，及下两湖赣闽，扩至四十余军，据三中会对于党员之训令，军事已呈纷争复杂之象，不能收整齐统一之效矣。其困难之症结，则北伐之成败，决定于军事之胜负，政府顾虑强敌之势力，内部之分裂，屡次迁就事实，其不良之倾向与影响，则武人掌握政权也。中国政治实状，知私而不知公，用人全无一定标准，多其亲友同乡，其受委任者，非由于政府之选择，乃受私人之引荐，忠于私人，远过于政府，此为造成私党、养成军阀之一要因。杂牌军队之倒戈反正，多由于朋党及利害而定，固无所谓效忠于政府也。军队作战之先，子弹之运输，长官行李之转送，战壕之掘挖，多以民夫为之，农民耕种土地，游民贪生怕死，工作多无酬报，随同军队出发，或无回归之望，不愿为之，或由县官抓拿，或由商会招募，或由兵士拉捉，被拉之夫役，兵士防其逃走，以绳系之，形状如囚。军事紧急之时，凡衣短褐之人，不敢行于市中，商店迫而罢市，商会常为商人利益之计，招待军官，给养兵士，亦有相当之效果焉。军队数多，设备不周，不愿住于庙祠，而多住于民家，床铺之夺取，什物之携去，妇女之诱奸，皆所不免。战区人民逃亡，损失尤重，战后败兵逃卒，几至无物不取，散而为匪，大为害于乡村，枪械散于民间。游民习见战争，法纪荡然，无所畏惧，土匪之势益盛，乡民之痛苦深矣。战争期内，税收减少，政府滥发不兑换之纸币。如军用票等，或发行库券，强民购买。劣绅依仗官势，欺弄愚民，从中取利，废除苛捐杂税之名号，迄未实行，矿产公司附有逆股者，亦受摧残。凡此多为革命过程中不易避免之牺牲与痛苦。破坏之后，当入于建设之途径，不幸军队反而增加，中央政府实际之统治区域限于数省，冯玉祥、阎锡山、李宗仁等雄据一隅，各自为政，祸机潜伏，事变之作，方兴未艾也。北伐之役，革命军死者五万余名，伤残者约逾万人，合拒战方面死伤计之，盖逾十数万人。所得之结果如此，能不痛哭耶？

北伐完成，八月，五中全会开会，议商善后及政治问题，其主要议决案，政治则军政结束，训政期内应设五院，削减政治分会职权，限于年底取消；军事则统一军政军令，裁减军队，限制军费；党务则定期召集第三次全国代表大会，统一理论。会胡汉民等回国，力主依据建国大纲，设立五院，推定委员拟成草案，政治会议通过后公布，是为《国民政府组织法》。其要款则国民政府总揽治权，以行政院、立法院、司法院、考试院、监察院组织之，其院长、副院长由政府委任，国民政府设立主席委员一人，委员十二至十六人，主席接见外使，统辖陆海空军。国务会议由上述之委员组织而成，处理国务，解决院与院间之争执，公布法律，发布命令。行政院为最高行政机关，分设各部及委员会，其数及组织法未有规定，盖便于酌量需要，随时增减也，共分十部，曰内政、外交、军政、财政、农矿、工商、教育、交通、铁道、卫生，每部部长一人，政务次长、常务次长各一人，委员会则办理特定之行政事宜，如建设、侨务等。行政会议由上述各官组织而成，其议决事项，有提交立法院者。立法院为最高立法机关，其职权如议决法律预算、大赦、宣战、媾和等，近于国会，委员全由政府委任，自四十九至九十九人，任期二年。司法院为最高司法机关，掌理司法审判、行政官吏惩戒，及行政审判。考试院为最高考试机关，掌理考选铨叙事宜。监察院为最高监察机关，行使弹劾审计，委员十九至二十九人，由院长提请政府任命。综观国民政府之组织，足称机关繁多，五权宪法，虽为国民党总理之主张，而于何时实现，则未说明。当此兵灾之后，人民生计困难，设此庞大之机关，安插人员，为得为失，殊一问题也。五院以行政立法为重要，其他三院亦先后成立，院长人选，多为声望较高之党员，国民政府主席则蒋中正也。行政院直属之十部，亦有因人而设者，人选杂有派别，盖为充实中央，而并迁就事实也。政府改热河、察哈尔、绥远、宁夏、青海为省，各省省政府组织，采用委员制，行政指挥，常不免于困难，机关多而人员众，其工作多为例行公事，舞弄文墨而已。县之组织，初无重要之改变，不过削减职权，添设专局，如建设局之类。县下初设行政局，办理一区事务，后改为区公所，要多无所事事，不肖者反为害于人民，经费之增加，犹其余事！

军事结束，全国教育会议、内政会议、交通会议先后召集，会中提议繁多，要多不切实际，无法进行。其较重要而难于解决者，无过于裁减军队，据财政部长宋子文之报告，全国军队凡二百万人，需款六万四千二百万元，而中央收入共四万五千万元，除还债外剩余三万万元，政府支出三万六千万元，更无兴办建设之经费，非大裁兵，决无相安之局势。军事领导人商定组织编遣委员会，改组军事机关。十八年（一九二九）一月一日，国军编遣委员会成立，议决裁减军队为七十一万五千，军费定为一万九千二百万元，其困难则军事领导人各谋扩展势力，尚以军饷待遇不平为言，编遣计划未能充分讨论，且无裁兵决心也。二月，武汉政治分会忽而违反法令，免湖南主席鲁涤平职，遣兵入湘，鲁率所部一部分退入江西，其兵仍遭袭击。国府派大员查办，遣兵西上，湖南拥护中央，白崇禧部兵驻于河北，部将不服，唐生智奉命代之。冯玉祥亦不援助桂系。李济琛入京调停，而中央认为违反命令，无法调停。视之无异于间谍，解除其卫兵武装，送往汤山，三月末，下令讨伐桂系，分路前进，占领湖北沿江要城，冯玉祥出兵鄂北。四月，桂系败兵退往鄂西，张发奎等奉命追击，余兵先后改编缴械。会李宗仁回桂，图谋广东，其地将领初有以李济琛被扣，谋与广西共同出兵者，粤将陈济棠不可，奉令主持军政，至是，桂系图粤，国府遣兵赴援，暂得无事。桂系方始解决，而冯玉祥所部忽有异动，初三月，中日议订济案协定，四月，日本撤兵，山东省政府主席孙良诚原欲派兵接防，而国府另派军队，划定区域，指定孙部接防，孙良诚通电辞职，率部赴豫。五月，国府改组山东省政府，接防胶济铁路，冯玉祥方托病休养，所部增至三十万人，而关陇迭遭荒年，供养不易也，先尚表示合作，屡次辟谣，及是，南京、北平之冯系长官多辞职去，军队破坏交通，将领电诋中央，冯玉祥亦电蒋中正责难。中央决定讨伐，任命各路总司令，冯知战不能胜，命兵西退，而西北大灾，无法供给饷糈，部将韩复榘、石友三通电主和，阎锡山劝冯出洋，蒋亦以之为言，冯应阎请，移居山西，阎则声称偕之出洋，终未出国，祸乱固在酝酿中也。

冯玉祥下野，中央谋用和平方法，统一军队，八月，国军编遣实施会在京开会，议定条例，方欲切实进行，而乱作矣。斯年三月，第三次代表大会召集，代表多由中央指派圈定，党部有反对者，汪兆铭等宣言誓不承认，议场稍有扰乱，而多数赞助政府，固无困难。对于党务大会修正总章，分党员、预备党员两种，改大会会期及中央执委任期为二年，区党部执监委员任期一年。汪于党中有悠久之历史，从者中以反对腐化及投机分子为号召，故有改组派之称，汪方预备回国。其徒奔走活动，谣言孔多。九月，张发奎命自鄂西移防，忽电蒋中正取消大会议决案，请汪回国，击败接防之军队，率兵二万余人，取道湘西回粤，广西起而应之。中央出兵援粤，收复广西，方始撤回援兵，而张发奎已抵粤边，李宗仁回桂，粤军迫而后退，二军会合进攻，广东形势危急，中央再调大军自海道往援，激战于花县，败之，始乃转危为安。方张部之进攻粤边也，孙良诚等举兵，分道出发，阎锡山则守中立，政府调军入豫，两军主力激战于巩县、登封一带。冯军不能取胜，其出豫南、湖北者，亦无功绩，乃再西退，唐生智督军追击。

十一月，石友三于浦口作乱，回据蚌埠，常州兵变，上海驻兵受人煽惑，唐生智亦于郑州独立。于是人心惶惶，形势危急，幸而常沪变兵不久即平，西征军多未附和唐生智，阎冯又不之助，其亲信队伍不过两师。明年一月，阎至郑州，唐氏迫而下野，所部为中央军缴械，石友三自皖退豫，阎之出此，殆为扩张势力之计，固无拥护中央之决心，互相疑忌。招兵购械，不遗余力。二月，阎忽电蒋称以礼让为国，约其一同下野，由是双方电战，以三代表大会为中心。李宗仁等推阎为全国陆海空军总司令，冯玉祥、张学良副之，张氏主和，电劝息争，韩复榘初原通电反蒋，突与石友三倡言和平，阎言出国，时局仍在酝酿之中。三月冯忽回陕，阎部接收平津中央机关，双方备战。四月，阎冯就职，凡前中央执行委员不慊于蒋中正者，多与之合作。五月，战起，山东、河南、安徽均有战事，中央军设备较全，有大炮飞机轰击，以陇海路为中心，先取攻势，进据归德，冯调精锐联军赴援，战事之激烈，死伤之众多，过于北伐之役。蒋中正督战不退，两军相持，韩复榘为中央力守山东，后为晋军所逼，退出济南，豫南则两军相持。李宗仁等又自广西入湘，进陷长沙，直抵岳州，忽以战略关系，将其放弃。党务则汪兆铭北至北平，成立扩大会议，及晋军于山东战败，为便利号召之计，九月，组织国民政府，设立约法起草会，草拟约法。双方迭为攻守，死伤重多，造成相持之局。十八日，张学良通电主和，派兵入关，张氏拥有大军，举足轻重，双方遣使各欲得之为援，至是，表示拥护中央，石友三等应之。晋军迫而让防，扩大会议移至太原，乃予冯军重大打击，中央军攻下兰封，沿陇海路前进，平汉路亦有进展。联军退至河北，无能为力，阎冯通电下野，汪氏于约法成后离晋，善后问题亟待办理。

方联军之败退也，蒋中正深受刺激，先未商于南京长官，通电请于明年一月一日，大赦政治犯，召集国民会议。其时行政院长谭延闿病死，谭为忠厚长者，超然于党争之外，蒋氏为国府主席，掌握实权，与宋子文合作。胡汉民为立法院长，倔彊自信，为主持党统最坚之人物，在党有悠久之历史，时传其谋为行政院长，未能成功，意见渐深，而国内之问题益多。张学良入关，接收河北、察哈尔等地政权，而山西败兵供养困难，裁兵善后，无从着手。共产党于豫战之际，利用防兵空虚之机会，宣传主义，发动农工，分配田地，改革婚姻制度，其领袖多为知识界人，富有组织能力，至是，蒋赴上流调兵剿共。二十年（一九三一），公布危害民国紧急治罪法，与蒋通电相连，胡汉民公然反对约法，益立于对敌之地位，二月迫而辞职，送往汤山，其经过言者不一，固久暗斗之结果也，乃予反对者之口实，酝酿事变矣。国府公布国民会议组织法，各省奉命选举，其原则所谓职业选举也，而国内户口未有确实调查，农民不知选举日期，乡间亦未举办，各省类多指定代表，不过善其名为选举耳。五月，国民会议开会，其重要议决案，首为通过国府提交之训政时期约法，约法八十九条，凡于人民权利义务莫不应有尽有，国民生计教育尚有规定。顾其范围太广，国民贫苦，决非一时所能实现，况政治尚未入于常轨耶？关于中央制度，国民政府总揽治权，主席对外代表政府，其职权视组织法之规定为高。地方制度仍分省县两级，县依建国大纲筹办自治，余未实行，殆无说明之必要。

方筹开国民会议也，监察委员古应芬等忽而弹劾蒋中正，孙科等去京，陈济棠接收广东政权。另设政府，改组派亦与之合作，双方发电诋毁。石友三首先于河北省举兵，不久败溃，晋军虽未之助，而阎锡山忽自大连潜归。中央军剿共已久，迄未将其肃清，长江大水，江淮一带田多成为泽国，农民流离失所者五千万人以上。而广东政府仍主用兵，遣陈友仁渡日，谋与日本妥协，其具体办法，言者不同，现尚无从证实，其时中日满洲问题次第发生，大小悬案积至三百，万宝山水田争执，日军官失踪，均其案之大者，日本军人方谋造成强有力之舆论，而以武力解决，无怪时人怀疑陈氏之东渡也。九月，广东出兵北伐，取道入湘，中央出兵赴援，衡州战事将起，而十八日，日军占领沈阳之报已至，战事始乃停顿。中央政府无法应付，遣派大员赴粤协商，一致对外，粤方请蒋下野，京方则主中枢不更，会东北失地益广，天津有便衣队为乱。双方让步，各派代表于上海会议，十一月开会，议决南京、广州各开第四次全国代表大会，选举中央执监委员，而以一、二、三届中委为当然委员。京方大会如期召集，而粤方大会忽将沪会议决案推翻，且演武剧，大为时人诟病。学生罢课，入京请愿，交通为之阻碍。十二月，蒋中正辞职。蔡元培等被殴，政府始采坚决维持治安之政策，强遣学生回归。外交为人利用，徒供内争，应付益为困难，政府召集第四届中央执行委员会，改组国府。蒋氏去宁，宋子文等亦辞职去，二十一年（一九三二）一月一日，孙科任行政院长。院长改对中执会所产生之政治会议负责，其常委为蒋中正、汪兆铭、胡汉民，三人均不在京，孙亦一筹莫展，自请辞职。会蒋汪相见于杭州，一同入京，否决对日绝交之请，孙氏出京，乃由汪任行政院长，而上海闸北之事变突起，日舰炮击南京，国府迁至洛阳，召集中央执行委员会国难会议。满洲国反由日人包办成立，进攻黑龙江军队，上海战亦不胜，签定协定。国人仍不觉悟。广东自起内战，汪兆铭、张学良发生争论，山东、四川、贵州皆有军事行动。十一月国府各部迁回南京，对日交涉依赖国联。二十二年（一九三三）春，日军借端攻取榆关，国联调停失败，日本退出，其军阀声明攻取热河，不足十日，而竟据之。两军激战于长城一带，要口后亦失守，日军进逼平津，政府逼而签定塘沽协定。中日战斗力相较，中国实难战胜，此非一朝一夕所能成功，决非一人一事之咎，所可惜者，当局明知力不足以收复失地，迟延推诿，坐失早日解决之时机，满洲国成后，事倍困难矣。知识界人实有当之责任，于此非常期内，国税锐减，政府维持公债煞费苦心，核减军政各费，未募公债，尚能出入相抵。最近军费浩繁，财政唯视发行公债弥补不足，实一严重问题。

内政以受战争、天灾之影响，未有建设，人民之痛苦，毫未减少，外交则以环境转移，人民觉悟，初则颇有进步。国民党自改组以来，迭次宣告废除不平等条约，口号标语常有打倒帝国主义之句，北京政府亦向使团申请改约，列强渐知民气之激昂，不平等条约终将废除。外人至中国者，以商人为重要，公使领事之设立，多为保护其利益，促进友好商业之机会。中国兵力虽不之敌，而人口众多，工业尚未发达，为外货贩卖之良好市场，将来且有极大发展之希望，我国抵抗之利器，则工人罢工，商人抵货，国人拒用外货也。沙基惨案之后，罢工抵货竟予香港商业上重大之损失，粤海关征收二．五附税，北京政府仿行而将留难之总税司免职，依然征收，对外根本改变矣。方革命军之北伐也，政治部宣传人员受俄影响，反对教会，兵士曾或不能辨别帝国主义与个人之分别，又以设备不全，暂住于教堂学校，外人视为仇外之证，实则民房亦有为兵暂住者，固不尽然。十六年一月，汉口、九江租界，形势险恶，当局不能维持治安，中国兵警代为管理。其时英已改变对华政策，外相曾有宣言，至是，送备忘录于南北政府，列有七条，称英承认中国之自主权，准备交涉，英使蓝溥生（Lampson）遣员南下，议商协定，中国收回二地租界统治权。上海租界驻有重兵防守，三月，革命军进至东南，镇江租界交归华官维持治安。南京则有少数兵士抢劫外人，领事馆亦不能免，外人有死伤者。美英兵舰开炮轰城，幸城北荒凉，未成大祸，外人送上兵舰，载往上海，其影响之所及，长江一带，外人均奉命避居于上海，英、美、日、法、意提出抗议，双方辩论，一时未能解决。日本更以护侨为名，两次出兵山东，后竟造成济案。政府乃于平津一带，主张慎重，外人无所借口，亦无损失，此固计之得也，盖徒逞于一时意气，煽成事变，百姓散去，政府终须负责，赔偿相当损失，表现政治上之弱点，且为国际间易起误会之事件。宁案、济案之解决，中国固多损失，延宕不决，而损失尤多也。

国民政府自成立以来，力谋废除不平等条约，十七年（一九二八），中国统一，进行益力，兹分言之于下：（一）关税自主。关税自主，为一国统治权之表现，关税会议承认中国自主，战事期内，需款孔亟，二．五附税，南北先后实行。十六年，南京国民政府拟欲加税自主，不得，明年，北伐完成，宋子文奉命与美使马克谟（MacMurray）议订关税协定，中国于明年海关自主，美商纳税不得多于他国商人，德、比、英、法诸国次第承认中国海关自主。日本独持异议，列强享有最惠国之待遇，加税不能实现，十八年（一九二九）初，中国让步，日本始肯承认中国加税，其内容迄未公布，斯年中国海关加税。明年五月，中日另订协定，二国互惠，规定若干货物于一、二、三年内不得加税，废去陆路减税之例；并提关税五百万元偿还担保不足之赔款，顾未实行。二十二年（一九三三）协约失效，中国自由公布税则，海关直隶于财政部，外人之权削减，不过行政系统，常受内乱之影响而破坏耳。其当附言于此者，盐务稽核及邮政客卿均处于行政官之地位，非若向者之大权独揽，发号施令矣。（二）领事裁判权。其损害一国之主权，前已说明。自欧战而后，暹罗、土耳其均已将其取消，独中国尚存，法权调查会则以中国司法尚待改良，主张逐渐取消，上海公共租界会审公廨于十六年（一九二七）收回，三年后改组，收回主权，外交部迭与外使磋商，废除领事裁判权，而日、英、美、法迄不愿放弃。国府下令自十九年（一九三〇）起，侨民遵守中国法律，明年，公布管理外人实施条例十二条，自二十一年（一九三二）起始行，会九一八变起，不果施行。其已放弃领事裁判权者，有德、奥、俄、墨西哥诸国，新缔约国如捷克、波斯等国亦将其取消。就实际状况而言，凡前国人与缔约国人争执，居于被告地位者，原告报告领事，由其向交涉员交涉，行政官申理，即得解决。交涉署于十九年（一九三〇）裁撤，领事函请行政官受理华洋争执者，官则婉称可于法院控告，于是居于原告之外人，不得不于法院起诉矣。（三）收回租界军港。德奥租界于战时收回，俄亦放弃租界，英国归还汉口、九江、镇江租界，已言于前，十九年（一九三〇），交还厦门租界及威海卫军港。期内中国亦收回天津比租界，日法则无交还之意，英于九龙、上海亦然，盖非旦夕所能成功也。（四）退还庚款。庚款额数远超过于各国损失及军费等，美国首先退还一部分作为教育经费，及庚款延期付偿，又将余款退还，德俄则受战事或革命影响，放弃赔款，日、英、法等亦以赔款作为文化或其他事业之经费。

上就成功而言，最大之失败，无过于满洲交涉。东北为中国富源之一，地广人稀，日俄经营各有条约上之根据。中东铁路久为中俄争执之焦点，苏俄承认其为商业企图，二国共同经营，乃自郭松龄倒戈而后，奉张对于苏俄态度剧变，争执时起。易帜而后，东北问题仍由地方长官自行解决，十八年（一九二九）夏，兵警奉命检查哈尔滨等地俄领事馆，拘捕俄人，兼及官员，其理由则宣传共产，隐谋革命也。苏俄严重抗议，未有满意之解决，进而断绝邦交。俄称中国雇用白俄扰边，中国则称红军犯境，真相究不易知，各不让步解决。十月，俄军三千由加伦统率作战，战败守兵，进据要城，直至海拉尔，张学良屈服议和。方事变之起也，列强多同情于苏俄，战后美法诸国以非战公约之故，出而调停，为俄所拒，日本则守中立。守兵既败，中央未有军队往援，张学良派员赴俄乞和，其主要条件，一则恢复铁路原状，一则涉及其他问题，议定明年一月会议，延期者再，一无所成，二十一年（一九三二），始以中日问题，恢复邦交。日本国小人稠，需要原料，其野心政治家视南满为其生命线焉，干涉东北长官易帜、中国统一，其理由则为不欲国民党于东北宣传爱国资料，引起人民热烈之情绪，反对日人也。夫地为吾地，人为我人，何竟干涉内政？奈一强一弱无可奈何！悬案积多，疑忌日甚，日本武人终乃不顾一切，占据四省，成立所谓满洲国。若何收复失地？实一困难问题。关外三千万人，将久置之不问乎！

综观民国二十余年以来之政治史，吾人莫不深为失望，内政则天灾人祸，纷至沓来，人民于压迫之下，日度马牛生活，外交则得不偿失，中国已至最严重时期。其造成之原因，至为复杂，下篇将详论之。著者曾读梁济遗书，深有所感，其言当为原因之一，兹录一节，以作此篇结束。其言曰：

> 诸君试思今日世局因何故而败坏至于此极？正由朝三暮四，反复无常，既卖旧君，复卖良友，又卖主帅，背弃平时之要约，假托爱国之美名，受金钱买收，受私人嗾使，买刺客以坏长城，因个人而破大局，转移无定，面目覥然，由此推行，势将全国人不知信义为何物，无一毫拥护公理之心，则人既不成为人，国焉能成为国？

梁济忠于清室，悲世疾俗，自投水死，书乃其子梁漱溟等所辑影印者也。吾人对于其言，固不可狭义解释也。

第十八篇

结论（国内问题之分析及建设之途径）

政治情状——中央财政状况——各省税收——军队——乡村匪患——国际贸易——列强投资——人口问题——节制生育——农工商业——交通——教育——公共卫生——结论

综观近百年来之史迹，中国之贫弱，人民之痛苦，为近代先进国所无之现象。夫以文化悠久之国，领土广大，人口众多，当为世界强国之一，乃竟无不失败，屈辱过于小国。今立国于大地者，强国不过六七，而数十独立小国，内政外交均能自主，人民并得安居乐业。论者虽曰列强各欲维持势力之平衡，国际主义久为识者所提倡，公断条约又能维持国际间之和平，而小国政治入于轨道，内则维持境内之治安，外则遵守国际间之条约，实一主因也。中国对外，本于固有之思想，应付新环境之问题，徒供外人侵略之口实，造成现时国际间之局势；内则政治上积弊深痼，改革多为名词形式之更改，政府反为虐民榨取之机关。民间生产事业向不发达，人民多度马牛生活，而士大夫往往利用其弱点，瘠人以自奉。要而言之，国内问题，一由于生产事业之不发达，人浮于事，钻营奔走，无所不用其极。一则知识浅陋，无由认识新时代之问题，而有彻底之改革。吾人非知困难之症结，将无改革之途径，虽曰事有政治人员主持，而吾人固不可不知国内之实状。兹略言之于下：

清代冗官太多，官署组织不密，官官监视，而少治事之员，其思想盖本于无为而治，不扰人民也。今受外国影响，政府除维持境内治安、防御外寇而外，尚有发展生产事业，力谋人民幸福，不幸事实竟与理论相反。

其原因则处于领袖地位之士大夫，初囿于思想环境，不知列国之政治，借镜比较，后则盲然尊主外国，而于列强之政教民情多不知悉，以为改易名词，创办新政即可富国强兵。天下固无若是之易事。其人原不明了积弊之所在，不过视势所趋，时人之好尚，环境之转移，人事之变迁，发为议论，并无实质之主张，一定之政见，且居于养尊处优之地位，不识民众之疾苦，社会上之需要。主张共和者，忽而赞成帝制，忽而拥护军阀，面目改易，有如伶人登场，奔赴居官之后，各谋巩固其地位，引用亲故，自成一系。士大夫多无职业，争欲攀龙附凤，及无位置安插，裁汰旧员，作为调济；达官要人更荐引其亲友。于是官为人设，用非其人，政治人员多无所事。其经费则出自困苦流离之贫民，夫于贫民之身，榨取血汗所得之资财，养此大批冗官，既为不平之事理，又为政治上之罪恶。其人并不知耻，虽曰职业困难，而政治人员待遇之优，亦其原因也。多数人民于现状之下，一年一家所得之酬报，不出百数十元，教员除大学教授外，月薪多在百元之下，即就教授而论，亦多不及政治人员。奢侈生活之欲望，强于其他观念，经济势力，固能支配人生。做官除正俸外，尚有办公费等，卑劣者且受贿赂馈遗，营私舞弊。其人多无一技之长，将随政治势力转移为进退，存有五日京兆之心，得意之时，则欲多得金钱，为其退居安乐及妻妾子女奉养之费。先进国家多办一事，人民多出一钱，乃于我国事未兴办，利弊尚不可知，而人民业已增加负担。其原因则先立官署，委派官员，事务之繁简，则所不计。谚曰：“先有官署，后找事做”，颇恰合于事实。镇江筹办自治，分若干区，初名行政局，一无所事，以旧自治捐为经费，不敷之款尚巨，听局长自筹，则其明例。后改局为区公所，月领二百余元，清闲一如昔日，而款出自贫苦无告之农民，不能谋其利益，反而剥削贫民。又如南京筹办自治，市政府分区设官，月给津贴，官实无事可办，调查户口则转抄之于公安局，投票选举则亦有名无实。市政府后以经费困难，停止津贴，工作人员以为自行筹款，将起市民之反感，仍请津贴，靡款已巨，而自治迄未办成。此固不限于一乡一市。又如各县建设局经费，几全用于俸给办公费，而建设事业，反无款项，宁非怪事！

政治上之积弊，尽人所知，而竟一无改革，主要原因，则无主持之领袖也。领袖出身行伍，姑置不论。其受高等教育者，亦多不明国内实状，缺乏改革之诚意，指挥之才能，而徒粉饰，博猎虚名，拟定之章程计划，大而无当。其人盖无政治天才与经验，而所受之教育，在外之见闻，迥异于国内环境，希望太奢，终无所成。青年深受刺激，痛恶顽固落伍之思想，往往不辨轻重，不问得失，凡所谓新思想、新主义、新计划者，类受欢迎，乃于不知不觉之中，存有成见，而更增加政治上之困难。其尤难于解决者，当为武人专政。清代重文轻武，成为风尚，民国以来，境况全非，其领袖多卒业于天津武备学堂，袁世凯于直隶练兵，用为将士。袁恃其力，并以阴谋得为总统，及帝制失败而死，北洋军阀失其统驭指挥之领袖，据地称雄，互相勾结，朋党相争，内战频起，以致中央命令不出都门。其人类多幼稚，徒以兵力，榨取民财，供其个人党羽之奢侈生活费用，法律禁令仅为小民而设，又不善驭部下，维持治安，故终次第失败，盖其受命于人，尚能奉行，处于领袖地位，则处置乖谬也。失败要非民众之力，代而起者仍为武人，辗转循环，而民苦矣。时至今日，政治问题不解决于政治会议、社会舆论、民众要求，而解决于兵力。政治未上轨道，地方武人干涉民政。所有计划，直为空谈。

于此现状之下，吾人所当注意者二：（一）中央之无权。中国自秦以来，名为中央集权，而领土广大，交通不便，地方长官常握大权。清季女主听政，疆吏平定内乱，位尊望重，于其管辖境内，大事例虽奏报朝廷，实际上多能自主，其后交通较便，改革未著成效，而清已亡。革命期内，举兵领袖跃为长官，袁世凯统一政权，为时甚短，此后中央权力，迄未达于各省。北伐成功，而割据形势如故，中央迭次讨伐，尚未统一政权，外患更增加其困难。就中央组织而言，机关太多，牵制太甚，遇有非常事变，发言者多，负责者少，甚至无人肯负责任。政府拟定计划，仿自外国制度，不合国情，实行困难。论者谓操切偏重不良之计划，不能执行，反便于民。吾人固望政府慎重考虑，详加审察，尤不愿其无力执行。地方政府组织亦极复杂，省无论矣；县亦添设官署冗员，上有党部，下有绅士，多所顾忌，任期无定，望其有为，殆不可能。（二）政府与民众无关。专制独裁政府之下，人民除纳税及遵守法律而外，别无参政之机会。中国民众未有政治组织，参加政治运动，宗法虽能协助政府维持治安，固异于自治团体。民主政治行于外国，有悠久之历史，中国先无基础，又无准备，一旦贸然采行，徒供政客操纵，劣绅把持，而良民未受教育，不知环境之变迁，行使参政之权利，专制变为共和，乃为名词之改易，人物之推移，实质上并无改变。民国而民无权，共和徒供贿选。论者不知困难之症结，而唯诋毁共和不适宜于中国。国民党效仿苏俄制度，亦未成功，党内纠纷时起，问题解决非本于协妥精神、公开会议之表决，而多定于武力。形式上虽似少数人之独裁专制，而实际上应付各方，敷衍各派，多所顾忌，去独裁犹远。

今日政治上之急务，首在中央权力达于各省，统一方法无论武力统一，或独裁专制，苟势力达于各省，任何代价之下，固远胜于武人割据，互相猜忌，拥兵自固，榨取于民也。次则开放政权，许民参政，盖民众与政治无关，虽由于历史上之遗传，而武人政客劣绅假造民意，阻挠民治之发展，政府且无善意扶持拥护之决心，实其失败之最大原因。吾人希望倾向于逐渐改革，凡有选举权者，皆善使用，不为他人利用，庶使民众知其与政治关系，而政府力量，即为民众力量。此固不易一旦实现。民间急切需要，无过于维持治安，减轻负担。维持治安本为政府存在之根本理由，减轻负担，则收入减少，政府现方患穷，何能实现？实则官吏俸给，军队饷糈，为政府最大之支出。军饷姑置不论，政费之可减省者尚多。政府庞大组织，人员不惟无事可办，而且多所牵制掣肘，中国已至民穷财尽之时，决不能养冗官，与其一路哭，何如一家哭耶？用人当如商人营业，非事业发达，入不敷用，决不可添置一员。忆读美国史，荒地许民耕种，凡上申请书于总统得其签字，即为私产。一八一六年，总统梅迪生（Madison）公务繁冗，领地书积至二千，咨请国会添一书记，议员尚有论其不可者。美国政治较之他国，浪费已多，此虽偶尔之事，固可见其因事用人，决不因人设官，虚縻公款也。中美财力不能相比，靡费公款反多于美。夫于穷苦之民榨取，供养冗员，受之者视为职业，恬不知耻，彼援引党援者，非罪恶耶？

政府节省，非为财政着想，乃政治家对于国民应办之事，财政困难更可促其早日实行。中央收入较之清季增达数倍，省政府税收犹不与焉。清代地方官俸给，兵勇饷糈，均由解部之款扣下。厘金虽作地方经费，亦须报部，用途或按成案办理，或候旨核准。今则中央地方收入划然为二，不可谓非进步，省如广东一年收入一万万元，超过光绪中叶全国税收矣。清以关税、田赋、厘金、盐课为大宗，今则关税、盐课益处于重要地位。关税自主以来，税率提高，二十年收入最旺，增至二万四千万两，合三万七千万元，视光绪季年增达将近十倍。盐课自抵押外债，雇用外人，稽核严密，岁收大旺，政府近更加税，二十年增达一万七千六百万元。夫盐为人生必需食品，无论贫富，纳税相同，富人于通商口岸，尚可购食精盐，贫民则出重大代价，购食中杂泥灰之污盐。公平税则当视纳税人之经济能力定其高下，今于穷民征收重税，固天下不平之事理。厘金种类有落地税、统税、附加税等名目，外人运入洋货，或贩运土货出口，反得免厘，而厘卡之多，税率之重，稽查之骚扰，途中之稽延，莫不病商害民，乃竟细大不捐，兼及邮包，国货价值因之提高，所谓自杀政策也。二十年一月政府实行裁厘，交通便利之省奉命办理，而边省或财政困难之半独立区，仍有征收者。政府更举办统税，国税因而增加。田赋原为历代主要收入，民国成立作为地方经费。中央除上税收而外，尚有印花烟酒等税，国税近以内乱外患之影响，收入减少，财政困难，乃以发行公债为一时救急之方法，债额增加，困难益甚，固非办法。

支出据二十年度预算，共八万六千八百万元。预算之在我国，近于估计，尚有临时增加经费，如政治会议指令财政部拨出之款，亦有以收入奇减而节省者。其重要则在略见各机关之要求，及分配之情状。预算所列各机关经费如下。

科　目	经　常　费（元）	临　时　费（元）
党　务	6240000	
国　务	10830972	1404090
军　务	279947666	16321773
内　务	6978296	68981
外　交	9634730	428220
财　务	77422432	1323191
教育文化	16794279	1864257
司法行政	1316158	194972
实　业	5336380	2097982
交　通	3991211	7032

（续表）

科　目	经　常　费（元）	临　时　费（元）
建　设	1792531	405083
债　务	343404644	
补助费	78875615	
总预备费	26354578	
合　计	868919492	24415581
总　计		893335073

据上预算总表，支出以债务为最多，中分外债、内债及条约上之赔款。赔款以拳乱为最巨，时期又长，近受欧战之影响及国际形势之改变，列强或放弃要求，或作为教育文化之用，或移作建设经费，其作赔款交付者，无足轻重。雷莫（Remer）于其所著之《外人在华投资论》（Foreign Investments in China）不作赔款计算，预算则以债务视之，用途固与债异。外债成立颇早，多因军费或赔款无出，出重利息，并有确实担保，方始借得，用于生产事业者，仅拳乱后之铁路借款。民国成立，借款多作政费、军费，外国亦有利用政治借款，扩展其势力，无庸担保品者。外债遂有担保品及无担保品之别，据雷莫调查，二十年（一九三一），中国所欠外债，共四万二千七百七十万美金，占外人在华投资总额百分之十三点二，无担保品之外债本利久未归还，额数将益增加，尤以日本为多。铁路借外款建筑，或外国投资筑路者，尚未计入，雷莫谓迄二十年，共美金八万四千六百三十万元，占总额百分之二六·一。内债初以国内从未举行，人民不甚信任官吏，且无购买能力，发行无多，销路困难。自革命军北伐以来，恃发行公债为维持现状及军费之策略，额数增加，约达十万万元，初由官署向民劝募，后由银行承销。忆十六年，吾乡劝募库券，县政府饬乡董向绅富劝募，乡间本无绅富，乡董以恫吓之辞，向有产业者摊派，违者拘捕送县，乡人不敢诘问，迫而商请减少，或承认少数款项，不敢索取收条。及库券发出，乡人一无所得。及冬，政府续发库券，由行政局劝募，仍用旧法，有田十亩者亦被指为富户，局长上承县长令催，下有委员坐索知其虐民为害，迭次请求减少，而不可得，势无可如何也。纷扰数月，行政局变为筹款机关，其困难则镇江列为大城，繁华发达之区，原在城市，

而县长见好于潜有势力之绅商，乃向四乡摊派，农民贫苦无援，行政局为下级官署，唯有服从而已。嗣后公债改由银行承销，实一重大改革。额数有增无已，还债竟达三万四千万元，占总额百分之三八·四。政府发行巨额之公债，超过普通人民之购买力，银行用为准备金，乃与政府处于关系密切利害共同之地位，遇有非常事变，将即影响全国经济，九一八事变税收锐减，上海闸北事变影响全国金融，政府无法支付到期公债之本息，最后改为减息延期还本，始得免除人民之恐慌，经济组织之崩溃，瞻望前途，仍难逆料。

军费次于债务，占百分之三三·二，事实上公债以减息延期之故，支付款已减少，军费跃占第一。一年军费究有若干，无人知之，其困难则半独立之省，军费由省库支出，军队无饷者，且于所据之城邑摊派勒索，内战一起，则拉夫派粮，征用牛马车辆，事起仓猝，更无从估计。直属中央队伍，人数若干，亦不可知。据吾人所闻，兵士仅能领得伙食费，购买军火约占预算若干，亦非吾人所知，鸦片开放之省区，特税为军饷收入之一，其数亦未计入。故今全国军费占据第一位置，毫无可疑，其数盖逾收入二分之一。预算中所列其他名目，除教育文化一项而外，全为行政费用，表中所称之实业建设等名目，亦多属于主持其事官署之行政费，而教育文化事业合经常临时费计算，共一千八百六十五万余元，不足总计百分之三。此指中央而言，地方教育文化经费，数亦无几。中国迄今政治未入常轨，地方未脱军政时代，建设事业更无经费筹办。所可异者，军费若此之巨，兵士犹不得饷，外不足以御侮，内不足以平乱，盗贼遍地，乡村无可安居。国内急务无过于维持治安，非全国政权统一，将无裁兵之望。综合政费计算，约占百分之二五，超出二万万元，设立庞大机关，豢养冗员，于民究有何项直接利益，实一重大问题也。

中央患穷，各省财政亦多处于绝境，论者谓由于裁厘加税。厘金原为地方收入，裁后举办营业税，工商业发达之省，补足厘金原应有余，无奈创办之始，规模不备，稽查不易，事无成例可援，负责者又无经验与办法，抵补款项乃感不足。实则此非主要原因，裁厘之先，各省业已闹穷，此不过增加其困难耳。半独立之省，税收大部分养兵，收入增加，则兵益多，绝无财政宽裕之时；直隶中央诸省，除保安队而外，无须养兵，而经费耗于复杂之机关，无数之职员，经费多而人员亦多，财政自不免于困难，此症结之所在也。省库收入，以田赋为大宗，正税而外，附加税名目不胜枚举，正税一本旧例，大部分解至省库，附加税初指创办新事业之经费而言，有增无已，吾乡农民输纳附加税远超过于正税之上，二十一年之名目如下。

自治八厘	筑路五分	公安六分
普教八分	积谷一分	农业改良税二分
党部民众团体五分	教育四分三厘	抵补金一分
水利一分	保卫经费一角	

综计附加税共三钱四分一厘又银一角，其先一年政府着手整理田亩，每亩征收清丈费二角，合银元计算总共去一元无几。正税以田土肥瘠之不同，尚分等级，数在三四角下。吾乡多山，土壤硗薄，人民无所冀图，亦无改进计划，附加税犹少，其在他县有超出二元以上者。自治、积谷、农业改良、水利、筑路，犹日专谋农民利益，不得不筹款兴办。公安则公安局之在乡镇者，业已裁撤，农民竟为城市分担经济责任。教育亩捐共一钱二分三厘，学校多在城市，乡村仅有一二简陋不堪之小学，农民出重代价，反送子女于学塾读书，中级高级社会享受实利。党部民众团体活动于城市，而经费则由农民担负。保卫经费指教练军官为乡村保卫团之用，公安捐与之无关。抵补金则弥补费用之不足。凡此种种，多与农民无直接利益之关系，强取其血汗所得之金钱（指有土地农民而言），其人日度马牛生活，何忍强其担任重任也。就谋农民利益而言，自治捐输纳已久，而自治毫无成绩，所设官署，徒为鱼肉乡民之机关。筑路则吾乡数年尚未完成一路，田已筑成路基尚须纳税。征收水利捐多年，从未于吾乡开浚一河，兴筑一闸。尤可异者，天旱或水涝或虫害之年，田地或无收成，或收成减半，正税可得减成征收，而附加税则以用途指定，减成征收或全豁免，则别无经费，视为收入之机关，势将无法维持，乃多征收如故。总之，中国田税之重，世无其匹，而病害农民者，无过于附加税也。凡政府筹办一事，即新创一税，征收之正税，若非出自农民，或与之无关者然，岂农民占人民多数，行政人员之俸给办公费等，须其担负耶！夫办一事立一新税，含有商业性质，不幸税已缴纳，

而所办之事毫无成效，农夫亦无何如，税之征收，从未征求民意，不过决定于长官，农民唯当纳税而已，吁！可慨也夫！

鸦片公卖之省，尚有特税，农民种植者，每亩征税十数元，谓之罚款。近时种烟之区域广大，生产过剩，烟价大跌，农民所得不足纳税，改种嘉谷，官长称其懒惰，征收懒税，每亩亦十余元，农民尽其所有，力亦不能担负，唯有再种罂粟。安徽北部农夫曾奉命种烟，种子播后，烟苗已出，忽又奉命铲除，而种麦之期已过，田乃荒芜，政令不一，农民诚无死所。四川田赋一年征收四次，已达民国六十余年之税，亦骇人听闻之事实也。田税下首以营业税为多，据二十二年《申报年鉴》，七省有营业税收入报告，浙江凡六百九十万元，江苏未有只字，办理得宜，固巨额税收也，其他税收，尚有契税、牙税、屠宰税、杂税等名目。契税视田买卖多寡而定，江苏年逾一百万元，牙税由来已久，政府所得至微，而苛扰贫民之甚，过于厘金。吾乡买柴买鱼，柴夫渔人不得自主，须由行家作价代秤出售，每百取十。江苏最旺，年凡五十三万元，贫民所出，倍蓰于此。屠宰税亦为苛捐之一，广东收入年共二百万元，江苏五十万元。杂税种类繁多，名目不一，不愧苛捐恶税之名，无足深论。其在经常税外尚有房捐，江苏省政府举办，吾乡高资为乡镇之一，住民数百家，房屋多为祖传产业，犹不能免，交解之款一千余元，他可想见。

就上事实而言，政府患穷，而民已无担负直接税之能力，各省税收极苛扰琐屑之能事，吾人之希望，一为政权统一，领袖人物互相谅解，政治问题不以兵力为解决之途径，而能大事裁兵，减轻人民担负。一为政治采取商业之原理，裁去骈枝，汰减冗员，组织趋于简单，人员各有所事，政费大可减省。一为发展生产事业，以军政费之一部分，移作实业之建设经费，增加人民富力。以上希望，虽为含混之辞，实为国内急切之需要，能否进行，固不可知，即能实行亦未必一旦成功。于此过渡时期，吾人希望中央地方各有收入支出平衡之预算，财政部及财政厅不但为出纳之机关，且得斟酌需要，核减或商定各机关之经费，预算成立之后，决不轻加修改，或有额外支出也。盖各机关为其事业之发展，主持者或顾情面安插人员，多欲增加经费，其提出之要求，就整个政策或经费分配而言，不免偏重，主持财政者，必当根据财政状况，政府政策，视其需要之缓急，而能有所减少决定。

先进国之财政部，往往如此，英为明显之例，无待赘言，日本亦与之相类。否则财政部专筹经费，支付军政各费，而上级机关随时令其筹款拨款，终将无法应付。财政部当有核减经费之权，中央直属机关之收入，亦当解部。今司法院、交通部、铁道部各有收入，而多会计独立，闸北事变之后，行政人员减成发薪，而官署之有收入者，多未遵守，同一政府之下，待遇何能有异？不过证明财政之不统一，而制度亟应考虑改革者也。

征收税银，方法亦有改革之需要。进出口税由海关征收，通商口岸多设海关，裁厘之后，长江内之海关多已失其重要，不如酌配视情形，于长江口征税，而将其裁并也。盐税久当废去引地，就生产区征税一次，而许商人自由贩卖，盐法成立已久，引商为其利益之计，百方反对，竟未实行。吾人可断言者，政治入于常轨，政府顾及人民利益，终将实行。统税就产地征收，不若厘金之病害商人，而固近于裁厘前之落地税。吾人深望财政部辨别物品种类，民间需要，豁免麦粉火柴统税，对于卷烟等奢侈品税率尚可提高。印花税据二十年岁入预算，列为一千五百万元，而于内地则为扰民病民之恶税，前闻安徽太和县每隔二三十家即有代售印花处。代售者兼为稽查，恃之为生，印花一分售钱一千，后以县官干涉，减为五百。民间无论购买何物，有无发票，超出规定价值，概贴印花，买猪贴于猪身。乡民不知法禁，犯者备受稽查勒索，不遂其意，则称送官，乡民畏官如虎，唯有视力缴交罚款而已。此种暗无天日之事实，虽曰极端之例，而内地征税之黑暗，据吾人之见闻，类于此者，不知凡几。田税为地方大宗收入，而底账多在胥吏之手，久应整顿。吾乡农民已出丈量费，而整顿则为空言。胥吏未有薪金，舞弊之案时有所闻，钱粮久已开征，而通知单尚未送至乡村，甚者已至罚款之期，方始送下，吾乡曾有其事。罚款例为百分之二十，亦出于贫苦之农民，据《申报年鉴》，江苏一年凡十六万元。他如营业税等采用包税制，经手者视有利可图，方肯认担，商人所纳者多，政府收入者少，税收之不旺，则其明证。

政府税收一耗于兵费，一用于政费。政费之当节省，已如上言，而养兵之多，军饷之难，亦吾人所当知者也。国内军队确数，无人知之，数年前之估计，约二三百万。中央军设备较全，军官多受军事训练，兵数则不可知。半独立之省，长官多所疑忌，恃兵自固。其据一区者，就地筹饷，更广收新兵。四川一省，言者称有五十万人，其隐讳之原因，则裁兵久为国内需要，招兵违反民意，且就编制而言，军师各有定额，故不肯公然承认添兵。事实上一师有至数万人者，枪械不足，则二三人共用一枪，战斗力殊为薄弱，而武人拥兵自雄，竟不觉悟，祸国殃民而已。兵士多为市井之游民，衣食困难之苦力，入伍原为谋得衣食之计，乃自兵数增加以来，饷糈困难，每月所得，扣除伙食，不过数元，剪发洗澡尚需费用，决无分文养家。向时兵士尚得升为官长，今则机会甚少，故非无路可走者，决不入伍。军中纪律森严，逃者轻则重打，皮破血流，昏不省事而后已，重则枪毙。刘珍年曾于浙江掘窖，活埋逃兵，受此刑者惨呼不已，闻者心悸。盖兵于此待遇之下，存心欲逃，遇有时机，莫不争开小差，长官知其然也，严刑以警其余。招兵已成强弩之末，江浙除僻远穷瘠之地无应募者，商业较为发达之区，亦莫不然。官长乃有征兵之说，冯玉祥管理河南，各县摊派兵丁，县长更于各乡摊派，殷实之家迫而出款，招募他人充任，兼给以养家费。安徽亦曾有之，乡民苦矣。

国内养兵二三百万，专供内战之用，每一战起，就地拉夫，荷负军火，运送行李。夫役多为农民，吾乡曾有所谓招募夫役者，于田中捉去耕种之农民，家中无人养其父母妻子。城市拉夫，商民尚可罢市，表示抗议，非军事紧急之时，长官殆不肯为，亦有故拉衣服整齐之男子，出款给之，即可释放者。夫役多于乡村捉去，农民未有知识，亦无组织，有冤有苦无从诉告，唯有忍受听命于天。革命军北伐，夫役多由各城商会招募，幸其为时甚短，未成严重之问题。夫役外尚有车马骡等，征用后将无归还之期，军队驻扎之地，往往占居民屋，借用床铺零星用物，亦难归还原主，无饷则向民间征收面粮，无论贫富各有摊派，逐日送往，虽家人饥饿，亦须设法借贷，唯命是从也。战争开始之际，战区人民逃避一空，遗下财物，变为军士所有，此就人民受害而言，自军士方面而论，其情状亦甚悲惨，战场上同胞残杀，究为何事？战而胜利，徒供少数人之升官发财，死者家无信息，人生本有一死，原无足异，而老弱流离，固亦可悲。伤者幸而医治不死，身已残废，官长仁慈赏给数十元之恩饷，遣送回籍，已如父母之恩，嗣后生活更无人念及。战败之军队，死者固无论矣，伤者亦无人过问。江浙之战，卢永祥败逃，俄而奉命入苏宣抚，统率旧部进据南京，部兵纵火焚烧前督齐燮元伤兵医院，以泄愤。兵士奉命作战，不能自主，何竟相残至此？其未伤死者，缴械收为俘虏，俘虏先受兵士之检查，衣服财物均不能有，忆孙传芳于浙举兵，长驱入苏，奉军未及退出南京者，为苏军缴械，兵士袜中藏有一元，亦被搜去。不愿入伍者，身无路费，变为流离失所之人，与乞丐为伍。败兵溃散沿途抢劫，分散后，捕获讯明者，即处死刑。其在北方乡村有枪自卫者，遇有少数败兵，则强其缴械，待遇亦同于俘虏。故自兵士个人而言，吾人殊怜其境遇之苦，罪恶乃造成于好兵之军阀也。

养兵为供内战之用，战争起后，一部分枪械流于民间，兵士久在行伍，回归不愿再为苦力，亦无其他职业，迫于衣食，沦而为匪。江苏南部原无匪患，自齐卢战后，零星土匪开始出没于近山之乡村，初则掳人勒赎，继则向各村摊款，名曰送条子，嘱令限期出款，派人接洽，过期来杀，鸡犬不留。乡村先无自卫组织，报告至官，手续困难，出兵稽延，幸而派兵驻防，而匪已得报告，知其力弱，潜逃无踪。兵去则匪又来，采用方法，视前严厉，于是乡民不敢报官，而匪势成矣。其领袖或为秘密会党之头目，或为鱼肉乡里之恶棍，或为移居之客民，或为乡董之姻亲，今日绑去一人，明日又至一村，或索三千元，或得五百元，日有进款，而加入者益多，塾师且自为之。乡村殷实之户不敢回归，其无力出村者加入其党，或拜头目为师，乡村变为匪窟，旅客不敢往返，误入境内者，将有杀身之祸。匪众所绑架之人，初为殷实之家，后则住于草棚者亦不能免，佃户耕种山地不足十亩，家有耕牛一头，子亦为匪架去。筹款数十元始得赎出。余居乡镇，常闻人言，匪视儿童如猪，猪尚值钱十元，架一儿童至少可得十数元，此其所以细大不捐也。户口较多之村，创办保卫团以自卫，团丁多非本村农人，临时招募，雇用退伍下级军官一人，名曰排长，并出款购买枪械，款按田亩摊派，经常费每亩常为一元，少者将及数角，倘或延期，排长率领团丁至家，携带枪械，其势汹汹，非即付给不可。排长更为增加收入之计，扩张势力范围，保护他村，倘或拒绝，即有匪患；事实上排长兼为匪首，或与小股土匪勾结，出入均有卫兵携带匣子炮，声威赫然，无敢仰视之者。土匪架去之成年男女，或藏于庙中，或住于草棚，或缚之于床后，而眼以布蔽之，耳以棉花塞之，其于夜中逃出者，亦不敢言，乃成纷扰不安之社会。

此种现状之造成，一由于人民恐惧之心太甚，组织能力薄弱，地方劣绅无赖且与土匪勾结也。一则官吏重视法定手续，犯罪证据，民间疾苦无由上达，知之故作痴聋，及民不堪命，派兵往剿，而匪已逃，兵去则匪再来，兵无侦探，官不奖民告密，匪首家居，固无异于常人，乃不能损其毫末。土匪势成，地方团练或相似组织，力不能抗，反而供给其枪械子弹。北方民气较强，组织大刀会等，及其势成，聚众抗粮，为害近于土匪。南北几无安乐之土。近数年来，江浙成立省公安大队，官长偏重予密访捕拿，凡与土匪接洽送款之乡绅，犯有重大嫌疑之排长，众人所指之会党头目，捕获讯明之后，即行枪毙，匪众始有所惧，且自领袖死后，组织动摇，其悔过者不敢再出。乡民渐能安居，故事成功之难易，全在人为。曾国藩于湘，严刑拷打土匪，死于杖下者，时有所闻，奏报朝廷，自谓不顾残酷之名，门生且有进言。受刑死者数不满百，而所至之地遂无匪祸，就其功效而言，实不可非。乱世用刑，盖非虚语。所当知者，曾氏成功在其访求民瘼，奸徒无赖之行动为其深知，且许人民告密，故能不动声色，将其逮捕，刑罚为除暴之具，用以警戒其余而已。其人中有迫于衣食铤而走险者，政府不于根本着想，社会无法救济，徒用严刑，固为悲惨史迹。彼赖于工作，视为有利可图之营业，破坏社会治安，杀人纵火，实为罪大恶极之凶徒，则死有余辜。政府当双方顾虑，救济刑罚兼用也。

乡村不得安居，由于兵匪之横行，而经济状况之恶劣，亦其根本原因之一也。一国财力之增加，视其生产事业之发达，一般人民收入，超过其费用，生活方有改进。换言之，生产事业之进步，过于人口之增加，人民生计宽裕，并有储蓄，财力始有增加也。中国自订约通商以来，国际贸易输入，往往超过输出，其偶尔出超之年，数亦无几。中日战后，入超增加益甚，欧战时稍有减少，战后则又激增。近数年来增加之额数，尤令人惊异。据海关报告，列表于下。输入输出，均以关平百万两为单位。

年	输入	输出	总数	入超
一八	1266	1015	2281	251
一九	1310	895	2205	415
二〇	1434	909	2343	525
二一	1049	493	1542	556

东北三省地旷人稀，自清季开放以来，山东、河北移居者日多，人口增达三千万，而土地之待开辟者犹多。农产品之输出大有增加，民国二十（一九三一）年，占出口数值百分之三五·四。明年，所谓满洲国成立，夺取海关，自六月以后，东北海关即无报告，而上半年之输出，占全国总数百分之四二·六，表中所列数目，合东三省而言，将其除外，人超尤可惊骇，可于下表见之。

年	输入	输出	总数	入超
一八	1040	678	1727	353
一九	1106	606	1712	500
二〇	1285	578	1872	698
二一	978	365	1343	613

上表亦据海关报告，仍以关平百万两为单位。十九年后，入超之货价超过于输出之总值，二十一年竟达倍半有余，综合华侨汇款入国，外国借款及外人投资，出口货估价之低廉，及外人在华之费用等，均不足以维持平衡。据雷莫调查，一九〇二——一九一三（光绪二十八至民国二）年，华侨汇款平均年有一万五千万元，三至十九（一九一四——一九三〇）年，凡二万万元。其个别调查，十七年，华侨汇款二万五千六十万元，十八年，二万八千七十万元，十九年，三万一千六百三十万元，其根据则银行之汇兑等，洵属信而有征。外人投资共三十三万万美金，其中商业投资凡二十五万万美金。据雷莫报告，一九〇二一一九一三年，平均每年汇出之利息，共银一万四千八百五十万元，而收入年凡净得一万五千万美金。三至十九年，年凡汇出息银二万九百七十万元，而收入则美金二万万元。顾此仍为外人资产，一次汇入，将来年有本息汇出，性质迥异于华侨汇入之款，而难作为收入也。外人在华用费，雷莫别之为三：（一）列强海陆军用费，据其估计，十七年，共银一万三千九百七十万元，十八年，一万二千四百万元，十九年，一万万元。（二）传教慈善事业。十七年，凡银二千五百万元，十八年，三千万元，十九年，四千万元。（三）外人来华游历，十七年，

用银三千万元，十八年，三千二百万元，十九年，三千八百万元。出口货估价低于实价若干，无从知之。综计此类收入，不足抵补入超，投资利息，及驻外使馆留学生等之费用；而十九年前年有生银流入，其原因则妇女变卖首饰，黄金年有流出，而外商且有投资也。近者生银反有流出，盖其自然之结果。都市人民仍未觉悟，购用外国奢侈物品。且自土匪滋扰以来，稍有资财者，不敢居于乡村。其人多有田产，往往吸收乡村之现银，消耗于通商大邑，乡村之货币不敷流通，一元之得视如宏宝，困难之状不可言喻。此种现状决不易于维持，吾人苟分析输入物品之种类，将益感觉前途之危险。中国向称以农立国，而食料反从外国运入，额数之巨可于下表见之。

主要农产输入表（以百万石为单位）

年代	米	麦	面粉	糖	棉花	棉纱
元年	2.700		3.203	4.555	0.279	2.298
二年	5.414		2.597	7.112	0.135	2.685
三年	6.814		2.197	6.753	0.127	2.712
四年	8.476		0.158	5.191	0.358	2.686
五年	11.284		+0.233	5.451	0.408	2.439
六年	9.837		+0.679	6.382	0.300	2.035
七年	6.984		+0.004	8.817	0.190	1.115
八年	1.810		+0.271	5.523	0.239	1.385
九年	1.152		+0.511	4.280	0.678	1.301
一〇年	10.629	0.081	+0.753	8.086	1.683	1.250
一一年	19.156	0.873	+3.601	7.877	1.181	1.192
一二年	22.435	2.595	+5.734	6.267	1.606	0.752
一三年	13.198	5.145	+6.577	9.518	1.219	0.554
一四年	12.635	0.700	2.812	12.053	1.808	0.613
一五年	18.701	4.156	4.285	11.921	2.745	0.421
一六年	21.092	1.690	3.825	10.271	2.416	0.273

（续表）

年代	米	麦	面粉	糖	棉花	棉纱
一七年	12.656	0.903	5.985	14.082	1.916	0.255
一八年	10.823	5.664	11.935	14.356	2.514	0.207
一九年	19.891	2.762	5.188	12.156	3.457	0.147
二〇年	10.741	22.773	4.899	10.586	4.652	0.040
二一年	22.487	15.085	6.637	5.840	3.713	0.072

自民国元年以来，食料量数输入之巨，可胜浩叹，所谓以农立国者，农民耕种褊狭之地，日度马牛生活也。此非偶尔之事，亦非全由于天灾人祸，二十年内，固有暂时苟安之局，亦有无水旱大灾之年，而年年均有巨额之输入。近时世界农产过剩外货倾销，亦不足以解释。其最大或根本原因，则人口增加之速，远过于土地之开辟，农民工作虽极勤劳辛苦，而收入有限，所得之微不足以供一家生活费用，生产食料不足以供市场之需要，反而贩运于外，维持民食也。二十年洋米杂粮进口，共值关银一万八千九百万两，二十一年增至二万一千一百一十万两，占出口贸易总值百分之四三。表未列入货值者，以物价先后不同，涨落不一，不如量数之确实也。尤有进者，民国十年以前，米麦棉花虽有输入，亦有自中国运往外国者，如八年出口米凡一百二十二万石，九年减至三十万石，嗣后更大减少，至五六万石，无足轻重矣。小麦入口，海关于一九一一（宣统三）年，始有记载，最初十年，多则五万九千石，少则十余石，而出口者，民国九年有八百余万石，乃自十年以来，输入始大激增，出口锐减，十二年尚有六十万石，十五年则余四千石，而输入方面，二十年竟达二千二百余万石，二十一年一千五百万石，两年合计，共值关银一万三千九百万两，同时面粉亦有增加，表中列有符号“+”者，以海关初未辨别粉之种类，中有杂粮粉也。糖则广东原有出产，可供国内之需要，乃因厘金之摧残，制造法之无进步，不能与外货竞争，日就衰微。外糖之入口颇有增加，其自十八年后年有减少者，以关税自主，税率提高，销路减少也，如二十一年，政府更用新法征收糖税，税率益高，四月一日实行，期前糖人涌进，实行后九月内输入不过二百万石，盖今人民生活，视糖尚非必需食品，非不得已不必购买，一则糖税提高，而偷运增加也。棉花于民国九年前，入口量数从未超过四十万担，斯年激

增达六十七万担，嗣后更大增加，近数年来常在三四百万担之间。出口方面增减不一，十七年出口一百二十九万担，次年减至一百万担，又明年竟达三十七万担，后稍增加，十八年共一百四十余万担，运往之国，则为日本。棉纱自欧战后，入口年有减少，其原因则国人利用时机创办纱厂，外商亦于通商要埠设厂竞争，制造之纱锭增加，本国商人乃处于不利之地位，盖外商资本雄厚，技术经验管理均视华商为优也，遂为国内严重问题之一。

入口除食料或农产物外，种类尚多，棉货久占输入品第一，二十一年，为米所夺，尚有关平八千九百万两，其余货物亦均减少。其原因则农村经济破产，收获之五谷价既低廉，而又无法售出，民间无购买力也。煤油、柴油、滑物油共银七千五百万两，金属矿物六千万两，纸三千八百万两，化学品三千四百万两，机器三千万两，烟草二千八百万两，染料颜色二千五百万两，呢绒二千二百万两，木料二千万两。就上物品而言，油类、矿物、化学品、机械或木料为现时国内缺乏货物，或为日常用品，或为制造货物之工具，他如棉货、呢绒、染料颜色、烟草，多为奢侈物品，棉货已言于上，呢绒视前一年减少一千万两，染料颜色则少一千三百余万两，烟草则减二千六百九十万两。凡此都市奢侈品，漏卮尚在一万五千万两以上，政府亟宜辨别种类，课以重税，或奖励本国商人制造。根本方法，则人民应有爱国之心，非本国所无之物，不宜多用外货。所可怪者，今所谓受高等教育者，衣非洋服不足以眩众，食非至外人开设之食堂不甘，船非外船不乘，物非外货不买。此虽国民中极少分子，而媚外心理，亟应改正者也。出口货几尽农产物品，据海关近三年来报告，列表于下。

出口贸易，深受世界不景气之影响，大为减少，二十一年总值关平四万九千三百万两。据下表而言，豆占第一，二十年全国输出六千六百八十万担，东三省出口六千四百九十万担，占总数百分之九七，值关银二万余万两。二十一年夏，东北征税权丧失，海关后无报告，而上半年输出之豆，尚值关银八千万两，超出输出生丝价值两倍以上。生丝现占第二，近数年来，销路日滞，十九年出口尚值关平一万一千九百万两，二十年减至九千五百万两，二十一年竟达三千六百万两，日人现操世界生丝市场，吾人尚难与之竞争。蛋于一九〇二年（光绪二十八），值银一百四十万两，二十年后增至三千万两，民国十八年共值五千一百余万两，二十一年落至二千八百万两。茶则世界产量超过市场需要，竞争激烈，销路除俄而外，殆不易于发展。花生向以山东输出为多，近者东北种植，货品视山东为优，山东出口大受打击。棉花运往日本数已减少，棉纱则多运往印度、香港、关东州，日纱厂之出产品也。杂粮指荞麦、高梁、玉黍、小米而言。桐油原占重要地位，近者外国广收种子，从事于大规模之种植，政府更力予以保护，中国将来能否维持现时出口之地位？尚不可知。皮革矿砂等则未列入表中，幸其所值无多。总之，二十一年，出口货共值四万九千三百万两，视二十年减少百分之四六，除东三省外，减少百分之三六，斯年，世界各国出口贸易减少则为百分之二四·六，两数相较，何吾国减少之比例反甚于他国？近数年来，银价大跌，吾国仍用银币，自金银货币汇兑而言，外货输入价值昂贵，土货出口价大低落，原为奖进出口货增加之良好时机，事实竟与希望相反，无怪农民益为穷困也。

主要农产物输出表（以千石为单位）

种类	民国十九年（1930）	民国二十年（1931）	民国二十一年（1932）
豆类及其制品	53892	66838	30442
生丝及蚕茧品	231	227	124
蛋（以千个为单位）	616319	611326	355887
蛋制品	1150	995	895
茶	694	703	654
花生及其制品	4063	4955	3411
棉花	826	790	663
棉纱	330	614	347
杂粮	6050	6486	5025
桐油	1167	865	803

国际贸易不能维持平衡，农民久无购买力，而货币尚足以供都市流通者，外人投资借款殆其主要原因之一。外商投资，据雷莫调查，民国二十年，共美金三十二万四千二百万元。其数虽难认为尽确，而大数盖在三十万万

至三十五万万美金之间。英人于印度投资，总额不出四万万至六万万镑，外资之在日本，则为十二万七千五百万美金。吾国外资多于印度日本。欧战前外人投资于俄者，约美金三十八万万元，多于中国。英商投资于美国铁路者，约同于在华外资。比较四国外资数目，吾国为多为少，要视论者立场而异，吾人不必深论，所当明知者，印度为英属国，英人投资当作别论，其在他国投资则为商人之企业与借款，出于当事人之志愿，条件决与政治无关，而在我国外人利用领事裁判权之保护，及条约上之特殊权利，仅于通商口岸或政治势力区域投资。外资故未开发吾国富源，不过利用优厚之资本，机械之技能，工价低廉之女工童工，而摧残或阻挠我国工商业之发达，吸收我国之金钱，作其利息而已。此种现象，虽造成于已往外交之失策，而国内纷扰不已，亦其原因之一。时至今日，决不能安于现状，当有挽回或补救之计划也。为明了各国在华投资之额数，列表于下。

各国投资表

国别	光绪二十八年（1902）		民国三年（1914）		民国二十年（1931）	
	美金百万元为单位	百分比例	美金百万元为单位	百分比例	美金百万元为单位	百分比例
英	260.3	33	607.5	37.7	1189.2	36.7
日	1.0	0.1	219.6	13.6	1136.9	35.1
俄	146.5	31.3	269.3	16.7	273.2	8.4
美	19.7	2.5	49.3	3.1	196.8	6.1
法	91.1	11.6	171.4	10.7	192.4	5.9
德	164.3	20.9	263.6	16.4	87	2.7
比	4.4	0.6	22.9	1.4	89	2.7
荷					28.7	0.9
意					46.4	1.4
其他	0.6	0	6.7	0.4	2.9	0.1
总数	787.9	100	1610.3	100	3242.5	100

上表根据雷莫最近所著《外人在华投资论》（Foreign Investments i7z China）。雷莫得有学会、银行、学者、专家、官吏之赞助，历四

年始成，所得之数目必经详细审查，多属可信。拳乱赔款则以其用途改变，未曾列入表中。就投资而言，英国始终维持第一，中国所欠英债，约美金二万二千五百万元，英商直接商业（direct business）投资，凡九万六千三百万美金。日本位占第二，发展之速，远过于他国，三十年来，增加一千倍以上，九一八事变之后，投资于东北者益多。初日俄战争，日本得有南满铁路，政府视为资产，组织公司，招商合办，借债经营，公司兼办矿产及其他事业，势力大盛。民国二十年，日本直接商业投资共十七万四千八百万日元，百分之六十则在东北。中国所欠日债凡四万四千八百万日元，中有无担保品借款约二万万日金，所谓西原借款也。前财相井上准之助曾谓不如“掷入海中”，而日本政府竟对银行承认责任，中国于关税协约亦许整顿无担保品之外债，若何解决，尚不可知。此外，日商尚借款于公司，汉冶萍公司欠日款约四千万元，南浔路一千万元，合纱厂等欠款共七千七百万元。三项投资，共计二十二万七千三百余万日元，换作美金，雷莫作二一比例，共十一万三千六百余万元。俄国兴筑中东铁路，用费甚巨，商业则无重要发展。革命成功后，其政府否认铁路为投资，而亦不肯放弃所有权，故当作为外资，商业投资不足百分之五，他国款已增多，俄资比例因而减少。美商借款或承办之铁路较少，近于上海购得电力公司，美资比例始乃增加，其商业投资共一万五千五百万美金，中国欠债四千一百万美金，教会及慈善机关产业值四千三百万美金，共二万三千九百万美金。传教事业固无利息，生息资本则为一万九千六百万美金。法人未有新事业之创办，商业亦无重要进展，投资共九千五百万美金，教会生息之产业，亦并入计算；中国所欠法债凡九千七百万美金，共计一万九千二百余万元。德国初于山东经营，投资颇巨，欧战期内，丧失殆尽。战后，德商地位迥异于前，商业已有进步，二十年投资共七千五百万美金，中国欠款约一千二百万元，共美金八千七百万元。比国商业投资四千一百万美金，中国欠债四千八百万美金，共八千九百万元。荷意诸国比例较少，殆无说明之必要。总之，各国投资，除日本借款，公司而外，可别为二：一为政府借款，一为直接商业。借款用途毋足深论，日商借款华商，原为投资事业之一，他国商人竟不肯承借，故有直接商业投资之名。其分配情状，可于下表见之。

外资用途分配表

种类	民国三年（1914）		民国二十年（1931）	
	美金百万元为单位	百分比例	美金百万元为单位	百分比例
政府普通借款	330.3	20.5	427.7	13.2
运输	531.1	33	846.3	26.1
交通及公用事业	26.6	1.7	128.7	4
矿	59.1	3.7	128.9	4
工业	110.6	6.9	376.3	11.6
银行及财政	6.3	0.4	214.7	6.6
地产	105.5	6.5	339.2	10.5
进出口贸易	142.6	8.8	483.7	14.9
其他	298.2	18.5	297	9.1
总数	1610.3	100	3242.5	100

上表仍据雷莫调查，中缺一九〇二年估计者，材料不足也。外人投资经营之事业，以运输为最多，运输指铁路轮船而言。铁路建筑始于清季，现时国内之干路，多完成于民国三年，款项则多借自外国，或由外人承办。轮船则外商经营之公司基础巩固，于民国三年，竟占百分之三三。嗣后外人经营之其他事业，便较发达，资本增加，运输所占之比例因而降低。开矿以日人经营最为发达，投资亦其最多。其他事业除政治借款不计外，多在通商口岸，尤以上海为多。兹为明了主要投资国经营之事业，列表于下。

各国在华商业投资，共美金二十五万三千一百九十万元，而英、日、俄、美合计凡二十二万六千九十万元，约占百分之九十。运输事业，轮船以英为最发达，日本次之，近数年来，日商营业不振。铁路则俄投资最巨，日英次之，中国铁路长约一万里，外国承办者三千余里，投资三万九千二百八十万美金，中国自行建筑者，共欠外债二万四千八百五十万美金，合计凡六万四千一百三十万元，此二十年情状也。关于外债额数，言者不一，普通估计，谓在美金七万万至七万五千万之间。雷莫将其仔细分析，谓十九年末所欠外债，约美金六万九千四百四十万元，无担保债额约一万八千九百二十万美金，中以日本为最多，约一万万美金。至商业投资种类，已见于表，殆无分别说明之必要。

所当注意者，直接商业投资，几占总数百分之八十，比例之高，未见于世界任何国家。条约上之特殊权利，为造成恶劣现状主因之一，乃听外商夺取人民生计，不亦悲乎！外资集中之地，则在上海满洲，二地约占全数百分之六十。

民国二十年主要国投资经营事业表（美金百万元为单位）

种类＼国别	英	日	俄	美	总　数	百分比例
运输	134.9	204.3	210.5	10.8	560.5	24.8
交通及公用 事业	48.2	15.6		35.2	99	4.4
矿	19.3	87.5	2.1	0.1	109	4.8
工业	173.4	165.6	12.8	20.5	372.3	16.5
银行及财政	115.6	73.8		25.3	214.7	9.5
地产	202.3	73	32.5	8.5	316.3	14
进出口贸易	240.8	183	12.2	47.7	483.7	21.4
其他	28.9	71.3	3.1	2.1	105.4	4.6
合计	963.4	874.1	273.2	150.2	2260.9	100

综合国际贸易及外人投资而言，中国终将难于维持货币出入之平衡。据雷莫调查，中国付偿债务及投资利息，民国十七年，凡银二万四千二百万元，十八年，二万七千七百六十万元，十九年，三万九百四十万元。贸易入超及现银流出，十七年，四万一百三十万元，十八年，四万一千六百六十万元，十九年，五万四千一百二十万元。关于流入方面，华侨汇款十七年二万五千六十万元，十八年二万八千七十万元，十九年三万一千六百三十万元。他如外人在华用费等，十七年一万九千八百八十万元，十八年一万九千十万元，十九年一万七千六百万元。流入与流出相抵，十七年流出一万九千二百九十万元，十八年二万二千三百四十万元，十九年三万五千八百三十万元。三年中外人借款

投资数目，亦不能与之相抵，十七年共一万万元，十八年一万七千万元，十九年二万二百万元。据此计算，十七年流出净数，应为九千三百九十万元，十八年五千三百四十万元，十九年一万五千六百三十万元。雷莫疑有其他不可估计之流入维持平衡，吾人见解则与之异。今日内地货币不敷流通，已成明显之事实，原因虽极繁杂，而货币自内地流出，或集中于通商要埠，或流入外国，固一要因也。据海关报告，二十年出口之金值银三千二百万两，二十一年值银七千万两，斯年现银出超凡七百万两。近时银价稍高，政府严禁银炉熔化元宝，将其装出。华侨深受不景气之影响，二十一年汇款仅及往年十分之一，金银出口必大增加。尤有进者，外人投资增加，所获之利益多，而硬货流出亦将增加，思念前途，危险恐多，吾人将安于穷困及经济压迫情状之下以偷生乎？

入超国际贸易及外人直接商业投资，为我国人民经济上所受之压迫。其他贫穷原因，虽可总括之曰生产事业之不发达，而困难之症结，吾人所当认识者也。国内农民约占人口百分之七十，耕地虽有增加，而人口繁密之区域，迄未减少其生计之压迫。满蒙荒地多在政客官吏之手，其人利用其地位金钱，不劳而获，佃户从无改良或提高其生活之机会。外人游历其地者，常谓住民之生活，尚远不及江浙农民。近者人口已大增加，据较信之估计，一八九〇年（光绪十六），满洲人口六百万，一九〇〇年（光绪二十六），增至一千二百万，民国九年（一九二〇），约二千万，十九年（一九三〇），凡三千万人，其主因则为移民。十二至十五年，出关者年凡五十四万，十六至十八年，年逾一百万，其中虽有冬季复还家乡，而留居其地者数亦不少。论者谓为世界史中大规模移民之一，而移居其地者，不过求免死亡而已。内蒙古如热河、察哈尔、绥远等，或以雨量不足，或以土地硗瘠，地理家估计其将来容收移民，不足一千万人，其言或失之太甚，无论如何，长城以北气候严寒，非春三四月，则冰雪不化，一年收成只有一次，生产远不如长城以内之土地，固有限制。开发西北亦有困难，近者虽力宣传，而仍限于天时人事。其地雨量较少，河渠淤废，凶年饥馑，乃为常见之事，农民又受贪官虐政之害，遂多流离死亡。实业调查团中之农业专家自渭水流域及陕南回归，著者问其是否有荒地可垦？据称于其调查区域，并未发现，农民于陕南高山耕种，尚宜设法禁止，种植树木，另谋其生计。陕北盖有荒地，而土壤气候恶劣，非有大规模之建设，殆难耕种。甘肃邻近新疆，一部分土地近于沙漠，新疆地多沙漠，可耕之地，均不甚多，希望殆远过于事实。

边省可耕之荒地有限，徙民实不足以解决农民之生活，即使荒地甚多，而亦不能改善其生活也。其明显之事实，则出关之农民多为山东、河北之人，二省人口固无若何重要之减少；欧洲诸国开拓新殖民地，亦未减少本国之人口。其原因则移居他地者，多由于生活之不安，生计之困难，迁徙之后，一部分人民生计或较宽裕，对于所生之子女将有财力教养，死亡率当可降低，补足迁移户口，实无困难。内地有无荒地可耕，论者不一。盖各省情状不同，标准亦不一致，所可断言者，肥沃之地，除个别区域而外，绝无弃而不耕者。荒地或为沙土，或为山地，沿江一带芦田，及不甚高大之童山，均可并入。顾此亦不甚多，耕种非有资本，及大规模之经营，则劳力多而获利微。此类建设事业，宜归政府经营。其在生计压迫及人民耐苦之省，山东农民且于高山种植，名曰梯田。浙江南部农民有于高山种植山芋，自山下日担粪一担上山，借以维持生活。此种情状为世界任何国家所无，日本土地狭小，可耕之地约百分之十五，农民尚不至此。吾国面积四百二十八万方英里，姑置蒙古、新疆、西藏不计外，只有一百八十九万方英里，直当美国面积之半。美有广大平原，中国唯辽河流域，可与相较，而区域之小，远非其比。美国耕地约当地积三分之一，中国多山，耕地殆约五分之一。田亩估计，言者不同，吾人比较清季报告，及专家估计，殆不出十六万万亩。每方英里除属地外，平均约二百五十人，法则一百九十二人，德则三百五十二人，英国三岛则四百八十三人，比国六百八十八；顾其可耕之地，约面积三分之一，工业又极发达。中国人口繁密之区，山东每方英里六百十四人，浙江六百五十七人，江苏八百九十六人。外人赈灾委员会曾谓每方英里人口有达六千者，成都一带则逾二千人。凡此估计虽不必尽确，而人口过剩则为事实。就吾人见闻而言，吾乡一家有田十亩，即为殷实之户，佃户耕地亦多不出十亩。北方多种旱谷，一家耕地或较南方为多，收获反不如水稻量数之多。南方收获，就丰年而言，每亩稻则三四担，麦则六七斗。镇江、南京一带尚无如许之多，就吾乡农家而言，一年收入不过百数十元。

外国农民迥异于此，英美以工商业见称于世，而农民耕地之多，远非中国所及。就美国而言，据人口专家汤姆生报告，农民有田七十至一百英亩类多欠债，有田四百英亩则可维持其生活。生活费指除衣食住外，尚有教养子女购买书籍及娱乐之款，其起居饮食，不视都市之人为劣。每一英亩约田六亩，七十英亩有四百余亩，四百英亩则有二千余亩。每亩所得以四元计算，有田四百亩者，则一年收入，将近一千元，二千亩者，则约八千元。此种计算固不精确，目的则在说明中国农民穷困之根本原因，美国农制为粗放农业（Extensive Farming），中国为精细农业（Intensive Farming），其不同之要点，则美国所用之工少，中国之工多，生产量数中国每亩多于美国。收入方面美农所得多于中国十倍或数十倍焉。美制地未尽力，而农民生计，则颇宽裕，就农民幸福而言，宁取美制。中国人口众多，耕地太少，采用美制，决不可能，且就实况而论，中国除水田产稻多于美国而外，每亩产量视之为低。其原因则长城以内多种两季，而美多为一季，地无休息，滋养料易尽，农民又无财力购用适当肥料也。设使施用肥料，生产固有增加，终亦有限，要不能出酬报递减律（law of diminishing of return）之限制。于此现状之下，选择种子及改良农业之种种设计，固稍能增产量，决无改良或提高其生活程度之机会。其根本困难，则耕地少也。吾乡自太平军乱后，地旷人稀，一家有田数十亩，父死三子析居，各得十数亩，子各有子，亦以三人计算，则分产所得，不过数亩。亲友中之终年勤劳而仍不能维持粗衣蔬食之生活，欠债不堪者，职由此故。据吾人见闻，此实普遍现象，不限于一乡一地。其娶妻生子者，成年分居，又将若何维持生活？盖人口年有增加，而一乡耕地，终无若何增加也。

人口增加，而生产事业未有进步，为社会不安之根本原因，人口因无统计，专家估计谓在四万万五千万以上。外人估计则数较少，其人大多不明中国实况，而又不能利用史料，比较分析，结论出于猜想，殆无考虑讨论之价值。据吾人平日观察，乡村都市人口往往增多。都市户口增加，或由于工商业之发达，或避免匪患之结果，乡村则指无匪患者而言。其因零星土匪滋扰而他徙者，要为殷实之家，人数无几，人口故有增加，中国人口已逾四万万矣。据乔启明之统计报告，农民生产，平均每千人中四二·二，死亡则每千人中二七·九，两数相减，自然增加率每千人为一四·三，按百分计算，为一·四三。其所得数字，乃据金大农业经济系之调查，其工作限于财力区域，原不足为整个社会之代表。顾其他调查所得数且与之相差无几，故可作为讨论之根据。按百分计算，全国人口姑作四万万五千万，则每年增加之数将为六百四十万人，南京人口约七十万人，全国每年所生之子女，九倍于南京人口。其增加主因则为早婚。据英产科专家滕更（Duncan）经验之言，妇女大约十五至十九岁，平均产儿数为九•一二，二十至二十四岁，则为七•九三，二十五至二十九岁，则为六•三〇，三十至三十四岁则为四•六〇。其言与汤姆生之言大致相同。吾人之结论，则女子结婚年龄愈早，则生产率愈大。内地女子成婚年龄，多在十六七岁，其计岁方法，不同于法律之规定，倘按新法计算，则为十五六岁，无怪生产率之高也。更就男女比例而言，世界各国相差无几，而中国调查所得比例，男则一一四，女则一〇〇，甚者男则一二八，女则一〇〇。人口专家初至中国，以为调查多不足信，实则溺婴之风，清季尚盛，死者多为女子，父母哺养婴儿亦多忽视女子，社会上乃有畸形之状态，倘男女平衡，则生产率将高于任何国家矣。

人口已成中国现时严重之大问题，瞻望前途，更为危险。死亡率每千人为二七•九，现时世界各国以药学之进步，公共卫生之讲求，死亡率莫不降低。先进国每千人常在一四、一二之间，中国民间缺乏卫生知识，婴儿死亡尤多，卫生知识近以政府之重视，国际联盟之合作及教育之宣传，将来必有进步。死亡率减少一半，固在可能范围之内。夫然生产率维持原状，则人口增加将多一倍，后事虽不可知，推论或不切于将来，而于伦理观念改变之先实堪忧虑。尤当知者，近十年来，据吾人见闻与访问，溺婴之风视前大杀，穷苦之家，女子免于死亡者数必不少，虽曰民间重男轻女之观念，依然存在，女子疾病教养不如男子之重视，较之先前固有进步，将来男女比例当能平衡，每千人中所生子女亦将增加，此意想中事也。现时社会不安，造成人浮于事，人力车夫、挑水夫等，虽为自食其力之贫民，然决不能认为适当之职业，或从事于生产之事业，将来城市或商业发达区域，将有电车、公共汽车及自来水等。南京人力车夫约二万人，合其家属计之，约｜万人，赖之为生，将来创设电车，虽不必　淘汰，大多数终必失业，如汽车减价竞争之际，车夫无以为生，出而请愿，市政府规定车资始已。此固不能持久，一部分终将淘汰。重庆市民饮料取自长江，挑水夫数千人恃以为生，建设自来水后有失业者。其他相类之事，不知凡几，究将何以解决其生活？实一严重问题。吾人所处之地位，一面接受西方之实用科学，力求改善生活状况，一面则当顾虑失业者之生活，此问题所以难于解决也。农业大规模采用机械，限于耕地，殆不可能。较小机器如抽水机，已见用于吾乡，无锡且用电力，将来增多，水车失其功用，农民当可减少。今日工业发达之国，农民占人口总数不足三分之一，我国农民终将不能维持百分之七十。工业发达亦有限制（其详见后），商业则商人资本短少，钱铺兑换铜元，米店大小同行，大同行批发，由小同行零卖，水果一业尤为复杂，要难视为商人，将来消费合作社发达，小贩商人将受淘汰，失业何以为生？综合各方面发展而言，中国人口问题将益严重，内则发展生产事业，殆无解决困难之希望，外则各国殖民地禁止或限制华工入境，二十一年海关报告，出国者少，返国者多，海外移民现无途径。

综合上论而言，中国人口为祸患贫穷痛苦之根本原因，解决方法，古有溺婴堕胎。溺死婴儿多为女子，男子仍未减少。堕胎多为私生子，于礼教发达之社会，数不甚多，均不足以解决困难。英主若秦始皇、汉武帝，或移民实边，或徙饥民垦荒，要亦常受限制。人口增加之后，遇有水旱饥馑之灾，弱者流亡失所，死于沟壑，强者流为匪盗，杀人抗官，死者无人掩埋，传染疫疾，乃于大杀疾疫之下，人口减少，问题暂告解决。及后人口增多，祸乱复起，此一治一乱之根本原因也。近者溺婴堕胎均不甚多，政治战争亦不同于古代之屠杀，皆不足解决人口问题。移民及农工业虽有限制，而今尚可努力，如荒山植树开设工场之类。主要而根本办法，唯有实行节制生育而已。汤姆生谓人类自有史以来四大发明，一曰火，二曰车轮，三曰水蒸汽机，四曰节制生育。前三者促进人类进化，人所共认。节制生育减少人类生活困难，社会上之不安与罪恶，政治上之祸患与战争，称为四大发明之一，实属信而有征。其占重要地位，将益为人所认识。吾人于讨论方法之先，尚有说明社会上对于人口问题错解之必要。普通见解，以人口增加为幸事，其理由可别为四：（一）根据历史上之事实，以为近代各国人口均有增加，我独维持原状，将有种族自杀之祸。实际上人类自有史以来，人口迄未增加若近代之速，此实非常时代，乃受新殖民地发现，实用科学进步，工业革命及农业改良之影响。而科学之进步，反而减少雇用之工人，此世界不景气造成之一要因。欧美先进国生产率多已大减，人口专家认为现由非常时代入于常轨矣。（二）基于父母心理，父母爱其子女，本于天性，社会上且以生子为防老。（三）本于政治立场，以为户口增加，则兵卒较多，战斗力强，人民且有纳税之义务，如梁惠王以人口加多为问，南北朝女子成年未婚，及寡妇尚未再嫁者，由官择配，近时日意诸国奖励生育，亦其明例。（四）本于宗教伦理观念，古谓不孝有三，无后为大。无子则无人祭祀，祖宗不得血食，宗教常以多一人丁，多一敬拜上帝之人，此天主教徒反对节制生育也。

上述之理由，一本于误解历史上之史迹。二则出于希望，顾据吾人平日观察之印象，生子往往不能防老，反而气死父母，其子生活困难，自顾不暇，赡养父母，乃生恨心，伦理观念固不敌经济势力也。三则政府视人民为战斗纳税之工具，纳税今以担负能力为标准，人口多寡无关重要，战斗则孤注一掷，危险殊甚，要非国民之福。四则偏重神鬼，现时生活无法解决，何能增加痛苦，求媚于虚渺之鬼神也？吾人现时讨论人口态度，必须本于一国经济社会状况，考察其财富及工商业发展之机会与希望，顾及多数人民之幸福，及现时职业问题也。盖一国财富之增加，视其生产之进步，一般人士所得工资超过于消费，人民始有储蓄，生计方能宽裕也。吾人讨论人口必此为立场。吾国农民业已过剩，而工商业又不发达，一般人民生活之困苦，已如上述，其无职业者不知凡几。欧美诸国之不安，多由于失业问题，而吾国人民自成年以来，有从无职业者，问题之严重实远过之，不过吾国人民，多未得受教育，安于命运，自怨自恨早死而已。江苏为富庶之区域，本于吾人见闻，一遇荒年，一家五口无米为炊，以粥充饥，或吃番瓜，或吃矿泥（俗称观音粉），一月生活费，全家不过数元，甚者全家饿死。著者久在南京，每于冬季，见十数岁儿童及成人妇女拾取路旁未烧尽之煤渣，或作燃料，或售于小饭店，多则得有百数十文，借以糊口。小贩卖售葵花瓜子，日得一二百文，买玉蜀黍粉作粥，日食两次，雨雪则终日卧于床上。又见随园废址附近小桥，桥上为路，桥下无水，贫民有居住桥下者。本年春，武汉气候寒冷，据报记载，一日间冻死七人。四川一元，作铜元二十五千，雇一雇工月给五千，值洋二角。铁路部顾问贝克（Baker）曾于金大农业经济系讲演，谓于青岛，见一儿童视之若八九岁，问其年龄，答称十四岁，进而问其饮食，知其每至新年，始得一食豆腐。饮食滋养料不足，故身体发育迟钝也。此类故事，举不胜举，决非社会上偶尔之例，民众生活，言者谓为马牛生活，洵非过语，甚者不如马牛。水旱大灾之际，情状尤苦，就近事而论，陕西旱灾，言者谓迄民国二十年死亡三百万人，此数不无疑问。死亡之多，青年妇女贩卖之众，固为事实。斯年夏，长江大水，沿岸田禾淹没，屋舍尽在水中，灾民住于埂提之上，一无所有，风雨无地躲避，乃恃少数赈款，得免饿死，罹此灾者约五千万人。淮水一带，灾民食尽树果，死亡甚众，黄河为害，灾情亦重。

于此现状之下，政府先未预防，有失职守，固为事实，而人口过剩，马尔萨斯《人口论》所述之悲惨解决方法，已实现于吾国，人民死于内乱、匪患、贫穷、饥馑、疾疫等，均其明证。马尔萨斯观察敏锐，理论含有至理。美国人士初以本国有无限制之发展，人民不患激增，不信其说，甚者不读其书，或误解其理论，而即妄肆批评。近者美人知其错误，改变态度，认识人口论之价值矣。吾国人士读马尔萨斯原著者更少，受美影响，对于书中理论，亦未清楚，人口增加计算方法，为自然增加率之自乘，固无错误，仍为学者采用也。其为马尔萨斯所不知者，则节制生育方法之发明也。欧洲荷兰诸国用之最早，美国法律禁止研究，山额夫人感受未有适当办法，亲往荷兰调查，得知方法。近者节制生育之知识，业已普遍，法律徒为具文，商人视为有利可图，制造器具，并于报纸上宣传，不过避用节制生育之名而已。英、法、德人亦皆实行，生产率视前大减，人口将无若何重要之增加。其于我国实行之困难，一则愚民深受传统礼教之影响，一则贫穷无力购买橡皮套或其他药品，伦理观念易于更改，贫穷则无办法。欧美人士曾谋得一办法，为东方人民节制生育之用，吾人尚不知其结果，希望其能成功，更望政府知其重要，而力予以赞助，或设工厂制造橡皮套，或其他药品。彼反对者，将谓贫民需要最急，而实行最迟，中级社会家庭宜多儿童，而将首先实行。按之实际，贫民之愚蠢，由于未受教育，其人非不堪造就，特无机会耳。教育遗传之说，科学家多不之信，彼英美政治家出自贫苦之家者甚多，我国历史上例不胜举，吾人苟认节制生育为国内之重大事业，则当宣传实行，决无自尊自贵，待他人先行之理。对于民众，唯当晓谕利害，授以方法，进行缓急，将视宣传力量，彼反对者必须明了吾人之立场。

中国一切社会问题，多由于人口之增加，超过于生产事业之发达，民众日度马牛生活，穷苦不堪。吾人苟安于今日现象，固可不论，苟欲改革，非知困难之症结，则一切计划皆不切于实际。改革之目的，以改善人民生活为最要，倘人口继续增加，则所有计划，将归诸影泡，或功效微末。著者认此关系重要，不惜反复言之，多占篇幅，尚望读者谅之。

人口问题，虽国人现即实行节制生育，亦无一旦解决之理，吾人不能坐而待至数十年后，今日生活困难，除人口压迫而外，其他造成之原因，有无解决之途径？亦吾人所当讨论者也。农民占人口多数，当先论之。其耕地狭小，赋税奇重，已如上言。其人除宗祠而外，别无类似自治组织或商业团体之结合，出售农产物品，乃处于不利之地位。据汤尼（Tawney）所著之《中国之土地与劳工》（Land and Labor in China）称安徽茶叶每石一元五角，运到上海价达十四元。米于秋收每石十元，明年春涨，至二十五元。河南货物运至上海，辗转经手至三十次之多。书中所举各例，皆就极端而言，书成于二三年前，所言事实有异于今日者，米价昂贵，则其明例，而商人囤户剥削生产者之利益，仍为事实。其困难则农民欠债，迫而出此也。据吾人见闻，农家欠债者，十占八九，月利常在四五分，富而不仁者放麦青稻青博取厚利。贩运商人资本不多，商人向钱店或银行借款，利息常为百分之二〇，政府公布法令，最高利息不得超过百分之二〇，而民间利息远过于规定数目。近数年来，商人信用不如先前，其人多不诚实，利用破产法而私藏其一部分财产，人无奈何，向法院控告，则出现告欠，稽延时日，终无若何效果。吾乡有欠房租三年者，控之法院，亦不过房主出款，津贴房客迁让。外商言及法院，多称不能保护其利益，此虽极端之例，而影响则金钱借出者，无法收回，乃再不愿出借。商人流转不灵，农民更无法借贷，田中出产之余谷又无法出售，乡村几无货币，说者谓之钱荒，已成中国乡镇恶劣现象之一。改善农民生活，政府当设银行，农民可得利息较低之借款，又当指导其组织合作社，直接出卖余谷，不受商人重利之剥削。更宜改善交通，维持乡村治安，教育注重传播农业知识，促进其改良，他如疏浚河溪，兴筑塘闸，建筑堤岸，山植树木，减收田税，改善佃户待遇，亦当尽力为之。

旧时家庭工业摧残殆尽，外人自马关条约而后，得设工厂于通商口岸，欧战期内，国人创设纱厂颇形发达，战后外人挟其雄厚之资本，优胜之技术，严密之管理方法，处于胜利地位。其工厂多在租界，不受华官之干涉与监督，自关税自主以来，外人以税率提高，外货进口，将纳重税，不能与在中国工厂制造之货物竞争，乃于通商口岸添设工厂，盖条约允许外厂制造之货物，所纳之税，同于华商制造之物品也。中国实业发达，遂受严重阻碍。近时工厂以日英为多，工人工价之低，工作时间之长，童工之多，生活情状之恶劣，工业革命时代之惨状复现于中国，而政府无如之何，实领事裁判权之为祟也。工厂多在上海、汉口、天津等埠，工人约数十万人。其他困难，则为交通不便，运输费昂，政治未入常轨，法律不能予以保护，商人纳税甚重，且国内生产事业尚未发达，资本缺少也。于此情状之下，吾人希望以政府力量经营工业而已，方法或为奖励救济，或官商合办，或收归国家经营，或另设工厂，当视各地之情状与需要而定，外商创设之工厂将不能与之竞争，此就积极而言。消极方面，则当努力取消领事裁判权，检查工厂设备，是否合于工厂法之规定，此固不限于外厂，中国工厂亦当实行也。积极政策，俄国行之已著实效。其在我国之困难，则官气太重，兼办营业，将以官署视之，代价太大，结果仍于希望相反。尤当知者，吾人所言之提倡实业，乃指供给本国需要而言，非欲于海外争夺市场也。盖工业发达之因素，首推煤铁火油水力。我国煤较丰富，而产额与美国相较尚远不及，其出产区域多距工商发达之大城辽远，近于海者多在外人之手。据汤尼报告，外人经营煤矿之产量，占百分之五六。铁据可信之估计，产额甚少，照美国人民用铁之量数计算，只能供给数年。现时国人所用钢铁，据汤尼计算，每人平均则占英国百分之一，美国一百八十分之一，将来用铁虽将增加，然可节省。其将感受困难者，现时铁矿百分之九十，落于日人之手也。石油据可信报告，产额不甚丰富，采取无利可得，日人于东北试验，或有相当成绩，而国内企业尚无可言。水力视美国、印度为低，迄今尚未利用。方今列强竞争市场，中国实业果能发达，决无重要之市场，盖今形势迥异于数十年前，各国工业多有进步，往往足以自给。列强之殖民地，决不愿外货入内竞争，充类至尽而言，中国跃为世界工业国，殆不可能，以之解决过剩人口问题，亦无若何之希望。吾人目标，唯在减杀外人利用我国弱点投资之经济势力，保护国人之生计，发展本国之实业；进行若何，将视政府之努力，及人民之合作。

商业则出入口贸易，多操于外人之手，世界各国殆少若此之例，即或有之，比例决无中国之多。中国不能向外国直接订货，或直接运出土货，一则初不明了外国商业情状，市场需要，商人缺乏组织，资本太少。一则外人挟其条约上之权利，来至中国，处于有利之地位也，商店转贩于外商设立之洋行，物价因之提高，外人初不明了中国商情，雇用买办，由其出面与商店接洽，近者外商渐多，直接营业，买办之权力减削，而国际贸易情状，一如往日，入超视前更形激增。就人口而言，中国约占世界总数四分之一，而国际贸易仅占百分之二，吾人所处之地位，深愿生产事业发达，民间购买力大有增加，畸形贸易之发展并能矫正也。统制入口贸易，或禁货币流出，当能补救，苏俄经营国际贸易，德禁汇款出国，均有相当成效。中国国际情形及内政状况，虽与之不同，然可以供吾人参考，决不能听其消长，而益增加民间之不便。国内商业，近受内患灾荒，及农村破产之影响，颇为不振。厘金虽已裁撤，而类似厘卡之常关，尚有存在者，内地之苛捐杂税，更无论矣。商人资本短少，视利太厚，而又不顾信用，借款乃极困难。金融滞呆，益无发展之机会。将来消费合作社次第成立，则类近小贩之商店，将益难于维持，一般小商之生计，若何解决？实一严重问题。

国内经济情状之恶劣，及其造成之原因，上已论及，交通不便，亦深与之有关。铁路为交通重要事业，大部分筑于清季，近时铁路长凡一万英里，其中四千七百余英里为政府经营，三千七百余英里为外国所筑，日人现筑者除外，余归商人营业。就分配而言，东三省铁路逾全国总数三分之一。其他边省，政府未筑一路，今往新疆或云南者，反绕道外国。铁路票价昂贵，三等乘客，购票常无座位，拥挤站立，路局未曾临时设法。售票者于四等旅客利用兑换大洋铜子，多所取利，犹忆数年前，非车将至，不肯售票，因而拥挤不堪，旅客迫而多出代价，由搬夫买票，火车迟到犹其余事。此吾人于京沪路上亲身经历之事，近则已有改革，如提早卖票，则其明例，其待改革者尚多。公路建筑近颇努力，十八年长共三万四千八百余英里，而泥路占百分之九十。汤尼曾称中国每年筑路一万英里，一百八十年后，始与英国三岛现时里数相等，其人口则占中国十分之一，面积则四十分之一。省政府之积极进行者，首推浙江、湖南、江西，顾人民贫穷，汽车运输货物，价格太高，而路不经常修理，即不便于行车，征工或收附加税筑路，非善经营则往往病扰人民，不如多筑铁路也。轮船则外船之势力强盛，国家经营之招商局远非其敌，而又污秽喧哗，茶房毫无礼貌，常见旅客向人发誓再不乘坐招商船，非亟整顿，殆难与外船竞争，虽富于爱国心者，亦不愿乘坐也。各船茶房均无工价，强索酒资，亦当改良。邮电种类近有增加，无线电报、飞机递信，皆其明例。电报向来取费昂贵，近以竞争，营业不振，始行减低报费。邮政信资，就人民生活程度而言，可称昂极，而遗失信件习为常事。金大农场曾列举未收到之信件数十报告，本年著者函致北平、天津之信，竟未收到，报告湖北管理局，则称无从查办。无从查办，尽人所知，其责任则当设法整顿，免再发生同样之事。至于职员之傲慢无礼，尤当严格惩戒，决不能稍存袒护，诿称查无实据，置而不问也。

上言之事实，倾向于改善一般人民之生活，教育为改善生活有效方法之一，其现状及当改革者，亦吾人所当知也。国人未受教育者，现无可信之调查与统计，一般人之估计，认为约占百分之八十，据吾人平日之观察，学校外尚有私塾，吾乡二三十家之乡村，多有私塾一所，镇中三四百家有一小学，七八私塾，儿童受教育者十之八九。专家估计往往忽视私塾。入学儿童视十数年前大有增加。据教育部供给国联教育调查团之小学报告。列表于下。

年度	学生
四～五年	4122878
十一～十二年	6601802
十八～十九年	8839434

关于中学，据调查团之记载，民国十八年，中学一千五十六所，学生十九万一千六百六十四人，二十年，中学二千六十六所，学生三十万七千九百零六人，及将离中国，又得教育部送来之报告，改称中学一万三千五百九十六所，学生七十八万三千一百四十人。前后数目相去甚远，岂未立案之私立中学一并计算，抑各省报告方始收齐耶？大学据二十三年教育部统计，全国四十一校，独立学院三十八校，专科学校三十一校，全

国专科以上学校共一百一十校，未立案之三十五校，尚未计入。合国立省立私立（已立案者）大学经费，共二千四百四十八万元有奇，大学生共二万九千零九十六人。就上数目而言，小学中学之数太少，大学经费二千余万，而学生不足三万人，固畸形之发展也。据调查团之计算，初级小学经费，平均每生自三元五角至四元，高等小学十七元，中学六十元，师范及职业学校一百二十元，大学自六百元至八百元。据此小学生与大学生经费之比例，为一与二百之比，宜调查团于报告书称为惊骇也！其在欧洲，则一与八或一与十之比耳，其相去悬远之主因，则待遇不同也。小学教员月薪多为三四十元，乡村则二三十元，初级中学自八十元至一百二十元，高级中学自一百五十元至二百元，教授自三百元至四百元。此据调查团之报告，盖就大体而言者也。省立中学教员薪给多按教授时间计算，至二百元者数实无几，多数则在百数十元之间，内省如山西尚不易得。私立中学超出百元者，更不易得。教授待遇，私立大学至三百元者，数实不多，就国立省立而言，则为事实。调查团之根据，多为教育部供给之材料，据上所列之数目计算，乡村小学教员待遇与国立大学教习相较，为一与二十之比，其在欧洲，则一与三或一与四之比。

据上报告，小学教员待遇最苦，同有父母妻子及生活费用，何相去若是之悬殊？有名无实，或无需要之大学与专科，不如停办，而以其经费移作小学之用，改良教师待遇，充实设备。所不可解者，各省教育经费困难万分，而仍有办理教育学院或招考留学生者。教育学院之毕业生，不必优于出自大学教育系者，见闻且较狭隘。凡任中学教员，于其担任之学程，当有充分之预备与认识，决非仅知所谓教授法者，所能胜任，此乃受美不良之影响，而徒造成学阀，出路困难，固不之问，岂果如时人所言，“有饭大家吃”，借以安插当局者之亲友耶？留学生在外，年需三四千元，回国后幸而谋得一职，不过提高个人之地位耳。今之出国留学者，多为学生，其人于大学毕业，对于任何学科均无深切之研究，在外数年，所得要亦有限，远不如日本资送服务年久及有成绩之教员出国，于外国学者指导之下，较有所得，且易提高本国之学术也。据汤尼记载，十九年留学生共五千三十二人，得教育部准可者凡一千四百八十四人，一年所费二千万元，几当全国大学经费，非浪费耶？政府当立大计，有所改革，决不宜好高骛远，以为多派留学生，国内即有人才也。实际上殊不尽然。就教育人才之学校而言，大学教授之专心研究，于学术上之有贡献者，殊不多见。次者对于研究学术，尚有兴趣，多读书籍，明悉所习范围内之新发展与进步者，亦不甚多。下者则据昔日听讲时之笔记，作为讲演底稿，或用简单教本，或印百数十张之讲义，上课诵读，或略说明，敷衍一二小时，即为了事，对于学生成绩，自不敢认真稽核，学生考入学校之后，居住数年，无患不及格者。吾人于南京常闻语曰："教员教员，只要洋钱，学生学生，只要学分。"学校成此现状，抑何可哀！中学小学教员亦多不能尽职，俗所谓敷衍鬼混也，尤以中学为甚。其人对于教读，原无多大兴趣，所习范围内之新书，多不曾读，俗谓担任教职数年变为古董，殆非虚语，乃植党把持，自成统系，凡于其地位或利益冲突有害者，将不择手段，起而反抗，改良计划往往阻挠，学生之参加者，供其利用而已。

于今现状之下，改善中国教育须从根本着手，凡欲为中学小学教员或现担任教职者，须一律经过公开考试，凡成绩优良者始得充任，薪俸既当提高，又不得轻易免职，庶可安心教读，努力向上，恶劣分子无所施其伎俩，学生不堪造就者，立即开除，恃众滋事，宁学校解散，亦不可屈服，则将入于常轨。今日吾人认为痛心之事，无过为校中之优秀分子，一无党援，卒业之后，常无职业。彼奔走不读书之学生，反居高位，人存幸心，视读书与否无关得失，青年有志之士往往灰心颓唐也。此足以矫正痼病；倘或不求其本，而日言整顿学风，吾人实不知其途径，充类至尽而言，学生不过于桎梏之下毫无生气耳。会考更不足以判断学校之优劣，据吾人所知，出题者多为专家。或所谓知名之士，不知中学生之程度，及所用之课本，所问非所学，决不能据以评论学生之优劣。曾闻秉志不受聘任，拒绝出题，实有所见；各地情形不同，更无所谓标准矣。此就改善中学而论，大学教授则难一时求得适当人选，唯望重视研究学术之人才，而予以发展之机会。平心而言，今日大学视二十年前，固有进步。其他当亟改革者，首为多收学生。据国联教育调查团报告，小学教员教授之学生，每人平均二〇·三人，其在欧洲，人数多至两三倍，中国当即仿行，所可异者，入学儿童多交学费，并须经过考试，贫家子弟入学之机会遂少。著者常在南京见闻父母为其子女入学出而奔走请托者，不知凡几。论者谓政府以教育普及为号召，而事实上则不令儿童入学，诚奇异矛盾之现象也。中学大学亦可多收学生，中学无待赘论，大学入学试验尤严，人数平均每班不出一二十人，其在先进国往往至数百人之多，就质而言，程度亦远不及外国，适当之办法莫过于考试较宽，入学后功课较严，凡至二门以上不及格者，均在淘汰之列。关于课程可议者多，中等学校太重外国语言，则其明证。余无于此讨论之必要。

其与教育处于同等地位者，当为卫生知识。现代医学进步，功用可别为二：一则医治疾病，一则预防疾病。治疾为专门职业，非吾人所能讨论，预防知识则当普遍，其重要或过于治病。盖人生幸福无过于健康，医治于痛苦之时，远不如维持其健康，仍得服务社会，免去个人经济损失，犹其余事。近世疾病虽曰未必一一可以预防，凡可预防者，则当全力为之。成功将视地方政府之努力，及民众之知识。牛痘、白喉、霍乱等可用医药预防，政府宜多设医院诊所，免费或取低廉药费，奖民种痘注射。民众苟有卫生知识，可预防疟疾、花柳病等。疟疾由蚊传染，吾人所知，乡村尚不明了，倘能普遍，除去污秽积水，并用蚊帐，则病将减少，得者即行医治，亦易痊愈。花柳病现为都市中严重问题之一，渐已传至乡间，苟不设法，影响有不堪言者。娼妓为传染之媒介，而产生存在则由于环境与需要，空言禁止，为害反烈，远不如视为社会问题，而严加管理，并授以洗涤及预防知识也。此非男女地位或道德问题，论者必须平心考察人性与事实，听其传染，无罪者亦将染得，社会上之损失何如耶。著者曾于《中国评论周报》读伍连德论防花柳病传染方法，惜其未用中文写成，若读者较多，渐而便成为普通知识也。上论之事实，不过偶尔之例，其在先进国多已解决，此其死亡率降低之一原因。论者常谓一国之发达与文化，将于死亡率见之。其言虽偏重物质生活，固一良好之标准，深愿政府人民之努力，而死亡率降低也。

上论国内之问题，偏重于指示建设之途径，要为一种意见，政治上、社会上、经济上、教育上之待改革者至为繁杂，此非讨论计划之书。著者之目的，则在根据可信之材料，略叙国内之情状，严重之问题，一般人士所当深切认识者也。中国现状之恶劣，吾人虽不能武断其为从古所未有，要亦为历史上黑暗时代之一。解决方法，旧为屠杀流离死亡，吾人今日决不愿其复演于国内，所当明言者，苟无新式军火，屠杀之区域规模，将必视今为广大，徒赖军队维持不安之情状，终非持久之办法。建设之途径，唯有发展生产事业，改善一般人民之生活，政府固当于此努力，吾人亦当各尽责任，如节制生育之宣传与实行，则其明例。综之，中国不安之情状，非一人一事所造成，由来已久。政治家之责任，则于恶劣情状之下有所建设，不必以恶劣情状为讳，环境困难，愈见英杰之事业，愿国人努力而已！

第十九篇
史料评论

新史料之印行——政书——碑传——文集——信件——日记——年谱——时人记载——其他——研究之途径

近代科学发达，轮船火车促进世界交通，中国迫而订约通商，电报、电话、无线电、飞机相继传入，中外交通益便。外人来华者，一为商人，一为教士，一为旅行家。商人唯利是视，重视商业之发展。教士分居各地，熟悉中国情状，年有报告于本国总会。旅行家或为学者、专家、学生或为官吏、商人，为时太短，难有正确之观念。商人、旅行家对于史料，殆无贡献可言。教士报告，凡遣其来华之教会当有一份，其集中地则在罗马、纽约。盖耶稣教在中国活动者，可别为二：一曰天主教，神父受罗马教皇管辖，一曰基督教，教士以美国为最多，纽约则总会所在地也。列强为保护商业人民及办理交涉事宜，于中国设置公使领事，其交涉事件，及中国状况，均有详细报告传递本国。列强对华各有政策，外交家之演说，国会中之辩论，颇足以供参考。外人在华更经营通信社，发行报纸杂志，信息灵通，如九一八事变发生，夜间，路透社访员电报伦敦，总社电嘱驻京访员详问始末。黎明，访员至官署访问，而官署未接报告，尚不之知。此虽偶尔之事，固可见其组织严密，消息迅速。凡此种种，不过证明国际关系之密切，中国事变常能影响列强之外交政策；列强侵略亦能影响我国内政。吾人非知列强政治制度，实业发达，战斗实力，则难明了侵略之背景，交涉经过。使臣之有详细报告，更无待赘言。要而言之，吾人研究近代中国史，须打通中西之隔膜，材料当博取考证，不可限于本国记录也。

外国方面史料，偏重外交。中国对于外交初守秘密，鸦片战后之条约，刊印于外人报纸，国人方始知之。北京条约成立之后，使馆设于北京，总署大臣及疆吏关于外交之奏疏，常为外人访知，甚者见于报纸。太后查问，堂司乃相戒严防。中俄帕米尔交涉案起，吴汝纶深有所感，欲刊中国界图与条约，而以公文难得，函商于李鸿章。李氏复称事非总署诸公所敢为，且曰："洋务之兴垂六十年，以传播为讳，条约等于律令，当使吏民周知。图籍则关兵机，既虑生事，尤虑台言。"其主张则图籍应藏于中秘也。是故交涉之经过，困难之情状，应付之策略，无从知之。文见于名人全集者，多不完全。清亡后，仍多忌讳，外交部刊印之条约，如道光条约、咸丰条约、同治条约、光绪条约、宣统条约等，函上印有红字，称供官署之用，须守严密。实则书于条约而外，选印一二奏疏，并无何等重要，乃竟无从购得，讲授近代史或外交史之教员，且有未得一见者。北伐完成，故宫博物院影印《道光朝筹办夷务始末》《咸丰朝筹办夷务始末》《同治朝筹办夷务始末》，于是三朝外交上重要之史料始行公布，真相大明。故宫博物院选印之史料如《史料旬刊》《文献丛编》《掌故丛编》，清代外交史料有嘉庆、道光两朝，清光绪朝中日交涉史料、中法交涉史料、清宣统朝中日交涉史料等。以上史料卷帙浩繁，可信之价值毫无可疑；其中以三朝筹办夷务始末选择较精，中多重要密谕公文。凡前人根据传说所叙之史迹，将不攻自破，凡未读此类书者，将不能编著近世史矣。本书叙述三朝外交，多据此书，选印之外交史料，错字甚多，无足轻重者，若赐赏宝星，竟将人名一一列入，多占篇幅，其他相类之文尚多。关系重要者反不列入，如日本要求福建不得割让他国，为其势力范围，总署许而从之，往来照会，竟未见于中日交涉史料。六十年来中国与日本虽有双方照会，而文有脱漏，意不可解，乃于《中日条约全辑》检得原文，问题始得解决。又如义和团之乱，上谕宣战，和议之际，太后称为矫诏，下令销毁，谕文见于各书，文句多不相同。吾人现无邸钞官书校正，宫中当有原谕疑亦遗漏。无论如何，印行之史料，新知识尚不甚少，尤以一九〇〇（光绪二十六）年之公文为有价值。惜非专家选辑，年月日不免错误也。

私人选辑之史料，以蒋廷黻之《近代中国外交史资料辑要》为重要，书由《中国外交史料选录》改进而成，内容以新材料之公布，与前书颇有异同。上册起自道光迄于同治，为时逾五十年（一八二一——一八七四），全书所录之文件，均为原料，录自官书档案，注明年月日。书中外国人名地名，注明原名。月日与说明虽不免于疏忽，固大学生参考书中重要之书。《清季外交史料》，初以光绪朝为中心，后则兼及宣统朝，辑者选录之史料，未曾说明出处，年月日又多错误，甚者故意删改名称，如“伯理玺天德”，改为总统之类。又如义和团之乱，书录袁昶三疏，文盖后人附会而作，不足凭信。选者究于出处得之，倘有说明，则真伪即可分明。书中新材料，据蒋廷黻之估计，约占全书百分之六十，研究外交史者必备之书也。《六十年来中国与日本》现已出至七册，可议之点虽不能免，然颇便于读者，四、六两卷，搜得之新史料甚多，将为重要参考书之一，固无疑问。此外中华印行之《中国近百年史资料》，辑者不知选辑方法，杂然抄入原料次料，殆不足观。商务印行马克莱尔（MacNair）所选之英文《中国近代历史文选》，全据英美史料书籍，用功颇勤，惜编者限于语言文字，不能选录中国方面史料，缺点甚多也。

上就外交史料而言，内政则刊印之书，汗牛充栋，读不胜读，官书如《九朝东华录》《光绪朝东华续录》，谕旨奏疏之未列入者，尚不知凡几。宣统嗣位之初，旧档无地可容，大臣奏请焚之，幸赖罗振玉之力得而保全，设立历史博物馆。民国初年博物馆经费无着，出售档案四分之三，凡七千麻袋，十五万斤，后为罗氏所知，转出重价购之于商人，选印清初重要档案，名曰《史料丛刊初编》，据其序称，余则存于津沽。近者辗转为历史语言研究所所得，幸散失者尚少。馆中剩余档案亦有散失。故宫重要史料尚多，故宫博物院刊印之《文献丛编》等书，均史料也。《东华录》编辑之方法，按年月日选录上谕或节录朝臣疆吏奏疏，事之原委从无说明，杂然并列，读者殊难辨别轻重，所谓断烂朝报，兼为流水账目，仅供专家参看而已。其他相类之书，《九朝圣谕》，则录清帝谕旨，《朱批谕旨》，凡雍正笔批之奏疏亦多载入。邸报兼录上谕奏疏，亦称邸钞，一名京报，由来已久，凡发抄者，始得列入，时无报章，疆吏颇重视之。光绪以前之邸报，吾人未曾一见，其存在者盖已不多。《谕折汇存》所录者，同于邸报，尽为光绪朝之上谕奏折，印行者种类不同，名称亦有改易，而卷帙至为浩繁。《光绪政要》性质亦与之同，不过稍有选择耳。清季改邸报为政府公报，著者于南方访求，从未一见。又如《钦定剿平粤匪方略》《剿平捻匪方略》，则亦卷册浩繁，为大臣奉命编印之书。其编辑方法，则按年月日抄录皇帝上谕，朝臣疆吏奏疏，重要者往往列入。方略之种类繁多，如平定回疆苗乱等，殆无分言之必要。

记载政治制度，书籍种类亦极繁多，《皇朝文献通考》大臣奉命编修，大体上规模仿自《文献通考》，终于乾隆，分言田赋兵制等，材料或自书籍抄入，或录报告，要多偏于琐屑，如账簿式之记录，其运用及实际情形，反或不易明知，此通考之通弊也。就史料而言，内容颇为丰富，大臣编修皇朝通志、通典，通考，亦仿通志、通典等而成。《皇清续文献通考》，原为私人编辑之书，继续通考迄于光绪。编者以环境之变迁，曾添人一二门，其搜集材料，用力虽勤，而内容并不甚丰富，限于地位、环境、材料、时间，无可奈何者也。《大清会典》专言政治制度，数十年命臣编修一次，盖历时久，法令制度不无稍改，官吏人民将无所遵循，其用途殆近于政治手册。吾人则可据以叙述政治变迁之迹。《六部则例》卷帙亦颇繁多，他如宫中则例，台规学政等，各有专书，奉旨编修者也。赋税，各省各县编有《赋役全书》，详载各县赋额，原为便利人民，而民间颇不易得，知之者亦不甚多。盐法则有盐法志，种类亦多。关于大臣事业，朝廷设有国史馆，为之立传。其官位较低而有武功或治绩者，学者主讲书院而著作丰富者，疆吏往往为之奏请，交国史馆立传。凡国史馆立传者，以为传之不朽，亲友子孙，视为莫大之荣誉。其材料几全据奏议，大臣疆吏多有奏疏故也。其不能言事者，亦由朝臣或疆吏奏报其平生功业，史官不过节删奏议，将其前后连接而已，引用之语多非原文，反或引起误会。就史学条件而论，去信实尚远，遑论其他。读者或爱其修琢之文字，吾人认为除便于检查而外，别无若何之重要与价值。《清史稿》仍仿旧例，以志传表为多，读之感觉琐屑不相联络，决不能明了一时期各方面之发展，整个民族之生活情状及其贡献。其材料全据官书档案，不问其实行之程度，犹其余事。书为禁书之一，论者多未之见，视为重要史籍，远不如听其发行，而纠正其纰谬也。

私人著作，类似国史馆立传者，种类至为繁多。李元度之《国朝先正事略》，钱仪吉之《碑传》，李桓之《国朝耆献类征》及《两江采访忠义传录》，朱孔彰之《咸丰以来功臣别传》（《渐学庐丛书》）等，皆其明例。其材料或据行状，或据事略，或据墓志铭，或据神道碑，或据谱牒，或据传说访闻，要皆篇幅甚短，读之往往不能见古人之个性思想，及社会经济情状，要偏于谀赞之辞。盖为子孙者必欲颂扬其父祖，扬善讳恶，自不能免，为之立传者，或为其亲友故人，或受人馈遗金钱，乃为谀墓之辞。其精力徒耗于文体之结构，辞句之修琢，所谓文匠之文，故难认为可信之史料，仅足以供检查而已。行状墓志铭、家传之种类，不可胜计，其性质与价值已论之于上，而文分散，或见于作者文集，或载于死者家谱，其遗失者更多。谱牒足为研究人口及优生者之资料，然其所载之传，殊难尽信，曾见修谱之宗族，生人亦载入其传，谀扬之辞过于事实，此为传难认为史料之一新证。其介于国史碑传之间，尚有省志、府志、县志。其编修无一定时间，常视地方之财力，官绅之赞助。其编修者多为地方知名之士，其材料或录自他书，或据传说见闻，文字颇为简陋，内容多不充实。读后常不能知各时代人民之情状，地方事业之兴废等。但其所纪亦有助于考证史迹之真伪，明了事变之真相，如江南大营第二次溃散，太平军进至上海附近，镇江以冯子材之固守，独未陷失，而普通书籍竟谓其失守。《镇江府志》将更正此说。又如广西《浔州府志》叙述洪秀全起兵，亦足以助吾人明了其战胜之原因。

名人奏议全集或文集，亦为重要史料之一。清代大臣、御史、翰林院学士，及外省督抚均能上奏皇帝，各院或部上奏，大臣例须列名，如军机处上奏，军机大臣虽在假中，名亦列入，盖表示意见一致，共同负责也。御史学士奏疏偏于指摘，其他朝臣除诏求直言之时，实少言事或有建议之机会。外官如布政使学政虽得上奏，而言事者亦少。故奏议以总督巡抚发出者为最多。清季女主专政，军国大事常谕疆吏复议，曾国藩、左宗棠、李鸿章等之奏疏，颇关重要。其内容或为谢恩之折，或报告军情，或论吏治，或言军队，或述灾情，或奏复事件，或参劾属员，性质不一，中多例行公事，无须印行者，而子孙视之为荣，杂然选入。其较重要者，反无只字，如曾国藩对于外交上之主张，及奏复之事件，多未列入。其列入者，或为一二无关得失之文件，则其明证。其奏报军情战绩，更多夸张粉饰之辞。论及外交或知识浅陋，或故作大言，而调度计划，等于儿戏。据著者平日读书之印象，名人全集奏议所占之篇幅最多，而价值则其最少。单印奏稿者数亦甚多，仍不免于欺罔失实之弊。奏疏刊印于世者，卷帙浩繁，将有读不胜读之叹。吾人研究历史者，固当一读，辨别其轻重，考证事迹之真伪，方有可读之信史，绝不宜先存成见，而忽视其中重要部分也。吾人习见者甚多，上述诸人固有全集行世，林则徐、李星沅、裕谦、倭仁、陆建瀛、彭蕴章、胡林翼、曾国荃、曾纪泽、李瀚章、彭玉麟、郭嵩焘、刘坤一、沈葆桢、刘长佑、丁宝桢、岑毓英、张之洞、张佩纶、刘铭传、刘蓉、周馥等亦有遗集奏稿或政书行世。其名不常见于书中，殆无列举之必要。其为吾人所未见者，更不知凡几。顾自电报通行以来，紧急重要消息，均由电报传达，而奏疏益失重要性。所可异者，刘坤一、端方等奏稿，或鲜列入电奏，或竟无电稿。其中固有因电稿散失，而势无奈何，亦有囿于旧例者。遗集比较完备，当推《李文忠公（李鸿章）全集》，《张文襄公（张之洞）全集》。二集为吾人常见常用之书，无庸赘言。

全集除奏疏电稿而外，尚有谕示、公牍、诗文等。其中当以信件为最可信之史料，信件或致同僚，或答亲友，或与家人。其叙述之问题，或报告之实状，非若奏疏之粉饰冒功，或妄发议论，往往说明事变之真相，困难之症结，解决之经过，事后之感想，惜印行全集之时，子孙多所顾忌，不敢公布于世，如郭仑焘之子刊印父书，则称删去有关忌讳之文。一部分当或散失，深可痛惜者也。其偶尔印行者，据吾人所见，常为重要史料，如鸦片战争，论者不知英军之军械，远非清兵之所能敌，而责主和者之误国，倘林则徐不去广东，则广东不至于败。此乃根据不足一辨之传说，林氏遣戍新疆，行抵兰州，函复友人，中论水陆俱败之原因曰：

> 彼之大炮远及十里内外，若我炮不能及彼，彼炮先已及我，是器不良也。彼之放炮如内地之放排枪，连声不断，我放一炮后，须辗转移时，再放一炮，是技不熟也。求其良且熟焉，亦无他深巧耳。不此之务，即远调百万貔貅，恐只供临敌之一哄，况逆船朝南暮北，惟水师始能尾追，岸兵能顷刻移动否？盖内地将弁兵丁虽不乏久历戎行之人，而皆觌面接仗，似此之相距十里八里，彼此不见面而接仗者，未之前闻。徐尝谓剿匪八字要言，器良技熟胆壮心齐是已。第一要大炮得用，今此一物置之不讲，真令岳

韩束手，奈何奈何！

原文见于商务影印之《道咸同光名人手札》第二集，其为林氏手迹，殆无疑问。书作一八四二（道光二十二）年九月，适当南京条约签字之后。据此，中国之不能胜，久为林氏所知，主持清议之士大夫则在梦中。林氏并嘱其友勿以示人，乃致国人迄今尚多不明事之原委为堪惜耳。李鸿章初至上海，函告友人称淮军于外兵陷城之后，为之守城，助其杀贼，而奏报则言战功。事之经过已见于书，无庸再述，《李文忠公尺牍》三十六册，由于式枚主稿，起自一八八五（光绪十一）年，迄一八九九（光绪二十五）年，内多应酬之作，亦有关系重要，未见于他书者。书中引用已多，殆无再引他例之必要。郭嵩焘原与左宗棠相善，其官于广东也，竟不为其所容，函告同年沈葆桢曰："左君以强狠济其偏私，四折相倾，亦由其在浙江直陈其过，而规切之，怀愤以求一逞。"文见于《道咸同光名人手札》第一集，事之真相，始乃明白。遍读《左文襄公全集》，固无此疏。左氏家书（单行本名曰《左文襄公家书》），书中迭次引用，兹再引用一节，证明其统兵经过。其言曰："官文因樊燮事欲行构陷之计，其时诸公无敢一言讼其冤，潘公祖荫直以官文有意吹求之意入告。其奏疏直云：'天下不可一日无湖南，湖南不可一日无某人'。于是蒙谕垂询，诸公乃敢言左某可用矣。……潘盖闻之郭仁先也。"其时左氏在湘抚幕中，樊燮因事免职，控告左氏，官文因欲构陷。郭仁先乃郭嵩焘也。其言与史籍所记不同，自以与子书较为可信。将来史迹之待信件证明真伪者尚多，深望收藏家影印公布于世，或许历史学者参考利用。前长沙雅礼大学美人海尔（Hail）曾得曾国藩后人许可，参看其信件，著有一书，名曰《曾国藩与太平天国》（Tseng Kuo-fan and the TaiPing Rebellion），书中虽有可议之点，而在我国尚为第一次试验，深望研究历史者，续有所成。

日记亦为历史上之重要史料，士大夫作有日记，据吾人见闻者甚多，而公布者少，盖旧印费昂贵，子孙且有顾虑也。日记可分两类，一为读书所得或记见闻之事，一则记其日间经历之事，及解决之经过。前者如曾国藩之《求阙斋日记》，后者如《翁文恭公（翁同稣）日记》，二书分类，就大体而言，一书固可兼有二者。自史料价值而论，前者远非后者所及，盖事非亲身经历，则不知其内幕，所记者多为传闻失实之辞，如景善日记，为外人所得，视为义和团时之可信史料，实则所记朝廷大事，多为不足深信之传闻。如记御前会议，则不如恽毓鼎《崇陵传信录》之较确，又如称袁昶、许景澄之死，由于擅改密电。实则电线时已被毁，徐桐等后尚奏请诏杀各地洋人，倘已有诏，何能渎请？固不足信。著者叙述本身经历，似足可信，亦有顾及祸患，而讳隐真相者。如康有为之进用，中外可信之记录，均称与翁同龢有关系，而翁氏日记，诿称为冤，盖为避祸之计，不足深信。除上书外，吾人所见者，尚有曾国藩、李慈铭、王闿运、叶昌炽、李棠阶等日记。曾氏日记为石印本，迥异于《求阙斋日记》，顾所记者殊少提及政治。李王二氏日记，为常见之书。叶书名曰《缘督庐日记钞》。三人未居高位，所记杂有传闻。李书名曰《李文清公手书日记》，偏于讲学。其未印行或非吾人所知者尚多，望后国人知其重要，而印行之量数增加，庶研究历史者，可得重要史料也。其在外国政治家知其日记后将印行，不免曲解事实，回护其短。国内印行日记，除少数而外尚无此弊，将来或亦不免。

自订年谱之重要，不下日记。著者按照年历，追记平生大记，中或叙及政治社会状况，其根据或本于日记，或为追想，或采自他书。其中有叙个人入仕为官恩赐等，夸耀于同侪无足一读者，例不胜举，要以清代中叶名人为多，盖有所顾忌，不敢直言时事也。亦有为重要参考资料者，周馥自订年谱则其明证。例已见于书中，无待赘言。后人编著名人之年谱虽不足当著作之称，而价值实远在传上。倘其弟子或亲友写成，尤足以补他书之缺，如曾国藩晚年病癞，年谱独有记载。张之洞之弟子著有《弟子记》，收入《张文襄公全集》，亦可见其对于太后之恭顺，及拳乱后入觐之建议。此类书籍亦颇繁多。自订年谱原近于回想录（Memoir），著者追忆前事，或以记忆力弱，不免错误，亦有夸张己功，或自护短者，顾其所言常有参考之价值，陈淀之《病榻述旧录》《李秀成供》皆其明例。原供藏于曾家，据见者言，写于账簿上，与现坊本无甚出入。曾国藩奏报朝廷，称李言战事不同于奏疏，将其一部分删去，朝旨饬其将原文抄上，故宫当有抄本。是否同于原供？则不可知。据供辞而言，亦称劝天王外出就食，而常胜军所获太平天国文件，忠王则劝诸将入援天京，固事后之护短。供辞又称老母妻子皆死，实则全不足信，乃恐清军捕杀之耳。赖文光等亦有供辞，故宫当有存稿，惜发表者少，历史学者无从参用。其在外国久为重要史料之一。

当事人之记载，原为史料之一，其价值将视著者与当事人之关系，材料之由来，及个人之判断力，此类书籍例不胜举，《中西纪事》《海防纪略》所言多为时俗之传说，著者不知交涉之原委，战争之实状，所言不合于实况，无待赘言。《中西纪事》论教士之取红丸等，直为痴人说梦。其有价值者可举李圭《思痛记》为例。李圭为太平军掳去，久始逃出，记其亲身所历之境遇，军中之见闻，实研究太平天国末年之重要参考书也。他如王闿运之《湘军志》，文字虽为人称道，固不免于泄愤，故作偏激之言。此可证明吾人论书可信之价值，不可不知著者著书之目的，及有无宣传诋毁之用意也。三书就三例而言，殆无多引之必要，他书且有见于书中者。笔记种类亦极繁多，价值高下，亦如上论之书，大体而言，多不足信。其困难则执笔之文人，多无判断真伪之能力，往往深信不可思议之传说也。如杨钧《草堂之灵》称袁世凯于中日战争将起之际，在韩狼狈不堪，西园寺纵之回国，匿居柩中，始得逃出汉城。其言不足一辨。薛福成之《庸盦笔记》亦多传说，据为历史之资料，则为笑谈。笔记可视为史料者，陈其元之《庸闲斋笔记》则其例一。其记亲身见闻，如左宗棠忌功，与李鸿章不协，殊无可疑。其称曾国藩最畏鸡毛，不愿见鸡毛帚，盖蛇畏闻其气，而公“神蟒转世”也，直可谓之想入非非。其言虽或根据时人之传说，固无记载之价值，徒供吾人一笑而已。

其他种类史料尚多，殆难一一详论，仅就其主要者略加说明：（一）禁书。清代讳言其祖先史迹，禁书繁多，小说如《岳传》且在禁书之列，又迭兴文字之狱，罪及死者无辜。其中所言未必皆为事实，乃因禁止之故，现反为人视为重要史料。其后太平天国兴起，发贴之布告，刊印之文书，皆为禁书。其列数清帝罪恶，未必皆有事实，而思想之幼稚，反无从知悉。近者留学生自英法抄回史料，印行者如《太平天国史料》第一集，《太平天国有趣文件十六种》，吾人读之，始能明了太平领袖之宗教思想。此就太平天国而言。关于其他大事，亦当有双方面之文件，中外交涉固其明例，他事亦莫不然。近时禁书繁多，其一二售出者，将益为人重视。（二）访问。近数十年来之大事，身历其境或见闻其事者，类能言之，余乡居无事常与老者谈话。老者于无意中常言其为太平军所掳，迫而从军之状况，或逃难避乱之故事。其言未有好恶之成见，颇有参考之价值。又如欲知清宫末年情状，久在宫中之太监，当能言之。吾人遇有事机，固可问之。又如考场生活，书中记载者少，询问参与考试之亲友，往往能有所得。（三）小说。小说旧称稗史，固不能视为史料。其描写时人生活状况，常有助于历史，如《儿女英雄传》所言闱中情形，颇有参考之价值。《古城返照记》所言清季北京之情状，多不易见于他书。其指摘名人，讽刺时事，所言故事，亦有不足信者。清季历史小说颇形发达，《孽海花》《官场现形记》《二十年目睹怪现状》等为吾人常见之书，现无再引他例之必要。（四）报纸杂志。二者于我国创办较迟。最先英人创办之《申报》，仅约六十年，国人主办之杂志近始增多。报纸为通俗读物，访闻之信息常不足信，创办之初规模甚小，盲然视其登载之报告为史料，直为笑谈。其刊印政府之命令，疆吏之奏疏，则为例外。其发表之社论，亦可代表时人之希望与要求。杂志创办者少，殆无讨论之必要。

上论之史料，指本国文字刊物而言，外国自与中国通商订约以来，外交上之大事繁多，交涉之始末，战争之经过，订约之磋商，政府之训令，使臣之要求，皆有详细之记录；公使领事更报告中国之情状。及后中日战争，列强更进而压迫中国，不待中国同意，互相换文，或订密约，承认本国之利益或势力范围。其公文档案至关重要，或能改变吾人现有之观念。英国外交史料，开放较早，欧战前之史料，现已公布。美国开放则至一八九五年。俄德帝制推翻，新政府公布帝国之公文，皆极重要之史料也。私人著作种类繁多，如耶稣会教士之记载，清初极有价值史料之一。外人所记，要多偏于外交，例不胜举。法人考狄（Gordier）编有详细目录，惜近时新书尚未有人编目。外人收藏关于中国书籍丰富者，首推伦敦《泰晤士报》记者莫礼逊（G.E.Morrison）。莫礼逊后任政政府顾问，收藏书籍有十八国文字，目录凡二巨帙，返国前售于日人，书藏于东京之东方图书馆（The Oriental Library）。外人印行之书，以搜辑之条约为重要参考书之一。J.V.A.MacMurray，Treaties and Agreements with and Concerning China 1894—1919 及 The Carnegie Endowment for International Peace 所辑 Treaties and Agreements with and Concerning China 1919—1929 均其例也。学者著作亦以关于外交者，较有价值，摩斯之《大清帝国国际关系史》颇负盛名。近者重要史料公布，书中纰缪须亟修正。Jo-seph，Foreign Diplomacy in China 1894—1900及Dennett，Americans in Eastern Asia等书，亦足称为重要著作。日本学者田保桥洁所著《甲午战前日本挑战史》（译者改称此名），亦为名著，他书殆无列举之必要。关于杂志，《中国文库》印行于一八三二——一八五一年，月出一册，颇为人所重视，近则《筹办夷务始末》等书印行，业已失其重要。《字林星期周刊》（North China Herald）刊行于一八五一年，亦可参考。《中国社会及政治学报》（The Chinese Social and Political Science Review）为中外学者主持之杂志，刊印于一九一七年，常有重要论文。其他殆无论及之必要。

综合上论而言，近代中国史史料种类之繁，卷帙之多，远过于其他时代。就内容而论，可别为二类，一曰原料（Primary sources of materials），皇帝谕旨，大臣奏疏，外交文件，私人信件，日记，自订年谱等，均其明例。一曰次料（Secondary sources of materials），著者参用史料而成之书，其价值则据研究之所得，总合叙述，说明史迹之真相，而使读者明了一事，或一时代之政治社会经济情状，及人民之生活。吾人今日编著之史籍，则其例也。原料则供史家研究，次料则为一般人士所读之书。就影响而言，后者重要过于前者。乃在我国，学术界向少历史著作，政书如《文献通考》等，则为抄袭之类书，充类至尽，不过搜集分散之史料，便于吾人检查而已。其可称为著作者，不出数种。张德坚所编之《贼情汇编》，庶几近之。张氏奉命编著太平天国情状，其材料根据军中所得之文件，俘虏之供词，访问之结果，著成此书，分言太平军之领袖，军队之组织，朝廷之情状，宗教之思想，财政之状况。官军之虐民，亦未为之讳隐（著者曾草一文，论书价值，见《图书评论》二卷第四期）。读后可知太平国情状，书非抄录文件，故可称为著作。著作云者，非抄袭或引用文件之谓，乃研究文件，分析其内容，辨明其真伪，然后综合所得之结果，叙述始末，非不得已，决不节录原文也。嗣后吾人著书，当以此为正鹄，愿研究历史者，共同勉之。

史料种类既如上言之多，而又分散各地，国内图书馆原不甚多，而又规模狭隘，图书较多，可供吾人研究者，唯有数处而已。一人之精力时间有限，研究一代所有之问题，又常限于材料，殆不易为。将来之途径，历史学者各自研究特殊问题，综合所得，印之成书，剑桥大学印行历史，常用此法编成。《剑桥欧洲近代史》等为世界名著，则其例也。其在欧美即编一大学课本，亦不知根据无数学者研究之结论，而在我国，皆以一人之力为之。著者著成此书，非不知其困难，亦非不知间有纰谬，不过根据七八年所读之书，草成文稿，自信未入于歧途，国内现时亟需此类史书也。其当附言于此者，近时禁书日多，民国以来之要人，多未公布其私人文件，论者谓著民国信史，殊不可能。其言虽或太甚，而固限于史料，吾人希望可信之史料日多，现时限于环境，实无奈何，幸读者察焉。

年历对照表*

公元	年号	干支
一八二一年	道光元年	辛巳
一八二五年	道光五年	乙酉
一八三一年	道光十一年	辛卯
一八三二年	道光十二年	壬辰
一八三三年	道光十三年	癸巳
一八三四年	道光十四年	甲午
一八三五年	道光十五年	乙未
一八三六年	道光十六年	丙申
一八三七年	道光十七年	丁酉
一八三八年	道光十八年	戊戌
一八三九年	道光十九年	己亥
一八四〇年	道光二十年	庚子
一八四一年	道光二十一年	辛丑
一八四二年	道光二十二年	壬寅
一八四三年	道光二十三年	癸卯
一八四四年	道光二十四年	甲辰
一八四五年	道光二十五年	乙巳
一八四六年	道光二十六年	丙午
一八四七年	道光二十七年	丁未
一八四八年	道光二十八年	戊申
一八四九年	道光二十九年	巳酉
一八五〇年	道光三十年	庚戌

* 公元岁首在中历岁暮，相差二十余日至五十余日不等，《中西年历合考》及《中西回史日历》均有中西对照月日，便于检查，此表不过以供读者之检查年历耳。

公元	年号	干支
一八五一年	咸丰元年	辛亥
一八五二年	咸丰二年	壬子
一八五三年	咸丰三年	癸丑
一八五四年	咸丰四年	甲寅
一八五五年	咸丰五年	乙卯
一八五六年	咸丰六年	丙辰
一八五七年	咸丰七年	丁巳
一八五八年	咸丰八年	戊午
一八五九年	咸丰九年	巳未
一八六〇年	咸丰十年	庚申
一八六一年	咸丰十一年	辛酉
一八六二年	同治元年	壬戌
一八六三年	同治二年	癸亥
一八六四年	同治三年	甲子
一八六五年	同治四年	乙丑
一八六六年	同治五年	丙寅
一八六七年	同治六年	丁卯
一八六八年	同治七年	戊辰
一八六九年	同治八年	己巳
一八七〇年	同治九年	庚午
一八七一年	同治十年	辛未
一八七二年	同治十一年	壬申
一八七三年	同治十二年	癸酉
一八七四年	同治十三年	甲戌
一八七五年	光绪元年	乙亥
一八七六年	光绪二年	丙子
一八七七年	光绪三年	丁丑
一八七八年	光绪四年	戊寅
一八七九年	光绪五年	己卯

公元	年号	干支
一八八〇年	光绪六年	庚辰
一八八一年	光绪七年	辛巳
一八八二年	光绪八年	壬午
一八八三年	光绪九年	癸未
一八八四年	光绪十年	甲申
一八八五年	光绪十一年	乙酉
一八八六年	光绪十二年	丙戌
一八八七年	光绪十三年	丁亥
一八八八年	光绪十四年	戊子
一八八九年	光绪十五年	己丑
一八九〇年	光绪十六年	庚寅
一八九一年	光绪十七年	辛卯
一八九二年	光绪十八年	壬辰
一八九三年	光绪十九年	癸巳
一八九四年	光绪二十年	甲午
一八九五年	光绪二十一年	乙未
一八九六年	光绪二十二年	丙申
一八九七年	光绪二十三年	丁酉
一八九八年	光绪二十四年	戊戌
一八九九年	光绪二十五年	己亥
一九〇〇年	光绪二十六年	庚子
一九〇一年	光绪二十七年	辛丑
一九〇二年	光绪二十八年	壬寅
一九〇三年	光绪二十九年	癸卯
一九〇四年	光绪三十年	甲辰
一九〇五年	光绪三十一年	乙巳
一九〇六年	光绪三十二年	丙午
一九〇七年	光绪三十三年	丁未
一九〇八年	光绪三十四年	戊申

公元	年号	干支
一九〇九年	宣统元年	己酉
一九一〇年	宣统二年	庚戌
一九一一年	宣统三年	辛亥
一九一二年	民国元年	壬子
一九一三年	民国二年	癸丑
一九一四年	民国三年	甲寅
一九一五年	民国四年	乙卯
一九一六年	民国五年	丙辰
一九一七年	民国六年	丁巳
一九一八年	民国七年	戊午
一九一九年	民国八年	己未
一九二〇年	民国九年	庚申
一九二一年	民国十年	辛酉
一九二二年	民国十一年	壬戌
一九二三年	民国十二年	癸亥
一九二四年	民国十三年	甲子
一九二五年	民国十四年	乙丑
一九二六年	民国十五年	丙寅
一九二七年	民国十六年	丁卯
一九二八年	民国十七年	戊辰
一九二九年	民国十八年	己巳
一九三〇年	民国十九年	庚午
一九三一年	民国二〇年	辛未
一九三二年	民国二一年	壬申
一九三三年	民国二二年	癸酉
一九三四年	民国二三年	甲戌